庆祝世界贸易组织成立二十周年
中国法学会世界贸易组织法研究会　组织编写

WTO法与中国研究丛书
孙琬钟　总主编

WTO中国案例评析

杨国华◎著

知识产权出版社
全国百佳图书出版单位

图书在版编目(CIP)数据

WTO中国案例评析/杨国华著.—北京:知识产权出版社,2015.1
(WTO法与中国研究丛书/孙琬钟总主编)
ISBN 978-7-5130-3177-6

Ⅰ.①W… Ⅱ.①杨… Ⅲ.①世界贸易组织—贸易法—案例—汇编 ②贸易法—案例—汇编—中国 Ⅳ.①D996.1 ②D922.294.5

中国版本图书馆CIP数据核字(2014)第273767号

内容提要

本书内容分为三部分,第一部分个案评析,收集了14个经典案例;第二部分综合研究,是作者从事WTO争端解决的经验总结;第三部分附录,收集了作者所写的讲稿、序言及随笔等。本书所收集的大部分案例都是作者参与办理的,是作者从事WTO争端解决工作十多年来的工作记录。作者对每个案例都进行了详细解读,从磋商、专家组、上诉机构到执行,每一步工作流程、工作思路都呈现在读者面前,为读者提供WTO国际贸易争端解决的经验和教训,以期为今后中国使用法律手段解决国际争端提供更多借鉴。

责任编辑:宋 云	责任校对:董志英
封面设计:张 冀	责任出版:刘译文

WTO中国案例评析

杨国华 著

出版发行:知识产权出版社有限责任公司	网 址:http://www.ipph.cn
社 址:北京市海淀区马甸南村1号	邮 编:100088
责编电话:010-82000860转8388	责编邮箱:songyun@cnipr.com
发行电话:82000860转8101/8102	发行传真:010-82000893/82005070/82000270
印 刷:三河市国英印务有限公司	经 销:各大网上书店、新华书店及相关专业书店
开 本:787mm×1092mm 1/16	印 张:31.75
版 次:2015年1月第1版	印 次:2015年1月第1次印刷
字 数:568千字	定 价:68.00元

ISBN 978-7-5130-3177-6

出版权专有　侵权必究
如有印装质量问题,本社负责调换。

《WTO 法与中国研究丛书》编委会

主　编：孙琬钟

副主编：张玉卿　王传丽

编　委：于　安　杨国华　朱榄叶　李顺德

　　　　曾令良　余敏友　张乃根　屈广清

　　　　孔庆江　左海聪　石静霞　王正明

　　　　赵学清　韩立余　史晓丽　吕晓杰

总　序

2015年1月1日是世界贸易组织（WTO）成立20周年的日子，这是一个值得庆贺的时刻。

20年来，世界贸易组织取得了举世瞩目的成就。虽然多哈回合谈判举步维艰，但是，2013年底达成的"巴厘岛一揽子协议"使我们再次看到了多边贸易体制的曙光。WTO不仅是制定自由贸易规则的平台，更是解决贸易争端的平台。成立20年来，WTO受理了将近500件贸易争端，为世界贸易的平稳发展做出了重大贡献。尽管世界贸易组织谈判中也存在强权政治和大国利益，但在争端解决程序中，任何利益的实现都要以对规则进行合理解释为基础，这是法治社会的重要表征。毋庸置疑，WTO是成功的，它推动了世界经济的发展，也为世界的和平与进步发挥了积极作用。

2001年12月11日，中国加入世界贸易组织，成为现已拥有160个成员的世界贸易组织大家庭的一分子。13年来，中国的改革开放不断深入，经济突飞猛进，社会不断进步，法制日趋完善，这与我国突破西方世界的壁垒加入到世界经济贸易的大市场是分不开的。实践充分证明，我国政府加入世界贸易组织的战略决策是英明和正确的。

13年前，正当我国即将加入世界贸易组织之际，中国法学会审时度势，向中央提出报告，经朱镕基、胡锦涛、李岚清、罗干、吴仪等领导同志的同意，成立了"中国法学会世界贸易组织法研究会"。研究会的成立，为从事世界贸易组织法研究的专家学者提供了施展才能的平台，大大促进了我国对世界贸易组织法的深入研究，扩大了世界贸易组织法的影响。随着我国经济的发展以及对世界经济贸易的深入参与，世界贸易组织法在我国逐步发展成为一个具有完整理论框架和丰富案例资源的独立法学学科，中国法学会世界贸易组织法研究会也逐步发展成为我国WTO法律事务的智囊和人才库。

为了庆祝世界贸易组织成立20周年，中国法学会世界贸易组织法研究会将我国WTO专家学者的近期研究成果编辑成册，出版了这套《WTO法与中国研究丛书》。尽管这套丛书仅仅展示了我国WTO法研究的一个侧面，但是，我们希望这套丛书能够为有志于WTO法研究的读者们提供有价值的参考和借鉴。

最后，我们要向为这套丛书提供出版机会的知识产权出版社表示深切的敬意！向为这套丛书的编写工作付出辛勤劳动的专家学者表示诚挚的谢意！

中国法学会世界贸易组织法研究会

2014年11月5日

前 言

收集在本书中的文字，是十二年来我从事 WTO 争端解决工作的记录。

这些案件，大部分都是我参与办理的。每个案件，从磋商到专家组到上诉机构到执行，一般要用两年多时间。在这段时间里，我与同事们研究案件中的法律问题，去日内瓦开庭，然后协调案件的执行，有许许多多的感想。我总觉得，作为从事这项工作的第一代人，有责任让更多人了解这样一个过程。这毕竟是中国开始使用法律手段解决国际争端的初步尝试，我们的心路历程，甚至我们的工作流程，都应该尽量公之于众，这样才能得到大家的理解和支持，也才有可能产生更大的借鉴意义。本书附录的"随笔"，就是部分感想。

每当专家组报告或上诉机构报告发布，我都要用十几个小时的时间通读，然后再用十几个小时的时间写作案件中的重点法律问题概要。对我个人来说，写完了概要，这个案件才算"结案"，因为这不仅是自己办案的总结，而且有助于别人了解本案的核心内容。本书的"个案分析"，就是这些概要。

不仅如此，我还利用各种研讨会宣讲，撰写或主编多部书籍，以及在很多高校法学院主持对这些案例的讨论。本书附录的"讲话"和"序言"，以及正文"综合研究"中的部分内容，就反映了这样一些事件。

我始终以饱满的热情做这些事情，是出于专业的热爱。记得一位参与案件处理的中国律师说过：我读了法律多年，又做了律师多年，但是当我看到专家组报告的时候，我哭了：这才是法律啊！我深有同感。WTO 公正的程序，充分的说理，有效的执行，在我看来，是实现了法律人的"法治梦"！

我始终以饱满的热情做这些事情，是出于职业的信念。中国加入 WTO 的时候，《人民日报》发表了一篇社论，认为这个事件将对 21 世纪我国经济发展和社会进步产生重要而深远的影响。对此，我十分认同。当我看到这十几年中国经济的发展，当我看到中国认真执行 WTO 裁决，我都坚信这一预言的正确性。

我始终以饱满的热情做这些事情，是出于感恩之心。当年懵懵懂懂走出校园，却走上了光辉灿烂的职业之路，我是幸运的。一位资深国际法教授说过：这些案例是WTO送给中国人的礼物，我们要好好珍惜。我在想：WTO对"我国经济发展和社会进步产生重要而深远的影响"，这一切不会自然而然地发生，而是需要每一个人的努力。值此WTO成立二十周年之际，我将这些文字结集出版，也算是一份努力吧！

2014年2月27日，北京云开雾散，艳阳蓝天。

目 录 CONTENTS

个案评析

1. 美国钢铁保障措施案（US — Steel Safeguards）
   钢铁大战
   ——美国钢铁保障措施案始末　　/2/
2. 美国反倾销和反补贴案（US — Anti-Dumping and Countervailing Duties）
   认定
   ——美国反倾销和反补贴案专家组裁决的思路　　/73/
   纠偏
   ——美国反倾销和反补贴案上诉机构裁决的思路　　/77/
   WTO 上诉机构的条约解释
   ——以"美国反倾销和反补贴案"为例　　/88/
3. 美国禽肉案（US — Poultry）
   解扣
   ——美国禽肉案专家组裁决的思路　　/105/
4. 欧共体紧固件案（EC — Fasteners）
   挑战
   ——欧共体紧固件案专家组裁决的思路　　/109/

·1·

5. 美国轮胎案（US — Tyres）
   热战
   　　——美国轮胎案专家组裁决的思路　　　　　　　　　　　/112/
   因果关系
   　　——美国轮胎案上诉机构裁决的思路　　　　　　　　　　/116/

6. 中国汽车零部件案（China — Auto Parts）
   是非
   　　——中国汽车零部件案专家组裁决的思路　　　　　　　　/122/

7. 中国知识产权案（China — Intellectual Property Rights）
   四载精心筹备，一朝全盘皆输
   　　——中国知识产权案始末　　　　　　　　　　　　　　　/131/
   四两拨千斤
   　　——中国知识产权案专家组裁决的思路　　　　　　　　　/142/

8. 中国出版物和音像制品案（China — Publications and Audiovisual Products）
   探路
   　　——中国出版物和音像制品案专家组裁决的思路　　　　　/146/
   技高一筹
   　　——中国出版物和音像制品案上诉机构裁决的思路　　　　/153/

9. 中国原材料案（China — Raw Materials）
   规则
   　　——中国原材料案专家组裁决的思路　　　　　　　　　　/157/
   条约解释的局限性
   　　——以"中国原材料案"为例　　　　　　　　　　　　　/162/

10. 中国X射线设备案（China — X-Ray Equipment）
    同类产品
    　　——中国X射线设备案专家组裁决的思路　　　　　　　　/175/

11. 中国取向电工钢案（China — GOES）
    究竟是什么关系
    　　——中国取向电工钢案上诉机构裁决的思路　　　　　　　/178/

12. 中国电子支付服务案（China — Electronic Payment Services）

详解
  ——中国电子支付服务案专家组裁决的思路 /187/
"中国电子支付服务案"详解之一：这个案件说了些什么？ /197/
"中国电子支付服务案"详解之二：何为电子支付服务？ /202/
"中国电子支付服务案"详解之三：中国对电子支付服务
  作出了承诺吗？ /206/
"中国电子支付服务案"详解之四：中国采取了什么措施？ /211/
"中国电子支付服务案"详解之五：中国措施是否违反了
  市场准入承诺？ /218/
"中国电子支付服务案"详解之六：中国措施是否违反了
  国民待遇承诺？ /225/
"中国电子支付服务案"详解之七：法律之战背后的商业之争 /230/

13. 中国稀土案（China — Rare Earths）

专家组的难题
  ——"中国稀土案"专家组裁决的思路 /233/
上诉机构的定论
  ——"中国稀土案"上诉机构裁决的思路 /241/

14. 美国反补贴和反倾销案（US — Countervailing and Anti-Dumping Measures）

专家组的易事
  ——"美国反补贴和反倾销案"专家组裁决的思路 /243/
困惑
  ——"美国反补贴和反倾销案"专家组裁决的思路之二 /250/
水中望月
  ——"美国反补贴和反倾销案"上诉机构裁决的思路 /261/

综合研究

法的盛宴
  ——中国参与WTO争端解决机制经典案例综述 /268/

WTO 法的魅力
　　——以中国案件为例　　　　　　　　　　　　　　　　　/284/
沃土
　　——WTO 中国案例的价值：以三个案件为例　　　　　　/295/
沃土（二）
　　——WTO 中国案例的价值：以知识产权案为例　　　　　/299/
沃土（三）
　　——WTO 中国案例的价值：法律新概念　　　　　　　　/304/
用 WTO 的眼光看美国法院判决　　　　　　　　　　　　　　/311/
用 WTO 的眼光看欧洲法院判决　　　　　　　　　　　　　　/318/
WTO 裁决对中国法院审判的启示　　　　　　　　　　　　　/332/
事实上的遵循先例　　　　　　　　　　　　　　　　　　　　/338/
WTO 中国案件执行情况综述　　　　　　　　　　　　　　　/348/

附　录

一、讲话

WTO 是模范国际法
　　——在中国国际法年会上的讲话　　　　　　　　　　　/366/
今年中国参与 WTO 争端解决机制的十大特点
　　——在中国法学会 WTO 法研究会年会上的讲话　　　　/371/
启示
　　——在中国社科论坛暨第九届国际法论坛上的讲话　　　/375/
WTO 的现状
　　——在"上海市 WTO 法研究会（筹）会员暨学术研讨会"上的讲话
　　　　　　　　　　　　　　　　　　　　　　　　　　　/377/
期待
　　——在首届 WTO 辩论赛开幕式上的讲话　　　　　　　/380/
中国参与 WTO 争端解决机制情况
　　——在北京国际经济法研究会年会上的讲话　　　　　　/381/

"美国也不执行"
　　——南开大学法学院"世贸组织裁决的国内执行"专题研讨会书面发言　　/384/

二、序言

让法律活起来
　　——WTO案例在法学教育中的作用(《WTO中国案例精选》代前言)　　/388/

一座法律教学与研究的宝库
　　——《世界贸易组织法律与实务教学研究文丛》总序　　/391/

案例教学法的实践
　　——《探索WTO》前言　　/393/

好书自评
　　——评《探索WTO》(二)　　/399/

发展与互动
　　——《WTO与中国：法治的发展与互动》序　　/405/

十年
　　——《WTO的理念》前言　　/407/

影响
　　——《入世十年 法治中国》前言　　/409/

三、随笔

熟面孔
　　——在WTO打官司的那些人　　/412/

千姿百态
　　——风格各异的WTO专家组　　/415/

拷问
　　——上诉机构听证会简介　　/418/

习以为常
　　——我们在WTO打官司　　/420/

最好的律师　　/427/

先例
　　——美国精炼及普通汽油标准案上诉机构裁决述评　　/430/

解释
　　——日本酒税案上诉机构裁决述评　　　　　　　　　　/433/
法美学
　　——WTO裁决语言赏析　　　　　　　　　　　　　　/436/
法律与文学
　　——法律文件中的比喻　　　　　　　　　　　　　　/439/
乐园
　　——2013年中国法学会WTO法研究会年会论文述评　　/441/

四、资料

模范国际法
　　——对WTO争端解决机制的评价集锦　　　　　　　　/444/
中国参与WTO争端解决机制的历程　　　　　　　　　　/458/
China in the WTO Dispute Settlement: A Memoir　　　　　　/467/
中国参与WTO案件统计　　　　　　　　　　　　　　　/487/

五、作者著述　　　　　　　　　　　　　　　　　　　/493/

个案评析

1. 美国钢铁保障措施案（US—Steel Safeguards）

钢铁大战❶

——美国钢铁保障措施案始末

人生中，第一次的经历总是最为难忘。如果这第一次遇到的又恰恰是一次历史性的事件，则将会对一生产生深远的影响。国家同样如此。2002年3月，美国总统宣布对10种进口钢材采取保障措施，在为期3年的时间里，加征最高达30%的关税。❷包括中国在内的一些WTO成员将本案提交WTO争端解决机制，是"美国钢铁保障措施案"（United States—Definitive Safeguard Measures on Imports of Certain Steel Products，DS252）。对于中国来说，美国钢铁保障措施案就是这样的第一次。

中国正式成为WTO成员刚刚3个多月，就遇到了这个案件。这是中国在WTO的第一案。按照经验丰富的美国贸易代表办公室律师的说法，这也是WTO有史以来最大、最复杂的案件。在随后的21个月中，我们经历了WTO争端解决机制规定的主要法律程序，包括磋商、专家组裁决、上诉机构审议。2003年12月4日，美国总统宣布取消保障措施，此案宣布全部结束。

美国钢铁保障措施案给我们提供了非常难得的经历，让我们对WTO争端解决机制的程序和性质有了一个比较真实的了解。该案也为我们提供了很多启示，包括如何运用WTO规则。这是一个特殊时期的特殊案件，势必对我们今后参与WTO的工作产生重要的影响。

---

❶ 本文作于2003年。
❷ 这10种产品是：板材，包括板坯、中厚板、热轧钢、冷轧钢和涂镀板；热轧棒材；冷轧棒材；螺纹钢；焊管类产品；普通碳素和合金管接头；不锈钢棒材；不锈钢杆材；镀锡类产品；不锈钢线材。

一、法律大战

在进口产品增加，给国内产业造成严重损害，或者有可能造成严重损害的情况下，进口国可以通过提高关税或者实施进口数量限制，对该国内产业进行保护。这种保护措施就是保障措施。WTO明文允许各成员采取这种措施。《关税与贸易总协定》（General Agreement on Tariff and Trade，以下简称《关贸总协定》或GATT）第19条（对某些产品进口的紧急措施）和WTO《保障措施协定》就是专门为此而制定的。

当然，这些规定同时要求，采取保障措施必须遵守一定的纪律。最基本的纪律就是：进口确实增加了，国内产业确实受到了严重损害，并且更为重要的是，国内产业的严重损害必须是由进口增加造成的，即进口增加与严重损害之间必须有因果关系。

在本案之前，WTO已经审结了5个保障措施案件，即韩国奶制品、阿根廷鞋类，以及美国面筋、羊肉、钢管保障措施案。[1] 这些案件为本案建立了一些"先例"。过去的每一个保障措施都或多或少地违反了以上纪律，因而采取保障措施的一方都被宣布败诉。

本案中，欧盟、日本、韩国、中国、瑞士、挪威、新西兰和巴西等8个起诉方提出了11个法律主张，包括未预见的发展、进口产品定义、国内相似产品定义、进口增加、严重损害、因果关系、对等性、最惠国待遇、措施的

---

[1] 这5个案件是：

（1）欧共体诉韩国对奶制品进口实施保障措施的案件（简称韩国奶制品保障措施案）。专家组报告于1999年6月21日散发，见WTO文件：WT/DS98/R；上诉机构报告于1999年12月14日散发，见WTO文件：WT/DS98/AB/R。

（2）欧共体诉阿根廷对鞋类进口所采取的临时和最终保障措施的案件（简称阿根廷鞋类保障措施案）。专家组报告于1999年6月25日散发，见WTO文件：WT/DS121/R；上诉机构报告于1999年12月14日散发，见WTO文件：WT/DS121/AB/R。

（3）欧共体诉美国对面筋进口采取保障措施的案件（简称美国面筋保障措施案）。专家组报告于2000年7月31日散发，见WTO文件：WT/DS166/R；上诉机构报告于2000年12月22日散发，见WTO文件：WT/DS166/AB/R。

（4）新西兰和澳大利亚诉美国对羊肉进口采取保障措施的案件（简称美国羊肉保障措施案）。专家组报告于2000年10月21日散发，见WTO文件：WT/DS177/R、WT/DS178/R；上诉机构报告于2001年5月1日散发，见WTO文件：WT/DS177/AB/R、WT/DS178/AB/R。

（5）韩国诉美国对进口钢管采取保障措施的案件（简称美国钢管保障措施案）。专家组报告于2001年10月29日散发，见WTO文件：WT/DS202/R；上诉机构报告于2002年2月15日散发，见WTO文件：WT/DS202/AB/R。

此外，阿根廷诉智利对农产品采取综合价格制度（Price Band System）和保障措施案（WT/DS207）也部分涉及保障措施问题。

限度、关税配额分配、发展中国家待遇等,即指责美国的保障措施在这些方面都违反了WTO规则,几乎涉及了WTO《保障措施协定》中每一个实质性条款的适用和理解。美国则百般辩解。最后,专家组和上诉机构通过对一些关键法律点的审查,认定美国的措施不符合WTO规则,宣布美国败诉。

到上诉机构作出最终裁决,当事方提交的书面陈述、证据材料以及专家组、上诉机构裁决,总数已达8000页,为WTO审判历史上所罕见。这是一场真正的法律大战。

(一) 美国采取保障措施

美国国际贸易委员会(ITC)是保障措施调查的主管机关。ITC对钢铁进口的调查,是依据2001年6月22日美国贸易代表(USTR)致ITC主席的一封信而发起的。[1] 在这封信中,贸易代表称,布什总统已经宣布了一项应对美国钢铁行业所面临挑战的全面计划,其中之一就是:指示贸易代表要求ITC根据美国1974年贸易法"201条款",就钢铁进口对美国钢铁行业的影响发起调查(此外还包括与其他钢铁生产国就全球钢铁限产进行谈判,并制定纪律约束补贴和其他扰乱市场的做法)。

信中称,美国钢铁行业及其20万工人在美国经济中起着重要的作用:向制造、建筑和能源行业提供高质量的产品,钢厂给相关行业提供了就业机会。但美国钢铁行业受到了外国政府50年来对市场一贯干预和对其钢铁业直接财政支持的影响,其结果是产量严重过剩、无效生产、世界市场供大于求。现在,美国钢铁行业财务困难,利润大幅下降,投资和市场份额收缩,许多企业已经寻求破产保护。这些困难导致钢厂关闭,工人失业,地方经济受到破坏,其中以钢铁业为生的地方尤为严重。因此,需要立即进行调查,以确定某些钢铁产品进口的增加是否为生产相似或直接竞争产品的国内产业受到严重损害或者严重损害威胁的实质性原因。这封信的后面还附有一份要求调查的进口产品的目录。[2]

ITC随即于2001年7月3日在"联邦公报"上发布公告,宣布开始调查。

7月26日,ITC又收到美国参议院财政委员会的一份决定,要求进行同样的调查。ITC依职权决定,将两项调查合并。

ITC向生产一种或多种有关产品的大约825个公司发放了生产商问卷(这些公司的情况来自以前对钢铁产品的调查和其他公开行业信息),共收到281份回复。进口商问卷除随附在生产商问卷中外,ITC还选择了大约220个公司,共收到326份回复。购买商问卷随附在上述825个和220个公司的问卷

---

[1] 关于这封信,详见美国贸易代表网站:http://www.ustr.gov/steel_201letter.PDF。
[2] 产品目录详见美国贸易代表网站:http://www.ustr.gov/steel_exclusions.PDF。

中。此外，ITC还要求美国生产商提供他们各自产品前3位的购买商，随后向1100个公司发放了问卷。ITC共收到1180份可用的购买商问卷回复。对于外国生产商，ITC在网站上发布了空白问卷，供下载回复。ITC共收到475份回复。

随后，ITC职员对这些回复中所提供的数据进行审查，例如，将每个公司的价格、销售价值和成本等单位数据与公开数据和所有公司的数据进行对照；对美国生产商的数据还进行了特殊的审查，使其报告的销售、经营收入和生产能力等情况尽量与每个公司的财务报表保持一致。此外，对其中最大的一家公司进行了有限的核查，使其问卷中的数据与公司记录相一致。

ITC调查报告中使用的大部分数据都是从调查问卷中获得的，此外也使用了一些其他来源的信息，例如对美国进口的官方统计。

发放、分析问卷只是ITC调查的一部分。ITC就损害举行了8次听证会，就救济举行了3次听证会。ITC的6名委员全部参加了调查。具体进行调查的人员共29人，其中，负责人（director of operations）1人，调查员（investigators）3人，产业分析师（industry analysts）7人，经济师（economists）5人，财务分析师（financial analysts）4人，律师（attorneys）7人，高级统计师（senior statistician）1人，调查监督员（supervisory investigator）1人。调查报告共1150页，分3卷。ITC委员在就损害和救济分别进行表决后，最终于2001年12月19日将决定和建议的报告提交给美国总统。[1] 报告认为，进口钢铁增加对美国国内钢铁业造成了严重损害，建议总统对钢铁进口实施限制，并就具体的限制方式提出了建议。

ITC提交给总统的报告由USTR审查，就是否及如何采取措施向总统提出建议，由总统决定并对外宣布。总统采取的措施可以与ITC的建议不同。为此，USTR也进行了独立的调查。2001年10月26日，在ITC完成其调查前，USTR就可能采取的保障措施征求公众意见，包括国内产业对调整措施的书面意见、排除产品的请求以及总统应当采取什么措施。[2] 2002年1月，USTR与有关当事方举行了一系列会议，征求他们的意见。[3]

美国总统于2002年3月5日发布命令，宣布对钢铁产品进口提高关税。具体措施如下[4]：（1）板材（certain flat steel）。板坯（slabs）：第一年5.4百万吨，配额外关税30%；第二年5.9百万吨，配额外关税24%；第三年6.4

---

[1] 该报告参见USITC网站：ftp：//ftp.usitc.gov/pub/reports/opinions/PUB3479.PDF；ftp：//ftp.usitc.gov/pub/reports/opinions/PUB3479B.PDF；ftp：//ftp.usitc.gov/pub/reports/opinions/PUB3479C.PDF.

[2] 《联邦公报》66 Fed. Reg. 54312, 54323, 2001年10月26日。

[3] 本案专家组报告，第1.29段。

[4] 参见美国贸易代表网站：http：//www.ustr.gov/sectors/industry/steel201/2002-03-05-201remedy.PDF.

百万吨，配额外关税18%。成品板材（包括中厚板（plate）、热轧薄板卷（hot-rolled steel）、冷轧薄板卷（cold-rolled steel）和涂镀薄板卷（coated steel））：第一年关税30%；第二年关税24%；第三年关税18%。（2）热轧棒材（hot-rolled bar）：第一年关税30%；第二年关税24%；第三年关税18%。（3）冷轧棒材（cold-finished bar）：第一年关税30%；第二年关税24%；第三年关税18%。（4）螺纹钢（rebar）：第一年关税15%；第二年关税12%；第三年关税9%。（5）焊管类产品（certain tubular products）：第一年关税15%；第二年关税12%；第三年关税9%。（6）普通碳素和合金管接头和法兰盘（carbon and alloy fittings）：第一年关税13%；第二年关税10%；第三年关税7%。（7）不锈钢棒材（stainless steel bar）：第一年关税15%；第二年关税12%；第三年关税9%。（8）不锈钢杆材（stainless steel rod）：第一年关税15%；第二年关税12%；第三年关税9%。（9）不锈钢线材（stainless steel wire）：第一年关税8%；第二年关税7%；第三年关税6%。（10）镀锡类产品（tin mill products）：第一年关税30%；第二年关税24%；第三年关税18%。

这些措施从2002年3月20日起生效，为期3年。

（二）美国采取保障措施的原因分析及其影响

美国对外宣称，钢铁行业在美国经济中起着重要的作用。但其他钢铁生产国一直对钢铁市场进行干预，对其钢铁业直接提供财政支持，造成全球钢铁产量严重过剩，世界市场供大于求。因此，美国产业受到了严重的影响。现在，美国钢铁行业财务困难，利润大幅下降，投资和市场份额收缩，许多企业已经寻求破产保护。美国对钢铁进口实施暂时的保障措施，是为了给美国钢铁产业提供一个机会，使之调整以适应外国钢铁的大量进口。

但在当时，人们普遍认为，在于2002年11月举行的国会中期选举中，总统为共和党争取钢铁工人的选票，以及在OECD中给久拖不决的钢铁全球限产谈判施加压力[1]，并且利用保障措施给钢铁业提供产业调整的机会等，是

---

[1] 从2001年到2002年，在OECD召开了5次高官会议（High-Level Meeting），讨论钢铁问题。2002年12月18~19日召开的第5次会议，有美国、欧共体和中国等38个钢铁生产国家和地区参加。会议认为，世界钢铁产业的状况是严重的，很多钢铁公司苦苦挣扎，全球无效过剩生产能力造成了钢铁贸易的不稳定。会议对以下问题达成一致意见：（1）生产能力和产业调整。从1998年到2005年，可以关闭140百万吨生产能力；对生产能力和产业调整的政府间重点审查应当继续进行，并且鼓励产业的参与；研究协助钢厂关闭的可行性及成本。（2）纪律。政府提供的补贴和贸易救济措施是两个引起关注的领域。首先应当加强补贴的纪律，制定一项旨在减少和消除影响贸易的补贴的协议；该协议应当考虑与WTO框架的衔接。此外，应当考虑安排自愿承诺限制开展新的补贴计划。以上工作主要由协助高官会议的"生产能力工作组"（Capacity Working Group）和"纪律研究小组"（Disciplines Study Group）负责，争取于2003年内完成。参见OECD网站：http://www.oecd.org/EN/document/0, EN-document-0-nodirectorate-no-12-37799-0, 00.html.

美国采取保障措施的真正原因。

事实上，美国钢铁产业的现状，在很大程度上归咎于美国国内产品竞争和产业结构的问题。2000年，美国钢铁产量1.12亿吨，是世界第三大钢铁生产国。美国有13家综合钢铁厂（integrated producers），65家小钢厂（mini-mills）。小钢厂技术先进，生产成本低，员工包袱轻，其生产的产品对综合钢厂形成了有力的竞争，压低了产品的价格。而综合钢厂由于需要承担的退休员工社会保障成本过高等原因，技术更新和产业调整缓慢。美国钢厂众多，形成了产量过大、产品整体竞争力不强的状况。❶

相比之下，20世纪90年代，欧盟对其钢铁行业的结构进行了大刀阔斧的调整，主要是通过实施较为严格的政府资助管理规则和竞争规则，对钢铁结构进行市场化调整。钢铁行业兼并收购之风盛行。欧盟多数钢铁产品由少数几家在全球钢铁行业中最具效率的钢铁公司生产，在全球10大钢铁企业中，欧盟就占了5家。其结果是欧盟钢铁行业在国际钢铁市场上的竞争力得以提高。

美国将钢铁行业的困难归咎于进口增加，并且对进口采取限制措施，在世界上引起了强烈的反响。钢铁生产国纷纷指责美国的贸易保护主义做法，

---

❶ 世界上很难找到另外一个像美国钢铁工业这样受到保护的产业。自20世纪70年代以来的30年里，美国对进口钢材实行了一连串的保护措施，包括限制性配额、最低价保障、特别税、免征环保费、研发拨款；发起数百起钢铁反倾销诉讼；并多次启用WTO规则中的贸易安全条款；联邦政府保证的补贴性贷款；对钢铁企业的大笔养老金的支付；加上美国政府倡导的国货运动"Buy American"，营造了一个温室般的环境。

从1969年开始，美国政府就对钢铁产业实行了进口配额保护，据业内人士估计：自1975年以来，美国政府对钢铁产业的补贴已超过230亿美元。而据安永公司的估计，整个20世纪80年代，美国政府对钢铁产业的补贴已经超过了300亿美元。

参见"美国钢铁业形状"，WTO信息查询中心网站：http：//www.wtoinfo.net.cn/cgi-binnewsXhot_detail.php?id=113&catalog_id=5&flag=2。

有分析认为，美国钢铁业的现状有以下几个原因：（1）近30年的贸易保护，美国政府宁愿采取行动抵制廉价商品钢材进口，也不愿采取根本的解决措施，这致使美国钢铁企业的竞争能力严重下降。（2）美国钢铁公司相对于其他工业发达国家的钢铁企业，规模小，产量低。美国最大的钢铁公司——美钢联2000年产量为1068万吨，仅占世界排名的第13位，远远落后于新日铁、浦项、于齐诺尔甚至宝钢公司，而现在已经破产的美国排名第4位、年产量只有700万吨左右的LTV钢公司，2000年排名仅为世界第23位。（3）美国钢铁工业不论是设备还是技术，都严重老化，研究、开发能力差。与世界排名前几位的大公司相比，技术、设备、规模远远落后，从而导致产品品种单一，成本居高不下。（4）大量进口钢材冲击美国的钢材市场，2000年进口钢材量相当于美国国内粗钢产量的37%。（5）能源价格上涨，导致钢材产品成本价格的提高。（6）美国经济近几年增长明显减缓，使市场需求受到一定影响。

参见"美国钢铁企业面临的形势及问题"，载WTO信息查询中心网站：http：//www.wtoinfo.net.cn/cgi-bin/news/Xhot_detail.php?id=112&catalog_id=5&flag=2。

认为这将对刚刚开始的 WTO 多边谈判造成不利的影响。欧盟、日本、韩国等国家与美国进行了《保障措施协定》项下的磋商。

美国限制钢铁进口的措施，使得原来向美国出口的钢铁流向其他国家，一些国家对这种"贸易转移"可能产生的对本国钢铁行业的影响进行了调查，其中，欧盟于 2002 年 3 月对进口钢铁产品采取临时保障措施。❶ 此外，欧盟、日本等国家还向 WTO 通报了准备对美国产品实施贸易报复的清单。❷ 同时，欧盟、日本、韩国、中国、瑞士、挪威、新西兰和巴西等国家将美国保障措施提交给 WTO，要求裁决其违反 WTO 的有关规定。这在 WTO 争端解决的案件中，无论从涉及国家的数量还是从对贸易的影响来说，都是首屈一指的。

（三）本案在争端解决中的程序

欧共体、日本、韩国、中国、瑞士和挪威 6 方与美国的磋商于 4 月 11 日、12 日在 WTO 举行，新西兰和巴西与美国的磋商于 6 月 13 日举行。由于磋商

---

❶ 欧共体于 3 月 28 日开始，对部分钢铁进口产品进行保障措施调查，并于 3 月 29 日起的 180 天内，对 15 种产品实施关税配额，关税配额内进口产品仍执行现行进口关税税率，关税配额外进口产品在执行现行进口关税税率的基础上加征 14.9% ～26% 的特别关税。参见 WTO 文件：G/SG/N/6/EEC/1，G/SG/N/7/EEC/1，G/SG/N/11/EEC/1。

欧共体称，其采取措施的原因之一是，美国所采取的措施导致了贸易转移。参见 Official Journal of the European Communities，2002 年 3 月 28 日（Commission Regulation (EC) No. 560/2002，27 March，2002）。然而欧共体措施所适用产品的范围，超出了美国产品的范围。欧共体的解释是，美国的措施不限于保障措施，还包括反倾销和反补贴措施。这些措施都导致了贸易转移。

此外，针对欧共体采取的临时保障措施，美国向 WTO 提起了争端解决程序，争端解决机构于 2002 年 9 月 16 日成立了专家组。

9 月 27 日，欧委会宣布，对 7 种进口钢铁产品（非合金热轧盘条、非合金热轧板卷、非合金热轧窄条、合金热轧板材、冷轧薄板卷、管接头、法兰盘（不含不锈钢））采取最终保障措施。该措施为关税配额，即配额外的进口增加 17.5% ～26.0% 的关税。该措施为期 3 年，到 2005 年 3 月 28 日终止。但欧共体称，由于该措施所针对的是美国保护主义措施所带来的贸易转移，因此，如果美国废除了这些措施，欧共体的措施也将终止。欧委会新闻发布稿没有明确说明是哪些美国措施，即仅仅是保障措施还是包括其他反倾销和反补贴措施。但欧盟贸易委员 Pascal Lamy 说，如果美国在 WTO 对保障措施案作出裁决后 5 天内取消该措施，那么欧共体的措施也将立即终止。据此也许可以认为，此处的美国措施仅仅是指保障措施。但这与欧共体采取临时保障措施时所说的针对美国的保障措施、反倾销和反补贴所导致的贸易转移似乎有些不一致。而如果美国措施是指保障措施、反倾销和反补贴等多个方面，那么美国似乎不可能全部取消这些措施，尽管有可能在保障措施败诉后取消这一措施。因此，欧共体的措施是要实施 3 年的。欧委会新闻发布稿参见欧共体官方网站：http://www.europa.eu.int/rapid/start/cgi/guesten.ksh?p_action.gettxt=gt&doc=IP/02/1387|0|RAPID&lg=EN。

2003 年 12 月 5 日，美国宣布终止保障措施，欧共体也同时宣布自己的保障措施撤销。参见：Official Journal of the European Communities，2003 年 12 月 5 日（Commission Regulation (EC) No 2142/2003，5 December 2003）。

❷ 关于报复的情况，详见下文。

没有解决争议，DSB 同意设立专家组审理此案，并且于 7 月 25 日确定了专家组人员。❶ 专家组和当事方于 10 月 29~31 日和 12 月 12~14 日举行了第一次和第二次实质性会议（substantive meeting）。专家组报告于 2003 年 7 月 11 日作出裁决，认定美国保障措施不符合《WTO 协定》。美国于 2003 年 8 月 11 日提起上诉，起诉方也随后提起了"附条件上诉"。上诉机构于 2003 年 9 月 29~30 日举行了听证会。上诉机构报告于 2003 年 11 月 10 日作出裁决，全面维持了专家组裁决。2003 年 12 月 10 日，专家组和上诉机构报告在 DSB 会议上通过。

值得提及的是，根据 DSU 第 9 条第 1 款的规定，由于本案涉及多个起诉方，应由单一专家组审理。但各方磋商请求的提出时间不一样，最早的是欧共体（2002 年 3 月 7 日），最晚的是巴西（2002 年 5 月 21 日）。这就涉及如何将前后相差两个多月的争议合并到一个专家组的问题。

DSB 分别在其 5 次会议❷上设立了专家组，但同意由同一专家组审理本案。❸ 这主要是当事方协调的结果。美国与巴西于 7 月 18 日达成程序性协定（procedural agreement），对设立单一专家组作出安排：（1）美国同意巴西在 60 天磋商期限结束前请求设立专家组，并且不在考虑此项请求的第一次 DSB 会议上（7 月 29 日）反对接受巴西设立专家组的请求。（2）双方同意由欧共体请求设立的专家组（6 月 3 日）审理本案。（3）所有当事方都可以对专家组的选择发表意见。（4）起诉方的第一次书面陈述应于专家组成立 5 周后同时提交；美国的第一次书面陈述在其后 5 周内提交；当事方于专家组第一次会议后 4 周同时提交第二次书面陈述。❹ 在此之前，7 月 15 日，美国与其他 7 方也签订了一个程序性协议，对新西兰的磋商期限和设立专家组请求，以及各方提交书面陈述的时间作出了类似的安排。❺ 由此可见，当事方在设立单一专家组问题上起着主导作用。

另外，在该案中，8 方为了使案件审理顺利进行，多次开会协调立场和观点，使得各自书面陈述（written submission）的内容避免冲突，并且统一用

---

❶ 主席是冰岛驻 WTO 大使 Stefan Johannesson，另外两个成员分别是印度驻斯里兰卡外交官 Mohan Kumar 和新加坡驻 WTO 前副代表 Margaret Liang。

❷ 6 月 3 日、6 月 14 日、6 月 24 日、7 月 8 日和 7 月 29 日。

❸ 参见 WTO 文件：WT/DS248/15，WT/DS249/9，WT/DS251/10，WT/DS252/8，WT/DS253/8，WT/DS254/8，WT/DS258/12，WT/DS259/11。

❹ 参见 WTO 文件：WT/DS259/9。

❺ 参见 WTO 文件：WT/DS248/13，WT/DS249/7，WT/DS251/8，WT/DS252/6，WT/DS253/6，WT/DS254/6，WT/DS258/10。

语，共用附件。在专家组开庭审理时，8 方也对众多的法律点进行了分配，分工陈述，相互补充。因此，在多个起诉方的案件中，起诉方之间的协调是一项非常重要的工作。

在起诉方提出的 11 个法律主张中，专家组只对未预见的发展、进口增加、因果关系和对等性作出了裁决。专家组认为，对这几个方面的裁决，就足以判定美国的保障措施不符合《WTO 协定》，从而解决本案的争议，因此没有必要继续审查其他方面。

美国在上诉书面陈述中，对专家组裁决中的法律问题和法律解释进行了全面的"批驳"，对美国钢铁保障措施的"合法性"再一次进行了辩解，要求上诉机构推翻专家组的裁决。

8 个起诉方提出的交叉上诉，涉及对相似产品界定、措施的限度和发展中国家待遇等 3 个方面。

上诉机构维持了专家组的总体结论，即美国对所有 10 种产品采取的保障措施都没有法律依据。其中，对于上诉涉及的未预见发展、进口增加和对等性，上诉机构维持了专家组裁决；对于因果关系，上诉机构认为，对其他主张的裁决已经足以解决争端，因此没有必要对专家组报告中的相应内容进行审查；对于交叉上诉，上诉机构没有裁决，因为审查这些主张的前提条件没有出现。另外，对于镀锡类产品和不锈钢线材这两种产品，上诉机构否定了专家组关于提供充分合理解释的理解，但这不影响专家组对这两种产品的总体结论。

（四）美国终止保障措施

2003 年 12 月 4 日，美国总统签署总统令，宣布自 12 月 5 日起，保障措施终止。❶

美国总统在其声明中指出，2002 年 3 月采取保障措施时，钢铁价格是 20 年来最低的，ITC 认定进口对美国国内产业造成了严重损害。总统决定采取措施，是为了给产业提供调整的机会，并且给依赖于钢铁产业的工人和社区提供救济。现在，保障措施达到了目的；而由于经济情况的变化，应当终止保障措施了。美国钢铁产业利用这 21 个月的时间进行了合并与重组。该产业增加了生产力，降低了生产成本，使得自己的产品更具竞争力。生产商与工人谈成了新的劳资协议，更具灵活性，增加了工作的稳定性。"养老金担保公

---

❶ 美国总统令，参见美国白宫网站：http://www.whitehouse.govnewsreleases12/20031204-7.html.

司"为钢铁工人和退休人员的养老金提供了保障,解除了某些公司巨额养老金的负担。总统的工作与增长计划也为该产业创造了更加有利的经济条件,而经济改善将进一步刺激需求。❶

但美国总统同时称,美国将继续实施进口许可与监控计划(import licensing and monitoring program),以对将来可能发生的进口增加作出快速反应。❷美国将继续与其他贸易伙伴在经合组织(OECD)中进行谈判,在钢铁业补贴方面建立新的、更加有力的纪律。美国还将继续推行有利于生产商和消费者的经济政策。

与总统令同时发布的相关背景材料进一步解释说,采取保障措施后,行政部门就在监控钢铁行业的状况。2003年9月,ITC向总统和国会提交了对保障措施的中期评审报告。美国总统还征求了商务部长和劳工部长的意见。美国总统认定,情况已经发生了变化,没有必要继续采取这些措施。这些情况包括产业的合并与重组增加了生产力,降低了生产成本。许多国内钢铁生产商削减了无效生产能力,加强了全面的经营,现在更具竞争力。三大钢铁制造商投资30亿美元,合并了平轧钢行业。多半原材料生产能力由合并或重组后的公司拥有。重组还使得生产商降低了影响竞争力的高额退休金和健康保险成本。2000年以来,"养老金担保公司"承担了14个公司的养老金计划,保险金额达82亿美元。破产钢铁公司退休工人将平均拿到90%的养老金。❸

ITC提交的中期评审报告包括两个部分:"监督国内产业的发展"(monitoring developments in the domestic industry)和"钢铁消费产业竞争状况"(steel-consuming industries: competitive conditions with respect to steel safeguard measures)。该报告分3卷,约1000页。❹

在"监督国内产业的发展"部分,ITC指出,ITC收集了2000年4月到2003年3月的数据。ITC将保障措施第一年即2002年4月到2003年3月的数据,与前一年即2001年4月到2002年3月的数据进行了对比。ITC向800家国内产品生产商发出了调查问卷,从115家公司收到了答复。ITC举行了为期

---

❶ 美国总统声明,参见USTR网站:http://www.ustr.gov/sectors/industry/steel201/2003-12-04-president-statement.htm.

❷ 这是一种自动登记许可制度。参见美国联邦公报网站:http://frwebgate.access.gpo.gov/cgi-bin/multidb.cgi.

❸ 参见美国白宫网站:http://www.whitehouse.govnewsreleases12/20031204-6.html.

❹ 参见ITC网站:http://www.usitc.gov/pub3632/pub3632.htm.

4天的听证会。美国钢铁生产商、钢铁业工人、外国钢铁生产商、美国钢铁进口商、美国钢铁产品购买商,以及国会和州政府的人士参加了听证会。ITC调查发现,采取保障措施后,钢铁产业进行了重大的重组和合并。一些破产公司的财产已经由其他公司获得。钢铁业工人与公司达成了新的协议,以降低固定成本、提高生产力和保护退休人员福利。很多寻求破产保护的生产商停止或调整了雇员养老金福利计划。一些州政府也采取了比较新的计划帮助钢铁生产商。

在"钢铁消费产业竞争状况"部分,ITC指出,ITC使用了多种来源的数据,包括美国产业数据、现有产业资料、问卷答复以及其他材料。ITC收到了419份问卷答复,其钢铁购买份额占22%。其他信息还包括向ITC提交的书面材料、听证会材料,以及产业官员、贸易协会、政府官员和其他利害关系方提交的材料。ITC调查发现,对于多数钢铁消费产业,钢铁价格上升了;29%的合同修改或废除了;49%的公司称获得同质同量钢铁产品遇到了困难;47%的公司转向国内厂家购买钢铁;多数公司没有转向国内厂家购买钢铁部件;多数公司销售和利润增加,但资本投资下降;就业下降;与外国市场相比,美国市场钢铁价格下降较多,但有些产品的价格仍然较高;从价格来看,采取措施使得美国的福利在一些行业增加了65.6百万美元,但在另外一些行业减少了110百万美元。对于继续或终止保障措施的可能影响,多数钢铁消费公司认为,继续或终止都不会改变就业、国际竞争力或资本投资。

美国贸易代表指出,ITC报告是总统作出决定的重要依据。他把ITC的调查结果总结为3个方面。

首先,保障措施起到了作用。钢铁产业利用这个喘息机会恢复了竞争力。自从保障措施实施以来,产业进行了重要的调整:一半以上的生产能力属于合并或重组的企业所有,并且削减了4百万吨的无效生产能力;整体生产力急遽提高:平轧钢提高了12.5%,其他提高了5.5%~26%;价格稳定了:现在的价格比2002年2月高15%~30%;工人养老金得到了保障;利润回升:平轧钢行业获得了400百万美元的利润,金融市场也表现出对钢铁市场的信心;美国出口创纪录:到8月,出口比同期增长49%。

其次,采取保障措施时的经济情况发生了变化。进口不再压低美国价格:进口处于10年来最低水平;亚洲和俄罗斯的需求恢复:中国的钢铁消费每年上升22%;相对价格的变化减少了进口压力,增加了出口机会。

最后,保障措施不可避免地对消费者产生了一些压力,但这对美国经济的成本是有限的。

因此，美国总统认为，保障措施已经实现了目的，现在可以终止了。❶

美国终止保障措施的原因，可能的确是保障措施已经达到了预期目的，即给美国的钢铁业提供了临时保护，使得产业利用这段时间进行了调整。保障措施虽然预计实施3年，但在提前终止时已经实施了近两年。美国此举也引起了广泛的议论，即为了其利益而对WTO规则明知故犯。美国在WTO上诉机构作出最终裁决后不久就撤销了措施，也不能不让人猜测，美国是为了减少其他WTO成员的指责压力，并且树立"知错就改"的"良好形象"。当然，美国仍然可以利用WTO争端解决程序中的实施程序与起诉方进行周旋，但不能不顾及欧盟等威胁报复的压力。❷ 至于此举是否在2002年11月举行的国会中期选举中为共和党争取到了钢铁工人的选票，以及在OECD中给久拖不决的钢铁全球限产谈判施加了压力，则有待于实证分析。

（五）中国参与该案的情况

中国数亿美元的对美出口钢铁产品受到美国保障措施的影响。❸ 因此，2001年6月28日，美国国际贸易委员会正式决定立案对钢铁产品进口进行调查后，中国政府即发表声明，表示中国政府对此严重关切，将全力维护中国钢铁行业的正当权益并密切关注事态的进展。❹

---

❶ 参见 USTR 网站：http：//www.ustr.gov/sectors/industry/steel201/2003-12-04-zoellick-statement.pdf.

❷ 对报复的分析，详见下文。

❸ 2001年中国累计出口钢材474.14万吨，其中出口美国钢材74.34万吨，占中国钢材出口总量的15.68%，占中国钢材生产总量的0.47%。从品种结构上看，板材总计出口26.03万吨。其中，中厚板8.86万吨、薄板16.67万吨；薄板中，冷轧薄板8.71万吨。2000年是中国钢材出口的一个高峰期，其中对美国钢材出口129万吨，占中国钢材出口总量的20.05%，占中国钢材生产总量的0.98%。

因此，我国对美出口在我国钢材出口中占比较重要的地位，但占钢材生产总量的比重非常小。美国此次提高关税的品种基本上将使中国在3年内无法对美国出口。按照历年对美钢材出口的平均数据计算，美国提高关税将给中国造成至少7600万美元的直接损失（平均每吨钢材180美元，平均每年出口40万吨）。

根据2000年和2001年我国对美国钢材出口的品种来看，中厚板、冷轧薄板、镀锌板、镀锡板、无缝钢管、钢丝绳所占比例最大。另外，美国提高关税的品种并不包括所有品种，对我国钢材出口的品种有影响的集中在板材、螺纹钢，对美钢材出口占40%左右的无缝钢管、钢丝绳等不在范围当中。

从资料分析，此次美国提高关税对我国的主要板材生产企业、建筑钢材生产企业影响最大，其中对宝钢、武钢、攀钢、马钢、首钢、唐钢相对来说影响较大。比如，攀钢目前对美出口的钢材品种全在关税提高范围之内，并且都将被征收30%的最高税额。攀钢人士认为，美国此举可能使攀钢在美国的500万美元钢铁市场遭受致命打击。

参见"美国提高钢铁进口关税对中国的影响"，载 WTO 信息查询中心网站：http：//www.wtoinfo.net.cn/cgi-bin/news/Xhot_detail.php?id=122&catalog_id=5&flag=3.

❹ 参见外经贸部网站：http：//www.moftec.gov.cn/article/200207/20020700022651_1.xml.

1. 积极应诉

随后,中方聘请美国律师,于7月24日,以中国钢铁工业协会和中国五矿化工进出口商会的名义,代表中国钢铁产业向美国际贸易委员会正式递交了参加201条款调查的申请文件以及对企业提供的生产数据予以保密的申请。这两份文件的按时递交,确保了我国钢铁产业可全面参与后续程序的调查,并在后续程序中为自身合法利益进行有效抗辩。❶

美国总统公布对进口钢铁201保障措施调查案最终救济方案后,中国政府发表声明,认为美国政府的这一决定将对中国钢铁企业对美正常出口造成严重影响,使企业蒙受巨大损失,中国政府表示强烈不满;美国钢铁产业当前面临的问题不能归咎于外来进口,中国钢铁产品的少量对美出口更是不足以对美国钢铁企业构成损害或损害威胁;美国政府的这一决定不符合世贸组织规则,中国政府将保留向世贸组织争端解决机制提起申诉的权利。❷

2. 根据《保障措施协定》进行磋商

中国政府根据WTO保障措施的有关规定,于3月14日向WTO提出就美201钢铁保障措施案与美国进行磋商。中国政府同时发表声明指出,美国作为世界主要贸易大国之一,对维持国际贸易秩序负有重大责任,应当充分考虑到此举对国际贸易秩序造成的重大损害。事实上,美国钢铁产业当前面临的问题不能归咎于外来进口,而是其内在产业结构不合理所造成的。采取保护主义措施只会阻碍产业结构的良性调整,而无助于问题的解决。况且,中国向美国出口的相关钢铁产品占美国进口的同类产品的比例很小,根本未对美国钢铁业造成严重损害。中方要求美方应充分注意中国的具体情况,妥善解决该问题。中美两国互为重要的贸易伙伴,两国经济具有很大的互补性。中方希望通过双边磋商尽快解决中国关注的问题,避免中美经贸关系受到损害。❸

3月22日,中国与美国的201钢铁保障措施案在华盛顿进行了磋商。磋商中,中国代表团严正声明美方的做法违反了WTO的有关协定,并着重要求美国政府正视中国是发展中国家的事实,对中国输美全部钢铁产品适用发展中国家待遇。此外,我代表团还向美方提供了贸易补偿要求,并声明保留根据《WTO协定》采取进一步措施的权利。❹

---

❶ 参见外经贸部网站:http://www.moftec.gov.cn/article/200207/20020700022691_1.xml.
❷ 参见外经贸部网站:http://www.moftec.gov.cn/article/200207/20020700023670_1.xml.
❸ 参见外经贸部网站:http://www.moftec.gov.cn/article/200207/20020700023721_1.xml.
❹ 参见外经贸部网站:http://www.moftec.gov.cn/article/200207/20020700023747_1.xml.

3. 根据争端解决谅解进行磋商

3月26日，中国正式要求与美国进行WTO《关于争端解决规则与程序的谅解》（以下简称《争端解决谅解》或DSU）项下的磋商。❶

4月11日、12日，中国、欧盟、日本、韩国、瑞士和挪威6方就美国"201钢铁保障措施"在日内瓦与美方进行了WTO《争端解决谅解》项下的磋商。磋商中，6方均对美国违背WTO有关规定、实行贸易保护主义的保障措施表示遗憾，要求美国立即终止该措施。中国代表团还就涉及中国实质利益的问题重点阐述了中方立场。磋商结束后，6方发表了联合新闻声明。❷❸

4. 公布报复清单

鉴于中国政府已根据WTO的有关规定与美就有关问题进行了保障措施和争端解决机制项下的正式双边磋商，但美方未对中方提出的关于补偿、排除等要求给予明确答复，按照WTO相关程序规定，我国驻WTO代表团于5月17日（日内瓦时间）向WTO货物贸易理事会递交了中国对美部分产品中止减让清单，清单中包括自美进口的部分废纸、豆油和电动压缩机。中国将在WTO争端解决机构最终裁决美国201钢铁保障措施违反WTO有关协定后，对来自美国的上述产品加征24%的附加关税，加征后的关税额为9400万美元。❹

5. 申请设立WTO专家组

5月27日，中国正式向WTO请求设立专家组。❺ WTO于6月24日设立本案中国专家组。后根据WTO的有关规定，争端各方进行协调，由同一专家组审理中国、欧盟、日本、韩国、瑞士、挪威、新西兰和巴西8方提出的请求。❻

6. 采取保障措施

此外，中国自5月21日开始，对部分钢铁进口产品进行保障措施调查，并从5月24日起的180天内，采取临时保障措施，即对9种钢铁进口产品（普通中厚板、普薄板、硅电钢、不锈钢板、普盘条、普通条杆、普通型材、

---

❶ 参见WTO文件：WT/DS252/1, G/L/532, G/SG/D23/1, 2 April 2002.

❷ 关于联合声明的内容，详见下文。

❸ 4月3日，外经贸部部长石广生在会见来访的欧盟委员会对外关系委员彭定康时说，中欧在反对美国201钢铁产品保障措施问题上协调了立场；美国发起的201钢铁保障措施案破坏了国际贸易的正常秩序和自由贸易的发展。中欧应共同努力，致力于维护自由贸易，防止贸易保护主义抬头。参见外经贸部网站：http://www.moftec.gov.cn/article/200207/20020700023801_1.xml.

❹ 参见外经贸部网站：http://www.moftec.gov.cn/article/200207/20020700023999_1.xml.

❺ 参见WTO文件：WT/DS252/5, 27 May 2002.

❻ 参见WTO网站：http://www.wto.org/english/news_e/news02_e/dsb_29july02_e.htm.

无缝管和钢坯）实施关税配额；关税配额内进口产品仍执行现行进口关税税率，关税配额外进口产品在执行现行进口关税税率的基础上加征7%~26%的特别关税。❶❷

11月19日，外经贸部发布公告：（1）自2002年11月20日起，对热轧普薄板、冷轧普薄板（带）、彩涂板、无取向硅电钢、冷轧不锈薄板（带）5类进口钢铁产品实施最终保障措施。最终保障措施采取"关税配额、先来先办"的方式。在规定数量内进口产品仍执行现行适用关税税率，规定数量外进口产品在执行现行适用关税税率的基础上加征关税（10.3%~23.2%）。最终保障措施在实施期间将逐步放宽。（2）最终保障措施的实施期限为3年（包括临时保障措施的实施期限），自2002年5月24日至2005年5月23日。（3）不适用最终保障措施的临时保障措施涉案产品在临时保障措施实施期间加征的关税将予以退还，有关办法另行公布。（4）对进口份额不超过该类产品进口总量3%的原产于发展中国家/地区的产品不适用最终保障措施，但进口商须提供来自不适用最终保障措施国家/地区的产品原产地证明。（5）最终保障措施实施期间，对外贸易经济合作部可以根据有关情况的变化，依法审查最终保障措施的形式和水平。❸ 至此，中国正式采取了第一个保障措施。

2003年12月26日，已经取代外经贸部的商务部发布公告称，鉴于当前钢铁贸易形势的发展，经国务院关税税则委员会批准，决定自2003年12月26日起终止上述钢铁保障措施的实施，不再对该措施项下的进口钢铁产品加征关税。❹

7. 全面参与专家组审议和上诉机构审议

中国全面参加了本案在争端解决机制中的程序：向专家组提交了第一次、第二次书面陈述，出席了专家组召开的第一次、第二次听证会，书面回答了

---

❶ 参见WTO文件：G/SG/N/6/CHN/1，G/SG/N/7/CHN/1，G/SG/N/11/CHN/1。
应韩国政府要求，6月20日，中韩在北京就我国钢铁产品临时保障措施举行了WTO《保障措施协定》项下的磋商。韩国在磋商中表达了对我国临时保障措施的关注和立场。我方就韩方提出的问题做了澄清和解答。我方同时强调，中国实施临时保障措施是针对钢铁贸易转移对中国钢铁企业造成严重损害或严重损害威胁采取的措施，符合中国法律规定，符合WTO相关规定。同时，中国采取的措施充分考虑了进口商的利益，维持了现有钢铁进口流量，不会限制钢铁产品的正常进口。参见外经贸部网站：http://www.moftec.gov.cn/article/200207/20020700024131_1.xml。

❷ 2002年1~6月，中国钢铁进口猛增37.5%，达1172万吨，由于美国钢铁进口已经由2月份的280万吨下降到5月份的160万吨，中国的钢铁进口已经超过美国，提前半年成为全球第一大钢铁进口国。参见外经贸部网站：http://www.moftec.gov.cn/article/200208/20020800035058_1.xml。

❸ 参见外经贸部网站：http://www.moftec.gov.cn/article/200211/20021100048856_1.xml。

❹ 参见商务部网站：http://www.mofcom.gov.cn/article/200312/20031200164177_1.xml。

专家组的问题；向上诉机构提交了被上诉方书面陈述和"附条件上诉"，参加了上诉机构召开的听证会并回答了专家组的问题。与其他起诉方不同的是，中国特别提出了发展中国家问题，认为美国没有给予中国出口豁免违背了WTO的规则。

二、程序特点评介

美国钢铁保障措施案经历了《保障措施协定》磋商、DSU磋商、专家组审议和上诉机构审议等争端解决的全过程，对于了解争端解决机制的特点来说是一个完整的案例。其中，在有些特殊问题上还发展了争端解决程序。以下是对这些程序和特点的简要介绍。

（一）根据《保障措施协定》的磋商

（略）

（二）根据《争端解决谅解》的磋商

（略）

（三）专家组阶段

（略）

（四）上诉审议阶段

1. 要求通过专家组报告

DSU第16条规定，在专家组报告散发给各成员20天后，DSB方可审议通过报告；除非一当事方提起上诉，或者DSB一致决定不通过该报告，该报告应当获得通过。

对于胜诉方何时可以要求召开DSB会议通过报告，是在专家组报告散发后20天内，还是在20天后，DSU没有规定。从实践来看，是可以在20天要求将通过专家组报告列入DSB会议议程或要求专门召开DSB会议的。例如，从专家组报告散发之日起，以下案件通过专家组报告列入DSB会议议程的日期分别是：加拿大药品案[1] 21天，加拿大汽车产业案[2] 20天，印度尼西亚汽

---

[1] Canada—Patent Protection of Pharmaceutical Products, WT/DS114/R, 17 March 2000.
[2] Canada—Certain Measures Affecting the Automotive Industry, WT/DS139/AB/R, WT/DS142/AB/R, 31 May 2000.

车产业案❶21 天。按照惯例，要求召开 DSB 会议，应当提前 10 天提出。由此可以推论出，胜诉方要求召开 DSB 会议是在专家组报告散发后 20 天内作出的。

本案中，专家组于 7 月 11 日散发报告。起诉方于 7 月 31 日要求 DSB 在 8 月 11 日召开特别会议，通过专家组报告。但 8 月 11 日，美国向 DSB 提交了上诉通知（Notice of Appeal），宣布就专家组报告提出上诉。❷ 因此，专家组报告没有通过。从这个时间安排来看，起诉方是在专家组散发报告 20 天后才请求通过专家组报告的。

2. 交叉上诉

根据 WTO《上诉审议工作程序》第 23 条第 1 款的规定，在上诉通知作出后 15 日内，原上诉方之外的当事方可以加入该上诉，也可以就专家组报告中的其他法律错误提起上诉。也就是说，其他当事方有 15 天的时间决定是否加入其他当事方提起的上诉。其他当事方也可以单独提起上诉。单独上诉可以在该 15 日内提起，也可以在此后提起（但必须在专家组报告散发后 60 日内，即专家组报告被 DSB 提供前❸），但这种上诉应由相同的上诉成员审理。这就是"交叉上诉"（cross appeal）的情况。例如，在美国 1916 年反倾销法案中，美国败诉，因此提起上诉。而欧共体和日本也就专家组报告中不利于欧共体和日本的一些问题提出了上诉。但这种上诉是"附条件的上诉"（conditional appeal），即请求上诉机构，只有在上诉机构推翻专家组报告中有利于欧共体和日本的裁决部分的情况下，才就欧共体和日本单独提出的上诉作出裁决。❹

本案中，起诉方提出了多个主张，但专家组只对其中的几个主张作出了裁决，就足以认定美国的措施没有法律依据，违反了《保障措施协定》和 GATT 的义务。然而专家组行使司法节制权（judicial economy）而没有审查的美国措施的其他方面的违法性仍然存在；尽管起诉方认为上诉机构没有理由不同意专家组的整体结论，但如果上诉机构的裁决的确影响了专家组的裁决

---

❶ Indonesia—Certain Measures Affecting the Automobile Industry，WT/DS54/R，WT/DS55/R，WT/DS59/R，WT/DS64/R，2 July 1998.

❷ 参见 WTO 文件：WT/DS248/17，WT/DS249/11，WT/DS251/12，WT/DS252/10，WT/DS253/10，WT/DS254/10，WT/DS258/14，WT/DS259/13，14 August 2003.

❸ 参见 DSU 第 16 条第 4 款。

❹ 但由于上诉机构没有推翻专家组的相关裁决，这种条件没有出现，所以，上诉机构没有对这种上诉作出裁决。美国 1916 年反倾销法案：United States—Anti-Dumping Act of 1916，WT/DS136/AB/R，WT/DS162/AB/R，28 August 2000，第 152~153 段。

（In the unlikely event that the Appellate Body should reverse sufficient of the Panel's findings to undermine this conclusion），则专家组行使司法节制的基础就不复存在，上诉机构就应当对这些问题进行审查。因此，起诉方就专家组没有审查的一些主张提出上诉，提交了"其他上诉方书面陈述"（Other Appellant's Submission），即附条件的上诉。提交这种上诉书面陈述的日期，是以美国上诉通知为起算点的，即8月26日。其中，日本、韩国和巴西联合提交了一份"其他上诉方书面陈述"。同欧共体等8方就美国的上诉书面陈述提交被上诉方书面陈述一样，美国也就8方的"其他上诉方书面陈述"提交了"被上诉方书面陈述"。上诉机构最后裁决认为，由于上诉机构维持了专家组裁决，对"其他上诉方书面陈述"中的主张进行审查的条件并未出现，因此没有必要审查这些主张。

3. 上诉审议程序

上诉审议程序规定在DSU第17条和《上诉审议工作程序》（Working Procedures for Appellate Review）中。

根据《上诉审议工作程序》第27条第1款的规定，上诉审议听证会原则上应当在上诉通知后30日内举行。但本案的听证会是在9月29日、30日举行的，即是在上诉通知后48日、49日举行的。

根据DSU第17条第1款的规定，每个案件由3名上诉机构成员组成，本案中是Mr. James Bacchus, Mr. Georges Abi-Saab和Mr. John Lockhart。其中，James Bacchus也是上诉机构主席，并且是上诉机构中唯一一位从1995年就担任上诉机构成员的人。他作风严谨，对听证会时间和秩序要求严格，但又不失幽默，使得听证会很有个性化色彩。❶

听证会分为两部分。首先是当事方发言，简要阐述自己的观点。上诉机构对上诉和交叉上诉的内容未作区分；美国在口头陈述中没有提及交叉上诉的内容，而欧共体等8方则按照事先的分工，分别宣读就美国上诉的辩驳和交叉上诉的内容。然后是上诉机构成员向当事方提问。与专家组听证会不同的是，当事方之间并不互相提问。但是，在一当事方回答问题后，其他当事方举牌经主席同意后，也可以就某个问题发表自己的意见。另外，第三方也全程出席了听证会，并且除了没有第一部分的口头陈述之外，也可以回答专

---

❶ 他于2003年6月20日在伦敦的演讲——The Strange Death of Sir Francis Bacon: The Dos and Don'ts of Appellate Advocacy in the WTO中，总结了自己在上诉机构任职8年的经验，介绍了上诉机构的决策方法，提出了参加上诉审议的52个注意事项，堪称WTO上诉审议的"圣经"。此文文采、哲理俱佳。

家组向所有参加方提出的问题,或者主动要求发言。与专家组听证会期间第三方只能参加为其专门召开的会议相比,第三方在上诉审议中似乎享有更大的权利。

上诉方主要是指责专家组的裁决在法律适用和法律解释方面如何错误,而被上诉方则百般为专家组的裁决辩护。专家组裁决中,虽然很多推理和结论都是起诉方的观点,但也有很多是专家组自己的理解。因此,对于专家组裁决中某一观点或结论的含义,双方在上诉阶段常常会提出自己的理解。这让人感觉到,如果专家组在场,会提供更为准确的解释。事实上,上诉是针对专家组裁决的,被上诉方应当是专家组才对,即上诉方指责专家组裁决,由专家组作出辩护。这实际上是诉讼程序中的一个根本问题,即谁应当是上诉阶段"应诉方"的问题。

4. 法庭之友意见

2003年9月16日,在美国就该案提出上诉后,美国国际钢铁协会(American Institute for International Steel,AIIS)向上诉机构提交了一份"法庭之友意见"(amicus curiae brief)。这份材料对美国上诉书面陈述的内容进行了批驳,认为专家组认定美国没有对其采取保障措施的决定进行充分合理解释的裁决是正确的,要求上诉机构维持专家组裁决。该材料提出了一个新的证据,即根据《保障措施协定》第3条第1款的规定,调查机关的报告应当说明采取保障措施是否符合公共利益(public interest),而ITC报告并没有说明这一点。在ITC调查过程中,美国消费行业贸易行动联盟(Consuming Industries Trade Action Coalition,CITAC)就向ITC提交了一份材料,认为:消费行业的福利在本案的损害调查中处于危险之中;从全美情况来看,钢铁消费行业工人的数量与钢铁工人的比例是50:1,每个州的下游产业工人都比钢铁行业的多;限制钢铁产品进口将是为了挽救1个钢铁工人而牺牲9个下游产业工人,使得每个就业岗位每年造成经济损失565000美元;国内生产只能满足美国需求的75%~80%;很多产品美国都没有制造或不能充足供应。

该联盟是一个非政府组织(Nongovernmental Organization),成员是来自美国、加拿大和墨西哥的工人和公司,成员从事国际钢铁贸易,宗旨是促进钢铁在自由贸易和经济增长中的作用。该联盟在本案上诉阶段提出的公共利益问题,显然是有利于起诉方的,但起诉方在先前并没有将之作为一个法律点。该意见提交给上诉机构后,在上诉程序中,当事方和上诉机构均未提及这个意见。在专家组阶段没有涉及的法律问题,上诉机构显然无权审查。对于起诉方来说,该案胜券在握,也没有必要提及这个新的问题。但作者同意该联盟的意见,即公共利益问题在 WTO 过去的相关案件中没有引起足够的重视,采取保障措施应当注意消费者的观点。

在 WTO 审判实践中,专家组也遇到过当事方和第三方之外的人主动向专家组提交意见和信息的情况。这就是所谓的"法庭之友意见"。在"美国虾案"中,非政府组织"海洋保护中心"(CMC)、"国际环境法中心"(CIEL)和"世界野生自然基金"(WWF)向专家组提交了意见和材料。专家组拒绝考虑这些意见,因为本谅解第 13 条只是说专家组可以主动寻求信息,接受不请自来的非政府组织的信息不符合本谅解的规定。❶ 但上诉机构认为,专家组有权接受或不接受任何信息。也就是说,接受非政府组织的意见和材料并不违反第 13 条的规定。❷ 因此,在后来的澳大利亚鲑鱼案(21.5)中,专家组认为一些渔民和加工商的意见与本案有关,因而将其记录在案。❸ 上诉机构也可以考虑作为当事方书面陈述附件的"法庭之友意见"。❹ 对于直接向上诉机构提交的"法庭之友意见",上诉机构认为有权予以考虑。❺ 事实上,在具体案件中,上诉机构还曾经专门制定了特殊的程序,供所有人提供信息和

---

❶ 美国虾案:United States—Import Prohibition of Certain Shrimp and Shrimp Roducts,WT/DS58/R,15 May 1998,第 7.8 段。但专家组说,当事方如果认为这些意见有用,可以将之作为提交专家组的书面陈述的一部分,这样专家组就可以考虑了。

在欧共体石棉案中,专家组也收到了 4 份法庭之友意见。专家组将这些意见交给当事方,欧共体将其中两份意见作为其书面陈述的一部分。专家组在第二次会议上,允许加拿大对这两份意见发表评论。而对于另外两份意见,专家组决定不予考虑。对此,专家组没有说明理由,可能是因为加拿大反对接受所有的法庭之友意见,而欧共体也认为这两份意见没有与本案有关的信息。欧共体石棉案:European Communities—Measures Affecting Asbestos and Asbestos—Containing Products,WT/DS135/R,18 September 2000,第 6.2~3 段。

❷ 美国虾案:United States—Import Prohibition of Certain Shrimp and Shrimp Products,WT/DS58/AB/R,12 October 1998,第 99~110 段。

❸ 澳大利亚鲑鱼案(21.5):Australia—Measures Affecting Importation of Salmon-Recourse to Article 21.5 by Canada,WT/DS18/RW,18 February 2000,第 7.8~9 段。

❹ 美国虾案:United States—Import Prohibition of Certain Shrimp and Shrimp Products,WT/DS58/AB/R,12 October 1998,第 83 段。

关于"法庭之友意见",详见第 13 条解释。

❺ 上诉机构指出,WTO 成员之外的个人和组织没有提交书面陈述或参加听证会的法律权利;上诉机构没有接受或考虑法庭之友意见的义务;上诉机构只有权接受和考虑作为案件当事方或第三方的 WTO 成员的书面陈述。但是否接受和考虑法庭之友意见,上诉机构有自由裁量权。美国热轧钢案:United States—Imposition of Countervailing Duties on Certain Hot-Rolled Lead And Bismuth Carbon Steel Products Originating in The United Kingdom,WT/DS138/AB/R,10 May 2000,第 41~41 段。

意见。❶

（五）专家组和上诉机构报告的特点评析

1. 专家组报告

（1）司法节制。

起诉方提出了11个法律主张，但专家组只对未预见的发展、进口增加、因果关系和对等性作出了裁决。专家组认为，对这几个方面的裁决，就足以判定美国的保障措施不符合《WTO协定》，从而解决本案的争议，因此没有必要继续审查其他方面。专家组采用司法节制的方法，于众说纷纭之中，抓住解决争议的核心问题，果断作出裁决。这是一种"四两拨千斤"的高超本领。

（2）"充分合理的解释"（reasoned and adequate explanations）。

专家组在未预见的发展、进口增加、因果关系和对等性这4个方面认定美国的保障措施法律依据不足，很大程度上是因为美国没有对其裁决作出"充分合理的解释"。这个思路贯穿于专家组裁决报告的始终。

专家组指出，DSU第11条规定，专家组的职责是对有关事项进行客观评估（objective assessment）。这个一般性的审查标准也适用于有关《保障措施协定》和GATT第19条的争端，即专家组不是对证据进行重新审查以代替进口成员的分析和判断，而是看调查当局是否审查了所有相关事实并且对这些事实如何支持其裁决作出了合理解释。这一点在阿根廷鞋类案中已得到确认。❷

此外，美国面筋案和美国钢管案专家组认为，专家组必须评估调查当局是否提供了充分合理的解释，说明事实如何支持裁定。❸ 在美国羊肉案中，上诉机构进一步指出，在审查是否有充分合理解释时，专家组应当深入审查这些解释，并且依据提交专家组的事实；专家组应当审查主管当局的解释是否充分涉及了数据的性质和复杂性，并且是否对这些数据的其他解释作出了回应；如果其他解释有道理，而相比之下主管当局的解释不够充分，专家组就应当认定主管当局的解释并不充分合理。❹ 在美国棉纱案中，上诉机构也进一

---

❶ 欧共体石棉案：European Communities—Measures Affecting Asbestos and Asbestos-Containing Products, WT/DS135/AB/R, 12 March 2001, 第51段以下。该程序对提交意见的时限和内容都作出了规定。虽然很多非政府组织都提交了意见，但上诉机构认为这些意见都不符合程序的要求。

❷ Appellate Body Report, US—Line Pipe, para. 158.

❸ Panel Report, US—Wheat Gluten, para. 8.5; Panel Report, US—Line Pipe, para. 7.194.

❹ Appellate Body Report, US—Lamb, para. 106.

步确认了这一点。❶

（3）裁决中支持美国的部分。

专家组虽然总体上否定了美国的措施，但裁决中有一部分是支持美国观点的。例如，对于不锈钢棒材的进口相对增加，专家组就认为美国提供了充分合理的解释。因为ITC发现，调查期内相对进口增长很大，从1996年的51.8%上升到2000年的84.1%。ITC还指出，最大的增长发生在2000年（19.3%）。ITC认为，最近的轻微下降（从2000年中期的87.9%到2001年中期的84.6%）不影响认定进口增加。专家组认为，这是一种令人满意的解释。特别是1999~2000年有重大增长（19.3%），而两个中期3.3%的下降是不重要的。因此，相对进口仍然处于很高水平，属于正在以增加的数量进口。

当然，美国对不锈钢棒材采取措施仍然是不符合WTO义务的，因为在其他方面，即未预见的发展、因果关系和对等性方面是不符合要求的。

再如，专家组认为，亚洲金融危机属于"未预见的发展"。因为这场危机发生在1997年，美国谈判者是无法在1994年乌拉圭回合结束时预见的。而且这与ITC第二份补充报告中的下述说明是一致的：东南亚国家经济增长很快，出口增长更快；但到了1997年，金融危机出现，货币大幅度贬值，这些国家的经济增长放缓，钢铁需求下降。这些说明也确定了亚洲金融危机属于未预见的发展。

然而对于未预见的发展如何导致了进口增加，美国并没有提供充分合理的解释。因此，美国的措施仍然不符合"未预见的发展"的要求。

2. 上诉机构报告

（1）"司法节制"。

美国对专家组的因果关系裁决也提出了上诉。但上诉机构认为，上诉机构已经认定10种保障措施都违反了GATT第19条和《保障措施协定》第3条第1款，因此维持了专家组裁决，即ITC没有对未预见的发展导致进口增加提供充分合理解释。此外，对于对等性，上诉机构已经认定措施不符合协定第2条第1款和第4条第2款，因此维持了专家组的裁决，即ITC没有证明保障措施所针对的进口本身导致了国内产业严重损害。由于作出了上述裁决，因此，从解决争端的目的来看，上诉机构没有必要对专家组的因果关系裁决是否正确的问题作出裁决。上诉机构既未推翻也未维持专家组的这些裁决。

从上诉机构的这段说明来看，上诉机构也使用了"司法节制"的方法。

---

❶ Appellate Body Report, US—Cotton Yarn, para. 74.

但根据 DSU 第 17 条第 12 款的规定，对于上诉中所提起的专家组报告中的每一个法律问题和法律解释，上诉机构都应当处理（The Appellate Body shall address each of the issues raised in accordance paragraph 6 during the appellate proceeding）。虽然根据 DSU 第 3 条第 4 款和第 7 款的精神来看，争端解决机制的目的是为了解决争端，但上诉机构在本案中的做法好像是不符合第 17 条第 12 款的明确规定的。

（2）推翻专家组裁决的部分。

上诉机构虽然总体上维持了专家组的裁决，并且建议 DSB 要求美国使其保障措施符合《WTO 协定》的义务，但对于不锈钢线材和镀锡类产品，推翻了专家组以下两项裁决：①美国没有提供充分合理解释来说明事实如何支持其关于进口增加的裁定，因为解释由多种类型构成并且不能协调；②美国没有提供充分合理解释来说明事实如何支持其关于因果关系的裁定，因为解释由多种类型构成并且不能协调。

以镀锡类产品为例，这个问题的焦点是 ITC 委员对镀锡类产品的分类问题，因为 4 个委员将镀锡类产品视为单独产品，而另外 2 个委员视为板材的一种。视为单独产品的委员都对进口增加和严重损害作出了肯定裁决；但对于因果关系，只有 1 名委员作出了肯定裁决。因此，最终只有这名委员认为镀锡类产品是单独产品，而视为板材组成部分的委员是对大类作出了肯定裁决。尽管产品界定不同，ITC 报告仍然认定 3 个委员作出了肯定裁决。在美国总统 3 月份的命令中，没有选用任何一个肯定裁决作为采取保障措施的基础，而是根据美国国内法，决定对镀锡类产品和不锈钢线材作出肯定裁决委员的观点是 ITC 裁决。因此，总统显然依据的是所有 3 个委员的裁决，尽管这些委员没有在同一个相似产品的基础上作出裁决。

专家组认为，ITC（作出肯定裁决的 3 个委员）对镀锡类产品作出了不同裁决，而这些裁决是不可协调的，因为它们依据的是界定不同的产品。不论协定在成员内部成员决策程序方面提供了多大的灵活性，主管当局都必须对其决定提供充分合理的解释。否则，专家组就不能支持这些措施。对于镀锡类产品，专家组看不到 ITC 报告对该措施作出了怎样的逻辑解释，以及满足了进口增加的要求。利害关系方和专家组不知道不同委员的多个不一致裁决是如何成为采取保障措施基础的。

因此，专家组认定，在不同产品的基础上作出的相互无法协调的裁决，就违反了协定所要求的提供充分合理解释的义务。因此，ITC 报告的裁定没有充分合理解释，违反了第 2 条第 1 款和第 3 条第 1 款。

但上诉机构认为，专家组没有审查3个委员肯定裁定的实体内容，而只是认为这些裁定所依据的不是界定相同的产品，因此无法协调，也就是没有提供充分合理解释。上诉机构对专家组的观点持保留意见。首先，3个委员的裁定并非不能协调。对于范围广泛的产品的肯定裁定与针对其中一种产品的肯定裁定不一定相互排斥，而应当视情况而定。而专家组没有审查裁定的细节，因此无法充分说明3个裁定能否协调。

其次，第3条第1款只要求公布报告，而没有对主管当局的多种裁定或一个裁定提出要求。协定并没有规定成员的内部决策程序。ITC委员作出裁定所依据的产品分类虽然不同，但ITC最后作出的是本机构的裁定。专家组没有必要判断不同委员的裁定是否可以协调，而是看是否提供了充分合理解释。专家组不应当在认定有不同委员的不同裁定后就停滞不前，而应当继续分析这些裁定是否提供了充分合理解释。本案中，专家组在"对等性"部分就继续进行了这样的分析。

因此，上诉机构推翻了专家组此处的裁决。

上诉机构从这两个方面推翻专家组裁决，但不影响专家组对这两种产品的总体结论，即对这两种产品采取措施不符合《WTO协定》的义务。

三、法律争议介绍

如前所述，起诉方提出了11个法律主张，包括未预见的发展、进口产品定义、国内相似产品定义、进口增加、严重损害、因果关系、对等性、最惠国待遇、措施的限度、关税配额分配、发展中国家待遇等。

专家组只对未预见的发展、进口增加、因果关系和对等性作出了裁决。专家组认为，对这几个方面的裁决，就足以判定美国的保障措施不符合《WTO协定》，从而解决本案的争议，因此没有必要继续审查其他方面。

美国在上诉书面陈述中，对专家组裁决中的法律问题和法律解释进行了全面的"批驳"，对美国钢铁保障措施的"合法性"再一次进行了辩解，要求上诉机构推翻专家组的裁决。

8个起诉方提出的交叉上诉，涉及对相似产品界定、措施的限度和发展中国家待遇三个方面。

上诉机构维持了专家组的总体结论，即美国对所有10种产品采取的保障措施都没有法律依据。其中，对于上诉涉及的未预见的发展、进口增加和对等性，上诉机构维持了专家组裁决；对于因果关系，上诉机构认为，对其他主张的裁决已经足以解决争端，因此没有必要对专家组报告中的相应内容进行审查；对于交叉上诉，上诉机构没有裁决，因为审查这些主张的前提条件没有出现。另外，对于镀锡类产品和不锈钢线材这两种产品，上诉机构否定了专家组关于提供充分合理解释的理解，但不影响专家组对这两种产品的总体结论。

限于篇幅，以下仅举未预见的发展为例。专家组阶段，按照起诉方观点、美国观点、专家组裁决的顺序排列；上诉审议阶段，按美国、被上诉方和上诉机构裁决的顺序排列。对于交叉上诉，仅以相似产品界定为例。如上所述，8个起诉方专家组和上诉机构提交的书面陈述内容不尽相同，以下仅以中国书面陈述的内容为准。

（一）未预见的发展

1. 专家组阶段

（1）第一次书面陈述。

1）起诉方观点。

根据 GATT 1994 第 19 条的规定，采取保障措施，必须存在"未预见的发展"。美国提到的未预见的发展是：①亚洲金融危机：从 1997 年中期泰铢贬值开始，蔓延到其他市场；列举了钢铁消费的整体下降和 5 个国家（印度尼西亚、韩国、马来西亚、菲律宾、泰国）的货币贬值；②1991 年前苏联解体，未曾预料到的财政困难导致这些国家 1996~1999 年钢铁出口的剧烈增加；③美国钢铁需求强劲，有些钢铁产品消费增加，美国市场的持续增长加上其他市场的收缩和不确定性，对美元产生重大的升值压力，并使得美国市场成为对在其他市场上被替代的钢铁产品特别具有吸引力的市场。美国的解释是，从亚洲和俄罗斯经济危机开始，外国巨大的钢铁消费被替代了，并且货币贬值和经济收缩影响了这些市场，进入美国市场的钢铁急遽增加，美国钢铁价格下降。

但从下面的分析可以看出，ITC 没有提供充分、合理的解释说明其决定。①进口增加与所谓未预见的发展缺乏一致性。

未预见的发展必须在时间上先于进口增加发生，并且一直与进口增加密切相关。而 ITC 的解释却是与进口增加和严重损害分离的，并且是在其之后的。

这首先表现在对调查期的选择上。选择调查期只是在"进口增加"一节提到调查的法律标准时被间接提及，并且只说选择最近 5 年是 ITC 的一贯做法。

进口增加与未预见的发展之间缺乏联系，还体现在对发生于 1989 年、

1996 年或 1997 年的未预见的发展,报告中没有信息表明是否仍然在导致进口增加。

②采取保障措施的具体产品与未预见的发展之间没有关系。

ITC 对未预见的发展的解释是不充分的,因为它们只涉及总体钢铁生产,依据的是不一致时期特定国家特定产品中的特定数据。

美国对很多不同产品采取了保障措施。对未预见的发展的适当解释应当基于对每种产品进口增加的未预见的发展的解释和决定,但 ITC 没有这么做。

如上所述,对未预见的发展的仅有考虑是后来提交的补充报告。报告没有分别考虑每种产品,而只是对全球宏观经济形势进行了一般性的评论。

③ITC 提及的事项不应视作未预见的发展。

ITC 提及的事项,有些并不是"未预见的"。

第一,关于俄罗斯危机。事实上,由于多数前苏联国家都不是 WTO 成员,美国可以随意限制它们的钢铁产品进入美国。因此,导致这个来源进口增加的未预见的发展不符合要求。显然,未预见的发展要求必须依据采取措施的 WTO 成员的关税减让进行评估。不管怎么说,由于 1991 年前苏联解体而来自前苏联国家的经济影响都不是未预见的,因为 1994 年美国于乌拉圭回合结束作出关税减让时,这个因素是已知的。

第二,俄罗斯和亚洲金融危机是与钢铁生产无关的宏观经济事件,可以是任何 WTO 成员在任何一个产业采取保障措施的理由。

第三,美国市场强劲不应视作未预见的发展。美国经济政策的目标恰恰就是这个。即使加上其他地方的经济危机,这也不能视为未预见的发展。全球经济经常受到冲击,常常会出现有的地方出现危机,而有的地方则情况较好。如果美国是在后来采取措施的,肯定就会以阿根廷经济危机作为依据。ITC 没有解释为什么 1991~2000 年世界上有些地方发生危机是没有预料到的。

第四,货币波动也不是未预见的发展。未预见的发展的反面是预见的发展。换句话说,为了确定一个情况是否未预见,应首先看看它是否本应可以预见。布雷顿森林体系的固定汇率制度于 1971 年崩溃后,美元价值经常发生变化。这种变化不应再被视作未预见的。

④ITC 没有提供充分、合理的解释。

(a) 数据缺乏代表性。

根据美国的解释,进口增加来源于亚洲和前苏联国家的金融危机。这包括 5 个亚洲国家和 15 个前苏联国家。将美国的声明与 ITC 网站的官方数据相比较,这些国家显然只占有关钢铁总进口的 20%。因此,未预见的发展只涉及进口的一部分,不能被视作具有代表性,以充分解释来自所有来源的进口增加。未预见的发展必须是导致来自所有来源的进口增加的情况。《保障措施协定》第 2 条第 2 款规定,保障措施应适用于所有来源的进口。因此,未预见的发展所导致的进口增加的来源必须有代表性,否则,未预见的发展与进口增加之间的因果关系就被打断了。上诉机构在阿根廷鞋类保障措施案中也说,这些情况必须导致某种产品进口增加并造成了严重损害。

(b) 俄罗斯金融危机。

事实上,对于前苏联国家来说,消费的下降和出口的上升都不是新现象,即不是在乌拉圭回合结束后出现的,而是至少从 1991 年就出现了。因此,前苏联国家当时没有未预见的发展,因为这些国家的消费和出口不是新问题。相反,1999 年和 2000 年,前苏联国家的消费是有些增长的。对于出口,其增长在乌拉圭回合结束后比以前减少了:1994～1999 年,增长是 28.7%;1991～1994 年,增长是 625.7%。ITC 的解释是,虽然前苏联解体和经济混乱出现在乌拉圭回合结束前,但未预料的财政困难导致了这些国家钢铁产品出口在 1996～1999 年之间的急遽增长。特别是由于俄罗斯和其他共和国经历了严重的财政困难和货币波动,钢铁出口增加了 22%,而美国市场由于需求强劲,被替代的外国生产的重要部分流向了美国。

然而即使这些国家的出口在 1996～1999 年增长了 22%,这些出口也不是对着美国市场的。根据 ITC 网站的官方数据,来自前苏联国家的进口在 1996 年是 2470575 吨,1999 年是 2583725 吨,增加了 4.5%。因此,很难说来自这些国家的进口急遽增长了。22% 的出口不仅仅是对美国市场的。因此,这些国家的出口趋势不能支持 ITC 的结论。

(c) 亚洲金融危机。

对于亚洲国家,ITC 没有提供数据说明受影响国家的出口是否增加,也没有说明这些出口是否流向了美国,而只是推定:由于这些国家的消费下降了,出口必定增加了。ITC 还补充说,谈判期间以及谈判结束后的一段时间,一些新兴市场,特别是东南亚市场,整体经济有实质性增长,在 20 世纪 90 年代前半期年增长率达 8%;而伴随高增长率的,是更加急遽的出口增长。

因此,与前苏联国家的情况相同,亚洲国家的出口增长是在乌拉圭回合结束前就存在的,所以不能说未预见的发展导致了来自这些国家的进口的增加。此外,ITC 报告表明了 1998 年下降以后,1999 年制成品消费的增长趋势。根据 ITC 的推理,即国内钢铁消费下降意味着对美国出口的增加,那么亚洲国家钢铁产品消费现在上升了,就应当认定危机现在不能被视为导致向美国进口增加的未预见的发展。

2）美国的观点。

①任何导致进口增加或者产品进口情况改变的未预料事件都可以是未预见的发展。

未预见的发展包括未预料的任何变化，例如发展本身、已预见发展中未曾预料的力度、多种发展未曾预料的交互作用等。专家组在美国羊肉案中指出，上诉机构在韩国奶制品案中所划定的"未预见的"（unforeseen）与"不可预见的"（unforeseeable）的区别是重要的。前一个的标准较低。对此，应当考虑什么是预见的，什么是实际上没有预见的，而非什么应当是或应当不是理论上可预见的。毡帽案工作组认为，应当看谈判者在作出承诺或进行关税减让时是否知晓。在毡帽案中，帽子式样的变化并非未预见的，但其变化的力度和持续的时间则是；也就是说，美国谈判者在1947年无法合理预见天鹅绒式样的变化随后会发生，并且范围会这么大，持续时间会这么长。这一点对于本案特别重要。东南亚和前苏联金融危机也许是可预见的，因为可以假定经济危机经常发生，就像时装式样经常变化一样。而其时间、范围及其对全球钢铁贸易的持续影响，则是在乌拉圭回合结束前任何人都没有预见到的。因此，这符合未预见的发展条件。

②GATT第19条第1款没有要求未预见的发展与进口增加所造成的严重损害有因果关系。

从该款的语法结构来看，进口数量或条件必须是未预见的发展结果，但不必是这些发展造成的。也就是说，未预见的发展必须存在，但并非直接造成进口增加，进而导致严重损害。

EC主张未预见的发展与进口增加之间必须有时间上的先后关系，但没有提供权威的依据；GATT第19条文本并没有提出这一要求。然而ITC所援引的具体事实与进口增加之间的确存在先后关系：进口增加恰恰是在货币贬值和金融危机之后出现的，并且导致了严重损害。

③未预见的发展可以包括宏观因素，例如地区经济危机。

协定并未要求未预见的发展必须限于，甚至直接与特定产品相关，而只是要求其存在，并且与进口增加有关。宏观事件与其他事件一样，可以构成未预见的发展，并且只要具有产生全球进口增加的效果，就可以作为采取保障措施的理由。

EC等要求对每个产品单独作出未预见的发展的解释，但GATT第19条并没有要求分析大规模的经济危机对每一种产品进口的影响。事实上，这些未预见的发展具有广泛的宏观干扰作用，影响了广泛的经济和金融关系，因此，没有必要就其对每一种钢铁产品的影响进行讨论。

④GATT 第 19 条并未要求未预见的发展的影响限于一国，也未要求主管当局证明其对其他产业或经济的后果。

EC 说 ITC 没有解释这些宏观问题对美国之外的其他国家钢铁行业所造成的扰乱，但 EC 并没有提到协定中有这种要求。然而 ITC 的确提到了货币贬值之后在受影响最大地区钢铁消费下降的情况。ITC 还在其对多个钢铁市场的分析中提到了进口钢铁产品之间的高度替代性，表明在一个市场生产的产品很容易转移到其他市场；EC 自己在 2002 年对钢铁采取临时保障措施也正是以此为依据的。

EC 等还认为 ITC 的数据是来自部分国家的，而对另外一些市场的相对状况没有提供数据，如前所述，没有要求涉及其他国家未预见的发展。这个原则也同样适用于收集和引用统计数据。成员可以视情况不审查外国，或者审查一些外国，或者审查所有外国。就对市场之间进行比较有助于说明未预见的发展对进口增加的作用而言，ITC 所引用的美元升值部分反映了美国经济相对于多数其他市场的作用。

EC 称，非 WTO 成员的经济扰乱状况没有满足第 19 条的要求。这个观点从法律到事实都是错误的。从法律上看，该款没有要求未预见的发展来源于 WTO 成员。"未预见的发展"与"在本协定项下所产生的义务"是不同的。从事实上看，ITC 分析的不仅仅是来自俄罗斯或其他非成员的进口的增加，还分析了包括很多 WTO 成员的东南亚国家，证明在这些国家，大量钢铁都没有用于当地消费，其中很重要一部分流向了美国市场。中国根据 ITC 报告中的数据所提供的图表支持了 ITC 的调查结果。这些数据表明，当东南亚和前苏联国家的进口在 1997～1998 年之间迅速增加时，其中一半以上出自其他来源。这些进口增长非常迅速，有很多来源，并且出现在 ITC 所引用的经济扰乱之后，证明了 ITC 的结论，即这些经济扰乱动摇了世界钢铁市场。中国还说，ITC 的分析所依据的仅仅是一些国家的不稳定和进口增加。事实上，ITC 发现金融危机导致了首先发生货币贬值国家的替代消费，并且在世界钢铁市场引发了更为广泛的扰乱，而这些都导致了对美国市场进口的增加。正如中国所汇编的数据所表明的，这些国家被替代的钢铁生产在 1997 年之后流向了美国，但所有来源的进口在最初的金融危机后也开始增加了。

⑤关于未预见的发展的调查结果不必与缔约方根据《WTO 协定》承担义务的后果有关。

WTO认为未预见的发展和承担义务的后果是相互独立的。例如，在美国羊肉案中，专家组审查未预见的发展时，并没有提到承担义务的后果，也没有要求建立这种联系。不仅如此，在阿根廷鞋类案和韩国奶制品案中，上诉机构认为承担义务的后果可以独立于未预见的发展而存在。类似地，进口来自所承担义务的要求并没有具体化或限制哪些义务是相关的。与新西兰的观点相反的是，其没有要求最近的一轮减让（即乌拉圭回合）是仅有的相关回合。第19条的用语是，在本协定项下产生的任何义务都可能是相关的。由于美国在《WTO协定》项下所作的钢铁减让也包括根据GATT 1947的减让（例如GATT 1994第1条（b）（i）段），所有这些义务都可以被认为是相关的。

⑥ITC是在保障措施实施之前作出这一调查结果的。

第19条唯一的时间要求是关于未预见的发展的调查结果必须先于保障措施的实施。在本案中，ITC的这一调查结果是在2002年2月4日的第二次补充报告中作出的，即在总统宣布保障措施之前。

有些起诉方说，ITC这一调查结果是事后的，没有满足第3条的要求；ITC第二次补充报告是在ITC报告之后作出的，并且调查结果也是在损害裁决之后作出的，因此损害裁决无效。这种观点从法律上看是错误的。只要在措施采取之前得出调查结果，时间顺序是无关的。《WTO协定》并没有对内部决策程序作出规定。第3条第1款对报告的内容有实质性要求，也有"公布"的程序性要求，但没有限制其形式。因此，何时发布应由成员自己决定。

起诉方的观点在事实上也是错误的。ITC和利害关系方都知道调查中审查了未预见的发展，因为USTR在2001年6月22日致ITC的信中提到了总统可能会问及这个问题。ITC报告本身的内容也证明了在损害裁决中考虑了这一因素。ITC的调查问卷设计了这些问题，要求申请方书面答复。ITC调查了这些情况，当事方在答卷中和听证会上也提到了这些问题。ITC报告的概述部分对这些情况进行了描述，其中特别提到金融市场的混乱影响了国内市场的竞争。因此，说第三方没有机会提交材料，是完全错误的。

因此，ITC考虑了未预见的发展；其第二次补充报告指出了所引用的哪些竞争条件属于未预见的发展，而没有使用任何调查之外的材料。

⑦ITC所说的未预见的发展符合第19条。

ITC发现，在乌拉圭回合前后，很多新兴市场经济增长很快，特别是东南亚国家。高增长率包括出口的增加。但到了1997年中期，泰铢贬值引发了金融危机。贬值导致了广泛的危机，影响了亚洲和其他发展中市场的增长，降低了当地钢铁消费。

ITC发现，尽管苏联解体发生在乌拉圭回合结束之前，但随后未曾预料的财政困难导致了这些国家的钢铁出口激增。

ITC还发现，这些危机都是在美国需求强劲的情况下出现的，特别是2000年，多数钢铁产品的消费都达到了高峰。美国经济增长强劲，其他市场萎缩，使得美元对其他主要货币升值。这样，其他市场的钢铁就大量流向了美国。

ITC发现，美国市场本来就进口钢铁，但这些事件发生后，进口剧增。其他市场的很大一部分流向了美国：由于价格的原因，这些出口对美国购买者特别有吸引力。

（a）东南亚市场的扰乱是导致进口增加的未预见的发展。

ITC发现，许多东南亚国家受到了未预见的金融危机的打击，导致货币贬值，经济增长放缓，钢铁需求减少。这些危机导致钢铁流向了其他国家。

EC等称，亚洲国家的出口增加是在乌拉圭回合之前就存在的。然而这些国家的出口水平在1997年中期货币贬值以后发生了急遽的变化。ITC的进口数据表明，这导致钢铁流向了美国。在1997~1998年间，其中5个国家的进口增加了113.5%。这些国家的市场也没有像EC所说的那样很快恢复到正常：2000年，来自这些国家的进口比1996年高132.8%。

EC错误地指责ITC的分析所依据的是一个简单的假定，即东南亚国家钢铁国内消费的下降必然导致美国进口的增加。而ITC所依据的是来自这些国家进口的数据变化。这些数据还表明，货币危机还转移了其他地方的钢铁生产。

EC说，亚洲国家的钢铁产品消费现在上升了，ITC应得出结论说危机现在不属于未预见的发展。毡帽案工作组和阿根廷鞋类案上诉机构都指出，事情必须是成员作出相关减让时不可预见的。因此，问题是何为成员在作出减让时预见到的，而不是损害裁决作出时可以预见的。

此外，从进口数据来看，尽管这些国家的国内钢铁消费已经开始恢复，但很难说危机已经过去。1999年和2000年，来自这些国家的进口仍然处于很高的水平。

（b）前苏联国家的经济危机属于未预见的发展。

1996~1999年，前苏联国家经历了严重的经济危机和货币贬值。这导致当地市场的钢铁流向世界市场，其中的很大数量来到了美国。

EC称，苏联解体是在1989~1991年发生的，在乌拉圭回合结束之前。但ITC并没有说苏联解体是未预见的发展，而是说解体后遇到了未预见的困难，特别是1996年之后出现的经济危机和货币贬值。这些情况虽然在1991年就已出现，但在1996年后更为严重。1996年，国内消费对出口之比是1.37，即每消费1吨，出口就达1.37吨。1998年，该比率上升到1.57；1999年，该比例仍为1.54。在短期内，该地区对出口的依赖有重大增长。EC所说的消费轻微增加并没有改变对出口的依赖。

认为前苏联出口没有流向美国，这是完全错误的。来自这些国家的板材进口从1997年的3.2百万吨，上升到1998年的5.1百万吨；哈萨克斯坦的板材出口从1997年的22588吨，上升到1998年的149265吨；螺纹钢进口在1997~1999年分别为33378吨、104400吨和309049吨。

其他类别的产品和前苏联国家的出口也有类似的增长。1997~1998年，来自10个前苏联国家的进口增长了67.3%。1999年中期与俄罗斯确定的限制进口协定减少了从俄罗斯的进口，但其他国家的进口仍然很大。1997~1998年，9个前苏联国家的进口增长115.1%，并且2000年比1996年高145.4%。ITC报告充分说明，前苏联国家相当多的钢铁流向了美国。

（c）美国市场和美元的强劲是未预见的发展。

EC等认为这些不能视为未预见的发展，因为所有经济政策都是为了实现这个目标。ITC认为，未预见的发展不仅仅是美国市场的持续增长，而且包括在其他市场萎缩的情况下，这种持续增长使得美国市场特别具有吸引力。如果长期的经济增长是可以预测的，那么国家就不需要经济政策了。

对于美元升值，EC等提出了类似的观点，认为汇率变化是经常发生的，因此不能视为未预见的发展。然而ITC所说的并非美元将不稳定，而是调查期内美元对所有其他主要货币的持续、大范围的升值。ITC指出，是美国经济增长和其他经济萎缩等事件的会合和异常持久，使得这些情况成为未预见的发展。

EC还说，ITC报告没有说明美元持续升值是由俄罗斯或亚洲金融危机造成的。EC并没有说为什么要有这样的要求。美元升值是由多种因素造成的。ITC只是将美元升值作为另一个未预见的发展，与金融危机一起导致了进口增加。

（d）这些事件的同时发生是未预见的发展。

这些事件本身都是未预见的发展，而它们的结合也是未预见的发展。没有人预见到这些事件的结合。

（2）第二次书面陈述。

1）起诉方观点。

①未预见的发展必须与进口增加有因果关系。

美国称，未预见的发展不要求直接导致进口增加。说进口数量必须是未预见的发展的"结果"，但不是由这些发展造成的，这一点很难理解。上诉机构在美国羊肉案中认为，美国没有说明为什么羊肉类型的变化可以视为未预见的发展，就是肯定了具体的因果关系的存在。

②只有在这些发展与有关进口有联系时，未预见的发展才能包括宏观因素。

美国说第 19 条没有要求未预见的发展必须限于特定产品，或者直接与该产品有关。这是错误的。宏观因素只有在与产品进口增长水平有直接关系时，才能视为未预见的发展。上诉机构在韩国奶制品案中认为，为了以与 GATT 一致的方式实施保障措施，未预见的发展应当作为事实问题予以证明。毡帽案工作组也认为，未预见的发展是指出现在有关关税减让谈判之后的发展。有关关税减让当然是与进口增加产品有关的那些减让。因此，未预见的发展与有关关税减让就必须有逻辑上的联系，这说明未预见的发展必定与有关进口密切联系。

③应在采取保障措施之前证明存在未预见的发展。

ITC 在调查过程中并没有提供具体的说明（例如统计数据）来证明未预见的发展后果。美国说，ITC 在设计调查问卷中的问题时包括了这一内容，并且要求当事方予以回答。但美国主张，一份或几份报告同时还是分几次公布，应由各成员决定。而在本案中，几份报告会产生一些问题。例如，ITC 裁决是否在其作出报告时考虑了后来的信息？如果考虑了，为什么 ITC 在报告中只字不提未预见的发展，而是等到 USTR 提出要求才提及？事实上，ITC 在作出损害裁决时，没有考虑未预见的发展问题。

2）美国观点。

当事方对很多问题达成了共识。例如，宏观经济发展也可以是未预见的发展；未预见的发展和进口增加之间的联系，与进口增加和严重损害之间的关系是不同的；未预见的发展是主观判断的，决定于关税减让时谈判者的期待；非 WTO 成员，例如俄罗斯的进口是相关的。

但当事方也存在一些分歧。

起诉方说 ITC 没有让利害关系方对其他当事方的意见提交证据和评论，因而违反了第 3 条第 1 款。EC 认为该款要求主管当局明确列出考虑的问题，要求利害关系方对每一个问题提交意见。但协定并没有这种要求。上诉机构只是要求向利害关系方提供提出意见的机会，而 ITC 远远超出了这种要求，提供了多次机会。

起诉方说 ITC 关于未预见的发展的说明不属于第 3 条第 1 款所说的报告。但在智利价格制度案中，专家组接受了多个组成部分的文件。起诉方也没有说明，为什么报告的形式和结构问题不是完全属于主管当局的内部细节问题。

起诉方说 ITC 所提到的事件是可预见的，但起诉方说金融危机和利率变化是可预见的，并没有涉及毡帽案中所说的未预见的和可预见的之区别。美国羊肉案专家组说，毡帽案专家组虽然不认为式样变化本身不是未预见的发展，但某个变化的范围和持续时间及其对竞争状况的影响则是未预见的。换句话说，一般式样变化是可预见的，但美国女帽市场式样变化的范围则是未预见的。在本案中，ITC 说明了乌拉圭回合谈判者对钢铁产品进口的期待，还证明了金融危机使专业预测者都感到惊讶。因此，ITC 证明了这些事件是未预见的，则不需要证明这些事件也是不可预见的。

起诉方说 ITC 没有证明未预见的发展与进口增加之间的联系。然而 ITC 注意到了出口型企业的存在、金融危机、金融危机国家消费的收缩，以及由于这些收缩导致的世界钢铁市场扰乱。ITC 还注意到，在别的市场收缩的情况下，美国市场依然需求强劲，美元持续贬值，使得美国市场特别具有吸引力。

起诉方一致认为，主管当局必须证明未预见的发展对具体产业的具体影响。EC 说这个具体化的要求来自"该进口增加"一词。但这个词在 GATT 第 19 条和《保障措施协定》第 2 条中都没有出现，因此很难说是一个要求。

EC 说，对于未预见的发展为什么对相关产业或产品有影响，必须有特殊或极端的理由。但任何地方都没有要求未预见的发展和进口增加之间的关系必须是特殊或极端的。上诉机构说过事件的总和不得是普通商业中的通常事件。但这只是说事件的总体，而不是一个单独的法律要求。事实上，这也不可能是一个独立的要求，因为协定中并没有出现"特殊"或"极端"一词。因此，协定并不要求证明未预见的发展与进口增加之间特殊或极端的关系。ITC 发现，未预见的发展对所有钢铁产品的影响并不是一样的，有些出现较晚，而亚洲和前苏联市场的扰乱对不锈钢和工具类产品进口增加的影响较小。

最后，起诉方认为 GATT 第 19 条只涉及 WTO 成员的进口，但该款显然没有明确将增加的数量限定为成员方。该款只是要求进口增加必须是未预见的发展和根据本协定实施义务的结果。上诉机构从未说过这两个原因之间必须有特定的联系，也没有说过它们是否应当有相同的影响。上诉机构只是要求这两者都必须作为事实问题予以证明，而 ITC 都进行了证明。

（3）专家组裁决。

专家组考虑的是，ITC 对为何及如何看待所谓的未预见的发展作出了充分合理的解释。主管当局应至少说明这些发展在适当时间是如何未预见,以及为什么GATT第19条第1款(a)项的第二个条件是第一个条件的结果。

1) GATT第19条和协定的累积适用。

GATT第19条明确规定了未预见的发展,但协定没有。然而上诉机构反复确认,协定第1条和第11条第1款(a)项表明了GATT第19条的连续适用,并且由协定澄清和加强。❶ 这个解释保证了协定的规定和GATT第19条具有完整的含义和完整的法律效力。现在已经明确,未预见的发展应当作为事实问题,与协定第2条第1款同时在主管当局的报告中,在措施实施之前得到反映。❷

2) 审查标准。

专家组的任务不是对ITC的决定进行重新审查,而是审查美国是否遵守了GATT第19条和协定第3条第1款。专家组必须审查美国在其公布的报告中是否说明并且充分合理解释了未预见的发展及其关税减让的后果导致了进口增加。专家组还必须审查调查当局是否考虑了所有相关事实和是否充分解释了这些事实如何支持其裁决。

3) 未预见的发展的组成。

未预见的发展是未预料的情况。美国称,ITC指明了金融危机、美国市场的持续强劲、美元的持续升值,以及所有这些事件的组合。但起诉方认为这些事件都不是未预见的发展,因为它们不是未预料的。

确定未预见的发展组成的法律标准是主观判断。上诉机构在韩国奶制品案中确认,这是进口成员在承诺义务时没有预见或预料的发展。❸

在谈判关税减让时和今天,未预见是不同的。GATT经过50年,很多产品关税已经消失或者达到了非常低的水平。对于进口成员来说,何为未预见的发展应视具体情况而定。然而标准的主观性并不影响进口成员必须充分合理解释的义务。

此外,未预见的发展的标准也可以说具有客观因素,关键是在特定情况下何为应当或能够预见。标准并非为具体谈判者头脑中的东西,而是应当具有的东西。这一点在GATT美国毡帽案中得到了确认。❹

---

❶ 例如 Appellate Body Report in Korea—Dairy, para. 74.

❷ Appellate Body Report, US—Lamb, para. 72; Appellate Body Report, Korea—Dairy, para. 85.

❸ Appellate Body Report, Korea—Dairy, para. 86.

❹ US—Fur Felt Hats, para. 9, cited with approval in Appellate Body Report, Argentina—Footwear (EC), para. 96; Appellate Body Report, Korea—Dairy, para. 89.

不仅如此，由于 WTO 的所有先决条件——包括证明未预见的发展——都应当在每个保障措施中得到满足，所以，应当对具体措施所适用的具体产品证明未预见的发展。因此，充分合理的解释必须以具体的事实证明。

在认定 ITC 是否提供了充分合理的解释时，当然应当考虑 ITC 是否在其公开的报告中涉及了这一问题。

4）把未预见的发展作为事实问题进行说明：何时、何地及如何说明。

起诉方首先提出了说明未预见的发展的形式和时间的问题。起诉方称，ITC 报告没有考虑未预见的发展；在最初报告中，除讨论了亚洲和俄罗斯危机之外，并没有涉及未预见的发展的要求。起诉方还认为，第二份补充报告并非 ITC 报告的组成部分，而是对未预见的发展存在的事后说明。因此，对第二份报告应不予考虑。美国则反驳说，完全可以作出单独报告，因为对于说明未预见的发展应何时、何地及如何作出，并没有要求应当由具体成员决定。

①形式。

在美国羊肉案中，上诉机构明确说明，对未预见发展的说明应体现在主管当局的报告中。❶ 正如当事方所指出的那样，公布报告是进行符合第 3 条第 1 款调查的必经步骤。但瑞士认为，对未预见的发展的说明应体现在根据第 2 条和第 4 条所作裁决的同一报告中。

专家组同意美国的观点，即公布报告的要求中没有对报告的形式作出规定，只要该报告符合协定的所有其他规定就行。报告的形式应由成员自己决定，包括是否分批公布，而这样的报告能够成为主管当局报告的组成部分。

专家组认为，主管当局报告可以分批作出，但这种多部分或多步骤的报告应当提供一致的解释，证明满足了 GATT 和协定的要求。这种报告是否为主管当局报告的组成部分，应当以个案认定，并且决定于多部分报告之间的整体结构、逻辑和一致性。多次公布报告，可能会增加充分合理解释的难度。

②时间：在措施实施之前。

说明未预见的发展是实施保障措施的先决条件，因此不能在措施实施后进行。这一点在美国羊肉案中得到了确认。❷

在本案中，ITC 的第二份报告属于主管当局报告的组成部分，并且是在措施实施之前作出的，因此说明未预见的发展并非不必要地不及时。

③结论。

---

❶ Appellate Body Report, US—Lamb, para. 72；Appellate Body Report, Korea—Dairy, para. 85.
❷ Appellate Body Report, US—Lamb, para. 76.

在作出采取保障措施的决定之前，必须满足很多先决条件。美国提出 10 月 22 日是其作出决定的日期。但专家组认为，这个日期并非完全满足所有要求的时间，因为直到 2002 年 2 月 4 日 ITC 才说明未预见的发展。

专家组认为，第 2 条、第 4 条以及未预见的发展是需要满足的不同条件，可以在不同时间作出。ITC 的第二份报告属于第 3 条第 1 款所说的报告，因此是否说明了未预见的发展应当从 ITC 多步骤去找。由于第二份报告是措施之前的最后一份报告，其内容就是专家组应当考虑的最后内容。

5）调查行为——与利害关系方磋商的义务。

起诉方认为，未预见的发展仅在调查结束后的第二份报告中进行了讨论，利害关系方没有机会对这种讨论提出意见，因此违反了第 3 条第 1 款。美国则反驳说，ITC 报告表明，未预见的情况影响了其损害裁决，并且在调查过程中，ITC 还特别征求了未预见的发展方面的信息。因此，说利害关系方没有提供意见的机会，显然是不正确的。

专家组认为，第 3 条第 1 款是对利害关系方程序性的保证。上诉机构在美国面筋案中确认了利害关系方的重要作用：应向利害关系方通报调查，给予他们向主管当局提交证据和意见的机会，并且对其他当事方的意见作出回应。因此，利害关系方在调查中起到了核心作用，并且是主管当局的主要信息来源。❶

利害关系方提交证据和意见的机会是调查的必经步骤，所以必须在公布的报告中有所体现。美国对此没有争议，但认为已经给予了这种机会。美国特别指出，在调查过程中，ITC 通过调查问卷要求生产商和购买商提供过去 10 年有关钢铁产品进口增加及其对国内产业影响的情况，并且说明这些情况的进行是否为未预料的。

显然，未预见的发展是调查内容之一。美国要求回答调查问卷，并且在听证会上提及了这个问题，因此美国遵守了第 3 条第 1 款所规定的义务，即向进口商、出口商和其他利害关系方提供了提交证据和意见的机会。

欧共体称，美国没有作出临时决定或解释，以便利害关系方进行评论。但专家组认为，第 3 条并没有要求主管当局向利害关系方发放裁决草案以供评论。因此，专家组驳回了起诉方关于美国违反第 3 条第 1 款而没有就未预见的发展向利害关系方提供提交证据和意见机会的指控。

---

❶ Appellate Body Report, US—Wheat Gluten, para. 54.

6）未预见的发展。

首先考察 ITC 对何为未预见的解释，然后看这些发展如何导致进口增加的解释。为了回答这些问题，必须看什么是未预见的发展，以及何时为未预见。

未预见的发展是有关关税减让谈判之后发生的事件，为进口成员在承担义务时所没有预见或预料。上诉机构在阿根廷鞋类案和韩国奶制品案中都确定了这一点。❶

美国称，ITC 确定的 4 个因素，即俄罗斯金融危机、亚洲金融危机、美国市场持续强劲和美元持续升值，每个都是未预见的发展，并且这些因素的结合也是一个未预见的发展。但起诉方认为，这些因素都不是未预见的发展，并且 ITC 的解释并非充分合理。

当事方同意，在本案中，未预见的时间点是乌拉圭回合结束。专家组即以此时间点进行审查。

①亚洲和俄罗斯金融危机。

起诉方认为，亚洲和俄罗斯金融危机并非未预见的义务，它们不是未预料的。俄罗斯危机发生在 1991 年，美国谈判者在乌拉圭回合谈判关税减让时完全知道这一点。如果某事件在加入前已经开始，就不应视为未预见。未预见的发展与进口增加一般有时间上的联系。从 ITC 报告中消费下降和进口增加的数据来看，钢铁市场的变化是在 1991 年苏联解体后就出现的，而不是 1994 年之后未预见的。

美国则认为，亚洲和俄罗斯金融危机也许在总体上是可预见的，但其时间、范围及其对全球钢铁贸易的持续影响则是美国在乌拉圭回合结束时所未预见的。美国称，未预见的发展发生在乌拉圭回合结束之后，因为亚洲金融危机开始于 1997 年中期，而苏联解体后这些国家在 1996 年后的状况与乌拉圭回合谈判结束时是不同的。

对于亚洲金融危机，ITC 在其最初报告中解释说，在世界钢铁市场扰乱期间，生产能力出现了大量增加；1997 年年末和 1998 年年初，一些亚洲国家货币贬值，极大减少了这些国家的钢铁消费，蓄积了大量钢铁寻找其他市场。专家组认为，这个说明确定了亚洲货币贬值及其对世界钢铁市场的影响属于未预见的发展。虽然其没有解释为什么这个事件是未预见的，但这场危机发生在 1997 年，美国谈判者是无法在 1994 年乌拉圭回合结束时预见的。而且，

---

❶ Appellate Body Reports, Argentina—Footwear (EC), para. 93, and Korea—Dairy, para. 86.

这与ITC的第二份补充报告中的下述说明是一致的：东南亚国家经济增长很快，出口增长更快；但到了1997年，金融危机出现，货币大幅度贬值，这些国家的经济增长放缓，钢铁需求下降。这些说明也确定了亚洲金融危机属于未预见的发展。因此，专家组认为，亚洲金融危机属于未预见的发展。

对于俄罗斯金融危机，ITC在其最初报告中说，苏联解体导致了前苏联国家钢铁向美国出口的重大增长。在其第二份报告中，ITC解释说，虽然这一事件发生在乌拉圭回合结束之前，但始料未及的金融困难导致了1996年到1999年钢铁出口的急遽增长。因此，ITC确定的未预见的发展是始料未及的金融困难，特别是强烈的金融扰乱和货币浮动。专家组注意到，这个说明对预见和未预见的金融困难做了区分。一个已知事件发展成为最初未预见的状况，是有可能的。因此，未预见的发展可能来自众所周知的事实。然而主管当局应当提供充分合理的解释。因此，专家组同意，在1996年到1999年之间，可能存在乌拉圭回合结束时未预见的与前苏联有关的未预见的金融扰乱和货币浮动。

②美国经济强劲和美元升值。

起诉方认为，美国市场需求旺盛不能被视为未预见的发展，因为美国经济政策正是这个目标。起诉方还认为，美国经济增长开始于1990年，早于乌拉圭回合结束，因此是应当预见的。起诉方进一步指出，这种良好状况不应被视为未预见的发展，因为第19条所指的是导致负面后果的不利事件或对制度的震撼，美国经济强劲和美元升值显然不属于这种情况。

美国反驳说，第19条并没有禁止将市场持续强劲或货币升值视为未预见的发展。美国引用美国毡帽案称，在该案中，未预见的发展是式样转为不同种类的毡帽，这种转变对生产不时髦毡帽的产业是不利的，但从广泛的意义来看，这不能视为不利的转变。因此，某个事件可以是中性的，甚至一般来说是积极的，但所导致的贸易方式的变化对某个产业是损害性的。

专家组注意到，ITC曾解释说，其他市场混乱、收缩，但美国需求强劲；美国经济在20世纪90年代经历了前所未有的扩张，结果是美国钢铁需求也很强劲。从这个说明中可以看出，主管当局没有将美国经济强劲本身解释为未预见的发展，而是在与其他市场相比较的情况下考察美国经济的强劲。因此，专家组认为，ITC是把美国市场强劲与其他未预见的发展一起考虑的，并将之视为构成未预见的发展的一系列世界事件的一部分。

关于美元升值，起诉方认为，货币升值从两个方面来看是可预见的。首先，汇率总是变化的。其次，经济强大和低通胀国家的货币相对于经济弱小和高通胀国家的货币,一般是上升的。自从1971年布雷顿森林体系的固定汇率制度崩溃以后,美元价值发生了很大变化,不应当被视为未预见的;美元相对于其他货币不稳定,这应当是预料之中的事情。

美国反驳说,第19条并没有禁止将货币升值视为未预见的发展。在本案调查期内,美元持续、大范围升值。美国称,汇率变化是可预见的,但不一定能够实际预见到。特定的汇率发展,例如非同寻常迅速或严重的汇率变化,是不大可能在作出特定减让时预见得到的。美国称,起诉方没有提供证据证明任何人预见了在进口增加之前出现的货币混乱,更不用说美国谈判者在乌拉圭回合中预见这些事件了。

专家组注意到,ITC曾解释说,美国市场的持续增长,加上其他市场的不确定性和收缩,对美元构成了很大的上扬压力;美元大幅度升值,使得美国市场对钢铁产品特别具有吸引力。像美国经济强劲所说明的一样,这说明美元升值并没有被视为单独的未预见的发展,而是在与其他货币相比较的情况下考虑的。此外,主管当局也承认了美元上扬压力与美国经济增长和其他市场收缩之间的联系。

由于ITC没有将美国市场持续强劲和美元升值视为单独事件,专家组就没有必要审查起诉方认为这些因素不能构成未预见的发展的观点。

下面讨论ITC将这两个因素视为构成事件整体的问题。

③事件的结合。

起诉方认为,这些事件的结合不能构成未预见的发展。而美国认为,美元升值与其他因素一起,导致了进口数量的增加。

专家组已经认定,俄罗斯和东南亚金融危机至少从概念上看,可以视为乌拉圭回合结束时未预见的发展。专家组还认定,ITC并没有把美国经济强劲和美元升值视为未预见的发展本身,而是在与其他未预见的发展相关的情况下谈到这些因素的。

第19条并不禁止将很多事件的结合视为未预见的发展。专家组认为,事件的结合可以形成未预见的发展的基础,因此,应由每个成员证明这一点。

对于起诉方所说的钢铁市场的变化发生在1991年苏联解体之后,并不是1994年之后不能预见,专家组认为,苏联解体及其整体影响当时可能构成了未预见的发展,并不意味着同样源自苏联解体的随后的金融危机不能与其他事件一起成为单独的未预见的发展结合的一部分。

专家组下面讨论ITC是否对这些因素及其对世界钢铁市场的影响导致进口增加作出了充分合理的解释。

7）未预见的发展和关税减让的结果。
①与未预见的发展的联系。

尽管本案所有当事方都承认有必要表明未预见的发展与进口增加之间的逻辑联系，但对于如何实现这一点，当事方存在分歧。

起诉方认为这是一种因果关系，调查当局必须予以解释。ITC 的分析所依据的是零散、不完整的事实，其建议和看法也是含糊的。而美国称，"作为结果"一词是指一件事情是另一件事情的后果，表明进口产品数量增加造成了严重损害，这本身就证明了（a）项两个条款之间的逻辑联系，而不需要进一步证明或解释。

专家组同意新西兰的观点，即将解释未预见的发展导致进口增加的义务降低到零是不适当的。在某些情况下，解释可能仅仅是将两个事实摆到一起就行了，但在另外一些情况下，则需要更为详细的分析，以表明未预见的发展和进口增加之间的关系。事实的性质，包括其复杂性，决定了需要解释的程度。解释的时间、范围和质量，都可能影响对解释是否充分合理的判断。

首先，专家组注意到，ITC 最初报告中并没有提到未预见的发展本身。ITC 报告在某些章节对某些产品提到了苏联解体等因素，但这不是为了解释这些是否为未预见的发展，以及它们是否导致了进口增加。因此，这不能算是对这一问题的解释。

在第二份报告中，虽然可以认为 ITC 首次考虑了未预见的发展问题，但 ITC 同时认为，考虑这个问题在很多方面不属于 ITC 的职责范围，而应当是 USTR 及其相关行政机关的事。ITC 坚持这些因素整体后果的观点，声称伴随着俄罗斯金融危机，21 个成员对俄罗斯钢铁进口采取了反倾销调查。

专家组认为，ITC 报告的弱点在于，尽管它提出了一些可能导致多种来源进口增加的未预见的发展，但它没有证明这些事件实际上的确导致了进口增加。

专家组认为，即使大量外国钢铁生产没有在外国消费，这本身也并不意味着进口增加是未预见的发展的结果；而也有可能是美国出口市场受到了这种钢铁市场收缩的影响，从而损害了生产商。第 19 条所要求的，是证明未预见的发展导致了对美国市场的进口增加，而不仅仅是这些未预见的发展在全世界影响了美国的钢铁产业状况。专家组认为，ITC 的解释没有将这些钢铁市场的转移与具体的对美国进口的增加联系起来。

ITC 确实提到了进口增加，但没有提供支持数据。其他地方消费收缩的确可能会导致美国进口增加，在钢铁产量过剩导致价格降低的情况下尤为如此。然而ITC没有提供任何数据来证明未预见的发展的结合导致了具体的进口增加。专家组认为，鉴于这个问题的复杂性，更为详尽的经济分析是必要的。

正如起诉方所指出的那样，ITC的解释只与钢铁生产总体情况有关，而没有解释未预见的发展如何导致了具体产品的进口增加。尽管未预见的发展不一定只影响一个经济行业，或者对一个行业的不同部分影响不同，但ITC必须解释具体产品进口的增加来自未预见的发展的结合。亚洲和俄罗斯金融危机对某些国家和某些行业的影响可能更为严重。在回答ITC的调查问卷时，生产商称亚洲金融危机对不锈钢线材国内产业有负面影响，但对不锈钢杆材、棒材和螺纹钢则没有影响。然而ITC并没有去区分未预见的发展对不同产品行业的影响，也没有提供具体的数据支持。

虽然美国称有数据支持，但这些数据是首次向专家组提交的，而没有在ITC报告中作为充分合理的解释援引。例如，美国在其书面陈述中提到了ITC报告的一些脚注中的图表，表明了分国家和分产品的进口情况。这些数据无疑可以用作解释未预见的发展如何导致了进口增加，但ITC并没有这么做。事实上，这些数据出现的地方要么与解释未预见的发展无关，要么只涉及一般进口而没有说明这些进口的来源。

美国在其书面陈述中还提到了印度尼西亚等国家的进口。这些事后的证据没有体现在主管当局报告中（而是在ITC网站上）。这些证据可能有助于反驳起诉方的观点，并且可能是对未预见的发展导致进口增加的适当解释，但这引起了一个问题，即美国在事后的WTO争端解决程序中提出的证据，是否是为了填补ITC公开报告中解释的空白。

专家组认为，鉴于未预见的发展结合的复杂性，加上本案的复杂性，ITC提供的解释并非充分合理，并且没有得到相关数据的支持，也没有证明未预见的发展导致了具体产品向美国进口的增加。

②与进口成员减让的联系。

上诉机构在韩国奶制品案和阿根廷鞋类案中称，第19条中的"作为承担义务，包括关税减让的结果"一词，仅仅是说必须证明进口成员承担了义务，包括关税减让。❶ 这个解释看上去是说，只要有证据证明进口成员对有关产品进行了关税减让，则进口增加与关税减让之间的逻辑关系就确定了。然而起

---

❶ Appellate Body Report, Argentina—Footwear (EC), para. 91; Appellate Body Report, Korea—Dairy, para. 84.

诉方认为，本案的情况有所不同。本案的问题是一成员是否可采取保障措施保护其国内产业，以防止来自一个非 WTO 成员的进口增加，即对没有承担有关 WTO 义务和关税减让的成员是否可采取措施。

专家组同意，保障措施应当针对 WTO 关税减让已经给予的产品进口。但此处的问题是，不清楚 ITC 是否想主张未预见的发展的结合导致了俄罗斯或前苏联的进口增加本身。ITC 报告的确提到了苏联解体的影响，但最后的结论似乎仅仅是说这与其他事件一起导致了世界整个钢铁市场的转移，而不仅仅是来自亚洲和俄罗斯的进口增加。ITC 本来可以辩解说，未预见的发展的来源可能与进口增加的来源不一致，但这仍然需要充分合理地解释事件与结果之间的联系。因此，ITC 对不同来源进口增加的解释看上去是有道理的，但没有得到充分的支持和解释。鉴于以下结论，专家组认为，没有必要审查起诉方的主张，即直接与来自俄罗斯的进口增加无关，因为美国没有对俄罗斯作出关税减让。

8）结论。

总之，专家组认为，未预见的发展的复杂性要求更为详细的说明和支持数据。例如，尽管 ITC 说美国市场需求强劲，成为外国被替代产品的重要目的地，但人们可能会问有多少钢铁被替代及从何处被替代。如果主管当局说很大部分，这意味着 ITC 知道总数有多少转移，以及转移到美国的数量。

对于未预见的发展如何导致进口增加，以及其来源和程度，ITC 应当提供更为综合和一致的解释。美国本来可以指出未预见的发展的来源可能与进口增加的来源不同，但美国并没有提供充分合理的解释。

专家组认为，证明未预见的发展是采取保障措施的先决条件，因此，应当对每个措施都作出这种证明。即使未预见的发展对几种产品有同样效果，主管当局也应当解释为什么是这样，以及为什么具体产品单个受到了未预见的发展结合的影响。

因此，专家组认定，基于 ITC 主张的复杂性，包括它依据经济因素的结合，ITC 没有对未预见的发展的结合如何导致了具体产品对美国进口的增加提供充分合理的解释。这样，就没有必要审查起诉方提出的其他观点，包括主管当局援引的事实是否实际支持了 ITC 关于未预见的发展的裁定。

专家组认定，在证明未预见的发展方面，本案所有保障措施不符合 GATT 第 19 条第 1 款（a）项和《保障措施协定》第 3 条第 1 款。

2. 上诉审议阶段

（1）美国观点。

1）专家组没有考虑未预见的发展要求与第2条和第4条适用保障措施条件的区别，因此错误适用了审查标准。

以前案件的专家组和上诉机构明确指出，满足进口增加、严重损害和因果关系的条件，与未预见的发展的要求是不同的。而本案专家组没有考虑这种区别。专家组在确定调查当局关于未预见的发展裁定的审查标准时，认为是将DSU第11条的审查标准要求适用于依据《保障措施协定》第4条提出的主张。专家组特别引用了阿根廷鞋类案的裁定，认为专家组应当评估主管当局是否考虑了所有相关事实，并且对裁定是否作出了充分解释。然而专家组没有考虑上诉机构的观点，即对第4条第2款主张的审查来自专家组根据DSU第11条和《保障措施协定》第4条第2款的义务。因此，专家组采用的标准体现在两个方面：错误地考虑了第4条第2款的问题，没有考虑GATT第19条第1款（a）项关于未预见的发展的要求。

这些区别非常重要。第4条第2款是主管当局在进行因果关系分析时考虑的因素，而正如美国羊肉案所指出的那样，GATT第19条并没有说明未预见的发展应于何时、何地或如何出现。因此，适当的标准不是来自第4条第2款，而是来自GATT第19条第1款（a）项。专家组分析的出发点就是错误的。

2）专家组错误地认定，ITC应当区别未预见的发展对每个产品和每个国家的影响程度。

专家组认为，对于未预见的发展对不同产品的影响，ITC应当进行区分，但ITC并没有这样做。此处存在两个错误。首先，GATT第19条没有对分析的具体形式提出要求，因此也没有要求主管当局区分对于具体进口的不同影响。其次，即使存在这样的要求，专家组的任务也应当是审查主管当局的结论是否满足了条件，而不是看主管当局是否这样去做了。

专家组要求ITC这样做，但并没有提出任何依据。事实上，也没有这样的依据。如果进行这样的分析，主管当局就必须确定每个未预见的发展对每个产品进口的影响。如果对第19条作出这样的理解，就等于是要求主管当局像分析进口一样分析未预见的发展。这显然是不正确的，因为《保障措施协定》对进口分析的要求更为详细，并且与第19条对未预见的发展的要求完全不同。第19条要求进口增加是未预见的发展的结果，但进口必须造成了严重损害。《保障措施协定》第4条第2款进一步明确了进口增加与严重损害之间必须有因果关系，并且列举了分析时应当考虑的因素。对于未预见的发展，协定并没有提及。

对于这个错误的标准，专家组也没有适用。专家组认为ITC对于未预见的发展的结论不能表明具体钢铁产业和进口的情况，但专家组没有提到任何事实。专家组承认，ITC提到的宏观经济情况可以是未预见的发展，但专家组没有解释为什么ITC认为这些宏观经济情况与每个钢铁产业的情况有关是错误的，而只是说这样的分析不能支持任何具体措施。因此，专家组在这方面没有作出任何事实认定。

专家组可能觉得ITC应当对每个产品都进行论证，但这并不能导致专家组全面否定ITC的解释。简而言之，专家组认为更多的具体信息更加有用，并不能否认ITC对未预见的发展提供了合理解释。上诉机构仅凭这一点，就可以推翻专家组的裁决。因此，专家组报告没有确定ITC对于未预见的发展的认定不符合GATT第19条或协定第3条第1款。

此外，专家组对其裁决没有提供基本理由，上诉机构应当依据DSU第12条第7款推翻专家组的裁决。

专家组还错误地指出，主管当局应当区分不同的未预见的发展对每个产业甚至其他国家经济的影响。这是没有依据的。GATT第19条第1款（a）项没有区分成员或来自成员的进口，而只是提到了总体进口，不仅仅是来自成员的进口。

最后，专家组错误地认为，ITC在证明未预见的发展时，应当进行经济分析。这在协定中是没有依据的。上诉机构认为，未预见的发展只要求证明事实。事实上，ITC恰恰进行了经济分析。ITC发现，被调查的钢铁产品是可以互相替代的，销售的基础主要是价格；东南亚和前苏联越来越依赖出口；这些国家的货币贬值减少了消费而增加了进口，同时，美国的汇率和经济增长使得美国成为颇具吸引力的市场。对于ITC报告中的这些内容，专家组并没有指出其不符合一般宏观经济理论或有关事实之处。

总之，专家组认为ITC对未预见的发展的证明不是充分合理的，理由是没有区分不同的未预见的发展对每个产品和每个国家经济的影响。这些标准在第19条中是没有依据的，错误地采用了《保障措施协定》第4条的审查标准，并且没有提供DSU第12条第7款所要求的必要理由。因此，应当推翻专家组的裁决。

3) 专家组错误地认定，ITC报告中未预见的发展部分之外的数据和分析，与评估未预见的发展裁定无关。

专家组在评估未预见的发展时,没有考虑进口增加部分的数据。专家组认为,ITC 在证明未预见的发展时没有具体引用这些数据,并且认为专家组没有义务评估这些数据。

在欧共体铸铁案中,调查当局没有提到《反倾销协定》中列举的一个因素,但上诉机构认为,从调查报告的其他部分来看,调查当局事实上考虑了这个因素。既然这样是允许的,那么 ITC 在其他部分考虑这些数据也是允许的。

专家组强调,证明未预见的发展,有必要结合主管当局报告的其他部分。而专家组却采取了绝对的方式评估 ITC 报告,好像 ITC 没有作出其他裁定,没有考虑其他数据和其他理论。因此,没有综合考虑的是专家组报告,而不是 ITC 结论。ITC 报告引用了这些数据,作为作出裁定的依据,并且证明了有关问题。不考虑这些数据,专家组认为 ITC 的分析没有依据就是错误的。因此,专家组报告没有证明 ITC 的结论不合理,也没有证明与第 19 条或协定第 3 条第 1 款的不一致之处。

4)专家组违反了 DSU 第 12 条第 7 款的义务。

专家组没有对证据进行必要的分析,没有说明 ITC 的裁定为什么没有提供合理的结论。专家组认为,ITC 对未预见的发展的证明是有道理的,但没有得到充分的支持和解释。专家组没有提到任何与 ITC 结论不一致的结论,也没有提供其他的解释。因此,专家组裁决违反了 DSU 第 12 条第 7 款的义务。

5)结论。

专家组在对 10 种保障措施进行裁决时,错误地适用了审查标准,并且裁决没有得到必要的事实认定的支持。因此,专家组的裁决不符合 GATT 第 19 条或 DSU 第 12 条第 7 款。

(2)被上诉方观点。

1)未预见的发展的要求。

在阿根廷鞋类案中,上诉机构强调了保障措施的特殊性,只有在《保障措施协定》和 GATT 第 19 条所有规定都得到证明的情况下才能采取保障措施。因此,主管当局在证明未预见的发展时,应当考虑保障措施的特殊性质,解释应当尽可能清楚明确。

在美国羊肉案中,上诉机构认为,主管当局必须证明未预见的发展;公布的报告必须包括对未预见的发展的认定或合理结论。在美国钢管案中,对于解释应当如何明确地写入主管当局报告,专家组提供了一些意见:美国在诉讼中提到油气价格崩溃和东南亚金融危机是未预见的发展,但在 ITC 的报告中，这些因素不是如此考虑的；油气价格崩溃是作为造成损害的因素考虑的，东南亚金融危机也是以其他方式考虑的；很难认为这是证明了未预见的发展的存在。

因此，未预见的发展必须作为适用保障措施的事实问题进行证明；主管当局公布的报告必须包括对未预见的发展的认定或合理结论，并且在该文件中明确地如此确定。

2）美国错误地认为专家组没有考虑未预见的发展要求与第2条和第4条适用保障措施的条件之间的区别，从而错误地适用了审查标准。

专家组指出，在考虑美国是否说明了未预见的发展导致了进口增加时，还应当审查主管当局是否考虑了所有相关事实，并且充分解释了这些事实如何支持其说明。因此，专家组正确地解释了其义务。专家组引用上诉机构有关第2条和第4条的案件，是为了解释第3条第1款，而不是将第4条第2款的要求适用于未预见的发展。专家组这样做，是因为对于适用于第2条和第4条的审查标准，上诉机构明确表示了第3条第1款的义务。应当强调的是，这个标准使用了来自第3条第1款的一般规则，适用于所有采取保障措施的相关条件。美国对第3条第1款的理解是错误的。

专家组在进行未预见的发展的分析时，并没有适用第4条第2款的标准，即主管当局应当评估所有客观和量化的相关数据，包括第4条第2款所列举的数据。专家组对ITC的报告中未预见的发展的分析，没有适用要素清单。

不仅如此，专家组承认GATT第19条与协定第2条的条件是不同的，认为两个条款中的条件应当同时得到说明。

3）美国错误地认为专家组对未预见的发展要求增加了义务。

美国认为，专家组错误地要求ITC区分未预见的发展对每个国家每个产品的影响程度。

①专家组适用的未的预见的发展的标准与上诉机构的实践完全一致。

专家组适用的法律标准是：对未预见的发展的充分合理解释应当包括具体的事实，说明未预见的发展导致了进口增加，对每个保障措施所适用的相关国内产业造成了严重损害；这些事实的性质，包括其复杂性，应当能够说明未预见的发展与进口增加之间关系的范围。

专家组所引用的上诉机构的案件是支持这些裁决的。特别在美国羊肉案中，上诉机构指出，在一项保障措施适用之前，必须证明未预见的发展的存在，否则其法律基础就是错误的。事实上，每项保障措施都是针对具体产品采取的紧急措施，都必须有法律基础。用未预见的发展解释一揽子措施，是不符合保障措施和 GATT 目标的。从性质来看，保障措施是具体措施，应当有具体认定。

②美国错误地认为专家组要求 ITC 区分未预见的发展对每个国家每个产品影响的程度。

专家组认为，ITC 有义务区分未预见的发展对不同产品的影响，但其没有这样做。专家组是在表达关于事实评估的观点，但美国将其理解为专家组提出了一个法律要求。专家组裁决中，没有地方要求 ITC 区分每个未预见的发展对每个产品和每个国家的影响程度。专家组的确认为，ITC 的报告中分国别和分产品进口的表格本来可以用于解释，但不能由此推断专家组要求 ITC 区分每个未预见的发展对每个产品和每个国家的影响程度。

对于每种保障措施，专家组要求证明未预见的发展与进口增加直接的逻辑联系。值得注意的是，USTR 在函中要求 ITC 说明的，正是"对于每个肯定裁定"，都应当证明未预见的发展导致了进口增加。

专家组并没有像美国所说的那样，仅仅因为 ITC 分析的是宏观经济事件而认定 ITC 的证明不够充分。专家组进一步审查了这些事件是否可以视为未预见的发展。专家组分析了 ITC 的解释后认为，ITC 的解释是关于钢铁生产总体情况的，而对于每个具体钢铁产品，没有说明未预见的发展如何导致了进口增加。

最后，美国认为专家组要求主管当局区分各种未预见的发展对具体产业甚至其他国家经济的影响。而专家组所说的是：未预见的发展不一定只影响一个经济行业，或者对于一个行业的不同组成部分产生不同影响，但 ITC 应当解释具体钢铁产品进口的增加是未预见的发展造成的。专家组并没有增加要求，而是解释了一个基本要求，即对于未预见的发展的说明必须有关每个保障措施。这样可以确保保障措施不被适用于含糊的一组产品，而其中可能有些与未预见的发展没有联系。

4）专家组正确地认定 ITC 没有进行连贯的证明。

专家组认为，主管机关的报告必须提供完全连贯和符合逻辑的解释。这在报告分阶段公布的情况下是很困难的。专家组的意思是，报告所包括的解释本身必须是连贯的，而不是美国所理解的那样，与报告的其他部分相联系。

在提到美国所说的专家组没有考虑其他数据之前，有必要回顾一下专家组为什么不满意 ITC 的分析。

专家组所要求的，不是有关每个未预见的发展与每个国家每个产品之间关系的各种分散数据。问题是，美国提到了一些所谓的未预见的发展，但没有完成分析并且依据相关数据进行分析。美国应当在书面和口头程序中完成分析。但美国的第一份报告根本没有关于未预见的发展的说明,第二份报告则简短且概括。专家组指出,主管当局没有这样做;正文相应的脚注要么与解释未预见的发展无关,要么主要是关于进口的,且没有说明进口的来源;引用这些数据不是为了说明未预见的发展,因此不能用于弥补ITC论证的缺陷。

美国在专家组阶段提供了说明,但专家组正确地指出,主管当局报告中没有提到的这些事后证据对于反驳起诉方的观点也许是有用的,并且可能是对未预见的发展如何导致进口增加的适当解释;但这引出了一个问题,即在较晚的WTO争端解决阶段,美国是否试图弥补ITC报告中解释的缺陷。因此,ITC在报告中没有提供充分解释,而美国随后试图在WTO阶段完成说明。这种方法显然是不能满足GATT第19条和《保障措施协定》第3条第1款要求的。专家组正确地认为,鉴于未预见的发展总体的复杂性,加上本案的复杂性,ITC所提供的解释并非充分合理。

最后,对于证明未预见的发展的形式,专家组采取了灵活的态度,但不应当由专家组在ITC的多个报告中到处收集数据,并且在不同的信息间找到连贯性。DSU第11条只要求专家组对事实进行客观评估,而不是证明主管当局提供了某种解释。此外,不应当由专家组从ITC关于进口增加的裁定中抽象出信息来证明未预见的发展。一份原始资料可以用于多种解释,但主管当局应当使用这些数据进行具体的证明。美国在NAFTA进口部分所引用的数据,只是用于解释进口的。专家组没有否认报告其他部分引用的数据可以(由ITC,而不是专家组)说明其他问题,但专家组如果从事这样的证明,就是越俎代庖了。

美国引用了欧共体铸铁案。上诉机构认为,根据具体案件的情况,专家组可以从记录中找到充分的证据。该案中,上诉机构认为EC隐含地评估了"增长"这一因素,因为鉴于这个因素与其他因素的关系,EC在分析其他数据时包括了对这个因素的分析。但本案的情况不能与那个案件的具体情况相比。美国称专家组没有提供证据证明其结论。美国转嫁了证明的责任。对此,不应当由专家组证明ITC的分析没有得到证据支持,而应当由ITC证明其分析得到了证据的支持。

5)美国错误地认为专家组违反了DSU第12条第7款。

上诉机构在墨西哥糖浆案中指出,第12条第7款为专家组裁决和建议的理由确定了最低标准;专家组应当提供充分说明其裁决主要原因的解释;专家组应当确定相关事实和适用的法律标准；在将这些法律标准适用于相关事实时，专家组的推理应当说明法律如何及为什么适用于这些事实。

因此，第12条第7款仅要求专家组提供裁决的基本理由，使得当事方知晓，但没有要求进行全面的说明。从上诉机构解释的标准来看，本案专家组确定了法律标准，说明了适用这个标准的具体方法，审查了相关事实并根据这些标准审查了事实，最后认定ITC没有证明未预见的发展与进口增加之间的逻辑联系并且提供了理由。此外，专家组还进一步分析了ITC的报告和美国书面陈述中的多种数据如何可以用于解释，但这些数据不能构成对未预见的发展的连贯解释。

美国试图把说明的责任推给专家组。美国对第12条第7款的解释是含糊不清的、误解的。

（3）上诉机构裁决。

专家组认定ITC没有充分合理地解释每种产品的进口增加导致了未预见的发展。美国提出上诉，但美国上诉的内容没有包括俄罗斯金融危机、亚洲金融危机和美元坚挺引起的美国市场强劲等是否属于未预见的发展的问题。上诉机构全面维持了专家组的裁决。

1）关于GATT第19条第1款（a）项主张的适当审查标准。

专家组首先考虑了审查未预见的发展主张的审查标准问题。专家组认为，应当审查美国在公布的报告中是否充分合理地解释了未预见的发展导致了进口增加；在考虑这个事实问题时，专家组还应当审查主管当局是否考虑了所有相关事实，并且充分解释了这些事实是如何支持其裁定的。

美国反对专家组的这种审查标准，认为专家组没有考虑未预见的发展的要求与协定第2条和第4条规定的采取保障措施的条件之间的差异。美国称，上诉机构在韩国奶制品案、阿根廷鞋类案和美国羊肉案中表明，未预见的发展的用语说明这个义务与其他义务明显不同，而专家组根本没有考虑这种差异。美国认为，专家组采用的标准错误地反映了协定第4条第2款的要求，而没有考虑与未预见的发展有关的要求。因此，对未预见的发展适用"充分合理的解释要求"是不适当的。

上诉机构在阿根廷鞋类案中说过，GATT第19条与《保障措施协定》规定的是同一个事情，即成员采取保障措施的问题，并且构成了权利和纪律的不可分割的内容，应当同时考虑。因此，这种不可分割的关系表明，美国所说的应当适用不同的审查标准是没有依据的。

上诉机构在美国羊肉案和美国钢管案中曾指出，协定第4条第2款要求，对于事实如何支持裁定，主管当局应当提供充分合理的解释。这不仅仅是关于第4条第2款的审查标准问题；没有理由认为对协定义务和GATT第19条义务不适用同样的标准。

此外，在美国羊肉案中，上诉机构指出，未预见的发展属于第3条第1款所说的"相关事实和法律问题"，主管当局公布的报告必须包括对未预见的发展的认定或合理解释。因此，本案专家组认为未预见的发展必须作为事实问题予以证明的观点是正确的。

不管怎么说，美国反对专家组提出的充分合理解释的要求，与专家组在DSU第11条项下的义务是无法协调的，即对案件的事实及与相关协定的一致性进行客观评估。如果主管当局没有解释其关于未预见的发展的结论，专家组是无法审查其与GATT第19条的一致性的。主管当局只有提供了充分合理的解释，专家组才能审查措施是否符合要求。

基于以上原因，上诉机构认为，专家组采用了适当的审查标准。

2）协定第3条第1款。

美国关于第3条第1款的观点，是在"关于专家组在第3条第1款方面的总体错误"部分提出的，因此，关于该款解释的问题，不仅仅涉及未预见的发展，还涉及专家组对进口增加和因果关系部分的裁决。

美国认为，第3条第1款最后一句要求主管当局就其结论提供逻辑依据（logical basis），而没有要求明确解释；第3条第1款仅仅要求对所有相关事实和法律问题提供合理结论（reasoned conclusions）。美国认为，没有充分合理的解释也可以有合理结论。

对于第3条第1款的理解，应当从其通常含义出发，并且结合其上下文和协定的目的。从辞典的解释来看，"合理结论"是要求主管当局提供明确、详细、符合逻辑的结论。专家组有责任审查主管当局是否遵守了其义务。欧共体和挪威认为，专家组如果不得不自己从主管当局报告中推论出该当局裁定的理由，就无法履行这项责任。这种理解是正确的。

不仅如此，协定第4条第2款（c）项要求主管当局根据第3条的规定迅速公布详细的分析并证明所审查因素的相关性。此处使用的是"根据"（in accordance with），而不是"此外"（in addition）。因此，该项要求是对第3条第1款最后一句（在公布的报告中提供合理结论）要求的解释。

美国在听证会上称，第4条第2款（c）项不适用于主管当局证明未预见的发展。这是错误的。第4条第2款（c）项是对第3条的解释，而且未预见的发展是第3条第1款所说的相关事实和法律问题，因此，该项的要求也应当适用于主管当局证明未预见的发展。

有鉴于此,上诉机构认为,美国提出的"提供逻辑依据"不符合第3条第1款的要求,而应当提供"合理结论"。

上诉机构还审查了其他涉及第3条第1款的问题。

专家组认为,解释的时间和范围可能会影响解释是否充分合理。美国则称,这在协定中没有依据。美国似乎把专家组所要求的"范围"(extent)理解为解释的"长度"(length)。但专家组没有对解释的长度提出要求,而仅仅是说美国没有对未预见的发展如何导致进口增加提供充分合理的解释。

美国还认为,协定并没有要求主管当局的报告应当采取特定的形式。专家组认为,ITC没有提供充分合理的解释,因为ITC没有具体指明报告中的其他部分支持某一结论的数据或推理。专家组并没有要求调查报告应当采取特定的形式。

上诉机构在美国钢管案中指出,对于因果关系,主管当局必须明确确定,充分合理地解释;解释必须是清晰的、不含糊的,不应仅仅是暗含或表明了一种解释;解释必须用明确词汇,直截了当。这是对第4条第2款(c)项义务的澄清。但前面已经提到,这种审查标准不能仅仅限于第4条。因此,专家组将这一标准用于对未预见的发展的解释,是适用了正确的审查标准。

值得再次强调的是,如果不要求主管当局提供充分合理的解释,专家组就无法按照DSU第11条的要求客观评估保障措施是否符合协定的要求。对此,不应当让专家组猜测为什么采取保障措施。专家组不能进行重新审查,调查当局报告中的合理结论和详细分析就是专家组评估主管当局是否遵守其义务的仅有依据。因此,主管当局的解释必须是清晰的。

美国还提到,专家组的很多结论依据的都是ITC的报告没有提供充分合理的解释,因此这只能说违反了第3条第1款,而不是第2条和第4条。美国还认为,没有解释一个裁定,并不能自动证明ITC没有进行作出裁定所必需的分析。但专家组在认定ITC没有提供充分合理的解释时,审查的就是与第2条和第4条的一致性。上诉机构在美国羊肉案中指出,如果专家组认定主管当局没有提供充分合理的解释,专家组就认定了裁定不符合协定的具体要求。关于主管当局是否进行了分析的问题,专家组不能对案件的证据进行重新审查,而只能看主管当局的解释。主管当局也许进行了分析,但如果主管当局不提供充分合理的解释,专家组就无法判定协定的要求是否得到了满足。在这种情况下,专家组只有认定主管当局没有进行正确的分析。

3)对每个保障措施是否都有必要证明未预见的发展导致了进口增加。

专家组认为需要对每个措施都要作出这样的证明。美国则认为，第19条没有规定具体的分析方法，也没有要求主管当局区分多种未预见的发展对每种产品的影响。美国称，如果按照专家组提出的方法，主管当局就需要像分析进口一样分析未预见的发展，而这显然是不正确的。

从第19条的用语来看，要使用保障措施，某些事件必须导致某种产品的增加；只要未预见的发展导致了某种产品进口的增加，则该产品就有可能适用保障措施。因此，专家组认为对每种产品都要证明未预见的发展导致进口增加的观点是正确的。

因此，适用保障措施时，仅仅证明未预见的发展导致了范围广泛的产品进口的增加是不够的。如果允许成员这样做，就等于是允许在某种产品进口没有增加并且不是来自未预见的发展的情况下，对这些产品中的一种或多种采取措施。而这是不符合协定要求的，因而对每种产品都要证明未预见的发展。

美国提出，专家组可以要求ITC针对每种产品都证明未预见的发展，但不能全面否定ITC提供的其他有说服力的解释。而专家组并没有全面否定ITC的解释。专家组在分析了ITC的解释后认为，ITC提及的未预见的发展的复杂性要求其提供更为详细的解释和支持数据。

上诉机构同意欧共体的观点，即在本案中，ITC提到的是宏观经济事件对众多产业的影响，因此，ITC应当证明未预见的发展与每种产品进口的增加之间的逻辑联系，而不是由专家组去理解ITC的报告中所没有的分析。因此，专家组要求对每种产品都证明未预见的发展导致了进口增加是正确的。由于ITC没有提供合理结论，专家组认定每种保障措施都不符合GATT第19条第1款（a）项和协定第3条第1款的结论没有错误。

4）关于专家组没有将某些数据与ITC的裁定相联系。

美国提出，专家组没有考虑ITC的报告在其他部分（进口增加）提到的数据。而第3条第1款要求对所有法律和事实问题提供合理结论。合理结论不是该结论甚至没有提及的事实；提供合理结论的是主管当局，而不应当由专家组收集散落在报告中的数据来提供合理结论。

美国提到了上诉机构在欧共体钢铁管接头案中的观点。美国认为，在该案中，主管当局没有考虑《反倾销协定》中明确列举的一个因素，但上诉机构认为，从报告的其他部分来看，主管当局已经考虑了这个因素。但该案与本案是不同的。本案不是ITC的报告是否考虑了某个数据的问题。ITC也许考虑了所有相关因素，但没有用这些数据解释未预见的发展导致了进口的增加。

而这项工作不应当由专家组去完成。

5）结论。

上诉机构维持专家组裁决，即 10 种保障措施都不符合 GATT 第 19 条第 1 款（a）项和《保障措施协定》第 3 条第 1 款的规定，因为 ITC 的报告没有对未预见的发展导致进口增加提供充分合理的解释。

（二）交叉上诉

这里仅以进口产品和国内产业的界定为例。为了详细说明双方的争议，以下还包括专家组阶段双方的观点。

1. 专家组阶段

（1）第一次书面陈述。

1）起诉方观点。

采取保障措施，首先要做的就是确定具体的进口产品和国内产业；如果定义错误，就会影响对所有其他条件的分析，特别是确定因果关系的存在，将导致针对没有对国内产业造成影响的产品采取保障措施。

①ITC 任意、不公正地创造了产品分类。

ITC 没有首先确定具体进口产品，而是按照其自己的方法，先确定国内产业；没有对具体进口产品作出自己的决定，而是盲目地接受了对"进口产品或者调查申请中所包括产品"的任意性描述。而且，ITC 明确拒绝就具体进口产品作出自己的决定，因为它说 ITC 没有被要求首先考虑是否及如何细分进口产品。

保障措施不允许对一种具体进口产品采取措施，而依据却是对另一种具体产品的认定，即使后一种产品是相同的或者直接竞争的。在本案中，总统要求将大量钢铁产品归为 4 大类：普通碳素和合金板材，普通碳素和合金长材，普通碳素和合金管类产品，以及不锈钢和合金工具类产品。为了收集数据的需要，又将其分为 33 类产品。

即使每类产品足够具体，可以确保作出正确的保障措施决定，ITC 也无权将这些产品归入不同的类别，而界线在调查过程中被移动。例如，ITC 调查了归在板材类的 7 种产品，然后又将这一大类细分为 3 个不同的产品类别（平板轧材、镀锡类产品、取向硅钢）。平板轧材包括 5 种被分别调查的产品（板坯、中厚板、热轧钢、冷轧钢、涂镀钢），但被人为地归为一个类别，以界定国内产业、确定进口增加和损害，而且对这 5 种不同的进口产品采取了两种不同的保障措施（一种对板坯，另一种对板坯外的板材）。这些类别都没有精确的定义来说明它们本身就是具体产品。

更为重要的是，ITC 自己也需要依赖 33 类不同产品以收集数据，这表明大类的分法是人为的。这说明，即使为了经济和数据分析的需要，以及在美国的正常贸易过程中，这种对板材的人为扩大分类也是不真实的。这样的后果是，一种具体产品的进口没有增长，会由于和其他产品结合在一起而被掩盖起来。ITC 的这种做法影响了对进口增加和因果关系的所有认定。

例如，关于平板轧材的进口增加，ITC 说，进口增加的法定要求满足了。平板轧材总进口的实际数量和相对数量都增加了。从实际数量来看，总进口从 1996 年的 18.4 百万吨增加到 2000 年的 20.9 百万吨，增长 13.7%；总进口从 2000 年中期的 11.5 百万吨下降到 2001 年中期的 6.9 百万吨。进口对国内生产的比率也从 1996 年的 10% 上升到 2000 年的 10.5%。

如果按照 ITC 的推理，对板材中的每一个产品进行审查，结论如下：

——板坯实际总进口从 1996 年的 6.3 百万吨，上升到 2000 年的 7.26 百万吨；

——中厚板总进口从 1996 年的 1.9 百万吨，下降到 2000 年的 0.95 百万吨；

——热轧钢总进口从 1996 年的 5.3 百万吨，上升到 2000 年的 7.5 百万吨；

——冷轧钢总进口从 1996 年的 2.6 百万吨，上升到 2000 年的 2.8 百万吨；

——涂镀钢总进口从 1996 年的 2.3 百万吨，上升到 2000 年的 2.5 百万吨。

如果对每种产品进行单独分析，而不是根据一个大类，那么对中厚板就不应采取措施，因为中厚板进口显然没有增加，至少从实际数量上看是这样的。

对于相对进口，ITC 的认定也必须根据以下情况进行修改：

——板坯，1996 年 9.9%，2000 年 10.9%；

——中厚板，1996 年 32.5%，2000 年 14.8%；

——热轧钢，1996 年 8.3%，2000 年 10.9%；

——冷轧钢，1996 年 7.5%，2000 年 7.3%；

——涂镀钢，1996 年 13.3%，2000 年 11.8%。

可以看出，将不同产品归为平板轧材一类，就可以对相对进口的增加作出肯定决定，但这与分产品分析的结果是不符的，因为 5 种产品中有 3 种产品的相对进口是下降的。

因此，缺乏对进口产品的精确定义，影响了 ITC 对进口增加、损害和因果关系的认定。在美国羊肉保障措施案中，上诉机构强调调查机关必须正确确定具体进口产品和正确确定国内产业；上诉机构关注的也正是使保障措施分析不要从一开始就是错误的。

总之，美国违反了《保障措施协定》第 2 条第 1 款要求确定具体进口产品的义务。

②对国内产业的界定不正确。

ITC 在按照其自己的方法确定生产同类产品或直接竞争产品的国内产业时，没有将进口产品与国内产品进行对比，而是集中精力解释为什么没有基于其调查的 33 种产品确定进口增加、损害和因果关系，以试图表明有些国内生产的产品构成了单一的同类国内产品。但 ITC 忘记了其基本的义务，即将国内产品与进口产品进行对比，以确定它们是否为同类。

最重要的错误出现在对生产平板轧材的国内产业的界定上。由于创造了平板轧材这个类别，ITC 的分析就出现了一系列草率的决定。例如，说国内平板轧材与进口平板轧材是相似的，因为从物理特性来看，国内平板轧材与进口平板轧材有相同的物理特点，一般是可互换的。说国内产品和进口产品大体相似，当然不是对这两种产品是否为相似的充分分析；因为分析相似，至少要比较物理特征、共同的最终用途、消费倾向和关税分类。

不仅如此，ITC 将不同类型的产品捆绑在一起，没有确定国内产品和进口产品的所有组成部分都是相似或直接竞争的。例如，ITC 虽然明确承认存在不同类型的平板轧材，但既没有说明国内生产的板坯与进口冷轧薄卷相似，也没有说明国内生产的热轧钢与进口涂镀钢相似。

如上所述，ITC 试图表明国内产品属于单一相似的国内生产产品。例如，为界定国内产业，ITC 考虑了是单独分析平板轧材具体类型还是作为一个整体的问题。然而它没有具体产品，而只是一般性地提到了物理特征，例如：这些产品共同的冶金学基础、单一共同的生产基础、所有产品都最终共同用于汽车和建筑行业。

这种认定与《保障措施协定》第 2 条第 1 款的要求是不一致的，因为它要求主管当局确定其要归为一个国内产业的国内产品要么是单一相似产品，要么是与进口直接竞争的产品。ITC 没有遵循 WTO 关于相似性的标准和它自己的方法，即没有根据物理特征、最终用途、消费者偏好和关税分类来确定这 5 个不同的下游产品的相似性。ITC 的依据主要是这 5 种产品共同的生产环节和最终用户，而这两个标准已经被上诉机构否定。

鉴于以上错误,ITC 对平板轧材国内产业的界定是不符合《保障措施协定》第 2 条第 1 款和第 4 条第 1 款（c）项的。

另外,由下面的分析可以看出,对生产平板轧材的国内产业的定义是根本错误的。

（a）没有共同的物理特征。

ITC 说 5 种板材有共同的物理特征,在一定程度上是相关的,依据的是它们有共同的冶金学基础。然而基本的碳和铁化学组成不足以说明这些产品有共同的物理特征,应当视作一种产品。事实上,冶金学上相同的化学组成可以形成不同的产品,例如普通碳素和合金产品与不锈钢产品。

根据美国自己的方法和 WTO 的标准,为了确定共同的物理特征,ITC 应审查这些产品的尺寸、形状和质地。ITC 承认,其在厚度和其他质量上有很大差别,例如,板坯是 4 英寸,而冷轧钢为 2 毫米;防腐和表面质地也不同。更为重要的是,ITC 报告明确承认 5 种产品之间缺乏互换性,因为这些产品处于不同加工阶段。热轧钢也不能视作与其前加工阶段的产品有共同的物理特性,因为热轧的目的就是减少半成品的厚度。冷轧钢也同样如此。ITC 的报告称,冷轧就是将热轧材料的厚度降低 25%～90%,或者使其具有特定的机械特征和表面质地等。而涂镀钢就是为了使其具有防腐特性。通过添加金属或非金属物质,涂镀过程可能会改变原材料的物理特性,使其成为防腐产品。因此,通过涂镀,冷轧钢就变成了不同的产品,而不能被视作相似产品。

因此,ITC 的分类显然无法充分、合理地解释以上存在的问题。

（b）没有共同的最终用途。

ITC 没有证明 5 种产品有共同的用途。ITC 说所有类型的产品都用于生产汽车（虽然具体用法不同）和建筑业,这就承认了每种产品的用法是不同的。有些产品,如涂镀钢,用于制造汽车部件;另一些产品,如板坯（只是半成品,只能用于制造汽车）,只是生产下游产品的原材料。ITC 所依据的只是这些产品的最终用户,而这不是上诉机构所确定的标准。而且,如果以最终用户为标准,就会得出非常荒谬的结论。例如,汽车皮革和挡风玻璃也应当视为板材的相似产品。

ITC 所说的所有这些产品都受到这两个市场总需求的实质性影响,这是一个不相干的问题,因为它所依据的经济利益实质性一致的观点已经被上诉机构明确认定为不相关。

（c）没有共同的消费者倾向。

如果消费者被视为使用制成品的汽车制造商和建筑业,那么这 5 种产品甚至可以认为是相互替代的。但 ITC 自己承认，对于汽车挡泥板，冷轧薄卷不能替代热轧钢和板坯。

(d) 不同的关税分类。

ITC 认为，海关的处理方法对板材调查无用，因为适用于这些产品的类别量太大（55 类）。缺少对海关分类的分析是与上诉机构在欧共体石棉案中的意见相悖的；上诉机构认为，海关分类是确定相似产品的一个重要标志。分类太多不应当是一种借口；相反，分类多正表明这些产品不相似。事实上，看看这 55 类就可以发现，HTS 根据宽度和厚度的 4 位分类也是对半成品，包括板坯、热轧钢、冷轧钢、防腐和中厚板进行区分的。这是一个很重要的标准，反映了国际承认的基本产品分类。

(e) 单一共同生产基础的观点是不相关的。

ITC 分类的一个决定性主张是该产业是一体化的，有共同生产过程。ITC 特别注重共同的生产过程和设备，认为这是界定国内产业范围的基本考虑。但 ITC 承认，界定相似或直接竞争应当反映市场的现实，同时实现保障措施的目的，即保护国内生产商的生产性资源。因此，这种方法就要求 ITC 将下游产品集合起来，特别注意共同的一体化生产基础。

然而这种标准已经在美国羊肉保障措施案中被认定为与《保障措施协定》不一致了。上诉机构说，投入产品只有在与最终产品相似或者直接竞争时，才能被归为"国内产业"。投入产品与最终产品属于一个连续的生产线是不相关的，除非能够用其他方法证明投入产品是相似产品。

总体来说，ITC 是参照国内产业来界定相似产品的。这就颠倒了《保障措施协定》第 2 条第 1 款和第 4 条第 1 款（c）项的要求，因为它要求参照相似产品的生产商界定国内产业。在美国羊肉保障措施案中，确定与进口产品相似或者直接竞争的产品是界定国内产业的第一步，而不是相反。ITC 没有考虑这个裁决，再一次依据生产设备而不是产品本身界定。因此，ITC 采用了错误的方法，使其所有国内产业的界定都不符合 WTO，对平板轧材国内产业的界定尤其如此。

(f) 对板坯的单独救济。

美国对板坯采取了单独的救济措施，而这恰恰表明该产品在物理特征上与其他产品不同，同时具有不同的竞争条件。这再次说明，板坯进口条件与其他平板轧材非常不同，因为总统认为有必要采取不同的救济措施。

综上所述，对于平板轧材，ITC 没有充分确定调查中的具体产品，也没有充分确定国内产业。因此，美国的做法违反了《保障措施协定》第 2 条第 1

款和第 4 条第 2 款。

2）美国的观点。

①概述。

起诉方的主张使得专家组第一次可以对《保障措施协定》中的相似产品一词的解释和适用进行审查。上诉机构明确指出，相似产品应当根据规定的上下文和宗旨目的，以及该规定所出现的有关协定的宗旨目的进行解释。过去在 GATT 和 WTO 中的解释，是与《保障措施协定》不同的 GATT 和其他协定。正如上诉机构所说，一种情况下的解释并不能自动适用于另一种情况。

在解释《保障措施协定》中的相似产品时，应当考虑下述情况：GATT 和 WTO 过去并没有对确定该协定中的相似产品时应考虑什么因素作出决定；并没有何为某一钢铁产品的普遍适用的定义，起诉方对此的意见也不一致；在界定相似产品时，调查机关是从调查所涉及的进口范围开始的，如果一个调查中的进口与另一个调查中的进口不同，那么相似产品的范围也可能会不同；本案中，ITC 对相似产品的界定与进口是一致的、对应的，而没有超出进口的范围；ITC 确定了 27 种与进口对应的相似产品，对其中 10 种采取了措施，ITC 对起诉方指责的板材、镀锡类产品和焊管的分类进行了充分的解释。

②协定对相似产品的定义。

协定并没有对相似产品下一个定义，也没有在过去的保障措施案件中提及。上诉机构在美国羊肉案中提到，确定国内产业范围的第一步，是确定与进口产品相似或者直接竞争的产品；只有这些产品确定了，才有可能确定这些产品的生产商。这也没有提供多少指导。该案没有涉及相似产品的定义问题，而是说羊肉国内产业是否应当包括活羊饲养者的问题。此处并没有起诉方所说的狭义界定相似产品的问题。该案只说国内产业应当仅包括相似产品的生产商，而没有对相似产品加以定义。

③GATT 和 WTO 对相似产品的处理不是在《保障措施协定》项下。

GATT 中的案件，是关于内部税收的国民待遇问题。在日本酒税案中，上诉机构说，进口产品与国内产品是否相似，应当进行个案分析。上诉机构虽然说对 GATT 第 3 条中的相似产品应当作狭义理解，但如何作狭义理解则应进行个案处理。

上诉机构在欧共体石棉案中认为，字典对相似一词的解释没有解决三个问题：哪个特点或质量是重要的；产品应当共有的质量或特点的范围；从哪个角度判断相似性。

上诉机构在日本酒税案中认为，边境税收调整案中的解释对个案确定相似产品有所帮助，但上诉机构明确提醒决策者应当牢记，第3条中的相似产品的狭义范围与其他协定是不同的。

起诉方提到了美国棉纱案中上诉机构的观点，但忽视了这两个案件之间事实和情况的差别。在美国棉纱案中，进口棉纱和国产棉纱是相似的。然而国内一体化生产商所生产的棉纱被认定不是直接竞争的，因此没有被划入国内产业中。上诉机构评论说，相似产品是直接竞争产品的一部分；所有相似产品都是直接竞争或者替代性产品，而直接竞争性产品并非都是相似产品。而在本案中，相似产品与国内产业的范围是一致的，并不涉及直接竞争性分析问题。因此，美国棉纱案不能直接适用于本案。

如上所述，对于相似产品的定义，应当结合不同协定的宗旨目的进行。GATT第3条的目的是避免保护主义，以及维护产品之间的平等和竞争性关系，而《保障措施协定》的目的是允许在特定情况下保护国内产业。两个协定的不同目的，使得相似产品的范围必定不同，甚至前一个必定比后一个狭窄。

④在《保障措施协定》项下界定相似产品的标准。

上诉机构说过，共同特点的普遍标准或归类为分析具体产品的相似性提供了一个框架，但应当记住的是，这些标准仅仅是帮助归类和审查相关因素的工具，并且这种分析不可避免地带有个案的、任意性的判断因素。

ITC传统上考虑的因素是：物理特征，海关分类，制造过程（何处、如何制造的），用途，营销渠道。ITC还参考美国贸易法立法史中所提到的内容，即相似是指在固有或内在特征上（即原材料、外观、质量、质地等）的实质性相同。这些并不是法定标准，不影响ITC在裁决中考虑的因素。没有哪个因素是决定性的；对每个因素所给予的考虑程度，取决于个案的情况。关于相似或直接竞争产品的决定属于事实裁定，ITC传统上寻找产品之间明显的分界线，而不考虑细小的差异。

ITC所考虑的因素与边境税收调整案工作组所提出的三个标准是相近的。其中两个标准，即物理特性和用途，是相同的。第三个标准，即消费者偏好，似乎与保障措施调查的目的相抵触。由于协定的目的是允许对国内产业进行保护，考虑消费者而不是生产商，或者两者都考虑，就是错误的。而ITC考虑的则是产品的营销渠道和制造过程。

第四个标准——海关分类，在边境税收调整案中没有提及，但在其他情况下提到过。尽管关税分类显然反映了产品的物理特性，但在界定相似产品时并非有用；本案涉及大量（612个）税目，所以不能明确区分产品。例如，在为收集数据而确定的33类产品中,每个都有2~65个税目。

起诉方没有说明为什么应当重点看关税分类,他们的观点也是不清楚的:有时说ITC应当看10位税目,有时则说应当看4位分类。上诉机构说过,使用特定的方法帮助审查证据,并没有解除审查所有相关证据的义务和必要性。关税分类与ITC所使用的物理特性是相关的。ITC有权确定哪些因素是有用的。另外,事实证明,4位税目也无法提供明确的产品分类。

第五个标准是制造过程。对于以保护国内产业为目的的《保障措施协定》来说,这是一个适当的、客观的因素。在美国羊肉案中,上诉机构在一个脚注中明确说过,在确定两个产品是否为不同产品时,考虑生产过程可能是相关的。本案中,ITC是在众多产品中寻找一个分界线,因此,制造过程与物理特性一样是相关的。

上诉机构在美国羊肉案中还确认,相似产品的界定可以包括投入物和最终产品,认为在考虑不同生产阶段的产品时,一个相关因素就是不同阶段的产品是单个相似产品的不同形式,还是变成了不同产品。

⑤申请确定了调查中的进口产品;ITC的出发点是界定相似于已经确定的进口产品的国内产品。

总统和参议院提出的调查要求,确定了调查中进口的范围。ITC第一步是界定相似于进口产品的国内产品,然后在此基础上界定国内产业。根据美国法律,ITC无权在其损害分析和裁决中增加或排除申请所确定的产品。

起诉方要求在界定相似产品之前先细分或确定不同的进口产品,这在协定中是没有依据的。起诉方观点涉及的是调查中范围很广的进口以及调查结果,而不是ITC界定相似产品的方法。而且,这样的先行细分如何会导致不同的相似产品定义,这一点是不清楚的。起诉方对美国羊肉案的理解是错误的。如上所述,该案涉及的是国内产业的范围,而不是相似产品的定义。尤为重要的是,该案中,活羊不属于调查范围内的进口,也没有涉及国产活羊是否与进口羊肉相似的问题。不仅如此,上诉机构明确指出,第一步是确定国内相似产品。

⑥钢铁产品的范围不是首先设定的,而是根据有关事实确定的。

从起诉方的观点来看,对于何为具体钢铁产品,似乎存在一个普遍接受的范围,而ITC没有考虑这些范围。但各个起诉方自己的理解就有所不同,有的依据其他法律中的贸易救济案的产品界定,有的使用关税分类,有的使用产品排除申请中的产品描述。

ITC并没有事先确定相似产品的范围,而是在调查中收集证据并进行了分析。有些起诉方认为ITC对于相似产品的界定应当与反倾销和反补贴中的相同。而反倾销和反补贴属于不同的调查，相似产品的范围也不一定相同，因为它们有不同的出发点、不同的法律标准、不同的证据。ITC没有义务解释为什么在不同的调查中有不同的结果。事实上，即使是同样的反倾销调查，有些产品也有不同的范围。起诉方要求ITC使用与反倾销相同的相似产品因素是错误的。这是两个不同的协定，而且《保障措施协定》并没有提到确定相似产品的因素。有些起诉方提到美国羊肉案中与反倾销对比的问题，事实上，该案提到的是国内产业定义的相似性。

起诉方没有提到，ITC并没有在本案中设计什么新的分析因素，而是采用了长期使用的方法。具有讽刺意味的是，起诉方指责ITC没有使用反倾销调查中的方法，但没有提及在反倾销调查中ITC也是考虑制造过程的。另外，起诉方提到了ITC的反倾销调查程序，却没有提到ITC过去的保障措施调查。在1984年钢铁保障措施案中，ITC使用了类似的方法。

⑦具体产品分析（美国第一次书面陈述对板材、镀锡类产品和焊管进行了解释，限于篇幅，此处省略）。

（2）第二次书面陈述。

1）起诉方观点。

首先，美国没有满足协定所要求的开始调查应先确定具体进口产品。美国所采用的方法不符合协定规定，因为它错误地将很多产品归为一类，特别是板材。

其次，即使美国的方法是正确的，主管当局也不应将不同产品归为板材类，因为ITC对相似产品的分析是错误的，并且这些产品显然是不相似的。

①美国的方法违反了协定规定。

与美国的理解不同的是，中国并没有主张应当有普遍接受的钢铁产品定义，也没有主张钢铁产品分类，而是质疑主管当局界定产品类别的方法。

在界定国内相似产品时，ITC是从调查中的进口范围开始的。这只是ITC创设新的进口产品类别的开始。事实上，ITC完全可能在开始时就确定了国内相似产品。但ITC不应将这些产品归在一起，然后将这些归类用于确定进口增加时的进口产品，因为这种捆绑式的方法涵盖了不符合协定规定的产品。

（a）协定要求首先确定具体进口产品。

正如中国在第一次书面陈述中所说的那样，应首先确定具体进口产品，然后确定生产相似产品的国内产业。从逻辑上讲，确定进口产品应先于确定国内产业。只有进口产品首先确定了，才具备了确定国内产业的基础。此外，美国援引了上诉机构在美国羊肉案中的观点,即确定国内产业范围的第一步是确定与进口产品相似或直接竞争的产品。美国称这个观点仅与国内产业的定义有关。事实上,这个观点明确表明,只有在适当确定了进口产品的情况下,才能确定与之相似的产品。

(b) ITC 没有为裁决进口增加而适当确定具体进口产品。

美国的方法显然没有遵守这个步骤。美国称,总统启动调查的要求确定了进口,即具体进口产品。这是错误的。协定所要求的是调查中的产品必须是进口增加裁决中的产品,否则就不符合协定的规定。也就是说,协定不仅要求调查当局从确定具体进口产品开始调查,而且要求该产品与进口增加裁决中的产品相同。

美国称,启动调查的请求限定了调查中进口的范围,这是 ITC 分析的出发点;ITC 无权从中排除某些进口。由此可以看出,主管当局是根据调查请求确定进口产品的,在此基础上确定国内相似产品。然而确定国内产业本应是调查机关的最后一步,ITC 却将国内相似产品归在一起,最后以这些归类作出裁决。所以说 ITC 只能界定国内产品是不对的,因为它还对这些产品进行了归类,将其作为进口产品的类别。而协定要求的步骤并没有被遵守。美国一方面说 ITC 不能先对请求中的进口产品进行细分,另一方面又说 ITC 确定与每一相似产品对应的具体进口产品,也证明了这一点。就被调查的产品而言,甚至不知道何为 ITC 分析的出发点。美国称,ITC 为收集数据的需要而确定了 33 类产品,但这些分类并非 ITC 分析的出发点,也不限制其进行分析;然而其又说,ITC 从请求中所确定的进口产品开始。结果,调查中的产品,即美国所说的启动调查申请中的进口产品,并非进口增加裁决中的产品。

美国称,在本案中,ITC 对相似产品的界定与进口是一致的,没有超过进口产品或与之不同。然而 ITC 对国内相似产品的归类,就对进口产品进行了新的分类,将进口没有增加的产品归入了调查范围。这显然是与协定不一致的。此外,美国在第一次书面陈述中提到的"具体产品"一词是没有意义的。问题在于,调查当局不应将调查中的产品(允许是具体的)不加解释地转入更宽泛的产品类别,在这些产品并非相似的情况下尤为如此。因此,如此捆绑的产品不能视为一种"具体产品"。美国这样做,在很大程度上就重新界定了进口产品的范围。这样,调查就不再是针对具体产品进行的,而是针对一组不相关的产品进行的。

ITC 在国内产品之间进行了相似性分析,并把它们归为一组。这样,ITC 就没有对其中的一些产品进行进口增加的分析,结果却对它们采取了保障措施。这种方法是违反协定的,并且无论如何不应当把不相似的板坯、中厚板、热轧钢、冷轧钢和涂镀钢归为单一的相似产品。不仅如此,美国所说的ITC从包括一些钢铁产品的进口开始,寻找与这些进口相对应的国内钢铁的分界线的做法,表明美国没有将国内产品与进口产品进行适当的比较。事实上,美国只有在与进口产品进行相似性分析后,才能界定国内钢铁。然后,只有与进口相似或直接竞争的产品才能取得国内方面考虑,美国也才能对进口产品和国内产品进行比较。

就板材而言,美国所说的国内板材与相应的进口板材相似是错误的,因为在ITC确定国内有板材并且认为应当有所谓的进口板材之前,并不存在进口板材。因此,ITC所确定的是与国内产品相似的进口产品,而不是相反。

②ITC对板材的相似产品的分析是错误的。

的确,对一个协定中的相似产品的解释不能自动转入其他协定,但有时候可以出现这种情况,并且这种解释提供了有用的指南。就相似产品的界定和评估产品之间的相似性而言,WTO的案例已经提供了一些指南,特别是GATT第3条对相似产品有相同的区分。

(a) 现有协定和案例法对《保障措施协定》中相似产品的界定提供了指南。

美国认为相似性解释不能从一个协定转入另一个协定是错误的。美国曾主张,上诉机构在韩国酒案中的推理不能用于纺织品协定项下,但上诉机构明确驳回了这个观点。因此,在日本酒税案中进一步使用过的边境税收调整案中的意见与本案是相关的,并且对相似产品应作狭义解释。

边境税收调整案工作组虽然承认对相似产品应作个案分析,但提出了个案分析的一般标准,即适用于整个总协定的标准。这些标准可以适用于GATT第3条,也可以适用于第19条。因此,前述4个标准应当适用。

(b) ITC对相似产品的分析适用了不适当的标准,但不承认这些产品是不相似的。

美国仍然坚持考虑生产过程,并且错误地解释了上诉机构在美国羊肉案中的观点。上诉机构明确说,生产过程不是确定产品之间相似或直接竞争关系的因素。上诉机构说可以考虑投入物,但条件是投入物必须与最终产品相似或直接竞争。因此,归类的标准是产品之间的相似性关系,生产过程本身并不是评估相似性的标准。

对于美国所援引的上诉机构报告脚注中的话,即在考虑两个产品是否为不同产品时,考察生产过程可能是相关的,上诉机构明确说过生产过程并非相关因素，只是在遇到两个产品是否为不同产品的问题而有必要进一步区分具有相同物理特性、海关分类和最终用途的产品时，生产过程才可能是有用的工具。另外，没有相同生产过程的两个产品也不一定就表明它们不是相似产品。例如，鼓风炉和电炉生产的板坯就具有相同的物理特征和最终用途。同时，对于连续生产线上两个不同阶段的产品，不能说它们就有共同的生产过程。因此，生产过程并非评估相似性的相关标准。

销售渠道也不是相关标准。所有类型板材都会受到汽车和建筑产业的总体需求的实质性影响，并不能表明所有类型板材都用于这些产业中相同的目的。产品最终销售的市场不能视为其最终用途。

最后，美国说不要求 ITC 考虑每个板材的替代性也是错误的。替代性在评估相似性时是相关的，因为相似产品必定是直接竞争和相互替代的。

由于以上的方法错误，ITC 没有适当地确定具体进口产品。

2）美国观点。

①概述。

提交给专家组的"该产品"和"相似产品"问题，与美国界定国内相似产品的方法是否与协定一致无关，而是关于将该方法适用于特定事实的问题。很多起诉方都承认，他们提出的主要是与确定相似产品的方法无关的调查所涉及的进口范围过宽的问题，以及在界定具体相似产品时在何处划定具体界线的问题。

专家组在审查美国采取的措施是否与协定一致时，应当注意当事方的以下共识和分歧。

共识是：（a）进口钢铁与国内钢铁主要是由相同类型的钢铁组成的，因此进口钢铁与对应的国内钢铁是相似的。不仅如此，相应类别的进口钢铁和国内钢铁一般是可互换的，因此是相互竞争的。（b）在对具体产品单独分析是否对相似产品的国内生产商造成了严重损害时，ITC 对相似产品的界定是与进口相对应的。（c）ITC 一般方法的分析顺序，即先确定国内相似产品还是具体进口的问题，并不是问题之所在；问题是本案中对某些产品的界定是否过宽。（d）相似产品的分析标准包括物理特性、用途、关税分类。很多当事方认为考虑生产过程可能是适当的，但没人反对 ITC 考虑营销渠道。（e）相似产品和直接竞争产品有区别。

分歧为：（a）ITC 对某些产品的界定，分歧主要来自分析是否应适用所谓的普遍接受的钢铁产品定义，而起诉方之间也没有达成共识。（b）欧共体称，为了确定进口是否增加，必须首先根据税号确定进口，而其他起诉方及美国都不同意这一点。

②方法。

(a) 该产品(such product)。

协定对主管当局先分析进口产品还是国内相似产品并没有作出具体规定,而只是说明了进口产品即该产品与相似产品之间的关系。ITC 对国内产品的分析是符合协定宗旨的。

ITC 从调查申请中的进口产品出发,首先考虑哪些国内产品与进口产品相似。这种对比表明了国内产品和进口产品是否相似,它们之间是否可以互换,因此确定了国内产品和进口产品之间是否有竞争关系。然后 ITC 考虑与进口产品相对应的国内产品是否为单一相似产品,或这些产品之间是否有明确分界线,以决定是否构成了多个相似产品。随后 ITC 回过来考虑有关进口产品(即该产品),确定与相似产品相对应的进口产品,以便单独分析这些与相似产品对应的进口产品是否对生产该相似产品的国内产业造成了严重损害。

ITC 确定是否存在单个或多个相似产品,从国内产品而不是进口产品出发,与协定目的是一致的。协定要求分析国内产业状况,应确定对其进行保护,因此,审查国内产品以确定有关相似产品的范围是非常合理的。如果目的是确定国内相似产品以界定相关国内产业,确保只有受到严重损害的国内生产商才被给予调整的机会,那么分析就应当从国内产品而不是进口产品开始。分析的重点是国内产业的状况及对应措施,出口商及产业的性质不能改变这种分析。

此外,关于起诉方所主张的在界定国内相似产品之前明确将进口细分或界定为不同产品,如何能够必然导致不同的相似产品界定,这一点是不清楚的。在本案中,国内钢铁和进口钢铁由相同类型的钢铁组成,进口钢铁与相应国内钢铁相竞争,情况尤为如此。

不仅如此,对任何产品的分析都应当有根据。在调查收集证据之前将进口细分为若干类别,会动摇调查结果。ITC 不是事先确定相似产品的定义,而是首先收集证据,然后进行分析,根据具体案件的事实确定相似产品。这样可以确保对相似产品的界定符合第 3 条第 1 款。

要求主管当局完全根据进口产品细分有关相似产品,不仅在协定中没有依据,而且会带来很多问题。首先,这种要求会妨碍主管当局的调查,并且影响其结论的可靠性。进口产品来自不同国家,产品之间有很大区别。如果重点界定进口产品而不是国内产品,就不大可能提供有助于界定国内相似产品和国内产业的信息。其次,多数保障措施调查都是由国内产业提起的,国内产业称由于某个产品进口使它受到了严重损害。虽然产业会指出进口产品的范围，但主管当局完全有权根据自己的调查确定相似产品。事实上，并不存在普遍接受的钢铁产品的定义。

日本说，起诉方之间对普遍接受的钢铁产品的定义没有一致意见是无关紧要的，而只要证明美国的界定过宽就够了。这就产生了一个问题：起诉方对其他界定方式没有共识，如何能知道ITC的界定过宽呢？

欧共体则说，应当依据税号先行确定进口。而税号仅为一个标准，且并非决定性的。关于这一点，很多起诉方与美国存在共识，上诉机构在日本酒税案中也确认了这一点。事实上，欧共体在自己的保障措施中也将许多不同税号的产品归为一种产品。欧共体所主张的税号方法，是将不同税号归在一起，看进口是否增长，而不考虑其与国内产品的关系。这是本末倒置的方法。上诉机构在美国羊肉案中所说的是首先界定相似产品，而不是首先确定进口是否增长。欧共体的方法是要求ITC在界定相似产品之前确定进口增长，以达到起诉方的目的。

（b）相似产品标准。

在进行相似产品分析时，当事方都认为应当考虑某些因素。这些因素是物理特征、用途、海关分类。很多起诉方同意生产过程可以是适当的考虑。有些起诉方认为消费者偏好也是适当标准，但没有当事方反对ITC考虑营销渠道。

相似产品一词在《保障措施协定》和GATT中并没有定义，WTO关于保障措施的争端解决程序也没有涉及过这个问题。在其他协定中所作的解释，并不能自动适用于保障措施协定。

ITC一贯使用的相似产品标准是一些客观的因素。保障措施调查所分析的是国内产业的状况，而不是市场上进口产品和国内产品的消费者或者它们之间的关系。因此，ITC考虑的是营销渠道、生产过程、物理特征、用途和海关分类等客观因素，而不是消费者偏好。

考虑制造或生产过程，即产品是如何及何处制造的，对于处于不同阶段的产品是非常重要的。从不同阶段产品制造过程之间的关系，有时可以看出生产阶段之间的分界线。例如，板坯和热轧钢等板材是冷轧钢和涂镀钢等深加工钢的原材料，这些产品在开始生产阶段使用的都是相同的生产过程。所有板材使用的都是板坯，其中多数被加工成热轧钢。早期阶段的产品多数都被内部用于生产深加工产品。因此，在达到最后加工阶段之前，产品区别是模糊的。从本案的情况来看，ITC看到不同阶段板材的相关性导致了实质性的内部消费，生产设备是共同的，产业是垂直一体化的。这种生产过程的相关性和生产商之间的一体化，说明市场上每种板材之间的区别是模糊的；所有类型的板材都受到整体板材市场状况的影响，因为一种板材就是另一种板材的投入物。因此，考虑生产过程特别是投入物的问题，考虑的是产品，而不是起诉方所指责的生产商。

替代性并非 ITC 一贯考虑的因素，其他案件也没有要求考虑这个因素。美国棉纱案所涉及的问题是相似的进口产品和国内产品是否可以被确定为并非直接竞争。进口产品和国内产品当然是有竞争关系的：它们是由相同类型的钢铁构成的，相互替换，彼此竞争。此外，在确定的相似产品和相应的具体进口产品中，在尺寸、等级和加工阶段等方面会有所不同。在临界线两端的可能就不是可以相互替代的。例如，36 码和 44 码的裙子是相似的，但它们能相互替代吗？3 号螺纹钢能替代 18 号螺纹钢吗？

因此，对相似产品的界定应依据具体案件的事实。ITC 使用的方法是客观的。

③ITC 在本案中对相似产品的分析。

ITC 所确定的 27 种产品与进口产品是对应的。当事方对这一点并没有异议。意见的分歧在于某些产品界定中的钢铁范围。

（a）板材。

ITC 使用了通常使用的方法，认为这属于单一相似产品。ITC 认为，不同阶段的板材有基本的物理特征，在一定程度上相关联，有共同的最终用途，一般由相同的营销渠道分销，在相同的生产过程中制造，它们有共同的冶金基础。当然，ITC 也承认在物理特征和最终用途方面有所差异。

ITC 考虑的一个重要因素是，一个阶段的板材一般是下一个阶段板材的投入物。因此，这些钢铁在开始阶段使用的是相同的生产过程，只是在下游进行了进一步加工。大量处于早期阶段的产品都被内部用于深加工了。因此，这些产品在到达最后阶段之前，界线是模糊的。

多数板材都是内部转化的。因此，当某些板材进入商业市场时，主要营销渠道一般都是直接通向最终用户的。ITC 承认，生产过程和生产商一体化之间的关系表明每种板材市场不是孤立的，但受到了整个板材市场的直接影响。

ITC 还发现，某些板材的商业销售主要用于汽车和建筑行业。所有类型的板材都受到这两个市场总需求的实质性影响。

ITC 承认，不同阶段板材之间的垂直性关系导致了其用途的差异，但有时产品之间有替代性，例如涂镀钢替代冷轧钢、热轧钢替代冷轧钢等。

总之，ITC 通过一贯使用的方法认定，板材之间没有明确的界线。上诉机构在美国羊肉案中也认为，相似产品可以包括投入产品和最终产品；对于处于不同阶段的产品，关键要看是单一相似产品的不同形式，还是不同产品。因此，上诉机构是承认连续产品可以视为单一相似产品的。

（b）焊管。

焊管虽然有多种类型，但都是用相同生产过程，在相同公司、相同设备上制造的，并且用于相同目的，即输送汽、水、油、天然气或其他接近气压的液体。在调查中，ITC 考虑了将直径 16 英寸以上的输油管视为单独相似产品的要求。调查表明，虽然大口径输油管一般由大钢管钢厂生产，但这些钢厂也能生产其他类型的大口径钢管，例如输水管和打桩管。多数大口径钢管的生产过程与其他钢管的生产过程是相同的。多数生产大口径输油管的钢厂也生产外径低于 16 英寸的钢管。大小口径钢管有共同的物理特征，特别是都有焊缝，而不是无缝钢管。因此，ITC 认为大小钢管都属于钢管，没有必要进行区分。

ITC 考虑分界线的一个重要因素是焊缝。所有焊管都有垂直或螺旋形焊缝，对其用途产生了影响。焊缝使得焊管没有无缝钢管可靠耐久。ITC 分析焊管有共同的物理特征、用途、营销渠道和生产过程，同属于焊管，没有明确的分界线。

2. 交叉上诉阶段

（1）上诉方观点。

从协定的规定和上诉机构的裁决来看，如果进口不是对相似或直接竞争产品的国内产业造成了损害，就违反了协定的规定。本案中，特别是对于板材，美国没有适当界定相似产品，而是把 5 种产品捆绑在一起进行分析。这种方法是无法分析不同产品之间的竞争性关系的，因此，美国也是无权采取保障措施的。如果专家组审查了这个主张，必定会作出支持起诉方的裁决。

关于起诉方的详细论证，详见起诉方提交专家组的两个书面陈述。

（2）美国观点。

DSU 第 12 条第 7 款要求，上诉机构只审查专家组裁决中的法律适用和法律解释问题。然而 ITC 处理的相似产品问题显然是一个事实问题。例如，欧共体和瑞士强调，对相似产品的界定必须一致而无差异。而审查产品界定是否一致，不能不考虑有关该产品的事实。日本、韩国和巴西还用图表说明某些产品不是相似的，这也是事实问题，而不是法律问题。

专家组显然没有提供任何证据。专家组没有对相似产品问题作出裁决。另外，对于相似产品，当事方并非存在无争议的事实。事实上，在专家组阶段，当事方对相似产品的界定存在很大的分歧。因此，要求上诉机构审查相似产品问题，就是要求上诉机构审查当事方对事实的争议。

四、结束语

（一）对保障措施的认识

从理论上说，保障措施是 WTO 所允许采取的保护措施。然而在包括本案在内的一些主要保障措施案例中，所有采取保障措施的成员都败诉了。由此可以看出，适用保障措施的纪律是非常严格的。一项保障措施要同时满足这么多的条件，是非常困难的。

那么 WTO 为什么要对采取保障措施规定如此严格的纪律呢？也许我们可以从上诉机构在美国钢管保障措施案中的一段说明中找到一些答案。上诉机构说，保障措施是一种特殊救济措施，只应在紧急情况下采取。这种措施是在没有证明存在不公平竞争的情况下实施的进口限制措施。在这一点上，保障措施与反倾销和反补贴是不同的，因为这两种措施是针对不公平贸易做法的，而保障措施所针对的可能是其他成员的公平贸易做法，从而影响其他成员享受在多边贸易谈判中所得到的贸易利益。[1] 我们也许可以接下来说出上诉机构没有或不便说的话：所以，保障措施的门槛应当设得非常高。

这至少可以给我们一个启示：虽然 WTO 允许在全球贸易自由化的过程中，在遇到特别紧急的情况时，可以用一种有效的手段对国内产业进行一段时间的保护，但这种手段一定要慎用。

（二）对 WTO 争端解决机制的认识

WTO 的宗旨是促进自由贸易。随着各国交往的增加，贸易争议在所难免。WTO 为各成员提供了解决争议的常规法律途径。这套争端解决机制有严格的时间限制，可以使争议双方和平、理性、可预见地解决争议，可避免贸易战等对国际贸易秩序产生极大破坏作用的行为。各贸易大国均充分利用 WTO 争端解决机制。到 2004 年 6 月，已经有 312 个案件提交 WTO 争端解决机制，WTO 也对近百个案件作出了裁决。因此，WTO 的争端解决程序非常有效。

相比之下，双边谈判往往是双方各执一词，旷日持久，使双边经贸关系一直处于紧张、不确定的状态。从本案的情况来看，在进入 WTO 诉讼之前，

---

[1] 美国钢管保障措施案上诉机构报告，第 80~85 段。

各国纷纷指责美国采取的保障措施,而美国在百般辩解,双方领导层也频繁出面发表讲话,新闻界又借此炒作,一时间闹得沸沸扬扬。但待该案开始了正式的争端解决程序,双方都依赖专家组和上诉机构的公正裁决,便没有必要在政治层面指责对方。从效果上看,摆脱了政治、产业和社会舆论的干扰,争议更加容易得到解决。

因此,利用WTO争端解决机制解决争端,不仅是WTO成员的一项权利,也是一种有效解决贸易争端的方式。在别人的不合理措施影响自己的出口时,不妨将其诉至WTO;而在别人起诉自己时,根据实际情况,也可以考虑在WTO争端解决机制中说个明白。总之,应当用平常心看待在WTO打官司。

当然,WTO争端解决是一项高度技巧化的工作,不仅要求对WTO规则要深入了解,还要求具有高超的诉讼技巧。要想充分利用这些规则,只有大量参与WTO案件的审理工作,不断提高专业水平。

美国钢铁保障措施案是中国在WTO的第一案,是中国成为WTO成员后,使用WTO争端解决机制解决贸易争议、合法保护自己贸易利益的具体体现。这个案件标志着中国未来解决与其他WTO成员的争议,多了一条稳定、可预见的途径。对于作为贸易大国的中国来说,和平解决争议、与其他国家建立良好的贸易关系是非常重要的。因此,本案对中国不仅仅具有保护具体贸易利益的作用,而且具有很强的象征意义。

2. 美国反倾销和反补贴案
（US—Anti-Dumping and Countervailing Duties）

认 定
——美国反倾销和反补贴案专家组裁决的思路

2008年，美国相继对来自中国的标准钢管、非公路用轮胎、薄壁矩形钢管和复合编织袋等四种产品征收反倾销税和反补贴税。中国认为，美国在进行反倾销和反补贴调查中，沿用了一贯的错误做法，违反了WTO的相关义务。9月19日，中国就此诉诸WTO争端解决机制（US—Anti-Dumping and Countervailing Duties，DS379）。2010年6月11日，专家组对该案作出裁决，就双方争议的法律点得出了若干结论。

一、公共机构

《补贴与反补贴措施协定》（第1条）所指的补贴，是"政府或任何公共机构（public body）提供的财政资助"。本案中，涉及反补贴调查的公司从国有公司购买了热轧钢、橡胶和石化产品等作为原材料，并且从国有商业银行获得了贷款。负责反补贴调查的美国商务部认为，国有企业和国有商业银行属于"公共机构"。

专家组查找了字典含义，分析了既往案例，还解释了该协定的宗旨和目的，认为"公共机构"应理解为由政府控制的实体。对于国有公司，政府所有权就是表明政府控制的一个高度相关、潜在决定性的证据。专家组举例说，在通常的经济活动中，有公司"控制性权益"这一概念。在一个公司中，控制性权益是指拥有51%的投票权。也就是说，所谓"控制"公司，就是指具有多数所有权。这一概念也适用于政府的所有公司。因此，政府的多数所有权是表明政府控制以及判断一个实体是否为公共机构的清晰、高度明示的证据。而在本案中，有关公司恰恰是由政府拥有多数所有权的。这样，专家组认定这些公司属于"公共机构"。

对于国有商业银行，事实表明，政府拥有大多数股份，并且对其经营实行重要干预。根据上述"政府控制论"，专家组认为这些银行也属于"公共机构"。

二、专向性

《补贴与反补贴措施协定》（第1条、第2条）所指的补贴必须具有"专向性"（specificity），即补贴是给予一个或一组企业或产业（协定称为"某些企业"）的。

在非公路用轮胎调查中，美国商务部认为，国有商业银行给轮胎产业提供的优惠贷款具备"法律上"的专向性。专家组认为，中国的中央政府通过一系列计划性文件，明确确定了需要鼓励和发展的"某些企业"，并且指示地方政府实施这一政策，而"某些企业"就包括生产非公路用轮胎的企业。这些文件还要求国有商业银行及其他金融机构给"受鼓励"的项目提供贷款，并且事实上也按照文件要求向本案中的企业提供了贷款。有鉴于此，专家组认定这些贷款具备"法律上"的专向性。

而在复合编织袋调查中，美国商务部认为，位于某工业园的一家公司获得的土地使用权具备"地区专向性"。因为《补贴与反补贴措施协定》第2条第2款明确规定，给予指定地理区域内某些企业的补贴属于专向性补贴，而工业园正是为了给园内公司提供土地使用权而设立的。专家组认为，如此分析属于循环论证，因为该土地本身就是一个场所。此外，专家组称，在中国，政府是土地的最终所有者，这就意味着，企业在任何时候于任何地方获得了土地使用权，都是从政府那里得到了资助。如果按照美国的逻辑，那么不管在何处提供土地使用权，都是具备地区专向性的，因为土地总是有区域位置的。专家组说，在本案中，美国商务部认为，整个工业园而不是该公司获得的某块土地属于协定所指的"地理区域"；美国商务部没有证明工业园提供土地使用权构成了一种特殊制度，与工业园之外提供土地使用权属于不同的资助。因此，专家组认定，美国商务部的"地区专向性"裁决不符合协定的规定。

三、基准

美国商务部在确定补贴利益是否存在以及补贴利益的数额时，没有使用中国国内产品的价格作为基准（benchmark），而是使用了中国之外的价格。专家组在分析了相关案例后认为，在政府主导（government predominance）作为某个产品的供应方时，调查机关就可以使用其他价格——而不是使用该国私营公司的价格——作为确定补贴利益的基准，因为政府的主导影响了该市场的所有价格，使得国内的价格比较成为一种循环对比。

本案中，美国商务部认定96.1%的热轧钢和90%的双向拉伸聚丙烯来自国有企业，因此不能使用中国的私营公司价格作为基准，以确定补贴利益。专家组认为，美国商务部的决定没有错误。同样，对于涉案企业得到的土地使用权，由于土地的最终所有权属于政府，土地价格受到了政府在市场上重大作用的干扰，美国商务部不使用中国的国内价格作为确定补贴利益的基准，这一决定没有错误。此外，对于美国商务部用同样方法处理国有商业银行优惠贷款问题，因为政府对银行业起到了主导作用，控制了市场的运营，干扰了利率，专家组也作出了类似认定。

最后，专家组还认可了美国商务部选择基准的实际做法，认为它的计算方法符合协定第14条所要求的若干要素，例如"可实际从市场上获得的可比商业贷款"、"现行市场情况……包括价格、质量、可获性、适销性、运输和其他购销条件"等。

四、双重救济

专家组认为，使用非市场经济方法，对某种产品同时征收反补贴税和反倾销税，有可能出现"双重救济"（double remedy）问题。这一点不难理解：使用非市场经济方法可能会就反对补贴提供某种形式的救济，因此，同时征收反补贴税和使用非市场经济方法的反倾销税，就可能导致两次抵消某种产品的补贴。专家组解释说，计算倾销幅度是将出口价格与正常价值进行比较，而对于非市场经济方法，正常价值的基础是来自第三国的"替代"成本或价格，因为出口国的价格和生产成本受到了政府干预的扰乱，不能反映市场经济条件。因此，使用非市场经济方法计算出来的倾销幅度，不仅反映了被调查企业在国内和出口市场的价格歧视（即倾销），而且反映了影响生产商生产成本的经济扰乱情况。给有关产品生产商提供的某项补贴，已经受到了反补贴调查，此时又属于被非市场经济倾销幅度计算"抓住"的经济扰乱情况。换句话说，根据非市场经济方法计算出来的倾销幅度，通常高于根据其他方法计算出来的倾销幅度，因为出口价格是与市场决定的、未补贴的生产成本相比较的，而不是与生产商实际的、经补贴的（或者说是扰乱的）生产成本相比较的。这样，如果部分倾销幅度来自对出口产品的补贴，则根据非市场经济方法计算出来的反倾销税便是既补救了倾销，又补救了补贴。从这个角度来看，如果同时在这种产品上适用反补贴税，该补贴就可能被"抵消"了两次，即一次是通过反倾销税，另一次是通过反补贴税。

虽然有可能出现双重救济的问题，但专家组称，WTO现有协定没有对这个问题作出规定。《补贴与反补贴措施协定》第19条第4款要求"对任何进口产品征收的反补贴税不得超过认定存在的补贴的金额"，第19条第3款要求"收取适当金额的反补贴税"，1994年《关贸总协定》第6条第3款要求"反补贴税金额不得超过……补贴的估计金额"，都不是关于双重救济问题的。GATT 1994第6条第5款虽然要求"不得同时征收反倾销税和反补贴税以补偿倾销或出口补贴所造成的相同情况"，明确涉及了双重救济问题，但这一规定仅仅是关于出口补贴的，不适用于本案的情况。因此，中国没有能够证明美国的做法违反了以上规定。

最后，对于中方提出的双重救济方面的最惠国待遇的问题，即美国商务部对来自市场经济国家的进口采取措施以避免双重救济的问题，专家组经审查后认为，中方未能证明美国商务部在针对市场经济国家进口的反倾销调查中，通过反倾销税的计算确保不要抵消其在反补贴税中已经抵消的同一补贴，也没有证明美国商务部并不要求提供双重救济存在的证据就采取这些措施。此外，中方也没有能够证明美国商务部一贯采取所有必要步骤，避免双重救济的风险。因此，专家组认定，美国没有违反GATT 1994第1条第1款的最惠国待遇原则。

纠 偏

——美国反倾销和反补贴案上诉机构裁决的思路

在中国诉美国的"反倾销和反补贴案"（US—Anti-Dumping and Countervailing Duties，DS379）中，对于《补贴与反补贴措施协定》第 1 条提到的"公共机构"（public body），专家组发明了一种"政府控制论"，即"公共机构"应理解为由政府控制的实体。对于"双重救济"（double remedy）问题，专家组则表现出"爱莫能助"的态度：使用非市场经济方法，对某种产品同时征收反补贴税和反倾销税，是可能出现"双重救济"问题的，但 WTO 现有协定没有对这个问题作出规定。

确定一个实体是否为《WTO 协定》所指的"公共机构"，只要看这个实体是否为政府控制？难道不需要考虑其他因素吗？如果有一家公司，政府是控股方，但该公司确实是在商业基础上运营的，那么它也属于协定所说的"公共机构"吗？因此，对于"政府控制论"，我们不由得心有疑虑。

同一项补贴，在反倾销那里征了一次税，到了反补贴这里又征税，怎么可以这样呢？这是明显不公平的呀！WTO 难道就不管了吗？因此，对于专家组这种"爱莫能助"甚至袖手旁观的态度，我们不由得心有不服。

专家组是在 2010 年 6 月 11 日作出裁决的。此后，我们心里一直在纠结。直到 2011 年 3 月 11 日，上诉机构公布了报告后，我们才感到豁然开朗，才心情舒畅起来，因为上诉机构非常明确地否定了专家组的"政府控制论"，同时否定了专家组在"双重救济"问题上的消极态度。

一、公共机构

《补贴与反补贴措施协定》（第 1 条）所指的补贴，是"政府或任何公共机构（public body）提供的财政资助"。本案中，涉及反补贴调查的公司从国有公司购买了热轧钢、橡胶和石化产品等作为原材料，并且从国有商业银行获得了贷款。负责反补贴调查的美国商务部认为，国有企业和国有商业银行属于"公共机构"。

专家组查找了字典含义，分析了既往案例，还解释了该协定的宗旨和目的，认为"公共机构"应理解为由政府控制的实体。对于国有公司，政府所有权就是表明政府控制的一个高度相关、潜在决定性的证据。专家组举例说，在通常的经济活动中，有公司"控制性权益"这一概念。在一个公司中，控制性权益是指拥有51%的投票权。也就是说，所谓"控制"公司，就是指具有多数所有权。这一概念也适用于政府的所有公司。因此，政府的多数所有权是表明政府控制以及判断一个实体是否为公共机构的清晰、高度明示的证据。而在本案中，有关公司恰恰是由政府拥有多数所有权的。这样，专家组认定这些公司属于"公共机构"。对于国有商业银行，事实表明，政府拥有大多数股份，并且对其经营实行重要干预。根据上述"政府控制论"，专家组认为这些银行也属于"公共机构"。

上诉机构不同意专家组的解释，从"通常含义""上下文"和"宗旨与目的"等方面进行了分析。

（一）通常含义

上诉机构详细解读了第1条第1款（a）（1）项"政府或任何公共机构（public body）提供的财政资助（在本协定中称'政府'）"这句话的含义。上诉机构注意到，协定将政府和公共机构简称为"政府"，并且与另一术语"私营机构"（private body）相并列。上诉机构认为，这表明"政府"与"公共机构"之间有某种共同性，某个机构具有政府的性质。此处，上诉机构指出了专家组解释的一个错误，即使用简称只是为了起草协定的便利，除此之外别无他意。上诉机构说，使用简称的确可能是为了起草方便，但认为简称别无他意则与"有效解释条约"的原则不符；在确定当事方的共同用意时，条约的结构和措辞是很重要的。

上诉机构认为，政府的特点在于有权管理、控制或监督个人，或者说通过行使其合法权力限制个人的行为。这一特点部分来自政府行使的职能，部分来自政府有权行使这些职能的权力。上诉机构认为，政府的特点提示了公共机构的含义。也就是说，行使政府职能，或者行使被授予的权力，是政府与公共机构的核心共同点。

（二）上下文

第1条第1款（a）（1）（iv）项提到了"私营机构"，称"政府"可以授权或指令私营机构行使通常属于政府的权力或者从事与政府通常从事的行为并无实质性差异的行为。上诉机构认为，私营机构一词的含义有助于理解公共机构的含义，因为私营机构即非政府或公共机构。公共机构与私营机构显然属于不同的主体,而且"授权或指令"这样的用词也表明,公共机构自己必须具备这种权力或能力。因此,这样的表述也反过来证明了政府与公共机构的共同特点。

此外,"通常属于政府的权力"中的"通常"一词表明,有些行为一般是被认为属于政府的,而这与确定某个实体是否属于公共机构是相关的。而"从事与政府通常从事的行为并无实质性差异的行为"则进一步表明,WTO成员对实体的归类和功能也对公共机构的特征作出了表示。

(三) 宗旨与目的

上诉机构称,《补贴与反补贴措施协定》没有前言,也没有明确指明其宗旨与目的。在过去的案件中,上诉机构曾经指出协定的宗旨与目的是改进使用补贴和反补贴措施的纪律,并且在补贴纪律和反补贴纪律之间达致一种平衡。但这一宗旨与目的在界定公共机构方面作用有限,因为某一实体是否构成公共机构,并不属于该机构所采取的措施是否落入协定范围的问题。认定某一实体不构成公共机构,并不能排除该实体的行为受到协定的管辖。如果该实体是私营机构,却受到政府或公共机构的委托或指令,则仍然要归责于政府,受到协定的管辖。因此,考虑宗旨与目的并未有助于对公共机构进行或宽或窄的解释。所以,上诉机构不能同意专家组的解释,即将"公共机构"解释为受政府控制实体最为符合协定的宗旨与目的。

(四) 国际法相关规则

在解释条约的规则方面,《维也纳条约法公约》还在第31条第3款(c)项提到了"适用于当事方之间关系的任何国际法相关规则"。本案双方对联合国国际法委员会的《国家对国际不法行为的责任条款》(国际法委员会条款)是否属于这一规则发生了争议。

上诉机构指出,第31条第3款(c)项包括三个要素:它指的是"国际法规则";规则必须"相关";规则必须"适用于当事方之间关系"。

首先,提到了"国际法规则",这与《国际法院规约》第38条第1款所指的国际法渊源是一致的,因此包括了习惯国际法规则和一般法律原则。

其次,这些规则与正在解释的条约之事项相同,才能是相关的。如果国际法委员会条款与《补贴与反补贴措施协定》第1条第1款所涉及的事项相同,即属于"相关"。上诉机构认为,两个条款都是关于行为归责于国家问题的。同时,两套规则也有差异。国际法委员会条款归责的连接点是具体行为;而协定的连接点既是具体行为,也是实体类型。根据协定,如果某个实体是公共机构,则其行为就直接归责于国家。相反,如果某个实体是私营机构,则只有在证明了有政府或公共机构委托或指令的情况下,才可以归责于国家。相形之下,国际法委员会条款的唯一归责依据是具体行为。上诉机构认为,尽管有这些差异,但以上对公共机构的理解与第5条的实质是相符的。以上提到过,被授予并行使政府职能是公共机构的核心特点,而第5条的述评也说,该条所适用的实体必须被授予行使政府的某项特定权力;国家的参与程度和资产所有权,并非将某一实体行为归责于政府的决定性要素。如上所述,被授予政府权力是公共机构的关键因素,而国家所有权不是决定性标准,只能与其他因素一起作为政府授权的证据。

至于第三个要素,问题在于国际法委员会条款是否适用于当事方之间的关系。条款并非因属于国际条约而具有约束力,但只要它反映了习惯国际法或一般法律原则,就适用于当事方之间的关系。上诉机构认为,两套规则在核心原则和功能方面具有相似性,对第5条的理解与对协定的分析不仅没有抵触,而且提供了进一步的支持。上诉机构认为,在这种情况下,就没有必要最终解决第5条在多大程度上反映了习惯国际法的问题。

专家组认为没有必要考虑国际法委员会条款,因为该条款与解释协定无关。上诉机构认为,专家组在开始分析该条款是否优于对协定本身的分析和结论时,误解了该条款的作用。此处的问题不在于一种解释方法的直接后果优于另一种方法的后果。第31条第3款(c)项所说的国际法规则是确定某一协定当事方共同含义的众多方法中的一种。上诉机构还提到,在过去的案例中,该条款曾经被认为含有与《WTO协定》领域类似的规定,也曾经被用作与《WTO协定》进行对比,这恰恰表明该条款曾经被作为国际法规则而予以考虑。最后,上诉机构还澄清道,本案所适用的当然是《补贴与反补贴措施协定》,而国际法委员会条款只是应予考虑的解释协定的一种方法。

(五)结论

经过以上分析,上诉机构总结说,"公共机构"与"政府"有某种共性,协定所指的公共机构必须是拥有、行使或被授予政府权力的实体。当然,政府与政府不尽相同,公共机构与公共机构也不完全一样。专家组和调查机关在判断某项行为是否属于公共机构的行为时,应当审查该实体的核心特点及其与政府的关系。除非在法律文件中有明确授权,实体与政府之间仅仅有形式上的联系是不够的。例如,政府是某一实体的主要股东,并不能表明政府对该实体的行为有实质性的控制,更不用说表明政府授予该实体政府权力了。但是,如果证据表明政府实施多种控制,并且此种控制权被实质性地实施,则也许可以推定该实体正在行使政府权力。

专家组将"公共机构"解释为"受政府控制的任何实体"。上诉机构说，专家组虽然认为政府所有权是高度相关的，但没有进一步澄清"控制"一词的含义。专家组所依据的是公司里的"控制利益"这一日常财务概念。从以上分析来看，政府控制实体，其本身不足以证明实体属于公共机构。因此，上诉机构认为专家组对"公共机构"的解释缺乏适当的法律依据，从而推翻了专家组的这一认定。

（六）对本案的分析

关于美国商务部对公共机构的裁决是否违反了协定，上诉机构指出，只有在专家组有充分的事实认定，或者在专家组记录中存在没有争议的事实的情况下，才能够完成这一分析。

上诉机构首先审查了国有企业问题。美国商务部认定国有企业为公共机构，所依据的是中国政府在这些企业中占有主要股份，而没有按照先前调查中的做法审查 5 个因素，即政府所有权、政府在董事会的出席情况、政府对活动的控制、追求政府政策或利益、以及该实体是否依照法律设立。上诉机构认为，根据以上分析所得出的结论，美国商务部仅仅依据所有权是不够的，因为政府所有权本身并非政府控制实体的实质性证据，不能作为该实体获得授权而行使政府职能的依据；仅仅按照这一证据，不能认定该实体属于公共机构。因此，美国商务部对公共机构的认定不符合协定。

国有商业银行问题仅在非公路用轮胎案中有所涉及。美国商务部主要援引了不久前的涂布纸案的结论。在涂布纸案中，美国商务部认定国有商业银行属于公共机构，原因有四点。（1）银行业几乎完全国有。（2）《中华人民共和国商业银行法》（以下简称《商业银行法》）第 34 条要求"商业银行根据国民经济和社会发展的需要，在国家产业政策指导下开展贷款业务"。在中国银行的一份全球增发说明中，表示《商业银行法》要求银行在作出贷款决定时考虑政府的宏观政策，从而根据政策限制向某些行业放贷。美国商务部还提到了 OECD 2005 年的一份报告，称银行总部的高管是政府任命的，并且党在人选方面有重要影响。（3）有证据表明，银行缺乏充分的风险管理和分析技巧。（4）在调查中，美国商务部没有得到必要的证据以说明纸业贷款的申请、授予和评估的过程。对于非公路用轮胎案，美国商务部也做了一些分析，认为自涂布纸案以来银行业没有重大变化，并且天津市政府官员的讲话和国际货币基金组织的工作文件也表明商业银行必须支持中国的产业政策。基于以上事实，上诉机构认为，美国商务部在涂布纸案中广泛审查了商业银行与政府之间的关系,包括银行受政府实质性控制并履行其职能的证据,从而得出了肯定性认定。非公路用轮胎案援引了这一分析,并且提到了银行支持产业政策的其他证据。综上所述,上诉机构认为,美国商务部的公共机构裁决是有证据支持的,即银行是代表政府履行政府职能。上诉机构裁定:中国没有能够证明美国商务部(认定国有商业银行属于)公共机构的裁决不符合《补贴与反补贴措施协定》。

二、双重救济

专家组称,虽然有可能出现双重救济的问题,但 WTO 现有协定没有对这个问题作出规定。《补贴与反补贴措施协定》第 19 条第 4 款要求"对任何进口产品征收的反补贴税不得超过认定存在的补贴的金额",第 19 条第 3 款要求"收取适当金额的反补贴税",GATT 1994 第 6 条第 3 款要求"反补贴税金额不得超过……补贴的估计金额",都不是关于双重救济问题的。GATT 1994 第 6 条第 5 款虽然要求"不得同时征收反倾销税和反补贴税以补偿倾销或出口补贴所造成的相同情况",明确涉及了双重救济问题,但这一规定仅仅是关于出口补贴的,不适用于本案的情况。因此,中国没有能够证明美国的做法违反了以上规定。

上诉机构认为,本案的主要问题是如何解释第 19 条第 3 款的"在每个案件中收取适当金额的反补贴税"(in the appropriate amounts in each case),以及由于征收反补贴税而导致的双重救济是否妥当。上诉机构从"通常含义""上下文"和"宗旨与目的"等方面进行了分析。

(一)通常含义

上诉机构审阅了第 19 条第 3 款后总结道:第 1 句话包括两个部分:一是在每个案件中收取适当金额的反补贴税;二是针对所有来源的受到补贴并造成损害的产品,在非歧视的基础上征收,但宣布放弃补贴或接受价格承诺的进口除外。上诉机构认为,"适当"并非一个绝对标准,而是需要参照其他方面的内容才能确定,并且要考虑特定情形。"在每个案件中"一词也进一步强化了"适当金额"这一特定情形的特点。这两个部分是相互关联的:对宣布放弃补贴或接受价格承诺的进口征收反补贴税是不适当的;类似地,由于征收"适当金额"这一要求暗含着考虑具体情况,这就表明对在非歧视基础上征税这一要求不应作过于僵化的解读。该款第 2 句话是关于出口商要求快速审查以获得单独税率的,就是关于允许不予区别对待出口商,以及何时及如何要求这种差别待遇的具体例子。

（二）上下文

上诉机构随后从上下文的角度研究了"适当金额"一词的含义。上诉机构称，专家组特别重视第 19 条第 4 款。该款对反补贴税设定了数量上的封顶，即不得超过补贴额。专家组认为这是确定"适当金额"的关键因素。上诉机构同意专家组关于第 19 条第 4 款是解释第 19 条第 3 款的上下文这一观点，但不同意仅仅第 4 款就界定了"适当"一词这种看法。如果任何不超过补贴额的反补贴税都是"适当"的，那么第 3 款就是多余的了，因为第 4 款已经要求征税不得超过补贴额。然而第 4 款只要求不得超过，但没有涉及等于或少于的问题，因此不能说穷尽了"适当"一词的含义。上诉机构发现，事实上，第 2 款更加相关。该款鼓励在足以消除损害的前提下较少征税（lesser duty），这表明该款是鼓励调查机关将反补贴税的实际数额与消除损害相联系的。不仅如此，进口与损害的因果关系确定后，征税就并不是完全不考虑损害了。除了第 2 款之外，第 3 款本身就有这样的要求，即反补贴税应当针对"受到补贴并造成损害"的产品。该协定还有一些条款是将反补贴税与损害联系起来的。第 19 条第 1 款允许对"正在造成损害"的进口征税，使用现在进行时态表明损害的存在始终是征税的前提。第 21 条第 1 款就确认了这一点："反补贴税应仅在抵消造成损害的补贴所必需的时间和限度内实施。"上诉机构还进一步审查了该协定关于反补贴措施的第一个规定，即第 10 条（GATT 1994 第 6 条的适用），认为有三点理解与本案有关：《补贴与反补贴措施协定》是与 GATT 1994 第 6 条的适用相关的，反补贴税必须既符合 GATT 1994 第 6 条，也符合《补贴与反补贴措施协定》；脚注 35 要求只采取一种救济措施，表明至少在该协定范围内，是不能针对同一项补贴进行"双重救济"的；脚注 36 对反补贴税的定义是：为抵消补贴而征收的特别税。最后，上诉机构认为，《补贴与反补贴措施协定》与 GATT 1994 的关联还明显体现在第 32 条第 1 款。该款脚注 56 确认了成员根据 GATT 1994 采取措施的权利，但并非所有措施都属"适当"。综上所述，上诉机构认为，以上条款都与解释第 19 条第 3 款相关。这些规定确定了在两种情况下进口国不得针对同一项补贴实施两种救济措施：进口国要么接受价格承诺，要么征收反补贴税；要么根据协定第二、第三部分采取反制措施，要么根据第五部分采取反补贴措施。这些条款还确认了 GATT 1994，尤其是第 6 条与协定第五部分之间的关系，表明了反补贴税的目的之一是抵消或对抗造成损害的补贴，并且消除对国内产业的损害。不仅如此，这些条款表明，反补贴税金额的适当性并非与损害无关。下文将要论及的《反倾销协定》中也有相应条款。

在审查《反倾销协定》之前，上诉机构首先考察了与《补贴与反补贴措施协定》第 19 条第 3 款相关的 GATT 1994 第 6 条（反倾销和反补贴税），认为这是补贴和倾销两个协定的起源。其中，最为相关的是第 6 条第 5 款规定，"不得同时征收反倾销税和反补贴税以补偿倾销或出口补贴所造成的相同情况"。专家组认为，这表明避免双重救济仅适用于出口补贴的情况，而不应理解为禁止第 19 条第 3 款和第 4 款所没有提及的（silent）国内补贴中的双重救济。但上诉机构不同意专家组这种机械性的、反向的推理。上诉机构说，省略确实有含义，但不同情况下的省略有不同含义，而且省略本身并非决定性的。具体到本案，上诉机构不能同意专家组的以下理解，即第 6 条第 5 款明确提到了出口补贴，就不大可能禁止其他补贴的双重救济。上诉机构认为，该款所禁止的是同时征收反倾销税和反补贴税以补偿倾销或出口补贴所造成的相同情况。"相同情况"（the same situation）一词，对于理解为什么该款没有明确提及其他补贴是至关重要的。

上诉机构认为，出口补贴原则上会导致产品出口价格的相应降低，但不会影响国内价格。也就是说，这种补贴会增加价格歧视，提高倾销幅度。在此类情形下，补贴情况和倾销情况属于"相同情况"，而同时征税就会引起抵消这种情况的"双重救济"。相比之下，国内补贴原则上会影响产品的国内价格，并且以同样的方式和同样的程度影响出口价格。由于这种补贴所引起的价格降低在倾销幅度计算的两端都得到了反映，因此，整体倾销幅度不会受到补贴的影响。在此类情形下，同时征税不会对相同情况作出补偿，因为倾销幅度并非来自补贴。只有反补贴税才会抵消这种补贴。如果这种假设成立，则第 6 条第 5 款关于出口补贴的明确规定就是符合逻辑的——至少在正常价值按照国内销售价格计算的情况下如此。根据《反倾销协定》，计算正常价值的通常方法是依据国内价格，国内补贴不会影响正常价值的计算。而协定提供了可以不依据国内市场实际价格计算正常价值的例外情况（例如，在出口国市场的正常贸易过程中不存在同类产品的销售或销售量过低的情况下，可以使用出口到第三国的价格），GATT 1994 第 6 条第 1 款的补充注释也提供了在非市场经济情况下使用替代价格的计算方法。在国内补贴的情况下，只有在使用这些例外方法时才可能出现双重救济的问题。

上诉机构认为，《补贴与反补贴措施协定》第 10 条和第 32 条第 1 款提及了 GATT 1994 第 6 条。第 6 条本身，以及征收反倾销税和反补贴税的义务之间的众多对应，这一切都表明，在解释《补贴与反补贴措施协定》第 19 条第

3 款的"适当金额"时,不能不考虑 GATT 1994 第 6 条和《反倾销协定》所提供的背景。尽管第 19 条第 3 款和第 4 款是关于反补贴税的,而不是关于反倾销税的,但并不像专家组所理解的那样,这些规定"没有涉及潜在的同时征收反倾销税的问题"。如此解释很难与上诉机构反复申明的以下观念相符:《WTO 协定》应以连贯的、一致的方式解释,赋予所有条款协调的含义。WTO 成员加入协定时承担了累积性的义务,因此根据一个协定采取行动时,应当考虑到根据另一个协定所采取的行动。上诉机构称,如下事实强化了这种认识:虽然适用于成员使用反倾销税和反补贴税的纪律在法律上是不同的,但从生产商和出口商的角度来看,其产生的救济是不可分的。两种救济行动都增加了在边境所支付的税额。因此,不考虑《反倾销协定》的相关条款以及两套法律制度和救济的运作方式,就无法准确理解"适当金额"一词。"适当金额"这一要求,起码意味着调查当局在设定反补贴税金额时,不能忽视反倾销税已经抵消了相同的补贴。每个协定对于实施救济都规定了严格的条件,救济的目的是不同的,而其形式和效果则是相同的。两个协定都有"适当金额"的要求,而且两个协定都设定了最高税额,即不得超过补贴金额或不得超过倾销幅度。只有在将两者孤立的情况下,才会认为存在双重救济而又遵守了两套规则。相反,如果将两个协定一起理解就会发现,双重救济规避了两个协定所分别要求的适当性标准。换句话说,由于两个协定都设定了适当性标准和征税封顶,就不可能允许通过在两个协定项下抵消同一项补贴而规避每个协定的规则。因此,下面这种认识是违反常理的:每个协定都规定了征税数额的规则,两种税相加并不适当且超出了倾销和补贴的总额,然而征收并没有障碍。

（三）宗旨与目的

上诉机构曾经在若干案件中解释过《补贴与反补贴措施协定》的宗旨与目的,即抵消造成损害的补贴。协定的宗旨与目的并未明确表达协定起草者对于国内补贴情况下双重救济问题的意向,但将征税与抵消造成损害的补贴相联系,就可以将反补贴税加上反倾销税超过补贴总额理解为"不适当"。上诉机构强调,作如此理解,并不是说《补贴与反补贴措施协定》的宗旨与目的包含了征收反倾销税的纪律,而只是说宗旨与目的并非与以下观点不一致:在确定反补贴税金额时,应当考虑针对相同产品征收的、用于抵消相同补贴的反倾销税。

（四）先前协定的效力

专家组认为《东京回合补贴守则》第 15 条也属于"上下文"。该条规定,对于来自非市场经济国家的进口,反倾销措施或者反补贴措施只能选择其一。专家组认为,这一规定明确涉及了反倾销税和反补贴税的问题,但这一规定最后没有纳入《补贴与反补贴措施协定》,这说明该协定是没有涉及是否允许双重救济问题的。

上诉机构认为,该守则第 15 条不属于《维也纳条约法公约》第 31 条所指的"上下文"。先前协定是已经不存在并被现有协定替代的协定,第 31 条没有将其视为上下文或者应与上下文一同考虑的因素。先前协定最多是缔约情形的组成部分,属于第 32 条所指的补充解释方法。在本案中,上诉机构已经审查了第 19 条第 3 款及其上下文,没有必要再根据补充解释方法来确认对于这一条款的解释。退一步讲,一项明确针对非市场经济国家进口同时征收反倾销税和反补贴税问题的规定,也不能说就明确表示该协定"是没有涉及是否允许双重救济问题的";更不能说由于一项先前协定的存在,WTO 成员就是允许双重救济的。上诉机构称,前面提醒过,不应作机械性的、反向的推理;省略确实有含义,但不同情况下的省略有不同含义,而且省略本身并非决定性的。此处,第 15 条不仅禁止双重救济,而且禁止同时征收反倾销税和反补贴税。因此,《补贴与反补贴措施协定》中缺少第 15 条这样的规定,不应当理解为 WTO 成员意在从协定中排除一项不同的、更窄的义务,例如禁止双重救济。

(五)对《中国加入 WTO 议定书》的理解

专家组发现,《中国加入 WTO 议定书》规定,中国在还属于非市场经济的情况下也可以采取反补贴措施,但没有明确涉及双重救济的问题。专家组认为,这同样表明《补贴与反补贴措施协定》的起草者并未意在以第 19 条第 3 款和第 4 款解决双重救济问题。

上诉机构不同意这种观点。上诉机构认为,《中国加入 WTO 议定书》中规定中国在还属于非市场经济的情况下也可以采取反补贴措施,这同样可以理解为中国也受到《补贴与反补贴措施协定》的保护,不得对其采取双重救济措施。总体来说,上诉机构并不认为《中国加入 WTO 议定书》中缺少了关于双重救济的规定,就表明了有关解释《补贴与反补贴措施协定》的某个问题。

(六)结论

基于以上分析,上诉机构认为专家组对第 19 条第 3 款的解释是错误的。如果不考虑针对相同产品抵消相同补贴的反倾销税,反补贴税金额的适当性便无法确定。反补贴税代表了全部补贴金额,而反倾销税至少在一定程度上是根据相同的补贴计算的,并且同时征收以消除对国内产业的相同损害,在这种情况下,反补贴税的金额就不可能是"适当的"。按照非市场经济方法计算出来的倾销幅度,有可能包括了一些属于补贴的组成部分。

上诉机构推翻了专家组对于第19条第3款的解释,特别是专家组的以下结论:按照非市场经济方法计算的反倾销税对于同时征收的反补贴税金额是否适当并没有影响;第19条第3款并没有涉及双重救济问题。上诉机构认定:双重救济,即同时征收反补贴税和按照非市场经济方法计算出来的反倾销税,两次抵消相同的补贴,不符合第19条第3款。

(七) 对本案的分析

上诉机构认为,调查机关有义务确定补贴的确切金额,也有义务确定反补贴税的适当金额。这项义务要求充分调查并且寻找相关事实,以按照证据作出裁决。其中,调查机关在确定反补贴税的"适当"金额时,就应当考虑相同补贴是否以及在多大程度上被同时实施的反倾销税和反补贴税抵消了两次的事实证据;而且,在按照非市场经济方法计算反倾销税的时候,是"有可能"出现这种双重救济的。

具体到本案,上诉机构认为,专家组已经认定利害关系方在调查中提出了双重救济问题,但调查机关美国商务部拒绝考虑对相同产品征收反倾销税的问题。美国商务部称,其没有法定授权在反补贴调查中作出这种调整。因此,美国商务部没有履行其确定"适当"金额的义务,从而违反了第19条第3款。

WTO 上诉机构的条约解释

——以"美国反倾销和反补贴案"为例

在中国诉美国的"反倾销和反补贴案"（US—Anti-Dumping and Countervailing Duties on Certain Products from China, DS379）中，中美双方就"双重救济"是否违反 WTO 规则进行了激烈的辩论，专家组作出了支持美方的裁决。随后中方上诉，美方则为专家组裁决辩护。最后，上诉机构全面推翻了专家组裁决。本案比较典型地反映了上诉机构解释条约的一些思路，值得深入研究。

要想看清上诉机构裁决思路的来龙去脉，当然需要认真研究专家组裁决，因为上诉机构所做的事情就是审查专家组对条约的解释是否正确。而专家组的裁决也并非空穴来风，很多地方可以看到中美双方辩论的痕迹。因此，为了研究上诉机构解释条约的思路，我们有必要从头做起，依次考察中美双方以及专家组对条约的理解。

本案需要解释的 WTO 协定，集中在以下两个条款：《补贴与反补贴措施协定》第 19 条第 3 款：反补贴税应以适当数额征收（countervailing duty shall be levied in the appropriate amount）；第 19 条第 4 款：反补贴税的征收不得超过认定存在的补贴的数额（no countervailing duty shall be levied in excess of the amount of the subsidy found to exist）。此外，本案还涉及对以下两个文件的理解：GATT 1947 第 6 条第 5 款：不得同时征收反倾销税和反补贴税以为相同情况的倾销或出口补贴提供补偿（no product shall be subject to both anti-dumping and countervailing duties to compensate for the same situation of dumping or export subsidization）；《东京回合补贴守则》第 15 条：对于来自非市场经济国家的进口所造成的损害，只能征收反补贴税或者反倾销税。至于解释所使用的方法，则主要是《维也纳条约法公约》中的两个条款：第 31 条"解释之通则"："一、条约应依其用语按其上下文并参照条约之目的及宗旨所具有之通常意义，善意解释之。二、就解释条约而言，上下文除指连同弁言及附件在内之约文外，并应包括：（a）全体当事国间因缔结条约所订与条约有关之任何协定；（b）一个以上当事国因缔结条约所订并经其他当事国接受为条约有关文书之任何文书。三、应与上下文一并考虑者尚有：（a）当事国嗣后所订关于条约之解释或其规定之适用之任何协定；（b）嗣后在条约适用方面确定各当事国对条约解释之协定之任何惯例；（c）适用于当事国间关系之任何有关国际法规则。四、倘经确定当事国有此原意，条约用语应使其具有特殊意义。"第32条"解释之补充资料"："为证实由适用第三十一条所得之意义起见，或遇依第三十一条作解释而：（a）意义仍属不明或难解；或（b）所获结果显属荒谬或不合理时，为确定其意义起见，得使用解释之补充资料，包括条约之准备工作及缔约之情况在内。"

对于本案的一个关键词"双重救济"，涉及案件的"事实"，各方没有争议。中美双方及专家组和上诉机构一致认为，使用非市场经济方法，对某种产品同时征收反补贴税和反倾销税，有可能出现"双重救济"（double remedy）问题。原因在于：使用非市场经济方法可能会就反对补贴提供某种形式的救济，因此，同时征收反补贴税和使用非市场经济方法的反倾销税，就可能导致两次抵消某种产品的补贴。计算倾销幅度是将出口价格与正常价值进行比较，而对于非市场经济方法，正常价值的基础是来自第三国的"替代"成本或价格，因为出口国的价格和生产成本受到了政府干预的扰乱，不能反映市场经济条件。因此，使用非市场经济方法计算出来的倾销幅度，不仅反映了被调查企业在国内和出口市场的价格歧视（即倾销），而且反映了影响生产商生产成本的经济扰乱情况。给有关产品生产商提供的某项补贴已经受到了反补贴调查，此时又属于被非市场经济倾销幅度计算"抓住"的经济扰乱情况。换句话说，根据非市场经济方法计算出来的倾销幅度，通常高于根据其他方法计算出来的倾销幅度，因为出口价格是与市场决定的、未补贴的生产成本相比较的，而不是与生产商实际的、经补贴的（或者说是扰乱的）生产成本相比较的。这样，如果部分倾销幅度来自对出口产品的补贴，则根据非市场经济方法计算出来的反倾销税便是既补救了倾销，又补救了补贴。从这个角度来看，如果同时在这种产品上适用反补贴税，该补贴就可能被"抵消"了两次，即一次是通过反倾销税，另一次是通过反补贴税。

然而如上所述，各方激烈争论的是"双重救济"是否违反《WTO协定》，即《补贴与反补贴措施协定》中的那两个条款。

一、中方第一次书面陈述

中方引用上诉机构的一份裁决说：第19条第4款的明显含义，就是成员必须将反补贴税限制在调查机关所认定存在的补贴的数额和期限内[1]，而美国同时征收反倾销税和反补贴税，其所征收的反补贴税必然"超过认定存在的补贴的数额"。反补贴税的目的是抵消补贴，而在反倾销税抵消过一次补贴后，在反倾销税之外征收的反补贴税自然就超出了被认定存在的补贴的数额。至于第19条第3款，中方认为，美国通过计算反倾销税已经抵消了一次补贴，反补贴税就不再是"以适当数额征收"。反补贴税的目的是抵消补贴，因此反补贴税的"适当"数额不应超过抵消补贴的数额。

协定说反补贴税的目的是抵消补贴，应以适当数额征收，且不得超过补贴数额；如果补贴已经被反倾销税抵消过一次，那么征收反补贴税显然就是不适当的，而且超过了补贴数额。这简直是显而易见的常理，也是协定用语的"通常意义"，还有什么好辩论的呢？然而事情并非这么简单。

二、美方第一次书面陈述

美方的抗辩思路是：WTO允许同时采取反倾销和反补贴措施。美方认为，反倾销和反补贴是两种不同的救济手段，针对的是不同的损害，并且救济手段可以最大限度地分别用于倾销幅度或补贴，而不管是否同时存在反倾销或反补贴调查。美方称，唯一的例外就是第6条第5款。对于这一条款，美方的理解是：正因为可以同时采取反倾销和反补贴措施，才会有此处的特殊规定；与本案有关的是，唯一的例外是出口补贴的情况。美方解释道：在出口补贴的情况下只能反倾销或反补贴"二选一"的原因，可能是出口补贴会导致出口产品的低价；对于已经被反补贴税抵消的出口补贴所造成的价格差异，进口国不得算入倾销幅度而征收反倾销税。美方认为，在其他补贴的情况下，并没有限制同时采取反倾销和反补贴措施；如果成员们想作出这样的限制，就会像在第6条第5款中那样明示。

美方还认为，自己的这一理解还得到了第15条的印证。根据第15条的规定，来自非市场经济国家的进口在由于补贴和倾销而造成损害的情况下，不允许同时采取反倾销和反补贴措施，进口国只能选择其一。如果GATT 1947或《东京回合补贴守则》也有这种"二选一"的要求，则第15条就成为多余了（所以，同时采取反倾销和反补贴措施是允许的）。值得注意的是，在乌拉圭回合谈判中，第15条被抛弃了。除了第6条第5款所说的出口补贴情况外，《WTO协定》中并没有提及同时采取反倾销和反补贴措施的问题。

---

[1] Appellate Body Report, US—Countervailing Measures on Certain EC Products, para. 149.

其当年在《东京回合补贴守则》中存在过，后来在继任的《补贴与反补贴措施协定》中消失了，表明这一要求不复存在。美方引用了上诉机构的一份裁决：《多种纤维协定》中有追溯性规定，但《纺织品与服装协定》中已经没有这一规定，这表明不再允许采取追溯性适用；这是对"消失"的通常理解。❶ 美方总结说，这一切表明，在可能出现重复救济的情况下，已经有了明文规定；WTO 成员认为没有必要在新的协定中限制非市场经济情况下同时采取反倾销和反补贴救济。

美方搬出的第 6 条第 5 款和第 15 条，看上去确实有点道理。在出口补贴的情况下，不得同时采取两种措施，这是明文规定的，这岂不是意味着其他情况下可以同时采取两种措施？在非市场经济情况下，不得同时采取两种措施，但这是"过去时"了，现行有效的后续协定已经没有了这一规定，这岂不是意味着已经允许同时采取两种措施了吗？

然而美方对第 19 条第 4 款和第 19 条第 3 款的理解，就有点令人费解了。美方称，根据调查结果所征收的反补贴税并没有超过被认定存在的数额，而中方对这一点并没有质疑，因此中方的主张应予驳回。第 19 条第 4 款和第 3 款适用的对象是反补贴税，而不是反倾销税。也就是说，美方的观点是，这两个条款管不了反倾销的问题，而反补贴调查确定的补贴数额未被超过，且是适当的。这可有点不讲理啊！怎么能说征收反补贴税可以对同时采取的反倾销措施已经抵消了补贴这一事实视而不见呢？

美方说，中方的意图是将反倾销税塞入反补贴税的定义，进而剥夺美国根据《WTO 协定》同时征收反倾销税和反补贴税的权利。看来，美方是一直沿着"WTO 允许同时采取反倾销和反补贴措施"这一抗辩思路向前走的。然而美方的思路似乎与中方的主张没有对上，双方说的好像不是同一个问题。

三、中方第二次书面陈述

中方一上来就点出了这个"错位"。中方说，中方的主张是，美国同时征税却没有考虑同一补贴被两次抵消的事实；美国可以同时适用反倾销税和反补贴税，但不得通过适用反补贴税而将已经被反倾销税抵消过的补贴再行抵消一次。也就是说，中方挑战的不是同时采取两种措施，而是采取两种措施时没有考虑"双重救济"问题。关于第 19 条第 3 款和第 4 款，中方重申了自己的观点：反补贴税的目的是抵消补贴，而在该补贴已经被反倾销税抵消的

---

❶ US—Underwear（AB），pp. 14–15.

情况下，征收反补贴税就不再"适当"；调查机关计算反倾销税时，已经将补贴利益计算在内，因此补贴不复"存在"，征税必然"超过认定存在的补贴的数额"。

美方引入的第6条第5款和第15条，显然引起了专家组的关注。在书面问题中，专家组问中方：就美方对这两个条款的理解，中方持何观点？专家组还问双方：《补贴与反补贴措施协定》为何没有纳入第15条的内容，乌拉圭回合谈判的历史能够提供一些线索吗？

事实上，即使专家组不提出这些问题，中方也无法回避这两个条款。中方回答道：美方援引第6条第5款，似乎是在证明其有权同时采取两种措施，但这并不是中方的质疑之点。然而如果美方是从该条款反证（a contrario）成员有权在出口补贴之外的情况下实施双重救济，则是中方所不能同意的。第6条第5款的假定是，出口补贴降低了出口产品的价格，因此产生了倾销幅度；换句话说，出口补贴产生的价差与倾销幅度的因素一致，因此禁止双重救济。该条款只提及一种情况，并不意味着其他情况下不会出现双重救济问题❶，更不能理解成所有其他形式的双重救济都是允许的。至于第15条，中方回答道：从该条款没有被新协定纳入，不能推论出协定起草者不愿规定避免国内补贴的双重救济问题，唯一的推论只能是进口国不必在两种措施中"二选一"。没有纳入，不能说就允许双重救济。协定对很多问题都没有明确提及，例如国有财产私有化的效果和对上游投入的处理等，但这都没有影响专家组和上诉机构就这些内容进行解释。对于为什么没有纳入，中方也提供了自己的理解：在乌拉圭回合谈判期间，没有国家在使用非市场经济方法的同时针对相同产品征收反补贴税，因此谈判者很可能认为同时适用不再是一个问题，就没有将之纳入新协定，但不能因此推论说双重救济是允许的。❷

看到这里，对于第6条第5款和第15条，我们又觉得美方的说法有点问题了。没有明文提到的，难道就是允许的吗？"明文"提到的某一种情况，其背后的原理是什么呢？过去的协定禁止，现在的协定没有规定，难道就是默许了吗？恐怕不能这么简单推理吧？

---

❶ 中方指出，美国商务部就承认在下列情况下也可能出现双重救济：调查机关将已知补贴加入生产商的生产成本中，或者调查机关从出口价格中扣减反补贴税。

❷ 美方的回答是，资料显示，乌拉圭回合谈判中涉及了非市场经济问题，而最后没有被纳入新的协定，恰恰表明成员们不想限制这种情况。

四、美方第二次书面陈述

美方多半是在重复自己在第一次书面陈述中的观点，但美方对那个"错位"提出了针对性的论证。美方说，中方认为这不是一个同时适用的问题，而是是否允许两次抵消同一补贴的问题，但按照中方的观点，只要使用非市场经济方法采取反倾销措施，补贴就会被完全抵消两次，因此中方所做的区分并无不同。按照中方的理论，调查机关同时采取反倾销和反补贴措施的步骤就是，要么不采取其中一个措施，要么不使用替代国价格，也就是像对待市场经济国家进口一样计算正常价值。这就意味着，必须在采取非市场经济方法征收反倾销税与征收反补贴税之间作出选择，而这在《WTO 协定》中是没有依据的。

美方的观点是，同时使用与两次抵消是一回事；如果按照中方的要求去做，其实就是剥夺了成员在非市场经济方法下同时采取反倾销和反补贴措施的权利。美方是在从反面论证作为其出发点的观点：WTO 允许同时采取反倾销和反补贴措施。对于美方的这种推论，中方在第二次听证会的口头陈述中重申：中方的主张并不是说禁止美国同时采取两种措施，而是说与此同时要确保不要两次抵消相同的补贴。

五、专家组裁决

专家组认为，中方未能证明美国违反了第 19 条第 3 款和第 4 款。

专家组首先总结道：中方的核心观点是，使用非市场经济方法征收反倾销税"抵消"了补贴，因此就没有补贴可反了，而美国征收反补贴税，就超出了第 19 条第 4 款"认定存在"的数额，以及第 19 条第 3 款的"适当数额"。

专家组说，根据"用语的通常意义"，第 19 条第 4 款规定了反补贴税的最高限制必须与认定存在的补贴的数额相一致。由此推论，如果不存在补贴，或者本案所指的补贴数额为零，则不得征收反补贴税。然而这一条款并未提及同时征收反倾销税的问题。补贴的存在决定于财政资助和利益的存在，并且补贴的数额也是参照市场确定的，按照某种方法计算反倾销税全部或部分"抵消"了补贴，对补贴的存在和数额并无影响。总之，这一条款并未涉及"双重救济"问题。

专家组接着说，这一条款的两个"上下文"支持了这种理解。第一个"上下文"是第 6 条第 5 款。该款仅限于出口补贴的情况，而不适用于国内补贴的情况，这一点是不言自明的。第6条第3款区分了国内补贴和出口补贴，也印证了这种理解。这些规定表明，起草者意在将给予生产的补贴和给予出口的补贴予以区分。如此解释也符合有效解释原则（principle of effet utile）：只有进口产品才受制于反倾销税或反补贴税，因此将第6条第5款解读为对给予出口产品的国内补贴予以征税，就是将"出口"一词读出了该条款的相关字句。第二个"上下文"是第15条。❶ 专家组认为，某个规定先前存在而现在不存在，至少表明第19条第4款并未涉及双重救济问题。专家组说：这两个"上下文"表明，WTO成员是知道双重救济问题的，而当他们想解决这个问题的时候就会明示，因此第19条第4款不大可能反映了国内补贴情况下起草者禁止双重救济的某种暗示。

对于中方提出的允许成员双重救济就会违背《补贴与反补贴措施协定》的"宗旨与目的"，专家组认为，中方的观点似乎是说《补贴与反补贴措施协定》的"宗旨与目的"是既约束反补贴也约束反倾销，但专家组的观点是，该协议只约束反补贴。

至此，我们就清楚了，专家组是倾向于美方观点的，即第19条第4款和第3款适用的对象是反补贴税，而不是反倾销税；进口国只要按照反补贴调查程序认定了补贴的存在并且按照补贴数额征收，就没有违反《补贴与反补贴措施协定》，而没有必要考虑该项补贴是否已经被别的措施抵消的问题。专家组似乎是有板有眼地根据《维也纳条约法公约》的解释方法得出这一结论的，但按照专家组的这种逻辑，我们仿佛看到了一个人只顾埋头拉车，从不抬头看路，结果误入歧途还摸不着头脑的情形。

六、中美双方上诉书面陈述

对于专家组的这一裁决，难怪中方惊呼：专家组认为现有协定并不禁止成员两次抵消补贴，这是争端解决历史上最为令人惊讶和古怪异常的结论！这不仅仅是一个法律错误，而且损害了《WTO协定》作为有效法律制度的统一性。

中方重申了自己的观点，并对专家组的解释进行了逐一批驳。中方强调，反补贴税是为了抵消补贴，而在补贴已经被反倾销税抵消的情况下，补贴不复"存在"，也就不是"适当数额"，因此征收反补贴税就违反了第19条第4

---

❶ 专家组引用上诉机构裁决（US—Underwear, p. 16 DSR 1997: I, at 11）认为，第15条这种情况属于《维也纳条约法公约》第31条所指的"上下文"，而非第32条所指的"补充资料"。

款和第 3 款。关于第 6 条第 5 款,中方重申,该条款不能理解成缔约方不想管国内补贴的双重救济问题。关于第 15 条,中方重申,从该条款的"消失",只能推论出 WTO 成员不再禁止同时采取两种措施,而不能推论出此次允许两次抵消补贴。中方还论证说,第 15 条不属于"上下文",最多是"补充资料"。

美方则为专家组的解释逐一辩护,认为专家组作出了正确的解释。此时,美方仿佛专家组的诉讼代理人,清晰地介绍了专家组的观点,同时自己的思路也显得更加清晰,即"严格"从条款来看,协定对本案的双重救济问题没有涉及,其理论基础是成员有权同时采取两种措施。

七、上诉机构裁决

中美双方针锋相对,专家组又是非不分,对同一补贴可能受到两次抵消的事实视而不见。那么上诉机构用了什么高招扭转乾坤呢?

上诉机构敏锐地抓住了问题的关键,对第 19 条第 3 款进行了详尽的解释。此外,上诉机构还"完成了分析",明确宣布美国的做法不符合协定。

(一)第 19 条第 3 款

上诉机构认为,本案的主要问题是如何解释第 19 条第 3 款,以及由于征收反补贴税而导致的双重救济是否妥当。上诉机构从"通常意义""上下文"和"宗旨与目的"等方面进行了分析。

1. 通常意义

上诉机构审阅了第 19 条第 3 款后总结道:第 1 句话包括两个部分:一是在每个案件中收取适当数额的反补贴税;二是针对所有来源的受到补贴并造成损害的产品,在非歧视的基础上征收,但宣布放弃补贴或接受价格承诺的进口除外。上诉机构在查询了字典含义后认为,"适当"并非一个绝对标准,而是需要参照其他情况才能确定,并且要考虑特定情形。"在每个案件中"一词也进一步强化了"适当数额"这一特定情形的特点。这两个部分是相互关联的:对宣布放弃补贴或接受价格承诺的进口征收反补贴税是不适当的;类似地,由于征收"适当数额"这一要求暗含着考虑具体情况,这就表明对在非歧视基础上征税这一要求不应作过于僵化的解读。该款第 2 句话是关于出口商要求快速审查以获得单独税率的,就是关于允许不予区别对待出口商,以及何时及如何要求这种差别待遇的具体例子。

2. 上下文

上诉机构随后从上下文的角度研究了"适当数额"一词的含义。上诉机构称，专家组特别重视第19条第4款。该款对反补贴税设定了数量上的封顶，即不得超过补贴额。专家组认为这是确定"适当数额"的关键因素。上诉机构同意专家组关于第19条第4款是解释第19条第3款的上下文这一观点，但不同意仅仅第4款就界定了"适当"一词这种看法。如果任何不超过补贴额的反补贴税都是"适当"的，那么第3款就是多余的了，因为第4款已经要求征税不得超过补贴额。然而第4款只要求不得超过，但没有涉及等于或少于的问题，因此不能说穷尽了"适当"一词的含义。上诉机构发现，事实上，第2款更加相关。该款鼓励在足以消除损害的前提下较少征税（lesser duty），这表明该款是鼓励调查机关将反补贴税的实际数额与消除损害相联系的。不仅如此，进口与损害的因果关系确定后，征税并不是完全不考虑损害了。除了第2款之外，第3款本身就有这样的要求，即反补贴税应当针对"受到补贴并造成损害"的产品。该协定还有一些条款是将反补贴税与损害联系起来的。第19条第1款允许对"正在造成损害"的进口征税，使用现在进行时态表明损害的存在始终是征税的前提。第21条第1款就确认了这一点："反补贴税应仅在抵消造成损害的补贴所必需的时间和限度内实施。"上诉机构还进一步审查了该协定关于反补贴措施的第一个规定，即第10条（GATT 1994第6条的适用），认为有三点理解与本案有关：《补贴与反补贴措施协定》是与GATT 1994第6条的适用相关的，反补贴税必须既符合GATT 1994第6条，也符合《补贴与反补贴措施协定》；脚注35要求只采取一种救济措施，表明至少在该协定范围内，是不能针对同一项补贴进行"双重救济"的；脚注36对反补贴税的定义是：为抵消补贴而征收的特别税。最后，上诉机构认为，《补贴与反补贴措施协定》与GATT 1994的关联还明显体现在第32条第1款。该款脚注56确认了成员根据GATT 1994采取措施的权利，但并非所有措施都属"适当"。综上所述，上诉机构认为，以上条款都与解释第19条第3款相关。这些规定确定了在两种情况下进口国不得针对同一项补贴实施两种救济措施：进口国要么接受价格承诺，要么征收反补贴税；要么根据协定第二、第三部分采取反制措施，要么根据第五部分采取反补贴措施。这些条款还确认了GATT 1994，尤其是第6条与协定第五部分之间的关系，表明了反补贴税的目的之一是抵消或对抗造成损害的补贴，并且消除对国内产业的损害。不仅如此，这些条款表明，反补贴税数额的适当性并非与损害无关。下文将要论及的《反倾销协定》中也有相应条款。

在审查《反倾销协定》之前，上诉机构首先考察了与《补贴与反补贴措施协定》第 19 条第 3 款相关的 GATT 1994 第 6 条（反倾销和反补贴税），认为这是补贴和倾销两个协定的起源。其中，最为相关的是第 6 条第 5 款。专家组认为，这表明避免双重救济仅适用于出口补贴的情况，而不应理解为禁止第 19 条第 3 款和第 4 款所没有提及的（silent）国内补贴中的双重救济。但上诉机构不同意专家组这种机械性的、反向的推理。上诉机构说，省略确实有含义，但不同情况下的省略有不同含义，而且省略本身并非决定性的。具体到本案，上诉机构不能同意专家组的以下理解，即第 6 条第 5 款明确提到了出口补贴，就不大可能禁止其他补贴的双重救济。上诉机构认为，该款所禁止的是同时征收反倾销税和反补贴税以补偿倾销或出口补贴所造成的相同情况。"相同情况"（the same situation）一词，对于理解为什么该款没有明确提及其他补贴是至关重要的。

上诉机构认为，出口补贴原则上会导致产品出口价格的相应降低，但不会影响国内价格。也就是说，这种补贴会增加价格歧视，提高倾销幅度。在此类情形下，补贴情况和倾销情况属于"相同情况"，而同时征税就会引起抵消这种情况的"双重救济"。相比之下，国内补贴原则上会影响产品的国内价格，并且以同样的方式和同样的程度影响出口价格。由于这种补贴所引起的价格降低在倾销幅度计算的两端都得到了反映，因此，整体倾销幅度不会受到补贴的影响。在此类情形下，同时征税不会对相同情况作出补偿，因为倾销幅度并非来自补贴。只有反补贴税才会抵消这种补贴。如果这种假设成立，则第 6 条第 5 款关于出口补贴的明确规定就是符合逻辑的——至少在正常价值按照国内销售价格计算的情况下如此。根据《反倾销协定》，计算正常价值的通常方法是依据国内价格，国内补贴不会影响正常价值的计算。而协定提供了可以不依据国内市场实际价格计算正常价值的例外情况（例如，在出口国市场的正常贸易过程中不存在同类产品的销售或销售量过低的情况下，可以使用出口到第三国的价格），GATT 1994 第 6 条第 1 款的补充注释也提供了在非市场经济情况下使用替代价格的计算方法。在国内补贴的情况下，只有在使用这些例外方法时才可能出现双重救济的问题。

上诉机构认为，《补贴与反补贴措施协定》第 10 条和第 32 条第 1 款提及了 GATT 1994 第 6 条。第 6 条本身，以及征收反倾销税和反补贴税的义务之间的众多对应，这一切都表明，在解释《补贴与反补贴措施协定》第 19 条第 3 款的"适当数额"时，不能不考虑 GATT 1994 第 6 条和《反倾销协定》所提供的背景。尽管第 19 条第 3 款和第 4 款是关于反补贴税的，而不是关于反倾销税的,但并不像专家组所理解的那样,这些规定"没有涉及潜在的同时征收反倾销税的问题"。如此解释很难与上诉机构反复申明的以下观念相符:《WTO协定》应以连贯的、一致的方式解释,赋予所有条款协调的含义。WTO成员加入协定时承担了累积性的义务,因此根据一个协定采取行动时,应当考虑到根据另一个协定所采取的行动。上诉机构称,如下事实强化了这种认识:虽然适用于成员使用反倾销税和反补贴税的纪律在法律上是不同的,但从生产商和出口商的角度来看,其产生的救济是不可分的。两种救济行动都增加了在边境所支付的税额。因此,不考虑《反倾销协定》的相关条款以及两套法律制度和救济的运作方式,就无法准确理解"适当数额"一词。"适当数额"这一要求,起码意味着调查当局在设定反补贴税数额时,不能忽视反倾销税已经抵消了相同的补贴。每个协定对于实施救济都规定了严格的条件,救济的目的是不同的,而其形式和效果则是相同的。两个协定都有"适当数额"的要求,而且两个协定都设定了最高税额,即不得超过不同数额或不得超过倾销幅度。只有在将两者孤立的情况下,才会认为存在双重救济而又遵守了两套规则。相反,如果将两个协定一起理解就会发现,双重救济规避了两个协定所分别要求的适当性标准。换句话说,由于两个协定都设定了适当性标准和征税封顶,就不可能允许通过在两个协定项下抵消同一项补贴而规避每个协定的规则。因此,下面这种认识是违反常理的:每个协定都规定了征税数额的规则,两种税相加并不适当且超出了倾销和补贴的总额,然而征收并没有障碍。

3. 宗旨与目的

上诉机构曾经在若干案件中解释过《补贴与反补贴措施协定》的宗旨与目的,即抵消造成损害的补贴。协定的宗旨与目的并未明确表达协定起草者对于国内补贴情况下双重救济问题的意向,但将征税与抵消造成损害的补贴相联系,就可以将反补贴税加上反倾销税超过补贴总额理解为"不适当"。上诉机构强调,作如此理解,并不是说《补贴与反补贴措施协定》的宗旨与目的包含了征收反倾销税的纪律,而只是说宗旨与目的并非与以下观点不一致:在确定反补贴税数额时,应当考虑针对相同产品征收的、用于抵消相同补贴的反倾销税。

4. 先前协定的效力

专家组认为《东京回合补贴守则》第15条也属于"上下文"。上诉机构认为,第15条不属于《维也纳条约法公约》第31条所指的"上下文"。先前协定是已经不存在并被现有协定替代的协定,第31条没有将其视为上下文或者应与上下文一同考虑的因素。先前协定最多是缔约情形的组成部分，属于第 32 条所指的补充解释方法。在本案中，上诉机构已经审查了第 19 条第 3 款及其上下文，没有必要再根据补充解释方法来确认对于这一条款的解释。退一步讲，一项明确针对非市场经济国家进口同时征收反倾销税和反补贴税问题的规定，也不能说就明确表示该协定"是没有涉及是否允许双重救济问题的"；更不能说由于一项先前协定的存在，WTO 成员就是允许双重救济的。上诉机构称，前面提醒过，不应作机械性的、反向的推理；省略确实有含义，但不同情况下的省略有不同含义，而且省略本身并非决定性的。此处，第 15 条不仅禁止双重救济，而且禁止同时征收反倾销税和反补贴税，因此，《补贴与反补贴措施协定》中缺少第 15 条这样的规定，不应当理解为 WTO 成员意在从协定中排除一项不同的、更窄的义务，例如禁止双重救济。

5. 结论

基于以上分析，上诉机构认为专家组对第 19 条第 3 款的解释是错误的。如果不考虑针对相同产品、抵消相同补贴的反倾销税，反补贴税数额的适当性便无法确定。反补贴税代表了全部补贴数额，而反倾销税至少在一定程度上是根据相同的补贴计算的，并且同时征收以消除对国内产业的相同损害，在这种情况下，反补贴税的数额就不可能是"适当的"。按照非市场经济方法计算出来的倾销幅度，有可能包括了一些属于补贴的组成部分。

上诉机构推翻了专家组对于第 19 条第 3 款的解释，特别是专家组的以下结论：按照非市场经济方法计算的反倾销税对于同时征收的反补贴税数额是否适当并没有影响；第 19 条第 3 款并没有涉及双重救济问题。上诉机构认定：双重救济，即同时征收反补贴税和按照非市场经济方法计算出来的反倾销税，两次抵消相同的补贴，不符合第 19 条第 3 款。❶

(二) 对本案的分析

应中方的要求，上诉机构还"完成了分析"。上诉机构认为，调查机关有义务确定补贴的确切数额，也有义务确定反补贴税的适当数额。这项义务要求充分调查并且寻找相关事实，以按照证据作出裁决。其中，调查机关在确定反补贴税的"适当"数额时，就应当考虑相同补贴是否以及在多大程度上被同时实施的反倾销税和反补贴税抵消了两次的事实证据；而且，在按照非市场经济方法计算反倾销税的时候，是"有可能"出现这种双重救济的。

---

❶ 关于第 19 条第 4 款，上诉机构认为，既然已经认定了双重救济不符合第 19 条第 3 款，就没有必要分析第 19 条第 4 款的问题了。

具体到本案，上诉机构认为，专家组已经认定，利害关系方在调查中提出了双重救济问题，但调查机关美国商务部拒绝考虑对相同产品征收反倾销税的问题。美国商务部称，其没有法定授权在反补贴调查中作出这种调整。因此，美国商务部没有履行其确定"适当"数额的义务，从而违反了第19条第3款。

八、对上诉机构裁决的评论

"适当数额"中的"适当"一词是一个相对概念，是相对于补贴所造成的损害而言的；如果损害不复存在，那么就不能说反补贴税的数额是适当的。我们看到，这是上诉机构的核心思路。同时，我们也感到，上诉机构认为，对同一补贴两次抵消的情况是不合常理的，应当予以禁止。这背后反映了上诉机构的价值观和使命感，即这种情况不符合多边贸易体制的宗旨，而如果上诉机构对此不予纠正，WTO体制内就几乎没有其他机会了。这与专家组"一条道走到黑"而对道路的方向不管不问的做法形成了鲜明的对照。试想一下，对双重救济这样一种违反常理的做法，如果WTO现有机制表现出无能为力，会是怎样一种状况？多边贸易体制的"安全性和可预见性"又从何谈起？

相比于这个核心思路，《维也纳条约法公约》只是论证方法。我们看到，专家组也适用了这种论证方法，却得出了截然相反的结论，可见价值观是实质，如何解释只是形式。

当然，这不是在低估上诉机构论证方法的重要性。相反，在中美双方多次交锋而形成泾渭分明观点，并且在专家组提出一条"严格"论证方法的情况下，上诉机构集各家之长，形成了自己的论证方法。其清晰的思路，严密的论证，不能不令人佩服上诉机构技高一筹。我们看到，上诉机构核心思路的形成，是有坚实的条约依据的。其对"适当"一词的理解，得到了"通常意义""上下文"和"宗旨与目的"的强有力支持。"适当"一词的相对性含义来自词典；而作为参照系的"损害"，则来自"距离上"和关系上非常近的条款，即上下文。最后，反补贴协定的宗旨与目的是抵消造成损害的补贴，则明确印证了这种理解。

不仅如此，上诉机构还令人信服地解决了三个问题。一是反补贴协定为何"跨越边界"管到了反倾销的问题。上诉机构认为：不考虑《反倾销协定》的相关条款以及两套法律制度和救济的运作方式，就无法准确理解"适当数额"一词，而"下面这种认识是违反常理的：每个协定都规定了征税数额的规则，两种税相加并不适当且超出了倾销和补贴的总额，然而征收并没有障碍"。"WTO成员加入协定时承担了累积性的义务,因此根据一个协定采取行动时,应当考虑到根据另一个协定所采取的行动。"二是对第6条第5款的理解问题。上诉机构深入"出口补贴"一词的背后,考察了单独规定出口补贴的原因,然后紧紧抓住"相同情况"一词,认为使用非市场经济方法就可能出现这种"相同情况",因此恰恰属于该条款所要禁止的行为。三是第15条。上诉机构认为,不能说"由于一项先前协定的存在,WTO成员就是允许双重救济的"。何况该条款不属于上下文,最多是补充资料,上诉机构本来是可以置之不理的。上诉机构重申了自己的一贯理解:省略确实有含义,但不同情况下的省略有不同含义,而且省略本身并非决定性的。

从这个裁决中,我们看到了在协定条款没有明示的情况下,上诉机构是如何高屋建瓴,想方设法地挖掘出协定的精神和内容,"依照国际公法的习惯解释规则澄清协定的规定"❶,不仅有效解决了争端,而且维护了公正,增强了成员对于多边贸易体制的信心。

注:本文撰写,受附件所述之专著启发良多。

附件:

简介《WTO上诉机构的条约解释》(Treaty Interpretation by the WTO Appellate Body, Isabelle Van Damme, Oxford University Press, 2009)

这是一部专门介绍和分析WTO上诉机构解释条约实践的专著。WTO在短短14年时间里的100多个裁决,以及作者的国际法理论功底,使得该书视野开阔、信息量大,读之令人对WTO上诉机构这个"终审法院"的审判思路有了比较清晰的理解。

该书主要内容分为两大部分,共计九章。

第一部分是"关于WTO争端解决和条约解释的基本原则和概念"。

第一章是对WTO争端解决机制的概述。WTO《争端解决谅解》第3条第2款规定:争端解决机制在为多边贸易体制提供安全性和可预见性方面是一个核心因素,其作用在于维护成员的权利和义务,依照国际公法的习惯解释规则澄清协定的规定,但不得增加或减少成员的权利或义务。作者发现,目前WTO法非常高调。专家组和上诉机构澄清了WTO法的含义,其实践已经进入国际经济法的其他领域和普通国际法的领域。毋庸置疑,WTO争端解决机

---

❶ 《争端解决谅解》第3条第2款。

制,特别是上诉机构,已经成为具有历史性全球业绩的国际法庭,而上诉机构的主要职责就是解释条约。上诉机构已经成功地制造出一系列WTO法的解释。由于没有严格的"遵循先例"原则,专家组和上诉机构的解释都是针对个案的,但先例是起到适当作用的,许多关于实体和程序的解释,都在随后的争端解决报告中得到了遵循。作者还发现,争端解决对贸易谈判的影响正在日益显现,即有助于确定谈判的议题,使得谈判深入,或者使得谈判更为艰难。

第二章题为"条约解释的原则:含义及功能"。作者认为,1945年以来,国际条约大量增加,而条约法却相对稳定,其中就包括《维也纳条约法公约》,因此,人们就开始议论《维也纳条约法公约》是否足以应对国际法的扩张和多样化,还有人质疑该公约的解释原则是否能够解释新型条约。

条约条款是语言,需要将其含义适用于具体事实,而达致其含义的过程就是解释。解释先于适用。在将条款适用于措施或做法之前,涉及给予抽象的条款含义,然后使得此含义相关并具体。因此,解释原则被称为"法院的软件"。关于如何解释条约,大致分为三派:"文本派""缔约意图派"和"条约宗旨与目的派",着重点各有不同。条约解释原则,可以分为"法典化原则"(主要是《维也纳条约法公约》第31条和第32条明确提及的原则)和"非法典化原则"(例如有效解释原则和禁止滥用解释原则)。条约解释中还有一个解释时间的问题,即是按照缔约时还是适用时的概念理解。

WTO上诉机构解释条约时,以《维也纳条约法公约》为依据,但又并非拘泥于此,而在运用第31条时,采取的是"综合"(holistic)手段,即综合考虑这些方法,而非对这些方法设定先后顺序。上诉机构认为,条约解释的目的是确定当事方的共同意图。此处,作者还讨论了所谓的"限制性解释"(从轻解释)原则和"合法期待"原则。

第三章题为"WTO争端解决条约解释的对象"。作者发现,上诉机构解释的范围,涉及协定的条款、补充条款和脚注,减让表的附表和解释,谅解,解释性注释,加入议定书,被引入WTO的其他国际法律文件(例如《洛美公约》),甚至还包括成员国的国内立法。作者重点分析了减让表的解释问题,还讨论了所谓的"宪法性理论"对条约解释的影响。

条约条款中没有提及某一概念,对于这种现象应如何解释?这个问题应当属于本章讨论的范围,但鉴于这个问题的复杂性,作者设专章进行了研究,即第四章"对WTO协定中沉默(silence)的解释"。作者反复提到了概念缺失的原因,包括条约及谈判形成的政治妥协,谈判者可能故意想限制条约的范围而没有提及某些事项，也可能故意想留给今后的谈判解决，还可能出于疏漏或认为不必明示。在这种情况下，条约解释就属于填补空白（gap filling），其方法有：使用习惯国际法和一般原则，使用惯例，使用交叉援引，使用有效性原则，使用宗旨和目的，等等。

第五章题为"固有权力及条约解释"。作者指出，国际法官的核心活动是依据其管辖权解释国际法规则，并通过将规则适用于某一争端的具体事实，作出具有法律约束力和终局的裁决。具体而言，法官的权力一般包括四个方面：确定管辖权，决定是否受理案件，解释和适用程序法以促进实体争议的解决，解释和适用实体法以解决争议。上诉机构的固有权力也不例外。

上诉机构解释条约，经常不是从条约语言开始，而是从先前对相似或不同条款的解释开始。上诉机构仅仅是对先前解释进行确认或加以区别，或者将此解释转用到当前的争端并进一步将条约的含义具体化。因此，其对协定的解释日益成熟，必要时作了修正而更加完善。上诉机构曾表示，如果有很强的理由，会重新审查其解释。

上诉机构曾指出，基于正当程序的要求，成员有权知道裁决的理由，并且认为正当程序乃争端解决程序的公正和有秩序运行所必需。第一代上诉机构成员就创设了对裁决理由的期待，他们将条约解释的原则作为保护和发展司法权力的工具。有人认为，上诉机构将自己看作体制的捍卫者，而不仅仅是解决具体争端。上诉机构对其司法职能越来越自信。上诉机构曾经指出，《争端解决谅解》第12条第7款要求专家组裁决说明裁决的基本道理（basic rationale），就是为专家组裁决设定了最低的说理标准，即专家组必须列出足以证明其裁决的解释和理由。作者提到，裁决中的说理部分有助于成员遵守和执行裁决，并且更好地决定是否上诉。

第二部分是"WTO上诉机构解释条约的做法"。

第六章题为"对WTO协定的上下文解释"。作者指出，所有解释都要结合上下文。本章的内容包括：《维也纳条约法公约》第31条所指"上下文"的含义与功能；上诉机构实践中"上下文"的含义与功能，将"通常意义"情景化，交叉援引的技巧，与条约缔结相关的上下文，条约的"宗旨与目的"，其他外在因素（贸易谈判与WTO委员会、补充条款、科学知识、学术文章、商业和贸易做法等）；案件事实的上下文。作者提到，上诉机构解释条约时有一个假定，即推定条约文本反映了通情达理的WTO成员的意图，而《维也纳条约法公约》则要求解释条约者确定缔约方的共同意图；由于上诉机构经常查字典以确定某一条款的"通常意义"，以致人们戏称The Shorter Oxford English Dictionary 已经成了 WTO 协定，而上诉机构偏好这部词典，可能是为了保持一致性，并且由于该词典提供了多种词汇选择，同时，该词典的定义可能符合条约语言的通常意义；"宗旨与目的"（object and purpose）是单一概念，但严格来说，"宗旨"是指条约的内容，而"目的"则是条约为什么要有这个内容。作者发现了一个新的趋势，即上诉机构裁决中的推理程序不再每一步都援引《维也纳条约法公约》，从形式主义转向非形式化。

前文第二章提及了"非法典化原则"，包括有效解释原则。第七章则专门就这个问题进行了探讨。作者认为，有效性原则是条约解释的基本原则。上诉机构称，解释者不得随意解读，使得条约的整个条款或段落成为多余或无用；解释者的任务是对条约的所有条款赋予含义。作者指出，有效解释原则能够影响对"通常意义"的选择，能够确保条约解释的连续性和统一性，并且有助于找到条约的价值。

第八章是"WTO 条约解释的其他事项"。作者发现，上诉机构不会主动考虑《维也纳条约法公约》第 32 条和第 33 条所指的解释的辅助方法、其他语言文本、嗣后惯例和特殊含义，这些解释原则与上诉机构认为必须考虑的上下文原则和有效解释原则是不同的。

第九章题为"其他国际法背景下的 WTO 条约解释"。《维也纳条约法公约》第 31 条第 3 款（c）项要求，在解释条约时要考虑相关的国际法规则。作者提及，协调解释原则意味着解读条约时，要与广泛的国际习惯法和条约法保持协调一致。上诉机构曾经将其他国际法的规则和原则视为上下文以确保条约制度的有效性，将其作为缔约时的情形，或者作为嗣后惯例以确定特殊含义。上诉机构还援引过其他国际法庭对国际法的解释。

在本书的前言和结论部分，作者认为，上诉机构创造了有史以来最为密集的条约解释实践，对一般国际法条约解释的理解和发展作出了贡献。《维也纳条约法公约》只是将一些基本原则法典化了，反映了逻辑与顺序原则，其意图并非剥夺解释者考虑其他方法的自由，而上诉机构也使用了非法典化的原则。作者最后总结道：对于需要解释的问题，正确答案也许不止一个，但法官都要提供一个确定的法律答案；上诉机构同意，每个法律问题都有一个法律答案（for every legal question there is a legal answer），而答案就在《WTO 协定》的文本中，也可能在其他国际法之中；上诉机构解释条约，需要在 153 个成员间保持权力平衡，同时维护其自身以及 WTO 的一致性，而这两个目标并不一定总能得到协调。

3. 美国禽肉案（US—Poultry）

解 扣

——美国禽肉案专家组裁决的思路

2009年美国《农业，农村发展，食品与药品管理，以及相关机构拨款法案》第727节规定："本法案所列任何资金，不得用于建立或实施允许中国禽肉产品进口到美国之规则。"这条孤零零的规定是专门针对中国的，而法案对其他国家并没有类似规定。这条规定，限制了美国农业部及其下属的食品安全检疫局使用资金，从事与进口中国禽肉相关的工作，进而影响了中国鸡肉等禽肉产品输美。这是明显的歧视性规定。2009年4月17日，中国理直气壮地将第727节诉诸WTO争端解决机制（United States—Certain Measures Affecting Imports of Poultry from China，DS392）。

中方的第一个主张，当然是说第727节不符合《关贸总协定》（GATT）第1条第1款所要求的"最惠国待遇"。而美方的第一反应，必定是说第727节是"为保护人类、动物或植物的生命或健康所必需的措施"，即援引GATT第20条（一般例外）之（b）项进行抗辩。然而美方如此抗辩，却进入了一个环环相扣的怪圈：既然是"为保护人类、动物或植物的生命或健康所必需的措施"，那么很可能就属于WTO《实施卫生与植物卫生措施协定》（SPS协定）所界定的"卫生与植物卫生措施"（SPS措施）；而采取SPS措施是必须具备一定条件的，例如要进行"风险评估"，要有"科学证据"。第727节作为拨款法案中的一项规定，在其制定过程中，从来没有提到过要符合SPS协定中的这些条件。这样，第727节就是不符合SPS协定的。到了这一步，美国就已经输了官司。不仅如此，鉴于SPS协定的宗旨与GATT第20条（b）项的相似性，不符合前者的措施很可能也就无法援引后者进行抗辩。专家组明察秋毫，显然已经注意到此案环环相扣的情节中，症结就在于这两个"很可能",于是决定就此下手"解扣"。

首先,专家组论证了第 727 节属于 SPS 措施。其次,专家组论证了 SPS 协定与 GATT 第 20 条(b)项的关系。

一、第 727 节属于 SPS 措施

专家组指出,SPS 协定附件 A(1)对 SPS 措施的概念作出了明确界定,其中包括:"……(b)保护成员领土内的人类或动物的生命或健康免受食品、饮料或饲料中的添加剂、污染物、毒素或致病有机体所产生的风险。卫生与植物卫生措施包括所有相关法律、法令、法规、要求和程序,特别包括:最终产品标准;工序和生产方法;检验、检查、认证和批准程序;检疫处理,包括与动物或植物运输有关的或与在运输过程中为维持动植物生存所需物质有关的要求;有关统计方法、抽样程序和风险评估方法的规定;以及与粮食安全直接有关的包装和标签要求。"专家组从先例中发现,要判断某项措施是否为 SPS 措施,需要考虑该措施的目的、法律形式及其性质等因素。

专家组认为,从表面来看,第 727 节仅仅是一项行政部门的拨款措施,文字上并没有涉及 SPS 协定附件 A(1)所指之目的。然而美国自己曾经宣称,该措施的政策目标是为了防止来自中国的禽肉产品所产生的对人类和动物生命健康的危险。美国还宣称,这一政策目标也体现在该法案的立法历史中。专家组发现,在国会通过的解释第 727 节宗旨的"联合解释声明"中有这样的字句:对来自中国的有毒食品存在严重关切,因此,本法案之规定就是为了禁止食品安全检疫局使用资金以制定规则进口中国禽肉产品。专家组还发现,第 727 节的提案人、众议员 Rosa DeLauro 也曾明确表示,该节之目的就是为了解决来自中国的禽肉产品所造成的健康风险。因此,专家组认定,第 727 节之目的是为了防止来自中国的有毒禽肉产品对人类和动物生命健康带来危险,符合 SPS 协定附件 A(1)所述之目的。此外,第 727 节是法律,这一点毋庸置疑,因此也满足了"法律形式及其性质"之考量。这样,专家组就得出结论:第 727 节属于 SPS 措施。

专家组还进一步说,第 727 节是一项涉及行政部门活动的金钱拨款措施,而不是直接管理卫生和植物卫生问题的措施,似乎可以认为它不是一项 SPS 措施。事实上,影响某个具体行政部门活动的金钱拨款措施,也不属于普通意义上的 SPS 措施。然而第 727 节作为一项拨款措施,却是国会控制负责实施 SPS 事项的行政部门的一种方式。因此,该措施属于拨款法案本身,并没有排除其属于 SPS 措施。

论证至此，专家组松了一口气道：第727节这样的措施在SPS协定下受到挑战，这还是第一次。

二、SPS协定与GATT第20条（b）项的关系

专家组认为这是个重要问题，因为专家组已经认定第727节违反了SPS协定，现在要解决的是第727节能否受到GATT第20条（b）项的保护。专家组为此对比了GATT第20条和SPS协定的条款。

GATT第20条："在遵守关于此类措施的实施不在情形相同的国家之间构成任意或不合理歧视的手段或构成对国际贸易的变相限制的要求前提下，本协定的任何规定不得解释为阻止任何缔约方采取或实施以下措施：……（b）为保护人类、动物或植物的生命或健康所必需的措施。"

SPS协定前言："重申不应阻止各成员为保护人类、动物或植物的生命或健康而采用或实施必需的措施，但是这些措施的实施方式不得构成在情形相同的成员之间进行任意或不合理歧视的手段，或构成对国际贸易的变相限制；……因此期望对适用GATT 1994关于使用卫生与植物卫生措施的规定，特别是第20条（b）项的规定详述具体规则。……脚注1：在本协定中，所指的第20条（b）项也包括该条的起首部分。"

专家组发现，SPS协定的前言明确表示，其目的是详述GATT第20条（b）项，而"详述"（elaborate）一词给二者关系做了定性。此外，SPS协定中还有众多规定明确提到了第20条（b）项，或者仿照了该项中的用词。例如，第2条第4款提到，符合SPS协定的措施，就应当推定为符合第20条（b）项。又如，二者都提到了"保护人类、动物或植物生命健康所必需"的措施。再如，SPS协定第2条第3款和第5条第5款都使用了"任意或不合理歧视的手段，或构成对国际贸易的变相限制"这样的字眼。专家组称，GATT是一个总协定，具体协定详述其条款的情况并不鲜见。例如，《海关估价协定》详述了GATT第7条，《反倾销协定》和《补贴与反补贴措施协定》详述了GATT第6条，《保障措施协定》详述了GATT第19条。最后，专家组还发现，SPS协定的谈判历史也表明，其目的之一就是补充第20条（b）项，就SPS措施符合第20条（b）项作出具体规定。

因此，专家组认定，在SPS措施方面，SPS协定详细解释了GATT第20条（b）项的内容。专家组说，既然如此，说不符合SPS协定的措施却符合第20条（b）项，是很难让人接受的。此外，SPS协定第2条第1款规定，WTO成员有权采取保护人类、动物或植物生命健康的措施，但这些措施不得违反

SPS 协定。专家组得出结论：违反 SPS 协定的措施，也不符合 GATT 第 20 条（b）项。

三、结论

证明了第 727 节属于 SPS 措施，专家组就可以放心大胆地裁定：第 727 节不符合 SPS 协定第 5 条第 1 款和第 2 款，因为它不是以风险评估为基础的；不符合第 2 条第 2 款，因为它没有充足的科学证据；不符合第 5 条第 5 款，因为它是任意或不合理的；不符合第 2 条第 3 款，因为不符合第 5 条第 5 款就必然意味着不符合这一条款；不符合第 8 条，因为它给食品安全检疫局的审批持续造成了不必要的延误。

论证了 SPS 协定与 GATT 第 20 条（b）项的关系，专家组认为，由于违反了 SPS 协定的以上诸条款，第 727 节也不能由于 GATT 第 20 条（b）项而成为合法措施。

我们可以看到，这两个症结一解，环环落地。我们也彷佛看到美方构筑的堡垒顷刻间土崩瓦解。我们还彷佛看到多米诺骨牌一块既倒，全阵皆倒。

至于作为此案导火索的"最惠国待遇"问题，专家组当然轻松裁定：美国没有将给予其他 WTO 成员的利益立即、无条件地给予来自中国的同类产品，因此，第 727 节违反了 GATT 第 1 条第 1 款。

4. 欧共体紧固件案（EC—Fasteners）

挑 战

——欧共体紧固件案专家组裁决的思路

欧盟《反倾销基本法》（Council Regulation（EC）No. 384/96）规定，对于涉及"非市场经济"（non-market economy）的反倾销调查，生产商要首先进行市场经济测试（market economy test），以便欧委会决定是否考虑将这些生产商的国内价格作为确定正常价值的基础。如果生产商通过了这一测试，正常价值就依据其国内价格，并且用于和正常价值进行比较的出口价格也以其出口价格为依据。此时，该生产商的待遇就与来自市场经济国家的生产商完全相同了。

具体而言，该生产商应当向欧委会证明，自己具备市场经济条件（market conditions prevail）。基本法规定了市场经济条件的5条标准：公司关于价格、成本和投入的决定是否没有受到政府的重大干预；公司是否有符合相关国际标准的会计记录；公司的生产成本或财务状况是否受到非市场经济制度的干扰；公司是否正在处于破产法和财产法程序；汇率换算是否依据市场汇率进行。

如果生产商没有通过市场经济测试，欧委会在确定正常价值时就不会考虑其国内价格，而是采用其他方法（一般使用替代国的价格）。但在这种情况下，生产商还可以申请进行"单独待遇测试"（individual treatment test）。如果通过了这一测试，欧委会在计算倾销幅度时，就可以使用其出口价格与采用替代国方法所得到的正常价值进行比较，从而获得单独税率。但如果没有通过测试，该生产商则要被适用全国统一税率（country-wide duty rate），而这个税率是通过以下方法比较出来的：一边是替代国方法得到的正常价值，另一边是非市场经济生产商的平均出口价格。测试也有5条标准：对于全部或

· 109 ·

部分外资公司或合资企业，生产商可以自由收回资本和利润；可以自由制定出口价格和数量，以及销售条件和条款；多数股份属于私人，而董事会或拥有关键管理职位的政府官员居于少数，或者能够证明公司独立于政府干预；汇率换算是依据市场汇率进行的；如果单个生产商被给予分别税率，政府干预不致构成规避措施。

《反倾销基本法》并没有给何为"非市场经济"下一个明确的定义，但在其他法律文件中，有一份"非市场经济国家名单"，而中国就在这个名单之内。❶ 因此，多年以来，中国生产商向欧盟出口产品，如果受到了反倾销调查，要想获得与"市场经济国家"生产商的同等待遇，就必须证明自己"具备市场经济条件"，而如果未获欧委会认可，则必须证明符合"单独待遇"的条件才能获得单独税率，否则就只能被征收适用于中国所有出口商的统一反倾销税了。

2009年1月26日，欧盟宣布对来自中国的紧固件（iron and steel fasteners）征收反倾销税。在调查过程中，欧委会就采用了上述方法。2009年7月31日，中国就欧盟的这一法律及紧固件反倾销措施诉诸WTO争端解决机制。此案就是"欧共体紧固件案"（EC—Anti-Dumping Measures on Fasteners，DS397）。一年后的2010年8月10日，WTO专家组作出了初步裁决。

专家组认为，《反倾销协定》第6条第10款明确要求调查机关对涉案的生产商给予单独待遇，即对每个已知的生产商计算出一个单独的倾销幅度，但在生产商数量太大，计算单独倾销幅度不可行时，调查机关也可以采取抽样方法，选择部分生产商或产品进行计算。专家组经过详细分析后认为，给予单独待遇是一项原则，而抽样是唯一例外。专家组还指出，第9条第2款也有类似规定。鉴于欧盟《反倾销基本法》对来自非市场经济国家的生产商适用全国统一的税率，除非生产商能够证明其独立于国家，专家组认定，这种做法违反了《反倾销协定》中规定的义务。

除了《反倾销协定》外，本案还涉及最惠国待遇问题。欧盟辩称，对来自市场经济和非市场经济的进口采取不同待遇，是由于它们的性质不同，因此不存在歧视问题；对于非市场经济，实际生产商就是出口国；政府对生产的控制，对经济和国际贸易的干预，说明所有生产要素和自然资源都属于一个实体，即国家；来自非市场经济国家的所有进口都应当被视为出自一个生

---

❶ 欧盟第519/94号理事会条例的附录中列出了非市场经济国家的名单：阿尔巴尼亚、亚美尼亚、阿塞拜疆、中国、格鲁吉亚、哈萨克斯坦、朝鲜、吉尔吉斯斯坦、摩尔达维亚、蒙古、俄罗斯、塔吉克斯坦、土库曼斯坦、乌克兰、乌兹别克斯坦和越南。

产商，即国家，因此需要设定一个全国统一的税率。专家组不同意这种观点。专家组认为，只有在《WTO协定》或其他相关规定允许的情况下❶，才可以对来自非市场经济国家的进口给予差别待遇，但欧盟没有证明这一点。此外，专家组还指出，欧盟也没有证明来自非市场经济的进口有所不同，必须给予差别待遇。❷ 因此，专家组认定，这种差别待遇违反了最惠国待遇原则。

以上是专家组针对欧盟《反倾销基本法》本身作出的认定。最后，具体到本案中的紧固件反倾销措施，双方有一场非常有趣的辩论，而专家组也作出了重要的裁决。

在紧固件反倾销调查中，所有要求给予单独待遇的中国生产商都得到了这一待遇。❸ 这就出现了欧盟《反倾销基本法》的适用是否违反有关规定的问题。欧盟认为，中国所挑战的，是一个并不存在的措施。而中国称，中国所挑战的，是欧委会并不自动给予单独待遇这一特点。专家组认为，基本法本身不符合有关规定，就很难说其适用是符合有关规定的。此外，专家组还说，基本法特殊规定的存在本身，就可能会影响中国生产商在反倾销调查中的参与以及提供信息的质量和数量。具体而言，这一规定的存在，包括测试的性质，就可能会影响中国的其他生产商要求给予单独待遇。这进一步表明，基本法的适用也是不符合WTO有关规定的。

---

❶ 专家组举例说，1994年《关贸总协定》第6条补充注释规定，对于完全或实质上完全垄断贸易的国家，在确定正常价值时，可以实行差别待遇。此外，《中国加入WTO议定书》第15条也允许差别待遇。该第15条的具体内容是：如果生产商不能明确证明，生产同类产品的产业在制造、生产和销售该产品方面具备市场经济条件，则WTO进口成员所使用的方法，可以不基于与中国国内价格或成本的严格比较。

❷ 专家组指出，根据欧盟《反倾销基本法》，来自非市场经济的生产商可以证明其具备市场经济条件，也可以证明其独立于政府，因此，欧盟在没有提供具体事实的情况下，就对自己认定的非市场经济国家实行差别待遇，这一点令人费解。

❸ 共8家企业。

5. 美国轮胎案（US—Tyres）

热 战

——美国轮胎案专家组裁决的思路

2009年9月11日，美国总统宣布，对来自中国的客车和轻型卡车轮胎加征关税，第一年为35%，第二年为30%，第三年为25%。三天后，即9月14日，中国将此措施诉诸WTO争端解决机制。一年后，即2010年9月24日，WTO专家组作出初步裁决，认为美国没有违反WTO义务。这就是"轮胎特保案"（United States—Measures Affecting Imports of Certain Passenger Vehicle and Light Truck Tyres from China，WT/DS399）。

"特保"是俗称，指的是《中国加入WTO议定书》第16条的"特定产品过渡性保障机制"。此条规定，在特定情况下，WTO成员可以限制中国产品进口。这条规定类似于保障措施，但仅针对中国，是一种特殊保障措施，因此被俗称为"特保"。美国为了适用这一条款，在其国内法《1974年贸易法》中增加了相应的第421节。美国此番实施特保的国内法依据，就是该节。

一、本案的特殊性

本案中，中国主要质疑了美国调查机关——"美国国际贸易委员会"的"进口快速增长"以及"快速增长的进口是实质性损害的一个重要原因"（即"因果关系"）这两个结论；此外，本案还涉及了第421节本身是否违法、措施是否过度和措施的时间是否过长等问题。

专家组在逐一审查这些问题之前，提到了本案的六大特殊性。

（1）此为"特保"首案，因此提出了WTO争端解决所没有遇到过的一些问题，包括"特保"与一般保障措施的关系问题。虽然"特保"将于2013年到期，但对其进行解释显然对于其他WTO成员是重要的。

（2）该措施是针对中国的，但由于其系统性的特征，会对非涉案轮胎的进口产生影响。

（3）美国国际贸易委员会的结论并非所有委员全体一致作出的，有两个委员对因果关系问题提出了不同意见。这就使得专家组能够对该委员会的结论进行非常详细的审查。

（4）申请"特保"调查的是美国的一个工会，而不是通常的轮胎生产商。虽然保障措施是为了产业调整目的而采取的，但国内生产商表示不会进行任何产业调整。

（5）"实质性损害"并非本案争论点，本案的关键点是"因果关系"，而这一点由于调查期间全球大规模经济衰退而变得复杂起来。

（6）"因果关系"中的一个重要争论点是，美国的轮胎生产商主动减少了在美投资，转而在中国投资。因此，有一种观点认为，美国国内生产下降而从中国的进口增加，源自美国轮胎业有意的经济决定。

专家组称，这些特殊性是本案的一些特殊背景，在审理过程中会予以考虑。

二、进口快速增长

中国认为，美国没有适当评估来自中国的进口是否属于议定书第 16 条第 4 款所规定的"快速增长"。中国的主要观点是，在调查期的最后阶段，即 2008 年，增长率下降了，因此不能说进口"快速增长"。

专家组经审查发现，来自中国的轮胎进口数量，2004～2008 年，增加了 215.5%；2006～2007 年，增加了 53.7%；2007～2008 年，增加了 10.8%。专家组认为，这就是"快速增长"。专家组说，不能由于最后一年的增长率低于以前，就认为不是"快速增长"，何况这种增长是在前几年增长基础上的增长。因此，专家组认为，美国并非没有适当评估"快速增长"问题。

三、因果关系

在这个部分，专家组首先审查了第 421 节"本身"（as such）是否违法的问题。第 16 条第 4 款要求，进口的快速增长必须是实质性损害的"一个重要原因"（a significant cause），而第 421 节将"一个重要原因"界定为"对国内产业有实质性损害有重要影响的一个原因，但不必等于或大于任何其他原因"。专家组认为，从"一个"和"重要"的语义来看，第 421 节并没有违反第 16 条的规定。

解决了这个前提问题，专家组开始审查因果关系的三个方面，即进口轮胎与国产轮胎的竞争条件、进口增长与损害指标下降的关联性、对其他因素所造成损害的"非归因"分析。在逐一审查美国的做法之前，专家组首先论证了两个有关第 16 条的理解问题。一个是第 16 条是否要求调查机关分析竞争条件和关联性，另一个是第 16 条是否要求调查机关进行"非归因"分析。对于第一个问题，专家组认为，如果不分析竞争条件和关联性，就很难确定"重要原因"的存在。对于第二个问题，专家组发现，虽然双方在开始时存在根本性分歧，但到后来显然都认为应当进行某种形式的"非归因"分析。专家组认为，要想确定因果关系，就必须将进口快速增长所造成的损害与其他因素所造成的损害区别开来。

（一）竞争条件

美国市场的轮胎分为三个等级。中国认为美国国产轮胎主要属于第一个等级，而中国轮胎主要属于第二、第三等级，因此与二者只有微不足道的竞争。而专家组认为，在三个等级的轮胎之间并没有明确的界限，而且涉案进口产品与国内产品的竞争程度虽然有所区别，但二者并非不同的轮胎，不能说其竞争是微不足道的。专家组认为，美国的结论并无错误。

（二）关联性

专家组认为，进口与损害指标之间的关联性不会很精确，而在有其他损害原因的情况下尤为如此。因此，要求证明进口变化的程度与损害指标变化的程度之间具有准确的关联性是不现实的。调查机关依据进口上升与损害指标下降的整体一致性，并且结合了对因果关系的其他分析，是有可能认定"重要原因"的。

根据这一理解，专家组在审查了相关数据和图表后认为，美国对关联性的认定是适当的。

（三）非归因

中国提到了可能造成损害的其他因素，包括国内产业的商业战略、需求变化、非涉案进口以及其他因素。专家组逐一进行了分析。

关于国内产业的商业战略，包括主动关厂和美国生产商也从中国进口轮胎等，专家组认为，美国已经从实际情况的角度证明了关厂是进口损害的后果，而不是美国生产商主动放弃低端产品；美国已经证明了生产商进口的轮胎只占涉案进口的 23.5%，并进而表明生产商并非主动停止低端产品的生产。

关于需求变化，包括由于美国汽车行业的不景气和消费需求转向大型轮胎而导致的需求下降，专家组认为，美国已经证明在需求下降的情况下，涉案进口仍在增加，因此损害不是需求变化造成的。

关于非涉案进口，专家组认为，尽管非涉案进口的数量大于涉案进口，价格低于美国国内产品，但在美国市场上，中国进口仍在增加，因此，美国适当地分析了非涉案进口的影响，没有将其影响归于涉案进口。

此外，专家组还分析了其他因素，包括原材料成本和原材料短缺的急遽增加、提高生产力所需的自动化、汽油价格上涨导致驾车减少、罢工、美国生产商的社会负担和设备限制等。专家组认为，中国只是提到了这些因素，而没有进行论证，因此专家组不予审查。

最后，对于以上诸因素的累积效果，专家组称，尽管议定书没有要求调查机关进行这种分析，但这些因素加起来所造成的损害可能会很大，导致进口增长所造成的损害并非"重要"。而中国并没有证明这一点。

四、其他问题

对于措施是否过度的问题和措施的时间是否过长等问题，专家组认为，中国也没有予以证明。

五、结语

本案的六大特殊性，在专家组裁决中都或详或略地有所体现。关于"特保"与一般保障措施的关系，专家组似乎毫不犹豫地援用了《保障措施协定》和一般保障措施的案例来解释第 16 条。例如，对于进口增长的含义，专家组就与《保障措施协定》第 2 条第 1 款进行了类比。再如，对于"非归因"，专家组认为，虽然第 16 条没有要求进行《保障措施协定》第 4 条第 2 款（a）项所规定的那种充分分析（full-blown analysis），但进行某种形式的"非归因"分析仍然是必要的。然而也正是由于第 16 条中没有明确要求进行"非归因"分析，专家组认为，调查机关就没有义务将进口增长所造成的损害区分出来，并以此为标准确定所采取措施的限度。对于其他"特殊性"，专家组则在具体分析中予以了考虑。

因果关系

——美国轮胎案上诉机构裁决的思路

《中国加入 WTO 议定书》第 16 条（特定产品过渡性保障机制，transitional product-specific safeguard mechanism）被俗称为"特保条款"。这个条款规定，在中国产品进口快速增长，从而成为国内产业实质性损害的一个重要原因（a significant cause）的情况下，WTO 成员可以限制这种产品进口。由这一规定可以看出，限制中国进口的条件是：进口快速增长且国内产业受到实质性损害，而且进口是损害的"一个重要原因"。进口增长和国内产业状况不好也许可以用客观的数据证明，但两者之间的"因果关系"则需要进行充分的分析论证。在"轮胎特保案"（United States – Measures Affecting Imports of Certain Passenger Vehicle and Light Truck Tyres from China，WT/DS399）中，专家组认为，美国调查机关——"美国国际贸易委员会"的论证是成立的，而上诉机构也维持了专家组的裁决。这里，让我们从上诉机构的分析中考察一下如何论证"一个重要原因"。（为了便利阅读，兹将最为相关的第 16 条第 1 款和第 4 款中英文照录于文后。）

一、"一个重要原因"（a significant cause）的含义

（一）释义

上诉机构按照《维也纳条约法公约》第 31 条所提供的"通常含义""上下文"和"宗旨与目的"的思路，对这一术语进行了界定。

根据上诉机构常用的词典 Shorter Oxford English Dictionary 的定义，"significant"的通常含义是"重要的"（important）、"显著的"（notable）。至于"cause"，上诉机构则曾经在其他案件中给予了解释，即表明了进口增长和国内产业状况这两个因素之间的一种关系：第一个因素导致或引起了第二个因素的存在。因此，快速增长的进口必须是导致或引起国内产业实质性损害的一个重要的或显著的原因。此外，"a"这个词表明，原因可能有多个，而进口只是原因之一。当然，由于"significant"限定了"a cause"，所以进口就

不能仅仅是一个原因,而必须是重要的或显著的原因。

第 4 款还提到了"so as to"一词。根据上述词典,这个词的含义是"从而"(in a manner that),因此,进口只有在"快速增长"的时候才能成为实质性损害的"一个重要原因"。换句话说,"从而"一词,将进口成为实质性损害的一个重要原因的能力,与进口快速增长的门槛联系起来了。第 1 款中的"造成"(cause)一词,也将进口造成市场扰乱的能力与增长的数量联系起来了。第 4 款第二句进一步要求调查机关在确定市场扰乱是否存在时考虑一些客观因素,因此,中国进口的数量及其对价格和国内产业的影响,都是调查机关应该考虑的因素。其中的"包括"(including)一词表明,可能还有其他相关因素。

经过对字面和上下文的分析,上诉机构认为,"significant"一词描述了进口快速增加与国内产业实质性损害之间的因果关系或联系,即进口快速增加在国内产业实质性损害的产生方面发挥了"重要的"或"显著的"作用。

随后,上诉机构针对性地分析了中方上诉中的一个观点,从而进一步明确了这种因果关系的内涵。

中方认为,"significant"一词表明,第 4 款的因果关系标准要比《保障措施协定》《反倾销协定》和《补贴与反补贴措施协定》中的标准更为严格,因为这些协定都没有提及这个词,而只要求进口是损害的"一个原因"(a cause)。上诉机构不同意中方的解释。在涉及其他协定的案件中,上诉机构已经将因果关系标准解释为"真实、实质性的因果关系"(genuine and substantial relationship of cause and effect),因此,这个标准是高于"一个原因"的。此外,作为第 4 款上下文的第 1 款只说"cause or threaten to cause",而没有"significant"一词,说明第 4 款并没有设定更为严格的标准,因为对第 1 款中的"cause"和第 4 款中的"significant cause"应作协调的解释。不仅如此,第 4 款用了"material injury",而《保障措施协定》则用了"serious injury"。根据上诉机构在其他案件中的解释,"serious"比"material"的损害标准要高,而较低的损害标准意味着进口所造成的损害性后果的水平较低。如此理解,其也与"扰乱"(disruption)一词的含义一致,即"缺少秩序或常规安排;不整齐、混乱的状态"。

中方还认为,从议定书的宗旨与目的来看,"a significant cause"也应解释为"特别强有力和实质性的"(particularly strong and substantial)因果关系。上诉机构认为,中方说议定书允许对"公平"贸易采取限制性措施,并且仅仅针对中国的进口,这一点并没有错。然而议定书的宗旨与目的就是提供一种临时救济,因此,应当解释为进口快速增加在国内产业实质性损害的产生方面发挥了"重要的"而不是"特别强有力和实质性的"的作用。

(二)分析的范围

中方提出,为了论证因果关系,调查机关必须分析市场上的竞争状况、进口与损害之间的联系以及造成损害的其他因素。对于这三个问题,上诉机构逐一进行了论证。

上诉机构注意到,对于调查机关确定因果关系的方法,第4款并没有提供具体的指导,因此,其同意专家组的观点,即该款给调查机关提供了一定程度的自由裁量权。上诉机构还提及了自己在最近一个案件中的观点,即因果关系方法的适当性,应个案处理,决定于很多因素和事实情况。

上诉机构也同意专家组的以下观点,即分析市场上的竞争状况和进口与损害之间的联系是必需的,因为进口产品只有与国内同类产品发生了实际或潜在的竞争,才有可能成为国内产业损害的一个重要原因。同样,进口上升趋势与国内产业状况指标下降在时间上的吻合,也能表明因果关系的存在。然而正如中方所承认的那样,对这两个问题的审查只是一种分析工具,而非确定因果关系的决定性因素。例如,对于两者之间的联系问题,上诉机构曾经说过:吻合并不能证明因果关系,而其缺失却会对因果关系的存在带来严重的疑问,因此需要非常强有力的分析以证明因果关系为何存在。也就是说,联系的存在并非决定性的;在没有这种联系的情况下,也有可能认定因果关系。结合此前的分析,上诉机构认为,调查机关认定进口快速增加在国内产业实质性损害的产生方面发挥了重要的作用,而经过这些分析工具充分合理的解释(reasoned and adequate explanation),第4款的因果关系标准就满足了。

关于分析造成损害的其他因素,虽然第4款没有提出明确要求,但上诉机构沿袭了其他案件中的思路,认为需要进行一定程度的"非归因"(non-attribution)分析,因为只有在确保其他已知因素的影响未被不适当地归于进口,而且进口并非微不足道的原因的情况下,调查机关才能确定进口是否为损害的一个重要原因。也就是说,进口的影响需要结合其他因素进行考虑,而分析的范围决定于其他因素的影响以及个案的事实情况。

上诉机构对"一个重要原因"的含义进行了界定,并对调查机关的分析方法进行了解释,随后就专家组对市场上的竞争状况、进口与损害之间的联系以及造成损害的其他因素的裁决进行了分析,并维持了专家组的裁决,即"美国国际贸易委员会"的论证是成立的(进口产品与国内同类产品发生了实际或潜在的竞争,进口上升趋势与国内产业状况指标的下降在时间上吻合)。此处仅介绍上诉机构在"其他因素"方面的分析。

二、对于"其他因素"的分析

中方认为,美国国内产业所受到的损害是由以下三个因素造成的:美国产业的商业战略,即向高价值的产品转移;美国市场需求的下降;非涉案进口。专家组对这些因素进行了分析,认为美国国际贸易委员会没有将这些因素所造成的损害归咎于中国的进口。上诉机构则对专家组的这些分析进行了逐一判定。

对于商业战略,美国国际贸易委员会认为不能同意以下这个说法,即国内生产商主动放弃低价产品市场,而中国产品只是填补了空白。中国进口在三家轮胎厂关闭之前就开始增加了,并且三家工厂都公开表示,来自亚洲包括中国的低价竞争是其关闭的重要原因。另外,有文章提到过去10年中国轮胎生产商购买的西方生产设备在增加,这说明中国在扩大轮胎的生产和出口。美国并非中国轮胎的最大进口国,只占大约23.5%。因此,美国生产商产能下降的一个更为合理的解释是中国进口的增加。上诉机构和专家组认为以上分析没有错误。

对于需求的变化,专家组注意到,2004~2008年,所有轮胎的消费数量下降了10.3%。然而专家组发现,消费数量的下降主要出现在调查期结束时,即2007~2008年,而在2007年之前,2004~2005年仅轻微下降了0.8%,2005~2006年下降了4.4%,2006~2007年却上升了1.6%。专家组认为,虽然消费在2007~2008年明显下降,但在整个调查期内需求并未持续缩减。因此,专家组认为,美国国际贸易委员会认为调查期内需求是浮动的,这一点没有错误;美国国际贸易委员会适当地分析了需求变化的问题,也适当地认定了中国进口所造成的损害不同于需求变化所造成的损害。上诉机构认为专家组的以上分析没有错误。

对于非涉案进口,上诉机构也肯定了专家组的分析。专家组认为,美国国际贸易委员会充分分析了非涉案进口在市场上的竞争性影响:在美国需求下降的情况下,中国进口增加了,而第三国的进口下降了;非涉案进口的平均单价一直比中国进口高;非涉案进口的份额下降了,而中国进口的份额上升了。因此,专家组认为,非涉案进口对国内产业的价格影响少于中国进口。

最后,上诉机构还论及了专家组对于以上诸因素的累积效果的分析问题。上诉机构认为,专家组在逐一分析各个因素的同时,也涉及了整体评估的问题。例如，在分析工厂关闭情况的时候，专家组提到了美国国际贸易委员会所依据的多个因素，包括在中国的美资工厂所生产的所有进口的比例。专家组强调说，在考虑该委员会单独处理这些因素和相关证据时，也要评估依据这些因素和证据的整体所得出的结论。上诉机构认为，在第16条第4款仅要求进口是造成损害的一个原因的情况下，专家组的这种分析已经非常充分了。

三、简评

"一个重要原因"表明了进口与损害之间的因果关系。对于如何论证因果关系，上诉机构维持了专家组和美国国际贸易委员会的分析思路，认为调查机关必须分析三个问题，即市场上的竞争状况、进口与损害之间的联系以及造成损害的其他因素。其中，进口产品与国内同类产品发生了实际或潜在的竞争，是因果关系存在的前提；没有竞争关系，就谈不上进口对国内产业的损害。而进口上升趋势与国内产业状况指标的下降在时间上吻合，则是因果关系存在的正面证据；一般而言，在因果关系存在的情况下，时间上应当出现吻合。至于分析造成损害的其他因素，则是对因果关系存在的进一步核实，因为不应当把其他因素所造成的损害归咎于进口。对于"一个重要原因"的界定，主要是为了说明"第16条第4款仅要求进口是造成损害的一个原因"，而这在分析"其他因素"时发挥了作用：国内产业的损害可能是由若干原因造成的，而中国进口只是其中一个原因。也就是说，只要证明"进口快速增加在国内产业实质性损害的产生方面发挥了'重要的'或'显著的'作用"，对"其他因素"的分析就完成了。

虽然上诉机构花了很大篇幅对"一个重要原因"进行释义，并反复提到"重要的"或"显著的"，但对于专家组和美国国际贸易委员会的上述分析思路中，特别是在将"其他因素"所造成的损害从中国进口所造成的损害中"剥离"开来的时候，如何体现了这两个词所表示的非同寻常的特点，上诉机构没有明示，需要读者从整体裁决中去"感悟"。

附件：

第16条 特定产品过渡性保障机制

1. 如原产于中国的产品在进口至任何WTO成员领土时，其增长的数量或所依据的条件对生产同类产品或直接竞争产品的国内生产者造成或威胁造成市场扰乱，则受此影响的WTO成员可请求与中国进行磋商，以期寻求双方满意的解决办法,包括受影响的成员是否应根据《保障措施协定》采取措施。任何此种请求应立即通知保障措施委员会。

4. 市场扰乱应在下列情况下存在:一项产品的进口快速增长,无论是绝对增长还是相对增长,从而构成对生产同类产品或直接竞争产品的国内产业造成实质损害或实质损害威胁的一个重要原因。在认定是否存在市场扰乱时,受影响的WTO成员应考虑客观因素,包括进口量、进口产品对同类产品或直接竞争产品价格的影响以及此类进口产品对生产同类产品或直接竞争产品的国内产业的影响。

16. Transitional Product—Specific Safeguard Mechanism

1. In cases where products of Chinese origin are being imported into the territory of any WTO Member in such increased quantities or under such conditions as to cause or threaten to cause market disruption to the domestic producers of like or directly competitive products, the WTO Member so affected may request consultations with China with a view to seeking a mutually satisfactory solution, including whether the affected WTO Member should pursue application of a measure under the Agreement on Safeguards. Any such request shall be notified immediately to the Committee on Safeguards.

4. Market disruption shall exist whenever imports of an article, like or directly competitive with an article produced by the domestic industry, are increasing rapidly, either absolutely or relatively, so as to be a significant cause of material injury, or threat of material injury to the domestic industry. In determining if market disruption exists, the affected WTO Member shall consider objective factors, including the volume of imports, the effect of imports on prices for like or directly competitive articles, and the effect of such imports on the domestic industry producing like or directly competitive products.

6. 中国汽车零部件案（China—Auto Parts）

是 非

——中国汽车零部件案专家组裁决的思路

关于欧共体、美国、加拿大诉中国的"影响汽车零部件进口的措施案"（China—Measures Affecting Imports of Automobile Parts，WT/DS339、340、342），专家组于2008年3月20日作出裁决，上诉机构于12月15日作出裁决。这是WTO就中国贸易措施作出的第一个专家组裁决和上诉机构裁决。

一、涉案措施：进口组装一条龙

中国颁布的影响进口汽车零部件的三项政策措施具体为：《汽车产业发展政策》（国家发改委令第8号，简称8号令），2004年5月21日生效；《构成整车特征的汽车零部件进口管理办法》（简称125号令），2005年4月1日生效；《进口汽车零部件构成整车特征核定规则》（中国海关总署2005年4号公告，简称4号公告），2005年4月1日生效。根据这些措施中规定的具体标准，如果中国汽车生产中使用的进口汽车零部件具备"整车特征"，则须对这些进口零部件征收25%的关税。该税率与《中国加入WTO议定书》附件8第I部分"货物减让表和承诺"（"减让表"）中适用于汽车整车的平均关税率相当，而高于适用于汽车零部件的平均关税率10%。

根据以上规定，中国境内的汽车制造商要想开始生产一种使用进口零部件的新车型，并在中国国内市场上销售该车型，首先必须在开始生产前进行"自测"，确定该车型将要使用的进口汽车零部件是否具有整车的"基本特征",以及是否因此而构成整车特征。❶ 如果汽车制造商"自测"结果为构成整车特征,即用于该车型的进口零部件符合核定标准,那么下一步就要向国家发改委申请将该车型列入《道路机动车辆生产企业及产品公告》(以下简称《公告》)中。汽车制造商若要在中国制造和销售汽车,必须进行此项申请,而且还要为用于该车型的进口零部件向商务部申请进口许可证。

如果汽车制造商的自测结果为不构成整车特征,国家整车特征专业核定中心将进行简单复审或现场复审,确定用于某一车型的进口汽车零部件是否符合涉案措施规定的核定标准。在此情况下,为了将车型列入《公告》,汽车制造商必须上报其自测结果以及核定中心出具的不构成整车特征的复审意见。之后,汽车制造商还必须履行以下多个程序。

车型列入《公告》以后,汽车制造商必须向海关总署申请对该车型进行备案。海关总署将申请分送给相关政府部门,包括汽车制造商所在地直属海关;如果备案申请材料齐备,汽车制造商所在地直属海关将对汽车制造商及其车型备案。在这一阶段,汽车制造商必须向其所在地直属海关缴纳税款担保。税款担保的担保数额按照每月预计进口的汽车零部件数量和价值计算;在实践中,担保数额相当于对每月预计进口的汽车零部件应使用汽车零部件适用的关税税率(平均为10%)。

汽车制造商随后可以开始进口用于生产该新车型的进口零部件。用于某一已备案车型的构成整车特征的汽车零部件进口到中国时,必须以标注有"整车特征"字样的进口许可证为凭,还必须单独向当地直属海关申报,并提交其他相关文件。汽车零部件进口时须"有担保",这意味着须缴纳保证金(税款担保),而且进口这些零部件的制造商还必须遵照跟踪和上报要求。然而这些汽车零部件本身并未受到任何现存的物理限制或海关有关其在国内市场上使用的任何其他限制。

有关车型的生产开始以后,在这些车型"第一批"生产完毕10日之内,汽车制造商必须向海关总署提交核定申请,海关总署随后指示核定中心进行

---

❶ 第125号令第21条和第22条中规定了相关标准,该标准用于确定某一特定车型的进口零部件是否必须被认为是具有整车"基本特征"并因而须缴纳25%费用。这些标准表达为进口汽车零部件特定组合或配置,或用于特定车型生产的进口零部件的价值。某一车型生产中如果使用上述指明的进口"关键零部件"或"总成"组合,就要将该车型使用的全部进口零部件都判定为构成整车特征。多种总成组合情形将符合这些标准,例如:车身(含驾驶室)总成加发动机总成;或者车身(含驾驶室)以外5个或以上总成加发动机总成。如果某一车型使用的进口零部件价格总成达到该车型整车总价格的60%及以上,也要将该车型使用的全部进口零部件判定为构成整车特征。进口全散件(CKD)和半散件(SKD)套件组装汽车也被判定为构成整车特征。自测结果必须上报国家发改委和商务部。

核定并出具核定报告。核定工作由 3 名或 5 名汽车行业专家组成的"专项核定小组"开展，内容包括对已生产的汽车和证明文件进行核查。核定中心应在接到海关总署指示后 1 个月内完成核定工作并出具核定报告，但实际上这一过程可能需要 30 日至几年不等。汽车制造商在等待核定报告期间可以生产和销售有关车型。

核定报告出具当月的 10 个工作日以内，汽车制造商必须进行纳税申报，并向当地直属海关提交有关从该车型开始生产到核定报告出具当月月末其间组装的所有相关整车的其他必要证明文件。当地海关随后将汽车零部件归类为整车，并向组装这些整车使用的所有进口汽车零部件征收"关税"和进口环节增值税。正是这种"关税"构成了涉案措施规定的"费用"。此后，汽车制造商必须在每月的第 10 个工作日前进行"纳税"申报，并提交其在前一月组装的有关车型整车的相关证明文件，而当地海关将把生产这些整车使用的所有零部件归类为"整车"，并征收"关税"。这一过程每月均须进行，除非且直到汽车制造商请求进行重新核定。

如果用于生产某一车型的进口零部件符合涉案措施规定的核定标准，那么组装该车型用的全部进口零部件将依据这些措施被征收 25% 的费用，并适用有关要求。"构成整车特征"的汽车零部件采用多批装运——来自不同供应商和/或不同国家，在不同时间通过多批装运或是单批装运进口，这一点并不重要。汽车制造商是自己进口零部件，还是通过汽车零件制造商或其他汽车零件供应商等第三方供应商在国内市场上获得进口零部件，同样也不重要。然而如果汽车制造商从上述独立第三方供应商处购买进口零部件，则可以从上述应缴纳的 25% 费用中扣除掉该第三方供应商进口这些零部件时已缴纳的任何关税数额，条件是该汽车制造商能够提供进口纳税证明。如果进口的选装零部件安装在某一车型上，那么制造商必须向核定中心报告，在这些选装零部件实际安装之时进行申报，并为其缴纳 25% 的费用。

上述涉案措施在实际操作过程中存在的条件符合问题和例外情况，包括四个方面：

第一，如果用于生产某一车型的进口零部件的配置或组合变化可能造成该车型在是否符合 125 号令第 21~22 条规定的"基本特征"标准方面发生变化，汽车制造商可以申请对该车型进行重新核定，核定中心将出具复核报告。如果复核表明不再符合核定标准，那么将不再按照涉案措施对该车型及其生产所用的所有进口零部件进行管理。如果复核表明符合核定标准，那么进口零部件及该车型将按照上述措施实施办法进行管理，唯一不同的是汽车组装完毕进行"纳税"申报时必须向海关提交复核报告。

第二，如果进口时申报为整车的进口汽车零部件在一年之内未用于生产有关车型，汽车制造商必须在一年届满之日起 30 日内进行纳税申报，海关将对这些进口汽车零部件征收 10% 的关税。

第三，国内汽车制造商或汽车零部件制造商对进口汽车零部件（不包括总成和分总成）"进行实质性加工"，所生产的汽车零部件按照国产汽车零部件对待，因此不计入核定标准，也不征收费用。

第四，根据 125 号令第 2 条第 2 款，汽车制造商进口全散件（CKD）和半散件（SKD）套件的，可在进口时向其所在地海关办理报关手续并缴纳税款。

二、是否违反国民待遇：毫厘之差决胜负

起诉方认为，以上措施违反了 GATT 第 3 条所规定的国民待遇原则。

汽车制造商在履行了以上规定的国内全套程序后，向海关上缴"关税"。而国内同类产品是没有"上缴关税"一说的，怎么会存在国民待遇问题呢？

专家组的理解是：这种费用实际上属于 GATT 第 3 条第 2 款所指的"国内费用"（internal charges），而不是 GATT 第 2 条第 1 款（b）项所指的是"普通关税"（ordinary customs duties）。由于对国内产品不征收这笔费用，因此专门针对进口产品的费用就违反了国民待遇原则。

明明是向海关上缴的费用，怎么会属于"国内费用"呢？

专家组是从解释"国内费用"和"普通关税"这两个词的内涵入手的。专家组首先解释了"国内收费"一词，研究了该词的通常含义、第 2 条第 2 款"进口到境内"一词提供的直接语境以及第 3 条附注提供的语境。专家组还参考了 GATT 和 WTO 法律体系，认为它们可以对其解释提供支持。对于"普通关税"一词，专家组研究了该词的通常含义、第 2 条第 1 款（b）项第 1 句话中"在进口时刻"一词提供的直接语境以及第 2 条第 1 款（b）项第 2 句话中论及"其他税收或费用"时"对进口或有关进口"这一词组提供的语境。专家组认为：第 2 条第 1 款（b）项第 1 句话中"在进口时刻"一词的通常含义，如果在其语境中并根据 GATT 之目的和意图考虑，应当包含不可忽视的严格和准确的时间要素。这意味着缴纳普通关税的义务是在商品进入另一成员国境内之时与该商品相联系的。正是在商品进入另一成员国境内之时，并且也只有在这一时刻，才产生缴纳上述普通关税之义务。而进口国在当时或随后实施、评估或复评、征收或收缴普通关税的行为，也正是基于商品在

这一时刻的状况。与普通关税相反，缴纳国内费用的义务并不因商品进口而在其进入另一成员国境内之时产生，而是因为国内因素（例如由于商品在国内二次销售或在国内使用）而产生。商品一旦进口到另一成员国境内，缴纳国内费用的义务就产生了。进口来的商品的状况看起来是对此国内收费估价的有关依据，但进口来的商品的状况并不一定与其在进口时刻的状况一致。然后，专家组把其对"普通关税"和"国内费用"的理解总结如下：如果支付费用的义务不是基于产品在进口时而征收，它就不能是第2条第1款（b）项第1句话所规定的"普通关税"，相反，它是指第3条第2款所规定的"国内费用"，即根据国内因素计征的费用。

明确了这些费用属于"国内费用"，接下来，专家组开始审查涉案措施，认为涉案费用的某些特征具有重大法律意义。专家组强调，在国内计征费用的义务发生在汽车零部件被组装成机动车辆后。专家组还极其重视这样的事实，即该费用是对汽车制造商征收，而不是对一般进口商征收；以及这样对具体的进口零部件收费的依据，是当其他进口零部件或国产零部件与那些进口零部件一起被用来组装汽车模型时才征收，而不是根据具体的零部件在进口时进行征收。此外，专家组认为下面的事实至关重要：同时在同一集装箱或船只内装载的相同的进口零部件，根据用它们所组装的车型是否符合措施中规定的标准，而对其征收费用的比率有所差异。根据涉案措施的这些特点，专家组的结论是，对汽车制造商征收的费用属于"国内费用"。

三、是否违反关税约束的义务：退后一步双保险

在诉讼中，起诉方还提出了一个"选择性"主张：如果专家组认为根据这些措施征收的费用构成了一种普通关税，那么这种普通关税也与第2条第1款（a）项和（b）项不一致，因为它的征收超过了中国的减让表中规定的汽车零部件的关税的范围。

专家组虽然已经裁定了"国内费用"，但没有行使"司法节制"的权力回避这个问题，而是决定分析这个选择性主张，理由是：所有起诉方都提出了这一主张；各起诉方在这些措施是否符合第2条的问题上持有不同意见；第3条第2款和第2条之间的精确界线可能不是很清晰；假如上诉机构不同意专家组关于前提性问题的裁决和这种费用作为一种国内费用符合第3条第2款的范畴的描述，则有助于上诉机构完成分析；如果争端解决机构通过了专家组裁决，而当事方愿意选择性采纳关于第2条的裁决，则《争端解决谅解》（DSU）所宣称的"快速解决"争端（第3条第3款）、"依据DSU所规定的

权利与义务以及所涉及的协定令人满意地解决争端"(第3条第4款)、"解决争端的积极的方案"(第3条第7款)和"有效地解决争端,使所有的成员国受惠"(第21条第1款)的目标也许会得到促进。

这个分析是比较简单的。专家组经审查后发现,中国的减让表中对机动车的关税规定没有把在多批装运中进口的汽车零部件依据它们组装进一辆机动车中而包括在它们的范围之内。因此,在这个意义上,这些措施可以被认为是属于1994年《关贸总协定》第2条的范畴,中国的措施起到了对进口汽车零部件征收的普通关税超过了其减让表汽车零部件部分中税目规定的减让的作用,不符合第2条约束关税的义务。简而言之,中国承诺"机动车"关税为不超过25%,而"机动车"是不包括"构成整车特征的汽车零部件"的;零部件关税为不超过10%,现在却征收了25%,这就违反了约束关税的义务。

"即使这些费用属于普通关税,也违反了约束关税的义务。"这便是专家组的想法。

四、是否违反中国承诺:釜底抽薪定乾坤

125号令第2条第2款规定:汽车制造商在进口完全拆装即全散件(CKD)或半拆装即半散件(SKD)套件时,可以向制造商所在地区的主管海关申报这种进口和纳税,并且这些法规将不会适用。125号令第21条第1款规定:进口全散件和半散件套件的目的是用于组装汽车的,应当被视为整车。

涉案措施中提到的全散件和半散件套件指的是全部或几乎全部的组装一辆整车所必需的汽车零部件和组件,它们必须在一次单独的货运中包装和运输,而且它们在已经进入进口国之后必须经过装配过程而成为一辆整车。《中国加入WTO工作组报告书》第93段规定:"工作组的某些成员对汽车部分的关税待遇表达了特别的关切。在回答关于机动车套件关税待遇问题的时候,中国的代表确定中国没有针对机动车完全拆装的套件或机动车半拆装的套件的关税税号。如果中国制定这样的关税税号,关税税率将不会超过10%。"起诉方认为,现在中国对全散件和半散件套件征收了25%关税,因此违反了报告书中的承诺。

专家组认为,中国已经承诺,如果对全散件和半散件单独设立关税税号,则对全散件和半散件制定的"关税税率"不会高于10%。换句话说,中国的承诺是以设立单独的全散件和半散件关税税号为条件,而该税号在中国加入WTO时并不存在。但是加拿大提供了一份中国2005年《海关进出口税则》,

其中 10 位数级的税号中包括针对汽车的"成套散件"税号。例如，税号 87.03（"主要用于载运人员的客车和其他汽车"）项下 8 位数级别的税号，如 8703.2130.90 和 8703.2334.90，其描述码表明是"成套散件"。因此，专家组认为，中国在其国内税则的 8 位数级别上对全散件和半散件设立了单独的关税税号，因此满足第 93 段的条件。此外，专家组还经过分析认为，即使没有加拿大所提供的证据，涉案措施"实际上"也设立了关税税号。因此，专家组裁定，中国已经违反了第 93 段中的承诺。专家组还认为，如果中国对全散件和半散件设立关税税号，其税率不应超过 10%。

专家组作出这一裁决，有两个重要前提：全散件和半散件的费用是在进口那一刻缴纳的，因此属于"普通关税"；而 125 号令使用"可以"一词，赋予了汽车生产企业免除进口全散件和半散件时受措施中规定程序的约束的选择权，可以按照普通关税程序进口，但按 125 号令规定的机动车辆标准缴纳关税，也就是说，125 号令的程序免除，但费用不免除。

对于后一个前提，上诉机构作出了一个颠覆性的解释：对于具备"整车特征"的汽车零部件而言，涉案措施创设了一套程序和费用，而程序是为了确定费用而设置的，因此程序和费用是不可分的；对于全散件和半散件套件，在汽车制造商选择进口时缴税的情况下，125 号令的措辞是"这些法规将不适用"，表明不适用的是 125 号令的全部内容，而非仅仅程序，因此，上缴的费用也并非涉案措施所规定的费用（25%），而是普通关税（同为 25%）。既然涉案措施的程序和费用不包括全散件和半散件套件，当然就谈不上涉案措施违反第 93 段的问题了。基于上诉机构的这一招釜底抽薪，专家组在这个方面裁决的命运就可想而知了。

上诉机构还进一步解释说，它同意专家组的这个规定为进口全散件和半散件套件的汽车制造商提供了一个选择的观点，但上诉机构与专家组的看法不同的是关于这个选择的范围。上诉机构认为，这个提供给汽车制造商的选择是一种可以在进口时申报全散件和半散件套件的进口的选择，并且因此免除对其应用 125 号令的法规，包括根据法规征收的费用。如果没有使用这个选择，那么就要完全应用这些法规。换句话说，进口这些套件的汽车制造商将要服从受到涉案措施规定的行政程序、125 号令第 21 条第 1 款中的标准以及在装配后和核定后要被征收的费用。就是这种在装配之后产生的费用被专家组归类为国内费用。然而在对第 2 条第 2 款解释的上下文中，专家组也指出："在一定程度上，一个进口商利用在 125 号令第 2 条第 2 款中提供的选择并且按照常规海关程序进口全散件和半散件套件……这些措施中规定的全散件和半散件套件进口的待遇（例如，对全散件和半散件套件的进口征收费用）属于 GATT 第 2 条的规定，而不是第 3 条的规定。"

上诉机构提到，中国曾经论证，专家组关于第 2 条第 2 款意义的裁决和专家组关于前提性问题的裁决是矛盾的，因为专家组也裁决这些措施征收了"一种费用"，并且一种费用不能够同时成为一种边境费用和一种国内费用。上诉机构称，专家组似乎认为有一种根据 125 号令征收的特殊的费用，而且它作为一种普通关税，可以对根据 125 号令第 2 条第 2 款对全散件和半散件套件的进口征收的"费用"进行不同的归类。然而专家组没有解释为什么会这样。在研究前提性问题时，专家组恰当地仔细考察了这种费用的特征，评估了那些特征的重要性，并且判定根据涉案措施征收的费用是一种国内费用。与此相反，专家组没有解释根据第 2 条第 2 款对全散件和半散件套件的进口征收的"费用"的特征与那些其在早先前提性问题的裁决中已经进行了确认的费用如何或是为什么不同。其也没有解释为什么这样的特征要求把根据第 2 条第 2 款对进口的全散件和半散件套件征收的"费用"描述为一种普通关税。上诉机构认为，这不是归类这种"费用"的正确方法。

基于以上原因，上诉机构认定，专家组对 125 号令作出的以下解释是错误的：在 125 号令第 2 条第 2 款中对全散件和半散件套件的免除仅限于措施规定的行政程序，而不包括 125 号令第 21 条第 1 款中规定的独立的标准；尽管全散件和半散件套件的进口商可以决定采用 125 号令第 2 条第 2 款以免除措施规定的行政程序，他们为全散件和半散件套件缴纳措施规定的费用的义务来自 125 号令第 21 条第 1 款。上诉机构认为，专家组后来的裁决，即涉案措施与中国在《中国加入 WTO 工作组报告书》第 93 段中的有条件的承诺不一致，是以这个错误的观点为前提的，而这个观点认为涉案措施对符合 125 号令第 2 条第 2 款的进口的全散件和半散件套件征收了一种是普通关税的费用。上诉机构最终裁定：撤销专家组关于这种承诺的裁决（即 8 号令、125 号令和 4 号公告与中国在《中国加入 WTO 工作组报告书》第 93 段中的承诺不一致）。

五、小结

具备整车特征的汽车零部件向海关缴纳的费用，要根据进口后组装成整车这一事实来决定，并且要履行一系列程序。专家组将这种费用界定为"国内费用"而非"普通关税"，是否违反国民待遇的问题就迎刃而解了：进口产品缴纳了这笔费用，而国内产品没有缴纳，就是违反国民待遇的。这一界定，应当说是专家组在此案中的最大"创造"。至于"即使属于普通关税，也违反关税约束的义务"的裁决，则是顺水推舟，轻而易举地设定一个"双保险"而已。

对于全散件和半散件套件，专家组认为中国设立了单独税号，税率也超过了10%，因此违反了承诺。上诉机构没有沿着专家组的思路走，而是首先审查涉案措施的性质，认定这些措施的规定根本就不适用于进口时缴纳全费的全散件和半散件套件，因此就谈不上是否违反相关承诺的问题。上诉机构撤销了专家组这方面的裁决，令人心服口服。至于对全散件和半散件套件征收25%的关税这一做法是否违反中国承诺或其他什么义务，就不是上诉机构的职责范围了，因为本案需要裁定的，仅仅是涉案措施的问题。

7. 中国知识产权案（China—Intellectual Property Rights）

四载精心筹备，一朝全盘皆输

——中国知识产权案始末

热热闹闹开始，冷冷清清收场。2006年年初，美国在WTO起诉中国知识产权法律，引起了全世界关注。2008年年底，WTO专家组作出裁决，美国的主要观点都没有得到支持。此案留给人们太多的思考。

一、青萍之末

细察这个问题的起源，首先提出中国知识产权执法措施不符合WTO《与贸易有关的知识产权协定》（TRIPs）的，当属美国国际知识产权联盟（International Intellectual Property Alliance，IIPA）。2002年年初，在其提交给美国贸易代表办公室（Office of the United States Trade Representative，USTR）的一份材料中[1]，IIPA认为：在中国市场上，盗版率高达90%，给美国及中国的创造者和公司造成了惊人的损失；中国现在已经是WTO成员，应当公开承认它还没有遵守WTO的义务，没有对商业规模的盗版采取有威慑力的执法措施（yet to provide deterrent enforcement against commercial scale piracy）——90%盗版率，就是一个不可否认的事实。[2]

在这份材料中，IIPA进一步指出，中国的执法制度不符合TRIPs第41

---

[1] USTR每年都就世界上一些主要国家的知识产权保护状况，发布一份"特殊301"（Special 301）报告，并在此前为撰写这份报告而公开征求意见，任何人都可提交材料和评论。

[2] International Intellectual Property Alliance：2002 Special 301 Report（http：//www.ipr.gov.cn/cn/zhuanti/meiIPzhuanlan/2002teshu301cailiao.pdf，访问时间：2007年11月28日），第31页。

条、第50条和第61条。第41条要求，WTO成员的执法措施应当能够保证对知识产权侵权行为采取有效行动，包括迅速的救济以防止侵权，以及救济措施能够对进一步的侵权构成威慑（remedies which constitutes a deterrent to further infringements）。中国的执法措施常常是版权局等行政部门采取行动，事实证明不足以威慑进一步的盗版。而《中华人民共和国刑法》（以下简称《刑法》）第217条和第218条关于盗版的规定，又由于最高人民法院的司法解释而"门槛"（thresholds）过高，很少被援用。❶ 实践中，要求个人违法所得数额达到6000美元这个"门槛"，使得刑事救济形同虚设，更何况执法者计算违法所得数额依据的是盗版产品的价格，并且是按照实际销售的数量，而不包括库存。这远远不符合国际社会的主流思想，实际上根本不可能降低盗版率。❷

IIPA成立于1984年，是美国版权产业的一个民间组织，其宗旨是促进版权的国际保护。该联盟非常活跃，经常就全球及各国版权问题发表意见。每年年初，USTR发布通知，就"特殊301"调查征求公众意见，该联盟都会提交大量资料，并提出很多建议。例如，2006年，它提供了46个国家保护版权不力的情况，同时建议将这些国家分类列入"重点国家""重点观察名单"和"观察名单"。如此引人注目的组织，其位于华盛顿的秘书处却只有6个人：主席Eric Smith和几个工作人员。Eric是联盟的创始人之一，同时是Smith & Metalitz律师事务所的管理合伙人（managing partner）。事实上，这些

---

❶ 《刑法》第217条规定："以营利为目的，有下列侵犯著作权情形之一，违法所得数额较大或者有其他严重情节的，处3年以下有期徒刑或者拘役，并处或者单处罚金；违法所得数额巨大或者有其他特别严重情节的，处3年以上7年以下有期徒刑，并处罚金：（一）未经著作权人许可，复制发行其文字作品、音乐、电影、电视、录像作品、计算机软件及其他作品的；（二）出版他人享有专有出版权的图书的；（三）未经录音录像制作者许可，复制发行其制作的录音录像的；（四）制作、出售假冒他人署名的美术作品的。"第218条规定："以营利为目的，销售明知是本法第217条规定的侵权复制品，违法所得数额巨大的，处3年以下有期徒刑或者拘役，并处或者单处罚金。"

1998年12月17日，最高人民法院发布了《关于审理非法出版物刑事案件具体应用法律若干问题的解释》。其中，对"违法所得数额较大"的解释是：个人违法所得数额在5万元以上；单位违法所得数额在20万元以上。2004年12月8日，最高人民法院和最高人民检察院发布了《关于办理侵犯知识产权刑事案件具体应用法律若干问题的解释》，降低了"门槛"，不论企业或个人，凡"违法所得数额在3万元以上的"，都属于"违法所得数额较大"。此外，两个司法解释还对"有其他严重情节""违法所得数额巨大""有其他特别严重情节"等定罪标准进行了解释。

❷ International Intellectual Property Alliance：2002 Special 301 Report（http://www.ipr.gov.cn/cn/zhuanti/meiIPzhuanlan/2002teshu301cailiao.pdf，访问时间：2007年11月28日），第38页、第50页。TRIPs第50条是关于司法机关保护知识产权的规定。第61条规定，WTO成员应当至少针对具有商业规模的故意侵犯商标权或版权的行为制定刑事程序和处罚，并且救济应当具有威慑力，与对同等严重犯罪的处罚相当。该报告没有对中国知识产权执法不符合第50条和第61条的情况进行分析。

人员也同时在该律师事务所工作,所以,联盟与律师事务所几乎是一套人马、两块牌子。当然,该联盟后面有强大的支持力量。联盟由 7 个协会组成,而这些协会的会员有 1900 家,其中很多是赫赫有名的大公司。❶ Eric 在这个领域摸爬滚打 20 多年,见证了很多国家知识产权保护的发展情况,而其身后是一个蓬勃发展的版权产业。因此,在中国刚刚加入 WTO 不久的时候,该联盟率先指出中国的知识产权执法措施不符合 TRIPs 协议的哪条哪款,就不意外了。

相比于该联盟直截了当的"专业",USTR 同年公布的"特殊 301"报告只是概括提到中国的行政处罚没有形成对进一步侵权的遏制,启动刑事案件的"门槛"过高,要求中国修改司法解释,以更加有效地处理案件并实施有威慑力的刑罚。❷ 另外一份由 USTR 负责撰写的《中国履行 WTO 报告》,虽然指出了中国执法中存在的一些问题,但同样没有提到中国不符合 TRIPs 的问题。❸

二、甚嚣尘上

到了 2004 年,IIPA 进一步提出了修改中国《刑法》的建议。TRIPs 第 61 条规定,WTO 成员应当至少针对具有商业规模的故意侵犯商标权或版权的行为制定刑事程序和处罚,并且救济应当具有威慑力,与对同等严重犯罪的处罚相当。IIPA 认为,中国的《刑法》应当修改,以包括以下内容:处罚最终用户盗版;适用于法律所规定的所有独占权及未经授权的进口;处罚违反反规避条款及权利管理信息的行为;处罚没有"以营利为目的",但"具有商业规模"且对权利持有人有影响的网络侵权;取消单位与个人犯罪的区分;整体加重处罚。IIPA 还认为,其司法解释也应当修改,以大幅度降低或取消"门槛"(对不"以营利为目的"的网络侵权尤应如此),以正版品而不是以

---

❶ 联盟的 7 个协会是:美国出版商协会(Association of American Publishers,AAP),商用软件联盟(Business Software Alliance,BSA),娱乐软件协会(Entertainment Software Association,ESA),独立电影电视联盟(Independent Film & Television Alliance,IFTA),美国电影协会(Motion Picture Association of America,MPAA),全国音乐出版商协会(National Music Publishers' Association,NMPA),美国录音产业协会(Recording Industry Association of America,RIAA)。

❷ USTR:2002 Special 301 Report,第 17 页。

❸ USTR:2002 Report to Congress on China's WTO Compliance(http://www.ipr.gov.cn/cn/zhuanti/meiIPzhuanlan/2002maoyidaibiaobangongshiCNlvxingWTObg.pdf,访问时间:2007 年 11 月 28 日),第 38~39 页。

盗版品价格计算收入，并且包括库存产品。❶

2005年年初，IIPA 突然提出，美国政府应立即与中国在 WTO 进行磋商（consultations）。❷ 按照 WTO《争端解决谅解》的规定，提出磋商就意味着启动 WTO 争端解决程序，即起诉中国的知识产权问题。IIPA 还提出，USTR 在当年对中国的知识产权状况"非常规审议"（out-of-cycle）结束后，应当考虑采取进一步行动，包括请求设立 WTO 争端解决专家组进行审理。

IIPA 没有解释为什么会产生这一"突发奇想"。倒是几乎同时出现的美国商会（U.S. Chamber of Commerce）的材料，似乎为此做了一个注脚。美国商会称，中国已经成为 WTO 成员 3 年了，但中国为公司提供的保护在整体上显然没有达到 TRIPs 所规定的"有效"和"遏制"的标准，侵犯知识产权对各行各业都产生了严重影响。该商会也建议美国政府立即启动 WTO 的磋商。❸

针对美国产业界的强烈"呼吁"，美国政府也作出了一定的反应。2005年 USTR 公布的"特殊 301"报告认为中国的侵权严重到了令人无法接受的程度，因此将中国上升到"重点观察名单"（Priority Watch List），即中国属于"没有提供充分的知识产权保护或执法"的国家；美国政府将与产业及其他利害关系方一道，考虑援用 WTO 程序促使中国符合 TRIPs 的义务，特别是采用有遏制效力的刑事执法制度。❹ 该报告还提到，TRIPs 第 41 条和第 61 条要求具备有效、遏制的知识产权执法制度，而中国的制度过分依赖行政执法，不具有威慑力。❺ 同年的《中国履行 WTO 报告》则称，美国政府准备采取一切必要、适当的措施，以确保中国制定并实施有效的知识产权执法制度。❻

---

❶ International Intellectual Property Alliance: 2004 Special 301 Report (http://www.ipr.gov.cn/cn/zhuanti/meiIPzhuanlan/2004teshu301cailiao.pdf，访问时间：2007 年 11 月 28 日)，第 45~46 页。

❷ International Intellectual Property Alliance: 2005 Special 301 Report (http://www.ipr.gov.cn/cn/zhuanti/meiIPzhuanlan/2005teshu301cailiao.pdf，访问时间：2007 年 11 月 28 日)，第 183 页。

❸ U.S. Chamber of Commerce Submission for USTR'S Special 301 Out-of-Cycle Review on China's IPR Protection and Enforcement, February 9, 2005 (http://www.ipr.gov.cn/cn/zhuanti/meiIPzhuanlan/05meishanghuiCNIPfeichangguishenyicailiao.pdf，访问时间：2007 年 11 月 29 日)，第 1 页。

❹ USTR: 2005 Special 301 Report (http://www.ipr.gov.cn/cn/zhuanti/meiIPzhuanlan/2005maoyidaibiaobangongshiteshu301baogao.pdf，访问时间：2007 年 11 月 28 日)，第 15~16 页。

❺ 同上，第 19 页。

❻ USTR: 2005 Report to Congress on China's WTO Compliance (http://www.ipr.gov.cn/cn/zhuanti/meiIPzhuanlan/2005maoyidaibiaobangongshiCNlvxingWTObg.pdf，访问时间：2007 年 11 月 28 日)，第 66 页。

三、山雨欲来

终于，到了 2006 年 4 月 28 日，USTR 公开宣布，将开始考虑援用 WTO 争端解决机制，原因是中国没有给美国的版权材料、发明、品牌和商业秘密应有的知识产权保护，在解决某些执法缺陷方面进展甚微。❶ 随后，USTR 官员在对外讲话、作证和接受采访时，不断宣称将在 WTO 起诉中国。6 月 14 日，美国副贸易代表 Karan Bhatia 在一次讲话中称："我们一直在与中国谈知识产权问题，但我们的耐心是有限度的。"❷

8 月 29 日，Susan Schwab 以美国贸易代表身份第一次访问中国。与中国官员会谈结束后，她在"美国中国商会"（AmCham China）和"美中贸易全国委员会"（US China Business Council）联合举办的招待会上发表了讲话。她说，美国正在考虑就中国知识产权执法诉诸 WTO 的问题。"我们不喜欢在 WTO 提起案件，因为案件要花费大量时间和人力。我们想要的，是在起诉前就解决这些问题。但当友好对话不能带来积极结果时，我们不能袖手旁观而容忍承诺得不到履行。我们将使用争端解决机制。法律诉讼不应被视为敌对行动。争端解决机制为贸易伙伴提供了客观的解决争议的途径，以避免整体贸易关系的恶化和污染。它还有助于一些政府部门说服另外一些政府部门遵守 WTO 规则。事实上，整个世界贸易体制都在从公平、理性的解决分歧的途径中受益。"❸ 这番"谆谆教导"，似乎是在提醒中国人为当被告做好心理准备。

9 月 18 日，位于华盛顿的国际反假冒联盟（International AntiCounterfeiting Coalition，IACC）❹ 在其提交给 USTR 的一份材料中，较为详细地分析了中国知识产权执法措施"不符合"TRIPs 之处。（1）不符合 TRIPs 第 41 条。中国过度依赖行政执法，较少使用刑事救济。大多数商标侵权案件都提交给工商

---

❶ USTR：2006 Special 301 Report（http：//www.ipr.gov.cn/cn/zhuanti/meiIPzhuanlan/06USTRteshu01baogao.pdf，访问时间：2007 年 11 月 29 日），第 1 页。

❷ Bhatia 在华盛顿 European Institute 举办的午餐会上的讲话。

❸ Remarks by U. S. Trade Representative Susan C. Schwab，AmCham China-US China Business Council Event，Aug 29，2006（http：//www.ustr.gov/assets/Document_Library/Transcripts/2006/August/asset_upload_file686_9755.pdf，访问时间：2007 年 11 月 28 日）.

❹ 国际反假冒联盟（International AntiCounterfeiting Coalition，IACC）成立于 1978 年，目的是打击产品假冒和盗版，其会员有 150 家，来自汽车、服装、奢侈品、药品、食物、软件、娱乐等各行各业。联盟向美国国内外知识产权执法官员提供培训，就知识产权执法向政府提交意见，参加国际合作以提高知识产权执法水平。

局，然后工商局应当将涉嫌刑事犯罪的案件移交公安局进一步调查。但根据 IACC 会员的经验，如果没有法律上的模糊之处、警察的无效率以及普遍缺乏政治意愿，移交率会非常高。不澄清法律上的模糊之处，包括在确定是否移交刑事调查时所依据的计算货物价值的方法，行政执法不会有大的改观。行政执法不能为有效保护知识产权带来合法期待，也没有像 TRIPs 第 41 条所要求的那样，对进一步侵权形成遏制。（2）不符合 TRIPs 第 61 条。《刑法》中的大多数经济犯罪，定罪标准都是在 5000～10000 元人民币之间，而知识产权犯罪的标准高了 10 倍之多，即个人 50000 元人民币，单位 150000 元人民币。盗版与其他经济犯罪一样严重，有时候甚至更为严重，中国对假冒盗版的定罪标准设得高，缺乏适当的依据，并且明显违反第 61 条的义务。❶ 与 2002 年 IIPA 的指责相比，IACC 的分析更加"法律化"，美国可能针对什么问题提出起诉，会提出怎样的辩点，也渐渐清晰起来。

在这种气候下，为美国国会提供咨询的机构——"美中经济和安全审查委员会"（U. S. —China Economic and Security Review Commission，USCC）❷ 也煽风点火，于 10 月 5 日给国会议员写信，认为美国应当使用 WTO 争端解决机制解决中国的知识产权问题，建议国会要求行政当局就中国知识产权侵权和缺乏执法问题诉诸 WTO。这封信说，该委员会于 6 月 7～8 日举行过一次中国知识产权问题听证会，从证人证词来看，中国政府缺少加强保护知识产权的政治意愿，中国的立法和执法都存在问题，中国出口大量假冒产品。WTO 争端解决机制应当成为全球化时代保护美国企业知识产权的重要手段。然而 USTR 一直不愿使用 WTO 解决贸易争端，其原因包括：这个准司法性质的争端解决机制本身有弱点，USTR 喜欢通过谈判解决问题，看重胜诉的可能性，并且希望与其他国家联合采取行动。此外，美资企业担心中国政府取消其优惠而不敢说话，也是一个原因。该函还明确提出，最可能胜诉的案件，应当

---

❶ Submission of the International AntiCounterfeiting Coalition, Inc. to the United States Representative: China's Compliance With Its WTO Commitments（http://www.ipr.gov.cn/cn/zhuanti/meiIPzhuanlan/06 guojifanjiamaolianmengCNlvxingWTOcailiao.pdf，访问时间：2007 年 11 月 29 日），September 18, 2006.

❷ 美中经济和安全审查委员会是 2000 年成立的，目的是就美中双边经贸关系对美国国家安全的影响进行监督、调查并向国会提交年度报告，以及向国会提出建议，以便采取立法和行政行动。委员会由 12 名委员组成，分别由参众两院多数党和少数党领袖选任，每人任期 2 年。该委员会在 2005 年向国会提交的报告认为，中国盗版情况严重，而执法不力给中国企业带来了竞争优势；中国没有满足 TRIPs 所明确要求的有效执法，包括刑事执法的标准；国会应当支持美国贸易代表利用国内法和国际法立即对中国采取行动。2005 Report to the Congress of the U. S. —China Economic and Security Review Commission（http://www.ipr.gov.cn/cn/zhuanti/meiIPzhuanlan/05USCNsecurityreport.pdf，访问时间：2007 年 11 月 28 日）.

是关于有效执法的TRIPs第41条和第61条。❶

不知是听了USCC的"专家意见",还是出于政党政治或国会中期选举的原因,10月11日,美国国会众议院筹款委员会13名民主党议员,在众议院民主党领袖Nancy Pelosi的带领下,给美国总统写了一封联名信,要求布什政府针对中国"公然违反知识产权国际规则的行为",立即提起WTO诉讼。该函耸人听闻地说,世界上没有哪个国家像中国那样侵害美国的知识产权;中国盗版、假冒和侵犯专利非常严重;美国软件受盗版率达90%,每年给美国造成20亿美元的损失;每年美国版权损失超过25亿美元;美国汽车行业由于冒牌配件而造成的损失每年达120亿美元,而中国是一个主要的侵犯者。❷

经过几年的酝酿,到了2006年年底,美国的产业、国会和政府似乎已经就起诉中国知识产权达成了"共识",剩下的只是"时机"问题了。

四、狂风暴雨

终于,2007年4月9日下午,美国贸易代表Susan Schwab召开新闻发布会,宣布在WTO起诉中国的知识产权和市场准入制度。她说,每年知识产权侵权给企业及其雇员造成了几十亿美元的损失,影响了成千上万的消费者,今天美国决定采取两项重要的新步骤来打击中国的侵权者。第一项是中国没有对版权和商标进行充分保护的问题,涉及中国法律中刑事处罚门槛太高、海关对查缴货物处理不当和对正在审查的作品没有提供版权保护等问题,因为这些规定违反了TRIPs。第二项是出版物进入中国市场受到限制问题,因为出版物进口和分销只限于中国的国有公司,外国公司没有这方面的权利,这违反了中国加入WTO时的承诺;市场准入障碍虽然不属于知识产权问题,但与知识产权保护息息相关,因为合法产品不能进入,就为假冒产品留下了很大的市场空间。Susan接着说,美国承认中国领导人重视知识产权保护,并且已经采取积极步骤改善执法,在打击生产和销售盗版假冒产品方面取得了重要进展,但目前仍然存在具体、关键的涉及WTO的问题,中美双方经过多次对话都无法解决,因此美国决定诉诸WTO争端解决机制;WTO诉讼不应当

---

❶ U.S.—China Economic and Security Review Commission, October, 2006 (http://www.ipr.gov.cn/cn/zhuanti/meiIPzhuanlan/06USCNjingjianquanshenchaweiyuanhuigeiguohuihan.pdf,访问时间:2007年11月29日).

❷ 除了中国问题外,该函还称,他们将提出一项法案,要求布什政府成立一支快速反应队伍,每月就全球知识产权问题及解决问题的行动提出报告(http://www.ipr.gov.cn/cn/zhuanti/meiIPzhuanlan/06zhongyiyuangeizongtonghan.pdf,访问时间:2007年11月29日)。

被视为对中国的敌对行为（hostile action），而是成熟贸易伙伴（mature trading partners）之间解决问题的正常方式。最后，她"语重心长"地说，保护知识产权符合每个国家自己的利益；中国已经成为创新者，打击盗版假冒有明显的日益增加的好处；而遵守 WTO 承诺，同样符合每个 WTO 成员的利益，只有美国和全世界的消费者、农民、制造商、艺术家和发明家信任 WTO，认为它的规则是公平的、平等适用的，这个以规则为基础的贸易体制（rules-based trading system）才能繁荣昌盛；希望继续与中国进行对话，相信美国此举有助于双边经济关系的健康、可持续发展。❶

Susan 身着红色上衣，长长的白色丝巾若隐若现。她讲话慢条斯理，语气平和，有时习惯性地闭上眼睛，仿佛站在她当年马里兰大学公共政策学院的讲坛上，而不是宣布一项美国与中国打官司的特大新闻。相比之下，媒体就没有她那么冷静了。第二天，《华盛顿邮报》《纽约时报》《华尔街日报》和《金融时报》等各大报纸纷纷在头版登出消息，称美国政府开始对中国采取强硬立场，以缓解来自国会和产业的压力。中国商务部也立即发表声明，表示"非常遗憾和强烈不满"，认为"中国政府对保护知识产权的态度历来是坚定的，取得的成绩也是有目共睹的。在出版物市场准入方面，中美双方一直进行着良好的沟通和磋商。在此情况下，美方将这两个问题诉诸 WTO，有悖于两国领导人有关大力发展双边经贸关系、妥善处理经贸问题的共识。此举将严重损害双方在此方面业已建立的合作关系，并将对双边经贸关系带来不利影响"❷。看来，美国媒体和中国政府对美国提起诉讼的理解，与 Susan 的说法相去甚远。

事实上，如此广泛的关注和强烈的反应，从新闻发布会上记者的提问中已见端倪。"美国早就宣称要起诉中国，为什么偏偏选在下月举行的战略经济对话之前？""起诉中国，会不会引发中美之间的贸易战？""中国会不会报复美国的版权行业？""日本和欧盟等国会不会加入美国阵营？""诉诸 WTO 能够解决中国的知识产权问题吗？"Susan 虽然不慌不忙，沉着应对，但她的很多解释未必能够消除人们对此事的诸多疑虑。两个大的贸易伙伴之间打官司，本来就引人注目，更何况是在知识产权这样一个复杂领域！此外，一个人正在勤勤恳恳、竭尽所能地工作着，却被别人告上法庭，感情不能不受到伤害，积极性不能不受到打击。在这种情况下，说得再好听，讲得再有道理，恐怕

---

❶ http：//www.ustr.gov/sites/default/files/uploads/speeches/2007/asset_ upload_ file755_ 11065.pdf.
❷ http：//www.mofcom.gov.cn/aarticle/ae/ag/200704/20070404552941.html.

也让人难以接受。

2007年8月13日,美国就诉中国知识产权案向WTO提交了"设立专家组请求"(The request for the establishment of a panel)。按照WTO的诉讼规则,这表明双方没有就争端达成协定,一方正式要求WTO委派专家就案件的是非曲直作出裁断。因此,这份"设立专家组请求"就成了启动诉讼程序的"诉状"。

在WTO诉讼过程中,虽然双方都要提供大量文件和资料,大家还要到日内瓦"开庭",就案件进行广泛深入的辩论,但这份"诉状"必须"指明争议的具体措施,概述起诉的法律依据"。❶ 也就是说,"诉状"必须说清楚起诉的事实和法律。这样,由"诉状"就可以大概看出美国告中国知识产权"告什么"和"凭什么"这两个核心问题。

"诉状"共8页,分为三个部分:

(1) 刑事程序及处罚的门槛(threshold)。根据中国《刑法》第213条、第214条、第215条、第217条、第218条和第220条,以及相应的司法解释规定,只有"情节严重""情节特别严重""销售额较大""销售额巨大""非法所得较大"或"非法所得巨大"的假冒盗版,并且只有是单位的行为,才属于犯罪行为。这样,对于某些商业规模的故意假冒商标和盗版行为,由于没有达到门槛,中国便不给予刑事处罚。这不符合TRIPs第三部分的要求,即对所有具备商业规模的故意假冒盗版都应采取有效行动。具体而言,中国的措施违反了该协定第61条和第41条第1款。

(2) 海关处置侵权货物。按照中国的《中华人民共和国知识产权海关保护条例》(以下简称《知识产权海关保护条例》)等法律规定,处置查获侵权货物的方法,首选是除掉侵权标志,通过拍卖等方式,让这些货物重新进入商业渠道,只有在侵权标志无法清除的情况下才予以销毁。而TRIPs第46条规定的原则是销毁侵权货物。海关无权销毁,就违反了中国在该协定第59条项下的义务。

(3) 未被批准出版发行的作品不受版权法保护。根据2001年《中华人民共和国著作权法》(以下简称《著作权法》)第4条及一系列法规的规定,外国作品在中国出版发行必须经过审批,而未被批准出版发行或者被禁止出版发行的作品,其版权不受法律保护。这样,正在接受审查的外国作品就不受中国版权法的保护。而已经纳入TRIPs的《保护文学艺术作品的伯尔尼公约》(以下简称《伯尔尼公约》)第5条第1款规定,给予本国作者的权利,外国

---

❶ WTO《争端解决谅解》第6条。

作者应当同等享受，并且不得附加任何条件。因此，中国违反了 TRIPs 第 9 条第 1 款（WTO 成员应遵守《伯尔尼公约》的若干规定）、第 14 条（保护版权相关权的规定）、第 3 条第 1 款（国民待遇）、第 41 条第 1 款和第 61 条（刑事保护）。

美国的"诉状"在事实和法律两个方面是否站得住脚，要等一年多时间里由三人专家组作出公断。WTO 成立十多年来，第一次面临解释 TRIPs 这些条款的任务，而专家组的裁决对 WTO 成员正确理解自己的义务将有深远的影响。人们都关注此案的发展，其中，阿根廷、澳大利亚、巴西、加拿大、欧盟、印度、日本、韩国、墨西哥、中国台北、泰国和土耳其等 12 个成员宣布作为第三方参与案件的审理。

五、风平浪静

随后，在整整 15 个月的时间里，WTO 专家组审阅了争端双方及第三方提交的大量"申诉"、"抗辩"及相关材料，还两次"开庭"，听取双方的面对面辩论。2008 年 11 月 13 日，专家组作出了长达 135 页的裁决报告。

裁决结果是：中国《著作权法》第 4 条第 1 款不符合 TRIPs 第 9 条第 1 款和第 41 条第 1 款；中国的海关措施不符合 TRIPs 第 59 条；但美国没有证明刑事门槛不符合 TRIPs 第 61 条。从表面来看，美国起诉中国三项措施，赢了两项。然而细看专家组报告就会发现，美国其实是"全盘皆输"的。第一，专家组虽然说《著作权法》第 4 条第 1 款"依法禁止出版、传播的作品，不受本法保护"不符合 WTO 规则，但没有支持美国关注的重点，即所谓"未被批准出版发行的作品不受版权法保护"。第二，专家组虽然说中国《知识产权保护海关条例》第 27 条"被没收的侵犯知识产权货物……海关可以在消除侵权特征后依法拍卖"不符合 WTO 规则，但没有支持美国的主要起诉点，即认为中国"海关无权销毁"。至于第三点，专家组则明确说，WTO 规则中的"商业规模"（commercial scale）是一个相对概念，即假冒盗版产品在该产品全部市场中所占份额，而美国并没有证明所谓的中国"刑事门槛"达到了这个份额。

从 2002 年开始，美国产业界就开始推动起诉中国，甚至连法律点都准备好了。❶ 随后，国会议员也跟着摇旗呐喊，彷佛中国的假冒盗版十分严重，给美国企业带来了不可估量的损失，而起诉中国就可以解决问题。美国行政部门虽然一开始扭扭捏捏，最终还是"顺应潮流"，"挺身而出"，选择了看似很有把握的三个法律点提起诉讼。❷ 而现在 WTO 专家组作出了严谨的法律裁决，会不会提醒美国反省一下自己的思路？

---

❶ 2005 年，一些协会成立了"中国版权联盟"（the China Copyright Alliance，CCA），专门研究起诉中国的问题。该联盟成员包括：美国电影协会（the Motion Picture Association of America，MPAA），美国录音产业协会（Recording Industry Association of America，RIAA），国际唱片业协会（the International Federation of the Phonographic Industry，IFPI），美国出版商协会（Association of American Publishers，AAP），独立电影电视联盟（the Independent Film & Television Alliance，IFTA）。CCA 聘请了三位大腕律师担任顾问：Eric Smith，IIPA 主席；James Bacchus，曾经是美国推选的第一位 WTO 上诉机构成员，任职八年，并且在中国等国家起诉美国的"钢铁保障措施案"（DS 252）中担任上诉小组首席成员；Ira Shapiro，曾经担任美国贸易代表办公室法律总顾问。

❷ 据有关人士透露，产业要求就非常广泛的问题起诉中国，而美国政府主管部门 USTR 律师则一再缩减，最终选择了这三个法律点。

四两拨千斤

——中国知识产权案专家组裁决的思路

2009年3月20日，WTO争端解决机构通过了中国知识产权案（China—Measures Affecting the Protection and Enforcement of Intellectual Property Rights, DS362）的专家组报告，历时两年的中美知识产权纠纷尘埃落定。[1] 专家组认定，《著作权法》不保护某些作品，这不符合 WTO《与贸易有关的知识产权协定》（TRIPs）；海关仅清除侵权商标就拍卖货物，这不符合 TRIPs；美国没有证明刑事门槛（criminal thresholds）不符合 TRIPs。这看似稀松平常的结论，WTO 专家组却花了11个月时间[2]，用了135页纸论证。那么专家组是如何拨开重重迷雾，如此干净利落地裁决了这起举世瞩目的案件呢？

一、美国狮子大开口

美国主张的范围是颇为广泛的。在《著作权法》方面，美国请求专家组认定该法第4条第1款不符合吸纳了《伯尔尼公约》第5条第1款和第2款的 TRIPs 第9条第1款，第14条，第61条第1句、第2句话和第41条。在海关措施方面，美国请求专家组认定这些措施所要求的强制性顺序意味着海关当局无权按照 TRIPs 第46条所确定的原则命令销毁或处置侵权货物，从而不符合 TRIPs 第59条的义务。在刑事门槛方面，美国请求专家组认定这些门槛不符合 TRIPs 第61条第1句、第2句话和第41条。

二、专家组明确涉案措施

专家组首先明确，涉案措施共有三类。第一，《著作权法》第4条第1款，即"依法禁止出版、传播的作品，不受本法保护"。第二，《知识产权海关保护条例》及其实施办法和《海关总署公告2007年第16号》中有关处置

---

[1] 美国于2007年4月10日提出磋商请求，此案正式程序开始。
[2] 专家组于2007年12月3日组成，2008年11月13日向当事方提交最终报告，历时11个月零10天。

侵权货物方式的规定。第三，《刑法》第 213 条至第 220 条，以及最高人民法院、最高人民检察院于 2004 年和 2007 年作出的《关于办理侵犯知识产权刑事案件具体应用法律若干问题的解释》，即这些法律和司法解释中所涉及的非法数量、非法所得（或利润）数额、销售数额、盗版件数、"其他严重情节"等刑事处罚的"门槛"。

三、专家组的分析

（一）《著作权法》

专家组认为，TRIPs 第 9 条第 1 款要求"各成员应遵守《伯尔尼公约》第 1 条至第 21 条及其附录的规定"，因此，《伯尔尼公约》中的这些条款也是 WTO 成员的义务。而公约第 5 条第 1 款明确规定，作者享有"本公约特别授予的权利"，即公约第 6 条、第 8 条、第 9 条、第 11 条、第 12 条和第 14 条所规定的翻译权、复制权、公开表演权、广播权、公开朗诵权、改编权、延续权等。对照这些权利，《著作权法》第 4 条第 1 款却说有些作品"不受本法保护"，专家组于是得出结论：这不符合 TRIPs 的规定。

为了结论的完整性，专家组提到了一些例外情况。《伯尔尼公约》第 9 条和第 10 条规定，各国法律可以允许非权利人为合理使用之目的而摘要、复制作品；TRIPs 第 13 条规定，在特殊情况下可以限制这些权利。但专家组强调说，案件当事方没有援引这些例外，因此对《著作权法》第 4 条第 1 款是否适用于这些例外不予考虑。

"依法禁止出版、传播"，是通过作品内容审查实现的，因而有《出版管理条例》等一系列法规，要求作品提交主管部门审查。❶ 美国认为，《著作权法》第 4 条第 1 款不予保护的作品包括四种：从未提交内容审查的作品、等待审查结果的作品、修改后获得批准作品之未修改版本、未通过审查的作品。专家组经过详细分析，认为美国没能证明前三种作品不受保护，而只证明了最后一种作品不受保护。但专家组补充说，审查机关尚未作出决定的作品存在不予保护的潜在可能性，暗含一种不确定性，从而会影响作者权利的行使，因此强调中国有遵守《伯尔尼公约》第 5 条第 1 款的国际义务。

关于内容审查，专家组还进一步说，虽然《伯尔尼公约》第 17 条允许限制某些作品的发行、演出、展出，但不能像《著作权法》第 4 条第 1 款那样

---

❶《出版管理条例》第 26 条规定，任何出版物不得含有危害国家统一、宣扬邪教迷信、宣扬淫秽赌博等十大项内容。

限制作者的所有权利。而与此同时，专家组也明确表示，美国并没有挑战中国行使内容审查的权利，因此专家组的裁决并不影响中国的这项权利。

分析的过程很复杂，结论却是简单的：《著作权法》第4条第1款不符合TRIPs。

（二）海关措施

专家组认为，海关处置侵权货物的方式中，有一种是消除侵权特征后拍卖，而对于侵犯商标权的货物，则为清除侵权商标后拍卖。但TRIPs第46条明确规定，为有效制止侵权，主管机关有权责令将侵权货物清除出商业渠道，而对于假冒商标的货物，除非有例外情况，仅仅除去非法加贴的商标并不足以让其回到商业渠道。因此，海关措施不符合TRIPs。

专家组得出这个结论，当然不仅仅是作了这种简单的条文对照，而是进行了深入浅出的分析。专家组认为，第46条说仅仅摘标不行，是为了"有效制止侵权"，防止货物拍卖后被简单粘贴假冒商标再次出售；第59条提到了主管机关不得允许假冒商标货物在未作改变的状态下再出口，说明对于这种货物，除了摘标，还应改变货物状态，使得再次侵权成为不可能；至于"例外情况"，也应当理解成能够确保不会再次侵权的情况，例如货物买方受骗进口了冒牌货，则可以考虑摘除商标后卖给货主，因为货主属于受骗上当，不可能再次贴假商标出售。

侵犯知识产权，包括商标权、著作权、专利权及其他权利，但专家组此处采取的策略是揪住最为明显的商标权，突破一点。只要确定处置假冒商标货物的方式有问题，专家组就足以得出"海关措施不符合TRIPs"的结论，至于处置侵犯著作权和专利权的方式，就不需要审查了。

在这个部分，专家组还审查了其他处置方式，认为美国没有证明海关将货物转交公益机构和有偿转让给知识产权权利人的做法不符合TRIPs；美国也没有证明海关必须先拍卖后销毁，即没有证明海关无权销毁货物。

有趣的是，专家组虽然认定海关措施不符合TRIPs，但在审查了有关问题后认为，中国的海关措施适用于进出口货物，而TRIPs只要求管理进口货物，因此，中国的海关措施在这方面高于TRIPs的标准。此外，2005~2007年，海关处置的总价值99.85%的侵权货物都是出口货物，即只有0.15%是进口货物，而处置这些进口货物，没有一件使用了拍卖的方式。明眼人可以看出，虽然摘标拍卖的方式"不合法"，但其"危害性"着实有限。

（三）刑事门槛

刑法及其司法解释规定，"非法经营数额在5万元以上或者违法所得数额在 3 万元以上""复制品数量合计在 500 张以上"的,才应给予刑事处罚。这些数额显然属于"刑事门槛"。那么这是否违反了 TRIPs 第 61 条的"各成员应规定至少将适用于具有商业规模(commercial scale)的蓄意假冒商标或盗版案件的刑事程序和处罚"?专家组紧紧抓住了"scale"一词。专家组查了权威的 New Shorter Oxford English Dictionary,发现这个词的普通含义是"相对大小或范围,程度,比例",因此是一个相对概念,而"商业规模"就是指商业活动的大小或范围。具体到本案,"商业规模"的假冒或盗版是指某一产品在特定市场的大小或范围,因此随着产品和市场的不同而有所差异。美国所指责的"5 万元""3 万元"和"500 张"都是一些绝对的数字,单单从这些数字无法断定是否达到了"商业规模",因此,美国没有能够提供足够证据来证明刑事门槛不符合 TRIPs。

明确"商业规模"是一个相对概念,这的确是专家组的创举,而以"scale"一词定乾坤,则不能不令人佩服专家组"四两拨千斤"的高超本领。

为了加强这一结论的说服力,专家组还顺便提到,提供足够证据并非难事;事实上,美国提交的表格中,有大量价格和市场的数据。然而美国在案件审理过程中没有援引这些数据。但专家组明确指出,提交证据是当事方的义务,专家组不适合从数据中总结出证据。

四、小结

就这三个问题作出判断,专家组就万事大吉了。对于《著作权法》是否符合 TRIPs 第 14 条的问题,专家组认为美国没有充分论证,并且在已经裁定《著作权法》第 4 条第 1 款不符合 TRIPs 的情况下,第 14 条的问题已经无关紧要,因此专家组没有作出裁决。对于第 41 条,专家组一带而过,认为既然《著作权法》不保护某些作品,则提供救济措施便无从谈起,因而不符合第 41 条。对于《伯尔尼公约》第 5 条第 2 款和刑事门槛中所涉及的第 61 条第 2 句话和第 41 条的问题,专家组则行使了"司法节制"(judicial economy)权,认为争议已经裁决,没有必要就这些问题进一步审查。

裁决最后特别声明,本案专家组的职责不是判断中国假冒和盗版的总体状况,也不是审查知识产权严格执法的必要性;美国提出了中国知识产权法律制度中的三个具体缺陷,而专家组的任务仅限于客观评价这些被控缺陷是否不符合 TRIPs 的具体规定。严格在专家组的职责范围内审理案件,这是 WTO 专家组一贯坚持的原则。

8. 中国出版物和音像制品案（China—Publications and Audiovisual Products）

探 路

——中国出版物和音像制品案专家组裁决的思路

2007年4月10日，美国在向WTO起诉中国知识产权制度的同一天，就中国出版物和音像娱乐产品的贸易权和分销服务措施提起诉讼，是为"出版物案"（China—Measures Affecting Trading Rights and Distribution Services for Certain Publications and Audiovisual Entertainment Products，WT/DS363）。但与知识产权案不同的是，出版物案直至2009年4月20日才作出中期裁决，比知识产权案晚了7个月❶；裁决的篇幅也大大超过了知识产权案：458页比135页。❷ 显然，措施众多，管理体制复杂，甚至中文法律文件翻译问题，都成为影响专家组裁决速度的因素。尽管如此，专家组还是在错综复杂的措施中，沿着清晰思路，给出了明确的答案。

一、涉案措施

本案涉及的产品分为四类：读物（reading materials，例如书籍、报纸和杂志），家庭视听娱乐产品（audiovisual home entertainment products，例如录像带、VCD和DVD），录音制品（sound recordings，例如录音带），供影院放映的电影（films for theatrical release）。美国认为，涉案措施影响了这些产品的进口、分销及其服务和服务提供者。具体而言，这些措施包括以下三大类：(1) 将贸易权限于中国国有企业，从而不公正地限制了在华企业以及外国企

---

❶ 知识产权案专家组作出中期报告的日期是2008年10月9日。
❷ 关于知识产权案，参见本书"四两拨千斤——知识产权案专家组裁决的思路"。

业和个人向中国进口以上四类产品的权利的措施。（2）读物分销、家庭视听娱乐产品分销服务和录音制品分销服务。具体措施是：禁止外资企业从事读物总批发、电子出版物总批发及批发、进口读物分销；允许次级分销（sub-distribution）读物的外资企业在注册资本、经营期限、设立前守法情况、审查及批准程序和决策标准等方面，比完全中资分销商的要求更高；家庭视听娱乐产品分销的商业存在仅限于中方控股的合作企业；对于家庭视听娱乐产品的次级分销，在经营期限、设立前守法情况、审查及批准程序和决策标准等方面，对于合作企业的要求高于完全中资企业；禁止外资企业从事音像制品的电子分销，即通过互联网和移动通信网络分销。（3）对于进口读物、用于电子分销的音像制品和供影院放映的电影，没有提供国民待遇。具体措施是：对某些进口读物限制分销渠道，必须订阅和通过完全国有企业，并且订户要经政府审查批准，而这与类似的国内读物不同；对于某些不须订阅而分销的进口读物，分销仅限于完全中资企业，而类似的国内读物则可以由包括外资企业在内的其他企业分销；对于用于电子分销的进口音像制品，内容审查制度比类似国内产品更加严格；对于进口的供影院放映的电影，分销仅限于两家国有企业，而类似的国内产品则可以由任何在中国经营的分销商从事分销。

以上措施，散见于中国的《出版管理条例》《电子出版物管理规定》《互联网文化管理暂行规定》《音像制品管理条例》《中外合作音像制品分销企业管理办法》《电影管理条例》《电影企业经营资格准入暂行规定》等19个法规与文件。美国认为，这些措施违反了中国加入WTO时在贸易权和服务贸易方面的承诺，并且不符合国民待遇的要求。

二、贸易权

美国认为，这些措施规定，只有中国国有企业才拥有读物、家庭视听娱乐产品、录音制品和供影院放映的电影等产品的贸易权（即进出口权），而外资企业以及外国企业和个人无权进出口，这违反了中国承诺。美国所说的承诺，是指以下内容：（1）《中国加入WTO议定书》第83段（d）项规定，在加入后3年内，所有在中国的企业将被给予贸易权。第84段（a）项规定，中国将在加入后3年内取消贸易权的审批制。届时，中国将允许所有在中国的企业及外国企业和个人，包括其他WTO成员的独资经营者，在中国全部关税领土内进口所有货物（议定书附件2A所列保留由国营贸易企业进口和出口的产品份额除外）。第84段（b）项规定，关于对外国企业和个人，包括对其他WTO成员的独资经营者给予贸易权的问题，此类权利将以非歧视和非任意性的方式给予。(2)《中国加入 WTO 议定书》第 5 条规定,在不损害中国以符合《WTO 协定》的方式管理贸易的权利的情况下,中国应逐步放宽贸易权的获得及其范围,以便在加入后 3 年内,使所有在中国的企业均有权在中国的全部关税领土内从事所有货物的贸易,但附件 2A 所列依照本议定书继续实行国营贸易的货物除外。此种贸易权应为进口或出口货物的权利。

面对这一明白无误的承诺,即"中国将允许所有在中国的企业及外国企业和个人,包括其他 WTO 成员的独资经营者,在中国全部关税领土内进口所有货物",专家组的任务就是确认涉案措施是否仅允许国有企业进口相关产品,从而排除外资企业、外国企业和个人进口的权利。经过简单的分析,专家组就得出了肯定的结论。当然,专家组查看了"议定书附件 2A 所列保留由国营贸易企业进口和出口的产品",发现涉案产品不在保留之列。这样,专家组就作出了裁决:不让外资企业、外国企业和个人进口有关产品,不符合中国承诺。

值得一提的是,专家组特别审查了这些措施是否属于行使"以符合《WTO 协定》的方式管理贸易的权利",因为中方提出了这一抗辩。专家组是从两个方面分析这一问题的。首先是对这一条款的总体理解。专家组认为,如果中国以符合《WTO 协定》的方式管理贸易,而这导致了在中国的企业并不能拥有进口所有货物的权利,则中国以符合 WTO 的方式管理贸易的权利就优先于确保所有企业贸易权的义务。其结果必然是,中国即使违反了这一义务,也可以采取或保留相关措施。专家组经过详细分析后认为,管理贸易的权利包括以符合 WTO 的方式管理有关商品进出口商的权利,例如第 84 段(b)项提到的与进口许可、TBT 和 SPS 有关的要求。❶ 然而专家组认为,对"管理贸易的权利"的解释,不应使得附件 2A 列举例外产品这一机制成为多余。❷ 对于这一附件所列举的货物,贸易权不必给予所有企业,而是可以仅给予国营企业。对于这个附件清单之外的货物,限制贸易权只有在符合 WTO 的情况下才是允许的。也就是说,对于清单之外的货物,如果要将贸易权仅仅给予国营企业,那么就必须确保否认其他企业贸易权并不违反 WTO 义务。专家组认为这个条件很严格,不可能将"管理贸易的权利"解释为允许在清单中加入新的货物。

其次,专家组重点分析了"以符合《WTO 协定》的方式"的问题,因为

---

❶ 该项规定,拥有贸易权的外国企业和个人需要遵守所有与 WTO 相一致的、有关进出口的要求,如与进口许可、TBT 和 SPS 有关的要求。

❷ 专家组也提到了附件 2B,即在 3 年过渡期内应当放开贸易权的产品。

中方提出，采取这些措施是符合GATT第20条（a）项的。中方主张，为了保护公共道德，防止反动、暴力、色情等作品进口到中国，需要对进口文化产品进行内容审查，而这就需要选择符合条件的公司进口这些产品。

第20条（a）项规定："在遵守关于此类措施的实施不在情形相同的国家之间构成任意或不合理歧视的手段或构成对国际贸易的变相限制的要求前提下，本协定的任何规定不得解释为阻止任何缔约方采取或实施以下措施：（a）为保护公共道德所必需的措施；……"专家组首先说，根据此前的分析，专家组已经确认，中国议定书和报告书中的相关义务，应理解为不得损害以与《WTO协定》相一致的方式管理贸易的权利；《WTO协定》显然包括GATT，而第20条（a）项正是GATT中的条款。专家组认为，中国援引该项，提出了复杂的法律问题（complex legal issues）：第20条提到的"本协定"，指的是GATT，而不是《中国加入WTO议定书》之类的其他协定，因此就出现了第20条是否可以被直接援引而用于涉及议定书贸易权承诺的抗辩的问题。根据美国的提议以及上诉机构先前的一些做法，专家组决定采取一种"回避"的策略，即先假定第20条可以援引，然后直接审查（a）项的要求是否得到了满足。如果满足了，则回过头来啃这块硬骨头；而如果没有满足，则没有必要多此一举了。

于是，专家组暂时放下"复杂的法律问题"，先看第20条规定的要求。专家组从以前的案例中发现，分析第20条的措施应当分两步走：首先看该措施是否属于第20条所列举的某项例外，然后分析第20条的总体要求是否得到满足。其结果是，专家组在第一步就解决了问题。

上诉机构在若干案件中审查过某项措施是否满足第20条（a）项（以及（b）项）所规定的"必需"（necessary）的问题，即某项措施在保护公共道德方面的必要性问题，并且将其总结为两个具体方面：专家组应当考虑相关利益或价值的重要性、对于实现相关措施目标所起的作用、对贸易的限制；在初步认定为必需的情况下，还要得到可能存在的、既较小限制贸易又起到同等作用之替代措施的确认。专家组决定沿着这个思路，先初步判定涉案措施是否为必需，然后视情况再看是否有等效而害小的替代措施。

专家组将涉案措施分为三种。第一种是"标准"规定，即要求进口公司具备适当的组织与合格的人员，并且符合数量、结构和分销的国家计划。第二种是"批准"规定，即未经批准不得从事进出口等规定。第三种是"排除"规定，即必须是国营企业，并且明确排除外资企业。对于这些措施，专家组逐一进行了分析，初步判定适当组织与合格人员以及国家计划这两项措施是必需的,而其他所有措施皆非必需。例如,关于适当组织与合格人员,专家组认为,为了迅速、适当地从事内容审查,减少对进口的影响,这些都是必需的;虽然对希望进口的其他企业有影响,但这些措施并非预先就排除这些企业;鉴于保护公共道德在中国有高度的政府利益,而这些措施为实现保护的目标起到了作用,经综合考虑,专家组得出结论,认为要求进口公司有适当的组织与合格的人员是必需的。再如,关于国营企业的要求,专家组认为并非为必需。中方提出的理由是内容审查成本太高,只能给国营企业;而专家组认为,国营企业也是营利性企业,不能推定私营企业不愿承担内容审查的成本。此外,从中国图书进出口总公司的情况来看,支付和培训审查人员每年花费300万元,2006年又增加了400万元;虽然该公司的收入或利润不详,但当年进口了价值1.27亿美元的书报、电子出版物,可见内容审查的成本并没有高到私营企业不愿承担的地步。

初步判定了某些涉案措施是必需的,专家组就开始审查是否有替代措施了。美国提出,中国可以采取很多符合WTO的措施,不限制进口权而实现其内容审查的目标。进口之前、期间和之后,任何数量的公司都可以进行内容审查,而不必让国营公司垄断进口权。例如,外资和私营公司可以仿照国内公司的做法,通过培训或雇用专家,在公司内部从事内容审查工作。此外,中国政府可以对外资企业进口的产品进行审查,或者外资企业可以聘请国内有资质的单位进行审查。

专家组认为没有必要对这些替代措施逐个审查,而只要确定其中一个是真实可用的就行了。专家组分析了政府直接审查的可行性,得出了肯定的结论。第一,政府审查无疑能够实现涉案措施的目标,即保护公共道德。第二,通过增加审查人员和地点,改善审查方式(例如审查时效性很强的报纸电子版),不会对进口有更多限制性影响。第三,政府本来就对电子出版物、音像制品和电影进行了最终审查,而且对国营公司的审查提供了资金援助,因此,政府有能力进行审查。专家组的意思是,国营公司所从事的审查工作完全可以由政府承担起来。分析完了这个替代措施,专家组的任务本来就完成了。但专家组还顺便提到了另一个替代措施,即政府批准一些有资质的单位进行审查;这些单位可以是国营的,也可以是私营的。专家组认为,这个措施也是可以考虑的。

由以上分析可以看出,专家组的观点是:保护公共道德是正当的,为此进行内容审查是可以的,但不应当采取只允许国营企业进口而不让外资企业在内的其他企业进口这样一种管理形式。

至此，专家组的"回避"策略获得了成功，因此没有必要面对那个"复杂的法律问题"了。用了整整 40 页篇幅论证，专家组此时应当是长舒了一口气吧。

三、服务贸易

《服务贸易总协定》（GATS）第 17 条规定，除了各成员自己的减让表中所明确规定的限制之外，WTO 成员相互之间应当对服务和服务提供者给予国民待遇。因此，在本案中，专家组的任务就是审查中国加入 WTO 承诺中是否对外资企业从事有关产品的分销等服务作出了限制。专家组经过逐项审查，认定中国在相应的减让表中没有设定限制，因此，涉案措施对外资企业从事分销等服务的限制不符合第 17 条规定的国民待遇（涉案措施不包括进口电影分销。由于减让表对进口电影分销作了明确排除，因此，美国将对进口电影分销仅限于两家国有企业问题的质疑，留在了"国民待遇"部分）。

这看似简单的分析方法，在其中一个产品的分销服务方面却遇到了障碍。美国称，涉案措施禁止外资企业从事音像制品的电子分销，违反了第 17 条。而中方认为，中国减让表中的确承诺了国民待遇，但"音像制品（sound recording）分销服务"指的是物理形态音像制品（例如 CD、DVD）的分销服务，不应当包括美国提出的电子形式的音像制品（例如网络音乐服务）。也就是说，对于这种电子形式产品的分销服务，中国没有作出国民待遇的承诺。于是，专家组决定研究一下中国是否对电子形式的音像制品分销作出了承诺的问题。这一研究，就整整花费了 26 页篇幅。虽然长度不及上述对 GATT 第 20 条（a）项的分析，但专家组花的功夫一点儿也不少。

专家组的研究思路，是按照"国际法的习惯解释规则"，即《维也纳条约法公约》第 31 条和第 32 条规定的标准，分析"音像制品分销服务"这一词的内涵。专家组习惯性地从查字典开始，确定其"通常意义"（ordinary meaning）；从减让表的其他部分、GATS 的实质性规定、GATS 之外的其他协定以及其他成员（马来西亚和新加坡）的减让表，查看该词的"上下文"（context）；结合了 GATS 的"目的与宗旨"（object and purpose）。专家组得出的初步结论是，中国的承诺包括通过互联网等技术进行的非物理形态音像制品的分销服务。随后，专家组又按惯例审查了"解释之补充资料"（supplementary means of interpretation），包括 GATS 谈判时的"准备工作文件"（preparatory work）和中国议定书的"缔约之情况"（circumstances of its conclusion），进一步确认了以上结论。

四、国民待遇

此处的国民待遇，指的是进口产品在国内的待遇。GATT 第 3 条第 4 款规定，对进口产品在国内销售、推销、购买、运输、分销或使用等方面的待遇，不得低于国内同类产品的待遇。专家组按照传统的思路，针对每种产品，从三个方面进行了审查：进口产品和国内产品是否为"同类产品"（like products），涉案措施是否为影响进口产品在国内销售、推销、购买、运输、分销或使用的法规或要求，进口产品的待遇是否低于国内同类产品。专家组很快得出了肯定的结论。

对于进口电影分销仅限于两家国有企业，而类似的国内产品则可以由任何在中国经营的分销商从事分销，美国认为构成了法律上和事实上的两家垄断，因此违反了国民待遇。专家组审查发现，中国的相关法规并没有规定只允许两家经营，而对于事实上的只有两家公司经营，美国没有证明这是中国适用某些法规的结果，也没有证明中国拒绝过哪家公司分销进口电影的申请，美国甚至没有证明哪家公司提出过这样的申请。专家组认为，美国没有证明中国在法律上或事实上创设了这种两家分销垄断的状况，换句话说，美国没有证明这种状况归咎于中国，因此，专家组不能判定这种两家分销垄断是否违反了国民待遇。

五、小结

对贸易权、服务贸易和国民待遇问题作出裁决，专家组的任务就完成了。从整个专家组报告来看，国民待遇的分析是比较容易的，而服务贸易的分析主要解决了音像制品的电子分销问题。贸易权分析的份量最重，不仅就涉案措施是否符合承诺的问题作出了裁决，而且就如何实现涉案措施的目标并遵守 WTO 规则提供了"替代措施"，从而为执行裁决提供了重要的参考。

最后，值得一提的是裁决总体结论部分的编排方式。总体结论将裁决分为 76 个法律点，对读物、家庭视听娱乐产品、录音制品和供影院放映的电影等产品所涉及的每一个具体措施（即涉案的 19 个法规与文件中的具体规定）都作出了是否与 WTO 规则或中国承诺一致的认定。如此细分，使得结论部分洋洋洒洒，长达 9 页。当然，专家组报告的最后一段是建议中方执行裁决，使得涉案措施与加入议定书、GATS 和 GATT 的相关义务相一致。

技高一筹

——中国出版物和音像制品案上诉机构裁决的思路

关于美国在 WTO 诉中国的"出版物和音像娱乐产品的贸易权和分销服务措施案"(China—Measures Affecting Trading Rights and Distribution Services for Certain Publications and Audiovisual Entertainment Products, WT/DS363,以下简称出版物案),上诉机构于 2009 年 12 月 21 日发布了裁决。上诉机构全面审查了双方的上诉请求,并作出了相应的结论。其中,"中国是否可以直接援用 GATT 第 20 条,以作为其背离加入 WTO 议定书项下的贸易权承诺之抗辩",是上诉中的一个问题,而上诉机构对于这个问题的裁决颇为引人瞩目。

在专家组审理阶段,美方的主张是:对于涉案产品,即读物、家庭视听娱乐产品、录音制品和供影院放映的电影等产品,中国规定只有符合条件的国有企业才拥有贸易权(即进出口权),而外资企业以及外国企业和个人无权进出口,这违反了《中国加入 WTO 议定书》第 5 条第 1 款等条款所写明的放开贸易权的承诺。中方的抗辩是:第 5 条第 1 款明文规定,这些承诺"不损害中国以符合《WTO 协定》的方式管理贸易的权利",而采取这些措施是符合 GATT 第 20 条(a)项的;为了保护公共道德,防止反动、暴力、色情等作品进口到中国,需要对进口文化产品进行内容审查,而这就需要选择符合条件的公司进口这些产品。

第 20 条(a)项规定:"在遵守关于此类措施的实施不在情形相同的国家之间构成任意或不合理歧视的手段或构成对国际贸易的变相限制的要求前提下,本协定的任何规定不得解释为阻止任何缔约方采取或实施以下措施:(a)为保护公共道德所必需的措施;……"专家组首先说,根据此前的分析,专家组已经确认,对于中国议定书和报告书中的相关义务,应理解为不得损害以与《WTO 协定》相一致的方式管理贸易的权利;《WTO 协定》显然包括 GATT,而第 20 条(a)项正是 GATT 中的条款。然而专家组认为,中国援引该项提出了复杂的法律问题(complex legal issues):第 20 条提到的"本协定",指的是 GATT,而不是《中国加入 WTO 议定书》之类的其他协定,因此就出现了第 20 条是否可以被直接援引而用于涉及议定书贸易权承诺的抗辩的问题。根据美国的提议以及上诉机构先前的一些做法，专家组决定采取一种"回避"的策略，即先假定第20条可以援引，然后直接审查（a）项的要求是否得到了满足。如果满足了，则回过头来啃这块硬骨头；而如果没有满足，则没有必要多此一举了。专家组的审查结论是：中国的措施非为保护公共道德所"必需"，因此，关于这个"复杂的法律问题"，专家组没有作出裁决。

上诉机构知难而上，决定断一断这个疑案。

上诉机构首先讲了一番大道理。上诉机构说，"假设成立"（assumption arguendo）是一种法律技巧，有助于审判人员进行简单高效的决策。专家组和上诉机构可以在特定情况下使用这种技巧，但它并不一定能为法律结论提供坚实的基础。它可能不利于对 WTO 法律作出清晰的解释，并可能给实施造成困难。将此技巧用于某些法律事项，例如专家组法律分析的实质所依赖的管辖权或初步裁决事项，还可能产生问题。WTO 争端解决的目的，是以维护 WTO 成员权利和义务的方式解决争端，并且按照国际公法的通常解释规则澄清有关协定的现有规定。因此，专家组和上诉机构不能拘于选择最为快捷的方式，或者一个或多个当事方所建议的方式，而应当采取一种分析方法或结构，以适当解决问题，对相关问题进行客观评估，便于争端解决机构作出建议或裁决。

具体到本案，上诉机构认为，专家组使用"假设成立"的技巧存在三个问题。其一，如果中国不能援引第 20 条（a）项，则专家组此前认定中国没有遵守贸易权承诺就可结案了，而根据该项进行分析就不需要了。其二，专家组依据该项进行的推理，特别是对涉案措施的限制性所作的分析，一定程度上依赖于能否援用该项作为抗辩，因此，专家组的这部分分析的基础具有不确定性。[1] 其三，这给中国如何实施裁决带来了不确定性，即实施措施是否符合 WTO 义务，是否会受到进一步挑战。因此，上诉机构认为，专家组在本案中使用这种技巧，有悖于 WTO 通过争端解决促进安全和稳定性的目标，无助于解决争端，并且给中国如何履行义务带来了不确定性。上诉机构认为，该事项属于《争端解决谅解》第 17 条第 6 款所说的法律解释问题，决定予以审查。

仔细想来，专家组用"偷懒"方法作出的裁决，的确给人以沙滩楼阁的

---

[1] 专家组在分析中国的措施是否为保护公共道德所"必需"时，审查的因素之一是该措施对国际商业的限制性影响，而这项审查也是在假定第 20 条可以直接援引的前提下进行的。参见专家组报告第 7.788 段。

感觉。在实施问题上尤其如此。假如中国修改了措施，满足了"必需"这一标准，那么新措施是否就与《WTO 协定》相一致了呢？中国能否援引第 20 条这个前提没有解决，此类问题是无法回答的。上诉机构深思熟虑，决定审查这个前提问题，实属远见卓识。

上诉机构首先对议定书第 5 条第 1 款进行了详细解读，认为"管理贸易的权利"指的是中国将国际商务活动纳入管理的权利，而这个权利不应受到给予贸易权这一义务的损害，但中国必须"以符合《WTO 协定》的方式"管理贸易。"以符合《WTO 协定》的方式"，指的是作为整体的《WTO 协定》，包括作为其附件的 GATT。抽象地说，"管理的权利"是 WTO 成员政府所固有的权利，并非《WTO 协定》之类的国际条约所赋予的权利。在贸易方面，《WTO 协定》及其附件只是要求成员遵守相关义务。当管理的是贸易时，则议定书第 5 条第 1 款所说的"符合《WTO 协定》"就是对中国管理权实施的约束，要求管理措施必须符合 WTO 纪律。

上诉机构进一步分析道：第 5 条第 1 款针对从事贸易者（traders）作出了承诺，即给予所有企业进出口货物的权利，但不得影响中国管理贸易（trade）的权利。上诉机构认为，中国关于贸易权，即涉及贸易者的义务，与所有 WTO 成员承担的管理货物贸易（trade in goods）方面的义务，特别是 GATT 第 11 条和第 3 条是密切交织的。在中国加入 WTO 文件中，就有成员要求中国对贸易权的限制必须符合这两条的要求。❶ 这种联系也反映在第 5 条第 1 款的文字中。从整体来看，该款显然是关于货物贸易的，因为该款第 3 句明确提到了"所有这些货物都必须按照 GATT 第 3 条给予国民待遇"。此外，在 GATT 和 WTO 的先前判例中，也认定过对从事贸易主体的限制与 GATT 的货物贸易方面义务之间的密切关系，即那些并不直接管理货物或货物进口的措施也被认定为违反了 GATT 义务。❷ 总之，限制贸易者权利的措施是有可能违反 GATT 的货物贸易义务的。上诉机构认为，中国管理货物贸易的权利必须遵守《WTO 协定》附件 1A 即 GATT 的义务，而中国援引 GATT 条款的抗辩权不应由于起诉方仅仅挑战第 5 条第 1 款却没有根据 GATT 提出挑战而受到影响。正相反，中国是否可以援引 GATT 第 20 条抗辩，在具体案件中应决定于不符合贸易权承诺的措施与对货物进行贸易管理之间的关系。如果这种联系存在，中国就可以援引第 20 条。

---

❶ 参见《中国加入 WTO 工作组报告书》第 80 段。
❷ 参见"印度汽车案"专家组报告（第 7.195～7.198 段，第 7.307～7.309 段）和"中国汽车零部件案"上诉机构报告（第 195 段，第 196 段）。

上诉机构最后说，专家组审查了中国的贸易权承诺与中国对相关产品内容的审查机制之间的关系，发现中国的某些规定，特别是《出版管理条例》第41条和第42条，其所在的法律文件本身就设定了内容审查机制，而对于本身没有审查机制的法律文件，专家组也同意中方提出的观点，即这些文件不是孤立的措施，而属于进口商选择制度的结果，是准备进行内容审查的。上诉机构还注意到，在专家组阶段，有很多证据表明，中国是对相关货物进行广泛内容审查的；而对于中国限制贸易权的规定属于中国对相关货物的内容审查机制的一部分，美国也没有提出质疑。不仅如此，美国认为不符合GATT第3条第4款的中国管理相关货物分销的规定，与专家组认定的不符合贸易权承诺中管理这些货物进口的规定，有些就是相同的措施。❶ 有鉴于此，上诉机构认定，不符合贸易权承诺的措施与中国对相关产品贸易的管理存在着清晰的、客观的联系，因此，中方可以援引GATT第20条。

中国的被诉措施虽然是关于贸易权承诺的，即只允许某些企业从事相关货物的进出口，但与中国对相关货物的管理，即对涉案货物的内容审查是密切相关的。换句话说，限制进出口商，是为了对相关货物进行内容审查，而GATT恰恰是关于货物贸易的，中国当然有权援引GATT第20条进行抗辩。上诉机构通过这种"密切联系"，确认了议定书与GATT之间的"间接关系"，专家组遗留的"复杂的法律问题"迎刃而解。

---

❶ 例如，对于《电影企业经营资格准入暂行规定》第16条，美国认为既不符合GATT第3条第4款，也不符合中国的贸易权承诺。参见专家组报告第7.1699段。

9. 中国原材料案（China—Raw Materials）

规　　则

——中国原材料案专家组裁决的思路

2009 年 6 月 23 日，美国、欧盟就中国的原材料出口措施提出磋商请求；8 月 21 日，墨西哥就相同事项提出磋商请求，是为"原材料案"（China—Measures Related to the Exportation of Various Raw Materials，WT/DS394、395、398）。2009 年 12 月 21 日，专家组成立。2011 年 4 月 1 日，专家组作出裁决。

本案涉及中国对矾土、焦炭、氟石、镁、锰、碳化硅、金属硅、黄磷和锌等 9 种原材料所实施的出口税和出口配额，以及相应的管理方式。

《中国加入 WTO 议定书》第 11 条第 3 款规定："中国应取消适用于出口产品的全部税费，除非本议定书附件 6 中有明确规定或按照 GATT 1994 第 8 条的规定适用。"附件 6 列举了 84 种产品及其出口税率，并在注释中说明："中国确认本附件所含关税水平为最高水平，不得超过。中国进一步确认将不提高现行实施税率，但例外情况除外。如出现此类情况，中国将在提高实施关税前，与受影响的成员进行磋商，以期找到双方均可接受的解决办法。"本案中，中国对除碳化硅和黄磷之外的 7 种产品征收了 10% ~ 40% 的出口税，因此，专家组认定出口税不符合议定书的承诺。[1] 此外，专家组还认定中国没有按承诺与受影响的成员进行磋商。

GATT 第 11 条第 1 款规定："任何缔约方不得对任何其他缔约方领土产品的进口或向任何其他缔约方领土出口或销售供出口的产品设立或维持除关税、国内税或其他费用外的禁止或限制，无论此类禁止或限制通过配额、进出口

---

[1] 黄磷属于附件 6 所列产品清单，承诺出口税率为 20%。实施出口税率原为 50%，但在专家组设立之前改为 20%，因此专家组未就此作出裁定。

许可证或其他措施实施。"本案中，中国对矾土、焦炭、氟石、碳化硅和锌等 5 种产品实施了出口配额❶，因此专家组认定，出口配额不符合 GATT 第 11 条第 1 款的义务。

案件审理过程中，中国援引 GATT 相关例外条款，就其中的一些措施进行了抗辩。专家组将中国的抗辩分为四个方面，并逐一进行了分析。专家组还对相应的管理方式进行了审查。

一、矾土等 7 种产品的出口税是否符合 GATT 第 20 条

此处的主要问题是：出口税违反了《中国加入 WTO 议定书》第 11 条第 3 款，但能否援引 GATT 第 20 条进行抗辩。专家组认为，这涉及《中国加入 WTO 议定书》在《WTO 协定》中的法律地位，以及 WTO 各个协定之间的关系，尤其是议定书第 11 条第 3 款与 WTO 法律制度其他组成部分之间的关系。

专家组认为，GATT 第 20 条规定，"本协定的任何规定不得解释为阻止任何缔约方采取或实施以下措施"。此处的"本协定"，显然是指 GATT。也就是说，只有在违反 GATT 其他条款的情况下，才能够援引第 20 条进行抗辩，而议定书并非 GATT，所以，违反议定书条款不能援引第 20 条进行抗辩。专家组还论证说，如果在加入谈判时，中国和其他成员意在将出口税问题适用于第 20 条抗辩，就应当在议定书中明示。例如，关于出口配额就作了这样的明示。❷ 中国和其他成员还可以达成协定，说明出口税承诺是 GATT 项下的承诺，将之纳入 GATT 关税减让表，这样就可以援引第 20 条进行抗辩了。

在中国出版物案中，中国的措施不符合议定书第 5 条第 1 款的规定，但上诉机构认为中国有权援引 GATT 第 20 条进行抗辩。专家组认为，上诉机构在该案中并未讨论议定书与 GATT 的体制性关系，而是重点审查了议定书的相关条款。第 5 条第 1 款的开头是："在不损害中国以符合《WTO 协定》的方式管理贸易的权利的情况下……"上诉机构的解释是，这句话将 GATT 第 20 条纳入了议定书，成为这一条款承诺的组成部分。专家组称，第 11 条第 3 款并没有这样的措辞，因此，中国出版物案中的推理不能适用。

---

❶ 其中，中国没有公布锌的配额，专家组因此认定中国禁止出口锌，或者说维持了零配额。

❷ 专家组认为，《中国加入 WTO 工作组报告》第 162 段和第 165 段就作出了这样的明示。这两段分别提到了"只有在被 GATT 规定证明为合理的情况下，才实行出口限制和许可程序"。"自加入时起，将每年就现存对出口产品的非自动许可向 WTO 作出通知，并将予以取消，除非这些措施在《WTO 协定》或议定书项下被证明为合理。"参见专家组报告第 7.146 段和第 7.626 段。

二、耐火级矾土的配额是否符合 GATT 第 11 条第 2 款（a）项

GATT 第 11 条第 2 款（a）项规定："本条第 1 款的规定不得适用于下列措施：（a）为防止或缓解出口缔约方的粮食或其他必需品的严重短缺而临时实施的出口禁止或限制。"专家组称，这一项还没有被以前的专家组和上诉机构解释过。专家组经过详细分析，认为"临时"是指时间有限；"必需品"是指对一成员"重要""必需"或"不可缺少"的产品，包括某种重要产品或产业的原料；"严重短缺"是指采取临时措施可以补救或避免的情况。

专家组认定，耐火级矾土属于"必需品"，因为中国提供证据证明了这种产品作为生产钢铁和其他重要产品的中间产品的重要性。中国是钢铁生产大国，占世界钢产量的 1/3。耐火级矾土的主要使用者是钢铁产业，而 70% 都被中国钢铁产业消耗了。此外，钢铁本身也是制造业和建筑业的重要产品，而这两个行业是驱动中国产业发展的基础行业。不仅如此，中国的钢铁产业还是重要的就业来源。

专家组认定，中国所采取的措施并非"临时"，因为中国对这种产品实施配额，至少可以追溯到 2000 年；中国预测可供开采的储量只有 16 年，表明中国要保持这种措施，直至现有储量耗尽或者新技术和条件减少耐火级矾土的需求。

专家组还认定，需要永久实施的措施所要解决的问题并非"严重短缺"。此外，中国没有说明，随着探矿和提炼技术的进步，储量是否会发生变化。不仅如此，起诉方还对中国预测的储量表示质疑，认为储量达 91 年。

基于以上分析，专家组认为，耐火级矾土的配额不符合 GATT 第 11 条第 2 款（a）项的条件。

三、耐火级矾土和氟石的出口税和配额是否符合 GATT 第 20 条（g）项[①]

GATT 第 20 条（g）项规定，成员可以采取"与保护可用尽的自然资源有关的措施，如此类措施与限制国内生产或消费一同实施"。专家组认为，这一款的条件是：贸易措施与国内限制平行实施，且目的是保护自然资源。

[①] 专家组已经认定出口税不能援引 GATT 第 20 条抗辩。但专家组称，在案件审理过程中，双方就假设能够援引而是否满足了第 20 条的要求进行了广泛的辩论。专家组认为，为了迅速解决争端之目的，有必要采取这种"假设成立"的分析方式，因此决定就出口税是否符合第 20 条作出判断。

专家组随后按照这个标准,对中国的出口税和配额进行了审查。专家组认为,中国采取这些措施时,没有声明"保护可用尽的自然资源"之目的,因此不属于"有关"的措施;这些措施不是为了减少国内生产或消费,而所采取的单纯的限产措施可能会对该产品的国内使用和出口产生不同影响(例如只用于国内而不允许出口),不能表明是与出口限制平衡实施的,因此不属于"一同实施"的措施。

四、废料(镁、锰和锌废料)和"三高产品"(焦炭、镁金属、锰金属和碳化硅)是否符合 GATT 第 20 条(b)项

GATT 第 20 条(b)项规定,成员可以采取"为保护人类、动物或植物的生命或健康所必需的措施"。专家组认为,措施是否为"必需",要从以下五个方面进行分析:措施是否属于保护人类、动物或植物的生命或健康的政策范围,有关利益或价值的重要性,措施对所追求目标的贡献,措施对贸易的限制性,符合 WTO 的替代措施。

对于"三高产品",即高污染、高能耗、消耗资源型产品,专家组经审查后认为,出口限制措施没有提到对环境或健康的关注;中国没有能够证明这些措施对该目标的贡献;措施对贸易是有限制的。最后,关于符合 WTO 的替代性措施,中国证明了正在采取一系列其他措施,包括对环境友好型技术的投资、消费品的回收、提高环境标准、对回收废品基础设施的投资、在不抑制当地供给的条件下刺激更大的当地需求开展生产限制或污染控制。中国认为,出口限制也是需要的,并且与这些"替代性"措施结合实施的效果会更好。而专家组认为,这种理解将实质性地扩大例外条款的范围,从而允许采取出口数量限制措施。专家组称,其职责是审查替代性措施能否实现保护的目标,而中国没有证明为什么这些对贸易限制更小且符合 WTO 的替代性措施不能代替出口限制措施而被使用。

按照大致相同的分析思路,专家组还认定,中国对于废料的出口限制措施不符合 GATT 第 20 条(b)项的规定。

五、管理方式

(一)出口配额的分配和管理

专家组认定,《中国加入 WTO 议定书》第 5 条第 1 款明确规定给予所有企业进出口货物的权利,且《中国加入 WTO 工作组报告书》第 83 段(a)项

和第 84 段（b）项明确要求取消出口实绩和最低资本的条件，因此，要求获得矾土、焦炭、氟石和碳化硅出口配额的企业必须具有出口实绩和最低资本的有关措施，不符合这些承诺。

专家组认定，有关措施将企业的经营管理能力作为获得配额的资质条件，但没有明确审查经营管理能力的定义、指南或标准，给当事方的利益带来了实在的风险，将导致不合理、不统一的管理，因此不符合 GATT 第 10 条第 3 款（a）项，即"每一缔约方应以统一、公正和合理的方式管理本条第 1 款所述的所有法律、法规、判决和裁定"。

专家组认定，有关措施没有公布锌出口配额的总量以及分配程序，不符合 GATT 第 10 条第 1 款，即有关出口的要求、限制或禁止方面的法律法规应当立即公布，以便各国政府和贸易商知晓。

但专家组同时也认定，有关措施中的由五矿化工商会参与分配出口配额的方式，没有违反 GATT 第 10 条第 3 款（a）项中的"公正""合理"要求；分配出口配额时收取中标费用，没有违反 GATT 第 8 条第 1 款（a）项和《中国加入 WTO 议定书》第 11 条第 3 款，因为这些费用不属于针对出口所征收的费用。

（二）出口许可证

GATT 第 11 条第 1 款要求成员取消数量限制，"无论此类禁止或限制通过配额、进出口许可证或其他措施实施"。专家组认为，进出口许可证本身有可能是为该款所允许的，关键在于许可证制度的性质和运作是否具有限制进出口的效果。专家组经审查认为，本案有关措施对部分产品实施的出口许可证管理，并不仅仅因为其被用于限制出口的货物而不符合 GATT 第 11 条第 1 款，但审批时提交不确定数量的文件这样的未界定、笼统化的要求所带来的随意性，就构成了不符合第 11 条第 1 款的额外限制。

（三）最低出口价格

专家组经审查后认为，有关措施要求出口企业以设定或协调的出口价格从事出口，否则就面临处罚，包括被取消出口权，这构成了 GATT 第 11 条第 1 款所指的出口限制，因为要求以最低价格出口具有限制贸易的效果。此外，有关措施没有立即公布，也不符合 GATT 第 10 条第 1 款。

条约解释的局限性

——以"中国原材料案"为例

10年前,中国加入WTO时承诺:取消所有产品的出口税,但议定书附件6所列举的产品除外(议定书第11条第3款)。附件6列举了84种产品及其出口税的上限,分产品从20%到50%不等。这样一项承诺,是否意味着中国永远不能对其他产品征收出口税,并且对这84种产品所征收的出口税永远不能超过规定的上限?这是否也意味着中国不能对其他产品采取出口税之外的出口限制措施?

对于第一个问题,回答是否定的。《WTO协定》中有很多例外条款,为各成员承担的义务提供了"安全阀",以便各成员在特殊情况下背离这些义务。有义务,就有例外,这是《WTO协定》的基本思路,也是权利与义务平衡的一种体现。如果没有例外,WTO成员就不敢承担任何义务了。例如,《WTO协定》第9条规定,在例外情况下(in exceptional circumstances),WTO的最高权力机构部长会议可以决定豁免某个成员的某项义务。第10条则进一步规定,任何成员都可以建议修改协定。因此,中国有权要求部长会议豁免出口税的承诺,也有权提出修改出口税的承诺。豁免仅在一段时间内有效,而修改则可以是撤回这项承诺。当然,豁免要有理由,说明出现了什么"例外情况";修改要履行程序,获得绝大多数成员的同意。

对于第二个问题,回答也是否定的。《WTO协定》虽然要求各成员取消进出口数量限制(GATT第11条),但也有例外(GATT第11条第2款和第20条)。因此,对于所有产品,中国都有权限制出口数量。当然,限制出口数量要符合"例外"所规定的条件,例如避免食品短缺、保护人类健康和维护可用竭资源等。❶

然而我们在"原材料案"(China—Measures Related to the Exportation of Various Raw Materials,WT/DS394/395/398;专家组裁决:2011年7月5日;

---

❶ 本案涉及矾土、焦炭、氟石、镁、锰、碳化硅、金属硅、黄磷和锌等9种原材料。中国对除碳化硅和黄磷之外的7种产品征收了10%~40%的出口税,对矾土、焦炭、氟石、碳化硅和锌等5种产品实施了出口配额。同时适用出口税和出口配额的产品为矾土、焦炭、氟石和锌。

上诉机构裁决：2012 年 1 月 30 日）中所遇到的，却是中国的出口税承诺是否可以援引 GATT 第 20 条进行抗辩的问题。也就是说，中国是否有权在遵守 GATT 第 20 条的情况下，对 84 种产品之外的产品征收出口税，或者对这 84 种产品所征收的出口税超过附件 6 规定的上限？GATT 第 20 条实在是 WTO 体制内重要的例外条款，列出了 10 种特殊的情况，一直被认为是多边贸易体制的"安全阀"。❶ 然而专家组和上诉机构对上述问题的回答却是否定的。

专家组按照《维也纳条约法公约》中的条约解释方法，对《中国加入 WTO 议定书》《中国加入 WTO 工作组报告书》和《WTO 协定》的相关条款进行了分析。专家组的基本逻辑是：WTO 有众多协定，但并不存在一项适用于所有协定的例外条款（general umbrella exception），而是每个协定都有自己的例外条款；GATT 第 20 条规定了 WTO 成员在若干情况下可以背离义务，但这个例外条款仅适用于 GATT 中的义务；要想第 20 条适用于议定书中的义务，就必须在议定书中作出规定。因此，鉴于议定书中没有这样的规定，专家组认为出口税承诺不能援引 GATT 第 20 条。

专家组承认："GATT 第 20 条的适用问题，事关加入议定书在《WTO 协定》中的地位，以及 WTO 法律和机制内不同文件之间的关系。"❷ "第 11 条

---

❶ 第 20 条 "一般例外"（General Exceptions）：在遵守关于此类措施的实施不在情形相同的国家之间构成任意或不合理歧视的手段或构成对国际贸易的变相限制的要求前提下，本协定的任何规定不得解释为阻止任何缔约方采取或实施以下措施：

(a) 为保护公共道德所必需的措施；
(b) 为保护人类、动物或植物的生命或健康所必需的措施；
(c) 与黄金或白银进出口有关的措施；
(d) 为保证与本协定规定不相抵触的法律或法规得到遵守所必需的措施，包括与海关执法、根据第 2 条第 4 款和第 17 条实行有关垄断、保护专利权、商标和版权以及防止欺诈行为有关的措施；
(e) 与监狱囚犯产品有关的措施；
(f) 为保护具有艺术、历史或考古价值的国宝所采取的措施；
(g) 与保护可用尽的自然资源有关的措施，如此类措施与限制国内生产或消费一同实施；
(h) 为履行任何政府间商品协定项下义务而实施的措施，该协定符合提交缔约方全体且缔约方全体不持异议的标准，或该协定本身提交缔约方全体且缔约方全体不持异议；
(i) 在作为政府稳定计划的一部分将国内原料价格压至低于国际价格水平的时期内，为保证此类原料给予国内加工产业所必需的数量而涉及限制此种原料出口的措施；但是此类限制不得用于增加该国内产业的出口或增加对其提供的保护，也不得偏离本协定有关非歧视的规定；

在普遍或局部供应短缺的情况下，为获取或分配产品所必需的措施；但是任何此类措施应符合以下原则：即所有缔约方在此类产品的国际供应中有权获得公平的份额，且任何此类与本协定其他规定不一致的措施，应在导致其实施的条件不复存在时即行停止。缔约方全体应不迟于 1960 年 6 月 30 日审议对本项的需要。

❷ 专家组报告，第 7.116 段。

第 3 款没有援引 GATT 第 20 条的权利，意味着中国与很多 WTO 成员有所不同；这些成员通过议定书条款或者作为创始成员没有被禁止使用出口税。然而按照摆在面前的文本，专家组只能推定这是中国和 WTO 成员在加入谈判中的意图。这种情况孤立地看待可能是不平衡的（imbalanced），但专家组没有找到援引第 20 条的法律依据。"❶ 也就是说，条约解释的结果是，中国可能承担了一项"不平衡"的义务，但找不到"权利"的法律依据让这项义务"平衡"起来。此时，我们仿佛看见"双重救济案"（DS379）专家组站在我们面前，摊开手耸耸肩：使用非市场经济方法，对某种产品同时征收反补贴税和反倾销税，是可能出现"双重救济"问题的，但 WTO 现有协定没有对这个问题作出规定，因此我们"爱莫能助"。

GATT 是 GATT，中国议定书是中国议定书。中国议定书中的承诺能否援引 GATT 第 20 条，的确是一个"复杂的法律问题"（complex legal issues）。❷ "中国出版物和音像制品案"（DS363）专家组想回避这个问题，采用了"假设成立"（assumption arguendo）的法律分析技巧，即先假定第 20 条可以援引，然后直接审查（a）项的要求是否得到了满足。如果满足了，则回过头来解决能否援引的问题；而如果没有满足，则没有必要进行分析了。专家组的审查结论是：中国的措施非为保护公共道德所"必需"，因此，关于这个"复杂的法律问题"，专家组没有作出裁决。但上诉机构知难而上，紧紧抓住议定书第 5 条第 1 款的开始语"不损害中国以符合《WTO 协定》的方式管理贸易的权利"，认为中国的被诉措施虽然是关于贸易权承诺的，即只允许某些企业从事相关货物的进出口，但与中国对相关货物的管理，即对涉案货物的内容审查是密切相关的。换句话说，限制进出口商，是为了对相关货物进行内容审查，而 GATT 恰恰是关于货物贸易的，中国当然有权援引 GATT 第 20 条进行抗辩。上诉机构通过这种"密切联系"，确认了议定书与 GATT 之间的"间接关系"，专家组遗留的"复杂的法律问题"迎刃而解。❸

然而这一次，上诉机构中与"中国出版物和音像制品案"相同的 3 个

---

❶ 专家组报告，第 7.160 段。专家组提到了"美国轮胎案（中国）"（DS399）专家组的一个观点（第 7.10 段）——专家组的任务，不是重新审查（recalibrate）WTO 成员在谈判中同意了什么，从而导致中国加入 WTO。专家组报告，脚注 192。
❷ "中国出版物和音像制品案"（DS363）专家组报告，第 7.743 段。
❸ 上诉机构报告，第 205～233 段。

人❶，使用了相同的《维也纳条约法公约》中的"综合方式"（in a holistic manner），却作出了截然不同的裁决，即同意专家组的裁决，认为中国出口税承诺不能援引第20条进行抗辩。❷

我们对此感到非常困惑。在"中国出版物和音像制品案"中，上诉机构认为，"专家组在本案中使用这种技巧，有悖于WTO通过争端解决促进安全和稳定性的目标，无助于解决争端，并且给中国如何履行义务带来了不确定性"，因此找到了议定书与GATT之间的"间接关系"，创造性地论证了议定书中的贸易权义务可以援引第20条例外，增强了《WTO协定》的确定性。❸ 在"双重救济案"中，上诉机构认为"双重救济"违反常理（counterintuitive）❹，并且抓住《反补贴协定》第19条第3款"适当数额"（appropriate amounts）中的"适当"一词认定"双重救济"违法。❺ 本案专家组给出的解

---

❶ "中国出版物和音像制品案"上诉机构成员：Hillman, Presiding Member; Oshima, Member; Ramírez-Hernández, Member。"原材料案"上诉机构成员：Ramírez-Hernández, Presiding Member; Hillman, Member; Oshima, Member。

❷ 上诉机构用更加清晰的语言，逐一"驳回"了中国的主张。例如，关于附件6注释，上诉机构认为：这个注释表明，中国可以提高"现有税率"至附件6所设定的最高水平；很难看出"除非出现例外情况"这一用语可以解读为中国可以援引GATT第20条作为以下措施的抗辩：对附件6之外的产品征收出口税，或者出口税超过附件6所设定的限额。上诉机构报告，第284段。

❸ 上诉机构说，"假设成立"（assumption arguendo）是一种法律技巧，有助于审判人员进行简单高效的决策。专家组和上诉机构可以在特定情况下使用这种技巧，但它并不一定能为法律结论提供坚实的基础。它可能不利于对WTO法律作出清晰的解释，并可能给实施造成困难。将此技巧用于某些法律事项，例如专家组法律分析的实质所依赖的管辖权或初步裁决事项，还可能产生问题。WTO争端解决之目的，是以维护WTO成员权利和义务之方式解决争端，并且按照国际公法之通常解释规则澄清有关协定的现有规定。因此，专家组和上诉机构不能拘于选择最为快捷的方式，或者一个或多个当事方所建议的方式，而应当采取一种分析方法或结构，以适当解决问题，对相关问题进行客观评估，便于争端解决机构作出建议或裁决。

具体到本案，上诉机构认为，专家组使用"假设成立"的技巧存在三个问题。其一，如果中国不能援引第20条（a）项，则专家组此前认定中国没有遵守贸易权承诺就可结案了，而根据该项进行分析就不需要了。其二，专家组依据该项所进行的推理，特别是对涉案措施的限制性所作的分析，一定程度上依赖于能否援用该项作为抗辩，因此，专家组这部分分析的基础具有不确定性（专家组在分析中国的措施是否为保护公共道德所"必需"时，审查的因素之一是该措施对国际商业的限制性影响，而这项审查也是在假定第20条可以直接援引的前提下进行的。参见专家组报告第7.788段）。其三，对中国如何实施裁决带来了不确定性，即实施措施是否符合WTO义务，是否会受到进一步挑战。因此，上诉机构认为，专家组在本案中使用这种技巧，有悖于WTO通过争端解决促进安全和稳定性的目标，无助于解决争端，并且给中国如何履行义务带来了不确定性。上诉机构认为，该事项属于《争端解决谅解》第17条第6款所说的法律解释问题，决定予以审查。上诉机构报告，第213~215段。

❹ 上诉机构报告，第572段。

❺ 即"适当"是一个相对概念，是相对于补贴所造成的损害而言的，而如果损害不复存在，就不能说反补贴税的数额是适当的。"双重救济案"上诉机构成员：Ramírez-Hernández, Presiding Member; Bautista, Member; Van den Bossche, Member。

释是一个权利与义务不平衡的结果,那么上诉机构为什么不能再次"挺身而出"呢?出口税显然是关于货物贸易的,而GATT则是关于货物贸易的规则,上诉机构为什么不能用"中国出版物和音像制品案"中的思路解决问题呢?中国议定书和报告书中的众多条款,特别是中国所引用的那些条款,难道不能看出议定书与GATT之间的"间接关系",从而有助于找到适当的词汇作出正确的解释吗?

在"双重救济案"中,我们觉得裁决反映了上诉机构的价值观,即"双重救济"不符合多边贸易体制的宗旨,因此想方设法挖掘出协定的精神和内容,"依照国际公法的习惯解释规则澄清协定的规定"❶,不仅有效解决了争端,而且维护了公正,增强了成员对于多边贸易体制的信心。在那个案件中,我们还觉得,相比于这个价值观,《维也纳条约法公约》只是论证方法,因为我们看到,专家组也适用了这种论证方法,却得出了相反的结论。因此,我们觉得价值观是实质,如何解释只是形式。也就是说,条约解释的方法是为价值观服务的。然而在本案中,面对这种权利与义务的不平衡,对于"专家组只能推定这是中国和WTO成员在加入谈判中的意图"这样的说法,上诉机构怎能坐视不管呢?

在"双重救济案"中,专家组拘泥于协定的文字,作出了不公正的裁决。而在本案中,上诉机构也拘泥于议定书的文字,维持了专家组的权利与义务不平衡的裁决。既然作为"终审法院"的上诉机构也是一副"无能为力"的态度,那么在必要的情况下,如果中国确实需要采取出口税措施,则只有启动《WTO协定》第9条和第10条的程序,要求短期"豁免"和永久"修改"了。(2012年2月7日)

附件1:议定书第11条第3款及附件6

《中国加入WTO议定书》第11条第3款规定:"中国应取消适用于出口产品的全部税费,除非本议定书附件6中有明确规定或按照GATT 1994第8条的规定适用。"附件6列举了84种产品及其出口税率,并在注释中说明:"中国确认本附件所含关税水平为最高水平,不得超过。中国进一步确认将不提高现行实施税率,但例外情况除外。如出现此类情况,中国将在提高实施关税前,与受影响的成员进行磋商,以期找到双方均可接受的解决办法。"

---

❶ 《争端解决谅解》第3条第2款。

附件2：专家组报告

一个国家加入WTO，是通过与其他WTO成员谈判实现的。根据《马拉喀什协定》第12条的规定，加入成员要与其他成员"商定条款"。很多谈判进程都持续多年，最后形成详细的谈判协定。加入WTO的条件记载于《中国加入WTO议定书》和《中国加入WTO工作组报告》。谈判所达成的协定是权利与义务的精确平衡，体现在每个承诺的具体文字中。最后，加入成员与其他成员认为，经过密集谈判所达成的加入文件就是WTO体制的"入门费"。

《中国加入WTO议定书》是《WTO协定》的组成部分。例如，《中国加入WTO议定书》第1条第2款就规定，议定书和工作组报告的相关部分是《WTO协定》的组成部分。本案中，所有当事方都同意这一点，并且认为WTO成员可以基于违反议定书而启动争端解决程序，工作组报告中的承诺部分也适用于争端解决程序。因此，专家组可以使用国际公法中的习惯解释规则，包括《维也纳条约法公约》第31条至第33条，来解释《中国加入WTO议定书》。

GATT第20条的适用问题，事关《中国加入WTO议定书》在《WTO协定》中的地位，以及WTO法律和机制内不同文件之间的关系。本案中，尤其涉及《中国加入WTO议定书》第11条第3款与《WTO协定》的其他组成部分之间的关系。在"中国出版物和音像制品案"（DS363）中，上诉机构曾经解释过《中国加入WTO议定书》适用第20条的问题，即违反《中国加入WTO议定书》第5条第1款的贸易权承诺能否援引第20条进行抗辩。上诉机构没有讨论《中国加入WTO议定书》与《WTO协定》中的GATT之间的体制性关系，而是将重点放在议定书中的相关规定。上诉机构将第5条第1款的开始语，即"在不损害中国以符合《WTO协定》的方式管理贸易的权利的情况下"（without prejudice to China's right to regulate trade in a manner consistent with the WTO Agreement），解释为第20条被引入了议定书，成为中国承诺的组成部分，也就是中国可以援引第20条进行抗辩。

而在本案中，专家组面对的不是第5条第1款，而是措辞不同的第11条第3款。专家组从"通常含义"和"上下文"的角度对该条款进行了解释。

（1）通常含义。

第11条第3款的规定是：除非附件6有专门规定或者以符合GATT第8条的方式实施，中国应当取消适用于出口的所有税收和费用（China shall eliminate all taxes and charges applied to exports unless specifically provided for in

Annex 6 of this Protocol or applied in conformity with the provisions of Article VIII of the GATT 1994）。"应当取消"表明，中国在缔结议定书的时候是有出口税的。起诉方称，中国加入 WTO 的时候，58 种产品有出口税。议定书附件 6 列出了可以采取出口税的 84 种产品。因此，中国加入 WTO 的时候，WTO 成员与中国商定，除非对于这 84 种产品或者以符合 GATT 第 8 条的方式实施，不得适用任何出口关税和费用。而对于出口税的水平，附件 6 还进一步规定：除非在例外的情况下（exceptional circumstances），中国不得提高现行适用的税率；当这种情况出现时，中国应当在提税之前与受影响的成员磋商，以寻找相互接受的方案。专家组发现，第 11 条第 3 款没有直接提及 GATT 第 20 条或者泛泛提及 GATT 的规定，也没有包含第 5 条第 1 款那样的开始语。

中国援引附件 6 中的"例外的情况"一词，认为中国有权援引第 20 条。而专家组认为，第 11 条第 3 款提到了若干例外：附件 6 所规定的以及 GATT 第 8 条所规定的。第 11 条第 3 款原则上是禁止使用出口税的，除非适用于附件 6 所列明的产品。附件 6 对所列出的产品规定了最高税率，并且说明：中国承诺所列的税率为最高税率，不得超过；中国进一步承诺，除非在例外的情况下，不得提高现行适用的税率。专家组认为，这两句话的含义非常清楚："最高税率"确定了出口税的最终上限，而第 2 句话则表明提高税率只有在例外情况下并与受影响成员磋商后才能实施。

第二个例外是"以符合 GATT 1994 第 8 条的方式实施的税收和费用"。专家组认为这句话清楚地表明，中国和其他 WTO 成员决定，除非符合第 8 条，否则不得实施出口税、税收或费用。第 8 条允许很多费用，目的就是管理特定情况下所实施的费用。在第 11 条第 3 款的措辞中，专家组没有找到一般性的例外（general exception）来授权中国在附件 6 或第 8 条之外实施出口税。值得提及的是，第 11 条第 3 款明确提到了第 8 条，而没有提到 GATT 的其他条款，例如第 20 条，并且与第 5 条第 1 款所不同的是，没有总体提及《WTO 协定》，甚至是 GATT。WTO 成员是可以提及 GATT 或第 20 条的，却明显没有这么做。在第 11 条第 3 款中故意选择的关于例外的措辞，加上没有提及《WTO 协定》和 GATT，表明 WTO 成员和中国不想将 GATT 第 20 条作为议定书第 11 条第 3 款的抗辩。

（2）作为上下文的《中国加入 WTO 工作组报告》中的其他规定。

中国援引了《中国加入 WTO 工作组报告》第 170 段。该段规定：自加入之日起，中国应确保与所有费用或税收相关的法律法规符合其 WTO 义务，包括（including）GATT 第 1 条、第 3 条第 2 款和第 11 条第 1 款。中国认为，

"包括"一词表明该段列举的规定并非穷尽性的,而是指所有与货物相关的义务,包括第20条中的权利与义务。中国还认为,议定书第5条第1款的措辞与报告第170段非常相似,是"同义词"(synonymous)。此外,中国还主张,DSU提供了上下文的支持,即符合GATT第20条就是"符合WTO义务"。中国认为,一个普遍接受的观点是,根据DSU,成员通过采取措施符合GATT第20条,就可以使其措施符合WTO义务,因此,遵守第20条义务的措施就应该被视为第170段所说的"符合WTO义务"。

专家组对以上观点逐一进行了分析。在考虑《中国加入WTO工作组报告》的内容之前,专家组提到了议定书第11条第1款和第2款。这两款是关于海关费用和国内税收的,都提到了"应该符合GATT 1994"(shall be in conformity with the GATT 1994),但这一措辞没有出现在第11条第3款。专家组认为,连续3段而措辞不同,表明了中国和WTO成员的故意选择,应当予以重视,而第11条第3款没有这一措辞,只能理解为中国加入WTO时的一项约定,即中国的出口税承诺完全源自议定书,而第20条不适用于这些承诺。此外,专家组还认为第5条第1款的措辞与第11条第3款和第170段并不相似。

专家组认为,如果中国和WTO成员想要第20条作为出口税承诺的抗辩,就会在第11条第3款或议定书其他地方明说。此外,中国和WTO成员可以约定出口税承诺是GATT承诺的组成部分,例如,可以将出口税承诺纳入GATT减让表,从而适用于第20条的一般抗辩,然而中国和WTO成员并没有这么做。

专家组还发现,第170段没有专门提到出口税的义务,而是提及了"进口和出口的税费"(charges and taxes levied on imports and exports)。第170段允许使用税费,只要符合GATT的相关条款就行。因此,第170段基本上是重复了某些GATT规则项下的承诺。然而本案的问题涉及第11条第3款,与此不同,是关于仅对出口征收的税费,并且为该款所禁止,不属于GATT管辖。专家组认为,第170段没有明示,也没有暗示任何与本案相关的例外或者来自GATT的灵活性。第170段涉及对进口和出口征收的国内税,应当遵守GATT的特定规则;而第11条第3款则涉及GATT中并不存在的义务,即禁止使用出口税。

这种解释还得到了《中国加入WTO工作组报告》第155段和第156段的确认。这两段是明确关于取消出口税的,列在第C节(出口管理)(1)(关税、服务的费用,国内税适用于出口)项下。第155段与第11条第3款的措辞相同，而第 156 段则规定：中国指出多数产品都免征出口税，但有 84 种产品征收出口税。此处并没有明示或暗示提及援用 GATT 第 20 条进行抗辩的问题。在谈判的时候，中国和 WTO 成员本来是可以提及第 20 条的。例如，在报告书第 164 段和第 165 段的使用数量限制部分，就提到了"保证……此类限制符合《WTO 协定》"和"除非这些措施在《WTO 协定》……项下被证明为合理"。然而中国和 WTO 成员并没有这样做。

总之，专家组认为，报告书第 170 段并不能解释为允许中国援引第 20 条进行抗辩。报告书中也没有此类明示或暗示的规定。

（3）作为上下文的《WTO 协定》中的其他规定。

专家组最后考察了 GATT 中是否有其他规定能够支持中国的观点。专家组认为，《马拉喀什协定》中并不存在总体的、覆盖一切的例外（general umbrella exception）。例如，该协定有适用于所有协定的表决规则，但没有适用于所有协定的"一般例外"（general exception）。每个协定都有自己的例外或灵活性。GATT 的其他条款也许与出口税相关，但并没有包含适用于《中国加入 WTO 议定书》第 11 条第 3 款中的那种出口税的纪律，并且没有条款提及 GATT 第 20 条。因此，就出现了 GATT 第 20 条能否用于违反 GATT 之外规定的问题。

第 20 条规定，"本协定（this Agreement）的任何规定都不得解释为禁止采取或实施……某些措施"。"本协定"表明例外仅适用于 GATT，而不是其他协定。有些情况下，WTO 成员通过援引的方式，将第 20 条引入其他协定。例如，《TRIMs 协定》就明确援引了第 20 条。专家组认为，将第 20 条例外适用于 TRIMs 义务的法律基础是《TRIMs 协定》中的引入条款，而不是 GATT 第 20 条的文本。还有一些 WTO 协定制定了自己的例外条款。例如，GATS 第 14 条就是一般例外条款。TRIPs、TBT 和 SPS 也有自己的灵活性和例外。因此，在这种情况下，合理的推论是：如果 GATT 第 20 条意在适用于议定书第 11 条第 3 款，就应当有表明这种关系的用语。然而如上所述，第 11 条第 3 款并没有这样的用语。

中国认为，实施出口税的权利体现在作为整体的 WTO 各项协定中，这些协定确认了每个成员管理贸易的固有的主权（inherent and sovereign right）。上诉机构在"中国出版物和音像制品案"中曾指出，这种权利是 WTO 成员国政府所固有的权利，并非由《WTO 协定》这样的国际条约所赋予。中国认为，第 11 条第 3 款表明，WTO 成员在要求中国某些情况下禁止出口税的时候，并没有剥夺其管理贸易的固有权利。专家组同意 WTO 成员有管理贸易的固有主权的观点，但专家组认为，WTO 成员和中国在谈判和批准《WTO 协定》的时候就行使了这项权利。在谈判加入 WTO 的时候，中国也行使了这项权利。中国的观点意味着中国有管理贸易的固有权利，而这项权利超越于有关这项权利行使的 WTO 规则之上。专家组认为，中国有管理贸易的主权，这使其谈判达成了议定书第 11 条第 3 款。在管理贸易的主权、获得的权利和议定书第 11 条第 3 款之间并没有冲突。相反，中国的议定书及其各项权利义务，恰恰是主权的最终表达形式。

（4）结论。

专家组认为，第 11 条第 3 款的措辞排除了援引 GATT 第 20 条的可能性。基于上述原因，专家组认为议定书没有提供援引第 20 条的依据。如果允许这样的例外，就会改变议定书的内容和谈判所达成的精确平衡，进而损害国际贸易体制的可预见性和法律安全性。

专家组指出，第 11 条第 3 款没有援引 GATT 第 20 条的权利，意味着中国与很多 WTO 成员有所不同；这些成员通过议定书条款或者作为创始成员没有被禁止使用出口税。然而按照摆在面前的文本，专家组只能推定这是中国和 WTO 成员在加入谈判中的意图。这种情况孤立地看待可能是不平衡的（imbalanced），但专家组没有找到援引第 20 条的法律依据。❶

附件3：上诉机构报告

（1）《中国加入 WTO 议定书》第 11 条第 3 款。

中国提到了"例外情况"（exceptional circumstances）一词。上诉机构认为，第 11 条第 3 款要求中国取消适用于出口的税费，除非这些税费在附件 6 中有专门规定。而附件 6 则对所列举的 84 种产品规定了最高出口税率。附件 6 的注释进一步澄清：不得超过最高税率，中国不得提高现有税率（presently applied rates），除非出现例外情况（except under exceptional circumstances）。这个注释表明，中国可以提高"现有税率"至附件 6 所设定的最高水平。由此很难看出"例外情况"这一用语可以解读为中国可以援引 GATT 第 20 条作为以下措施的抗辩：对附件 6 之外的产品征收出口税，或者出口税超过附件 6 所设定的限额。此外，注释的第 2 句还说：当这种例外情况出现时，中国应

---

❶ 专家组提到了"美国轮胎案（中国）"（DS399）专家组的一个观点（第 7.10 段）：专家组的任务，不是重新审查（Recalibrate）WTO 成员在谈判中同意了什么，从而导致中国加入 WTO。专家组报告，脚注 192。

当在提税之前与受影响的成员磋商，以寻找相互接受的方案。这进一步表明，"例外情况"是指中国可以提高实施的税率至附件6所设定限额的情况。因此，附件6的注释不能证明中国可以援引GATT第20条作为出口税的抗辩。

中国在专家组阶段提出：欧盟认为中国违反了附件6，因为中国没有与受影响的成员进行磋商，而相关产品并非附件6所列产品。专家组认定中国违反了这一义务。中国认为，这表明附件6的例外允许中国对所有产品征收出口税，除非出现了"例外情况"，并且中国与受影响成员进行了磋商。上诉机构认为，第2句中的"进一步"（furthermore）一词表明，第2句和第3句中的义务，包括磋商义务，是第1句中的不超过最高税额义务的补充。注释不能表明允许中国对附件6之外的产品征收出口税，或者超出附件6所设定的限额。专家组认为中国对未列在附件6之中的原材料征收出口税而未与受影响的成员磋商，不符合附件6的义务，对此，上诉机构不能同意。上诉机构认为，由于这些产品没有列在附件6中，附件6注释中的磋商义务并不适用。

中国提到了GATT第8条，认为既然议定书第11条第3款要求出口税以符合GATT第8条的方式实施，则如果不按照这种方式，就违反了议定书第11条第3款和GATT第8条，而违反了第8条，当然就可以援引第20条进行抗辩。上诉机构认为，第8条虽然提到了适用于进出口的所有费用，但明确排除了出口税，而出口税恰恰是本案所要解决的问题。既然出口税不在第8条范围之内，则不会出现是否符合这一条的问题。因此，第20条也许可以用作第8条所涉及费用的抗辩，却不能适用于出口税。

正如专家组所指出的，第11条第3款明确提到了GATT第8条，但没有提及GATT的其他条款，例如第20条。不仅如此，第11条第3款并没有类似于第5条第1款的措辞，即上诉机构在"中国出版物和音像制品案"中所解释的"在不损害中国以符合《WTO协定》的方式管理贸易的权利的情况下"。这表明，中国不能援引第20条。

(2)《中国加入WTO议定书》第11条第1款和第2款。

上诉机构认为，这两款是分别关于海关费用和国内税收的，并且都提到了"应该符合GATT 1994"，而第3款是关于出口税收和费用，而且没有提到"应该符合GATT 1994"，这进一步支持了对中国不能援引第20条的理解。不仅如此，中国取消出口税的义务完全来自议定书，而不是GATT，因此可以推定，如果有援引GATT第20条的共同意图（common intention），则议定书第11条第3款或议定书的其他地方就应当有所体现。

(3)《中国加入 WTO 工作组报告》第 170 段。

中国认为，第 170 段与议定书第 11 条第 3 款都适用于出口税，因此，第 170 段中的灵活性也适用于第 11 条第 3 款。

上诉机构认为，《中国加入 WTO 工作组报告》列出了很多关注和承诺，其众多段落是按照主题编排的，例如"影响货物贸易的政策"一节就分为"贸易权""进口管理""出口管理"和"影响货物贸易的国内政策"等分节，而第 170 段属于分节 D"影响货物贸易的国内政策"的第一小节——"对进出口产品征收的税费"。从分节 D 的标题和第一小节仅有的另外一段即第 169 段来看，第 170 段事关对进出口征收税费的国内政策，并且列出了有关地方各级政府对进口产品征收的增值税和额外费用方面的承诺。因此，第 170 段与第 11 条第 3 款的相关性有限，对解释取消出口税的承诺作用不大。相反，第 155 段和第 156 段则是关于出口税的。第 155 段与第 11 条第 3 款非常相似，而第 156 段则规定：中国指出多数产品都免征出口税，但有 84 种产品征收出口税。与第 11 条第 3 款一样，这两段都没有提及 GATT 第 20 条的抗辩。这进一步支持了对中国没有援引第 20 条的理解。

(4) 中国管理贸易的权利。

上诉机构认为，正如专家组所指出的，WTO 成员有时候会将 GATT 第 20 条引入其他协定。例如，《TRIMs 协定》第 3 条就明确引入了第 20 条，规定"GATT 1994 的所有例外都适用于本协定"。而在本案中，第 11 条第 3 款明确提到了 GATT 第 8 条，而没有提及 GATT 的其他条款，包括第 20 条，这一事实具有重要意义。

在"中国出版物和音像制品案"中，上诉机构认为中国有权援引 GATT 第 20 条，依据的是议定书第 5 条第 1 款的开始语。正如专家组所指出的，第 11 条第 3 款没有这样的用语，因此不能同意中国的观点，即那个案件的裁决表明中国可以援引第 20 条作为出口税的抗辩。

中国还引用了很多其他协定，包括《WTO 协定》的前言，认为专家组认定中国放弃了实施出口税以促进保护资源和公共健康这些非贸易利益的权利，就是扰乱了议定书中权利与义务的平衡。上诉机构认为，《WTO 协定》的前言列出了很多目标，包括提高生活水平、保护环境、扩大生产和贸易，以及为可持续发展而最佳利用资源。序言最后说，应当建立融合的、更有活力和更加持久的多边贸易体制。由这些用语可以看出，《WTO 协定》作为一个整体，反映了贸易和非贸易关注之间的平衡。然而这些目标及其平衡都不能说明 GATT 第 20 条是否适用于议定书第 11 条第 3 款的问题。第 11 条第 3 款明确承诺取消出口税,并且没有提及 GATT 第 20 条,因此就没有依据认定 GATT 第 20 条适用于出口税。

(5) 结论。

上诉机构根据 DSU 第 3 条第 2 款,用《维也纳条约法公约》中的国际公法习惯解释规则,以综合方式(in a holistic manner)分析了中国能否在本案中援引 GATT 第 20 条作为抗辩的问题,认定专家组的裁决没有错误。

10. 中国 X 射线设备案（China—X-Ray Equipment）

同类产品

——中国 X 射线设备案专家组裁决的思路

图 1　用于检查铁路货车的设备
（能量为 6 兆电子伏或 9 兆电子伏）

图 2　用于检查卡车和集装箱的设备
（能量为 1.5 兆电子伏至 6 兆电子伏）

图 3　用于检查手提行李的设备

以上是三种安检设备。从外观来看，图3与图1、图2是否为"同类产品"？

在"关于原产于欧盟进口X射线安全检查设备反倾销调查"中，应诉公司主张"将能量在300千电子伏以上的X射线安全检查设备排除在案件调查范围之外"。其理由是：能量在300千电子伏以上的X射线安全检查设备与能量在300千电子伏以下的设备在物理特征、技术特征、功能、用途和客户群体等方面不具有相似性和可比性。应诉公司提出这个主张，是认为该公司向中国出口的设备仅为能量在300千电子伏以下的，不可能对300千电子伏以上的国内产品造成损害。

然而中国调查机关商务部认为："首先，从物理特征上看，二者外观不同反映的是集成形态差异，生产商根据不同的客户需求和产品设计，选择不同的产品集成形态。其次，从技术特征上看，应诉公司对调查机关认定的'通过电子束加速，撞击一个靶心产生射线，然后通过探测器接收信号产生图像，用以检测被检测物体'工作原理没有异议，而射线源发射器差异反映的是产品设计中的能量高低不同，探测系统工作方式不同则是根据能量的高低而选择更为合适的探测方式。再次，从功能和用途上看，无论能量高低，X射线安全检查设备都是用来检测物体的，都是使用同一主要技术实现同一目的。虽说高能量设备通常用来检测大型物体，低能量设备通常用来检测小型物体，但这只是根据产品设计和市场选择不同所采取的更具适应性的改变。高能量设备同样也可以用来检测小型物体。这就是为什么改变能量水平或其他为扫描特定物质而采用更具适用性的一些技术，不能支持排除这类产品的理由。因此，调查机关决定在终裁中维持初裁时认定的结论，对应诉公司将能量在300千电子伏以上的X射线安全检查设备排除在案件调查范围之外的主张不予支持。"（"关于原产于欧盟的进口X射线安全检查设备反倾销案最终调查结论"（商务部公告2011年第1号））。也就是说，商务部认为，能量在300

千电子伏以上和以下的设备,属于同类产品。

2011年7月25日,欧盟将此案诉诸WTO争端解决机制(中国X射线安检设备反倾销案,China—Definitive Anti-dumping Duties on X-Ray Security Inspection Equipment from the European Union,DS425)。2013年2月26日,WTO专家组发布报告。专家组认为,虽然300千电子伏不一定是高能量和低能量设备的分界线,但是本案中进口产品和某些国内产品之间的区别是显而易见的。为了直观地说明这种差异,专家组使用了上述3张图片,认为图3和图1、图2所示产品在物理特征和用途方面有显著的不同,并且价格相差近10倍。

本案中,专家组并没有明说图3和图1、图2所示产品不属于"同类产品",而是说调查机关在价格影响分析中没有确保进口产品与国内产品的价格可比性,因此不符合《反倾销协定》第3条第1款和第2款的规定,因为在本案中,欧盟起诉的法律依据就是这两个条款。

专家组认为,从第3条第1款和第2款的文字和先例来看,这两款所指的价格影响的"积极证据"(positive evidence)和"客观评估"(objective examination)以及价格比较等,都要求调查机关在认定进口产品对国内产品的损害时,应当确保两者的价格可比性(price comparability)。然而在本案中,进口产品仅为300千电子伏以下的低能量设备,而国内产品则既有低能量产品,也有高能量产品(300千电子伏以上);调查机关在进行进口产品对国内产品的价格影响的分析时,并没有将其进行区分,也就是没有确保两者的价格可比性。

附录:《反倾销协定》相关条款

3.1 A determination of injury for purposes of Article VI of GATT 1994 shall be based on positive evidence and involve an objective examination of both (a) the volume of the dumped imports and the effect of the dumped imports on prices in the domestic market for like products, and (b) the consequent impact of these imports on domestic producers of such products.

3.2 ... With regard to the effect of the dumped imports on prices, the investigating authorities shall consider whether there has been a significant price undercutting by the dumped imports as compared with the price of a like product of the importing Member, or whether the effect of such imports is otherwise to depress prices to a significant degree or prevent price increases, which otherwise would have occurred, to a significant degree...

11. 中国取向电工钢案（China—GOES）

究竟是什么关系

——中国取向电工钢案上诉机构裁决的思路

2012年10月18日，WTO上诉机构就"中国取向电工钢反补贴和反倾销案"（China—Countervailing and Anti-dumping Duties on Grain Oriented Flat-rolled Electrical Steel from the United States, DS414）发布了报告。本案的一个焦点问题是：《反倾销协定》第3条第2款和《补贴与反补贴措施协定》第15条第2款究竟给调查机关设定了怎样的义务（这两款的文字相同，只是分属于两个协定，分别关于倾销和补贴，相关条款见附件）。

中国认为：Articles 3.2 and 15.2 merely require an investigating authority to consider the existence of price depression or suppression, and do not require the establishment of any link between subject imports and these price effects. 上诉机构认为：The Panel did not err in not adopting China's interpretation.

专家组认为：Having regard to the text of the relevant provisions, we note that the analysis envisaged by the second sentence of Article 3.2 of the Anti-Dumping Agreement and Article 15.2 of the SCM Agreement concerns "the effect of the (dumped/subsidized) imports on prices". Furthermore, the authority must consider whether "the effect of (dumped/subsidized) imports is... to depress prices to a significant degree". Accordingly, merely showing the existence of significant price depression does not suffice for the purposes of Article 3.2 of the Anti-Dumping Agreement and Article 15.2 of the SCM Agreement. An authority must also show that such price depression is an effect of the subject imports... an investigating authority must demonstrate that price depression is an effect of subject imports. 上诉机构认为：We note that the Panel began its analysis by stating, correctly, that Articles

3.2 and 15.2 require an investigating authority to "consider" whether the effect of subject imports is price depression. The Panel nonetheless went on to use the words "show" and "demonstrate", which seem to suggest a different standard. In our view, to the extent the Panel used the words "show" and "demonstrate" to mean that an authority is required to make a definitive determination, the Panel's use of these words is not consistent with a proper understanding of the word "consider" in Articles 3.2 and 15.2. However, to the extent the Panel used the words "show" and "demonstrate" to mean that the authority's consideration of price effects must be reflected in relevant documentation produced by the authority in its investigation, and must be based on positive evidence and involve an objective examination, this is consistent with our interpretation, set out above, that the consideration of price effects must conform to the standard in Articles 3.1 and 15.1 and be reflected in relevant documentation. 上诉机构的意思是：专家组认为调查机关应当 consider 是对的，但是认为调查机关应当 show 和 demonstrate 则既对又不对了。

最后，上诉机构的结论是：we consider that Articles 3.2 and 15.2 require an investigating authority to consider the relationship between subject imports and prices of like domestic products, so as to understand whether subject imports provide explanatory force for the occurrence of significant depression or suppression of domestic prices. 也就是说，调查机关应当考虑进口与国内产品价格之间的关系，以便于理解进口是否解释了国内价格压低或抑制的出现。从这个结论来看，调查机关的义务是：仅仅"考虑"（consider）是不够的；这种"考虑"还要有一定效果。换句话说，中国认为调查机关不需要确立进口与价格影响之间的任何关系（do not require the establishment of any link between subject imports and these price effects）是不对的。而专家组认为调查机关需要就两者作出一个"最终决定"（a definitive determination）也是不对的。上诉机构似乎是说：调查机关的义务，是从"考虑"走向"最终决定"之间的状态，也就是这种"考虑"应当有利于作出"最终决定"。

上诉机构得出这一结论，使用的是条约解释的基本方法。

一、第 3 条和第 15 条关于损害确定的框架

上诉机构决定先看一下第 3 条和第 15 条的框架，即第 2 款所设义务的上下文，然后再处理该款的解释问题。

上诉机构援引先例认为，第 1 款是关于确定损害这一义务的总体条款

(overarching provision),包括要有积极证据(positive evidence)并客观审查(objective examination)以下因素:(i) the volume of subject imports;(ii) the effect of such imports on the prices of like domestic products; and (iii) the consequent impact of such imports on the domestic producers of the like products. 其他款项都是进一步说明这些内容的,其中第 2 款就是关于(i)和(ii)的,而第 4 款和第 5 款是关于(iii)的。因此,这些条款一起,对调查机关进行损害和因果关系分析设定了框架和纪律。具体而言,第 5 款是关于因果关系分析的,但是倾销或补贴所造成的损害是通过第 2 款和第 4 款所说的影响而实现的。(例如第 3 条第 5 款:It must be demonstrated that the dumped imports are, through the effects of dumping, as set forth in paragraphs 2 and 4.)因此,第 2 款和第 4 款所要求的审查,是回答第 5 款的因果关系这一最终问题所必需的。下文还将提到,对于第 2 款的解释,必须与该条确定损害这一总体任务相一致。

二、"考虑"(consider)的义务

第 2 款用了两个 consider。根据字典的含义,consider 是要求决策者"考虑某事"(take something into account)。关于进口数量及其对国内价格的影响,这个词并未要求调查机关作出最终决定(definitive determination)。但是,consider 也必须遵守第 1 款所设定的总体原则,即要有积极证据和进行客观审查。换句话说,不要求作出最终决定并没有减少第 2 款所指的严格分析。

此外,尽管"考虑"某事与"最终决定"某事应有区别,但这一区别并未减少调查机关所应考虑事项的范围。也就是说,调查机关仅仅需要考虑,而不是作出最后决定,并未改变第 2 款所要求考虑的事项,包括进口压低价格或者抑制价格上升到某一程度的影响(effect)。下文将讨论这一要求的含义。最后,调查机关的"考虑"还必须反映在相关文件中,例如调查机关的最终裁决中,以便利害关系方核实调查机关是否真的"考虑"了这些因素。

三、考虑进口的影响是否为压低价格或抑制价格上升

1. 第 2 款的文字

(《反倾销协定》第 3 条)第 2 款第 2 句的内容是:With regard to the effect of the dumped imports on prices, the investigating authorities shall consider whether there has been a significant price undercutting by the dumped imports as compared with the price of a like product of the importing Member, or whether the effect of such imports is otherwise to depress prices to a significant degree or prevent price increases, which otherwise would have occurred, to a significant degree.

上诉机构认为,"effect"一词的字典含义表明,它是某事的结果。尽管"effect"可以独立于导致它的因素而使用,第2款却不属于这种情况,而是要求审查进口影响国内价格的某些因素,并且每个因素都将进口与国内价格联系起来。

首先,调查机关必须考虑"whether there has been a significant price undercutting by the dumped imports as compared with the price of a like product of the importing Member",因此,关于大幅价格削低,通过要求比较进口价格与国内价格,第2款明确建立了二者之间的联系。其次,调查机关要考虑进口对国内价格的影响是否为大幅压低或抑制,特别是要考虑价格影响是否为进口之后果。此外,"to depress prices"和"[to] prevent price increases"所表达的句法关系为:主体(进口)对客体(国内价格)做了某事。因此,第2款明确将大幅价格压低和抑制与进口联系起来,要求审查进口与国内价格这两个变量之间的关系。具体而言,调查机关应当考虑第一个变量(进口)对于第二个变量(国内价格)大幅压低或抑制的出现是否具有解释效力(an investigating authority is required to consider whether a first variable—that is, subject imports—has explanatory force for the occurrence of significant depression or suppression of a second variable—that is, domestic prices)。

关于对价格削低和价格压低/抑制这两个事项的审查,用"or"和"otherwise"分开了,表明两项审查所考虑的因素可能不同。因此,即使进口没有削低国内价格,也可能会有压低或抑制效果。

由于第2款要求审查进口与国内价格之间的关系,因此,调查机关为了考虑价格大幅压低或抑制而将其考虑的范围限于国内价格发生了什么变化,这是不够的。例如,在考虑大幅价格压低时仅仅确定了价格下降趋势,或者在分析大幅价格抑制时仅仅看到了价格未如预期般上升,这是不够的。调查机关应当结合进口一起审查,以确定进口对价格压低或抑制是否具有解释效力。此外,第2款的"the effect of such [dumped or subsidized] imports"表明,这种影响是来自进口的某些相关方面的,包括价格和/或数量。

这种解释得到了价格压低(price depression)和价格抑制(price suppression)这两个概念的加强。"price depression"是指价格被某物推低或减少的情况，因此从定义来看，审查"price depression"就不仅仅是简单地看到了价格下降，还应当包括分析是什么推低了价格。至于"price suppression"，第2款要求调查机关考虑"whether the effect of"subject imports is "［to］prevent price increases, which otherwise would have occurred, to a significant degree"。从条款来看，如果不考虑没有进口则价格是否会上升这种情况，是不可能适当审查"price suppression"的。这两个概念都暗含要分析究竟是什么导致了这种价格现象的问题。因此，第2款所要求的考虑大幅价格压低或抑制，从定义来看是包括分析国内价格是否受到了进口压低或抑制的。

2. 第2款的上下文

前文提到，第3条和第15条的众多条款为调查机关进行损害和因果关系分析设定了框架和纪律。这些条款为调查机关推导出最终的损害和因果关系裁决提供了逻辑的演进。不仅如此，第5款的措辞，即"through the effects of" dumping or subsidies "as set forth in paragraphs 2 and 4"表明，第2款和第4款的分析是回答第5款的因果关系问题所必需的，即这些分析的结果构成了第5款整体因果关系分析的基础。具体到本案，第2款的上下文表明，这个分析是为了得出因果关系的总体结论。对于价格压低和抑制这两个价格影响的分析，是为了理解进口是否具有解释效力，以便于调查机关确定进口是否通过其价格影响正在对国内产业造成损害，即第5款的规定。因此，第2款上下文所支持的观点是：调查机关必须分析进口与国内价格之间的关系，特别是进口对大幅价格压低或抑制是否具有解释效力，以构成第5款所指因果关系分析的基础。

上诉机构进一步解释：认为第2款要求考虑进口与国内价格之间的关系，并不会导致对第5款的因果关系进行重复分析。相反，两者的分析是不同的：第5款是对进口与损害之间关系的分析，而第2款是对进口与一个不同的变量即国内价格之间关系的分析。如前所述，对后者的理解构成了第5款损害和因果关系分析的基础。此外，第5款要求调查机关证明进口正在造成损害（through the effects of dumping or subsidies as set forth in paragraphs 2 and 4），而第4款是要求调查机关审查依据影响产业状况的所有有关经济因素和指标审查进口对国内产业的影响，并且列出了调查机关应当评估的一些因素和指标。因此，第5款包含了所有相关证据，包括第2款所指的进口数量和价格影响，以及第4款所指的经济因素。也就是说，从定义来看，根据第5款进行审查的范围大于第2款所指的价格压制和抑制因素。最后，上诉机构指出，第5款要求调查机关"examine any known factors other than the（dumped or subsidized) imports which at the same time are injuring the domestic industry",并且确保"the injuries caused by these other factors (are not) attributed to the (dumped or subsidized) imports"。相比之下,第 2 款要求调查机关分析进口与国内价格之间的关系,以便于理解进口对大幅价格压低或抑制是否具有解释效力,而没有像第 5 款那样,要求调查机关对所有已知因素进行全面详尽的分析,或者区分这些因素所造成的损害。

3. 第 3 条和第 15 条的宗旨

针对中国提出的观点,即将第 2 款解释为更为有限的义务(即仅要求调查机关考虑价格压制或抑制的存在,而不要求确定进口与价格影响之间的关系),是符合在价格影响问题上留给调查机关任意决定权(discretion)这一"宗旨与目的"的。上诉机构认为,根据第 2 款的要求,考虑进口对大幅价格压低或抑制是否有解释效力,并非调查机关的任意决定权,而是第 3 条和第 15 条整体框架和纪律的组成部分。这两条的目的是要求调查机关确定损害和因果关系,不能支持对第 2 款的限制性解释。

四、总结

最后,上诉机构的总结如下:

In sum, we reach the above interpretation on the basis of the text and context of Article 3.2 of the Anti-Dumping Agreement and Article 15.2 of the SCM Agreement, together with the objective of Articles 3 and 15 discerned from various paragraphs thereunder. Specifically, with regard to price depression and suppression under the second sentence of Articles 3.2 and 15.2, an investigating authority is required to consider the relationship between subject imports and prices of like domestic products, so as to understand whether subject imports provide explanatory force for the occurrence of significant depression or suppression of domestic prices. The outcome of this inquiry will enable the authority to advance its analysis, and to have a meaningful basis for its determination as to whether subject imports, through such price effects, are causing injury to the domestic industry. Moreover, the inquiry under Articles 3.2 and 15.2 does not duplicate the different and broader examination regarding the causal relationship between subject imports and injury to the domestic industry pursuant to Articles 3.5 and 15.5. Neither do Articles 3.2 and 15.2 require an authority to conduct an exhaustive and fully fledged non-attribution analysis regarding all possible factors that may be causing injury to the domestic industry.

Rather, the investigating authority's inquiry under Articles 3. 2 and 15. 2 is focused on the relationship between subject imports and domestic prices, and the authority may not disregard evidence that calls into question the explanatory force of the former for significant depression or suppression of the latter.

附件:

Article 3 of the Anti-Dumping Agreement
Determination of Injury[1]

3. 1 A determination of injury for purposes of Article VI of GATT 1994 shall be based on positive evidence and involve an objective examination of both (a) the volume of the dumped imports and the effect of the dumped imports on prices in the domestic market for like products, and (b) the consequent impact of these imports on domestic producers of such products.

3. 2 With regard to the volume of the dumped imports, the investigating authorities shall consider whether there has been a significant increase in dumped imports, either in absolute terms or relative to production or consumption in the importing Member. With regard to the effect of the dumped imports on prices, the investigating authorities shall consider whether there has been a significant price undercutting by the dumped imports as compared with the price of a like product of the importing Member, or whether the effect of such imports is otherwise to depress prices to a significant degree or prevent price increases, which otherwise would have occurred, to a significant degree. No one or several of these factors can necessarily give decisive guidance.

3. 4 The examination of the impact of the dumped imports on the domestic industry concerned shall include an evaluation of all relevant economic factors and indices having a bearing on the state of the industry, including actual and potential decline in sales, profits, output, market share, productivity, return on investments, or utilization of capacity; factors affecting domestic prices; the magnitude of the margin of dumping; actual and potential negative effects on cash flow, invento-

---

[1] Under this Agreement the term "injury" shall, unless otherwise specified, be taken to mean material injury to a domestic industry, threat of material injury to a domestic industry or material retardation of the establishment of such an industry and shall be interpreted in accordance with the provisions of this Article.

ries, employment, wages, growth, ability to raise capital or investments. This list is not exhaustive, nor can one or several of these factors necessarily give decisive guidance.

3.5 It must be demonstrated that the dumped imports are, through the effects of dumping, as set forth in paragraphs 2 and 4, causing injury within the meaning of this Agreement. The demonstration of a causal relationship between the dumped imports and the injury to the domestic industry shall be based on an examination of all relevant evidence before the authorities. The authorities shall also examine any known factors other than the dumped imports which at the same time are injuring the domestic industry, and the injuries caused by these other factors must not be attributed to the dumped imports. Factors which may be relevant in this respect include, *inter alia*, the volume and prices of imports not sold at dumping prices, contraction in demand or changes in the patterns of consumption, trade-restrictive practices of and competition between the foreign and domestic producers, developments in technology and the export performance and productivity of the domestic industry.

Article 15 of the SCM Agreement
Determination of Injury[1]

15.1 A determination of injury for purposes of Article VI of GATT 1994 shall be based on positive evidence and involve an objective examination of both (a) the volume of the subsidized imports and the effect of the subsidized imports on prices in the domestic market for like products[2] and (b) the consequent impact of these imports on the domestic producers of such products.

15.2 With regard to the volume of the subsidized imports, the investigating authorities shall consider whether there has been a significant increase in subsidized imports, either in absolute terms or relative to production or consumption in the importing Member. With regard to the effect of the subsidized imports on prices, the in-

---

[1] Under this Agreement the term "injury" shall, unless otherwise specified, be taken to mean material injury to a domestic industry, threat of material injury to a domestic industry or material retardation of the establishment of such an industry and shall be interpreted in accordance with the provisions of this Article.

[2] Throughout this Agreement the term "like product" ("produit similaire") shall be interpreted to mean a product which is identical, i.e. alike in all respects to the product under consideration, or in the absence of such a product, another product which, although not alike in all respects, has characteristics closely resembling those of the product under consideration.

vestigating authorities shall consider whether there has been a significant price undercutting by the subsidized imports as compared with the price of a like product of the importing Member, or whether the effect of such imports is otherwise to depress prices to a significant degree or to prevent price increases, which otherwise would have occurred, to a significant degree. No one or several of these factors can necessarily give decisive guidance.

15.4 The examination of the impact of the subsidized imports on the domestic industry shall include an evaluation of all relevant economic factors and indices having a bearing on the state of the industry, including actual and potential decline in output, sales, market share, profits, productivity, return on investments, or utilization of capacity; factors affecting domestic prices; actual and potential negative effects on cash flow, inventories, employment, wages, growth, ability to raise capital or investments and, in the case of agriculture, whether there has been an increased burden on government support programmes. This list is not exhaustive, nor can one or several of these factors necessarily give decisive guidance.

15.5 It must be demonstrated that the subsidized imports are, through the effects[1] of subsidies, causing injury within the meaning of this Agreement. The demonstration of a causal relationship between the subsidized imports and the injury to the domestic industry shall be based on an examination of all relevant evidence before the authorities. The authorities shall also examine any known factors other than the subsidized imports which at the same time are injuring the domestic industry, and the injuries caused by these other factors must not be attributed to the subsidized imports. Factors which may be relevant in this respect include, inter alia, the volumes and prices of nonsubsidized imports of the product in question, contraction in demand or changes in the patterns of consumption, trade restrictive practices of and competition between the foreign and domestic producers, developments in technology and the export performance and productivity of the domestic industry.

---

[1] As set forth in paragraphs 2 and 4.

12. 中国电子支付服务案（China—Electronic Payment Services）

详 解

——中国电子支付服务案专家组裁决的思路

2010年9月15日，美国就中国关于电子支付服务的一些措施诉诸WTO争端解决机制，是为"中国电子支付服务案"（China—Certain Measures Affecting Electronic payment Services，DS413）。2012年7月16日，专家组公布了裁决。

本案中，美国称，"电子支付服务"是指处理涉及支付卡的交易及处理并促进交易参与机构之间的资金转让的服务。电子支付服务提供者直接或间接提供通常包括下列内容的系统：处理设备、网络以及促进、处理和实现交易信息和支付款项流动并提供系统完整、稳定和金融风险降低的规则和程序；批准或拒绝某项交易的流程和协调，核准后通常都会允许完成某项购买或现金的支付或兑换；在参与机构间传递交易信息；计算、测定并报告相关机构所有被授权交易的净资金头寸；以及促进、处理和/或其他参与交易机构间的净支付款项转让。"支付卡"包括信用卡、赊账卡、借记卡、支票卡、自动柜员机（ATM）卡、预付卡以及其他类似卡或支付或资金转移产品或接入设备，以及该卡或产品或接入设备所特有的账号。美国认为，中国加入WTO时，就"电子支付服务"作出了市场准入和国民待遇承诺，但中国通过采取一系列措施限制了市场准入，并且没有提供国民待遇。具体而言，美国认为，在《中国加入WTO议定书》的"服务贸易具体承诺减让表"金融服务部门下，中方在《服务贸易总协定》（GATS）第16条和第17条项下对下列内容作出了承诺："银行服务列表如下：……所有支付和汇划服务，包括信用卡、赊账卡和借记卡、旅行支票和银行汇票（包括进出口结算）"；"其他金融服务如下：……提供和传送金融信息、金融数据处理以及其他金融服务提供者有关的软件";及"就(a)至(k)项❶所列所有活动进行咨询、中介和其他附属服务,包括资信调查和分析、投资和证券研究和建议、关于收购的建议和关于公司重组和战略的意义"。尽管作出了上述承诺,中方对其他成员中试图向中方提供电子支付服务的提供者加设了市场准入限制和要求。通过这些及其他相关强化性要求和限制,中方给予其他成员的电子支付服务提供者的待遇要低于其给予中国的此类服务提供者的待遇。美方提出,中国银联(简称银联)是一家中国实体,是中方允许在其境内为以人民币计价并以人民币支付的支付卡交易提供电子支付服务的唯一实体。中方还要求,由银联来处理所有中国大陆发行的支付卡发生于澳门或香港地区的人民币交易,以及任何发生于中国大陆且使用中国香港或中国澳门发行的人民币支付卡的人民币交易。美方认为,这些措施与中方在 GATS 第 16 条第 1 款项下的义务不一致,即对于任何其他成员的服务和服务提供者应给予不低于中国减让表所规定的待遇,且中国正在维持或采取 GATS 第 16 条第 2 款所明确指出的措施。这些措施还与中方在 GATS 第 17 条项下的义务不一致,即对任何其他成员的服务和服务提供者给予的待遇不得低于其给予本国同类服务和服务提供者的待遇。另外,中国还要求,中国境内所有商户的支付卡处理设备、所有的自动柜员机(ATM)及所有的销售点(POS)终端与中国银联系统相兼容并且能够受理银联支付卡。中方还要求,所有的收单机构❷标注银联标识并且能够受理所有带有银联标识的支付卡。中方进一步要求,所有在中国境内发行的以人民币计价并支付的支付卡(包括"双币种"卡)标注银联标识。这意味着发卡行必须接入银联系统,并且必须为此向银联支付费用。这些措施并没有对非银联支付卡或使用非银联支付卡进行的交易作出相似的要求。美方认为,这些措施与中方在 GATS 第 16 条第 1 款项下的义务不一致,即对于任何其他成员的服务和服务提供者应给予不低于中国减让表所规定的待遇,且中国正在维持和采取 GATS

---

❶ 《中国加入 WTO 议定书》中的"服务贸易具体承诺减让表"7B:"银行及其他金融服务":银行服务如下所列:(1)接收公众存款和其他应付公众资金;(2)所有类型的贷款,包括消费信贷、抵押信贷、商业交易的代理和融资;(3)金融租赁;(4)所有支付和汇划服务,包括信用卡、赊账卡和贷记卡、旅行支票和银行汇票(包括进出口结算);(5)担保和承诺;(6)自行或代客外汇交易。其他金融服务如下:(7)由其他金融服务提供者提供和转让金融信息、金融数据处理以及有关软件;(1)就(a)至(k)项所列所有活动进行咨询、中介和其他附属服务,包括资信调查和分析、投资和证券研究和建议、关于收购的建议和关于公司重组和战略的意义。

❷ "收单机构"向商户提供销售点(POS)设备以使其能够处理支付卡,管理商户的账户,处理与商户有关的事务,并保证支付能被适当地划拨给商户。

第 16 条第 2 款所规定的措施。美方还认为,这些措施与 GATS 第 17 条项下的中方义务不一致,即给予任何其他成员的服务和服务提供者不低于其给予本国同类服务和服务提供者的待遇。中方还要求,所有涉及支付卡的跨行或行内交易应通过银联进行。中方禁止使用非银联支付卡进行异地、跨行或行内交易。

在减让表中,中国的确作出了一些承诺,然而这些承诺是否为美国所说的"电子支付服务"?中国的确对电子支付有一系列规定,然而这些规定是否属于美国所界定的措施?因此,中国是否就"电子支付服务"作出了承诺,以及中国是否采取了美国所说的措施,成为本案的两个先决问题。中国如果没有就"电子支付服务"作出承诺,那么就不存在违反 GATS 条款的问题。而中国如果没有采取美国所说的措施,则即使作出了承诺,也同样不存在违反 GATS 条款的问题。对于这两个问题,中美双方发生了很大的争议,专家组也用了很大的篇幅进行分析。通过使用条约解释的方法,专家组认定,中国就"电子支付服务"作出了承诺,但对于所谓中国所采取的措施,专家组则作出了分别认定,即美国证明了一些措施,但另外一些措施美国没有证明。这样,专家组所审查的是否违反市场准入和国民待遇承诺的措施仅仅是美国所证明的那些措施。

如上所述,本案争议的焦点是中国所采取的措施是否违反了 GATS 的市场准入和国民待遇条款。专家组对这两个问题进行了详细的分析。❶

一、中国的措施是否违反了市场准入条款

GATS 第 16 条"市场准入"规定如下:(1)对于通过第 1 条确认的服务提供方式实现的市场准入,每一成员对任何其他成员的服务和服务提供者给予的待遇,不得低于其在具体承诺减让表中同意和列明的条款、限制和条件。(2)在作出市场准入承诺的部门,除非在其减让表中另有列明,否则一成员不得在其一地区或在其全部领土内维持或采取按如下定义的措施:(a)无论以数量配额、垄断者、专营服务提供者的形式,还是以经济需求测试要求的形式,限制服务提供者的数量;(b)以数量配额或经济需求测试要求的形式

---

❶ 本案涉及多个法律问题。其中,专家组裁决驳回了美方关于涉案措施使银联成为唯一服务提供者的指控,认定涉案措施没有禁止外国服务提供商进入中国市场。专家组还驳回了美方关于外国服务提供商可以通过跨境方式提供电子支付服务的主张,并认定外国服务提供商在中国设立商业存在必须满足中方服务贸易减让表的有关设立要求。本文仅介绍专家组认定的违反国民待遇和市场准入承诺的部分。

限制服务交易或资产总值；（c）以配额或经济需求测试要求的形式，限制服务业务总数或以指定数量单位表示的服务产出总量；（d）以数量配额或经济需求测试要求的形式，限制特定服务部门或服务提供者可雇用的、提供具体服务所必需且直接有关的自然人总数；（e）限制或要求服务提供者通过特定类型法律实体或合营企业提供服务的措施；以及（f）以限制外国股权最高百分比或限制单个或总体外国投资总额的方式限制外国资本的参与。

服务贸易减让表将服务分为四种模式：跨境交付；境外消费；商业存在；自然人流动。本案中，美国认为中国就模式一和三，即"跨境交付"和"商业存在"作出了承诺。跨境交付（Cross-border Supply），是指一成员服务提供者在其境内向任何其他成员境内的服务消费者提供服务，以获取报酬。这种方式是典型的"跨国界贸易型服务"。它的特点是服务的提供者和消费者分处不同国家，在提供服务的过程中，就服务内容本身而言已跨越了国境。它可以没有人员、物资和资本的流动，而是通过电信、计算机的联网实现，如一国咨询公司在本国向另一成员客户提供法律、管理、信息等专业性服务，以及国际金融服务、国际电讯服务、视听服务等；也可以有人员或物资或资金的流动，如一国租赁公司向另一国用户提供租赁服务以及金融、运输服务等。商业存在（Commercial Presence），是指一成员的服务提供者在任何其他成员境内建立商业机构（附属企业或分支机构），为所在国和其他成员的服务消费者提供服务，以获取报酬。它包括通过设立分支机构或代理提供服务等。如，一国电信公司在国外设立电信经营机构，参与所在国电信服务市场的竞争，就属于"商业存在"。它的特点是服务提供者（个人、企业或经济实体）到国外开业，如投资设立合资、合作或独资的服务性企业（银行分行、饭店、零售商店、会计事务所、律师事务所等）。

专家组决定根据先例所确定的两步骤法，先确定中国是否就模式一和模式三作出了承诺，然后审查其是否违反了第16条。

（一）中国是否就模式一和模式三作出了承诺

1. 模式一

中国减让表中的相关内容为："部门或分部门"栏目描述为："银行及其他金融服务：……（d）所有支付和汇划服务，包括信用卡、赊账卡和贷记卡、旅行支票和银行汇票（包括进出口结算）。""市场准入限制"栏目描述为："（1）除下列内容外，不作承诺（unbound）：—由其他金融服务提供者提供和转让金融信息、金融数据处理以及有关软件；—就（a）至（k）项所列所有活动进行咨询、中介和其他附属服务，包括资信调查和分析、投资和证券的研究和建议、关于收购的建议和关于公司重组和战略制定的建议。"美方认为，就"电子支付服务"，中国作出了模式一的承诺。

专家组认为，从措辞来看，中国仅就两个连字符"—"所描述的服务作出了承诺。专家组发现，此处的措辞与（k）和（l）几乎完全相同，唯一的区别仅为，此处的服务提供者"suppliers"为英语复数，而（k）为英语单数"supplier"。（k）和（l）的模式一承诺为"没有限制"（none）。专家组研究了第一个连字符中的"其他"（other）和第二个连字符中的"附属"（auxiliary）两个字的含义，认为这两类服务是指（a）至（f）之外的服务。也就是说，此处的承诺不包括（d），即本案所涉及的"电子支付服务"。专家组进一步指出，（k）和（l）属于条款解释的上下文，其措辞与模式一承诺的措辞相同，由此印证了模式一承诺所指向的是（k）和（l）的服务。此外，由于（k）和（l）与（d）并列，根据服务部门相互排斥的原则，也不能将这三种服务理解为相同的部门。因此，专家组认定，对于（d），中国没有作出模式一的市场准入承诺。也就是说，中国没有就"电子支付服务"作出"跨境交付"的承诺。

2. 模式三

"市场准入限制"栏目描述为：A. 地域限制：对于外汇业务，自加入时起，无地域限制。对于本币业务，地域限制将按下列时间表逐步取消：自加入时起，开放上海、深圳、天津和大连；加入后 1 年内，开放广州、珠海、青岛、南京和武汉；加入后 2 年内，开放济南、福州、成都和重庆；加入后 3 年内，开放昆明、北京和厦门；加入后 4 年内，开放汕头、宁波、沈阳和西安；加入后 5 年内，将取消所有地域限制。B. 客户：对于外汇业务，允许外国金融机构自加入时起在中国提供服务，无客户限制。对于本币业务，加入后 2 年内，允许外国金融机构向中国企业提供服务；加入后 5 年内，允许外国金融机构向所有中国客户提供服务。获得在中国一地区从事本币业务营业许可的外国金融机构可向位于已开放此类业务的任何其他地区的客户提供服务。C. 营业许可：中国金融服务部门进行经营的批准标准仅为审慎性的（即不含经济需求测试或营业许可的数量限制）。加入后 5 年内，应取消现在的限制所有权、经营及外国金融机构法律形式的任何非审慎性措施，包括关于内部分支机构和营业许可的措施。满足下列条件的外国金融机构允许在中国设立外国独资银行或外国独资财务公司：提出申请前一年年末总资产超过 100 亿美元。满足下列条件的外国金融机构允许在中国设立外国银行的分行：提出申请前一年年末总资产超过 200 亿美元。满足下列条件的外国金融机构允许在中国设立中外合资银行或中外合资财务公司：提出申请前一年年末总资产超过 100 亿美元。从事本币业务的外国金融机构的资格如下：在中国营业 3 年，且在申请前连续 2 年赢利。对于其他，没有限制。美方认为，从 2006 年开始，就"电子支付服务"，中国已经没有模式三的市场准入限制。

专家组注意到，中国在适用于外国金融机构的（d）和模式三方面作出了市场准入承诺，关于这一点，中美双方意见一致。但在这些承诺是否限于外国金融机构，以及电子支付服务提供者是否属于外国金融机构方面，双方存在分歧。专家组通过研究"外国金融机构"的含义以及减让表的上下文认定，中国承诺中的"外国金融机构"在银行业务方面包含提供（a）至（f）金融服务的外国公司。因此，"外国金融机构"包含外国银行、外国金融公司以及其他外国非金融机构，包括电子支付服务提供者。专家组认为，认定了其他成员的电子支付服务提供者属于"外国金融机构"，就没有必要继续审查中国是否作出了适用于非外国金融机构的外国服务提供者的（d）和模式三的承诺。随后，专家组决定审查中国现有的关于外国金融机构通过模式三提供服务的市场准入承诺。

本案中，美国所提出的问题是在中国为国内人民币支付卡交易提供电子支付服务。因此，对于模式三承诺，其他成员的电子支付服务提供者的相关业务是当地货币（人民币）业务。模式三承诺明确提到了本币业务，即在一段时间的过渡期后，外国金融机构可以向所有中国企业和自然人提供服务，而没有地域限制和限制所有权、经营及外国金融机构法律形式的任何非审慎性措施。电子支付服务提供者所服务的企业和自然人包括发卡机构、收单机构、商户、个人或公司持卡人。重要的是，模式三没有通过专营或独家服务提供者的形式限制服务提供者的数量，但具体提到了市场准入承诺关于外国金融机构从事本币业务的资质要求。

基于上述分析，专家组认定，对于包括其他成员电子支付服务提供者的外国金融机构所提供的（d）项下的服务，中国作出了模式三承诺。该承诺没有服务提供者数量方面的限制，但有资质限制。因此，中国应当让其他成员的电子支付服务提供者提供商业存在进入其市场，以便在满足资质要求的条件下在中国从事本币业务。

（二）中国有关措施是否违反了 GATS 第 16 条

专家组首先对已经审查得出结论的涉案措施进行了回顾总结。专家组认为，中国的法律文件要求在中国发行的银行卡标注银联标识，并进一步要求发卡机构成为银联网络的成员，并且其在中国所发银行卡达到统一的商业要求和技术标准。中国要求作为全国银行卡银行间处理网络成员的所有终端（ATM机、商户处理设备和POS机）都能够接受标注银联标识的所有银行卡。中国要求收单机构标注银联标识，成为银联网络的成员，并且能够接受标注银联标识的所有银行卡。此外，中国的某些文件授权银联而不是其他的电子支付服务提供者处理某些人民币银行卡交易的结算，这些交易涉及在中国发行、在中国香港或中国澳门地区使用的人民币银行卡，或者在中国香港或中国澳门地区发行而在此两地或内地使用的人民币银行卡。但专家组没有认定的是，对于在中国国内发生的所有人民币银行卡交易，存在一项普遍的规定，要求必须使用银联或者将银联作为电子支付服务的唯一提供者。类似地，专家组没有认定的还有，对于跨地区或跨行的交易禁止使用非银联卡。专家组称，在美国所提出的六种措施中，由于专家组没有认定中国采取了"唯一提供者要求"和"跨地区/银行要求"，因此就不再审查这两种措施是否违反GATS第16条。但由于中国采取了"发卡机构要求""终端要求"和"收单机构要求"，并且存在"香港/澳门要求"，以下就审查这四种要求是否违反了第16条。

此外，专家组指出，由于上面已经认定中国没有作出模式一的承诺，所以，在这个方面，四种要求都没有违反第16条。由于中国作出了模式三的承诺，所以，专家组将审查四种要求是否违反了第16条。具体而言，美国认为，这四种措施通过第16条第2款（a）项所指的以"垄断"和"专营服务提供者"的形式限制了服务提供者的数量，因此，专家组就根据该项进行审查。

专家组首先解释了"垄断者"（monopoly）、"专营服务提供者"（exclusive service supplier）的含义及其两者之间的关系，而且解释了"以……形式"的含义。对于"发卡机构要求""终端要求"和"收单机构要求"，专家组称，虽然认定了这些措施的存在，但还存在进一步的情况。具体而言，对于"发卡机构要求"，专家组认为，法律文件并未表明作为银联成员的发卡机构不能在中国加入其他的网络，或者满足银联统一商业要求和技术标准的银行卡不得同时满足其他网络的要求。对于"终端要求"，法律文件并未表明这种终端不能同时接受标注其他电子支付服务提供者标识的银行卡，也就是说，这一要求并未阻碍接受通过银行间的、非银联的网络处理的银行卡。对于"收单机构要求"，法律文件并未表明收单机构不能接受通过银行间的、非银联的网络处理的银行卡。总之，专家组认为，从性质上看，这些要求并没有对电子支付服务的提供实施数量限制，即没有将银联设定为"垄断者"或

"专营服务提供者"。此外，法律文件并未表明这些要求对电子支付服务提供者实施了明确的限制，不管是以"垄断者"还是"专营服务提供者"形式出现的。因此，专家组无法认定这些措施违反了第 16 条第 2 款（a）项。

然而对于"香港/澳门要求"，专家组却得出了不同结论。专家组经过详细分析后认为，这些要求以银联垄断的形式限制了服务提供者的数量。甚至对于达到了模式三条件的其他 WTO 成员的电子支付服务提供者，也有此项限制。因此，专家组认定，此项措施违反了第 16 条第 2 款（a）项。

二、中国的措施是否违反了国民待遇条款

GATS 第 17 条"国民待遇"规定如下：（1）对于列入减让表的部门，在遵守其中所列任何条件和资格的前提下，每一成员在影响服务提供的所有措施方面给予任何其他成员的服务和服务提供者的待遇，不得低于其给予本国同类服务和服务提供者的待遇。（2）一成员可通过对任何其他成员的服务或服务提供者给予与其本国同类服务或服务提供者的待遇形式上相同或不同的待遇，满足第 1 款的要求。（3）如形式上相同或不同的待遇改变竞争条件，与任何其他成员的同类服务或服务提供者相比，有利于该成员的服务或服务提供者，则此类待遇应被视为较为不利的待遇。

根据先例所确定的三步骤法，专家组认为，要证明违反第 17 条，美国必须证明以下三个方面：第一，在相关服务部门和服务提供方式方面，中国作出了国民待遇承诺。第二，中国的措施为"影响服务提供的措施"。第三，这些措施对其他成员的服务或服务提供者所给予的待遇，较为不利于给予中国同类服务和服务提供者的待遇。专家组将按照这三个方面进行分析。专家组指出，其审查仅涉及"发卡机构要求""终端要求"和"收单机构要求"。对于美国所提出的六种措施中的其他措施，专家组由于没有认定中国采取了"唯一提供者要求"和"跨地区/银行要求"，因此就不再审查这两种措施是否违反了 GATS 第 17 条。对于"香港/澳门要求"，以上已经认定在模式三方面违反了第 16 条，因此对于该措施在模式三方面是否违反了第 17 条，专家组决定行使司法节制权而不予审查。但专家组会审查该措施是否违反了模式一的国民待遇承诺。

中国减让表中的相关内容与"市场准入"部分相同，即："部门或分部门"栏目描述为："银行及其他金融服务：……（d）所有支付和汇划服务，包括信用卡、赊账卡和贷记卡、旅行支票和银行汇票（包括进出口结算）。""国民待遇限制"栏目描述为：没有限制；除关于本币业务的地域限制和客户

限制（列在市场准入栏中）外，外国金融机构可以同外商投资企业、非中国自然人、中国自然人和中国企业进行业务往来，无个案批准的限制或需要。对于其他，没有限制。美方的主张就是关于以上承诺的。专家组经过详细分析，对于"三步骤法"中的前两个步骤都作出了肯定回答，即在相关服务部门和服务提供方式方面，中国作出了国民待遇承诺，且中国的措施为"影响服务提供的措施"。此外，专家组还顺便在这一分析部分认定，"香港/澳门要求"并未违反模式一的国民待遇承诺。专家组随后重点分析了在"发卡机构要求""终端要求"和"收单机构要求"这三项措施方面，中国是否提供了较为不利的待遇。

对于"发卡机构要求"，专家组分析了两个具体因素：银联标识和互联互通（interoperability）。

（1）银联标识。如前所述，中国要求，商业银行在中国发行并能够在跨行人民币交易中使用的人民币银行卡和双币卡，必须在卡的正面标注银联标识，但并未禁止所发的银行卡能够通过非银联的网络进行处理。其结果是，对于其他 WTO 成员的任何电子支付服务提供者来说，要想让中国的商业银行在自己的网络内发行银行卡，就不得不在银行卡的显著位置标注银联标识。持卡人时刻都会被提醒银联及其网络的存在，而银联正是其他电子支付服务提供者的竞争对手。银联就进一步从中国的这一要求中获益了。结果，发卡机构必须在所有卡上标注银联标识且免费，而其他成员的服务提供者则完全要求将其标识标注在银联品牌的卡上。如此关注，就提高了银联的知名度。专家组认为，标注银联标识的要求改变了竞争条件，有利于银联，而根据第 17 条第 3 款，这就是对其他成员的服务提供者给予了较为不利的待遇。

（2）互联互通。中国的发卡机构必须接入银联网络，标注银联标识的银行卡也必须与银联互联互通，其结果是确保所有发卡用于国内跨行人民币交易的商业银行都是银联的成员，并且确保商业银行的所有银行卡，不论是银联卡还是非银联卡，都能够在银联网络中处理。相比之下，其他成员的服务提供者不得不劝说发卡机构加入他们的网络，这可能不会成功，或者至少无法达到相同的会员水平。即使能够达到相同的会员水平，这些提供者也要花费时间和精力。不仅如此，发卡机构的银行卡要想与其他成员服务提供者的网络互联互通，还必须与银联网络互联互通，而银联品牌的银行卡则不必与其他服务提供者的网络互联互通。专家组认为，互联互通要求改变了竞争条件，有利于银联，而根据第 17 条第 3 款，这就是对其他成员的服务提供者给予了较为不利的待遇。

对于"终端要求",中国要求作为全国银行卡银行间处理网络成员的所有终端(ATM 机、商户处理设备和 POS 机)都能够接受标注银联标识的所有银行卡,这就保证了所有标注银联标识的银行卡能够被商业银行和商业终端设备接受,并通过银联网络处理。然而这一要求并未排除这种终端同时接受标注其他电子支付服务提供者标识的银行卡,也就是并未阻碍接受通过银行间的、非银联的网络处理的银行卡。其结果是,其他成员的服务提供者可以进入必须接受标注银联标识银行卡的终端。这些终端随后也通过其网络处理交易。然而这些服务提供者可能无法进入所有终端,因为与银联标识卡不同的是,商业银行、收单机构和商户可以拒绝其进入。此外,即使达到同等进入水平,这些服务提供者也必须花费比银联更多的时间和精力,而进入银行和商户终端的水平,恰恰是对发卡机构和银行卡使用者的吸引力及其竞争地位的重要决定性因素。专家组认为,终端要求改变了竞争条件,有利于银联,而根据第 17 条第 3 款,这就是对其他成员的服务提供者给予了较为不利的待遇。

对于"收单机构要求",中国要求收单机构标注银联标识,成为银联网络的成员,并且能够接受标注银联标识的所有银行卡,但并未要求收单机构不能接受通过银行间的、非银联的网络处理的银行卡。专家组对这一措施的分析思路与上述"终端要求"相同。因此,专家组认定,收单机构要求改变了竞争条件,有利于银联,而根据第 17 条第 3 款,这就是对其他成员的服务提供者给予了较为不利的待遇。

"中国电子支付服务案"详解之一：这个案件说了些什么？

"中国电子支付服务案"（China—Certain Measures Affecting Electronic Payment Services，DS413）可能是中国加入WTO 10多年来所处理的25个案件中最为复杂的案件！

说它复杂，是因为本案涉及一种特殊的电子服务，有众多机构和个人参与，却看不见摸不着。正如中方在第一次书面陈述中所言："... the array of services that the parties will discuss in this dispute are among the most technologically and commercially complex services to be found anywhere in the world... This array of services involves different types of service suppliers, operating at different levels of trade, in markets that have different economic and regulatory characteristics."

说它复杂，还因为本案涉及层层交织的法律分析。中方在第一次书面陈述中说："This is a simple dispute about a complex array of services."说本案是"a simple dispute"，实为一种诉讼策略，是"故作镇静"，试图将大事化小、小事化了。事实证明，就如何理解本案所涉及的服务分类和承诺等问题，中美双方展开了激烈、冗长的争论，专家组也作出了不少创造性的解释。

一、通俗表述

中国人民银行要求所有银行卡上印有"银联"标识，所有POS机和ATM机上印有"银联"标识，所有银行通过"银联"互联互通，使银联（与VISA和MASTCARD等相比）处于竞争优势地位，违反了"国民待遇"原则（即改变了竞争条件，使VISA和MASTCARD等处于不利地位）。也就是说，国家规定必须印用"银联"，却没有规定必须印用VISA等，使VISA等处于不利的竞争地位——国民待

银行卡

· 197 ·

遇。另外，人民银行要求，在港澳地区的人民币清算，以及港澳卡在大陆的人民币清算，都必须通过"银联"，这构成垄断，违反了"市场准入"承诺（因为这样的规定，使 VISA 没有机会从事这些业务）。

以上是对本案裁决最为通俗的表述。事实上，这种表述的背后是一系列的法律问题：

①"国民待遇"是指 GATS 的哪条哪款？那条那款是怎么理解的？
②"市场准入"是指 GATS 的哪条哪款？那条那款是怎么理解的？
③中国作出了市场准入承诺吗？是"跨境交付"还是"商业存在"？
④中国作出了国民待遇承诺吗？是"跨境交付"还是"商业存在"？
⑤为什么印有"银联"标识是违反国民待遇，而清算必须通过银联却是违反市场准入？
⑥中国承诺中，包括了银联这种服务吗？
⑦银联提供的是什么服务？与 VISA 等一样吗？
⑧中国文件的措辞是什么？
⑨市场准入承诺与国民待遇承诺之间的关系是什么？
⑩中国怎样修改措施，才能符合 GATS？
⑪此案对银联将产生怎样的影响？
⑫这个案子的起因是什么？
……

对于前 9 个问题，专家组报告都充分论证了。而后 3 个问题，也是局内人所关心的问题。

二、树形图

榕树

本案专家组报告很像这棵大榕树，盘根错节，枝繁叶茂，蔚为壮观。本案的脉络，也就是大榕树的主干，是确定"措施"与"法律依据"的关联性。其实，每个案件的实质都是确定这种关联性，即认定"措施"是否违反了"法律"。但是在本案中，"措施"左右分出的两大分支，"法律依据"左右分出的两大分支以及向下延伸的两个分支，以及分支中的众多事项，共同构成了枝叶根节，形成了这棵复杂的大榕树。

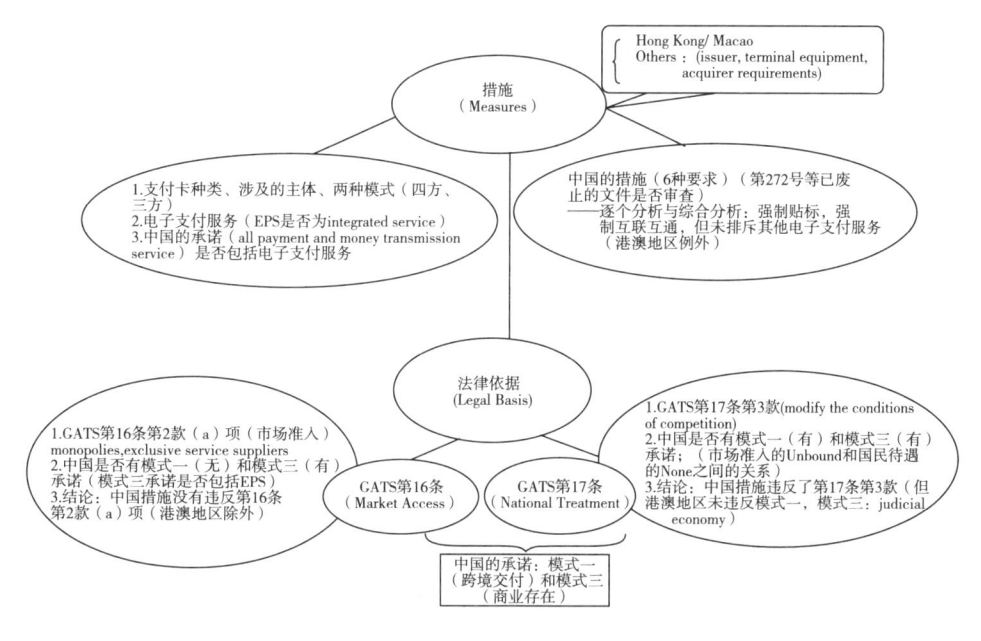

电子支付服务案裁决树形图

三、减让表

其实，此案的关键就是如何解读下面的减让表：第一，美国所说的 EPS（Electronic Payment Services），是否为（d）所指的服务？也就是说，中国所承诺的是否为 EPS？如果不是，美国起诉 EPS 就是放空炮了！第二，即使 EPS 属于（d）所指的服务，那么中国是否就 EPS 作出了市场准入和国民待遇的承诺？这包括如何理解"Unbound""None""except for"这些词汇。如果没有承诺，就不存在违反 GATS 规定的问题。

《中国加入世界贸易组织法律文件》

Modes of supply: (1) Cross-border supply; (2) Consumption abroad; (3) Commercial presence (4) Presence of natural persons			
Sector or sub-sector	Limitations on market access	Limitations on national treatment	Additional commitments
7. FINANCIAL SERVICES			
B. Banking and Other Financial Services (excluding insurance and securities) * * * d. All payment and money transmission services, including credit, charge and debit cards, travellers cheques and bankers drafts (including import and export settlement);	(1) Unbound except for the following: —Provision and transfer of financial information, and financial data processing and related software by suppliers of other financial services —Advisory, intermediation and other auxiliary financial services on all activities listed in subparagraphs (a) through (k), including credit reference and analysis, investment and portfolio research and advice, advice on acquisitions and on corporate restructuring and strategy (2) None (3) A. Geographic coverage ... B. Clients ... C. Licensing ... Qualifications for foreign financial institutions to engage in local currency business are as follows: —three years business operation in China and being profitable for two consecutive years prior to the application Otherwise, none (4)...	(1) None (2) None (3) Except for geographic restrictions and client limitations on local currency business (listed in the market access column),... Otherwise, none (4)...	

四、结束与开始

事实上,通俗表述、树形图和减让表等,都是在试图说清楚专家组的分析思路,因此只是框架式的。如果用大榕树来比喻,那么只能说做了一张素描,表现了枝干的大致脉络,离"盘根错节,枝繁叶茂,蔚为壮观"的油画相去甚远。

"中国电子支付服务案"详解系列,就按照专家组报告的顺序进行:the services at issue, China's specific commitments, the measures at issue, claims under Art. XI, claims under Art. XII.

(2012 年 9 月 29 日)

附件:官方表态

7 月 16 日,WTO 公布了专家组报告,商务部新闻发言人就此发表谈话:专家组驳回了美方关于银联市场地位的指控,认定涉案措施没有禁止外国服务提供商进入中国市场;驳回了美方关于外国服务提供商可以通过跨境方式提供电子支付服务的主张;认定外国服务提供商在中国设立商业存在须满足中方服务贸易减让表的有关设立要求。中方对专家组的上述裁决表示欢迎;但也同时指出,专家组认定涉案的电子支付服务属于中方加入世贸组织时承诺开放的"所有支付和汇划服务",中方对此持保留意见。

这个谈话中所说的"中方服务贸易减让表的有关设立要求",包括"从事本币业务的外国金融机构的资格如下:在中国营业 3 年,且在申请前连续 2 年盈利"。这一要求,已经规定在《中华人民共和国外资金融机构管理条例》(国务院令〔2001〕第 340 号,2001 年 12 月 12 日)第 20 条中:"外资金融机构经营人民币业务,应当具备下列条件:(一)提出申请前在中国境内开业 3 年以上;(二)提出申请前 2 年连续盈利……"

中国电子支付服务案"详解之二：
何为电子支付服务？

一、银行卡常识

我们去商店买东西，在收银台出示一张银行卡。收银员将银行卡在一台小小的POS机上刷一下，几秒钟时间，POS机就打印出一张收据；我们签上字，就可以拎着东西走了。我们知道，自己虽然没有付现金，但是通过银行付款了：在POS机上刷那一下，就是把钱给别人了。我们也知道，这个付款的过程是电子传输的。

然而我们也许并不知道，也与我们作为消费者购物没有直接关系的是，这个过程可能需要多个机构的参与才能实现。例如，我们拿的是一张工行卡，而商家的POS机却可能是招行安装的。这样，刷卡的瞬间，要完成工行与招行之间的信息转接，也就是工行银行卡的信息要通过招行交换给工行确认，然后通过招行传送给商家的POS机确认。收据打印出来，就表明这个双向确认过程完成了。

由这个过程可以看出，工行与招行之间需要有一种转接协定，也就是招行必须同意在自己的POS机上接受工行的银行卡，并且明确两行之间的资金清算方法。如果只有两个银行，这很好办，但是如果市场上有多个银行，情况就比较复杂了，招行由于在某个商家安装了POS机，就需要与工行、中行、农行、建行、交行等银行签订协定，才能让这些其他银行发行的银行卡在这台POS机上使用。不仅如此，由于协定方众多，信息转接和资金清算就会变得更加复杂，技术和软硬件设施也要求更高，成本更加高昂。

现实的做法是，这种信息转接和资金清算的过程，是由一个专业机构——中国银联完成的。具体而言，各家银行都加入银联成为会员，由银联统一处理各行之间的交易。这是一种专业服务，按照银联自己的描述，其核心业务有二：一是"交易信息的转接和处理"，即"将收单机构上送的卡片信息和交易请求转送给相关发卡机构，并将发卡机构的交易授权应答转发至收单机构，以使银行卡跨行交易能够顺利完成"。二是"资金清算"，即"按照清算批次对各机构之间的交易进行汇总、清分和清算，并根据轧差后的结果形成清算报表；于每批次固定时点，通过人民银行结算中心完成在各个机构之间的资金清算"（来自银联的一份介绍材料）。由下图"银行卡交易流程"中右下箭头所指的"跨行交易"，可以看出这个过程的大概脉络。此处的"收单机构"就是上述例子中的招行，"发卡机构"就是工行，银联的工作就是实现招行与工行之间的信息转接和资金清算。此外，"持卡人"就是你，而"他行终端"就是 POS 机了。

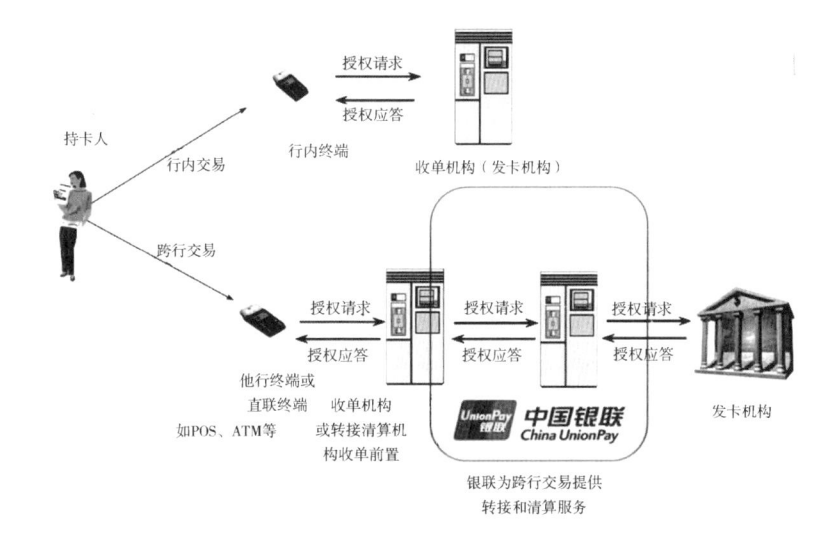

银行卡交易流程

来源：银联的介绍材料。

大家可能注意到，上图中还有一个右上箭头，即"行内交易"，这是指我们拿的是一张工行卡，而商家的 POS 机也碰巧是工行安装的，"发卡机构"与"收单机构"是一家。在这种情况下，刷卡购物是不需要银联帮忙的。这被称为"三方"（three-party）商业模式，即持卡人、特约商户、发卡机构/收单机构，以区别于右下箭头那种"四方"（four-party）商业模式，即持卡人、特约商户、发卡机构和收单机构。

大家可能还记得，10 年前，在商店收银台经常可以看到下面这幅图画。

收银台

来源：中国第一次书面陈述。

那是一个没有银联的时代，各家银行都安装自己的 POS 机，银行卡之间没有互联互通。我们去商店购物，工行卡只能在工行的 POS 机上刷，招行卡只能在招行的 POS 机上刷。我们要随身带很多卡以防万一。也就是说，在那个时代，这张图画只有"银行卡交易流程"那幅图的右上箭头，而没有右下箭头。从这张"老照片"中，我们也能直观地反过来想象一下银联是干什么的了。

二、电子支付服务

本案中，专家组所认定的"电子支付服务"（Electronic Payment Services，EPS），"是指处理涉及支付卡的交易及处理并促进交易参与机构之间的资金转让的服务。电子支付服务提供者直接或间接提供通常包括下列内容的系统：处理设备、网络以及促进、处理和实现交易信息和支付款项流动并提供系统完整、稳定和金融风险降低的规则和程序；批准或拒绝某项交易的流程和协调，核准后通常都会允许完成某项购买或现金的支付或兑换；在参与机构间传递交易信息；计算、测定并报告相关机构所有被授权交易的净资金头寸；以及促进、处理和/或其他参与交易机构间的净支付款项转让"。

按照这一"科学"定义，专家组认为，本案中的电子支付服务不仅包括"四方"模式，而且包括"三方"模式。电子支付服务适用于"四方"模式，这是很好理解的。我们从一开始所举的例子就是工行与招行之间的跨行交易，以及银联的必要性。而对于"三方"模式，好像是不需要银联提供服务的，那么本案中的"电子支付服务"是如何也出现在"三方"模式中的呢？这有点令人费解，专家组的解释也有点弯弯绕。关于"三方"模式的问题并非本案的重点，此处姑且搁置不理。但有一点是要说明的：既然"电子支付服务"包括"三方"模式，那么本案的结论就不仅适用于银联、VISA 和 MASTERCARD 这样的"四方"模式的服务，而且适用于 American Express（美国运通）这样的"三方"模式的服务（即发卡、收单、处理交易"三合一"）。也就是说，如果本案的结论是中国应当开放市场，那么对 American Express 这样的服务也应当开放。

此外，按照这一"科学"定义，专家组还认为，"电子支付服务"还包括"第三方处理商"（third-party processors）所提供的服务。国际上有一些专业公司，例如 FirstData Corporation 和 Total Systems Services，Inc.，它们并非银联、VISA、MASTERCARD 或 American Express 这样的公司，却提供诸如发卡机构和商户之间的某种网络服务。这种服务显然并非银联为工行和招行提供的那种跨行服务。本案中的"电子支付服务"也包括这种服务吗？对此，专家组的解释也有点弯弯绕。此事并非本案的重点，让我们同样姑且搁置不理。但也有一点需要说明的是：如果本案的结论是中国应当开放市场，那么对 FirstData Corporation 和 Total Systems Services，Inc. 所供的服务也应当开放。

在这一部分，专家组还对"电子支付服务"作出了一个重要的定性，即这种服务属于"集成服务"（integrated service）。专家组认为，由上述定义可以看出，电子支付服务是一个系统，由多种要素组成，而只有这些要素联合起来，支付卡交易才能实现。也就是说，这个系统的各个要素是不能单独处理支付卡交易的，而必须集成为一个整体。例如，如果没有电子支付服务所提供的整套系统，发卡机构就无法单独发行一种为商户所广泛接受的银行卡，而收单机构也无法向商户提供一种能够处理如此大量持卡人的服务。也就是说，EPS 是与其他金融服务"集成"的，是不可分割的。

需要指出的是，专家组的这一重要定性直接影响到专家组对这种服务的归类，即这种服务是否属于中国所承诺的那种服务（all payment and money transmission services）。这是本案双方争议最大，也是专家组长篇累牍加以论证的问题。

那么专家组是如何论证 EPS 属于（d）所指的那种服务的呢？对此，且见下文分解。

(2012 年 10 月 1 日)

"中国电子支付服务案"详解之三：
中国对电子支付服务作出了承诺吗？

前文说到，电子支付服务（EPS）是否属于中国所承诺的那种服务（all payment and money transmission services），是本案双方争议最大，也是专家组长篇累牍加以论证的问题。那么双方的争议在何处？专家组又是如何论证的呢？

关于中国的减让表，我们已经在"详解之一"中看到了：7. FINANCIAL SERVICES... B. Banking and other Financial Services... d. All payment and money transmission services, including credit, charge and debit cards, travellers cheques and bankers drafts (including import and export settlement)（7. 金融服务……B. 银行及其他金融服务……d. 所有支付和汇划服务，包括信用卡、赊账卡和贷记卡、旅行支票和银行汇票（包括进出口结算））。美国认为，以上承诺包括了EPS。而中国认为，美国并没有能够证明这一点。不仅如此，中国还认为，本案所涉及的结算和清算服务（clearing and settlement services），属于GATS"关于金融服务的附件"5（a）（xiv）所指的"settlement and clearing services for financial assets, including securities, derivative products, and other negotiable instruments"（金融资产的结算和清算服务，包括证券、衍生产品和其他可转让票据），而中国在这个方面并没有作出承诺。

从中可以看出，如果专家组认定（d）不包括EPS，那么此案就结了，因为中国并未作出承诺，何谈违规问题？

这其实是个归类（classification）问题，即能否将EPS归为（d）。常规的思路是详细解释（d），明确其范围，然后拿EPS进行对照。专家组也是这样做的。

专家组运用条约解释的方法，对（d）进行了全面的分析。在"通常含义"方面，专家组查找词典和行业惯例，分析了"payment""money""transmission"等词的含义，以及这些词的组合"payment and money transmission services"的含义，甚至"all"的含义。在"上下文"方面，专家组分析了（d）中"including"后面的内容，即"including credit, charge and debit cards, travellers cheques and bankers drafts"和"including import and export settlement"；分析了减让表中的其他内容，包括如何理解"B. Banking and other Financial Services", 如何理解市场准入承诺中的下列内容: "Provision and transfer of financial information, and financial data processing and related software by suppliers of other financial services; Advisory, intermediation and other auxiliary financial services on all activities listed in subparagraphs (a) through (k), including credit reference and analysis, investment and portfolio research and advice, advice on acquisitions and on corporate restructuring and strategy"（提供和转让金融信息、金融数据处理以及与其他金融服务提供者有关的软件；就（a）至（k）项所列所有活动进行咨询、中介和其他附属服务，包括资信调查和分析、投资和证券的研究和建议、关于收购的建议和关于公司重组和战略制定的建议），并且特别分析了中国所提出的 GATS"关于金融服务的附件"中的相关内容。专家组甚至分析了 GATS 的结构和对比了其他成员的减让表。最后，专家组还从"宗旨与目的"的角度进行了简要分析。

经过这番"上穷碧落下黄泉"的搜索与"挖地三尺"的分析（长达32页），专家组得出的结论如下：

（1）"payment""money"和"transmission"这三个词结合在一起使用，是指将金钱从一人或一地转移至另一人或另一地；可能是由于购买货物或服务，或偿债，才转移金钱的。通过分别审查"支付服务"和"汇划服务"，"支付和汇划服务"可以被理解为管理、促进或促成支付或汇划的行为，而"all"则表明了综合覆盖"payment and money transmission services"的全部范围这一意图。关于两个"including"，前一个是例释清单，印证了"all payment and money transmission services"是指处理和完成交易的基本要件；而后一个则印证了（d）包括使用银行汇票时的清算和结算，并且表明在使用其他支付工具时的清算和结算也可以归为（d）。

（2）关于减让表的其他部分，"Banking services"的标题，以及市场准入模式一承诺中的表述，都没有导致对（d）的不同解释。不仅如此，对 GATS "关于金融服务的附件"的分析表明，(xiv) 并未包括（d）所指的结算和清算服务。此外，从对 GATS 结构的分析中可以看出，如果某种服务是由多种服务组成的，而这种服务属于单独服务（a distinct service），必须如此提供和消费，那么将其归为统一的类别，并非与服务相互排斥原则（the principle of mutual exclusivity）相抵触，而且不同服务商提供这种服务的某一个部分，仅仅这一事实并不能表明其组成部分应当归为单独服务，或者这个部分不属于集成服务（integrated service）的组成部分。最后，专家组认为，对其他成员减让表的分析并没有得出不同的结论，并且专家组的解释符合 GATS 和

《WTO协定》的宗旨与目的。因此，经对照EPS的特征，专家组认定（d）包括EPS。也就是说，中国对EPS作出了承诺。

这些结论是否每一点都能成立，就需要细看专家组报告了。这里仅举一例：对GATS结构的分析。

美国认为，EPS是支付卡交易的基本要件，若没有这些服务，交易就不能发生。美国称，EPS服务贯穿于支付卡交易被处理的始终，也贯穿于参与交易的机构间资金转移被管理和促成的始终。不仅如此，EPS是处理信用卡等电子支付交易的组成部分，而若没有这些服务，支付卡交易是不能发生的。然而中国认为，美国对（d）的解释过宽了，使其不仅包括银行提供的服务，而且包括向银行提供的服务。不仅如此，中国认为，管理或促成服务提供的服务，或者处理另一服务交易的服务，并不必然能够归类于那种服务，而是应该依据其独立性进行单独归类。中国指出，根据《2001年减让表指南》，"投入"（input）服务应当归类为单独的服务。中国还指出，具体承诺的减让表是以单独、相互排斥（mutually exclusive）的服务分类为依据的，而很多服务都可以视为管理或促成了该分类中的其他服务，或者与处理单独的服务交易有关。中国认为，如果一种服务管理、促成、处理了另一种服务，就被归为该另一种服务，那么服务分类系统就崩溃了。

而美国进一步认为，EPS构成了集成的、不可分割的服务，是作为一揽子服务销售的，并且服务提供者和服务消费者是相同的，若没有这种集成服务，支付卡交易就不能发生。EPS是与支付卡交易内在地联系在一起的，为了分类的目的，必须作为一个整体进行分析。美国还认为，如果接受中国的观点，一项服务就必须首先分解为若干部分，然后对这些部分进行单独分类，这将使得WTO成员的减让表中的很多服务变得没有意义。而中国也进一步指出，网络服务顶多是对发卡和收单的"投入"，应当视为不同的服务。关于集成服务的概念，中国认为，现实中，EPS中的不同部分常常为不同服务提供者所提供的不同服务，因此不是所谓的集成服务。

从中可以看出，中美双方的争议在于，中方认为EPS不属于（d）所指的银行服务，只是为银行服务提供服务的服务；而美方认为，EPS是（d）所指的银行服务不可分割的一部分，没有EPS，银行服务就无法提供，因此（d）所指的服务应当覆盖EPS。这种分歧给我们的感觉是，对于给餐馆送菜送肉的是否属于"餐饮服务"，对于钥匙是否属于"锁"，或者对于珍珠是否属于"项链"等，中美双方的理解大相径庭。

来源：本图来源于网络。

个案评析

今天买锁,还赚了两把钥匙耶!

从图中还可以看出,关于"集成服务"的概念,可能会是专家组论证的核心,而从前文中已经知道,专家组所持观点与美国相同!因此,专家组的论证结果恐怕"凶多吉少"!

对于上述中美争议,专家组总结说此处有三个问题:与 EPS 相比,(d)的范围是什么;EPS 的不同组成部分可以由不同提供者提供,是否意味着这些部分必须进行单独分类;《2001 年减让表指南》的相关性。

关于(d)的范围的问题,专家组引用了"美国赌博案"(US—Gambling)和"中国出版物和音像制品案"(China—Publications and Audiovisual Products)中的一些结论:第一,从 GATS 的结构来看,GATS 覆盖了政府职能之外的所有(all)服务,因此,成员可就任何服务作出具体承诺;由于成员的义务决定于其作出的具体承诺,一项具体服务就不能同时属于两项不同的服务,即成员减让表中的服务门类之间是相互排斥的。第二,关于 GATS 减让表中服务门类的描述,不必列出该服务范围内的每一种活动,既可以包括特别提及的活动,也可以包括属于某一门类定义范围的任何活动。

随后,专家组做了一段非常重要的论述。当持卡人用信用卡付款而商户接受这种付款方式的时候,双方自然都期待交易能够完成,而交易完成至少要经过认证、授权、结算、清算这些程序。专家组认为,如果没有生效,款项没有从客户的账户转到商户的账户,就没有所谓的"payment service"和"money transmission service"。从这个意义来看,虽然(d)没有明确列出这些活动,但是这些活动是包含在(d)的范围之内的,因为它们必须一起运作才能完成支付和汇划服务,而如上述案例所言,没有特别列举并不重要。因此,专家组同意美方的观点,即(d)包括作为支付和汇划基本要件的所有服务;如果某种服务

· 209 ·

是由多种服务组成的，而这种服务属于单独服务，必须如此提供和消费，那么将其归为统一的类别，并非与服务相互排斥原则相抵触。

从专家组的这段论述中，我们首先看到了前文所说的"集成服务"的影子。从"集成服务"这一概念出发，是必然会得出现在的结论的。另外，按照这种思路，我们觉得，专家组可能同样会认定：给餐馆送菜送肉的属于"餐饮服务"，钥匙属于"锁"，珍珠属于"项链"。沿着专家组的逻辑，我们可能要问：那么为银行提供计算机安装和维修服务的，是否也可以归为（d）所指的"all payment and money transmission services"呢？没有这些服务，信用卡交易不是也无法完成吗？那么给银行送餐的呢？在银行打扫卫生的呢？当然，专家组也许会说，这样的推理走得太远了，有点不着调；专家组是按照条约法解释的规则，从"通常含义""上下文"和"宗旨与目的"的综合分析中得出（d）包括 EPS 这一结论的，对此不能断章取义。然而"（d）包括作为支付和汇划基本要件的所有服务"（any service that is essential to payment and money transmission）这一结论，确实会让我们这些"吹毛求疵"的法律人浮想联翩而不能自拔！

对于专家组所总结的中美双方争议的另外两个问题，即 EPS 的不同组成部分可以由不同提供者提供，是否意味着这些部分必须进行单独分类，以及《2001 年减让表指南》的相关性，专家组三言两语就打发了：不同服务者提供服务的某一个部分，仅仅这一事实并不能表明其组成部分应当归为单独服务，何况有些服务即使是不同提供者提供的，也可以归为同一门类，例如发卡和收单就可以是不同的门类，但在此处同样属于（d）的范围；中国没有证明 EPS 就属于"input"，何况按照中方的逻辑，专家组不清楚发卡和收单服务是否也属于 EPS 的"inputs"。

还是那句话：这些结论是否每一点都能成立，就需要细看专家组报告了。

（2012 年 10 月 3 日）

"中国电子支付服务案"详解之四：
中国采取了什么措施？

美国一口气列举了人民银行和外汇管理局的 19 份文件（目录见附件），归纳为"六宗罪"：第一，强制要求使用中国银联（银联）和/或将银联作为境内为以人民币计价并以人民币支付的所有支付卡交易提供电子支付服务（EPS）的唯一提供商（以下简称唯一提供商要求，sole supplier requirements）。第二，要求在中国境内发行的所有支付卡标注银联标识（以下简称发卡机构要求，issuer requirements）。第三，要求中国境内所有商户的支付卡处理设备、所有的自动柜员机（ATM）及所有的销售点（POS）终端受理银联支付卡（以下简称终端设备要求，terminal equipment requirements）。第四，要求所有收单机构标注银联标识并且能够受理所有带有银联标识的支付卡（以下简称收单机构要求，acquirer requirements）。第五，禁止使用非银联支付卡进行异地、跨行或行内交易（以下简称异地/跨行禁令，cross-region/inter-bank prohibitions）。第六，有关在中国大陆、中国香港和中国澳门地区的支付卡电子交易的要求（以下简称香港/澳门要求，Hong Kong/Macao requirements）。

《中国人民银行支付系统制度汇编》

专家组对照 19 份文件中的具体条款，一一核实这"六宗罪"是否成立。这是一项繁杂、细致的工作，专家组也用了长达 68 页的篇幅。此处择几点加以说明。

一、发卡机构要求

美国提出，这项要求体现在以下 6 个文件的条款中：

37 号文："一……（二）……1. 今年年底前，各商业银行要按银行卡统一标准和规范完成本行银行卡处理系统的改造，做好受理'银联'标识卡的各项技术准备。""二、推广使用全国统一的'银联'标识。"（"各商业银行发行的在国内跨行通用的银行卡必须在卡正面指定位置印刷统一的'银联'

标识，限国内通用的人民币贷记卡还应同时在指定位置加贴'银联'专用防伪标志。但仅限一定区域或特定用途的专用卡，不得使用'银联'标识。""加入全国银行卡跨行交换网络的ATM、POS等终端机具，必须能够受理带有'银联'标识的各类银行卡，加贴'银联'标识。""凡印有'银联'标识的银行卡必须严格执行统一的技术标准，发卡银行必须按照统一业务规范的要求，提供相应的跨地区、跨银行通用服务。""2004年起，各行发行的各类没有'银联'标识的银行卡不能用于异地或跨行使用。")"三、基本实现全国银行卡跨行联网通用。"

银行卡

57号文：一至六，包括"各商业银行发行的限国内通用的银行卡必须在卡正面右下方指定位置印刷统一的'银联'标识"等内容。

129号文："三……（二）……2. 全面普及'银联'标识卡。各商业银行和邮政储汇局新发行的各类人民币银行卡必须符合统一业务规范和技术标准要求，并按规定加贴统一的'银联'标识；对于现有的非'银联'标识卡，各商业银行和邮政储汇局要制定更换计划和明确工作要求，并于2003年8月20日前将更换计划等材料报人民银行备案。"

219号文："三、边境地区人民币卡收单机构要规范商户签约行为。有关人民币卡收单协议中要明确规定，商户不得将签购单、签购结算单、银联标识牌及POS机具用于收单协议范围以外的用途，不得将POS机带出境外使用，不得将受理人民币卡的业务委托或转让给第三方，不得将其他商户的交易假冒本商户交易与收单机构清算，不得使用POS机虚构交易为客户提取现金。"

76号文："第一章……4. 统一的联网标识"，包括"为规范和发展国内银行卡受理市场，方便商户受理和培训，在开展联网联合业务的同时建立统一的银行卡联网标识"等内容。

17号文：第5条、第7~10条，第64条，包括"中华人民共和国境内的商业银行（或金融机构）发行的各类银行卡，应当执行国家规定的技术标准，但发行带有国际信用卡组织标记的银行卡除外。单位卡应当在卡面左下方的适当位置凸印'DWK'字样。银行卡卡面应当载有以下要素：发卡银行一级法人名称、统一品牌名称、品牌标识（专用卡除外）、卡号（IC卡除外）、持卡人使用注意事项、客户服务电话、持卡人签名条（IC卡除外）等"等内容。

以上文件条款的内容非常多,有些与"发卡机构要求"无关。但是关于"发卡机构要求",专家组经过详细审查,确认了美国的主张,即有关文件"要求在中国境内发行的所有支付卡标注银联标识"。由 57 号文和 129 号文的相应条款,例如"各商业银行发行的限国内通用的银行卡必须在卡正面右下方指定位置印刷统一的'银联'标识",以及"按规定加贴统一的'银联'标识"等文字,我们也可以明显地看到这一点。

此外,专家组还分析道:要求使用银联标识本身,并不意味着发卡机构必须加入银联系统,但是从相关文件的内容来看,发卡机构是必须加入的。例如,57 号文规定:"三、自本通知下发之日起,各商业银行新申请发行的可异地或跨行使用的银行卡,必须符合统一的'银行卡联网联合业务规范'和相关技术标准的要求,且必须按本通知要求向人民银行报送符合'银联'标识使用要求的卡样。"这些文件设定了"互联互通"(interoperability)的要求。

关于使用银联标识和互联互通要求的影响,中国认为,这两项要求并未禁止银行卡为一个以上的网络所处理并同时使用银联和银联之外的其他 EPS 提供者的标识。专家组认为,这个问题涉及"发卡机构要求"是否禁止商业银行发行单一货币或双币银行卡,并可以在国内跨行人民币交易中使用,且能够在银联之外的网络进行处理。专家组经审查认定,不能认为有关规定禁止发行能够在一个以上跨行网络处理的银行卡,但是这些卡必须带有银联标识。专家组称,在中国发行的双标、双币卡就表明,银行卡同时遵守不同的技术标准是可行的。专家组所说的双标、双币卡,就是我们平常见到的同时载有"银联"和"VISA"等标识的银行卡。

银行卡

二、香港/澳门要求

美国提出,这项要求体现在以下 4 个文件的条款中:
16 号文(关于香港地区):"六、有关个人人民币银行卡的清算事宜由清算行、中国银联股份有限公司组织办理。"

8号文（关于澳门地区）："六、有关个人人民币银行卡的清算事宜由清算行、中国银联股份有限公司组织办理。"

219号文："四、边境地区人民币卡收单机构要加强机具管理，规范机具布放行为。收单机构完成商户签约后，再布放POS机具，且要承担对POS机具新增、更换、维护和撤销等工作的核实责任；收单机构不得在境外布放人民币卡POS机具受理终端。"

254号文："三、内地银行发行的人民币银行卡在香港或澳门消费或提取港币或澳门币现钞后，发卡银行应以人民币与中国银联股份有限公司（以下简称中国银联）清算，由中国银联向外汇指定银行统一购汇后，与香港、澳门收单银行分别以港币、澳门币清算。四、香港或澳门参加行发行的人民币银行卡在内地消费或提取人民币现钞后，发卡银行应通过清算行和中国银联与内地收单银行以人民币清算。""十七、内地银行应当按照《公告》及本通知要求，通过清算行和中国银联办理相关业务及清算，不得与香港或澳门其他机构直接进行人民币交易。"

根据以上条款的文字，专家组认定：这些文件要求必须由银联而不是其他EPS提供商来处理所有中国大陆发行的支付卡发生于澳门或香港地区的人民币交易，以及任何发生于中国大陆且使用中国香港或中国澳门地区发行的人民币支付卡的人民币交易。从"有关个人人民币银行卡的清算事宜由清算行、中国银联股份有限公司组织办理"这样的文字中，我们也可以明显地看到这一点。

三、唯一提供商要求

美国列举了15份文件中的条款，试图证明这些文件"强制要求使用中国银联（'银联'）和/或将银联作为境内为以人民币计价并以人民币支付的所有支付卡交易提供电子支付服务的唯一提供商"。专家组逐一进行了审查，但是没有确认美方的主张，而是在审查中反复提到：银联也许是国内唯一的人民币银行卡交易清算渠道，但是相关文件的文字并没有授予银联这种排他性的特权；要求遵守银联联网通用的技术标准，并不能排除银行发行符合其他服务提供商技术标准的支付卡。

专家组在审查了每一个文件后，还应美国要求综合审查了这些文件，因为美国提出，这六大措施（"六宗罪"）合在一起，影响了电子支付系统的每一组成部分以及所有的重要参与方，包括发卡机构、收单机构、商户和EPS提供商本身。具体而言，美国称，中国所有参与银行卡业务的机构都参与了银联网络，通过该网络处理所有的人民币银行卡交易，根据统一的规则和程序处理交易，包括遵守标识的要求。美国称，这些措施的效果就是创建一个系统，使得银联成为提供人民币交易的电子支付服务的唯一实体，或者说这些措施建立了银联的垄断地位。专家组从这些文件的明确和隐含操作、这些文件所实施的技术障碍以及这些文件所造成的经济障碍等角度进行了审查。专家组的结论是，美国未能证明这些文件结合起来使得银联成为唯一提供商。专家组再次表明：专家组不清楚银联是否为市场上人民币银行卡交易的唯一提供商，但即使如此，从本案证据来看，有关文件并没有规定银联是唯一提供商。专家组说"不清楚"，是因为在本案审理中，专家组发现了以下事实：中国农信银资金清算中心（简称农信银中心，是经中国人民银行批准，2006年由全国30家省级农村信用联社、农村商业银行、农村合作银行及深圳农村商业银行共同发起成立的全国性股份制金融服务企业，网址：www.nongxinyin.com），似乎也是提供与银联类似服务的机构（办理全国农村合作金融机构银行汇票、实时电子汇兑、个人账户通存通兑业务的异地资金清算以及经中国人民银行批准的其他资金清算业务）。也就是说，专家组认为，在中国境内，银联可能并非"唯一提供商"。

农信银资金清算中心标志

由以上分析可以看出，在"唯一提供商要求"所涉及的事项中，专家组没有认定银联是唯一提供商，但是对于"香港/澳门要求"所涉及的事项，专家组则作出了这项认定，主要原因在于相关文件中的不同措辞。

此处特别值得一提的是"272号文"的问题。这个文件已经在美国提出磋商请求（2010年9月15日）之前（2010年3月23日）被宣布失效。专家组称，虽然关于这种文件是否应当审查应当考虑个案的情况，包括失效的时间以及重新启用的可能性等，但是美国在回答专家组提问时明确表示：即使专家组不考虑这个文件，也不会对美国的主张有任何影响。因此，专家组认为没有必要审查这个文件。然而"272号文"中却有这样一句话："四、（一）……所有银行卡跨行交易一律通过商业银行行内系统和'中国银行'网络（以下简称银联网络）实现。"从中可以看出，这种表述与"香港/澳门要求"中的"有关个人人民币银行卡的清算事宜由清算行、中国银联股份有限公司组织办理"不相上下！也就是说，如果这条规定仍然有效，专家组对"唯一提供商要求"的认定则会完全不同。当然，退一步讲，即使专家组审查了这个规定，那么对于本案中该文件已经失效的情况，专家组又有可能作出什么样的结论呢？

四、其他措施及其影响

对于另外三项措施,即"收单机构要求""终端设备要求"和"异地/跨行禁令",专家组也按照同样的方式进行了审查。专家组认定:这些文件要求所有收单机构标注银联标识并且能够受理所有带有银联标识的支付卡,要求中国境内所有商户的支付卡处理设备、所有的自动柜员机(ATM)及所有的销售点(POS)终端受理银联支付卡,但这些文件并未禁止使用非银联支付卡进行异地、跨行或行内交易。

银行终端设备

大家可能没有忘记,本案的最终结论是,这些措施是否违反了 GATS "市场准入"和"国民待遇"。而这六大措施一旦定性,这两个法律结论也就渐趋明朗了。例如,"香港/澳门要求"可能就构成了市场准入的障碍,使得 VISA 等无法介入;而"发卡机构要求"则可能给银联带来竞争优势,影响对 VISA 等的国民待遇。至于"唯一提供商要求"没有认定,则使得专家组不可能判定银联构成垄断,相关文件不存在市场准入障碍。

当然,对于这些法律结论,专家组仍然是一一论证得出的,并且其中不乏独到之处。

(2012 年 10 月 4 日)

附件:文件目录

1. 中国人民银行《关于印发银行卡业务管理办法的通知》(银发〔1999〕17 号)

2. 中国人民银行《关于印发 2001 年银行卡联网联合工作实施意见的通知》(银发〔2001〕37 号)

3. 中国人民银行《关于统一启用"银联"标识及其全息防伪标志的通知》(银发〔2001〕57 号)

4. 中国人民银行《关于印发银行卡联网联合业务规范的通知》(银发〔2001〕76 号)

5. 中国人民银行《关于 2002 年银行卡联网通用工作的意见》(银发

〔2002〕94号)

6. 中国人民银行《关于当前银行卡联网通用工作有关问题的通知》(银发〔2002〕272号)

7. 中国人民银行《关于进一步做好银行卡联网通用工作的通知》(银发〔2003〕129号)

8. 中国人民银行《关于在香港办理个人人民币存款、兑换、银行卡和汇款业务的有关银行提供清算安排的公告》(中国人民银行公告〔2003〕第16号)

9. 国家外汇管理局《关于规范银行外币卡管理的通知》(汇发〔2004〕66号)

10. 中国人民银行《关于为在澳门办理个人人民币存款、兑换、银行卡和汇款业务的有关银行提供清算安排的公告》(中国人民银行公告〔2004〕第8号)

11. 中国人民银行《关于边境地区受理和使用人民币银行卡有关问题的通知》(银发〔2004〕219号)

12. 《关于内地银行与香港、澳门银行办理个人人民币业务有关问题的通知》(银发〔2004〕254号)

13. 中国人民银行、发展改革委、公安部、财政部、信息产业部、商务部、税务总局、银监会、外汇局《关于促进银行卡产业发展的若干意见》(银发〔2005〕103号)

14. 中国人民银行《关于规范和促进银行卡受理市场发展的指导意见》(银发〔2005〕153号)

15. 中国人民银行《关于加强银行卡境外受理业务管理有关问题的通知》(银发〔2007〕273号)

16. 中国银行业监督管理委员会《关于外商独资银行、中外合资银行开办银行卡业务有关问题的通知》(银监发〔2007〕49号)

17. 中国人民银行、中国银行业监督管理委员会、公安部、国家工商行政管理总局《关于加强银行卡安全管理预防和打击银行卡犯罪的通知》(银发〔2009〕142号)

18. 中国人民银行办公厅《关于贯彻落实中国人民银行、中国银行业监督管理委员会、公安部、国家工商总局关于加强银行卡安全管理、预防和打击银行卡犯罪的通知的意见》(银办发〔2009〕149号)

19. 国家外汇管理局《关于规范银行卡外币卡管理的通知》

"中国电子支付服务案"详解之五:
中国措施是否违反了市场准入承诺?

模式一　跨境交付

模式三　商业存在

美国认为,"六大措施"不符合GATS第16条。美国称,中国对EPS作出了模式一和模式三承诺,即不对外国EPS提供商的数量设定任何限制。然而中国却通过这六项措施,建立并维持了一个垄断结构,使得只要银行卡在中国发行并使用,那么对于在中国发生的所有人民币银行卡交易,银联就是一个排他性的EPS提供者。美国还认为,这些措施也不适用于减让表中所规定的限制、条件和资质。因此,美国认为这些措施不符合GATS第16条。

而中国反驳说,美国没有证明中国作出了模式一和模式三承诺。不仅如此,中国还认为,即使专家组认定中国作出了某些承诺,美国也没有证明这些措施以垄断或排他性服务提供者的形式对外国服务提供者的数量设立了限制。

由上述内容可以看出,双方的争议在于中国是否作出了承诺以及有关措施是否违反了GATS第16条。专家组决定根据先例所确定的两步骤法,先确定中国是否就模式一和模式三作出了承诺,然后审查其是否违反了第16条。

(一) 中国是否就模式一和模式三作出了承诺

关于中国是否作出了承诺,就是要看中国的减让表,也就是如何理解减让表中的措辞。

1. 模式一

[...] B. Banking and Other Financial Services (excluding insurance and securities) Banking services as listed below: (a)... (b)... (c)...	(1) Unbound except for the following: —Provision and transfer of financial information, and financial data processing and related software by suppliers of other financial services. —Advisory, intermediation and other auxiliary financial services on all activities listed in subparagraphs (a) through (k), including credit reference and analysis, investment and portfolio research and advice, advice on acquisitions and on corporate restructuring and strategy. (2)...

(d) All payment and money transmission services, including credit, charge and debit cards, travellers cheques and bankers drafts (including import and export settlement); (e)... (f)...	(3)... (4)...
—Motor vehicle financing by non-bank financial institutions	(1) Unbound except for the following: —Provision and transfer of financial information, and financial data processing and related software by suppliers of other financial services. —Advisory, intermediation and other auxiliary financial services on all activities listed in subparagraphs (a) through (k), including credit reference and analysis, investment and portfolio research and advice, advice on acquisitions and on corporate restructuring and strategy. (2)... (3)... (4)...
—Other financial services as listed below: (k) Provision and transfer of financial information, and financial data processing and related software by supplier of other financial services. (l) Advisory, intermediation and other auxiliary financial services on all activities listed in subparagraphs (a) through (k), including credit reference and analysis, investment and portfolio research and advice, advice on acquisitions and on corporate restructuring and strategy. —Securities	(1) None (2)... (3)... (4)... (1)... (2)... (3)... (4)...

中国减让表中的相关内容为："部门或分部门"栏目描述为："银行及其他金融服务：……（d）所有支付和汇划服务，包括信用卡、赊账卡和贷记卡、旅行支票和银行汇票（包括进出口结算）；"市场准入限制"栏目描述

为："（1）除下列内容外，不作承诺（unbound）：—由其他金融服务提供者提供和转让金融信息、金融数据处理以及有关软件；—就（a）至（k）项所列所有活动进行咨询、中介和其他附属服务，包括资信调查和分析、投资和证券的研究和建议、关于收购的建议和关于公司重组和战略制定的建议。"美方认为，就"EPS"，中国作出了模式一的承诺。

专家组认为，从措辞来看，中国仅就两个连字符"—"所描述的服务作出了承诺。专家组发现，此处的措辞与（k）和（l）几乎完全相同，唯一的区别仅为，此处的服务提供者"suppliers"为英语复数，而（k）为英语单数"supplier"。（k）和（l）的模式一承诺为"没有限制"（none）。专家组研究了第一个连字符中的"其他"（other）和第二个连字符中的"附属"（auxiliary）两个字的含义，认为这两类服务是指（a）至（f）之外的服务。也就是说，此处的承诺不包括（d），即本案所涉及的"EPS"。专家组进一步指出，（k）和（l）属于条款解释的上下文，其措辞与模式一承诺的措辞相同，由此印证了模式一承诺所指向的是（k）和（l）的服务。此外，由于（k）和（l）与（d）并列，根据服务部门相互排斥的原则，也不能将这三种服务理解为相同的部门。因此，专家组认定，对于（d），中国没有作出模式一的市场准入承诺。也就是说，中国没有就"EPS"作出"跨境交付"的承诺。

2. 模式三

"市场准入限制"栏目，即上述英文表格中所省略的"（3）……"的描述为：A. 地域限制：对于外汇业务，自加入时起，无地域限制。对于本币业务，地域限制将按下列时间表逐步取消：自加入时起，开放上海、深圳、天津和大连；加入后1年内，开放广州、珠海、青岛、南京和武汉；加入后2年内，开放济南、福州、成都和重庆；加入后3年内，开放昆明、北京和厦门；加入后4年内，开放汕头、宁波、沈阳和西安；加入后5年内，将取消所有地域限制。B. 客户：对于外汇业务，允许外国金融机构自加入时起在中国提供服务，无客户限制。对于本币业务，加入后2年内，允许外国金融机构向中国企业提供服务；加入后5年内，允许外国金融机构向所有中国客户提供服务。获得在中国一地区从事本币业务营业许可的外国金融机构可向位于已开放此类业务的任何其他地区的客户提供服务。C. 营业许可：中国金融服务部门进行经营的批准标准仅为审慎性的（即不含经济需求测试或营业许可的数量限制）。加入后5年内，应取消现在的限制所有权、经营及外国金融机构法律形式的任何非审慎性措施，包括关于内部分支机构和营业许可的措施。满足下列条件的外国金融机构允许在中国设立外国独资银行或外国独资财务公司：提出申请前一年年末总资产超过 100 亿美元。满足下列条件的外国金融机构允许在中国设立外国银行的分行：提出申请前一年年末总资产超过 200 亿美元。满足下列条件的外国金融机构允许在中国设立中外合资银行或中外合资财务公司：提出申请前一年年末总资产超过 100 亿美元。从事本币业务的外国金融机构的资格如下：在中国营业 3 年，且在申请前连续 2 年盈利。对于其他，没有限制。美方认为，从 2006 年开始，就"EPS"，中国已经没有模式三的市场准入限制。

专家组注意到，中国在适用于外国金融机构的（d）和模式三方面作出了市场准入承诺，关于这一点，中美双方意见一致。但在这些承诺是否限于外国金融机构，以及 EPS 提供者是否属于外国金融机构方面，双方存在分歧。专家组通过研究"外国金融机构"的含义以及减让表的上下文认定，中国承诺中的"外国金融机构"在银行业务方面包含提供（a）至（f）金融服务的外国公司。因此，"外国金融机构"包含外国银行、外国金融公司以及其他外国非金融机构，包括 EPS 提供者。这一论证过程，使我们想起了前文涉及的（d）是否包括 EPS 的问题，专家组很下功夫，用了长达 8 页的篇幅，从"通常含义"和"上下文"等角度进行了分析。的确，像（d）是否包括 EPS 问题一样，如果 EPS 提供者不属于外国金融机构，那么所谓模式三承诺也就徒有其名了。

专家组认为，认定了其他成员的 EPS 提供者属于"外国金融机构"，就没有必要继续审查中国是否作出了适用于非外国金融机构的外国服务提供者的（d）和模式三的承诺。随后，专家组决定审查中国现有的关于外国金融机构通过模式三提供服务的市场准入承诺。

本案中，美国所提出的问题是在中国为国内人民币支付卡交易提供 EPS。因此，对于模式三承诺，其他成员的 EPS 提供者的相关业务是当地货币（人民币）业务。模式三承诺明确提到了本币业务，即在一段时间的过渡期后，外国金融机构可以向所有中国企业和自然人提供服务，而没有地域限制和限制所有权、经营及外国金融机构法律形式的任何非审慎性措施。EPS 提供者所服务的企业和自然人包括发卡机构、收单机构、商户、个人或公司持卡人。重要的是，模式三没有通过排他性或独家服务提供者的形式限制服务提供者的数量，但具体提到了市场准入承诺关于外国金融机构从事本币业务的资质要求。

基于上述分析，专家组认定，对于包括其他成员 EPS 提供者的外国金融机构所提供的（d）项下的服务，中国作出了模式三承诺。该承诺没有服务提供者数量方面的限制,但有资质限制。因此,中国应当让其他成员的 EPS 提供者提供商业存在进入其市场,以便在满足资质要求的条件下在中国从事本币业务。

(二) 中国有关措施是否违反了 GATS 第 16 条

专家组首先对已经审查得出结论的涉案措施进行了回顾总结。专家组认为,中国的法律文件要求在中国发行的银行卡标注银联标识,并进一步要求发卡机构成为银联网络的成员,并且其在中国所发银行卡达到统一的商业要求和技术标准。中国要求作为全国银行卡银行间处理网络成员的所有终端(ATM 机、商户处理设备和 POS 机)都能够接受标注银联标识的所有银行卡。中国要求收单机构标注银联标识,成为银联网络的成员,并且能够接受标注银联标识的所有银行卡。此外,中国的某些文件授权银联而不是其他的 EPS 提供者处理某些人民币银行卡交易的结算,这些交易涉及在中国发行、在香港或澳门地区使用的人民币银行卡,或者在香港或澳门地区发行而在此两地或内地使用的人民币银行卡。而专家组没有认定的是,对于在中国国内发生的所有人民币银行卡交易,存在一项普遍的规定,要求必须使用银联或者将银联作为 EPS 的唯一提供者。类似地,专家组没有认定的还有,对于跨地区或跨行的交易禁止使用非银联卡。专家组称,在美国所提出的六种措施中,专家组由于没有认定中国采取了"唯一提供者要求"和"跨地区/银行要求",因此就不再审查这两种措施是否违反 GATS 第 16 条。但由于中国采取了"发卡机构要求""终端要求"和"收单机构要求",并且存在"香港/澳门要求",以下就审查这四种要求是否违反了第 16 条。

此外,专家组指出,由于上面已经认定中国没有作出模式一承诺,所以在这个方面,四种要求都没有违反第 16 条。由于中国作出了模式三承诺,所以,专家组将审查四种要求是否违反了第 16 条。具体而言,美国认为,这四种措施通过第 16 条第 2 款(a)项所指的以"垄断"和"排他性服务提供者"的形式限制了服务提供者的数量,因此,专家组就根据该项进行审查。

GATS 第 16 条"市场准入"规定如下:(1) 对于通过第 1 条确认的服务提供方式实现的市场准入,每一成员对任何其他成员的服务和服务提供者给予的待遇,不得低于其在具体承诺减让表中同意和列明的条款、限制和条件。(2) 在作出市场准入承诺的部门,除非在其减让表中另有列明,否则一成员不得在其一地区或在其全部领土内维持或采取按如下定义的措施:(a) 无论以数量配额、垄断者、排他性服务提供者的形式,还是以经济需求测试要求的形式,限制服务提供者的数量;(b) 以数量配额或经济需求测试要求的形式限制服务交易或资产总值；(c) 以配额或经济需求测试要求的形式，限制服务业务总数或以指定数量单位表示的服务产出总量；(d) 以数量配额或经济需求测试要求的形式，限制特定服务部门或服务提供者可雇用的、提供具体服务所必需且直接有关的自然人总数；(e) 限制或要求服务提供者通过特定类型法律实体或合营企业提供服务的措施；以及 (f) 以限制外国股权最高百分比或限制单个或总体外国投资总额的方式限制外国资本的参与。

专家组首先解释了"垄断者"（monopoly）、"排他性服务提供者"（exclusive service supplier）的含义及其两者之间的关系，而且解释了"以……形式"的含义。对于"发卡机构要求""终端要求"和"收单机构要求"，专家组称，虽然认定了这些措施的存在，但还存在进一步的情况。具体而言，对于"发卡机构要求"，专家组认为，法律文件并未表明作为银联成员的发卡机构不能在中国加入其他的网络，或者满足银联统一商业要求和技术标准的银行卡不得同时满足其他网络的要求。对于"终端要求"，法律文件并未表明这种终端不能同时接受标注其他 EPS 提供者标识的银行卡，也就是说，这一要求并未阻碍接受通过银行间的、非银联的网络处理的银行卡。对于"收单机构要求"，法律文件并未表明收单机构不能接受通过银行间的、非银联的网络处理的银行卡。总之，专家组认为，从性质上看，这些要求并没有对 EPS 的提供实施数量限制的限制，即没有将银联设定为"垄断者"或"排他性服务提供者"。此外，法律文件并未表明这些要求对 EPS 提供者实施了明确的限制，不管是以"垄断者"还是"排他性服务提供者"形式出现的。因此，专家组无法认定这些措施违反了第 16 条第 2 款 (a) 项。

然而对于"香港/澳门要求"，专家组却得出了不同结论。从前文的"详解之四"可知，专家组认定这些要求以银联垄断的形式限制了服务提供者的数量。甚至对于达到了模式三条件的其他 WTO 成员的 EPS 提供者，也有此项限制。因此，专家组认定，此项措施违反了第 16 条第 2 款 (a) 项。

（2012 年 10 月 5 日）

"中国电子支付服务案"详解之六：中国措施是否违反了国民待遇承诺？

美国认为，"六大措施"不符合 GATS 第 17 条，使得给予外国 EPS 提供者的待遇低于银联。而中国反驳说，其国民待遇承诺与本案的服务和服务提供者无关。具体而言，中国认为美国没有证明其他成员的 EPS 提供者属于减让表中的"外国金融机构"。关于模式一承诺，中国认为美国不适当地将第 17 条和第 16 条的主张建立在同样的基础上，因为中国是保留了采取市场准入限制权利的，包括第 16 条第 2 款中可以视为歧视性的限制。中国认为，这种权利不能由于完全同样的要求被判定不符合第 17 条而被取消，因为这样就会抵消其在作出市场准入模式一承诺时使用"不作承诺"（Unbound）一词所留下的选择空间。

招聘
来源：《三晋都市报》。

GATS 第 17 条"国民待遇"规定如下：（1）对于列入减让表的部门，在遵守其中所列任何条件和资格的前提下，每一成员在影响服务提供的所有措施方面给予任何其他成员的服务和服务提供者的待遇，不得低于其给予本国同类服务和服务提供者的待遇。（2）一成员可通过对任何其他成员的服务或服务提供者给予与其本国同类服务或服务提供者的待遇形式上相同或不同的待遇，满足第 1 款的要求。（3）如形式上相同或不同的待遇改变竞争条件，与任何其他成员的同类服务或服务提供者相比，有利于该成员的服务或服务提供者，则此类待遇应被视为较为不利的待遇。

根据先例所确定的三步骤法，专家组认为，要证明违反第 17 条，美国必须证明以下三个方面：（1）在相关服务部门和服务提供方式方面，中国作出了国民待遇承诺。（2）中国的措施为"影响服务提供的措施"。（3）这些措施对其他成员的服务或服务提供者所给予的待遇，较为不利于给予中国同类服务和服务提供者的待遇。专家组将按照这三个方面进行分析。专家组指出，其审查仅涉及"发卡机构要求""终端要求"和"收单机构要求"。对于美国所提出的六种措施中的其他措施，专家组由于没有认定中国采取了"唯一提供者要求"和"跨地区/银行要求"，因此就不再审查这两种措施是否违反了GATS 第 17 条。对于"香港/澳门要求"，以上已经认定在模式三方面违反了第 16 条，因此，对于该措施在模式三方面是否违反了第 17 条，专家组决定行使司法节制权而不予审查。但专家组会审查该措施是否违反了模式一的国民待遇承诺。

中国减让表中的相关内容与"市场准入"部分相同（见"详解之一"中的减让表）。"部门或分部门"栏目描述为："银行及其他金融服务：……（d）所有支付和汇划服务，包括信用卡、赊账卡和贷记卡、旅行支票和银行汇票（包括进出口结算）。""国民待遇限制"栏目描述为："没有限制（None）；除关于本币业务的地域限制和客户限制（列在市场准入栏中）外，外国金融机构可以同外商投资企业、非中国自然人、中国自然人和中国企业进行业务往来，无个案批准的限制或需要。对于其他，没有限制（Others, none）。"美方的主张就是关于以上承诺的。专家组经过详细分析，对于"三步骤法"中的前两个步骤都作出了肯定回答，即在相关服务部门和服务提供方式方面，中国作出了国民待遇承诺，且中国的措施为"影响服务提供的措施"。专家组随后重点分析了在"发卡机构要求""终端要求"和"收单机构要求"这三项措施方面，中国是否提供了较为不利的待遇。

对于"发卡机构要求"，专家组分析了两个具体因素：银联标识和互联互通（interoperability）。

（1）银联标识。如前所述，中国要求，商业银行在中国发行并能够在跨行人民币交易中使用的人民币银行卡和双币卡，必须在卡的正面标注银联标识，但并未禁止所发的银行卡能够通过非银联的网络进行处理。其结果是，对于其他 WTO 成员的任何 EPS 提供者来说，要想让中国的商业银行在自己的网络内发行银行卡，就不得不在银行卡的显著位置标注银联标识。持卡人时刻都会被提醒银联及其网络的存在，而银联正是其他 EPS 提供者的竞争对手。银联就进一步从中国的这一要求中获益了。结果，发卡机构必须在所有卡上标注银联标识且免费，而其他成员的服务提供者则完全要求将其标识标注在银联品牌的卡上。如此关注，就提高了银联的知名度。专家组认为，标注银联标识的要求改变了竞争条件，有利于银联，而根据第 17 条第 3 款，这就是对其他成员的服务提供者给予了较为不利的待遇。

（2）互联互通。中国的发卡机构必须接入银联网络，标注银联标识的银行卡也必须与银联互联互通，其结果是确保所有发卡用于国内跨行人民币交易的商业银行都是银联的成员，并且确保商业银行的所有银行卡，不论是银联卡还是非银联卡，都能够在银联网络中处理。相比之下，其他成员的服务提供者不得不劝说发卡机构加入他们的网络，这可能不会成功，或者至少无法达到相同的会员水平。即使能够达到相同的会员水平，这些提供者也要花费时间和精力。不仅如此，发卡机构的银行卡要想与其他成员服务提供者的网络互联互通，还必须与银联网络互联互通，而银联品牌的银行卡则不必与其他服务提供者的网络互联互通。专家组认为，互联互通要求改变了竞争条件，有利于银联，而根据第 17 条第 3 款，这就是对其他成员的服务提供者给予了较为不利的待遇。

对于"终端要求"，中国要求作为全国银行卡银行间处理网络成员的所有终端（ATM 机、商户处理设备和 POS 机）都能够接受标注银联标识的所有银行卡，这就保证了所有标注银联标识的银行卡能够被商业银行和商业终端设备接受，并通过银联网络处理。然而这一要求并未排除这种终端同时接受标注其他 EPS 提供者标识的银行卡，也就是并未阻碍接受通过银行间的、非银联的网络处理的银行卡。其结果是，其他成员的服务提供者可以进入必须接受标注银联标识银行卡的终端。这些终端随后也通过其网络处理交易。然而这些服务提供者可能无法进入所有终端，因为与银联标识卡不同的是，商业银行、收单机构和商户可以拒绝其进入。此外，即使达到同等进入水平，这些服务提供者也必须花费比银联更多的时间和精力，而进入银行和商户终端的水平，恰恰是对发卡机构和银行卡使用者的吸引力及其竞争地位的重要决定性因素。专家组认为，终端要求改变了竞争条件，有利于银联，而根据第 17 条第 3 款，这就是对其他成员的服务提供者给予了较为不利的待遇。

对于"收单机构要求"，中国要求收单机构标注银联标识，成为银联网络的成员，并且能够接受标注银联标识的所有银行卡，但并未要求收单机构不能接受通过银行间的、非银联的网络处理的银行卡。专家组对这一措施的分析思路与上述"终端要求"相同。因此，专家组认定，收单机构要求改变了竞争条件，有利于银联，而根据第 17 条第 3 款，这就是对其他成员的服务提供者给予了较为不利的待遇。

关于本文开头中国所提出的反驳意见之一，即中国认为美国没有证明其他成员的 EPS 提供者属于减让表中的"外国金融机构"的问题，专家组已经在"是否违反了市场准入承诺"那部分解决了,即其他成员的 EPS 提供者属于"外国金融机构"(见前文的"详解之五")。对于反驳意见之二,大家可能已经注意到,对于"详解之一"中的减让表,模式一市场准入栏目写的是"Unbound",而国民待遇栏目写的是"None"。中国的观点是,中国有权采取第 16 条第 2 款所指的限制性措施,包括不符合国民待遇的歧视性措施。专家组支持了中国的观点,认为第 16 条第 2 款中的义务可以延伸到属于第 17 条范围的措施。具体到市场准入模式一的"Unbound",可以理解为中国能够采取第 16 条第 2 款的任何措施,包括第 17 条所说的歧视性措施。

我们有点糊涂了。这是什么意思啊?中国可以依据第 16 条第 2 款采取违反第 17 条的措施?也就是说,由于市场准入这边是"Unbound",国民待遇这边是"None",中国就可以违反国民待遇承诺?

专家组也承认,对第 16 条和第 17 条范围的分析带来了明显的模糊性(an apparent ambiguity):一方面,国民待遇承诺覆盖了"所有影响服务提供的措施",似乎也包括了"不作承诺"(Unbound)的市场准入的内容;另一方面,中国"不作承诺"(Unbound)的市场准入内容似乎也包括了歧视性的、属于完全国民待遇承诺的内容。专家组指出,问题并非出在第 16 条和第 17 条范围之间的模糊,而是出在"Unbound"和"None"这两个词具体运用到中国减让表中与市场准入和国民待遇义务都抵触的措施时所缺乏的清晰性。

专家组指出,其实这个问题已经规定在 GATS 第 20 条第 2 款中:"与第 16 条和第 17 条都不一致的措施应列入与第 16 条有关的栏目。在这种情况下,所列内容将被视为也对第 17 条规定了条件或资格。"也就是说,当一项措施既不符合第 16 条也不符合第 17 条的时候,就应列入市场准入栏目。这样,当市场准入栏目有限制时,也适用于第 17 条。换句话说,与两个条款都抵触的措施,对该措施的歧视性和非歧视性都施加了限制。或者更为简单地说,当市场准入栏目与国民待遇栏目似乎相抵触时,市场准入栏目优先。具体到中国减让表,市场准入栏目的"Unbound"包含了不符合第 16 条和第 17 条这两个条款的措施,加上第 17 条的"None",就意味着不管是否具有歧视性,中国可以自由采取第 16 条第 2 款的所有限制措施,即:(a)无论以数量配额、垄断者、排他性服务提供者的形式,还是以经济需求测试要求的形式,限制服务提供者的数量;(b)以数量配额或经济需求测试要求的形式限制服务交易或资产总值;(c)以配额或经济需求测试要求的形式,限制服务业务总数或以指定数量单位表示的服务产出总量;(d)以数量配额或经济需求测试要求的形式,限制特定服务部门或服务提供者可雇用的、提供具体服务所必需且直接有关的自然人总数；(e) 限制或要求服务提供者通过特定类型法律实体或合营企业提供服务的措施；以及 (f) 以限制外国股权最高百分比或限制单个或总体外国投资总额的方式限制外国资本的参与。例如，国家给予了某个公司行业垄断地位，外国公司不得进入这个行业，这显然是歧视性的，不符合国民待遇原则（如果这个国家减让表的国民待遇栏目写的是"没有限制"（None）），但是由于减让表的市场准入栏目写的是"Unbound"，所以，这种措施是允许的。本案中，专家组认为"香港/澳门要求"（专家组认定这种要求以银联垄断的形式限制了服务提供者的数量）并未违反模式一的国民待遇承诺就是基于这一点，因为这种要求就是属于第16条第2款（a）项的限制。

这里请注意，此处的自由仅适用于模式一。也就是说，中国虽然对于模式一作出了国民待遇承诺，但是仍然可以采取以上的市场准入限制，包括歧视性的限制。对于模式三，由于市场准入和国民待遇栏目下都是"None"，而不是"Unbound"，所以必须给予非歧视性的待遇。

(2012年10月5日)

"中国电子支付服务案"详解之七：
法律之战背后的商业之争

长假快要结束了，我的"详解系列"也要收笔了。在这个天空微明、四周安静的清晨，我看着这棵大榕树，心中有些不安。这幅画基本描绘了"枝繁叶茂"（仍有很多细节没有处理好，可远观而不可近玩也），但是"盘根错节"有明显缺陷，给人以头重脚轻的感觉。

当然，我说"根节"没有画好，不是指"系列之一"树形图的"法律依据"中的 GASTS 第 16 条、GATS 第 17 条和中国承诺；这些法律的内容及其层层交织的特点，我觉得基本上也说清楚了。然而我发现，这些"根节"，即是否违反市场准入和国民待遇承诺等法律之争，只是明的，其实还有一些暗的"根节"，即银联和 VISA 商业之争。正如厦门宾馆门口的那棵大榕树，我看到的根节只是表面的，而真正让大榕树枝繁叶茂的，是埋在泥土砂石中的那部分！

这部分是如何扎根吸水，如何日积月累，才养育了这棵蔚为壮观的大榕树！我不是植物学家，也没有看着它长大，虽然试图猜测描绘，却感到力不足。一如本案的来龙和去脉是怎样的，即商业之争是怎么回事及其未来走向，实在是应当说清楚的。然而对于电子支付这种专业服务，我是外行，所以非常认同"详解之一"开头所援引的中国第一次书面陈述中的观点："the array of services… are among the most technologically and commercially complex services to be found anywhere in the world."此处姑且从外行的角度谈一点猜测，以"抛砖"引出各位深入研究的"玉作"。

（1）据说中美之间的这场法律之战，背后其实是银联与 VISA 两家公司之间的法律之争。从前，中国的银行发行的银行卡，在境内走银联通道，在境外走 VISA 通道，你收国内的钱，我收国际的钱，两家相安无事。据说这也是 VISA 在全球的主要商业模式，在其他国家的市场上都是这么操作的。但是从 2004 年开始，银联开始进军国际市场，号称在 110 个国家可以用银联卡结算，并且占据了香港和澳门地区的大部分市场，即持中国发行的银行卡的人大多数都是选择银联通道结算。VISA 与银联多次谈判未果，最后恼羞成怒，要求美国政府起诉中国政府，声称中国政府采取措施干扰了市场竞争。这样，这场争端就从两家公司的商业之争演变为中美政府的法律之战。

（2）那么从这个案件中，VISA 能得到什么呢？根据专家组裁决，在香港和澳门地区的人民币清算必须由银联完成，这一措施必须取消。也就是说，将来在香港和澳门地区的人民币清算，可以选择银联通道，也可以选择 VISA 通道。根据专家组的分析，中国境内的人民币清算市场是开放的，因为银联并非垄断的 EPS 服务提供者。也就是说，VISA 本来就是可以通过设立公司从事这项业务的，只是必须满足在中国营业 3 年且在申请前连续 2 年盈利"的条件。此外，根据专家组的裁决，中国强制要求贴银联标识和互联互通的规定必须取消，使得 VISA 在商业竞争中获得同等待遇。

（3）然而以上 VISA 所得也许仅仅是理论上的，并非能够付诸商业现实。"香港/澳门要求"和"发卡机构要求"等取消后，鉴于银联已经建立的强大网络和发卡机构的"路径依赖"，会有很多银行弃银联而选 VISA 吗？（当然，如果 VISA 提供质优价廉的服务则另当别论。）VISA 会一反其全球商业模式，单独在中国成立公司，安装设备，从事人民币业务吗？（当然，现有各家银行与 VISA 已经建立的联系，如果从技术上和成本上让 VISA "另立山头"不太困难，则另当别论。）

此外，根据专家组裁决，在"跨境交付"方面，中国是没有承诺的。也就是说，中国有权采取措施，禁止 VISA 跨境从事人民币业务。如果是这样，VISA 在中国的公司似乎只能在中国境内从事人民币业务，从而使得这项业务成为"孤岛"。在这种情况下，VISA 还会选择在中国成立公司吗？（当然，如果这种措施在商业上无法实施，或者不符合"行规"，则另当别论。）

（4）那么本案将会如何改变银联与 VISA 的商业之争呢？VISA 生气，是因为银联"侵占"了中国港澳地区和国际市场，然而国际市场并非本案的问题，而是 VISA 全球商业模式的问题；至于港澳地区市场，VISA 也未必能够收复。本案中，VISA 却"意外"地、理论上地得到了中国国内市场，可以成立公司，可以与银联公平竞争。这样的"胜利"，又会有什么实际利益和影响呢？

最后，令我这个外行困惑的是，在中国的银行卡、ATM 机和店铺门口，随处可见下面这些标识。

这些外国卡组织不是都进来了吗？我知道，从理论上说，它们不能从事人民币清算业务。而老外在中国的商店买东西，在收银台出示一张 VISA 卡（没有银联标识），收银员在一台小小的 POS 机上刷一下，几秒钟时间，POS

国外银行标识

机就打印出一张收据；老外签上字，就可以拎着东西走了。我们知道这个付款的过程是电子传输的，但这究竟是怎样一个过程呢？人民币与外币究竟是如何在众多参与方之间转换的呢？如果中国执行了本案裁决，会发生什么变化呢？电子支付服务常识的匮乏，真的影响了我对本案的深入理解。因此，写作本案的详解系列，只是"外行看热闹""照葫芦画瓢"而已。

对此，我期待高手指点，帮我完成这幅"大榕树"油画。

（2012 年 10 月 6 日）

13. 中国稀土案（China—Rare Earths）

专家组的难题

——"中国稀土案"专家组裁决的思路

出口税不能援引 GATT 第 20 条例外，这是"中国原材料案"[1]专家组和上诉机构的一致结论。而在"中国稀土案"[2]中，中国要求专家组再审查这一法律问题（re-examine the same question of law），认定出口税可以援引这一例外。中国称，这次提出了新的理由以及未被"中国原材料案"专家组和上诉机构充分考虑的理由，本案专家组应该对这一问题进行独立解释。[3]

专家组认为，这是一个复杂的实体问题（a complex issue of substance）。随后，专家组从理论和本案两个方面进行了论证，最后仍然没有支持中国的观点。

一、理论

DSU 第 17 条第 14 款规定，上诉机构报告应由 DSB 通过，并且当事方应无条件接受。在"美国不锈钢案（墨西哥）"（US—Stainless Steel（Mexico））中，上诉机构认为，DSU 第 3 条第 2 款试图确立争端解决机制的"安全性和可预见性"，这意味着除非有令人信服的理由（cogent reasons），裁判机构应在嗣后案件中以相同方式解决相同的法律问题（an adjudicatory body will resolve the same legal question in the same way in a subsequent case）。上诉机构引

---

[1] China—Measures Related to the Exportation of Various Raw Materials, DS394/395/398.
[2] China—Measures Related to the Exportation of Rare Earths, Tungsten and Molybdenum, DS431/432/433.
[3] 专家组报告，第 7.54 段。

用了国际法学家劳特派特（Lauterpacht）的观点：如果法律要想实现其一项主要功能，即确保安全性和稳定性，则遵循法律裁决就是必需的。在其他国际组织的争端解决程序中，例如国际刑事法庭和投资争端解决中心，也很重视裁决的一致性。上诉机构进一步指出，按照 DSU 所规定的等级结构（hierarchical structure），专家组和上诉机构的职责是不同的。为了加强多边贸易体系中的争端解决，乌拉圭回合将上诉机构设为常设机构。根据第 17 条第 6 款，上诉机构有权审查专家组报告中的法律问题以及专家组作出的法律解释。相应地，第 17 条第 13 款规定上诉机构有权维持、修改或推翻专家组的法律认定和结论。WTO 成员创立上诉机构以审查专家组作出的法律解释，这表明成员们认识到了根据协定解释其权利和义务的一致性和稳定性的重要性。这对于促进争端解决机制的安全性和可预见性以及确保迅速解决解决是至关重要的。对于相同问题，如果专家组不遵循上诉机构先前作出的裁决，就不利于发展出一套协调、可预见的先例以澄清成员的权利和义务。从第 3 条第 2 款来看，澄清就是按照国际公法的习惯解释规则阐释有关协定的范围和含义。尽管适用某项规定可以被理解成仅限于其发生的情景，但是已经通过的上诉机构报告所包含的澄清，其相关性并非仅限于将特定规定适用于具体案件。对于专家组背离上诉机构就相同法律问题所作法律解释的做法，上诉机构深表关注，因为这会对争端解决机制的正常运转产生严重影响。❶

专家组清楚 DSU 所建立的等级结构，并且意识到中国要求重新审查这个问题，是在 DSB 刚刚就相同法律问题通过上诉机构报告的时候提出的。❷ 因此，专家组十分慎重，将遵循以下考虑。

首先，当事方依据新的法律理由（novel legal arguments）要求专家组背离上诉机构对法律问题的认定，而如果随后又有上诉，则当事方对这些理由进行充分解释是有利于上诉机构作出新的解释的，对于复杂的法律问题尤为如此。过去发生过专家组没有充分解释而上诉机构无法解决某项复杂法律问题

---

❶ 在 US—Stainless Steel（Mexico）案中，专家组承认，对于"定期复审的简单归零"（simple zeroing in periodic reviews）这个问题，上诉机构已经在 US—Zeroing（EC）和 US—Zeroing（Japan）两案中认定其不符合《WTO 协定》，但是专家组有权根据 DSU 第 11 条履行其客观审查的义务。专家组经过审查后认为，必须背离上诉机构的结论。专家组报告，paras101～106。本案中，上诉机构推翻了专家组关于这一问题的所有认定和结论。上诉机构报告，para162。也就是说，关于这一问题，上诉机构在先前两案中作出了认定，而该案专家组重新进行了审查，得出了不同结论，但是上诉机构推翻了专家组的结论，再次认定这一问题不符合《WTO 协定》。

❷ 中国提出这个问题并请求专家组先行作出初步裁决，是在 2012 年 12 月 20 日，而"中国原材料案"上诉机构报告是在同年 2 月 22 日获得 DSB 通过的。

的情况。因此，该当事方应向专家组充分解释新的法律理由。

其次，在决定如何进行审查时，专家组考虑了本案的特殊情况：（1）没有当事方或第三方认为专家组在法律上不能再审查这个问题；（2）本案当事方与"中国原材料案"当事方不同（不包括日本，但包括另外一个成员❶）；（3）从本案当事方所进行的广泛讨论来看，该法律问题是本案的一个核心问题，具有根本性、体制性的重要性；（4）专家组认为，中国所提出的议定书条款与 GATT 1994 之间的体制性关系问题属于新理由，引起了复杂的法律问题。这些因素让专家组决定根据中国在本案中所提出的理由彻底审查这个问题，但是这些因素并没有让专家组觉得是在进行所谓的重新认定（de novo determination），从而对"中国原材料案"专家组和上诉机构的论证和最终认定不予尊重（zero deference）。这样是很难与 DSU 所建立的"等级结构"相协调的。因此，在再审查的时候，专家组通常会将其分析限于中国所提出的特定理由。此外，在审查这些特定理由的时候，专家组将区分这些理由是否已经在"中国原材料案"中提出并被专家组和上诉机构驳回。这些理由中，有些是新的，有些是与前案类似的，因此，专家组可能会重复前案专家组和上诉机构的一些观点。但是，提到这些观点，并不意味着不同意其论证中的其他因素。如果重复前案的所有论证以回应中国在本案中所提出的问题，必将一无所成。

最后，在审查这些理由的时候，专家组认为主要的法律问题是这些理由是否为"令人信服的理由"，以致可以背离上诉机构所作出的认定。上诉机构并未给这个词下一定义，但是专家组认为，这个词的门槛是很高的。国际刑事法庭曾经指出，这种理由包括基于错误的法律原则作出，或者由于疏忽作出，即法官由于误解了适用法而作出了错误决定。欧洲人权法院也曾经举例说，法律解释可以为了反映社会变化以与当今情况保持一致。

二、本案

专家组逐一审查了中国所提出的四个理由：上诉机构在另一个案件中关于省略问题的解释，议定书条款与 GATT 1994 之间的体制性关系问题，对第 20 条序言中 "nothing in this Agreement" 的理解，对于《WTO 协定》宗旨与目的的理解。前面提到，专家组认为，中国所提出的议定书条款与 GATT

---

❶ 本案三个起诉方是美国、欧盟和日本，而"中国原材料案"的三个起诉方则是美国、欧盟和墨西哥。

1994 之间的体制性关系问题属于新理由,引起了复杂的法律问题。因此,专家组对这个理由进行了重点审查,要点如下。

中国主张,议定书第 11 条第 3 款,即本案所争议的出口税条款,与其他条款一起,都是 GATT 1994 的组成部分(integral part)。中国提出了两项依据:一项是议定书第 1 条第 2 款,即"议定书是《WTO 协定》的组成部分"(this Protocol shall be an integral part of the WTO Agreement);另一项是《WTO 协定》第 12 条第 1 款,即:"成员可根据与 WTO 所议定的条件加入本协定。此种加入应适用于本协定及其作为其附件的多边贸易协定。"(Such accession shall apply to this Agreement and the Multilateral Agreements annexed thereto.)专家组分析说,中国的理由可以分为两项前提。其一,议定书第 1 条第 2 款和《WTO 协定》第 12 条第 1 款的法律效果是使得议定书成为《WTO 协定》的组成部分,也使得议定书的每一具体规定成为作为《WTO 协定》附件的多边贸易协定之一(例如 GATT 1994)的组成部分。其二,确定议定书某一特定规定是哪一个多边贸易协定的组成部分,应当评估该议定书规定与哪一个多边贸易协定是"本质上"(intrinsically)相关的。议定书第 11 条第 3 款包含了货物贸易的义务,尤其是规定了出口税的使用问题,因此在"本质上"是与 GATT 1994,特别是规定出口税使用问题的第 2 条和第 11 条相关的。相应地,议定书第 11 条第 3 款应被视为 GATT 1994 的组成部分,除非有明确相反的规定,应适用于 GATT 第 20 条的一般例外。专家组认为,中国就是通过这样的论证链(chain of reasoning)得出结论,认为议定书第 11 条第 3 款是 GATT 1994 的组成部分。因此,为了解决这一问题,就需要分析这两项前提。

(一)第一项前提

1. 关于《WTO 协定》

关于第一项前提,专家组称,不能同意中国的观点。议定书第 1 条第 2 款提到议定书是《WTO 协定》的组成部分。[1]《WTO 协定》第 2 条第 2 款也提到作为其附件的多边贸易协定为《WTO 协定》的组成部分,但这并不意味着多边贸易协定彼此都是组成部分,也并不意味着多边贸易协定的一个规定是另一个规定的组成部分。专家组认为,议定书中的某个规定可能会成为多边贸易协定(例如 GATT 1994)的组成部分,但这并不是因为议定书第 1 条第 2 款,而是因为这个规定中有这样的语言。在"中国原材料案"中,上诉机构曾指出,WTO 成员全体有时候通过交叉援引(cross-reference)的方式,

---

[1] 议定书第 1 条第 3 款则明确提到作为《WTO 协定》附件的多边贸易协定。

将 GATT 1994 第 20 条纳入其他协定。例如,《与贸易有关的投资措施协定》第 3 条就明确规定：GATT 1994 的所有例外都适用于本协定。专家组还举例说,议定书第二部分第 1 段的语言就使得减让表成为 GATT 1994 的组成部分。随后,专家组详细论证了这种解释。

第一,议定书第 1 条第 2 款用词的通常含义不能支持这样一种解释,即议定书的某项条款是多边贸易协定的组成部分。第 1 条第 2 款第 2 句 "This Protocol... shall be an integral part of the WTO Agreement" 中,"This Protocol" 用的是单数,其通常含义为议定书整体成为另一个协定,即《WTO 协定》的组成部分。通常含义不应为：此外,议定书的某项条款也是作为《WTO 协定》附件的其他协定的组成部分。例如,《WTO 协定》第 2 条第 2 款提到作为其附件的多边贸易协定为《WTO 协定》的组成部分,其用语表明,每一个协定的整体是《WTO 协定》的组成部分。

第二,GATT 1994 第 1 段明确了其组成部分,并且使用了穷尽的、封闭的清单。该段特别提到了《WTO 协定》生效之前根据 GATT 1947 生效的加入议定书。这与如下事实是一致的：乌拉圭回合协定超越了货物贸易,因此,1994 年之后的加入议定书包括了 GATT 1994 所没有包括的服务和知识产权问题。中国将第 11 条第 3 款解释为 GATT 1994 的组成部分,很难与上述第一段的内容相符。

第三,议定书第二部分第 1 段规定,减让表应成为 GATT 1994 的减让表;而 GATT 1994 第 2 条第 7 款则规定,本协定减让表属于本协定的组成部分。将这两个条款结合起来阅读就会发现,这些规定明确使作为议定书附件的减让表成为 GATT 1994 的组成部分。如果议定书中所有与 GATT 相关的规定都隐含着是 GATT 1994 的组成部分,则此处就不必如此明确说了。不仅如此,第一段的用词仅仅提到了减让表,而没有提到第 11 条第 3 款中的义务。

第四,先前的专家组和上诉机构报告不能支持中国将第 1 条第 2 款中的"WTO Agreement"解释为其他协定。从先前案例来看,第 1 条第 2 款的功能包括两个方面：一个是使得议定书中的义务能够在 DSU 中得到执行,另一个是确保这些义务按照国际公法的习惯解释规则予以解释。对"WTO Agreement"作这样的解释,这两项功能就能够得到充分实现。该协定列在 DSU 附件 1 中,因此,作为其"组成部分"的其他文件应该受到 DSU 的管辖。同样,这些协定和文件应该按照 DSU 第 3 条第 2 款所要求的国际公法的习惯解释规则予以解释。第 1 条第 2 款有比较窄的法律效果,而中国的解释与这一理解是相背离的。

第五，如果接受中国的解释，则议定书和报告书中明确援引第 20 条的语言就是多余的了。议定书第 5 条第 1 款和报告书第 162 段和第 165 段都交叉援引了第 20 条。事实上，中国也在依据这些明确的援引作为其出口配额及其管理的第 20 条（g）项抗辩的法律依据，而在"中国出版物和音像制品案"❶中，上诉机构就是依据第 5 条第 1 款的明确援引认定中国的第 20 条抗辩权的。

最后，专家组认为，中国的解释也与"中国原材料案"专家组的观点相左。该案中，专家组的观点是，中国与 WTO 成员本来可以达成协定，使得出口税成为 GATT 1994 项下中国承诺的组成部分，然而中国与 WTO 成员却没有这么做。

2. 关于《WTO 协定》第 12 条第 1 款

专家组认为，中国进行了错误的理解。该款要求，成员在加入《WTO 协定》的时候，其加入应该全面适用，而不仅仅是一个或几个协定。因此，加入成员应遵守多边贸易协定的所有义务，而不能挑挑拣拣。该款不能支持中国的观点，即议定书条款应被视为其实质上相关协定的组成部分。该款也不能支持中国的主张，即议定书并非自成体系的协定，而仅仅是将中国在各项协定中的义务具体化了。议定书的确规定了中国的权利和义务，因此，在认定其与 WTO 各项协定如何联系的时候，应该看的是议定书。此外，议定书中有些内容是超出 WTO 协定的，因此，专家组很难同意说议定书仅仅是 WTO 各项协定义务的具体化。事实上，在讨论议定书第 11 条第 3 款的时候，所有当事方都同意，GATT 1994 及所有其他协定都没有要求取消出口税，而中国也称此为"WTO-plus"义务，是异常严苛的。

专家组认为，这种仅仅是"具体化"的观点，还会产生第三个困难。即使这种观点是正确的，从逻辑或法律的角度来看，也不能说议定书中的某项规定就自动成为多边贸易协定的"组成部分"。多边贸易协定中的好几个协定都可以称为 GATT 1994 的具体化，例如《反倾销协定》《补贴与反补贴措施协定》《保障措施协定》和《海关估价协定》等，但并不意味着这些协定中的单个条款自动成为 GATT 1994 的"组成部分"。

（二）第二项前提

专家组称，否定了第一项前提，严格说来就不必审查第二项前提了，但是为了充分分析中国所提出的理由，专家组提供一些想法是有用的。

---

❶ China—Measures Affecting Trading Rights and Distribution Services for Certain Publications and Audiovisual Entertainment Products，DS 363.

关于议定书第11条第3款与GATT 1994第2条和第11条"本质上"相关的问题，专家组注意到，GATT 1994中并没有条款要求成员取消出口税。第2条第7款规定减让表是其组成部分，因此，成员是可以将出口税使用问题纳入的，而事实上有些成员也是这么做的。❶ 然而此处的出口税并未写入中国减让表。第11条第1款是关于税收、税费和其他费用之外的出口限制措施的，与议定书第11条第3款的目的不同。

关于第11条第3款没有"明确条约语言"（explicit treaty language）排除GATT 1994第20条一般例外适用的问题，首先，在"中国原材料案"中，中国也向专家组和上诉机构提出了这个理由，但是没有获得支持。其次，在专家组看来，该款是有"明确条约语言"的。该款的文字是：中国应取消适用于出口的所有税费，除非（unless）议定书附件6有明确（specifically）规定或者以与GATT 1994第8条相一致的方式实施。从"unless"和"specifically"的意思来看，该款在例外的问题上并未保持沉默（silent），而是在列出了取消出口税的一般规则后，紧接着就列出了两项例外，其中第一项是用"除非有明确规定"引出的。此外，附件6的注释还有进一步的"明确条约语言"。附件6的标题是"可以采取出口税的产品"，列出了84种产品及其最高税率。列表后面的说明是：中国确认税率不得超过；中国进一步确认，除非出现例外情况（except under exceptional circumstances），正在使用的税率也不得提高；当这种情况出现时，中国应与有关方磋商达成相互接受的方案。因此，对于附件所列产品正在适用的税率，中国只有在例外情况下才能提高。

中国称，对于出口税这样的影响深远的"WTO-plus"承诺，如果理解成不能在例外情况下实施，则是非常不幸的。中国强调反对这样的观点：中国承诺了这种特殊义务，却放弃了在例外情况下使用出口税以实现《WTO协定》所明确认可的根本性非贸易利益（即环保）的权利。专家组认为，这与"中国原材料案"中上诉机构对附件6的解释是相抵触的。从附件6及其注释的语言来看，中国和WTO成员已经预见到在出口税承诺方面需要例外条款，因此将之写入了附件6本身及其注释中。注释以明确的语言指出了中国在例外情况下能做什么。因此，专家组认为，第11条第3款的确含有"明确条约语言"，明确了适用于有关义务的例外。

---

❶ 俄罗斯在加入议定书中就是这样做的。参见专家组报告第7.133段。

三、单独意见（separate opinion）

对于以上论证，一位专家组成员提出了不同意见。这位专家组成员称，专家组多数成员对当事方的观点进行了长篇仔细的评估，但是对于一些关键问题，该成员并不认同。随后，该成员发表了自己的意见，论证出口税可以援引GATT第20条例外。

其中有一个非常有趣的观点是：尽管议定书第11条第3款没有提及GATT 1994第1条，但是毫无疑问，中国应该遵守最惠国待遇的义务。该成员虽然没有详细说明，却提醒我们进一步思考一个假想的逻辑问题：如果中国实施的出口税，对A国是50%，而对B国是40%，那么是否违反了GATT 1994第1条，即最惠国待遇的义务？如果违反了第1条，那么是否可以援引第20条进行抗辩？难道能够区别说，实施出口税本身违反了议定书第11条第3款，不可以援引GATT 1994第20条抗辩，而差别实施出口税却可以援引这一抗辩？

上诉机构的定论

——"中国稀土案"上诉机构裁决的思路

在"专家组的难题——中国稀土案专家组裁决的思路"一文中，我们提到出口税不能援引 GATT 第 20 条例外，这是"中国原材料案"❶ 专家组和上诉机构的一致结论。而在"中国稀土案"❷ 中，中国要求专家组再审查这一法律问题，认定出口税可以援引这一例外。中国称，这次提出了新的理由以及未被"中国原材料案"专家组和上诉机构充分考虑的理由，特别是议定书条款与 GATT 1994 之间的体制性关系问题。专家组认为，这是一个复杂的实体问题（a complex issue of substance）。专家组从理论和本案两个方面进行了论证，最后没有支持中国的观点。随后，中国提起上诉。2014 年 8 月 7 日，上诉机构做出裁决，可以说就"中国原材料案"和"中国稀土案"两案中所涉及的议定书条款与 GATT 1994 之间的体制性关系问题给出了定论。

本案中，中国认为，对于中国议定书中的一些具体规定与《WTO 协定》及其附件多边贸易协定之间的关系问题，专家组的分析是错误的。具体而言，专家组对《WTO 协定》第 12 条第 1 款和《中国加入 WTO 议定书》第 1 条第 2 款的理解是错误的。因此，上诉机构决定先逐个分析这两个条款的含义，然后综合分析议定书与《WTO 协定》及其附件多边贸易协定之间的关系。

一、《WTO 协定》第 12 条第 1 款

该款的内容是：成员可根据与 WTO 所议定的条件加入本协定；此种加入应适用于本协定及其作为其附件的多边贸易协定。上诉机构研究了该款的文字，并且对照了协定第 2 条第 2 款。上诉机构认为，该款是有关加入 WTO 的一般规则（general rule）。第 1 句规定，加入应依据加入成员与 WTO 之间的议定条件；第 2 句则明确，加入适用于 WTO 所有权利和义务，包括《WTO 协定》及其作

---

❶ China—Measures Related to the Exportation of Various Raw Materials, DS394/395/398.

❷ China—Measures Related to the Exportation of Rare Earths, Tungsten and Molybdenum, DS431/432/433.

为其附件的多边贸易协定。根据该款的规定，申请加入的一方不能仅仅受到部分内容的约束。然而该款并未界定加入条件与《WTO协定》及其多边贸易协定之间的实质性关系。该款对于加入议定书的具体条款与《WTO协定》及其多边贸易协定具体条款之间的关系也未明示。该款本身并未给《中国加入WTO议定书》中的规定（例如第11条第3款）和有关协定中的规定（例如GATT 1994第2条或第11条）创设一种"内在的"（intrinsic）或其他的实质性关系。有鉴于此，上诉机构认定，《WTO协定》属于总体性机构协定，其第12条并未涉及议定书的规定与《WTO协定》及其多边贸易协定之间的实质性关系问题。

二、《中国加入WTO协定书》第1条第2款

该款的内容是：议定书是《WTO协定》的组成部分（this Protocol shall be an integral part of the WTO Agreement）。上诉机构研究了该款的文字，并且对照了第1款、第3款及其他相关条款。上诉机构认为，该款在议定书条款与《WTO协定》及其多边贸易协定的权利义务之间搭起了一座桥梁。但是这座桥梁的性质是总体性的（general nature），并未回答议定书中的具体条款与《WTO协定》中的条款如何相关或相连的问题。具体而言，这座桥梁并未免除个案分析的必要性。

三、《中国加入WTO议定书》与《WTO协定》及其附件多边贸易协定之间的关系

上诉机构考察了若干案例，认为要回答议定书某项条款与《WTO协定》的某项规定之间的客观联系问题，以及协定中的例外条款是否可以被援引于议定书条款的问题，就应该依据条约解释的习惯规则以及具体案情，对相关规定进行彻底分析。分析应该从中国议定书的条文开始，并考虑上下文，包括议定书的其他条款、工作组报告书的内容以及WTO各项协定的内容。此种分析还应考虑作为一揽子权利义务的WTO体制的整体结构以及其他相关的解释因素，并且要适用于个案的情况，包括有关措施及其所谓违反的性质。此外，从先例来看，议定书中明确提到了GATT条款，并不必然意味着第20条的例外适用于议定书。与此同时，没有明确提到第20条也并非上诉机构进行分析的唯一考虑。

（2014年8月16日）

14. 美国反补贴和反倾销案（US—Countervailing and Anti-Dumping Measures）

专家组的易事

——"美国反补贴和反倾销案"专家组裁决的思路

"双重救济"不符合《补贴与反补贴措施协定》第 19 条第 3 款所要求的以"适当数额"（appropriate amount）征收反补贴税的规定，并且调查机关有责任查明这种同时征收反倾销税和反补贴税的方法是否导致了两次抵消同一补贴的后果，这是"美国反倾销和反补贴案"（DS379）上诉机构做出的明确裁决。[1] 而在"美国反补贴和反倾销案"（DS449）中，这个裁决受到了美国的挑战。专家组经过简单审查，轻而易举地否定了美国的观点。

一、案情

本案中，中国认为，在 2008～2012 年发起的 26 起反补贴调查和行政复审中，美国商务部并没有查明并避免"双重救济"，因此所征收的反补贴税不符合《补贴与反补贴措施协定》第 19 条第 3 款。美国则认为，中国的主张是建立在对第 19 条第 3 款错误解释基础上的，且 DS 379 案上诉机构的解释"没有说服力"（not persuasive）。此外，美国还认为，查明双重救济的义务不适用于美国那种追溯性的征税制度。

---

[1] United States—Definitive Anti-Dumping and Countervailing Duties on Certain Products from China, DS 379. 关于"双重救济"以及"379 案"，可参见杨国华："WTO 上诉机构的条约解释——以'双重救济案'为例"，载北大法律信息网：http://article.chinalawinfo.com/Article_Detail.asp?ArticleID=63271.

二、专家组的分析

专家组认为，其需要解决的问题是，第 19 条第 3 款是否要求调查机关评估双重救济的存在，以及这种义务是否不仅适用于行政复审，而且适用于美国追溯性征税制度下的原审调查。有鉴于此，专家组决定从以下四个方面审查这一问题：专家组是否应当重新审查第 19 条第 3 款的解释；该款中的"适当数额"是否仅为非歧视待遇；调查机关是否有义务调查双重救济的存在；该款的义务是否适用于美国追溯性征税制度。

（一）在已有 DS379 案上诉机构报告的情况下，专家组的任务

关于第 19 条第 3 款的解释，美国认为，专家组应该使用国际法的习惯解释规则，对其进行自己的解释。一个 WTO 专家组没有义务遵循任何已经通过的专家组或上诉机构报告中的论证（reasoning），因为 WTO 成员的权利和义务并非来自 DSB 通过的专家组或上诉机构报告，而是来自有关协定的文本。先前的上诉机构报告只有在相关的情况下才应予以考虑，而只有在其论证具有说服力（persuasive）的情况下才应得到遵循。上诉机构自己也曾经承认，在有令人信服的理由（cogent reasons）的情况下，专家组至少有权背离上诉机构的认定（findings），而这种论证的一个例证就是，上诉机构的认定不具有说服力，或者不符合有关协定。[1] 此外，关于这一条款的解释，美国提出了 DS379 案上诉机构未曾考察的新理由（new arguments），且该条款并非中国在 DS379 案中的核心理由（focus），因为中国并没有论证上诉机构所采纳的对于该条款的解释，而主要是在论证第 19 条第 4 款。因此，美国没有机会论及上诉机构所采纳的解释，上诉机构的论证远远背离了（stray far afield）当事方的观点，而本案恰恰是美国第一次有机会讨论上诉机构在 DS379 案中首次提出的论证。

中国则要求专家组驳回美国再审查这一条款解释的请求。中国认为，上诉机构曾经说过，当事项相同时，专家组应该遵循上诉机构的解释，包括考虑背离先前解释的"cogent reasons"。上诉机构虽然未对"cogent reason"这一概念下一定义，但该理由不应是上诉机构在 DS379 案中所审查并驳回的、实质上没有区别的重复理由（rehearsing arguments）。仅仅说上诉机构的认定"不具有说服力，或者不符合有关协定"，并非专家组不遵循上诉机构解释的

---

[1] U. S.—Continued Zeroing (AB), para. 362. United States' response to Panel question No. 41.

"cogent reason"。本案尤为如此，因为当事方相同，措施的类型相同，法律请求相同，并且上诉机构进行了彻底的解释。此外，在美国国会已经通过新的立法以执行 DS379 案决定的情况下❶，美国重新起诉这个解释问题是非常令人惊讶和不适当的。在美国已经采取措施执行决定的情况下，继续起诉这些问题属于极端浪费，并且不符合争端解决机制应为多边贸易体制提供安全性和可预见性的目标。中国还指出，在 DS379 案中，中国恰恰主张上诉机构对这一条款的解释，因此，美国有充分机会提出反驳意见。美国所谓的"新理由"，实质上没有区别，仅仅是不同意上诉机构的详尽解释而已。

专家组认为，其所面临的问题是上诉机构在另一案件中已经解决的解释性问题。上诉机构曾经指出，其对协定某一规定的法律解释，并不限于将该规定适用于个案。❷ 上诉机构强调，遵循上诉机构在先前案件中的结论不仅仅是适当的，并且是专家组应该做的，而在争议事项相同的情况下尤为如此。❸ 上诉机构认为，这符合争端解决机制的核心目标，即为多边贸易体制提供安全性和可预见性❹，而不承认 DSU 所规定的等级结构（hierarchical structure）会不利于发展出一套澄清成员权利和义务的协调、可预见的案例。❺ 在"美国不锈钢案（墨西哥）"中，对于专家组背离上诉机构就相同法律问题所做法律解释的做法，上诉机构深表关注，认为这会对争端解决机制的正常运转产生严重影响。❻ 上诉机构认为，DSU 第 3 条第 2 款、第 17 条第 6 款和第 17 条第 13 款都支持这种观点。❼

专家组认为，上诉机构的观点是，除非有"cogent reasons"❽，裁判机构应在嗣后案件中以相同方式解决相同的法律问题（an adjudicatory body will re-

---

❶ United States' response to Panel question No. 41.
❷ Appellate Body Report, US—Stainless Steel (Mexico), para. 161.
❸ Appellate Body Report, US—Oil Country Tubular Goods Sunset Reviews, para. 188.
❹ Appellate Body Report, US—Continued Zeroing, para. 362.
❺ Appellate Body Report, US—Stainless Steel (Mexico), para. 161.
❻ 同上，paras. 160 – 162. 在 US—Stainless Steel (Mexico) 案中，专家组承认，对于"定期复审的简单归零"（Simple Zeroing in Periodic Reviews）这个问题，上诉机构已经在 US—Zeroing (EC) 和 US—Zeroing (Japan) 两案中认定其不符合《WTO 协定》，但是专家组有权根据 DSU 第 11 条履行其客观审查的义务。专家组经过审查后认为，必须背离上诉机构的结论。专家组报告，paras. 101 – 106。本案中，上诉机构推翻了专家组关于这一问题的所有认定和结论。上诉机构报告，para. 162. 也就是说，关于这一问题，上诉机构在先前两案中作出了认定，而该案专家组重新进行了审查，得出了不同结论，但是上诉机构推翻了专家组的结论，再次认定这一问题不符合《WTO 协定》。
❼ 同上，para. 161.
❽ Appellate Body Report, US—Stainless Steel (Mexico), para. 160; Panel Report, US—Continued Zeroing, paras. 7.174, 7.179 – 7.180; Appellate Body Report, US—Continued Zeroing, para. 362.

solve the same legal question in the same way in a subsequent case)。上诉机构并未对 cogent reason 这一概念下一定义，但是认为对于这一概念的使用应该结合以下因素予以考虑：关于上诉机构与专家组等级结构的表述，发展一套协调、可预见案例的目标，以及对于专家组背离先例的关注。

有鉴于此，专家组决定以上诉机构的先前解释为出发点进行分析，但是专家组可能会遇到当事方所提交的理由或证据中是否有"cogent reasons"以形成不同解释的问题。鉴于上诉机构在 WTO 争端解决机制中的独特作用，仅仅是支持而不是必须得出不同解释的理由，尚未达到"cogent reasons"的水平。专家组认为，"cogent reasons"，即足以让专家组的适当案件中得出不同解释的理由，包括以下几种情况：（1）根据《WTO 协定》第 9 条第 2 款所形成的不同于上诉机构解释的多边解释❶；（2）上诉机构的解释在特定情况下不可行；（3）上诉机构的解释与未经提请上诉机构注意的另一协定的规定相抵触；（4）上诉机构所依据的事实是错误的。

（二）第 19 条第 3 款"以适当数额"（in the appropriate amounts）的含义

在 DS379 案中，上诉机构认为，采取双重救济不符合该款"以适当数额"征收的义务。本案中，美国提出了是否有"cogent reasons"以背离上诉机构解释的问题。美国认为，该款是一项关于非歧视的规定，仅仅意味着一成员可以对不同出口商征收不同数额的反补贴税，因为不同生产商和出口商可能会接受不同数额的补贴。上诉机构的解释形成了一个主观、开口的概念，超出了本款的非歧视原则，因此不具有说服力。为论证这一解释，美国对该用语的文本及其该款的其余部分进行了分析，对该协定的结构以及第 1 款、第 2 款和第 4 款的性质和范围进行了上下文分析（contextual analysis），提供了专家组在 EC—Salmon（Norway）中的解释，以及有关反补贴和反倾销同时适用的 GATT 1994 第 6 条第 5 款和《东京回合补贴守则》第 15 条。在对中国回答问题进行评论的时候，美国还提供了所谓的"谈判历史"。而中国支持上诉机构的解释，并且认为美国所谓的"新理由"实质上没有区别，仅仅是不同意上诉机构的详尽解释而已。

专家组同意中国的观点，即美国在本案中所提出的理由，多数都是与 DS379 案相似的，起码在以下方面如此：专家组在 EC—Salmon（Norway）中的解释，有关反补贴和反倾销同时适用的 GATT 1994 第 6 条第 5 款和《东京回合补贴守则》第 15 条。至于对该协定的结构以及第 1 款、第 2 款和第 4 款

---

❶ 《WTO 协定》第 9 条第 2 款规定：部长会议和总理事会有权对协定进行解释。

的性质和范围进行的上下文分析，不过是对 DS379 案中相同理由的阐释而已。在 DS39 案中，上诉机构用 9 页篇幅分析了所有这些条款，并且得出了不同于美国的结论。

专家组不同意美方的观点，即在 DS379 案中，中国主要是在论证第 19 条第 4 款而不是第 3 款。由 DS379 案专家组报告可以清楚地看出，当事方提出的并被专家组考虑的很多解释理由，都是与这两款相关的。至于美国称上诉机构没有考虑第 3 款的非歧视义务，专家组认为这是不正确的。美国认为相关上下文构成了该款的非歧视义务，而上诉机构认为相关上下文包含了非歧视义务，但是还有《反倾销协定》和《补贴与反补贴措施协定》中的其他义务。这是一项重要的区别。因此，美国有关该款非歧视义务的主张不能使得上诉机构的解释无效。此外，美国所提供的谈判历史仅仅是在证明该款的非歧视义务，而美国所提出的特殊情况也不能构成"cogent reasons"。

综上所述，专家组认为，美国没有提出背离上诉机构解释的"cogent reasons"，因此，专家组将根据上诉机构的解释分析中国的主张。

（三）调查机关是否有义务调查双重救济的存在

审查了"以适当数额"的含义之后，专家组开始考虑是否有 cogent reasons 背离上诉机构解释中的另外一个因素，即美国所提出的调查义务问题。

在 DS379 案中，上诉机构认为，调查机关有义务根据第 19 条第 3 款确定反补贴税的适当数额，包括进行充分勤勉调查并收集相关事实，依据积极证据作出裁定。美国认为，该款没有规定这项义务。此外，美国还不同意双重救济"有可能"出现这样一个前提。而中国则同意上诉机构的裁决。

专家组同意美国的观点，即该款并没有明确规定调查的义务，但是仅仅这一点不足以推翻上诉机构的结论。上诉机构是从该款的文字中发现了一种必然的含义（necessary implication），即从评估并以适当数额征收反补贴税的义务中可以看出，这必然隐含着要首先确定适当数额是多少。关于双重救济的可能性问题，专家组详细审查了美国提出的理由，并将之与 DS379 案上诉机构的分析进行详细比对，认为美国没有提出充分的理由能够推翻双重救济可能存在这样一个认定。最终，专家组认为美国没有提出背离上诉机构解释的"cogent reasons"，因此，专家组将根据上诉机构的解释进行分析。

（四）在追溯性税收评估制度之下，第 19 条第 3 款是否适用于原调查

美国的反补贴征税制度是"追溯性税收评估制度"（retrospective system of duty assessment）。在这种制度下，反补贴调查仅仅是为了确定是否发布一项

反补贴税令。根据美国商务部的这项反补贴税令,美国海关就要求提供现金担保或银行保函,而只有在行政复审,即在税令发布一年后的复审中,才确定实际征税数额。因此,在这种制度下,反补贴税是在复审之后才"征收"(levy)的。❶ 美国认为,第19条第3款规定的是"征收"方面的义务,只能适用于复审,而不能适用于美国的原调查,所以,DS379案上诉机构将第19条第3款适用于4个原调查案件是错误的。而中国则认为,美国的这一主张已经被上诉机构以及其他案件专家组驳回,因此本案专家组也应予以驳回。

专家组认为,在DS79案中,美国已经向专家组提出了同样的理由,而专家组认为没有必要审查这个问题。然而美国的主张,中国的反驳,以及专家组的决定,都体现在专家组报告之中,因此可以推定,上诉机构是知道这个问题的,只是没有明确评论而已,因为美国没有就此提出上诉。

专家组发现,上诉机构曾经在其他案件中提到,针对美国的制度,第19条第4款是适用于原调查的。❷ 本案虽然是关于第3款而不是第4款的,但是美国的观点所依据的第3款中的"levy"一词,同样出现在第4款的脚注51之中。因此,美国的主张也应该同样适用于第4款的解释。专家组称,其对美国这一观点的后果非常重视。如果接受美国的观点,则第3款(及相应的第4款)的义务只有在对反补贴税的数额进行最终法律评估的时候才会出现。在美国的制度下,原则上评估是在复审的时候进行的,而如果没有人提出复审,则现金担保率就变成了最终税率。这就意味着,这种制度下的调查机关可以进行反补贴调查,确定准确的补贴税(例如25%从价税),然后超过这一数额(例如50%从价税)征收。它还可以歧视性地征收,因为第3款所要求的非歧视只是适用于"征收"的。专家组认为,产生如此后果的解释,有悖于《补贴与反补贴措施协定》的宗旨与目的,因为上诉机构曾经认定,该协定的宗旨与目的包括为反补贴规定有效的纪律,特别是要求反补贴税不得超过补贴的数额。❸

专家组在前面说过,上诉机构所提供的解释如果在实践中不可行,也可

---

❶ 在US—Section 129(c)(1) URAA案中,专家组对美国的追溯性关税评估制度(retrospective duty assessment system)做出了如下描述:缴纳反倾销税或反补贴税的最终责任,是在被调查商品进入美国后确定的。美国商务部是每年应利害关系方(例如外国出口税或美国进口商)请求,在行政复审结束时确定最终关税责任的。行政复审除了计算评估税率之外,还确定预估的现金保证金率,作为未来进口的保证。参见该案专家组报告,第2.6段。

❷ Appellate Body Report, US—Countervailing Measures on Certain EC Products, para. 161(a); Panel Report, US—Countervailing Measures on Certain EC Products, para. 8.1(a).

❸ Appellate Body Report, US—Carbon Steel, para. 74.

以成为背离这一解释的"cogent reason"。专家组发现，美国为执行 DS379 案的立法明确要求美国商务部采取措施调查双重救济是否存在，而这不仅适用于复审，也适用于原调查。这表明，在美国的制度下，将调查双重救济的义务适用于原调查并非不可行。

最终，专家组认为美国没有提出背离上诉机构解释的"cogent reasons"，因此，专家组将根据上诉机构的解释进行分析。

困 惑

——"美国反补贴和反倾销案"专家组裁决的思路之二

2012年3月13日,美国国会通过一项法律(PL 112-99),规定反补贴税可以适用于来自非市场经济国家的产品,并且适用于2006年11月20日之后所启动的所有调查。❶ 2012年9月17日,中国将该法律诉诸WTO争端解决机制,是为"美国反补贴和反倾销案"(DS 449)。2014年3月27日,专家组做出裁决。

在这个案件中,中国认为PL 112-99违反了GATT 1994第10条(贸易法规的公布与管理)中的若干规定。❷ 其中,在该法律是否属于GATT 1994第10条第2款的"effecting an advance in a rate of duty or other charge on imports under an established and uniform practice"问题上,中美双方展开了激烈的辩

---

❶ Public Law 112-99—March 13, 2012
Public Law 112-99
112th Congress
An Act
To apply the countervailing duty provisions of the Tariff Act of 1930 to nonmarket economy countries, and for other purposes.
Be it enacted by the Senate and House of Representatives of the United States of America in Congress assembled,
Section 1. Application of Countervailing Duty Provisions to Nonmarket Economy Countries.
(a) In General. —Section 701 of the Tariff Act of 1930 (19 U. S. C. 1671) is amended by adding at the end the following:
(f) Applicability to Proceedings Involving Nonmarket Economy Countries.
(1) In General. —Except as provided in paragraph (2), the merchandise on which countervailing duties shall be imposed under subsection (a) includes a class or kind of merchandise imported, or sold (or likely to be sold) for importation, into the United States from a nonmarket economy country.
…
(b) Effective Date. —Subsection (f) of section 701 of the Tariff Act of 1930, as added by subsection (a) of this section, applies to
(1) all proceedings initiated under subtitle A of title VII of that Act (19 U. S. C. 1671 et seq.) on or after November 20, 2006;

❷ 中国的主张包括第1款、第2款和第3款(b)项。

论，而专家组最后得出了令人困惑的结论。❶

一、中美双方第一轮辩论

中方认为，美国此前的法律不允许对非市场经济国家适用反补贴税，因此 PL 112-99 就给此前的若干反补贴税命令提供了法律基础。❷ 也就是说，该法使得税费的提高（advance）发生了效力（effect），使反补贴税从零变成了美国商务部所认定的税率。美方则辩称，该法并非使得一项税费发生效力，更谈不上提高，因为反补贴法只是规定了反补贴调查的程序，本身并未规定税率。不仅如此，该法只是维持了现状，因为在该法通过之前就已经征收反补贴税了。美方认为，第 10 条第 2 款并未涉及美国商务部的做法是否为美国法律所允许的问题，而中国所提出的"先前国内法"（prior municipal law）基准，将迫使专家组审查美国法律，以确定商务部的解释是否符合美国法律。美方提出，商务部是否被禁止对中国适用反补贴法，这一法律问题并未被美国法院解决。美方认为，在司法机关没有做出最终、约束性和法律上权威的决定的情况下，从美国法律的角度来看，商务部对反补贴法的理解就是合法的，而专家组并无美国法律上的依据以做出替代商务部的判定。

美方回顾了历史，认为 PL 112-99 并未改变商务部将反补贴法适用于非市场经济国家的既有方式。远自 20 世纪 80 年代涉及前苏联阵营的进口产品开始，商务部就主张反补贴法适用于非市场经济国家，只是在实践中没有这么操作，因为要认定并衡量这些中央控制经济国家所给予的补贴有内在的困难。到了 2006 年，商务部认为中国与这样的经济体不同了，可以认定并衡量补贴了。因此，由于商务部对反补贴法的解释并未改变，也就不存在所谓

---

❶ 参见专家组报告第 55~71 页，第 7.141~7.191 段。

Article X: 2 of the GATT 1994 No measure of general application taken by any contracting party effecting an advance in a rate of duty or other charge on imports under an established and uniform practice, or imposing a new or more burdensome requirement, restriction or prohibition on imports, or on the transfer of payments therefor, shall be enforced before such measure has been officially published.

中国在此处的主张是：美国的法律属于"…measure…effecting an advance in a rate of duty or other charge on imports under an established and uniform practice…"，并且在公布前就实施了，因此不符合第 10 条第 2 款。

❷ 从 2006 年 11 月 20 日开始，美国一改其 1986 年以来不对来自"非市场经济"国家的产品采取反补贴措施的做法，对来自中国的产品进行反补贴调查并征收反补贴税。本案涉及 26 种产品的反补贴调查。参见专家组报告第 25~26 页。

"使得税费的提高发生了效力"的问题。不仅如此，该法是国会对于商务部现有做法的确认。国会通过该法，终结了长久以来关于反补贴法是否适用于非市场经济国家的国内诉讼，确认了商务部有法律授权，可以将反补贴法适用于中国的产品，而没有改变或影响商务部的有关调查程序和命令。这些调查程序所确定的税率，与该法通过之前相同。也就是说，该法维持了反补贴令的现状。此外，美方还提出，即使认为 PL 112 - 99 修改了美国法律，也不能认为该法之前的情况属于不得将反补贴法适用于中国进口的"established and uniform practice"。相反，2006 年以来的"established and uniform practice"是将反补贴法适用于中国，并且在此之前，商务部就有一套程序，将反补贴法适用于补贴可以认定的所有国家，只是在无法认定并衡量补贴时有所例外而已。

二、中美双方第二轮辩论

中方不同意美方所提出的国会只是澄清了现有法律或解决了有关诉讼的观点。中方认为，从立法的语言和背景来看，说 PL 112 - 99 没有实质性改变美国立法都是站不住脚的。该法的标题为"to apply the countervailing duty provisions of the Tariff Act of 1930 to nonmarket economy countries"。如果立法的目的是"将 1930 年关税法中的反补贴规定适用于非市场经济国家"，则此前这些反补贴规定必定是不适用于非市场经济国家的。对非市场经济国家进口征收反补贴税，其法律依据来自新法，而不是旧法。如果该法仅仅是确认了已有立法，则国会就没有必要制定新法追溯性地适用于过去的某一个具体日期。此外，该法通称为"GPX 法"❶并非偶然，因为该法的目的就是为了针对联邦巡回上诉法院（CAFC）在"GPX V 案"中的裁决而改变法律。该裁决认为，美国所试图归类为"现状"的情况是不符合当时法律的。CAFC 认定，美国《1930 年关税法》不允许将反补贴税适用于非市场经济国家的进口。PL 112 - 99 之前的状况是这项法律裁决，而不是被 CAFC 认定为不正确、商务部对自己权限的解释。该裁决是公布的、具有法院先例性质的决定。该裁决已经编入美国上诉法院官方报告。美国一再试图让 CAFC "架空"（vacate）此

---

❶ 本案中，美方将该法称为"GPX Legislation"。"GPX 案"是"美国 GPX 国际轮胎公司和中国河北兴茂轮胎有限公司（GPX International Tire Corporation and Hebei Starbright Tire Co., Ltd）诉美国案"的简称。

裁决，但是法院并未这样做。[1] 因此，该案是对 PL 112-99 之前美国法律的有效说明。

美方提出了不同观点。美方认为，CAFC "GPX V 案"裁决从未成为最终裁决，也不对商务部具有法律约束力，因此商务部无法执行。美国上诉法院的裁决成为最终裁决，需要一项"授权"，而 CAFC 自己就声明，本案授权尚未签发，因为本案仍处于上诉之中。在授权签发之前，此项裁决仍然是可以改变的，即由审理本案的三位法官改变，由 CAFC 全体法官审理后改变，或由最高法院改变。本案中，美国及时提交了申请，要求 CAFC 全体法官"重审。这意味着本案程序尚未结束，美国尚未用尽其上诉权。在随后的一个最终裁决，即"GPX VI 案"中，CAFC 认为商务部并未被禁止将反补贴法适用于中国。"GPX VI 案"签发了授权。关于"架空"的问题，只要上诉法院给予重审，最初裁决就无效了。此外，CAFC 批准了美国所提出的一项动议，修改了"GPX VI 案"的判决，使得初审国际贸易法院（CIT）的判决被"架空"了。

三、中美双方第三轮辩论

中方认为，在"GPX VI 案"中，CAFC 在分析时强调了此前的"GPX V 案"裁决，即法律不允许将反补贴适用于非市场经济国家。然而法院接着说，国会随后通过立法将反补贴法适用于非市场经济国家。法院解释说，新法追溯适用于 2006 年 11 月 20 日之后发起的调查，包括针对这些调查在联邦法院提起的上诉。因此，CAFC 是追溯适用新法改变了本案的结论，而没有质疑"GPX V 案"裁决是对前法的有效解释。中方还认为，关于 PL 112-99 之前美国法的含义，专家组不应该接受美方的理解，因为 CAFC 已经考虑了这些观点并认定其没有说服力。美国法律的含义并非专家组应该自己解释的问题，而是应该从法律本身以及法院解释中予以澄清的事实。本案专家组应该像其他案件专家组一样注意到这样一个事实，即根据美国的法律制度，对于联邦法律的含义，司法部门是最终权威。CAFC 对"GPX V 案"和"GPX VI 案"的裁决，在新法之前和之后都确定了美国法律的决定性含义。商务部对待中国产品的方式不符合美国法律。

美方认为，PL 112-99 是对美国法律的改变还是澄清的问题，已经在

---

[1] 即以下讨论所涉及的美国政府要求 CAFC 全体法官审理的事情。CAFC 虽然同意重审，但是由于新法的通过而没有进行重审。

· 253 ·

"GPX 案"诉讼和其他法院诉讼中得到了确认。专家组不必就此做出认定,因为即使中方的观点在表面上看是有价值的,但其主张仍然不能成立。第 10 条第 2 款的要求并非美国法是否发生了理论上的改变,而是评估进口在被诉措施之前和之后所受到的待遇。该款的条文表明,问题在于"进口"的税率是否有所提高。因此,"提高"必须在"进口"的情境下予以评估,而评估的"基线"是新措施之前对于进口的税率。本案所涉进口已经被征收反补贴税,而 PL 112-99 并未增加这些进口的反补贴税,最多只是维持了此前的税率。由于反补贴令一直有效,未受影响,因此,有关产品从未被免除反补贴税,即使在 CAFC "GPX V"案裁决之后也未被免除。

四、专家组的分析

(一) 对词义和宗旨的理解

关于对"effecting an advance in a rate of duty or other charge on imports under an established and uniform practice"的理解,专家组认为,确定是否存在"advance",就需要对两种税率进行比较,即新的税率和旧的税率。只有在新税率高于旧税率的情况下,才能说"提高"了。而随后的"under an established and uniform practice",就是用于界定旧税率的。根据以前案件的解释,"established"是指已经存在一段时间的做法,而"uniform"是指并非依据进口的时间地点或商人和政府的不同而进行改变的做法。

专家组认为,以上理解与紧随其后的文字是一致的,尤其是禁止实施正式公布前的措施。因此,从第 10 条第 2 款的用意来看,一旦根据确定、统一的做法对进口适用一个税率,则这种做法就对商人或政府形成了一种期待,商人就会依此做出商业决策,包括生产、外包和投资方面的决策。第 10 条第 2 款所做的禁止,就是为了保障商人或政府不致面临这样一种风险,即根据"确定、统一的做法"做出的决定却由于这种做法未经公布就被改变或不能持续而无法实施。也就是说,这项禁止要求新的做法未经公布不得实施,因此商人或政府知道,改变做法所可能造成的负面影响不会发生。

(二) 对争议问题的分析

1. 双方争议焦点

关于"确定、统一的做法",中方提出了一个问题,即根据国内法,该做法是否合法的问题。双方进行了充分的辩论。专家组认为,只有在认定该做法不合法的情况下,才有必要审查是否可以将此做法作为第 10 条第 2 款的分析依据。

中方认为,对比的基线是此前的美国法律;应该对照该法律本身以及法院所做解释,以确定税率是否提高。美方认为中方的观点是"臆断和替代性"的基线,是在要求专家组确定商务部是否在以不符合美国法律的方式行事,而第 10 条第 2 款的相关问题在于对进口的待遇是否有所改变,而非行政机关是否适当地解释了国内法,或者是否适当地依照国内法律行事。美方认为,专家组不应代替商务部就美国法律做出判断。此外,美方认为,中方提出的"先前国内法"的方法是不合理的。按照这种方法,如果国内法规定了一个税率,而实践中却错误地适用了一个较低的税率,则将税率提高到规定的税率就不属于第 10 条第 2 款的提高了。

2. 中方的方法

专家组认为,中方提出的"先前国内法"的方法既无必要,也非适当。从 2006 年开始,商务部就开始将反补贴税适用于非市场经济国家了。中国事实上是要专家组对此事置之不理,转而考虑美国的法律及其判决。商务部是决定征收反补贴税的主要行政机关,不将它的做法作为分析的起点是不合情理的,因为第 10 条第 2 款要求将新的税率与确定、统一做法进行比较。即使假定专家组的分析集中在确定美国法律的规定是什么,专家组也应该遵循上诉机构曾经在一个案件中所做出的指南,即应该基于相关法律的文本以及法律连续适用的证据、国内法院的裁决、法律专家的意见以及公认专家的著作。商务部对非市场经济国家适用反补贴税时,其法律依据是美国先前法律的文本,但是中国并未对该文本进行专门分析,而是要求专家组审查新法的文本。不集中在先前法律的文本及其可能被赋予的含义,而是集中在国会嗣后制定的法律所具有的间接含义,如此进行分析的原因并非清晰。

此外,在前引指南中,上诉机构要求考虑法律连续适用的证据。一个政府机关确定、统一的做法,无疑就是这种证据,并且在美国法律体系中,考虑行政机关的做法显然是适当的。美方曾经解释说,根据美国法律,在没有清晰、相反的法律语言,或者在对模糊的语言没有不合情理解释的情况下,即使法院审查涉及行政部门做法的法律,也应以该部门对法律的解释为准。因此,若专家组采纳中方所提出的"先前国内法"方法,而在确定美国法律含义时,一开始就不考虑商务部的做法,这样显然是不妥当的。在进行事实分析时,应该考虑这种做法,这样既可以正确地确定作为事实问题的美国法律的含义,又不致一味遵从美国对其自己国内法的解释。

最后,第 10 条第 3 款(b)项规定,确定行政机关的做法是否符合国内法，责任在其国内的司法、仲裁或行政法庭，而不在 WTO 专家组。按照中方提出的方法，专家组的理解可能会与行政机关的理解不同，从而对于行政机关的做法与"先前国内法"的相符性问题做出判断。这种做法虽非绝无必要或绝不合理，但对于国内法领域，专家组应该慎入，并且本案也无此必要。

3. 专家组的方法

鉴于中方提出的方法所存在的问题，专家组决定采取一种不同的方法，即审查相关部门的做法是否被国内法院——包括在上诉的情况下，被高级法院——裁定为违法，以致该做法必须停止或改变。如果不能如此认定，则相关部门的做法就应该推定为合法，除非国内法禁止做如此推定。

这种方法是符合第 10 条第 3 款（b）项的。该项规定，法院的判决应该得到执行，并且指导被赋予行政执法权力的部门的实践，除非已经提起上诉。因此，一旦司法判决认定行政机关的做法违法，则该机关就不得继续采取这种做法。由此可以推论，如果没有相应的司法判决，原则上就应该以该机关的做法为准，除非法律另有规定。"被赋予行政执法权力"，这样的表述更加强化了这种理解，即只有在没有司法判决认定其为非法的情况下，行政机关才能履行其职责。因此，除非具备约束力的法院判决有相反内容，或者国内法律禁止这种假定，行政部门的做法也被推定为合法。

中方似乎认为，"先前国内法"之外的任何方法都为成员规避第 10 条第 2 款打开了方便之门，因为成员可以公然不顾其先前的措施，通过公布一项新的措施，明确规定追溯性适用，从而因为新措施与先前做法相同而不违反第 10 条第 2 款。而专家组认为，这种假设并不能证明专家组决定采取的方法会导致第 10 条第 2 款归于无效。该假设所涉及的是第 10 条第 3 款（b）项，而该项恰恰就是为了防止行政机关采取公开无视法律的行为。

4. 专家组的分析步骤

第一步，专家组决定审查在新法之前，商务部是否有确定、统一的做法。如果结论是肯定的，则第二步就审查该做法是否合法。

（1）商务部是否有确定、统一的做法。

案件记录显示，2006 年 11 月，商务部宣布对来自中国的牛皮纸发起反补贴调查，并且在 12 月发布通知，要求对反补贴法是否适用于中国的进口提交评论意见。2007 年 4 月，商务部发布肯定性初裁，认定美国反补贴法适用于中国的进口，并于 10 月发布终裁。从 2006 年 11 月到 2012 年 3 月，商务部共对中国产品发起了 33 起反补贴调查和复审。其将反补贴法适用于中国的情况通知了中国及其他当事方,并且在多数案件中发布了反补贴令。尽管美国将中国视为非市场经济国家,但是仍然进行了相关调查和复审。美方认为,这些事实反映了一种确定、统一的做法,而中方并未提出一种情形,证明商务部认为其缺乏授权。因此,专家组认为,在2006年11月至2012年3月,商务部的确有一种做法,将反补贴税适用于非市场经济国家——中国,并且这种做法是稳定存在的(即确定的)和没有改变的(即统一的)。

(2)该做法是否合法。

专家组决定审查商务部的做法及其对美国法律的解释是否被美国法院包括上诉法院(例如CAFC)和最高法院裁决为违法,以致该做法必须改变。此处需要提及的是,美方已经确认,如果没有这样的法院判决,则商务部自己的做法及其解释应予为准。

中美双方充分讨论了美国法院,尤其是作为初审的CIT和上诉的CAFC的判决。其中讨论最多的,是"乔治城钢铁案"(CAFC)、"牛皮纸案"(CIT)以及来自所谓的GPX诉讼的一系列判决,特别是GPX I(CIT)、II(CIT)、V(CAFC)和VI(CAFC)的判决。对于这些判决及其法律后果,双方提出了不同观点,但是没有一方表示,并且案件记录中也没有显示,商务部曾经收到过任何法院命令,要求其改变或停止这种做法,或者对法律做出了不同解释。事实上,在本案涉及的33起调查和复审中,商务部是认为其有法律授权的。如果有一个相反的法院判决,商务部就不能这么做了,因为正如美方所指出的,行政机关如果不执行法院命令,则会受到严重处罚。

尽管这些法院判决并未要求商务部改变或停止其做法,但是专家组认为,简单看看这些案件也是有益的。在1986年"乔治城钢铁案"的判决中,CAFC维持了商务部的决定,即不将反补贴税适用于非市场经济国家。双方同意,该判决是最终的、未上诉的判决,在美国法上有约束力。然而在2006~2012年,对于该判决的范围却是有争议的,一直到PL 112-99之前都未得到解决。在此期间,商务部认为该判决确认了其是否将反补贴税适用于非市场经济国家这一自由裁量权,而不是反补贴法不适用于非市场经济国家这样一个宽泛的判决。2006年"牛皮纸案"调查公告和初裁都反映了商务部对"乔治城钢铁案"的这种解释,并且在随后的调查中,商务部都强调了这种解释。

在"牛皮纸案"中,CIT似乎接受了商务部对"乔治城钢铁案"的解释,认为该案只是确认了商务部的决定,并且认可了该机关的自由裁量权。随后,在"GPX I案"中,CIT指出,"乔治城钢铁案"是由于法律模糊而采纳了商务部的决定,还是法院认为只有一种法律上有效的解释,这一点是不清楚的。

CIT 还指出，在这种模糊的情况下，即无法确认法院所指的情况下，根据最高法院的判例，CIT 应该认定行政部门的决定不与法律相冲突，而不是该部门未经法院审查的解读应予驳回。在"GPX II 案"中，CIT 提及，该法院此前认定"乔治城钢铁案"的判决是模糊的。

专家组认为，"乔治城钢铁案"的判决并未表明商务部的做法此前已经被认定为违法。商务部显然认为其做法符合该案判决，并且，作为必须遵循 CAFC 判决的初审法院，CIT 也至少三次认定该案起码是模糊的。最后，在 PL 112 - 99 通过时，并无最终的法院判决认定商务部对"乔治城钢铁案"的解释是不被允许的。有鉴于此，没有依据认定商务部对该案的解释是错误的。

中国提到了 2011 年"GPX V 案"的 CAFC 判决。该案中，CAFC 认为，将反补贴法律适用于包括中国在内的非市场经济国家，不符合美国法律。然而 CAFC 并未签发一项授权，原因是在美国政府的要求下，CAFC 准予重申，但直到 PL 112 - 99 通过，重申仍未进行。在"GPX VI 案"中，法院签发了授权。根据最高法院先例，CAFC 在该案中依据了新法，尽管新法通过时，该案仍处于上诉程序中。

美国认为，CAFC 没有签发命令，就意味着判决并未生效，没有法律约束力，因此，"GPX V 案"判决没有法律地位。此处的关键点是，商务部并未因为"GPX V 案"或其他案件判决而被要求调整其做法。CAFC 并未签发授权，其判决并未生效，该判决也并未导致一项命令而要求商务部调整其做法。因此，"GPX V 案"并未证明商务部的做法已经被司法认定为非法，以致商务部应该改变其做法。

专家组认为，在本案审理过程中，并没有最终的法院判决认定商务部的做法或解释违法并要求商务部改变其做法。因此，专家组没有必要也没有理由臆断，如果没有新法，CAFC 重申的结果会是怎样。专家组也没有必要预测在美国国内正在进行的其他案件的结果会对本案产生怎样的影响。❶ 专家组只

---

❶ 美方指出，CAFC 正在审理的"GPX 案"和"广东伟经日用五金制品有限公司案"中，涉及了 PL 112 - 99 的追溯性是否符合美国宪法的问题。

注：2014 年 3 月 18 日，CAFC 就"广东伟经日用五金制品有限公司案"做出判决，认为该法的追溯性不违反美国宪法中的"追溯既往条款"（ex post facto clause），即"不得通过公民权利剥夺法案或追溯既往的法律"（No bill of attainder or ex post facto law shall be passed, U. S. Cons. Art. I, s9, cl. 3.）。因为美国最高法院曾经裁决，一项法律只有在其具备以下两个条件的情况下才违反了这个条款：（1）追溯性适用；（2）所惩罚的行为在该行为实施时并不应当受到惩罚，或者加重惩罚新法通过前实施的行为。而 PL 112 - 99 并非惩罚性（punitive）法律。参见 CAFC, 2013 - 1404.

应考虑案件审理时美国法律的情况。

中美双方详细讨论了新法仅仅是确认并清晰化了美国反补贴法,还是增加了新内容的问题。前者是美方观点,后者是中方观点。专家组认为,没有必要审查,更没有必要解决这个正在美国法院诉讼的问题。即使假定新法增加了新内容,并且由此可以推定商务部的解释是错误的,也不会改变一个事实,即在专家组审理本案时,商务部并未被美国法院要求修改或停止其做法或解释。

有鉴于此,专家组认为,没有依据可以认定商务部的做法是违法的,因为法院并未命令商务部停止这种做法。相反,有证据表明,该做法应该推定为合法,因为在缺乏具有约束力的司法决定的情况下,应以商务部对该法的解释为准。在这种情况下,专家组也就没有必要审查在法院认定该做法违法的情况下,是否可以依据该做法进行第10条第2款的分析了。因此,专家组认定,在2006年11月至2012年3月,存在一项确定、统一的做法。按照这样的理解,新法就没有产生提高税率的效果,因为新法只是维持了已经存在的相同税率。专家组是否对该做法进行了合法性审查并不会影响这一结论,因为没有证据表明这种做法是违法的,以致这种做法应予停止或改变。

专家组认定,中国没有证明PL 112-99属于"effecting an advance in a rate of duty or other charge on imports under an established and uniform practice"。

五、评论

一边是美国追溯性的法律,只字片言;另一边是WTO透明度的条款,寥寥数语。然而中美双方围绕这两项简单的文字是否相符的问题,展开了一场激烈的法律辩论。三轮过后,在问题越辩越明,"商务部的做法是否为合法"这一核心问题显山露水的情况下,专家组介入了。专家组采取"一种不同的方法",条分缕析,层层递进,完成了一个法律论证。

然而掩卷之余,我们对专家组的结论却是困惑的。长期以来,美国商务部并不对中国产品进行反补贴调查,但是从2006年11月开始,情况急转直下,在短短6年时间里,其竟然采取了30多起反补贴措施!中国企业在美国国内法院提起了一系列诉讼,质疑这一转变的合法性。而美国两级法院即CIT和CAFC也做出了若干判决。特别是最后一个判决,即CAFC对"GPX V案"的判决,明确了商务部的做法是没有法律依据的。为此,2012年3月13日,美国国会通过了法律,即PL 112-99,规定可以将反补贴法适用于非市场经济国家。不仅如此，该法还追溯性地适用于2006年就开始的反补贴调查。如此追溯性适用是妥当的吗？专家组将美国法律与WTO条款进行对照分析之后，认为该法并无不妥。那么问题出在什么地方呢？

这种困惑不仅存在于读者之中，甚至审理该案的专家组3个成员之间也有争议，因为其中一个成员明确表达了不同意见（dissenting opinion），并就此进行了长达10页的论证。❶ 当然，要想纠正专家组的错误，就应该提起上诉。事实上，中方已经这么做了。2014年4月8日，中方宣布就此问题提起上诉，希望上诉机构审查这个问题。

---

❶ 参见专家组报告第75~85页，第7.212~7.241段。

水中望月

——"美国反补贴和反倾销案"上诉机构裁决的思路

2012年3月13日,美国国会通过一项法律(PL 112-99),规定反补贴税可以适用于来自非市场经济国家的产品,并且适用于2006年11月20日之后启动的所有调查。2012年9月17日,中国将该法律诉诸WTO争端解决机制,是为"美国反补贴和反倾销案"(DS449)。2014年3月27日,专家组做出裁决。在这个案件中,中国认为PL 112-99违反了GATT 1994第10条(贸易法规的公布与管理)中的若干规定。其中,在该法律是否属于GATT 1994第10条第2款的"effecting an advance in a rate of duty or other charge on imports under an established and uniform practice"问题上,中美双方展开了激烈的辩论,而专家组认定,中国没有能够证明该法律属于第10条第2款。

在介绍专家组裁决思路的困惑一文中,我们谈到中方提出了上诉。[1] 2014年7月7日,上诉机构做出裁决。上诉机构认为专家组的裁决是错误的,而对于该法律是否属于第10条第2款,上诉机构却"无法"做出认定。

这是什么情况?

一、专家组的裁决是错误的

由前文可知,专家组的核心结论是:"在2006年11月至2012年3月,存在一项确定、统一的做法。按照这样的理解,新法就没有产生提高税率的效果,因为新法只是维持了已经存在的相同税率。"因此,上诉阶段的争论主要集中在税率是否得到提高的"比较基准"(baseline of comparison)上。也就是说,应该用哪两个时间段进行对比,以确定税率是否得到了提高。

结合专家组的裁决和中美双方的辩论,上诉机构决定从以下四个方面展开分析:第10条第2款的功能,比较基准的确定,国内法含义的确定,确定比较基准的正确方法。

---

[1] "困惑——美国反补贴和反倾销案(DS 449)专家组裁决的思路",载"北大法律信息网",http://www.chinalawinfo.com/LawOnline/ArticleFullText.aspx?ArticleId=83139&listType=0。

(一) 第 10 条第 2 款的功能

上诉机构通过审读第 10 条的条文并且对照先例，认为第 2 款的功能是确保透明度和保护商人在措施公布和实施方面的期待，而这与解释该条的义务是相关的。该款仅适用于增加关税等措施，这与该条的正当程序（due process）功能是一致的。透明度和正当程序功能还影响了比较基准的确定：比较基准是为了确定税率是否提高，因此，适当的基准应该反映商人对有关措施的期待，以便商人获得权威信息以保护和调整行为或需求修改该措施。

(二) 比较基准的确定

第 10 条第 2 款的全文如下：No measure of general application taken by any contracting party effecting an advance in a rate of duty or other charge on imports under an established and uniform practice, or imposing a new or more burdensome requirement, restriction or prohibition on imports, or on the transfer of payments therefor, shall be enforced before such measure has been officially published.

"No measure of general application… shall be enforced" 这句话被转折连词 "or" 分为两个短语，即 "effecting an advance in a rate of duty or other charge on imports under an established and uniform practice" 和 "imposing a new or more burdensome requirement, restriction or prohibition on imports, or on the transfer of payments therefor"。这两个短语位于主语 "No measure of general application" 和动词 "shall be enforced" 之间，对主语进行了分类。因此，两个短语的位置及其与主语和动词的关系，表明短语中的要素都是与 "measure of general application" 相关的，并且起到描述作用的。

1. 第一个短语所指的措施

对于这种措施，专家组似乎是将 "under an established and uniform practice" 作为比较基准的，但是上诉机构不同意这个观点。

第二个短语仅仅描述措施的某种后果，而第一个短语还有额外的要素，即在描述了措施的后果之后，还提到了 "under an established and uniform practice"。此处的介词 "under"，从字典解释及其在句中的位置来看，含义应该是 "in the form of" 和 "in the guise of"。如此理解，与法语和西班牙语的文本也是一致的。因此，"under" 应该解释为引入了措施提高税率的方式，而 "under an established and uniform practice" 一词所指的就是提高税率措施的适用的某种特征。

从该词的上下文来看，前文提到了两个短语的两层关系。如果像专家组所理解的那样,该词是指比较基准,那么就无法解释为什么该款给第一个短语提供了比较基准,却没有给第二个短语提供比较基准。此外,该条第 1 款也印证了对该词的这种理解。该款规定,有关措施应当立即公布,以便其他政府和商人熟知。这一义务表明,税率等是在公布的措施中规定的,因此,第 2 款的比较基准应从公布的措施开始。

综上所述,"under an established and uniform practice"一词的通常含义、其在第 2 款中的位置及其该款在透明度和正当程序方面的功能都表明,该款是指普遍适用的措施,而不是指比较基准。

2. 第二个短语所指的措施

对于这种措施,专家组认为应该对比行政机关做法所导致的要求、限制或禁止,但上诉机构认为这种理解并没有文本或上下文的依据。尽管从行政机关的做法中,商人会产生一些期待,并且这些做法在确定比较基准时是相关的,但是不能说这些做法就决定了一项措施是否施加了新的或更有负担的要求,尤其不能说这些做法构成了比较基准。

(三) 国内法含义的确定

为了进行比较,专家组需要确定公布的普遍适用的措施在国内法上的含义。如果国内法的文本是清晰的,则专家组的工作就简单了。而在国内法的含义并不清晰的情况下,专家组就需要依据进一步的资料,以确定新措施是否提高了税率,从而属于应予公布的范围。

专家组在确定国内法之含义时,需要对所有资料进行整体评估,从文本开始,还要包括行政机关的相关做法。专家组还要考虑作为比较基准的原有国内法,以确定是否出现了变化。由于确定变化与认定该措施是否符合第 2 款相关,因此这属于法律解释问题。

(四) 确定比较基准的正确方法

专家组的观点是,行政机关适用美国相关法律的做法本身就是比较基准。专家组在认定美国商务部于 2006～2012 年对非市场经济国家适用反补贴之后,转向这种做法在美国国内法之下是否合法的问题,但是专家组认为,合法性问题是与分析第 10 条第 2 款相关的,并且只有在认定该做法不合法的情况下,才有必要确定是否可以将该做法作为分析的依据。因此,专家组没有涉及行政机关不合法的做法也有可能成为比较基准的问题。

上诉机构认为,确定比较基准应该从所公布措施的文本开始。如上所述,第 10 条第 2 款所表达的是透明度和正当程序原则,因此,相关的比较基准所反映的理念是商人可以依赖并据此产生期待。公布的措施给商人创设了期待，而措施的改变引发了第 2 款的正当程序义务，即变化在公布之前不得实施。当然，在有些情况下，原有措施并未公布，或者根本就没有措施。在第一种情况下，所比较的就是未公布的措施；而在第二种情况下，没有措施本身就是比较基准。

在先前的案例中，上诉机构曾经认定，要确定国内法的含义，就需要审查相关立法或法律文件的文本，同时可能需要参考法律的持续适用情况、国内法院的理解以及法律专家的意见和公认学者的著述。因此，行政机关的做法是确定国内法含义时的一个因素，但是在未考虑其所依据的措施以及法院适用的情况下，其本身不能成为比较基准。此外，上诉机构不能同意专家组没有涉及行政机关不合法的做法也有可能成为比较基准的问题。行政机关不合法的、有可能被国内法院推翻的做法，如何能够给商人创设超出公布措施的期待？商人不可能依据与公布的法律或法院判决相冲突的做法。

因此，专家组将美国商务部的做法作为比较基准是错误的。正确的方法是，专家组应该明确原有法律的含义，以确定现有法律是否提高了税率等。也就是说，正确的比较基准是原有法律。在明确原有法律含义时，专家组应该考虑所有相关因素，包括文本、美国商务部做法以及相关司法判决。

二、上诉机构"无法"做出认定

在上诉中，中方不仅要求上诉机构认定专家组的裁决是错误的，而且要求上诉机构完成分析、认定该措施提高了税率等。

上诉机构称，在以前的若干案件中，上诉机构为了迅速、有效地解决争端而完成了分析。而在另外一些案件中，由于专家组对事实的认定不够充分或者由于专家组记录中的事实存在争议等原因，上诉机构无法完成分析。本案的主要问题是，现有法律是否改变了（changed）原有法律，从而提高了税率等，还是仅仅澄清了（clarified）原有法律，因而没有提高税率等。上诉机构已经认定，比较基准是经过美国法院解释和美国商务部适用的原有法律。上诉机构经过审查发现，对于法律文件的文本、美国商务部在解释和适用该法律时的做法及其一致性、相关法院判决以及法律专家的意见，存在不同的解读。由于专家组对比较基准的理解是错误的，因而将分析重点放在了 2006 年以后美国商务部的做法上，而没有充分分析原有法律的所有问题，没有适当分析 2006 年之前美国商务部做法的性质及其与 2006 年之后做法的一致性，没有适当分析相关司法判决。有鉴于此，上诉机构无法完成分析，以认定现有法律是否改变了原有法律,从而提高了税率。关于"无法"做出认定,上诉机构的说明长达 20 页(第 71~90 页),限于篇幅,兹不详述。

三、感想

在"美国反补贴和反倾销案"(DS 449)中,中国认为 PL 112-99 违反了 GATT 1994 第 10 条中的若干规定。专家组认定,中国没有能够证明这一点。上诉机构认为,专家组的比较基准是错误的,然而对于该法律是否属于第 10 条第 2 款,上诉机构却"无法"做出认定。也就是说,对于 PL 112-99 违反了 GATT 1994 第 10 条,上诉机构没有得出结论。上诉机构的这一裁决,岂不是"水中望月"?那么如何才能捞到真正的"月亮"呢?

(2014 年 7 月 24 日)

综合研究

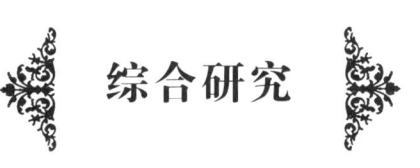

法的盛宴

——中国参与 WTO 争端解决机制经典案例综述

概要：本文介绍了 9 个涉及中国的 WTO 案例，对其中的精彩法律分析进行了简要的归纳。本文认为，这些案件展现了法律思维的特征，体现了国际法治的理念。这些案件，是法学研究和教学的绝好资料。

2012 年 10 月 18 日，WTO 上诉机构就"中国取向电工钢反补贴和反倾销案"发布报告。这是涉及中国案件的第 21 份报告。❶ 这些报告不仅对中国与美国和欧盟等其他 WTO 成员之间的贸易争端作出了裁判，而且向我们展现了一系列精彩的法律分析。例如，《反倾销协定》第 3 条第 2 款和《补贴与反补贴措施协定》第 15 条第 2 款究竟给调查机关设定了怎样的义务？电子支付服务（Electronic Payment Service，EPS）是否属于中国所承诺的"金融服务：……B. 银

---

❶ （1）美国钢铁保障措施案（United States—Definitive Safeguard Measures on Imports of Certain Steel Products, DS252），专家组和上诉机构报告；（2）美国反倾销与反补贴案（United States—Definitive Anti-Dumping and Countervailing Duties on Certain Products from China, DS379），专家组和上诉机构报告；（3）美国禽肉进口措施案（United States—Certain Measures Affecting Imports of Poultry from China, DS392），专家组报告；（4）欧共体紧固件反倾销案（European Communities—Definitive Anti-Dumping Measures on Certain Iron or Steel Fasteners from China, DS397），专家组和上诉机构报告；（5）美国轮胎特保案（United States—Measures Affecting Imports of Certain Passenger Vehicle and Light Truck Tyres from China, DS399），专家组和上诉机构报告；（6）欧盟鞋反倾销案（European Union—Anti-Dumping Measures on Certain Footwear from China, DS405），专家组报告；（7）美国暖水虾反倾销案（United States—Anti-Dumping Measures on Certain Frozen Warmwater Shrimp from China, DS422），专家组报告；（8）中国汽车零部件案（China—Measures Affecting Imports of Automobile Parts, DS339、340、342，起诉方：欧盟、美国、加拿大），专家组和上诉机构报告；（9）中国知识产权案（China—Measures Affecting the Protection and Enforcement of Intellectual Property Rights, DS362，起诉方：美国），专家组报告；（10）中国出版物和音像制品案（China—Measures Affecting Trading Rights and Distribution Services for Certain Publications and Audiovisual Entertainment Products, DS363，起诉方：美国），专家组和上诉机构报告；（11）中国原材料出口限制案（China—Measures Related to the Exportation of Various Raw Materials, DS394、395、398，起诉方：美国、欧盟、墨西哥），专家组和上诉机构报告；（12）中国电子支付案（China—Certain Measures Affecting Electronic Payment Services, DS413，起诉方：美国），专家组报告；（13）中国取向电工钢反倾销反补贴案（China—Countervailing and Anti-Dumping Duties on Grain Oriented Flat-rolled Electrical Steel from the United States, DS414，起诉方：美国），专家组和上诉机构报告。

行及其他金融服务……（d） all payment and money transmission services"?《中国加入 WTO 议定书》承诺中的"sound recordings"，为何既包括物理形态（CD、DVD），也包括电子形态（网络音乐）？而上诉机构又如何解决了一个"复杂的法律问题"，即议定书承诺能否援用 GATT 第 20 条例外的问题？而在另外一个案件中，为何中国关于出口税承诺又无权援引 GATT 第 20 条例外？对中国的产品同时采取反倾销和反补贴措施，为何要考虑"双重救济"问题？《补贴与反补贴措施协定》中的"公共机构"，是指"政府控制"的机构，还是"履行政府职能"的机构？为何美国有关行政部门拨款的法案属于"卫生与植物卫生措施"？中国知识产权法律中的刑事门槛为何没有违反《与贸易有关的知识产权协定》第 61 条的"商业规模"的规定？中国对构成整车特征零部件的税收为何属于"国内费用"，而不是"普通关税"？为何专家组认定欧盟单独税率的规定不符合《反倾销协定》，而上诉机构又是如何"基于不同理由"维持了专家组裁决？

本文即对这些"经典案例"作一简要介绍。

一、中国取向电工钢反补贴和反倾销案（China—Countervailing and Anti-dumping Duties on Grain Oriented Flat-rolled Electrical Steel from the United States，DS414）

本案的一个焦点问题是：《反倾销协定》第 3 条第 2 款和《补贴与反补贴措施协定》第 15 条第 2 款究竟给调查机关设定了怎样的义务？（这两款文字相同，只是分属于两个协定，分别关于倾销和补贴。下面以第 3 条第 2 款为例）

第 3 条第 2 款的相关内容是：... With regard to the effect of the dumped imports on prices, the investigating authorities shall **consider** whether there has been a significant price undercutting by the dumped imports as compared with the price of a like product of the importing Member, or whether the effect of such imports is otherwise to depress prices to a significant degree or prevent price increases, which otherwise would have occurred, to a significant degree.

对于"consider"一词的含义，中美双方有很大争议，专家组也作出了自己的解释。上诉机构从"第 3 条和第 15 条关于损害确定的框架""第 2 款的文字""第 2 款的上下文""第 3 条和第 15 条的宗旨"等方面进行了详尽的分析。最后，上诉机构的结论是：... that Articles 3.2 and 15.2 require an investigating authority to consider the relationship between subject imports and prices of like domestic products, so as to understand whether subject imports provide explanatory force for the occurrence of significant depression or suppression of domestic prices. 也就是说，调查机关应当考虑进口与国内产品价格之间的关系，以便于理解进口是否解释了国内价格压低或抑制的出现。从这个结论来看，调查机关的义务是：仅仅"考虑"（consider）是不够的；这种"考虑"还要有一定效果。换句话说，中国认为调查机关不需要确立进口与价格影响之间的任何关系（do not require the establishment of any link between subject imports and these price effects），是不对的。而专家组认为调查机关需要就二者作出一个"最终决定"（a definitive determination），也是不对的。

关于该款给调查机关设定了怎样的义务，即如何理解"consider"一词，上诉机构创造性地提出了"explanatory force"这个概念，为各国的反倾销和反补贴调查明确了一项新的标准。

二、中国电子支付服务案（China—Certain Measures Affecting Electronic Payment Services，DS413）

本案中，电子支付服务（Electronic Payment Service，EPS）是否属于中国所承诺的"金融服务：……B. 银行及其他金融服务……（d）all payment and money transmission services"，是双方争议最大，也是专家组长篇累牍加以论证的问题。

专家组运用条约解释的方法，对（d）进行了全面的分析。在"通常含义"方面，专家组查找词典和行业惯例，分析了"payment""money""transmission"等词的含义，以及这些词的组合"payment and money transmission services"的含义，甚至"all"的含义。在"上下文"方面，专家组分析了（d）中"including"后面的内容，即"including credit, charge and debit cards, travellers cheques and bankers drafts"和"including import and export settlement"；分析了减让表中的其他内容，包括如何理解"B. Banking and Other Financial Services"，如何理解市场准入承诺中的下列内容：提供和转让金融信息、金融数据处理以及与其他金融服务提供者有关的软件；就（a）至（k）项所列所有活动进行咨询、中介和其他附属服务，包括资信调查和分析、投资和证券的研究和建议、关于收购的建议和关于公司重组和战略制定的建议，并且特别分析了中国所提出的GATS"关于金融服务的附件"中的相关内容。专家组甚至分析了GATS的结构并对比了其他成员的减让表。最后，专家组还从"宗旨与目的"的角度进行了简要分析。

经过这番"上穷碧落下黄泉"的搜索与"挖地三尺"的分析（长达32页），

专家组得出的结论是:(d) 包括 EPS。也就是说，中国对 EPS 作出了承诺。

这个分析过程，使我们想起了下面这个案件。

三、中国出版物和音像制品案（China—Measures Affecting Trading Rights and Distribution Services for Certain Publications and Audiovisual Entertainment Products，DS363）

本案中，美国称，涉案措施禁止外资企业从事音像制品的电子分销，违反了第17条（国民待遇）。而中方认为，中国减让表中的确承诺了国民待遇，但"音像制品（sound recording）分销服务"指的是物理形态的音像制品（例如CD、DVD）的分销服务，不应当包括美国提出的电子形式的音像制品（例如网络音乐服务）。也就是说，对于这种电子形式产品的分销服务，中国没有作出国民待遇的承诺。于是，专家组决定研究一下中国是否对电子形式音像制品的分销作出了承诺的问题。这一研究，就整整花费了26页篇幅。

专家组的研究思路，是按照"国际法的习惯解释规则"，即《维也纳条约法公约》第31条和第32条规定的标准，分析"音像制品分销服务"这一词的内涵。专家组习惯性地从查字典开始，确定其"通常意义"（ordinary meaning）；从减让表的其他部分、GATS 的实质性规定、GATS 之外的其他协定以及其他成员（马来西亚和新加坡）的减让表，查看该词的"上下文"（context）；结合了 GATS 的"目的与宗旨"（object and purpose）。专家组得出的初步结论是：中国的承诺包括通过互联网等技术进行的非物理形态音像制品的分销服务。随后，专家组又按惯例审查了"解释的补充资料"（supplementary means of interpretation），包括 GATS 谈判时的"准备工作文件"（preparatory work）和《中国加入 WTO 议定书》的"缔约的情况"（circumstances of its conclusion），进一步确认了以上结论。

"中国电子支付服务案"专家组认为中国的承诺包含了"电子支付服务"（EPS），而本案专家组认为中国承诺的"sound recording"包括"非物理形态音像制品"。两个专家组的"不约而同"，似乎让我们感觉到了两份裁决背后的共同理念：对承诺应当作扩大解释，而这与 WTO 开放市场的原则是一致的。

解释"sound recording"一词的含义，并非本案唯一重要的法律分析。本案中，关于"中国是否可以直接援用 GATT 第20条，以作为其背离《中国加入 WTO 议定书》项下的贸易权承诺之抗辩"的问题，更为引人瞩目。

专家组认为，中国援引该项，提出了复杂的法律问题（complex legal issues）：第20条提到的"本协定"，指的是 GATT，而不是《中国加入 WTO 议定书》之类的其他协定，因此就出现了第 20 条是否可以被直接援引而用于涉及议定书贸易权承诺的抗辩的问题。根据美国的提议以及上诉机构先前的一些做法，专家组决定采取一种"回避"的策略，即先假定第 20 条可以援引，然后直接审查（a）项的要求是否得到了满足。如果满足了，则回过头来啃这块硬骨头；而如果没有满足，则没有必要多此一举了。专家组的审查结论是：中国的措施非为保护公共道德所"必需"，因此，关于这个"复杂的法律问题"，专家组没有作出裁决。而上诉机构知难而上，决定断一断这个疑案。

上诉机构首先对议定书 5 条第 1 款进行了详细解读，认为"管理贸易的权利"指的是中国将国际商务活动纳入管理的权利，而这个权利不应受到给予贸易权这一义务的损害，但中国必须"以符合《WTO 协定》的方式"管理贸易。"以符合《WTO 协定》的方式"，指的是作为整体的《WTO 协定》，包括作为其附件的 GATT。抽象地说，"管理的权利"是 WTO 成员政府所固有的权利，并非《WTO 协定》之类的国际条约所赋予的权利。在贸易方面，《WTO 协定》及其附件只是要求成员遵守相关义务。当管理的是贸易时，则议定书第 5 条第 1 款所说的"符合《WTO 协定》"就是对中国管理权实施的约束，要求管理措施必须符合 WTO 纪律。

上诉机构进一步分析道：第 5 条第 1 款针对从事贸易者（traders）作出了承诺，即给予所有企业进出口货物的权利，但不得影响中国管理贸易（trade）的权利。上诉机构认为，中国关于贸易权，即涉及贸易者的义务，与所有 WTO 成员承担的管理货物贸易（trade in goods）方面的义务，特别是 GATT 第 11 条和第 3 条是密切交织的。在中国加入 WTO 文件中，就有成员要求中国对贸易权的限制必须符合这两条的要求。这种联系也反映在第 5 条第 1 款的文字中。从整体来看，该款显然是关于货物贸易的，因为该款第 3 句明确提到了"所有这些货物都必须按照 GATT 第 3 条给予国民待遇"。此外，在 GATT 和 WTO 的先前判例中，也认定过对从事贸易主体的限制与 GATT 的货物贸易方面义务之间的密切关系，即那些并不直接管理货物或货物进口的措施也被认定为违反了 GATT 义务。总之，限制贸易者权利的措施是有可能违反 GATT 的货物贸易义务的。上诉机构认为，中国管理货物贸易的权利必须遵守《WTO 协定》附件 1A 即 GATT 的义务，而中国援引 GATT 条款的抗辩权不应由于起诉方仅仅挑战第 5 条第 1 款却没有根据 GATT 提出挑战而受到影响。正相反，中国是否可以援引 GATT 第 20 条抗辩，在具体案件中应决定于不符合贸易权承诺的措施与对货物进行贸易管理之间的关系。如果这种联系存在，中国就可以援引第 20 条。

上诉机构最后说，专家组审查了中国的贸易权承诺与中国对相关产品内容审查机制之间的关系，发现中国的某些规定，特别是《出版管理条例》第41条和第42条，其所在的法律文件本身就设定了内容审查机制，而对于本身没有审查机制的法律文件，专家组也同意中方提出的观点，即这些文件不是孤立的措施，而属于进口商选择制度的结果，是准备进行内容审查的。上诉机构还注意到，在专家组阶段，有很多证据表明，中国是对相关货物进行广泛内容审查的；而对于中国限制贸易权的规定属于中国对相关货物的内容审查机制的一部分，美国也没有提出质疑。不仅如此，美国认为不符合GATT第3条第4款的中国管理相关货物分销的规定，与专家组认定的不符合贸易权承诺中管理这些货物进口的规定，有些就是相同的措施。有鉴于此，上诉机构认定，不符合贸易权承诺的措施与中国对相关产品贸易的管理存在着清晰的、客观的联系，因此，中方可以援引GATT第20条。

中国的被诉措施虽然是关于贸易权承诺的，即只允许某些企业从事相关货物的进出口，但与中国对相关货物的管理，即对涉案货物的内容审查是密切相关的。换句话说，限制进出口商，是为了对相关货物进行内容审查，而GATT恰恰是关于货物贸易的，中国当然有权援引GATT第20条进行抗辩。上诉机构通过这种"密切联系"，确认了议定书与GATT之间的"间接关系"，专家组遗留的"复杂的法律问题"迎刃而解。

而在下面这个案件中，看上去相似的问题，中国就没有那么"幸运"了。

四、中国原材料案（China—Measures Related to the Exportation of Various Raw Materials，WT/DS394/395/398）

本案的一个关键法律点，是中国的出口税承诺是否可以援引GATT第20条进行抗辩的问题。

专家组按照《维也纳条约法公约》中的条约解释方法，对《中国加入WTO议定书》《中国加入WTO工作组报告书》和《WTO协定》的相关条款进行了分析。专家组的基本逻辑是：WTO有众多协定，但并不存在一项适用于所有协定的例外条款（general umbrella exception），而是每个协定都有自己的例外条款；GATT第20条规定了WTO成员在若干情况下可以背离义务，但这个例外条款仅适用于GATT中的义务；要想第20条适用于议定书中的义务，就必须在议定书中作出规定。鉴于议定书中没有这样的规定，专家组认为出口税承诺不能援引GATT第20条。

专家组承认："GATT第20条的适用问题，事关加入议定书在《WTO协定》

中的地位，以及 WTO 法律和机制内不同文件之间的关系。""第 11 条第 3 款没有援引 GATT 第 20 条的权利，意味着中国与很多 WTO 成员有所不同；这些成员通过议定书条款或者作为创始成员没有被禁止使用出口税。然而按照摆在面前的文本，专家组只能推定这是中国和 WTO 成员在加入谈判中的意图。这种情况孤立地看待可能是不平衡的（imbalanced），但专家组没有找到援引第 20 条的法律依据。"也就是说，条约解释的结果是，中国可能承担了一项"不平衡"的义务，但找不到"权利"的法律依据让这项义务"平衡"起来。

上诉机构负责审理案件的，是与负责"中国出版物和音像制品案"相同的 3 个人❶，使用了相同的《维也纳条约法公约》中的"综合方式"（in a holistic manner），却作出了与上一个案件截然不同的裁决，即同意专家组的裁决，认为中国出口税承诺不能援引第 20 条进行抗辩。

我们虽然可以不同意本案专家组和上诉机构的裁决，但也看到了中国承诺的文本在条约解释方面的重要性。也就是说，文本中明明缺失的内容，是很难通过事后的条约解释而得到"补救"的。在"中国出版物和音像制品案"中，上诉机构能够作出对中国有利的裁决，也是因为议定书 5 条第 1 款有一些文字，使得上诉机构能够确认议定书与 GATT 之间的"间接关系"。

请注意，"文本中明明缺失的内容"，在本案的情况下，是指别的条款有而本条款没有的情况。也就是说专家组所说的：要想第 20 条适用于议定书中的义务，就必须在议定书中作出规定。在下面这个案件中，美国认为上诉机构越权了，把《WTO 协定》中所没有的内容解释进了协定。但我们认为，上诉机构的解释是有说服力的。

五、美国反倾销和反补贴案（US—Anti-Dumping and Countervailing Duties，DS379）

本案中，中美双方就"双重救济"是否违反 WTO 规则进行了激烈的辩论，专家组作出了支持美方的裁决。而上诉机构全面推翻了专家组裁决。

对于本案的一个关键词"双重救济"，涉及案件的"事实"，各方没有争议。中美双方及专家组和上诉机构一致认为，使用非市场经济方法，对某种产品同时征收反补贴税和反倾销税，有可能出现"双重救济"（double reme-

---

❶ "中国出版物和音像制品案"上诉机构成员：Hillman, Presiding Member; Oshima, Member; Ramírez-Hernández, Member. "原材料案"上诉机构成员：Ramírez-Hernández, Presiding Member; Hillman, Member; Oshima, Member.

dy）问题。如果部分倾销幅度来自对出口产品的补贴，则根据非市场经济方法计算出来的反倾销税便是既补救了倾销，又补救了补贴。从这个角度来看，如果同时在这种产品上适用反补贴税，该补贴就可能被"抵消"了两次，即一次是通过反倾销税，另一次是通过反补贴税。

然而专家组认为，双方援用的《补贴与反补贴措施协定》第19条第4款和第19条第3款适用的对象是反补贴税，而不是反倾销税；进口国只要按照反补贴调查程序认定了补贴的存在并且按照补贴数额征收，就没有违反《补贴与反补贴措施协定》，而没有必要考虑该项补贴是否已经被别的措施抵消的问题。也就是说，反补贴是反补贴，反倾销是反倾销；在反补贴的时候考虑反倾销的问题，于法无据。

上诉机构敏锐地抓住了问题的关键，对第19条第3款进行了详尽的解释。上诉机构认为，该款"适当数额"（appropriate amount）中的"适当"一词是一个相对概念，是相对于补贴所造成的损害而言的；如果损害不复存在，那么就不能说反补贴税的数额是适当的。也就是说，如果不考虑针对相同产品、抵消相同补贴的反倾销税，反补贴税数额的适当性便无法确定。反补贴税代表了全部补贴数额，而反倾销税至少在一定程度上是根据相同的补贴计算的，并且同时征收以消除对国内产业的相同损害，在这种情况下，反补贴税的数额就不可能是"适当的"。按照非市场经济方法计算出来的倾销幅度，有可能包括了一些属于补贴的组成部分。上诉机构认定：双重救济，即同时征收反补贴税和按照非市场经济方法计算出来的反倾销税，两次抵消相同的补贴，不符合第19条第3款。

通过这样的分析，上诉机构在反补贴和反倾销之间建立起了"桥梁"，使得两个事项联系起来。我们感到，上诉机构认为对同一补贴两次抵消的情况是不合常理的，应当予以禁止。这背后反映了上诉机构的价值观和使命感，即这种情况不符合多边贸易体制的宗旨，而如果上诉机构对此不予纠正，WTO体制内就几乎没有其他机会了。

本案中，上诉机构还纠正了专家组对于"公共机构"的解释。

《补贴与反补贴措施协定》（第1条）所指的补贴，是"政府或任何公共机构（public body）提供的财政资助"。本案中，涉及反补贴调查的公司，从国有公司购买了热轧钢、橡胶和石化产品等作为原材料，并且从国有商业银行获得了贷款。负责反补贴调查的美国商务部认为，国有企业和国有商业银行属于"公共机构"。专家组查找了字典含义，分析了既往案例，还解释了该协定的宗旨和目的，认为"公共机构"应理解为由政府控制的实体。对于国有公司，政府所有权就是表明政府控制的一个高度相关、潜在决定性的证据。专家组举例说，在通常经济活动中，有公司"控制性权益"这一概念。在一个公司中，控制性权益是指拥有51%的投票权。也就是说，所谓"控制"公司，就是指具有多数所有权。这一概念也适用于政府的所有公司。因此，政府的多数所有权是表明政府控制以及判断一个实体是否为公共机构的清晰、高度明示的证据。而在本案中，有关公司恰恰是由政府拥有多数所有权的。这样，专家组认定，这些公司属于"公共机构"。对于国有商业银行，事实表明，政府拥有大多数股份，并且对其经营实行重要干预。根据上述"政府控制论"，专家组认为，这些银行也属于"公共机构"。

上诉机构经过分析认为，"公共机构"与"政府"有某种共性，协定所指的公共机构必须是拥有、行使或被授予政府权力的实体。当然，政府与政府不尽相同，公共机构与公共机构也不完全一样。专家组和调查机关在判断某项行为是否属于公共机构的行为时，应当审查该实体的核心特点及其与政府的关系。除非在法律文件中有明确授权，实体与政府之间仅仅有形式上的联系是不够的。例如，政府是某一实体的主要股东，并不能表明政府对该实体的行为有实质性的控制，更不用说表明政府授予该实体政府权力了。但是，如果证据表明政府实施多种控制，并且此种控制权被实质性地实施，则也许可以推定该实体正在行使政府权力。上诉机构说，专家组虽然认为政府所有权是高度相关的，但没有进一步澄清"控制"一词的含义。专家组所依据的是公司里的"控制利益"这一日常财务概念。从以上分析来看，政府控制实体，其本身不足以证明实体属于公共机构。因此，上诉机构认为专家组对"公共机构"的解释缺乏适当的法律依据，从而推翻了专家组的这一认定。

上诉机构这一裁决的重要意义是，"政府控制"和"国有"等都不是确定"公共机构"的标准；确定一个实体是否为"公共机构"，应当看其是否"拥有、行使或被授予政府权力"，从而防止了将"公共机构"扩大化的现象。由此可以看出，上诉机构对"公共机构"的解释是更为严谨的。

六、美国禽肉案（United States—Certain Measures Affecting Imports of Poultry from China，DS392）

2009年美国《农业，农村发展，食品与药品管理，以及相关机构拨款法案》第727节规定："本法案所列任何资金，不得用于建立或实施允许中国禽肉产品进口到美国之规则。"这条孤零零的规定是专门针对中国的，而法案对其他国家并没有类似规定。这条规定，限制了美国农业部及其下属的食品安全检疫局使用资金,从事与进口中国禽肉相关的工作,进而影响了中国鸡肉等禽肉产品输美。这是明显的歧视性规定。

本案中,中方的第一个主张,当然是说第 727 节不符合《关贸总协定》(GATT)第 1 条第 1 款所要求的"最惠国待遇"。而美方的第一反应,必定是说第 727 节是"为保护人类、动物或植物的生命或健康所必需的措施",即援引 GATT 第 20 条(一般例外)之(b)项进行抗辩。然而美方如此抗辩,却进入了一个环环相扣的怪圈:既然是"为保护人类、动物或植物的生命或健康所必需的措施",那么很可能就属于 WTO《实施卫生与植物卫生措施协定》(SPS 协定)所界定的"卫生与植物卫生措施"(SPS 措施);而采取 SPS 措施是必须具备一定条件的,例如要进行"风险评估",要有"科学证据"。第 727 节作为拨款法案中的一项规定,在其制定过程中,从来没有提到过要符合 SPS 协定中的这些条件。这样,第 727 节就是不符合 SPS 协定的。到了这一步,美国就已经输了官司。不仅如此,鉴于 SPS 协定的宗旨与 GATT 第 20 条(b)项的相似性,不符合前者的措施,很可能也就无法援引后者进行抗辩。专家组明察秋毫,显然已经注意到此案环环相扣的情节中,症结就在于这两个"很可能",于是决定就此下手"解扣"。

专家组指出,SPS 协定附件 A(1)对 SPS 措施的概念作出了明确界定,其中包括:"……(b)保护成员领土内的人类或动物的生命或健康免受食品、饮料或饲料中的添加剂、污染物、毒素或致病有机体所产生的风险。卫生与植物卫生措施包括所有相关法律、法令、法规、要求和程序,特别包括:最终产品标准;工序和生产方法;检验、检查、认证和批准程序;检疫处理,包括与动物或植物运输有关的或与在运输过程中为维持动植物生存所需物质有关的要求;有关统计方法、抽样程序和风险评估方法的规定;以及与粮食安全直接有关的包装和标签要求。"专家组从先例中发现,要判断某项措施是否为 SPS 措施,需要考虑该措施的目的、法律形式及其性质等因素。

专家组认为,从表面来看,第 727 节仅仅是一项行政部门的拨款措施,文字上并没有涉及 SPS 协定附件 A(1)所指之目的。然而美国自己曾经宣称,该措施的政策目标是为了防止来自中国的禽肉产品所产生的对人类和动物生命健康的危险。美国还宣称,这一政策目标也体现于该法案的立法历史中。专家组发现,在国会通过的解释第 727 节宗旨的"联合解释声明"中有这样的字句:对来自中国的有毒食品存在严重关切,因此,本法案之规定就是为了禁止食品安全检疫局使用资金以制定规则进口中国禽肉产品。专家组还发现,第 727 节的提案人、众议员 Rosa DeLauro 也曾明确表示,该节之目的就是为了解决来自中国的禽肉产品所造成的健康风险。因此,专家组认定,第727节之目的是为了防止来自中国的有毒禽肉产品对人类和动物生命健康带来危险,符合SPS协定附件A(1)所述之目的。此外,第727节是法律,这一点毋庸置疑,因此也满足了"法律形式及其性质"之考量。这样,专家组就得出结论:第727节属于SPS措施。

专家组还进一步说,第727节是一项涉及行政部门活动的金钱拨款措施,而不是直接管理卫生和植物卫生问题的措施,似乎可以认为它不是一项SPS措施。事实上,影响某个具体行政部门活动的金钱拨款措施,也不属于普通意义上的SPS措施。然而第727节作为一项拨款措施,却是国会控制负责实施SPS事项的行政部门的一种方式。因此,该措施属于拨款法案本身,并没有排除其属于SPS措施。

将一项拨款法案界定为"卫生和植物卫生措施",这让我们不得不佩服专家组的高超本领。

在下面一个案件中,我将专家组的本领比喻成"四两拨千斤"!

七、中国知识产权案(China—Measures Affecting the Protection and Enforcement of Intellectual Property Rights,DS362)

本案涉及一个"刑事门槛"问题。

中国刑法及其司法解释规定,"非法经营数额在5万元以上或者违法所得数额在3万元以上""复制品数量合计在500张以上"的才应给予刑事处罚。这些数额显然属于"刑事门槛"。那么这是否违反了TRIPs第61条的"各成员应规定至少将适用于具有商业规模(commercial scale)的蓄意假冒商标或盗版案件的刑事程序和处罚"?专家组紧紧抓住了"scale"一词。专家组查了权威的New Shorter Oxford English Dictionary,发现这个词的普通含义是"相对大小或范围,程度,比例",因此是一个相对概念,而"商业规模"就是指商业活动的大小或范围。具体到本案,"商业规模"的假冒或盗版是指某一产品在特定市场的大小或范围,因此随着产品和市场的不同而有所差异。美国所指责的"5万元""3万元"和"500张"都是一些绝对的数字,单单从这些数字无法断定是否达到了"商业规模",因此,美国没有能够提供足够证据来证明刑事门槛不符合TRIPs。

明确"商业规模"是一个相对概念,这的确是专家组的创举,而以"scale"一词定乾坤,则不能不令人佩服专家组"四两拨千斤"的高超本领。

专家组的高超本领，还体现在下面这个案件中：向海关缴纳的费用，可以归为"国内费用"？！

八、中国汽车零部件案（China—Measures Affecting Imports of Automobile Parts，WT/DS339、340、342）

根据涉案的中国措施所规定的具体标准，如果中国汽车生产中使用的进口汽车零部件具备"整车特征"，则须对这些进口零部件征收25%的关税，而高于适用于汽车零部件的平均关税率10%。起诉方认为，以上措施违反了GATT第3条所规定的国民待遇原则。

专家组的理解是：这种费用实际上属于GATT第3条第2款所指的"国内费用"（internal charges），而不是GATT第2条第1款（b）项所指的是"普通关税"（ordinary customs duties）。由于对国内产品不征收这笔费用，因此，专门针对进口产品的费用就违反了国民待遇原则。

明明是向海关上缴的费用，怎么会属于"国内费用"呢？

专家组是从解释"国内费用"和"普通关税"这两个词的内涵入手的。专家组首先解释了"国内费用"一词，研究了该词的通常含义、第2条第2款"进口到境内"一词提供的直接语境以及第3条附注提供的语境。专家组还参考了GATT和WTO法律体系，认为它们可以对其解释提供支持。对于"普通关税"一词，专家组研究了该词的通常含义、第2条第1款（b）项第1句话中"在进口时刻"一词提供的直接语境以及第2条第1款（b）项第2句话中论及"其他税收或费用"时"对进口或有关进口"这一词组提供的语境。专家组认为：第2条第1款（b）项第1句话中"在进口时刻"一词的通常含义，如果在其语境中并根据GATT之目的和意图考虑，应当包含不可忽视的严格和准确的时间要素。这意味着缴纳普通关税之义务是在商品进入另一成员国境内之时与该商品相联系的。正是在商品进入另一成员国境内之时，并且也只有在这一时刻，才产生缴纳上述普通关税之义务。而进口国在当时或随后实施、评估或复评、征收或收缴普通关税的行为，也正是基于商品在这一时刻的状况。与普通关税相反，缴纳国内费用之义务并不因商品进口而在其进入另一成员国境内之时产生，而是因为国内因素（例如由于商品在国内二次销售或在国内使用）而产生。商品一旦进口到另一成员国境内，缴纳国内费用之义务就产生了。进口来的商品的状况看起来是对此国内收费估价的有关依据，但进口来的商品的状况并不一定与其在进口时刻的状况一致。然后，专家组把其对"普通关税"和"国内费用"的理解总结如下：如果支付费用的义务不是基于产品在进口时而征收,它就不能是第2条第1款(b)项第1句话所规定的"普通关税",相反,它是指第3条第2款所规定的"国内费用",即根据国内因素计征的费用。

明确了这些费用属于"国内费用",接下来,专家组开始审查涉案措施,认为涉案费用的某些特征具有重大法律意义。专家组强调,在国内计征费用的义务发生在汽车零部件被组装成机动车辆后。专家组还极其重视这样的事实,即该费用是对汽车制造商征收,而不是对一般进口商征收;以及这样对具体的进口零部件收费的依据,是当其他进口零部件或国产零部件与那些进口零部件一起被用来组装汽车模型时才征收,而不是根据具体的零部件在进口时进行征收。此外,专家组认为下面的事实至关重要:同时在同一集装箱或船只内装载的相同的进口零部件,根据用它们所组装的车型是否符合措施中规定的标准,而对其征收费用的比率有所差异。根据涉案措施的这些特点,专家组的结论是:对汽车制造商征收的费用属于"国内费用"。

具备整车特征的汽车零部件向海关缴纳的费用,要根据进口后组装成整车这一事实来决定,并且要履行一系列程序。专家组将这种费用界定为"国内费用",而非"普通关税",是否违反国民待遇的问题就迎刃而解了:进口产品缴纳了这笔费用,而国内产品没有缴纳,就是违反国民待遇的。这一界定,应当说是专家组在此案中的最大"创造"。

九、欧共体紧固件反倾销案(EC—Anti-Dumping Measures on Fasteners,DS397)

欧盟《反倾销基本法》(Council Regulation(EC)No. 384/96)规定,对于涉及"非市场经济"(non-market economy)的反倾销调查,生产商要首先进行市场经济测试(market economy test),以便欧委会决定是否考虑将这些生产商的国内价格作为确定正常价值的基础。如果生产商通过了这一测试,正常价值就依据其国内价格,并且用于和正常价值进行比较的出口价格也以其出口价格为依据。此时,该生产商的待遇就与来自市场经济国家的生产商完全相同了。2009年1月26日,欧盟宣布对来自中国的紧固件(iron and steel fasteners)征收反倾销税。在调查过程中,欧委会就采用了上述方法。

本案专家组认为,《反倾销协定》第6条第10款明确要求调查机关对涉案的生产商给予单独待遇,即对每个已知的生产商计算出一个单独的倾销幅度,但在生产商数量太大,计算单独倾销幅度不可行时,调查机关也可以采取抽样方法,选择部分生产商或产品进行计算。专家组经过详细分析后认为,给予单独待遇是一项原则，而抽样是唯一例外。专家组还指出，第 9 条第 2 款也有类似规定。鉴于欧盟《反倾销基本法》对来自非市场经济国家的生产商适用全国统一的税率，除非生产商能够证明其独立于国家，专家组认定，这种做法违反了《反倾销协定》中的义务。

上诉机构以"不同理由"维持了专家组裁决。

在上诉中，上诉机构也认定欧盟的做法违反了《反倾销协定》第 6 条第 10 款，却是基于对该款的不同理解。

专家组认为，从第 6 条第 10 款来看，"给予单独待遇是一项原则，而抽样是唯一例外"。上诉机构指出，专家组的这一认定提出了两个解释性问题：一是关于确定单独倾销幅度，第 1 句的"shall"和"as a rule"是表明了一项强制性规则，还是仅仅表明了一种偏好；二是第 2 句所允许的抽样，是否为第 1 句所设定规则的唯一例外。

上诉机构认为，助动词"shall"在法律文本中通常用于表示强制性规则，而"as a rule"的含义则是"usually""more often than not"。"shall"和"as a rule"结合起来，所表达的不仅仅是偏好。该款的起草者如果意在避免设立确定单独倾销幅度的义务，则可能会使用"it is desirable"或"in principle"，而不是"shall"。上诉机构继续说，尽管"shall"一词设定了强制性规则，但这一义务受到了"as a rule"的限定，而这一限定必然是有含义的。上诉机构认为，这个词表明此项义务并非绝对，预示了例外的可能性。如果没有这个词，确定单独倾销幅度的义务就无法与《反倾销协定》中背离这一规则的其他规定保持协调了。

第 2 句明确提到了抽样是这一规则的例外。然而抽样却不是这一规则的唯一例外。例如，第 10 款第（2）项就允许在生产商数量巨大且单独审查会给调查机关带来过分负担从而影响调查及时完成的情况下，不确定单独倾销幅度。第 9 条第 5 款也允许在新出口商不能证明其与受到征税的出口商或生产商没有关联的情况下，确定单独倾销幅度。

上诉机构认为，使用"shall, as a rule"，第 6 条第 10 款的起草者就非常谨慎地没有设定一项与协定其他规定（不仅仅是抽样）相抵触的义务，没有要求调查机关在所有情况下都确定单独倾销幅度。但上诉机构强调说，这些例外必须是 WTO 有关协定中所规定的，这样才能避免对第 6 条第 10 款要求确定单独倾销幅度的义务的规避。"as a rule"预示了例外，但这个词并没给成员提供随意创造例外的可能性，从而影响了第 6 条第 10 款的义务性特征。对每个已知的出口商或生产商确定单独倾销幅度的义务，仍然是一项总体规则。

上诉机构总结说，根据上面的理解，WTO 有关协定中没有规定允许对来自非市场经济国家的进口背离确定单独倾销幅度的义务，因此，欧盟的做法违反了《反倾销协定》第 6 条第 10 款。

专家组与上诉机构"殊途同归"，是颇为有趣的。

十、结束语

如此众多的精彩法律分析，是一场法的盛宴。法的精神，法的信念，法的技巧，得到了充分的展现。

在这些分析中，我们看到了《WTO 协定》和承诺运用过程中所体现的坚定的理念、独特的创造和严密的论证。坚定的理念，是坚守自由贸易的宗旨，要求所有限制贸易的行为必须符合严格的条件，并且以规则为基础，澄清成员的权利和义务。独特的创造，是在纷繁复杂的事实和众说纷纭的观点中，抓住重点，独辟蹊径，找到裁决案件的思路。严密的论证，是将"法律"适用于事实的过程，在准确理解"法律"的前提下，充分解释其适用于本案事实的原因，从而得出令人心服口服的结论。

这些分析的重大特色，是对"法律条文为何适用于本案事实"有详尽的论述。为了确定一个协定条款的含义，专家组和上诉机构往往会从词典查找其"通常含义"，从该条款的前后左右甚至其他协定对照"上下文"，从该条款所在协定的前言和整体明确"宗旨与目的"。在此过程中，常常会参照大量的先例。这些先例为条款的理解提供了多样的思路。在初步确定了条款的含义后，专家组和上诉机构还会参考"补充资料"，例如协定谈判时的文件，以印证其理解的准确性。然后，他们会拿着"条款的含义"这个"放大镜"，仔细查看案件的事实，一点点确定两者是否相符。经过这样的法律论证、法律推理，读者会对"法律"及其适用于事实的过程有一个清晰的了解。阅读和研究这样的案例，能够培养法律解释的能力，更能够锻炼法律适用的本领。

法律思维是一种能力，是在纷繁复杂的社会想象中敏锐地抓住本质的能力。法律思维更体现了一种理念，是借用法律分析的方法展现法律背后的法治（以及公平和正义）的理念。法律思维的内涵，包括法律理解、事实归纳及法律适用。法律理解，是使用适当的方法，给法律一个合理的解释。事实归纳，是从纷繁复杂的事实中，发现关键的问题。法律适用，则是将法律适用于事实的过程，对"为什么这个法律适用于这个事实"进行充分论证。法律理解、事实归纳及法律适用是法律思维的一个完整过程，体现在书面上，就是法律解释清晰、事实归纳准确及法律论证充分的法院判决书。在这些中国案例中，我们就看到了这样的法律思维过程。

当然，我们如此评价 WTO 裁决中的法律分析，并非表明这些法律分析是"唯一正确"的方法和答案，也并非表明我们完全同意这些法律分析的结论。事实上，法律的思维，应当是质疑思辨的，而不是盲从盲信的。然而这些法律分析，为我们的法律教学和研究提供了重要的思路和参照，并且在有些情况下，为我们能够提出更加高明的法律分析奠定了基础。

WTO 法的魅力

——以中国案件为例

"WTO 法"由一系列 WTO 协定和各成员承诺组成,包括货物贸易、服务贸易和知识产权三大领域。这些协定和承诺的宗旨是减少贸易壁垒、扩大自由贸易,而协定和承诺本身是一整套规则,对成员的权利和义务作出了规定。然而法律的作用不在于其条文多么漂亮,而在于其实施是否有效。事实证明,"WTO 法"得到了很好的实施,受到了各成员的尊重。在此方面,WTO 争端解决机制发挥了重要作用。正如 WTO 的"诉讼程序法"——《争端解决谅解》所言,争端解决机制是为多边贸易体制提供稳定性和可预见性的核心因素。❶

"WTO 法"是一整套规则。由于 100 多个成员❷频繁地从事贸易活动,彼此之间难免会发生矛盾,进而演变成对"WTO 法"条款的不同理解。这就需要一套争端解决机制,以便澄清这些条款的含义,迅速解决争端,从而保证 WTO 的有效运转和保持成员权利义务的平衡。❸ 也正是在这一过程中,我们看到了"WTO 法"的魅力所在。这里,让我们通过四个有关中国的案件,感受一下这种魅力。

一、一环击破解怪圈

2009 年美国《农业,农村发展,食品与药品管理,以及相关机构拨款法案》第 727 节规定:"本法案所列任何资金,不得用于建立或实施允许中国禽肉产品进口到美国之规则。"这条规定是专门针对中国的,而法案对其他国家并没有类似规定。这条规定限制了美国农业部及其下属的食品安全检疫局使用资金,从事与进口中国禽肉相关的工作,进而影响了中国鸡肉等禽肉产品输美。这是明显的歧视性规定,中国理直气壮地将第 727 节诉诸 WTO 争端解

---

❶ 《争端解决谅解》第 3 条。
❷ 截至 2011 年 2 月 21 日,WTO 共有 153 个成员。
❸ 《争端解决谅解》第 3 条。

· 284 ·

决机制,是为"美国禽肉案"❶。

中方的第一个主张,当然是说第 727 节不符合《关贸总协定》第 1 条第 1 款所要求的"最惠国待遇"。而美方的第一反应,必定是说第 727 节是"为保护人类、动物或植物的生命或健康所必需的措施",即援引 GATT 第 20 条(一般例外)之(b)项进行抗辩。然而美方如此抗辩,却陷入了一个环环相扣的怪圈:既然是"为保护人类、动物或植物的生命或健康所必需的措施",那么很可能就属于 WTO《实施卫生与植物卫生措施协定》(SPS 协定)所界定的"卫生与植物卫生措施"(SPS 措施);而采取 SPS 措施是必须具备一定条件的,例如要进行"风险评估",要有"科学证据"。第 727 节作为美国国会拨款法案中的一项规定,在其制定过程中,从来没有提到过要符合 SPS 协定中的这些条件。这样,第 727 节就是不符合 SPS 协定的。到了这一步,美国就已经输定了官司。不仅如此,鉴于 SPS 协定的宗旨与 GATT 第 20 条(b)项的相似性,不符合前者的措施,很可能也就无法援引后者进行抗辩。专家组明察秋毫,显然已经注意到此案环环相扣的情节中,症结就在于这两个"很可能",于是决定就此下手"解扣"。

首先,专家组论证了第 727 节属于 SPS 措施。其次,专家组论证了 SPS 协定与 GATT 第 20 条(b)项的关系。

(一)第 727 节属于 SPS 措施

专家组指出,SPS 协定附件 A(1)对 SPS 措施的概念作出了明确界定,其中包括:"……(b)保护成员领土内的人类或动物的生命或健康免受食品、饮料或饲料中的添加剂、污染物、毒素或致病有机体所产生的风险。……"专家组从先例中发现,要判断某项措施是否为 SPS 措施,需要考虑该措施的目的、法律形式及其性质等因素。

专家组认为,从表面来看,第 727 节仅仅是一项行政部门的拨款措施,文字上并没有涉及 SPS 协定附件 A(1)所指之目的。然而美国自己曾经宣称,该措施的政策目标是为了防止来自中国的禽肉产品所产生的对人类和动物生命健康的危险。美国还宣称,这一政策目标也体现于该法案的立法历史中。专家组发现,在国会通过的解释第 727 节宗旨的"联合解释声明"中有这样的字句:对来自中国的有毒食品存在严重关切,因此,本法案之规定就是为了禁止食品安全检疫局使用资金以制定规则进口中国禽肉产品。专家组还发现,第 727 节的提案人、众议员 Rosa DeLauro 也曾明确表示,该节之目

---

❶ United States—Certain Measures Affecting Imports of Poultry from China, DS392.

的就是为了解决来自中国的禽肉产品所造成的健康风险。因此,专家组认定,第 727 节之目的是为了防止来自中国的有毒禽肉产品对人类和动物生命健康带来危险,符合 SPS 协定附件 A（1）所述之目的。此外,第 727 节是法律,这一点毋庸置疑,因此也满足了"法律形式及其性质"之考量。这样,专家组就得出结论：第 727 节属于 SPS 措施。

专家组还进一步说,第 727 节是一项涉及行政部门活动的金钱拨款措施,而不是直接管理卫生和植物卫生问题的措施,似乎可以认为它不是一项 SPS 措施。事实上,影响某个具体行政部门活动的金钱拨款措施,也不属于普通意义上的 SPS 措施。然而第 727 节作为一项拨款措施,却是国会控制负责实施 SPS 事项的行政部门的一种方式。因此,该措施属于拨款法案本身,并没有排除其属于 SPS 措施。

论证至此,专家组松了一口气道：第 727 节这样的措施在 SPS 协定下受到挑战,这还是第一次。

（二）SPS 协定与 GATT 第 20 条（b）项的关系

专家组认为这是个重要问题,因为专家组已经认定第 727 节违反了 SPS 协定,现在要解决的是第 727 节能否受到 GATT 第 20 条（b）项的保护。专家组为此对比了 GATT 第 20 条和 SPS 协定的条款。

GATT 第 20 条："在遵守关于此类措施的实施不在情形相同的国家之间构成任意或不合理歧视的手段或构成对国际贸易的变相限制的要求前提下,本协定的任何规定不得解释为阻止任何缔约方采取或实施以下措施：……（b）为保护人类、动物或植物的生命或健康所必需的措施。" SPS 协定前言："重申不应阻止各成员为保护人类、动物或植物的生命或健康而采用或实施必需的措施,但是这些措施的实施方式不得构成在情形相同的成员之间进行任意或不合理歧视的手段,或构成对国际贸易的变相限制；……因此期望对适用 GATT 1994 关于使用卫生与植物卫生措施的规定,特别是第 20 条（b）项的规定详述具体规则。……脚注 1：在本协定中,所指的第 20 条（b）项也包括该条的起首部分。"

专家组发现,SPS 协定的前言明确表示,其目的是详述 GATT 第 20 条（b）项,而"详述"（elaborate）一词给二者关系作了定性。此外,SPS 协定中还有众多规定明确提到了第 20 条（b）项,或者仿照了该项中的用词。例如,第 2 条第 4 款提到,符合 SPS 协定的措施,就应当推定为符合第 20 条（b）项。又如,二者都提到了"保护人类、动物或植物生命健康所必需"的措施。再如,SPS 协定第 2 条第 3 款和第 5 条第 5 款都使用了"任意或不合理歧视的手段，或构成对国际贸易的变相限制"这样的字眼。专家组称，GATT 是一个总协定，具体协定详述其条款的情况并不鲜见。例如，《海关估价协定》详述了 GATT 第 7 条，《反倾销协定》和《补贴与反补贴措施协定》详述了 GATT 第 6 条，《保障措施协定》详述了 GATT 第 19 条。最后，专家组还发现，SPS 协定的谈判历史也表明，其目的之一就是补充第 20 条（b）项，就 SPS 措施符合第 20 条（b）项作出具体规定。

因此，专家组认定，在 SPS 措施方面，SPS 协定详细解释了 GATT 第 20 条（b）项的内容。专家组说，既然如此，说不符合 SPS 协定的措施却符合第 20 条（b）项，是很难让人接受的。此外，SPS 协定第 2 条第 1 款规定，WTO 成员有权采取保护人类、动物或植物生命健康的措施，但这些措施不得违反 SPS 协定。专家组得出结论：违反 SPS 协定的措施，也不符合 GATT 第 20 条（b）项。

证明了第 727 节属于 SPS 措施，专家组就可以放心大胆地裁定：第 727 节不符合 SPS 协定第 5 条第 1 款和第 2 款，因为它不是以风险评估为基础的；不符合第 2 条第 2 款，因为它没有充足的科学证据；不符合第 5 条第 5 款，因为它是任意或不合理的；不符合第 2 条第 3 款，因为不符合第 5 条第 5 款就必然意味着不符合这一条款；不符合第 8 条，因为它给食品安全检疫局的审批持续造成了不必要的延误。

论证了 SPS 协定与 GATT 第 20 条（b）项的关系，专家组认为，由于违反了 SPS 协定的以上诸条款，第 727 节也不能由于 GATT 第 20 条（b）项而成为合法措施。

我们可以看到，这两个症结一解，环环落地。我们也彷佛看到美方构筑的堡垒顷刻间土崩瓦解。我们还彷佛看到多米诺骨牌一块既倒，全阵皆倒。

至于作为此案导火索的"最惠国待遇"问题，专家组当然轻松裁定：美国没有将给予其他 WTO 成员的利益立即、无条件地给予来自中国的同类产品，因此，第 727 节违反了 GATT 第 1 条第 1 款。

二、一字之意定乾坤

在美国起诉中国的"知识产权案"[1]中，有一个"刑事门槛"问题。

中国刑法及其司法解释规定，"非法经营数额在 5 万元以上或者违法所得数额在 3 万元以上""复制品数量合计在 500 张以上"的，才应给予刑事处

---

[1] China—Measures Affecting the Protection and Enforcement of Intellectual Property Rights，DS362.

罚。这些数额显然属于"刑事门槛"。而WTO《与贸易有关的知识产权协定》（TRIPs）第61条规定："各成员应规定至少将适用于具有商业规模（commercial scale）的蓄意假冒商标或盗版案件的刑事程序和处罚"。那么"5万元""3万元"和"500张"是否表明了"商业规模"的存在？这些"刑事门槛"以下的假冒商标或盗版行为，例如，对于复制品数量合计"499张"的行为，是否应当给予刑事处罚？

专家组首先澄清，尽管对commercial scale有不同理解，但仅仅商业的行为不能说就是具备"商业规模"的行为；对于这个短语的理解，需要将commercial和scale结合起来。随后，专家组紧紧抓住了"scale"一词。专家组查找了权威的New Shorter Oxford English Dictionary，发现这个词的通常含义是"相对大小或范围，程度，比例"，因此是一个相对概念，而"商业规模"就是指商业活动的大小或范围。本案中，"商业规模"的假冒或盗版是指某一产品在特定市场的大小或范围，因此随着产品和市场的不同而有所差异。美国所指责的"5万元""3万元"和"500张"都是一些绝对的数字，单单从这些数字无法断定是否达到了"商业规模"，因此，美国没有能够提供足够证据来证明刑事门槛不符合TRIPs。

明确"商业规模"是一个相对概念，这的确是专家组的创举；而以"scale"一词定乾坤，则不能不令人佩服专家组"四两拨千斤"的高超本领。

三、毫厘之差决胜负

欧共体、美国、加拿大诉中国的"汽车零部件案"[1]中，专家组认为，即使是向海关缴纳的费用，也可能属于"国内费用"。

根据涉案的中国措施所规定的具体标准，如果中国汽车生产中使用的进口汽车零部件具备"整车特征"，则须对这些进口零部件征收25%的关税，而高于适用于汽车零部件的平均关税率10%。起诉方认为，以上措施违反了GATT第3条所规定的国民待遇原则。

专家组的理解是：这种费用实际上属于GATT第3条第2款所指的"国内费用"（internal charges），而不是GATT第2条第1款（b）项所指的"普通关税"（ordinary customs duties）。由于对国内产品不征收这笔费用，因此，专门针对进口产品的费用就违反了国民待遇原则。

明明是向海关上缴的费用，怎么会属于"国内费用"呢？

---

[1] China—Measures Affecting Imports of Automobile Parts，WT/DS339，340，342。

专家组是从解释"国内费用"和"普通关税"这两个词的内涵入手的。专家组首先解释了"国内费用"一词，研究了该词的通常含义、第 2 条第 2 款"进口到境内"一词提供的直接语境以及第 3 条附注提供的语境。专家组还参考了 GATT 和 WTO 法律体系，认为它们可以对其解释提供支持。对于"普通关税"一词，专家组研究了该词的通常含义、第 2 条第 1 款（b）项第 1 句话中"在进口时刻"一词提供的直接语境以及第 2 条第 1 款（b）项第 2 句话中论及"其他税收或费用"时"对进口或有关进口"这一词组提供的语境。专家组认为：第 2 条第 1 款（b）项第 1 句话中"在进口时刻"一词的通常含义，如果在其语境中并根据 GATT 之目的和意图考虑，应当包含不可忽视的严格和准确的时间要素。这意味着缴纳普通关税的义务是在商品进入另一成员国境内之时与该商品相联系的。正是在商品进入另一成员国境内之时，并且也只有在这一时刻，才产生缴纳上述普通关税之义务。而进口国在当时或随后实施、评估或复评、征收或收缴普通关税的行为，也正是基于商品在这一时刻的状况。与普通关税相反，缴纳国内费用的义务并不因商品进口而在其进入另一成员国境内之时产生，而是因为国内因素（例如由于商品在国内二次销售或在国内使用）而产生。商品一旦进口到另一成员国境内，缴纳国内费用的义务就产生了。进口来的商品的状况看起来是对此国内收费估价的有关依据，但进口来的商品的状况并不一定与其在进口时刻的状况一致。然后，专家组把其对"普通关税"和"国内费用"的理解总结如下：如果支付费用的义务不是基于产品在进口时而征收，它就不能是第 2 条第 1 款（b）项第 1 句话所规定的"普通关税"，相反，它是指第 3 条第 2 款所规定的"国内费用"，即根据国内因素计征的费用。

明确了这些费用属于"国内费用"，接下来，专家组开始审查涉案措施，认为涉案费用的某些特征具有重大法律意义。专家组强调，在国内计征费用的义务发生在汽车零部件被组装成机动车辆后。专家组还极其重视这样的事实，即该费用是对汽车制造商征收，而不是对一般进口商征收；以及这样对具体的进口零部件收费的依据，是当其他进口零部件或国产零部件与那些进口零部件一起被用来组装汽车模型时才征收，而不是根据具体的零部件在进口时进行征收。此外，专家组认为下面的事实至关重要：同时在同一集装箱或船只内装载的相同的进口零部件，根据用它们所组装的车型是否符合措施中规定的标准，而对其征收费用的比率有所差异。根据涉案措施的这些特点，专家组的结论是，对汽车制造商征收的费用属于"国内费用"。

具备整车特征的汽车零部件向海关缴纳的费用，要根据进口后组装成整车这一事实来决定，并且要履行一系列程序。专家组将这种费用界定为"国内费用"，而非"普通关税"，是否违反国民待遇的问题就迎刃而解了：进口产品缴纳了这笔费用，而国内产品没有缴纳，就是违反国民待遇的。这一界定，应当说是专家组在此案中的最大"创造"。

四、技高一筹明是非

在美国起诉中国的"出版物和音像制品案"[1]中，上诉机构帮专家组解决了一个"复杂的法律问题"。

美方的主张是：对于涉案产品，即读物、家庭视听娱乐产品、录音制品和供影院放映的电影等产品，中国规定只有符合条件的国有企业才拥有贸易权（即进出口权），而外资企业以及外国企业和个人无权进出口，这违反了《中国加入WTO议定书》第5条第1款等条款所写明的放开贸易权的承诺。中方的抗辩是：第5条第1款明文规定，这些承诺"不损害中国以符合《WTO协定》的方式管理贸易的权利"，而采取这些措施是符合GATT第20条（a）项的；为了保护公共道德，防止反动、暴力、色情等作品进口到中国，需要对进口文化产品进行内容审查，而这就需要选择符合条件的公司进口这些产品。

第20条（a）项规定："……本协定的任何规定不得解释为阻止任何缔约方采取或实施以下措施：（a）为保护公共道德所必需的措施；……"专家组首先说，根据此前的分析，专家组已经确认，对于中国议定书和报告书中的相关义务，应理解为不得损害以与《WTO协定》相一致的方式管理贸易的权利；《WTO协定》显然包括GATT，而第20条（a）项正是GATT中的条款。然而专家组认为，中国援引该项提出了复杂的法律问题（complex legal issues）：第20条提到的"本协定"，指的是GATT，而不是《中国加入WTO议定书》之类的其他协定，因此就出现了第20条是否可以被直接援引而用于涉及议定书贸易权承诺的抗辩的问题。根据美国的提议以及上诉机构先前的一些做法，专家组决定采取一种"回避"的策略，即先假定第20条可以援引，然后直接审查（a）项的要求是否得到了满足。如果满足了，则回过头来啃这块硬骨头；而如果没有满足，则没有必要多此一举了。专家组的审查结论是：中国的措施非为保护公共道德所"必需"，因此，关于这个"复杂的法律问

---

[1] China—Measures Affecting Trading Rights and Distribution Services for Certain Publications and Audiovisual Entertainment Products, WT/DS363.

题",专家组没有作出裁决。

上诉机构认为,"假设成立"(assumption arguendo)是一种法律技巧,有助于审判人员进行简单高效的决策。专家组和上诉机构可以在特定情况下使用这种技巧,但它并不一定能为法律结论提供坚实的基础。具体到本案,上诉机构认为,专家组使用"假设成立"的技巧存在三个问题。其一,如果中国不能援引第20条(a)项,则专家组此前认定中国没有遵守贸易权承诺就可结案了,而根据该项进行分析就不需要了。其二,专家组依据该项进行的推理,特别是对涉案措施的限制性所作的分析,一定程度上依赖于能否援用该项作为抗辩,因此,专家组的这部分分析的基础具有不确定性。❶ 其三,这给中国如何实施裁决带来了不确定性,即实施措施是否符合WTO义务,是否会受到进一步挑战。因此,上诉机构认为,专家组在本案中使用这种技巧,有悖于WTO通过争端解决促进安全和稳定性的目标,无助于解决争端,并且给中国如何履行义务带来了不确定性。上诉机构认为,该事项属于《争端解决谅解》第17条第6款所说的法律解释问题,决定予以审查。

仔细想来,专家组用"偷懒"方法作出的裁决,的确给人以沙滩楼阁的感觉。在实施问题上尤其如此。假如中国修改了措施,满足了"必需"这一标准,那么新措施是否就与《WTO协定》相一致了呢?中国能否援引第20条这个前提没有解决,此类问题是无法回答的。上诉机构深思熟虑,决定审查这个前提问题,实属远见卓识。

上诉机构首先对议定书5条第1款进行了详细解读,认为"管理贸易的权利"指的是中国将国际商务活动纳入管理的权利,而这个权利不应受到给予贸易权这一义务的损害,但中国必须"以符合《WTO协定》的方式"管理贸易。"以符合《WTO协定》的方式",指的是作为整体的《WTO协定》,包括作为其附件的GATT。抽象地说,"管理的权利"是WTO成员政府所固有的权利,并非《WTO协定》之类的国际条约所赋予的权利。在贸易方面,《WTO协定》及其附件只是要求成员遵守相关义务。当管理的是贸易时,则议定书第5条第1款所说的"符合《WTO协定》"就是对中国管理权实施的约束,要求管理措施必须符合WTO纪律。

上诉机构进一步分析道:第5条第1款针对从事贸易者(traders)作出了承诺,即给予所有企业进出口货物的权利,但不得影响中国管理贸易(trade)

---

❶ 专家组在分析中国的措施是否为保护公共道德所"必需"时,审查的因素之一是该措施对国际商业的限制性影响,而这项审查也是在假定第20条可以直接援引的前提下进行的。参见专家组报告第7.788段。

的权利。上诉机构认为，中国关于贸易权，即涉及贸易者的义务，与所有WTO成员承担的管理货物贸易（trade in goods）方面的义务，特别是GATT第11条和第3条是密切交织的。在中国加入WTO文件中，就有成员要求中国对贸易权的限制必须符合这两条的要求。❶ 这种联系也反映在第5条第1款的文字中。从整体来看，该款显然是关于货物贸易的，因为该款第3句明确提到了"所有这些货物都必须按照GATT第3条给予国民待遇"。此外，在GATT和WTO的先前判例中，也认定过对从事贸易主体的限制与GATT的货物贸易方面义务之间的密切关系，即那些并不直接管理货物或货物进口的措施也被认定为违反了GATT义务。❷ 总之，限制贸易者权利的措施是有可能违反GATT的货物贸易义务的。上诉机构认为，中国管理货物贸易的权利必须遵守《WTO协定》附件1A即GATT的义务，而中国援引GATT条款的抗辩权不应由于起诉方仅仅挑战第5条第1款却没有根据GATT提出挑战而受到影响。正相反，中国是否可以援引GATT第20条抗辩，在具体案件中应决定于不符合贸易权承诺的措施与对货物进行贸易管理之间的关系。如果这种联系存在，中国就可以援引第20条。

上诉机构最后说，专家组审查了中国的贸易权承诺与中国对相关产品的内容审查机制之间的关系，发现中国的某些规定，特别是《出版管理条例》第41条和第42条，其所在的法律文件本身就设定了内容审查机制，而对于本身没有审查机制的法律文件，专家组也同意中方提出的观点，即这些文件不是孤立的措施，而属于进口商选择制度的结果，是准备进行内容审查的。上诉机构还注意到，在专家组阶段，有很多证据表明，中国是对相关货物进行广泛内容审查的；而对于中国限制贸易权的规定属于中国对相关货物的内容审查机制的一部分，美国也没有提出质疑。不仅如此，美国认为不符合GATT第3条第4款的中国管理相关货物分销的规定，与专家组认定的不符合贸易权承诺中管理这些货物进口的规定，有些就是相同的措施。❸ 有鉴于此，上诉机构认定，不符合贸易权承诺的措施与中国对相关产品贸易的管理存在着清晰的、客观的联系，因此，中方可以援引GATT第20条。

中国的被诉措施虽然是关于贸易权承诺的，即只允许某些企业从事相关

---

❶ 参见《中国加入WTO工作组报告书》第80段。
❷ 参见"印度汽车案"专家组报告（第7.195~7.198段，第7.307~7.309段）和"中国汽车零部件案"上诉机构报告（第195段，第196段）。
❸ 例如，对于《电影企业经营资格准入暂行规定》第16条，美国认为既不符合GATT第3条第4款，也不符合中国的贸易权承诺。参见专家组报告第7.1699段。

货物的进出口，但与中国对相关货物的管理，即对涉案货物的内容审查是密切相关的。换句话说，限制进出口商，是为了对相关货物进行内容审查，而 GATT 恰恰是关于货物贸易的，中国当然有权援引 GATT 第 20 条进行抗辩。上诉机构通过这种"密切联系"，确认了议定书与 GATT 之间的"间接关系"，专家组遗留的"复杂的法律问题"迎刃而解。

五、追根求源探究竟

看了前三个案例，我们感到专家组的裁决多有创新，令人叹服。而看了第四个案例，我们发现上诉机构技高一筹，敏锐准确地发现了专家组裁决中的问题，使得裁决的基础更加坚实。阅读 WTO 裁决，如赏美景，如饮甘泉。

至此，我们发现，"WTO 法"的魅力在于协定和承诺运用过程中所体现的坚定的理念、独特的创造和严密的论证。坚定的理念，是坚守自由贸易的宗旨，要求所有限制贸易的行为必须符合严格的条件，并且以规则为基础，澄清成员的权利和义务。独特的创造，是在纷繁复杂的事实和众说纷纭的观点中，抓住重点，独辟蹊径，找到裁决案件的思路。严密的论证，是将"法律"适用于事实的过程，在准确理解"法律"的前提下，充分解释其适用于本案事实的原因，从而得出令人心服口服的结论。

那么专家组都是些什么人，能如此高明？上诉机构又是些什么人，能比专家组更高明？还有什么力量使得 WTO 能作出如此高质量的裁决？

根据《争端解决谅解》的规定，专家组（panel）由"充分合格"（well-qualified）的人士组成，包括曾经在过去的专家组审理或代理过案件的人、WTO 成员的代表、成员在 WTO 理事会或委员会的代表、在 WTO 秘书处工作过的人、讲授国际贸易法律和政策或出版过这类专著的人、成员的高级贸易政策官员。每个案件专家组有 3 人，先由 WTO 秘书处推荐，经征求当事方意见，最后由 WTO 总干事任命。由专家组的遴选过程可以看出，专家组成员都是国际贸易方面的行家里手。

对于每个案件，当事方都要提交两次"书面陈述"（written submission），即提交两次"起诉书"和"答辩状"，参加两次"实质性会议"（substantive meeting），即两次"开庭"，还要书面回答专家组提出的问题。可以想象，这样的案件审理过程有利于专家组充分了解案件的事实和确定适用的条款。不仅如此，在第一次"开庭"期间，专家组还会专门召开由第三方参加的会议，听取任何宣称对本案有实质利益而要求作为第三方的成员的意见。可以说，专家组为准确裁判案件而广泛征求了意见。

不仅如此，专家组还有WTO秘书处法律司派出的精明强干的法律人员的强大支持。为每个专家组服务的，都是多年从事法律工作的专业人员，有深厚的法律功底和很强的研究能力。他们为专家组提供与本案相关的所有法律和判例，也与专家组一起讨论案情，寻找裁决的思路。事实上，他们是隐形的专家组成员。

一项贸易争端，在6个月时间里，经过这么多人的共同努力，其是非曲直应该大致明朗了。

而专家组裁决中的"法律问题"和"法律解释"一旦提交到上诉机构，则更是铁板钉钉了。

与"海选"的专家组成员不同的是，上诉机构成员是固定的7个人。《争端解决谅解》对上诉机构成员的要求很高——必须是公认的权威（recognized authority），在法律和国际贸易方面有突出的专长（demonstrated expertise）。❶他们每人任期4年，可连选连任1次。每个案件由其中3个人负责，但要与其他4个人讨论。他们也有专业的法律人员提供强大支持。

在上诉阶段，当事方也要提交"书面陈述"，并且在"开庭"时接受上诉机构的拷问。这样，专家组已经厘清了案情，并提供了基本的法律理解；当事方经过专家组阶段，对相关法律理解更为深入了；上诉机构需要解决的是屈指可数的几个法律问题，可以将全部精力聚焦在这几个点上；上诉机构其他成员贡献了自己的智慧；"开庭"全程对第三方开放，上诉机构就可能考虑得更为全面——在如此种种优势下，对法律的所有理解和对裁决的所有思路几乎无一遗漏，那么负责审理案件的3个"高人"作出"技高一筹"的裁决，就不足为奇了，而裁决基础的坚实程度也就可想而知了。

高素质的"法官"，加上完善的制度，难怪WTO的裁决有如此高的质量。也正因如此，我们才有幸从这一份份公开的裁决中感受到"WTO法"的魅力。WTO成员纷纷将争端提交争端解决机制❷，并且尊重和执行专家组和上诉机构作出的裁决，显然与裁决客观公正密不可分。道理其实很简单：专家组是WTO成员选定的，上诉机构是WTO成员批准的，专家组和上诉机构对案件事实作出了完整准确的描述，对适用法律作出了充分合理的解释，那么不执行裁决，还有什么理由呢？

---

❶ 《争端解决谅解》第17条第3款。
❷ 截至2011年2月21日，WTO案件数量已达420起。

沃　土

——WTO 中国案例的价值：以三个案件为例

这个专题共有 4 次课，学生以法学院大三为主，还有几个大四、研一的学生。我选择了"知识产权案"中的"刑事门槛问题"以及"出版物案"和"原材料案"中的"GATT 第 20 条的适用问题"，作为讨论课的案例。❶

对于"刑事门槛问题"，中国刑法及其司法解释规定，"非法经营数额在 5 万元以上或者违法所得数额在 3 万元以上""复制品数量合计在 500 张以上"的，才应给予刑事处罚。这些数额显然属于"刑事门槛"。那么这是否违反了 WTO《与贸易有关的知识产权协定》第 61 条的"各成员应规定至少将适用于具有商业规模（commercial scale）的蓄意假冒商标或盗版案件的刑事程序和处罚"？对此，专家组进行了长达 50 页的论证，最后得出了否定的结论。这个论证的过程，涉及对中国刑事法律的理解，涉及对《与贸易有关的知识产权协定》的理解，更为重要的是，涉及对"commercial scale"一词的创造性理解，相当精彩。

关于"GATT 第 20 条的适用问题"，在"出版物案"中，美国指控中国没有遵守《中国加入 WTO 议定书》中的承诺放开一些文化产品的进口权，而中国辩称这是"为了维护公共道德所必需的"，因此有权援引 GATT 第 20 条进行抗辩。美国认为，GATT 第 20 条的例外条款仅适用于 GATT 内容，而不能适用于《中国加入 WTO 议定书》的内容。专家组认为，这就提出了 GATT 与议定书之间的关系这个"复杂的法律问题"（complex legal issues）。专家组

---

❶ 知识产权案（362）：专家组报告中关于"刑事门槛"的部分（VII. C. Criminal Thresholds，第 82 ~ 134 页，第 7. 396 ~ 682 段）。出版物案（363）：专家组和上诉机构报告中关于"是否有权援用 GATT 第 20 条"的部分（专家组报告：VII. C. 2 China's defence based on the "right to regulate trade" and Article ×× (a) of the GATT 1994，第 270 ~ 277 页，第 7. 707 ~ 744 段；上诉机构报告：VI. China's Defence under Article ×× (a) of the GATT 1994，第 91 ~ 104 页，第 205 ~ 233 段）。原材料案（398）：专家组和上诉机构报告中关于"是否有权援用 GATT 第 20 条"的部分（专家组报告：VII. B. 5 (a) Whether Article ×× of the GATT 1994 is available as a defence to a claim under Paragraph 11. 3 of China's Accession Protocol，第 50 ~ 59 页，第 7. 110 ~ 160 段；上诉机构报告：VI. Applicability of Article ××，第 109 ~ 124 页，第 270 ~ 307 段）。

2013 年 11 月 9 日、16 日、23 日和 30 日，笔者在南开大学法学院主持 WTO 案例讨论课。对此，感谢左海聪教授的邀请，感谢胡建国和向前老师的周到安排。

采取了一种回避的方法,即先假定中国有权援引 GATT,然后看看中国的有关措施是否符合 GATT 的规定,因为 GATT 第 20 条例外也是有一定条件的。由于专家组对后者的回答是否定的,因此专家组就没有对前者作出判断。然而本案上诉机构认为专家组的这种做法不妥,因此决定自己审查一下这个"复杂的法律问题",并且最终得出了肯定的结论,也就是中国关于贸易权的承诺有权援引 GATT。然而在"原材料案"中,上诉机构却认定,《中国加入 WTO 议定书》中关于出口税的承诺不能援引 GATT 进行抗辩! 两案关于这个问题的论证,专家组报告和上诉机构报告也长达 50 页,相当复杂。

对于这 100 多页裁决,同学们课前用了大量时间阅读,课堂用了 12 小时讨论,终于厘清了专家组和上诉机构这些"法官们"的裁决思路,收获是可想而知的。这不仅包括那些专业词汇所代表的 WTO 知识,更包括复杂的法律思维方式,即如何运用书面的法律解决纷繁复杂的社会问题。

除了这些不言而喻的一般性收获,在课堂上,我们还用大量时间追根求源,刨根问底,深入讨论了以下几个问题。(1) 条约解释方法。关于如何理解法律中某个术语的含义,《维也纳条约法公约》第 31 条和第 32 条提供了很好的方法。❶ 课堂讨论中,同学们查找了这两个条款的中英文文本,并且写在

---

❶ Article 31 General rule of interpretation 1. A treaty shall be interpreted in good faith in accordance with the ordinary meaning to be given to the terms of the treaty in their context and in the light of its object and purpose. 2. The context for the purpose of the interpretation of a treaty shall comprise, in addition to the text, including its preamble and annexes: (a) any agreement relating to the treaty which was made between all the parties in connexion with the conclusion of the treaty; (b) any instrument which was made by one or more parties in connexion with the conclusion of the treaty and accepted by the other parties as an instrument related to the treaty. 3. There shall be taken into account, together with the context: (a) any subsequent agreement between the parties regarding the interpretation of the treaty or the application of its provisions; (b) any subsequent practice in the application of the treaty which establishes the agreement of the parties regarding its interpretation; (c) any relevant rules of international law applicable in the relations between the parties. 4. A special meaning shall be given to a term if it is established that the parties so intended. Article 32 Supplementary means of interpretation Recourse may be had to supplementary means of interpretation, including the preparatory work of the treaty and the circumstances of its conclusion, in order to confirm the meaning resulting from the application of article 31, or to determine the meaning when the interpretation according to article 31: (a) leaves the meaning ambiguous or obscure; or (b) leads to a result which is manifestly absurd or unreasonable.

第 31 条 解释之通则 1. 条约应依其用语按其上下文并参照条约之目的及宗旨所具有之通常意义,善意解释之。2. 就解释条约而言,上下文除指连同弁言及附件在内之约文外,并应包括:(a) 全体当事国间因缔结条约所订与条约有关之任何协定;(b) 一个以上当事国间因缔结条约所订并经其他当事国接受为条约有关文书之任何文书。3. 应与上下文一并考虑者尚有:(a) 当事国嗣后所订关于条约之解释或其规定之适用之任何协定;(b) 嗣后在条约适用方面确定各当事国对条约解释之协定之任何惯例;(c) 适用于当事国间关系之任何有关国际法规则。4. 倘经确定当事国有此原意,条约用语应使其具有特殊意义。第 32 条 解释之补充资料 为证实由适用第 31 条所得之意义起见,或遇依第 31 条作解释而:(a) 意义仍属不明或难解;或 (b) 所获结果显属荒谬或不合理时,为确定其意义起见,得使用解释之补充资料,包括条约之准备工作及缔结之情况在内。

了黑板上。几位同学走上讲台,从文字和语法的角度介绍了自己的理解。然后,同学们结合"刑事门槛"问题的裁决,分析了这种方法在本案中的具体运用方式。在此基础上,同学们对这两个条款的理解产生了很大的分歧,以致不得不用"条约解释方法"来解释这两个条款!(2)"假设成立"技巧。在"出版物案"中,专家组所使用的那种回避方法,就是一种"假设成立"(assumption aguendo)的法律技巧。这究竟是怎样的一种法律技巧?同学们通过举例和板书逻辑图等方式,试图对这种技巧进行说明。如上所述,上诉机构认为本案专家组使用这种方法是不妥当的,并且详细指出了使用这种方法可能带来的若干问题。那么这种方法在何种情况下使用才是妥当的?(3)遵循先例原则。有同学指出,上诉机构没有遵循先例,因为在另外一个案件中,它就使用了"假设成立"的技巧。❶ 围绕这个问题,同学们首先澄清了WTO是否有遵循先例原则;如果WTO没有"遵循先例"原则,那么为什么会在裁决中大量"援引先例"?在"遵循先例"原则下,什么时候又可以背离先例?随后,同学们的讨论集中到那位同学所提出的困惑:为什么上诉机构在那个案件中使用了这种方法?同学们找出了那个案件中上诉机构的裁决,经过比对发现,在那个案件中也可能出现上诉机构在"出版物案"中所指出的"不妥"之处。

关于以上三个问题的讨论,都是无果而终。有些似乎清楚的事情,经讨论却发现了问题。有些似乎简单的事情,经讨论却带出了更多的问题。不仅如此,经过讨论,我们对于上诉机构裁决的态度,也从"认真学习"变成了"小心怀疑"!

尽管如此,同学们在课程结束谈收获的时候表达了以下看法:WTO 裁决是完美的法律文书,很有讨论的价值;培养了法律思维;增加了对 WTO 的亲切感;提高了对 WTO 的兴趣;需要逻辑、哲学、历史的知识。有同学认为自己的英语水平需要提高。还有同学说:"看到别人学习这么认真,自己因没有认真阅读案例而感到惭愧。"这一切都让我感觉到,WTO 案例是一片沃土,只要勤奋耕耘,必然收获丰硕。

在课堂上,有位同学问我:"你这样的专家,为什么要来给我们这些'无知的年轻人'上课?"我回答:因为学习和乐趣。例如,我在课堂上公开对同学们说:对于用"条约解释方法"来解释"条约解释方法"这样的讨论,我是第一次遇到。对于"假设成立"技巧讨论中所产生的问题,我坦然地对同

---

❶ DS 345 Appellate Body Report on US—Customs Bond Directive, paras. 304 – 319.

学们说我也不知道答案。对于"遵循先例"讨论中所产生的困惑，我会在课后认真研究这两个案例，看看问题究竟出在哪里。我说因为"学习和乐趣"，是肺腑之言。我确实是与同学们一起耕耘，颇有收获，其乐无穷。

我想，参加课堂讨论的几位老师估计也有同感，因为一位大牌专家，曾经给这些同学们讲授过"遵循先例原则"的教授，被一位大三同学问及"遵循先例是指遵循结论，还是连法律技巧都要遵循"时，回答显然有点含糊！一位青年才俊，对WTO有精深研究的老师，坦然承认同学们对条约解释的讨论颠覆了他对这个问题的理解。而面对同学们关于"假设成立"技巧的问题，在座几位讲授国际法的老师都面面相觑，表情木然。课间休息时，我们几位老师围着校园的小湖散步。湖面的薄冰，岸边的落叶，初冬的艳阳与寒气，都在激发着我们的热烈讨论："假设成立"的方法，上诉机构为什么在一个案件中用了，在另一个案件中却不用？

（2013年12月1日星期日）

沃　土（二）

——WTO 中国案例的价值：以知识产权案为例

这是法学院研究生的课程❶，我选择了"知识产权案"中的"刑事门槛"问题作为讨论案例。❷在本案中，中国刑事法律规定，假冒盗版达到 5 万元或 500 张光盘，才应承担刑事责任，而 WTO 的《与贸易有关的知识产权协定》第 61 条却要求对具备"commercial scale"的侵权给予刑事处罚。美国认为，"5 万元或 500 张"这一"刑事门槛"不符合 WTO 的规定。而专家组认为，"commercial"和"scale"是两个词，不能说凡是"commercial"的行为就是具备"scale"的行为，而"scale"（规模）是一个相对概念，必须证明"5 万元或 500 张"所在的市场有多大，才能确定是否具备"scale"。由于美国没有证明这一点，所以，美国没有证明中国刑事法律中的这一规定不符合 WTO 规则。

由于是讨论课，同学们纷纷发言，并且很快集中到以下几个问题。（1）这个案件究竟讲了什么故事？本案涉及的内容很多，包括对中国刑事法律和《与贸易有关的知识产权协定》的理解，以及对"commercial scale"一词的创造性解释。专家组的论证也长达 50 页。有几位同学试图用浅显易懂、简明扼要的语言陈述案情，并且不断得到其他同学的追问和补充。研读理解一个复杂案件的过程，本身就是学习法律的过程，而能够用自己的语言表达出来，并且接受同学们的质疑和挑战，则是提出了更高的要求。（2）本案使用了什么样的条约解释方法？有两位学国际公法的同学，向大家详细讲解了《维也纳条约法公约》第 31 条和第 32 条的内容。在对条约条款的理解有分歧的情况下，使用"通常含义""上下文"和"宗旨与目的"等综合方法已经成为

---

❶ 2013 年 12 月 17 日，北京大学法学院法学硕士课程，"WTO 法律导论"。对此，感谢邵景春老师邀请。

❷ 知识产权案（362）：专家组报告中关于"刑事门槛"的部分（VII. C. Criminal Thresholds，第 82～134 页，第 7.396～682 段）。

·299·

"国际法的习惯解释规则"。[1] 事实上，这种方法也是法律解释的一般方法。在当事方对国内法律条款的理解有分歧的时候，难道不应该使用这种方法，以确定某个条款的含义吗？从课堂讨论情况来看，此前很多同学并不知道这种方法。(3) 专家组是如何使用这种方法的？同学们翻来覆去地查阅资料，试图将这50页的内容与"通常含义""上下文"和"宗旨与目的"一一对应起来。专家组并没有进行简单机械的分类，因此从小标题看不出相应的部分。同学们的查找无果而终，但是这个查找的过程进一步帮助他们深入阅读了案例，并且为他们课后的研究提供了强大的动力。(4) 专家组是如何论证的？我在黑板上写下了几个字——法律（law, legal basis）、事实（fact, measure）、结论（conclusion），后来又增加了两个概念——争议焦点（issues）、法律推理（legal reasoning）。对于如何将本案进行归类，同学们产生了很大的争议。然而争论的过程不仅是大家更加深入地理解案件的过程，而且是学习一些新的概念，特别是"issues"和"legal reasoning"的过程。

相信这样精彩的案例，这样深入的讨论，才是真正的法律训练。经过这样的长期法律训练，同学们将来走向社会，遇到稀奇古怪的纠纷，就能够用"法律思维"进行处理：争议焦点在何处，何为法律事实，何为法律规定，法律规定应如何理解，如何论证该法律适用于该事实，等等。

（2013年12月23日）

附件：

这个案例我曾在多个课堂使用过，每次都有精彩讨论。以下是部分课堂实录。

（1）南开大学法学院本科三年级及研究生课程，2013年11月9日和16日。

随后，我们开始讨论案例，即第一节课留下的作业："专家组是如何用《维也纳条约法公约》解释刑事门槛问题的？"第一位同学上台，边板书边讲，详细介绍了专家组报告中的相关段落。第二位同学站起来提出质疑。第三位同学加入讨论。几个来回之后，大家的注意力转移到该公约第31条和第32条的具体内容上，也就是这两条究竟规定了哪些解释条约的方法。第一位同学将英文写在黑板上，第三位同学先是一字一句为全班朗读中文版本，后来

---

[1] "... customary rules of interpretation of public international law." Art. 3.2 Understanding on Rules and Procedures Governing the Settlement of Disputes, WTO.

干脆进行了板书。❶ 随着讨论的深入,大家发现,对第31条第1款的理解存在很大的分歧。有人认为,解释方法包括 ordinary meaning、context、object and purpose;也有人认为,其实 context 和 object and purpose 是用于解释 ordinary meaning 的。这时,又有两位同学加入了讨论:一位试图点出大家的分歧所在;另一位则上台写写画画,从英语语法的角度进行了分析。最后,大家发现在讨论一个有趣的问题:如何用该公约的解释规则解释该公约条款!我认真地对大家说:这看起来是在循环论证,但这是一个真实的问题,我本人就曾经和一位大律师进行过类似的讨论。我还鼓励他们道:这个案例我多次在课堂讨论中使用,然而讨论到这个问题,却是第一次!我还总结道:看起来我们在讨论语言,但事实上解释法律是我们法律人的基本功。例如,将来你做了律师,你的当事人被控从事了"情节严重"的行为,应该处以刑罚。而你可以通过查找词典含义、结合上下文和刑法的宗旨及目的,论证"情节严重"一词的含义,从而辩护你的当事人的行为没有达到这个程度。

这个时候,第一位同学,即那个上台"边板书边讲"、俨然小老师的同学,突然举手说:我开始讲的专家组报告中的段落说错了,因为从专家组报告第531段来看,专家组是在之前分析 context 和 object and purpose 的,而我是向后找的!❷ 我故作惊讶地说:"这可麻烦了,你发现了颠覆性的文字!"但是,有些同学并不同意第一位同学的这个结论。于是,讨论转向对这一段的理解,以及最初的问题,即"专家组是如何用《维也纳条约法公约》解释刑事门槛问题的"。

(2) 清华大学法学院本科一年级国际班讲座,2013年10月27日。

这是一次普通的 WTO 案例讨论课。上课了,我让同学们随意谈谈读后感(第一轮)。同学们就几周前收到的"中国知识产权案"专家组报告开始发言。有人说,感觉专家组没有明确的立场,模棱两可,只是反复引用当事方的观点,好像是一个调解人。有人说,专家组裁决非常有逻辑的连续性,非常清楚。有人介绍了专家组对"commercial scale"一词的分析思路,有人质疑原告美国为什么没有充分使用数据作为证据,有人认为美国对"commercial

---

❶ Art. 31. General rule of interpretation A treaty shall be interpreted in good faith in accordance with the ordinary meaning to be given to the terms of the treaty in their context and in the light of its object and purpose.
第31条 解释之通则 1. 条约应依其用语按其上下文并参照条约之目的及宗旨所具有之通常意义,善意解释之。

❷ 专家组报告,第7.531段。Bearing in mind these aspects of the context of the first sentence of Article 61, and the object and purpose of the TRIPs Agreement, the Panel now turns to the ordinary meaning of the words "on a commercial scale".

scale"一词的解释违反常识,还有人猜测美国起诉的政治动机……同学们的发言范围很广,但很快就集中到本案的核心问题,即对"commercial scale"一词的解释上(第二轮)。同学们对于这一点的讨论,不仅澄清了本案所涉"措施",即本案中被告的是中国刑事法律中的"刑事门槛"问题,而且理解了专家组的法律解释思路。不仅如此,同学们还进一步分析了专家组所设的标准是否容易满足,证据是否容易提供,WTO规则的规定是否存在问题以及能否作出更加明确的规定,等等。最后,我请同学们评价一下专家组的分析思路(第三轮)。有人认为,专家组是因为不敢得罪中美双方才会作出这样的解释。有人认为专家组根本没有解决问题,而是"和稀泥"。但更多人则认为,面对这样的难题,专家组在其职权范围内作出了令人信服的解释,显示了高超的智慧。我觉得,通过大家的讨论,本案的核心问题得到了澄清,专家组的法律解释方法和法律思维特点也得到了展现。因此,这次讨论课的目标实现了。

(3) 北京师范大学法学院本科三年级"WTO专题课",2013年3月16日和23日。

1) 首先我们澄清了一个不存在的问题:专家组有没有用《维也纳条约法公约》来解释中国刑法?这个答案是没有。

刚才我们讨论了两个点。一个是中国的行政处罚抗辩,另一个是美国难以证明的问题。我们今天先讨论到这里。最后,我总结一下这次课的作业:(1) 对于第7.630段的理解:专家组是怎么论证美国证明并不是困难的?如果证明并不困难,那么美国应该如何证明?

对于这个问题,我想提出一点,即本案美国并没有上诉。如果证明是不困难的,那美国为什么不上诉呢?(2) 关于行政处罚的问题:中国是怎么抗辩的?专家组是怎么裁决的?(3) 请柳驰下次给我们解释一下其在黑板上所画图示的含义。(4) 如果专家组对《刑法》的理解与中国的主张不一致,中国法院在今后的审判实践中,是否要按照专家组的理解来审理案件?(5) 请解释一下专家组是怎么解释"commercial scale"的?这是本案的核心。(6) 专家组是怎么说美国没有证明的?

最后,我给大家写了一句话(板书):"美国没有证明'刑事门槛'符合commercial scale。"关于刑事门槛,包含两个问题:一是门槛是什么,二是法律有没有约束力的问题。对此,我们今天已经讨论过了。这个案件的核心,就是这么一句话:(1) "刑事门槛"是什么,这是 measure;(2) commercial scale 是什么,这是 legal basis;(3) 美国没有证明,这是 reasoning。这是最核心的三个问题。

2）这节课我们先请柳驰给我们讲了一下法律解释的问题，我希望柳驰能把这个问题写成一篇文章发表，我觉得非常有价值。然后，我们讨论了mission impossible 的问题，第 7.630 段提到的问题，我觉得这个讨论也是非常好的，非常深入，以至于现在还没有结论。第三个讨论的问题是中国关于 administrative enforcement 的抗辩，很有意思。第四个就是刚刚讨论的问题，这个问题里面交织了很多理论问题，大家回忆一下涂艳辉刚才讲的很多案例，是非常有意义的一个探讨。

我们还有两个大的题目：一是 commercial scale 是怎么论证出来的；二是美国为什么没有证明。这两个问题是本案最关键的两个问题，虽然我们没有正面讨论，但大家回想一下，从第一节课的讨论到现在，还有没有人对这两个问题不知道的？我不相信。我们无时无刻不在讨论这两个问题，在讨论刑事门槛的时候，在讨论 mission impossible 的时候，可以说我们采取的是"农村包围城市"的战略，我想大家对这个问题都已经比较清楚了。我认为我们这个讨论还是很成功，大家对这 50 页裁决的认识不仅全面，而且深入；而且，我们讨论的问题都是真问题。

沃土（三）

——WTO 中国案例的价值：法律新概念

所谓"法律新概念"，是指中国法中没有这些概念。在我主持的 WTO 中国案例课堂讨论中，这些概念引起了同学们强烈的兴趣和深入的讨论。这也难怪。作为法学院的学生，遇到一些闻所未闻的法律概念，例如"假设成立""中期审议"和"司法节制"，自然会产生求知的欲望。而对于一些似曾相识的法律概念，例如"遵循先例"和"条约解释"，由于在中国案件中得到活灵活现的运用，学生们自然也会产生极大的好奇。这些体现在中国案例中的"法律新概念"，给我们的法学教育提供了新鲜的资源。这里兹举几例如下。

一、中期审议

在"中国稀土案"（DS431/432/433）专家组报告中，有一个专门的部分，即"中期审议"（interim review），共 6 页，针对当事方就"中期报告"（interim report）所提出的每一个评论，从拼写、引用、顺序等形式问题，到表述、观点、推理等实质问题，都提出了处理意见。❶ "中期报告"，事实上是专家组报告的初稿。而"中期审议"，就是将初稿发给当事方评论以便完善。也就是说，专家组在就一个案件作出裁决后，先将"裁决书初稿"发给当事方提意见，然后在这些意见的基础上完善裁决并形成"裁决书终稿"。其中，对于当事方所提每一个意见是如何处理的，是接受还是不接受，理由是什么，都要在报告的"中期审议"部分予以反映。

这个"诉讼程序"的依据，是 WTO 的"诉讼程序法"——《争端解决谅解》（Dispute Settlement Understanding，DSU）第 15 条（中期审议阶段）。该条要求，专家组应将报告初稿交给当事方，当事方可以要求专家组审议其中的某些方面，而最终报告中应该对中期审议阶段的观点讨论情况予以介绍。因此，不仅是"中国稀土案"，而且是所有专家组报告，都有"中期审议"部分。❷

---

❶ 专家组报告，第 6.1~28 段。
❷ DSU 没有对上诉机构提出这一要求，因此，上诉机构报告中没有"中期审议"部分。

中期审议可能是 WTO 所独创的诉讼程序，为其他国际法和国内法所未见。虽然这一程序可能会影响专家组裁决的效率，但其价值是显而易见的。专家组通过对照当事方的意见，能够避免拼写、引用和顺序等形式上的错误。专家组通过研究当事方的意见，能够使表述更准确，观点更明确，推理更严密。更为重要的是，这样一个"提意见"和"处理意见"的过程，体现了 WTO 争端解决机制"民主决策"的精神。试想一下，如果在国内法院的民事诉讼程序中，法院将判决书草稿发给当事人评论，并且在判决书终稿中有针对这些评论的处理意见，那么除了判决书的质量将会得到很大的提高之外，法院对当事人的尊重也会得到更好的体现。这是一种"民主审判"，标志着文明与进步。

二、条约解释

中国刑事法律规定，假冒盗版达到 5 万元或 500 张光盘的，才应承担刑事责任，而 WTO 的《与贸易有关的知识产权协定》第 61 条却要求对所有具备"商业规模"（commercial scale）的侵权给予刑事处罚。在"中国知识产权案"（DS 362）中，美国认为，"5 万元或 500 张"这一"刑事门槛"不符合 WTO 的规定。专家组从"通常含义""上下文"和"宗旨与目的"等角度，认真研究了"commercial scale"一词的含义，认为"commercial"和"scale"是两个词，不能说凡是"commercial"的行为就是具备"scale"的行为；而"scale"是一个相对概念，必须证明"5 万元或 500 张"所在的市场有多大，才能确定是否具备"scale"。由于美国没有证明这一点，所以，美国没有证明中国刑事法律的这一规定不符合 WTO 规则。[1] 此处专家组所使用的是"条约解释"方法，即《维也纳条约法公约》第 31 条和第 32 条所指的方法。[2] 在

---

[1] 专家组报告，第 7.396~682 段。
[2] 第 31 条 解释之通则 1. 条约应依其用语按其上下文并参照条约之目的及宗旨所具有之通常意义，善意解释之。2. 就解释条约而言，上下文除连同弁言及附件在内之约文外，并应包括：（a）全体当事国间因缔结条约所订与条约有关之任何协定；（b）一个以上当事国因缔结条约所订并经其他当事国接受为条约有关文书之任何文书。3. 应与上下文一并考虑者尚有：（a）当事国嗣后所订关于条约之解释或其规定之适用之任何协定；（b）嗣后在条约适用方面确定各当事国对条约解释之协定之任何惯例；（c）适用于当事国间关系之任何有关国际法规则。4. 倘经确定当事国有此原意，条约用语应使其具有特殊意义。

第 32 条 解释之补充资料 为证实由适用第 31 条所得之意义起见，或遇依第 31 条作解释而：（a）意义仍属不明或难解；或（b）所获结果显属荒谬或不合理时，为确定其意义起见，得使用解释之补充资料，包括条约之准备工作及缔约之情况在内。

WTO裁决中，这是一种普遍使用的方法。❶

第31条和第32条列出了条约解释的主要方法，其中最为常用的就是"通常含义""上下文"和"宗旨与目的"。从WTO实践来看，专家组和上诉机构在解释协定中某个条款含义的时候，常常首先是查字典，以确定其"通常含义"；然后参照该协定的其他条款，甚至是其他相关协定，以确定该条款所存在的语境，即"上下文"；在必要的情况下，还会考察该协定的"宗旨与目的"。经过对以上三个方面的综合分析，最终明确该条款的确切含义。

事实上，这就是法律解释的一般方法。在法律条款的含义不明时，律师和法官自然而然地会先查一下某个词汇的"本意"，即"通常含义"；然后看看这个词汇所存在的"环境"，即"上下文"；最后还可能会研究一下这个法律所要解决的是什么问题，即"宗旨与目的"。只有经过这样的分析过程，才能够明确法律条款的含义。因此，WTO的实践为法律解释方法的运用提供了大量例证，使得这些方法从"法理学"的抽象理论变成了鲜活的案例，体现了示范效应。

三、遵循先例

在2013年的"中国稀土案"（DS431/432/433）中，面对与前案同样的法律问题，专家组经过对中国所提出的"新理由"的审查，认为没有令人信服的理由以背离上诉机构在前案中的裁决。❷ 而在同年的"美国反补贴和反倾销案（中国）"（DS449）中，专家组经过对美国所提出的"新理由"与前案的比对审查，认为这些"新理由"已经在前案中提出，并非什么"新理由"，

---

❶ 在"美国汽油案"（DS2）中，上诉机构认为，《维也纳条约法公约》第31条和第32条就属于DSU第3条第2款所指的"国际公法的习惯解释规则"。该款规定，WTO争端解决机制的功能之一是根据"国际公法的习惯解释规则"澄清现有协定条款。该案就此确立了WTO专家组和上诉机构所遵循的"条约解释方法"。

❷ 专家组报告，第7.49~117段。出口税不能援引GATT第20条例外，这是"中国原材料案"（DS394/395/398）专家组和上诉机构的一致结论。但在"中国稀土案"中，中国要求专家组再审查这一法律问题（re-examine the same question of law），认定出口税可以援引这一例外。中国称，这次提出了新的理由以及未被"中国原材料案"专家组和上诉机构所充分考虑的理由，本案专家组应该对这一问题进行独立解释。专家组认为，这是一个复杂的实体问题（a complex issue of substance）。随后，专家组从理论和本案两个方面进行了论证，认为没有令人信服的理由（cogent reasons）以背离上诉机构在前案中的裁决。

因此也认定没有令人信服的理由以背离上诉机构在前案中的裁决。❶这两个案例，让我们看到了传说中的"遵循先例"原则。

"遵循先例"（stare desisis）本是普通法中的一项原则，是指下级法院遵循上级法院的判例，以及上级法院遵循自己的判例。❷中国加入 WTO 12 年以来，从每个案件的 WTO 专家组和上诉机构报告中，我们早已看到了"遵循先例"的表现形式，即大量援引以前的案例。❸每个报告的正文之前都有一份案例表（Table of Cases Cited in this Report），列出了本报告中所援引的案例❹，并且在报告中，这些案例会频繁出现。当事方引用案例论证自己的观点，专家组和上诉机构也引用案例进行分析。而这两个中国案件，则让我们看到了"遵循先例"的实质体现，即如何对待以前案例中相同的法律问题。❺

"遵循先例"应该成为司法过程的一项基本原则。从形式来看，无论是律师还是法官，工作中都需要参考先例，也就是从先例中寻找解决本案的思路和理由，而允许援引先例，不过是使得参考先例这样一个法律思维过程"名正言顺"，将对先例的思考记录在文字中。从实质来看，"遵循先例"是实现"同案同判"（like cases should be decided alike）这项基本法律原则的必要条件；有了先例的"约束"，那种大相径庭的判决就不太可能出现了。因此，WTO 的实践为"遵循先例"提供了大量的案例，有利于研究这一原则的具体运用。

---

❶ 专家组报告，第 7.297~352 段。"双重救济"不符合《补贴与反补贴措施协定》第 19 条第 3 款所要求的以"适当数额"（appropriate amount）征收反补贴税的规定，并且调查机关有责任查明这种同时征收反倾销税和反补贴税的方法是否导致了两次抵消同一补贴的后果，这是"美国反倾销和反补贴案"（DS 379）上诉机构作出的明确裁决。但在"美国反补贴和反倾销案"中，这个裁决受到了美国的挑战。专家组经过对美国所提出的"新理由"与前案的比对审查，认为这些"新理由"已经在前案中提出，并非什么"新理由"，因此也认定没有令人信服的理由以背离上诉机构在前案中的裁决。

❷ ［英］克罗斯等：《英国法中的先例》，北京大学出版社 2011 年 1 月第 1 版，第 108 页。该书对于英国法中浩如烟海的"遵循先例"的实践进行了简明扼要的总结。该书分为以下七章：英国法中的先例原则，判决理由和附随意见，遵循先例，遵循先例原则的例外，先例作为法律的一种渊源，先例和司法推理，先例和法律理论。

❸ 截至 2014 年 1 月 6 日，已经有 16 个涉及中国的案件作出了 25 份专家组和上诉机构报告。

❹ 例如，在中国诉美国的"美国反倾销和反补贴案（中国）"（DS379）中，专家组报告的案例表列出了 70 个案例，而上诉机构报告的案例表列出了 45 个案例。

❺ "遵循先例"原则，事实上在 2007 年的"美国不锈钢案（墨西哥）"（DS 344）中已经得到了确认。该案中，专家组认为没有必要遵循上诉机构的裁决，因此自己进行了独立的分析，最后作出了不同的裁决。上诉机构不仅一一驳回了专家组的裁决，而且明确表示对专家组漠视上诉机构裁决的做法表示关注。参见该案上诉机构报告第 158~162 段。关于"遵循先例"原则在 WTO 中的具体运用情况，参见杨国华："事实上的遵循先例"，载北大法律信息网。

四、假设成立

在 2007 年的"中国出版物和音像制品案"（DS363）中，专家组面临的一个问题是：中国是否可以直接援用 GATT 第 20 条，以作为其背离《中国加入 WTO 议定书》项下的贸易权承诺的抗辩。专家组认为，这是一个复杂的法律问题（complex legal issues）：第 20 条提到的"本协定"，指的是 GATT，而不是《中国加入 WTO 议定书》之类的其他协定，因此就出现了第 20 条是否可以被直接援引而用于涉及议定书贸易权承诺的抗辩的问题。专家组决定采取一种"回避"的策略，即先假定第 20 条可以援引，然后直接审查（a）项的要求是否得到了满足。如果满足了，则回过头来啃这块"硬骨头"；而如果没有满足，则没有必要多此一举了。专家组的审查结论是：（a）项所要求的"为保护公共道德所必需"的条件没有得到满足，因此，关于这个"复杂的法律问题"，专家组没有作出裁决。❶ 专家组所使用的这种方法，就是"假设成立"（assumption agendo）。

上诉机构说，"假设成立"是一种法律技巧，有助于审判人员进行简单高效的决策。专家组和上诉机构可以在特定情况下使用这种技巧。上诉机构接着说：但它并不一定能为法律结论提供坚实的基础。它可能不利于对 WTO 法律作出清晰的解释，并可能给实施造成困难。❷ 该案中，上诉机构在指出了专家组使用这种方法可能存在的几个问题之后，认为不能使用这种方法，而是应该进行审查并作出决定。❸

虽然上诉机构认为本案不能使用这种方法，但并不意味着这种方法在任何情况下都不能使用。相反，正如上诉机构所言，"这是一种法律技巧，有助于审判人员进行简单高效的决策"。事实上，这是一种常用的技巧。❹ 上诉机

---

❶ 专家组报告，第 7.707~744 段。

❷ 上诉机构报告，第 213 段。上诉机构接着说：将此技巧用于某些法律事项，例如专家组法律分析的实质所依赖的管辖权或初步裁决事项，还可能产生问题。WTO 争端解决的目的，是以维护 WTO 成员权利和义务的方式解决争端，并且按照国际公法的通常解释规则澄清有关协定的现有规定。因此，专家组和上诉机构不能拘于选择最为快捷的方式，或者一个或多个当事方所建议的方式，而应当采取一种分析方法或结构，以适当解决问题，对相关问题进行客观评估，便于争端解决机构作出建议或裁决。

❸ 上诉机构报告，第 213~215 段。上诉机构的审查结论是：此处中国可以援用 GATT 第 20 条。关于该案的情况，参见杨国华："技高一筹——出版物案上诉机构裁决的思路"，载北大法律信息网，http://article.chinalawinfo.com/Article_Detail.asp?ArticleID=62319。访问日期：2014 年 1 月 8 日。

❹ 例如，在"美国反补贴和反倾销案（中国）"（DS 449）中，专家组也使用了这种技巧。参见专家组报告，第 7.248 段及脚注 400。

构自己也曾经使用过这种技巧。❶

五、司法节制

在"中国知识产权案"中，美国认为中国的"刑事门槛"问题不仅不符合《与贸易有关的知识产权协定》第 61 条，而且不符合该协定第 41 条。专家组认为，这一主张是依赖于对第 61 条的审理结果的；鉴于专家组已经就第 61 条得出了结论，再对第 41 条作出额外的审查无益于本案的积极解决，因此，专家组行使司法节制（judicial economy），认为没有必要就此作出认定。❷ 而在"美国反倾销和反补贴案"（DS379）中，上诉所涉及的问题，是"双重救济"的实施是否不符合《补贴与反补贴措施协定》第 19 条第 3 款和第 4 款的问题。上诉机构在认定其不符合第 3 款之后，认为就没有必要审查第 4 款问题了，因为对此认定并非解决本案争端所必需。❸ 因此，上诉机构事实上也使用了"司法节制"的方法。

"司法节制"是专家组和上诉机构常用的方法。专家组可以使用"司法节制"的方法，是在 WTO 早期的一个案件中确立的。在"美国羊毛衫案"（DS 33）中，上诉机构认为，DSU 第 11 条并没有要求专家组审查原告提出的所有法律问题。DSU 第 3 条第 7 款明确规定："争端解决机制的目的在于确保争端得到积极解决（positive solution）。"因此，WTO 争端解决机制的基本目标是解决争端。❹ 而在"澳大利亚鲑鱼案"（DS18）中，上诉机构进一步表示，使用"司法节制"的时候，必须记住争端解决制度的目标，即确保争端的积极

---

❶ 例如，在"美国海关担保令案"（DS 345）中，上诉机构也使用了这种技巧。参见该案上诉机构报告，第 304~319 段。

❷ 专家组报告，第 7.680~682 段。

❸ 上诉机构报告，第 590 段。

❹ 上诉机构指出，GATT 1947 和 WTO 先前的专家组常常只审查其认为解决争议事项所必需的问题，而对其他事项不作出决定。因此，如果专家组发现一项措施与 GATT 1947 的某个具体规定不一致，则一般不继续审查原告提出的该措施是否与 GATT 其他规定是否一致的问题。在 WTO 实践中，专家组同样不审查原告提出的每一个请求，而只对专家组认为解决具体问题所必需的主张作出裁决。DSU 第 3 条第 4 款也规定："争端解决机制所提建议或所作裁决应旨在依照本谅解和适用协定项下的权利和义务，实现问题的满意解决。"此外，上诉机构认为，DSU 第 3 条第 2 款说明，WTO 成员确认争端解决机制"适于保护各成员在适用协定项下的权利和义务，以及依照解释国际公法的惯例澄清这些协定的现有规定。"对照争端解决机制的目标，该款不是为了鼓励专家组或上诉机构在解决具体争议之外通过澄清 WTO 协定的现有规定而"造法"。专家组只需审查解决争议所必需的主张。上诉机构报告，第 17~20 页。

解决。如果仅仅是部分解决争端，则是错误的司法节制。❶

然而上诉机构自己使用"司法节制"的方法似乎是不无争议的，因为DSU第19条第12款明确规定，对于上诉所提出的每一个法律问题和法律解释问题，上诉机构都应审理。❷ 也许正是因为这一明确规定，上诉机构虽然事实上使用了这种方法，但是在其报告中没有像专家组报告中那样，直接使用"司法节制"这一概念。

司法节制，顾名思义，是指节约司法资源；司法机关应以解决争端为目标，对于那些并非解决争端所必需的法律主张，可以不必审理。当然，在使用这种方法的时候，不能为了图省事而忘记了"解决争端"之职责，作出那种"半吊子"的裁决，以致当事方的争议仍然处于不明不白的状态。

---

❶ 上诉机构认为，专家组所作出的裁决，应该能够让争端解决机构作出充分精确的建议，使得成员能够迅速履行，从而"确保争端的有效解决"。而在本案中，专家组没有做到这一点，因此是错误的。上诉机构报告，第223段。本案编号为"DS 18"，上诉机构报告时间为1998年10月20日，晚于"美国羊毛衫案"（DS 33）上诉机构报告的时间，即1997年4月25日。

❷ DSU第17条第12款：The Appellate Body shall address each of the issues raised in accordance with paragraph 6 during the appellate proceeding. 第6款：An appeal shall be limited to issues of law covered in the panel report and legal interpretations developed by the panel.

用 WTO 的眼光看美国法院判决

我们习惯了 WTO 裁决的写作模式。WTO 专家组裁决，会全面描述起诉方和被诉方的观点，然后详细阐述专家组的观点。在此过程中，案件的事实，所适用的法律，以及专家组的分析，都会得到充分翔实的体现。而在上诉机构裁决中，专家组就某个法律适用或法律解释问题的认定，上诉方和被上诉方的观点，以及上诉机构的分析，也会有完完整整的记录。我们觉得，这是一种"正常"的模式，符合读者通常的思维方式。我们还觉得，这更是一种"讲理"的模式，是也罢非也罢，都让人心服口服。

在中国在 WTO 诉美国的"反倾销和反补贴案"（US—Anti-Dumping and Countervailing Duties on Certain Products from China, DS379）中所涉及的"双重救济"（double remedy）问题上，专家组和上诉机构就使用了这种习惯的模式。在专家组的 54 页相关裁决和上诉机构的 25 页相关裁决中，我们清楚地看到了中美双方的观点，更明确地理解了专家组和上诉机构的分析思路（本文附件 1 有详细的介绍）。

然而当我们用 WTO 的眼光审视几乎同期进行的美国法院判决[1]，却是一种复杂的感觉，有怅然若失，也有似曾相识。

在这个案件中，美国 GPX 国际轮胎公司和中国河北兴茂轮胎有限公司就美国商务部采取的反倾销和反补贴措施提起诉讼，其核心问题也是"双重救济"。美国国际贸易法院（Court of International Trade, CIT）和美国联邦巡回

---

[1] 2008 年 9 月 8 日，美国 GPX 国际轮胎公司和中国河北兴茂轮胎有限公司（GPX International Tire Corporation and Hebei Starbright Tire Co., Ltd.），针对美国商务部发布的新充气工程机械轮胎（new pneumatic off-the-road tires）反倾销和反补贴裁定向美国国际贸易法院（Court of International Trade, CIT）提起诉讼；2009 年 9 月 18 日，CIT 作出判决。2010 年 11 月 29 日，此案上诉至美国联邦巡回上诉法院（Court of Appeals for the Federal Circuit, CAFC）；2011 年 12 月 19 日，CAFC 作出判决。
中国在 WTO 诉美国的"反倾销和反补贴案"（US—Anti-Dumping and Countervailing Duties on Certain Products from China, DS379），涉及美国商务部发布的四个产品的裁定，其中包括新充气工程机械轮胎。2008 年 12 月 9 日，中国要求设立专家组；2010 年 10 月 22 日，专家组作出裁决。2010 年 12 月 1 日，中国提起上诉；2011 年 3 月 11 日，上诉机构作出裁决。

上诉法院（Court of Appeals for the Federal Circuit，CAFC）分别作出了判决。❶ 而在 CIT 判决的 19 页相关部分，对于本案中的一个关键问题，即"双重救济"如何产生的问题，却只有寥寥数语。CIT 在简单介绍了原告的观点后说：本案中，出口价格不是与货物在中国的价格相比较的，而如果进行这样的比较，比较的两端就会受到同等影响；本案中，不管受到了补贴怎样影响的出口价格，是与推定的不受补贴影响的结构正常价值相比较的；如果不对此进行某种形式的调整，征收反倾销税就非常可能导致双重救济。而 CAFC 判决的 26 页相关部分中，对于这个关键问题更是不置一词。因此，拿着这两份判决反复阅读，仍然对此一头雾水。也许对于美国法官来说，写判决书只是为了解决纠纷，而不是为了给原告和被告之外的普通人阅读！

然而若对于"双重救济"如何产生的问题不作详细说明，当事方恐怕也难以"理解"。本案中，美国商务部就明确表示，不同意 CIT 关于同时采取非市场经济的反倾销方法和反补贴方法会非常可能导致双重救济的观点。❷

CIT 在对"双重救济"作出如此简单的认定后，更加简单地判决道：如果商务部想对非市场经济国家的产品采取反补贴救济措施，采取的方法就必须使得这种平行救济合理化，包括使用避免双重救济的方法，而商务部目前使用的方法是不合理的（unreasonable）。对于一项补贴重复征税，这显然是不合理的。然而这种不合理的行为违反了哪项法律呢？作为法院判决，似乎应当对此予以明示，但 CIT 只用了一个字：unreasonable。相比之下，WTO 专家组和上诉机构在详细描述了"双重救济"产生的原因之后，对这个问题是否违反《WTO 协定》进行了更为详尽的论证，并得出了截然相反的结果！专家组拘泥于协定的文字，在苦苦"上下求索"后"无奈地"宣布："双重救济"虽然有可能产生，但没有违反《WTO 协定》。然而上诉机构高屋建瓴，也技高一筹，从协定的文字中发现了蛛丝马迹，并且紧抓不放，终于解决了这个"跨协定"（《反倾销协定》和《补贴与反补贴措施协定》）的难题。专家组的结论虽然并不令人满意，但专家组使用的方法是"条约解释"，即千方百计解释协定文字的含义，是在讲道理。这种方法，与上诉机构是相同的。

---

❶ United States Court of International Trade，GPX International Tire Corporation and Hebei Starbright Tire Co.，Ltd. v. United States. Consol. Court No. 08-00285. Slip p. 9-103. September 18，2009. United States Court of Appeals for the Federal Circuit，GPX International Tire Corporation and Hebei Starbright Tire Co.，Ltd. v. United States. 2011-1107，1108，1109.

❷ 商务部执行 CIT 判决的报告：GPX International Tire Corporation and Hebei Starbright Tire Co.，Ltd. v. United States. Consol. Court No. 08-00285. Slip p. 9-103. September 18，2009. Final Results of Redetermination Pursuant to Remand，p. 2.

CIT对"双重救济"的简单认定,以及对本案的简单判决,果然在上诉法院CAFC遇到了麻烦。CAFC宣布:CIT的判决是有问题的,因为法律是否禁止双重救济,这一点并不清楚;还因为商务部认为双重救济在事实上是否发生,这一点远远不够清楚。[1]

然而CAFC的这一项重要认定,仅仅是一个"宣布"。为什么说美国法律是否禁止双重救济并不清楚?"双重救济"究竟是否发生?商务部的观点为何重要?对此,CAFC没有作任何解释!

当然,我们不是在批评CIT的判决思路不清晰。CIT的判决思路是:如果反补贴税和反倾销税同时适用于非市场经济国家的进口,就可能产生双重救济问题,因此禁止征收反补贴税。但这个过程缺乏论证。我们感到CAFC的"宣布"过于武断,但CAFC的判决思路是:非市场经济国家的政府支出不属于法律规定的补贴,因此,法律禁止商务部针对非市场经济国家产品征收反补贴税。也就是说,CAFC同意CIT的结论,但不同意其理由。对于法律禁止的问题,CAFC则从遵循先例,到"雪佛龙尊重",到立法认可,再到逐一批驳商务部的观点,进行了长达15页的详尽可靠的论证(本文附件2有详细的介绍)。用WTO的眼光看CAFC判决,只有在此处,我们才有了宾至如归的感觉,因为我们发现了熟悉的"讲理"的模式。

用WTO的眼光看美国法院判决,我们的眼光是审视的。我们认为,不论是国际争端解决机构,还是国内法院,在一项法律裁决中,事情的来龙去脉应当说清楚,事实认定应当扎实,法律论证应当充分。这样的裁决,不仅能够解决争议,而且能够起到法律示范的作用,让读者理解法律的内涵,让大家看到这是一个"讲理"的地方。

(2012年1月23日)

附件1:WTO上诉机构的条约解释(见案例2附件)

附件2:CAFC关于法律禁止商务部针对非市场经济国家产品征收反补贴税的论证[2]

(1)商务部的主要观点是:法律明确规定反补贴税"应予征收",这就要求商务部在能够认定补贴的情况下征收反补贴税,即使对于非市场经济国家也是如此。CAFC不同意这个观点。法律的规定是:在一国政府直接或间接

---

[1] CAFC判决,同前,第11页。
[2] CAFC判决,同前,第11~26页。

地提供补贴,并且在国内损害的要求得到满足的情况下,就应该征收反补贴税。CAFC认为,法律的规定并不清楚,并没有明确要求对非市场经济国家的产品征收反补贴税。问题在于:非市场经济国家的政府支付是否属于法律所指的补贴?在1984年的"乔治城钢铁案"(Georgetown Steel)中,CAFC曾经认定,法律并不要求对非市场经济国家的产品征收反补贴税,因为针对这些产品的政府支付不属于法律所指的补贴。在那个案件中,CAFC认为,不能证明国会意在将此法适用于非市场经济国家的出口;反补贴法的目的是抵消不公平竞争的利益,而对于非市场经济国家,这种不公平竞争并不存在;即使将这种支付视为补贴,那么政府也是在作自我补贴。因此,CAFC支持了商务部的决定,即不对非市场经济国家的产品征收反补贴税。

CAFC认为,在这种情况下,一般应遵循"乔治城钢铁案"中的理解。而商务部申辩说,"乔治城钢铁案"并非独立地解释了法律,而是在法院认为法律模糊的情况下对商务部解释所给予的"雪佛龙尊重"(Chevron deference)。[1] 商务部认为,一旦商务部改变了其解释,法院就应当尊重新的解释。而CAFC认为,即使"乔治城钢铁案"可以理解为依据"雪佛龙尊重",但目前的问题在于,即使商务部对"乔治城钢铁案"的理解是正确的,但国会随后通过1988年和1994年修订和重新制定反补贴法,认可了商务部此前的解释,因此,CAFC应当将法律解释为禁止对非市场经济国家征收反补贴税。

(2)立法认可是一项确定的原则。对于一项众所周知的司法判决或行政做法,如果国会重新制定立法时未作修改,则应当推定国会知道并采纳了对某项法律的司法或行政解释。即使立法史没有明确提及一项解释,最高法院也常常认为国会通过重新制定立法认可了法院和行政部门的解释。如果立法史表明国会的确知道一项解释,则是更强的认可假定。最高法院曾经在一个案件中说,如果国会想废除某项规定,则在立法史中应当有所体现。CAFC在

---

[1] 雪佛龙公司是美国的一家能源公司。在1984年美国最高法院审理的"雪佛龙公司诉自然资源保护委员会案"(Chevron U.S.A., Inc. v. Natural Resources Defense Council, Inc.)中,案件所争论的主要问题是1977年清洁空气法修正案中"固定的污染来源"(stationary sources of air pollution)一词的意义。最高法院认为,当法律不明确而很难对其进行严格审查时,法院应当适用"雪佛龙两步法"(Chevron Two-step)。第一步,法院要确定国会对所解释问题是否存在特定意图,如果存在,法院和行政机关都必须遵循国会所表达的明确意图;第二步,如果法院确证国会没有特定意图,法律对所解释问题没有规定或者规定模糊不清时,那么转向雪佛龙分析,考察行政机关的解释是否合理,如果行政机关的解释是合理的,那么法院就不会用自己的解释来替代行政机关的解释。该案确立了雪佛龙尊重原则(Chevron Deference),即当法律模糊不清时,行政机关的解释只要"合理",就应予以尊重,这时是行政机关而不是法院控制了法律解释权。参见"行政国家下的权力分立——立足于美国法的初步观察",载http://www.110.com/ziliao/article-8311.html,访问日期:2014年5月28日。

一个案件中也认为,参议院在制定相关法律时提及了某个行政部门的做法,表明"默示采纳"了该部门的做法。

一旦国会通过重新制定法律批准了一项法律解释,行政部门就不再有权改变这一解释。在一个案件中,最高法院认为,国会批准了食品药品管理局(Food and Drug Administration, FDA)的立场,即对烟草没有管辖权,则FDA就不能改变这一解释。最高法院称,过去几十年,国会都是在这一背景下立法的,并且否决过授予FDA这一管辖权的法案,因此,国会有关烟草的法案显然有效地认可了FDA长期以来的立场。在确认立法认可时,最高法院通过FDA在国会听证会上的作证和国会否决了授权的建议,强调了国会明确知道FDA的立场。同样,在另外一个案件中,最高法院不允许在几个合理的解释中进行选择,因为国会在重新制定法规时,采纳了一项司法解释。

在本案中,即使在1988年立法之前,已经有立法认可的重要理由。1983年,商务部就考虑过对非市场经济国家进口征收反补贴税的问题。1984年,商务部认定,反补贴法所指的补贴无法在非市场经济国家中确定,因为从定义上看,补贴的概念属于市场现象。1984年,商务部在国会听证会上表达了这一立场。在1984年《贸易与关税法》中,国会对其他贸易法作了修改,但否决了有可能影响非市场经济进口的贸易救济的规定。立法会议提到,商务部认为反补贴法不能适用于非市场经济国家的进口。因此,国会是非常清楚商务部立场的,并且在重新制定法律时否决了意在改变这一做法的修正案。

在"乔治城钢铁案"中,商务部自己也认为立法史表明国会认可和默许了商务部的解释。商务部称,非常清楚的是,国会考虑了商务部的解释而没有采取步骤修改或废除,而国会的默许是一项很有说服力的证据,表明这种解释正是国会的原意。CAFC说,其尽管在"乔治城钢铁案"中的判决没有明确采纳商务部的认可论,但是认为国会近期关于非市场经济出口问题的行动,在立法或立法史中没有表明国会的意图是应当适用反补贴法。

不论国会在1984年的行动是否可以视为立法认可,其在1988年和1994年的行动则明确了。1988年,国会通过了《综合贸易与竞争法》。尽管该法案遭到了否决,但立法史是相关的,因为它明确被纳入修改并通过的法案之中。众议院法案曾试图用一项规定取代"乔治城钢铁案"中的解释,即规定在行政部门能够合理认定补贴数额的情况下,反补贴法可以适用于非市场经济国家。但立法会议否决了这一规定,而是保留了现有法律,并且简单描述了"乔治城钢铁案"中的解释:"联邦巡回上诉法院认为反补贴法不适用于非市场经济国家。"修改并通过的法案对反补贴法作了若干修改,但没有提及众议院法案中的那项规定。因此,立法史表明,国会非常清楚"乔治城钢铁案",并且其行动表明不希望改变现有立法。

1988年立法认可以后,商务部继续保持其反补贴法不适用于非市场经济的一贯做法。在此背景下,1994年国会借制定《乌拉圭回合协定法》清理美国贸易法时,再次认可了"乔治城钢铁案"判决和商务部现有做法。国会重新制定了反补贴法的很多内容,并作出了一些修改,使贸易法与国际协定相一致。但这些变化都没有实质性影响与本案相关的部分。伴随立法的行政行动声明(Statement of Administrative Action, SAA)还提及:"乔治城钢铁案"的判决限于一种合理的解释,即反补贴法不适用于非市场经济国家的进口。

商务部并没有主张说国会不知道"乔治城钢铁案"或者商务部在1988年和1994年的做法,也没有说国会没有批准这种做法。事实上,如上所述,国会已经驳回了授权的提议。商务部的主张是:1)我们所认定的获得立法认可的过去做法不能延伸到所有的非市场经济国家;2)国会在2000年明确说反补贴法应适用于中国;3)2010年未通过的立法主持商务部的立场。然而CAFC认为,这些观点是没有说服力的。

商务部认为,"乔治城钢铁案"不能支持以下这种观点,即反补贴税不能适用于同时受制于非市场经济反倾销税的出口,因为"乔治城钢铁案"只在无法确定非市场经济补贴的情况下才能适用。但"乔治城钢铁案"本身并没有作这样的区分,并且商务部在2007年发布"乔治城钢铁案"纪要的时候也没有提到贸易法有这种区分。不管怎样,问题并不在于国会是否正确理解了法律当时的状况,而在于国会对法律状况的理解是什么。1988年和1994年的立法史表明,国会认为,根据"乔治城钢铁案",反补贴法不能适用于非市场经济国家,并且对非市场经济国家未作区分。不仅如此,1988年立法史表明,国会驳回了对非市场经济国家进行区分的议案。

2000年的立法史也没有表明国会准备改变以前的认可。2000年,国会通过了一项拨款立法,"以捍卫美国针对中国产品的反倾销和反补贴措施"。商务部认为,这表明国会意在将反补贴法适用于作为非市场经济国家的中国。然而在2000年立法时,商务部仍然认为反补贴法不适用于非市场经济国家。不仅如此,尽管国会辩论时有人提到反补贴法适用于中国,但立法史并没有表明推翻这一长期做法的意图。相反,国会的意图是,只有在商务部认定中国不再属于非市场经济国家或中国有市场导向产业的时候,才能将反补贴法适用于中国。因此,与商务部一起执行反倾销和反补贴法的美国贸易代表当时曾经说:当我们认定某一产业为市场导向或者中国不再属于非市场经济国家的时候，反补贴法就适用了。商务部随后还拒绝将反补贴法适用于作为非市场经济国家的匈牙利，并且对非市场经济国家未作区分，声称根据"乔治城钢铁案"，反补贴法不适用于非市场经济国家。

最后，商务部提到了未通过的《公平贸易货币改革法》(Currency Reform for Fair Trade Act)。众议院委员会报告称：在两项反补贴调查中，商务部决定不调查以下指控，即中国货币低估构成了补贴；本法表明，根本性低估货币能够构成补贴。然而该法案从未在参议院表决，而且与未通过立法相关的说明对法律解释作用不大。这一建议被否决，恰恰不利于商务部的反补贴法适用于中国的观点。

综上所述，CAFC认为，国会在1988年和1994年修改和重新制定贸易法时，采纳了反补贴法不适用于非市场经济国家的做法。商务部尽管有权执行反补贴法和反倾销法，但不得违背国会意图。CAFC重申，就像在"乔治城钢铁案"判决中所说的那样，如果商务部认为法律应当改变，适当的方式就是寻求立法改变。

用 WTO 的眼光看欧洲法院判决

我们习惯了 WTO 裁决的写作模式。WTO 专家组裁决，会全面描述起诉方和被诉方的观点，然后详细阐述专家组的观点。在此过程中，案件的事实，所适用的法律，以及专家组的分析，都会得到充分翔实的体现。特别值得指出的是，专家组裁决的分析部分会将某一具体争议点的相关事实、法律和当事方观点进行罗列，并在此基础上，对法律作出充分的解释，对事实适用于法律的过程进行翔实的论证。因此，专家组的分析部分，从裁决的布局来看，具有相对独立性。也就是说，略过此前的全面事实描述和当事方观点，直接进入专家组的分析部分，也能够完全了解某个法律点的裁决过程。这给阅读裁决带来了很大的便利性。上诉机构裁决的模式也是类似的，只是在相关部分增加了专家组裁决的内容。

例如，中国在 WTO 诉欧盟的"紧固件反倾销案"（European Communities-Definitive Anti-dumping Measures on Certain Iron or Steel Fasteners from China，WT/DS397/R），涉及欧盟《反倾销基本法》中的市场经济/单独税率待遇是否符合《反倾销协定》规定的问题。专家组用了长达 52 段（第 7.46~98 段）的篇幅，详细描述了相关条款的内容，介绍了双方及第三方的观点。经过充分的论证，包括对欧盟所提出的观点的逐一分析和欧盟所援引案例的仔细考察，专家组认定：欧盟法律将非市场经济生产商满足单独待遇测试作为计算单独幅度的条件，不符合第 6 条第 10 款（见附件 1）。上诉机构裁决描述了有关措施，解释了《中国加入 WTO 议定书》第 15 条不能作为欧盟抗辩的原因，明确了管辖权问题，详细解释了第 6 条第 10 款，介绍了欧盟提出的"例外"情况，分析了专家组的裁决，最后"基于不同理由"支持了专家组的结论（见附件 2）。洋洋洒洒，多达 118 段（第 267~385 段）！专家组和上诉机构裁决的分析部分，将案情的来龙去脉交代得一清二楚，而其中的论证，环环相扣，条分缕析，仿佛推理小说，读时欲罢不能，读后回味长久。

然而当我们用 WTO 的眼光审视主题有些类似的欧洲法院判决，却感到怅然若失，手足无措。

本案中，中国的几家企业起诉欧盟理事会，认为在鞋类反倾销调查中确定是否给予市场经济/单独税率待遇时，仅审查被抽样企业所提交的材料，而没有审查未被抽样企业所提交的材料，违反了欧盟的相关法律。欧盟普通法院（the General Court）在列举了所有相关法律、描述了案件事实和仅仅概述了起诉方（而没有介绍被诉方）观点后，就作出了短短9个段落的判决（见附件3）。❶ 判决可以分为两个部分。前一个部分的5个段落是为了说明以下结论：未被抽样的生产商可以请求计算单独倾销幅度——而这就推定认可了第2条第7款（b）项所指国家涉及的市场经济/单独税率待遇的主张——其依据只能是基本法第17条第3款；然而第17条第3款授予欧委会一种权力，即鉴于市场经济/单独税率待遇请求的数量，评估进行审查是否会给欧委会造成不适当的负担和影响调查及时完成。后一部分的4个段落则是为了论证判决结果：起诉方提出的观点，即第2条第7款（b）项和（c）项要求欧委会审查未被抽样贸易商，包括未适用单独倾销幅度的贸易商的市场经济/单独税率待遇请求，应予驳回。从中可以看出，论证过程是非常简单的，留下了很多疑问。例如，在第72段，法院说："根据基本法第17条第1款和第3款的措辞，使用抽样作为一种技巧，以处理大量的申诉方、出口商、进口商以及产品或交易的种类，构成了调查的一种限制。"第17条第1款和第3款有很多词语，但"措辞"（the wording）究竟指的是哪些词语？为什么根据这些措辞就能得出这些理解？再如，在第80段，法院指出：申请方所依据的案例法，即欧委会依据对每个请求所进行的审查以确定是否授予双重救济或单独税率待遇，并不意味着欧委会在不准备根据第17条第3款计算单独倾销幅度的情况下，仍然必须审查每一个请求。申请方所依据的是哪个案例法（the case-law）？法院的判决不仅在这个部分，而且在整个判决中都没有明示。也许在那个案例中，欧委会依据对每个请求所进行的审查以确定是否授予双重救济或单独税率待遇，但为什么这"并不意味着欧委会在不准备根据第17条第3款计算单独倾销幅度的情况下，仍然必须审查每一个请求"？也就是说，为什么那个案例不能得出这个结论？进一步，为什么那个案例的情况不能适用于本案？

更为严重的是，在第76段，法院有以下结论："而这就推定认可了第2

---

❶ Judgment of the General Court, 4 March 2010. In Case T – 401/06. Brosmann Footwear (HK) Ltd., established in Kowloon (China), Seasonable Footwear (Zhongshan) Ltd., established in Zhongshan (China), Lung Pao Footwear (Guangzhou) Ltd., established in Guangzhou (China), Risen Footwear (HK) Co., Ltd., established in Kowloon v. Council of the European Union, supported by European Commission, and by Confédération européenne de l'industrie de la chaussure (CEC), established in Brussels (Belgium), 第72~80段。

条第7款（b）项所指国家涉及的市场经济/单独税率待遇的主张。"然而为什么能够作出这种"推定"（presupposes）？这一结论涉及有关倾销幅度认定的第17条与有关正常价值认定的第2条第7款之间的关系，是本案中最为关键的一个法律问题，而法院似乎是在不经意间，"顺便"提及了这个结论——法院是用破折号引出这个结论的。也许在法院看来，这个结论是顺理成章、不言自明的——在第78段，法院也在这两个条款间进行了"自然而然"的跳跃。然而普通法院的错误，恰恰就在这个问题上。

上诉法院（the Court of Justice）敏锐地发现了此案的关键在于普通法院的法律适用错误，即此案是有关正常价值认定的，涉及第2条第7款，而不是倾销幅度认定的，与第17条无关。所以，法院得出以下结论：上诉方的上诉理由应予维持，因为这些理由所依据的，是欧委会违反了基本法第2条第7款。❶

而上诉法院的判决则显得更为简单。在十一段文字中，前六段是关于法律和事实的阐述，第36段和第40段是结论，而真正的论证部分，只有三段，即第37段、第38段和第39段（见附件4）。第37段说：第2条第7款是关于正常价值的，而第17条是关于倾销幅度的。上诉法院是如何得出这一结论的？是显而易见？既然如此，普通法院为什么没有发现这种差别而将两个条款混为一谈？普通法院判决的第76段和第78段存在什么问题？第38段说：对于希望获得市场经济待遇的贸易商提出的请求，欧委会有审查的义务；从第2条第7款（b）项的措辞来看，这一点非常清楚。是否应当审查贸易商提出的有关市场经济/单独税率待遇的每一个请求，是本案最为关键的争议点，因此，上诉法院在这个地方是否应该展开一点？例如，为什么说"措辞非常清楚"（clear from the very wording）？为什么不受倾销幅度计算方法问题的影响？更为重要的是，本案所涉及的是未被抽样企业提出的市场经济/单独税率待遇的请求，因此，从形式上看，倾销幅度的计算方法（即抽样）与市场经济/单独税率待遇的请求是同时出现的，二者之间的关系应当如何剥离，上诉法院似乎应当有更为详细的说明。此外，第39段提到了3个月内作出认定，似乎有些让人摸不着头脑。"3个月内作出认定"意味着什么？这能够进一步

---

❶ Judgment of the Court, 2 February 2012, In Case C-249/10 P. Brosmann Footwear (HK) Ltd., established in Kowloon (China), Seasonable Footwear (Zhongshan) Ltd., established in Zhongshan (China), Lung Pao Footwear (Guangzhou) Ltd., established in Guangzhou (China), Risen Footwear (HK) Co. Ltd., established in Kowloon, appellants, the other parties to the proceedings being: Council of the European Union, defendant at first instance, European Commission, Confédération européenne de l'industrie de la chaussure (CEC), 第30~40段。

证明欧委会有审查每一个请求的义务吗？因此，虽然我们同意上诉法院的结论，但对于其论证过程，我们有诸多猜测和疑惑。

论证过程简单，甚至没有论证只有结论的判决，给读者带来了很多困难，因为判决形成的过程并非一目了然，需要读者自己动脑筋去揣测和理解。不仅如此，在本案情况下，普通法院如果论证充分一些，就可能会避免错误；而上诉法院如果论证多一些，就可能会增加说服力。事实上，由WTO裁决分析部分的相对独立性可以看出，审判机关在判决部分重新整理某一具体争议点的相关事实和法律，以及介绍当事方的观点，是对事实和法律与某一具体争议点相关性的认可，也是对法律进行解释和对事实适用于法律进行论证所进行的铺垫，起着水到渠成的作用。因此，用WTO眼光看欧洲法院判决，我们看到了很多缺憾。法院凭借法定的权威，法官仰仗自己的智慧，也许能够作出正确的、不容置疑的判决。然而要想让人心服口服，让人觉得法官是在讲道理而不仅仅是在耍威风下结论，并且起到法律示范的作用，让人理解法律的真正内涵，就必须把判决形成的过程写在判决书里。

（2012年2月23日）

附件1：专家组裁决中关于欧盟《反倾销基本法》第9条第5款是否违反《反倾销协定》第6条第10款问题的论证

专家组详细描述了相关条款的内容（第7.46~50段），介绍了双方及第三方的观点（第7.51~67段），界定了第9条第5款的范围和运作。以下是专家组论证部分的主要内容。

根据上述分析，我们认为，第9条第5款不仅涉及反倾销税的征收，而且涉及倾销幅度的计算。更为具体而言，此规定要求对来自非市场经济国家而没有通过单独待遇测试的生产商征收全国统一税，因此，欧委会所计算的是全国统一的倾销幅度，而不是单独倾销幅度。这一点没有争议。对于通过测试的生产商，则计算单独幅度并单独征税。因此，测试的结果决定了欧委会所进行的单独或全国幅度计算的性质。

中国认为，第9条第5款违反了《反倾销协定》第6条第10款，因为第9条第5款要求对来自中国的非市场经济生产商确定全国统一的倾销幅度，征收全国统一的反倾销税，除非这些生产商满足了单独待遇的所有条件。

第9条第5款规定，对于涉及"非市场经济"（non-market economy）的反倾销调查，生产商要首先进行市场经济测试（market economy test），以便欧委会决定是否考虑将这些生产商的国内价格作为确定正常价值的基础。如果生产商通过了这一测试，正常价值就依据其国内价格，并且用于和正常价值进行比较的出口价格也以其出口价格为依据。此时，该生产商的待遇就与来自市场经济国家的生产商完全相同了。

具体而言，该生产商应当向欧委会证明自己具备市场经济条件（market conditions prevail）。基本法规定了市场经济条件的5条标准：公司关于价格、成本和投入的决定是否没有受到政府的重大干预；公司是否有符合相关国际标准的会计记录；公司的生产成本或财务状况是否受到非市场经济制度的干扰；公司是否适用破产法和财产法；汇率换算是否依据市场汇率进行。

如果生产商没有通过市场经济测试，欧委会在确定正常价值时就不会考虑其国内价格，而是采用其他方法（一般使用替代国的价格）。但在这种情况下，生产商还可以申请进行"单独待遇测试（individual treatment test）。如果通过了这一测试，欧委会在计算倾销幅度时，就可以使用其出口价格与采用替代国方法所得到的正常价值进行比较，从而获得单独税率。但如果没有通过测试，该生产商则要被适用全国统一税率（country-wide duty rate），而这个税率是通过以下方法比较出来的：一边是采用替代国方法得到的正常价值，另一边是非市场经济生产商的平均出口价格。测试也有5条标准：对于全部或部分外资公司或合资企业，生产商可以自由收回资本和利润；可以自由制定出口价格和数量，以及销售条件和条款；多数股份属于私人，而董事会或拥有关键管理职位的政府官员居于少数，或者能够证明公司独立于政府干预；汇率换算是依据市场汇率进行的；如果单个生产商被给予分别税率，政府干预不会构成规避措施。

如上所述，根据第9条第5款，对于没有通过单独待遇测试的生产商征收全国统一税，这就要求欧委会针对这些生产商计算出全国统一幅度。前文已经说明，用于计算这一幅度的出口价格的确定，决定于非单独待遇出口商的集体合作程度。如果合作程度高，也就是合作的非单独待遇出口商占所有出口商接近100%，则出口价格就依据这些出口商所有出口交易的实际价格的加权平均值。然而如果合作程度低，也就是低于100%，则欧委会就使用可获得事实以弥补缺失的信息。可获得事实的选择，决定于非合作的权重，有可能会包括统计的进口数据。

欧委会对未通过单独待遇测试的非市场经济生产商计算出一个单独倾销幅度，然后征收一个单独的全国统一税率，而这个税率可能低于欧委会确定的较低税率（lesser duty）的幅度。对于通过单独待遇测试的生产商，欧委会则会使用相同的正常价值，但与这些生产商自己的出口价格相比较。这样，从技术上看，欧委会对通过单独待遇测试的非市场经济生产商计算出单独倾销幅度，然后征收单独税，而这个税率可能低于欧委会确定的较低税率（lesser duty）的幅度。

因此，中国依据《反倾销协定》第6条第10款所提出的主张，只是关于出口价格的。中国认为，不考虑非单独待遇生产商的出口价格，却将一组出口商的出口价格加权平均为单一出口价格，然后计算出全国统一的倾销幅度和税率，不符合第6条第10款。中国认为，该款要求给予生产商单独待遇，而这一义务要求调查当局原则上考虑一个生产商自己的出口价格。中国承认该款给单独待遇原则提供了例外，但认为在这些例外并不适用的情况下，调查机关应当提供单独待遇。

鉴于中国的核心主张是未通过单独待遇测试的中国生产商未被给予单独幅度和单独税率，我们认为应当审查与单独待遇问题最为直接相关的《反倾销协定》条款，即第6条第10款。

第6条第10款规定：主管机关原则上必须对被调查产品的每一已知出口商或生产者确定各自的倾销幅度。在出口商、生产者、进口商的数量或所涉及的产品种类特别多而使作出此种确定不实际的情况下，主管机关可通过在作出选择时可获得的信息基础上使用统计上有效的抽样方法，将其审查限制在合理数量的利害关系方或产品上，或限制在可进行合理调查的来自所涉国家出口量的最大百分比上。第6条第10款第（2）项规定：在主管机关按本款的规定限制其审查范围的情况下，其仍应对及时提交在调查过程中将进行考虑的必要信息的、但最初未被选择的任何出口商或生产者单独确定倾销幅度，除非出口商或生产者的数目特别大，使单独审查给主管机关带来过分的负担并妨碍调查的及时完成。不得阻止自愿作出的答复。

第6条第10款显然是关于单独待遇的，要求主管机关"原则上"（as a rule）必须对被调查产品的每一已知出口商或生产者确定即计算单独的倾销幅度。该款还规定，在出口商、生产者、进口商的数量或所涉及的产品种类特别多而使作出此种确定不实际的情况下，主管机关可通过在作出选择时可获得的信息基础上使用统计上有效的抽样方法，将其审查限制在合理数量的利害关系方或产品上，或限制在可进行合理调查的来自所涉国家出口量的最大百分比上。这种有限审查一般被称作"抽样"。

关于中国根据第6条第10款所提出的主张，当事方的争议集中在抽样是否为计算单独幅度的唯一例外。中国认为该款要求调查机关计算单独倾销幅度，在数量巨大的情况下可以使用抽样。对于该款规定了对每个已知生产商确定单独幅度的原则，欧盟并非不同意，但认为该款第 1 句的 "原则上" 一词是表达一种优先，而不是在每个案件中都必须遵守的严格义务。欧盟特别指出，对于非市场经济，国家可能就是倾销之源。在这种情况下，调查机关就可以将国家视为 "生产商"，为该国计算出单一的倾销幅度和税率，并且对那些无法证明独立于国家的生产商征收全国统一税。

中国的主张提出了两个问题：一是抽样是否为唯一例外；二是如果出口商不能根据进口成员所设定的一套标准证明独立于国家，国家是否就应当被视为一个生产商，确定单一幅度，征收统一税。第 1 句提到了 "原则上"，第 2 句提到了抽样，从这两句的文字和结构来看，显然是第 2 句给第一句的原则引入了一项例外。而欧盟所提出的问题是，抽样是否为唯一例外，或者是否有其他例外。

关于两句之间的关系，欧盟认为：第 2 句并非例外，而仅仅是一种正面表述，说明抽样的条件和抽样的组成；第 1 句的一般原则与第 2 句的抽样没有直接联系；这两句仅仅是两句正面表述，表明了调查机关原则上应当做的（确定单独幅度）以及允许做的（抽样）。欧盟认为，除了抽样，还可能有其他例外，例如，与被征税产品的出口商有关联的新出口商无权要求计算单独幅度，相关联的单独生产商无权要求根据第 6 条第 10 款计算单独幅度，调查机关可以对同一产品的生产商和出口商计算不同的幅度，调查机关可以使用可获得事实确定非合作生产商的幅度，对于单纯贸易商可以不计算幅度，调查机关可能无法获得某些生产商的信息，可以基于结构正常价值和结构出口价格确定幅度。

我们不能同意欧盟的观点。第 6 条第 10 款的用语，特别是例外紧随原则之后这一事实，表明抽样是单独幅度原则的唯一例外。不仅如此，欧盟列举的其他例外所直接依据的是协定的其他条款，其本身不能视为计算单独倾销幅度之义务的例外。这些只是在协定其他地方所规定的权利与义务。例如，协定第 9 条第 5 款规定，新出口商有权要去快速复审以确定单独倾销幅度，但与被征税出口商相关联的新出口商例外。这种情况下的不计算单独幅度，没有理由被认为属于第 6 条第 10 款第 1 句的例外。类似地，对同一产品的生产商和出口商计算不同的幅度，也不能视为这种例外，相反却符合计算单独幅度的一般原则。类似地，根据第 6 条第 8 款使用可获得事实也与此处的问题无关。使用可获得事实，是因为某些生产商或出口商没有提供信息，而适用于该公司的幅度恰恰是 "单独的"，不管是如何计算出来的。该款没有规定在调查机关不知道某一特定生产商的情况下，单独幅度是无法计算的。事实上，第 6 条第 10 款第 1 句仅仅要求原则上对于每一个已知生产商或出口商确定一个单独倾销幅度，因此，对于未知出口商的"例外"之范围的问题根本没有出现。最后，使用结构正常价值和出口价格的情况规定在第 2 条，没有理由依据第 6 条第 10 款的例外论证其使用条件。

至于剩下的理由，即关联生产商的问题，则需要进一步考虑。欧盟认为，其《反倾销基本法》第 9 条第 5 款通过单独待遇测试，允许欧委会确认某些生产商是否与国家相关联，进而确定这些供应商即国家是否应计算单一幅度，征收单一税。在欧盟看来，非单独待遇供应商与国家之间的关系类似于韩国纸反倾销案（WT/DS312/R）中专家组所认定的几个法律上不同的实体之间的关系；在那个案件中，韩国调查机关计算了单一幅度，将他们视为一个生产商。欧盟称，像在韩国纸反倾销案中一样，这些标准背后的逻辑是确定价格歧视的实际来源，即有关产品的单一供应商；只有如此，反倾销税才能有效触及价格歧视的实际来源。

在韩国纸反倾销案中，韩国调查机关将三个不同的法律实体视为单一出口商，计算了单独倾销幅度，征收了单一反倾销税。那个案件中的问题是，第 6 条第 10 款是否允许将不同的法律实体视为单一出口商，计算单独倾销幅度，征收单一反倾销税。专家组认为，《反倾销协定》中并没有规定每个不同的法律实体是否可以视为一个生产商或出口商的问题。专家组审查了第 6 条第 10 款的文字，并考虑了上下文，认为该款并未禁止调查机关将多个法律实体视为单一生产商或出口商。但专家组指出，调查机关必须确认这些公司之间的关系足够密切。专家组随后得出结论：第 6 条第 10 款可以解释为允许作此解释，即在公司之间的结构和商业关系足够密切，可以视为一个出口商或生产商的情况下，进行这样的处理。

我们注意到，专家组在韩国纸反倾销案中的理由，是基于不同法律实体之间的结构和商业关系，重点在于这些公司事实上是否可以视为一个生产商或出口商。然而欧盟《反倾销基本法》第 9 条第 5 款的情况是根本不同的。该条款所设定的标准，并非不同法律实体之间的结构和商业关系。该款的标准包括：生产商是否可以自由收回资本和利润；是否可以自由制定出口价格和数量；国家对所有权的参与；汇率换算是否依据市场汇率进行。这些条件事关政府在商业中的作用，与韩国纸反倾销案中的标准不同。欧盟的观点主要是，国家可以视为成千上万个不同法律实体的"母公司"，而只有在这些实体证明其独立性的时候，才能进行单独倾销幅度计算。这并非适用于韩国纸反倾销案专家组的推理。

但这并不是说在某项调查中，调查机关不可以认定一个或多个名义上不同的生产商或出口商事实上与国家有充分的关联性，进而认定他们是一个生产商或出口商。在这种情况下，调查机关是可以将这些公司和国家视为一个生产商或出口商，计算单一倾销幅度，征收单一税的。然而如上所述，第9条第5款的标准并非为了确定国家与出口商之间的关系，而是先假定这种关系存在，然后要求满足所有标准以避免这种假定的后果。

因此，在举证责任方面，韩国纸反倾销案中专家组所适用的测试，与第9条第5款的测试有重要的区别。对于前者，调查机关要证明充分密切的结构和商业关系，而如果不能证明，就必须将每个法律实体视为不同的生产商或出口商。调查机关的出发点是，每个生产商或出口商都应区别对待，而如果在具体调查中情况并非如此，调查机关就必须获得将他们视为一个生产商或出口商的证据。而对于后者，出发点则是，假定非市场经济生产商与国家相关联，在任何调查中不同生产商都不会被区别对待。每个案件中，消除这种假定的举证责任在于生产商。两种测试的不同出发点，不同的举证责任，说明了这两种测试的差别。

欧盟还提出，对于市场经济国家，对不同法律实体之间的关系应当进行个案审查；而对于非市场经济国家，由于政府的作用不同于市场经济国家，一般应假定政府实行控制。这种观点没有说服力，欧盟也没有提出法律依据。我们认为，将此假定适用于非市场经济生产商，会严重第6条第10款的逻辑，即除非出现第2句抽样的情况，对于每个已知生产商都应当计算单独幅度。

此外，中国提交的证据表明，对于市场经济和非市场经济国家，欧委会事实上都适用了韩国纸反倾销案中的测试，以确定名义上不同的公司是否应视为单一出口商或生产商。中国所提交的例子表明，欧委会除了适用这种测试，还适用了单独待遇测试。也就是说，欧委会先是确定哪些公司应当视为一个生产商或出口商，然后将单独待遇测试适用于每一个这样的生产商或出口商。这表明，欧委会自己也是对两种测试加以区分的。

综上所述，我们认为，第9条第5款将非市场经济生产商满足单独待遇测试作为计算单独幅度的条件，不符合第6条第10款。

附件2：上诉机构裁决中关于欧盟《反倾销基本法》第9条第5款是否违反《反倾销协定》第6条第10款问题的论证

上诉机构描述了有关措施，分析了《中国加入WTO议定书》第15条不能作为欧盟抗辩的理由，明确了管辖权问题，详细解释了第6条第10款，介绍了欧盟提出的"例外"情况，分析了专家组的裁决，最后"基于不同理由"支持了专家组的结论。以下仅为上诉机构的"不同理由"。

专家组认为，从第6条第10款来看，"给予单独待遇是一项原则，而抽样是唯一例外"。上诉机构指出，专家组的这一认定提出了两个解释性问题：一是关于确定单独倾销幅度，第1句的"shall"和"as a rule"是表明了一项强制性规则，还是仅仅表明了一种偏好；二是第2句所允许的抽样，是否为第1句所设定规则的唯一例外。

上诉机构认为，助动词"shall"在法律文本中通常用于表示强制性规则，而"as a rule"的含义则是"usually""more often than not"。"shall"和"as a rule"结合起来，所表达的不仅仅是偏好。该款的起草者如果意在避免设立确定单独倾销幅度的义务，则可能会使用"it is desirable"或"in principle"，而不是"shall"。上诉机构继续说，尽管"shall"一词设定了强制性规则，但这一义务受到了"as a rule"的限定，而这一限定必然是有含义的。上诉机构认为，这个词表明此项义务并非绝对，预示了例外的可能性。如果没有这个词，确定单独倾销幅度的义务就无法与《反倾销协定》中背离这一规则的其他规定保持协调了。

第2句明确提到了抽样是这一规则的例外。然而抽样却不是这一规则的唯一例外。例如，第10款第（2）项就允许在生产商数量巨大且单独审查会给调查机关带来过分负担从而影响调查及时完成的情况下，不确定单独倾销幅度。第9条第5款也允许在新出口商不能证明其与受到征税的出口商或生产商没有关联的情况下，确定单独倾销幅度。

上诉机构逐一分析了欧盟提出的5个"例外"情况，认为这些情况要么不构成对单独幅度原则的背离，要么就规定在第6条第10款或《反倾销协定》的其他规定中。上诉机构认为，使用"shall, as a rule"，第6条第10款的起草者就非常谨慎地没有设定一项与协定其他规定（不仅仅是抽样）相抵触的义务，没有要求调查机关在所有情况下都确定单独倾销幅度。但上诉机构强调说，这些例外必须是WTO有关协定中所规定的，这样才能避免对第6条第10款要求确定单独倾销幅度的义务的规避。"as a rule"预示了例外，但这个词并不是给成员提供了随意创造例外的可能性，从而影响了第6条第10款的义务性特征。对每个已知的出口商或生产商确定单独倾销幅度的义务，仍然是一项总体规则。

上诉机构总结说，根据上面的理解，WTO有关协定中没有规定允许对来自非市场经济国家的进口背离确定单独倾销幅度的义务，因此，欧盟的做法违反了《反倾销协定》第 6 条第 10 款。

附件 3：欧盟普通法院判决（Judgment of the General Court，第 72~80 段）

72. 首先，必须指出的是，根据基本法第 17 条第 1 款和第 3 款的措辞，使用抽样作为一种技巧，以处理大量的申诉方、出口商、进口商以及产品或交易的种类，构成了调查的一种限制。基本法第 9 条第 6 款规定，未被抽样的生产商不属于调查范围，就说明了这一点。

73. 然而基本法规定，在出现这种限制的情况下，必须遵守两项义务。首先，按照基本法第 17 条第 1 款和第 2 款的规定，抽样必须具备代表性。其次，按照基本法第 9 条第 6 款的规定，未被抽样生产商的倾销幅度不得超过被抽样企业的加权平均倾销幅度。

74. 其次，将基本法第 9 条第 6 款和该款所提及的第 17 条第 3 款结合起来，可以看出给未被抽样的每个生产商提供了一种机会，即请求计算单独倾销幅度，条件是在规定时间内提交所有必需信息，并且此一程序没有给欧委会造成不适当的负担或者影响调查及时完成。

75. 第三，基本法第 2 条第 7 款（b）项规定，如果按照一个或多个受调查的生产商所提出的主张认定，第 2 条第 7 款（c）项的条件得到了满足，则正常价值应根据第 1~6 款确定。

76. 因此，正如欧洲理事会所指出的，未被抽样的生产商可以请求计算单独倾销幅度——而这就推定认可了第 2 条第 7 款（b）项所指国家涉及的市场经济/单独税率待遇的主张——其依据只能是基本法第 17 条第 3 款。然而第 17 条第 3 款授予欧委会一种权力，即鉴于市场经济/单独税率待遇请求的数量，评估进行审查是否会给欧委会造成不适当的负担和影响调查及时完成。

77. 由上述考察可以看出，首先，使用抽样的时候，基本法并没有给予未被抽样的贸易商一项计算单独倾销幅度的无条件的权利。是否接受请求，决定于欧委会对第 17 条第 3 款适用问题的决定。

78. 其次，根据第 2 条第 7 款（b）项，由于给予市场经济或单独税率待遇只是为了确定计算正常价值进而计算单独倾销幅度的方法，因此，如果欧委会在适用第 17 条第 3 款时认为计算这种幅度会造成不适当的负担和影响调查及时完成，则欧委会就并未被要求审查未被抽样的贸易商的市场经济/单独税率待遇的请求。

79. 最后，在本案中，没有争议的一点是，对所有未被抽样的贸易商按照其要求计算所有单独倾销幅度，会造成不适当的负担和影响调查及时完成。

80. 因此，申请方的观点，即第2条第7款（b）项和（c）项要求欧委会审查未被抽样贸易商，包括未适用单独倾销幅度的贸易商的市场经济/单独税率待遇请求，应予驳回。此外，应当补充的是，申请方所依据的案例法，即欧委会依据对每个请求所进行的审查以确定是否授予双重救济或单独税率待遇，并不意味着欧委会在不准备根据第17条第3款计算单独倾销幅度的情况下，仍然必须审查每一个请求。

附件4：欧盟法院判决（Judgment of the Court of Justice，第30～40段）

30. 首先必须指出的是，基本法第2条第7款（a）项规定，对于非市场经济国家的进口，正常价值的确定不使用第1～6款的规则，而是根据市场经济第三国的价格或结构价值确定。

31. 然而根据第2条第7款（b）项，如果受调查的一个或多个生产商根据第2条第7款（c）项的标准和程序适当提出实质性的请求，表明就制造和销售同类产品而言，市场经济条件占主导地位，则在涉及来自包括中国在内的进口的反倾销调查中，正常价值应当依据第1～6款确定。

32. 有必要指出的是，举证责任在生产商。第2条第7款（c）项第1分段规定，生产商提出的请求必须有在市场经济条件下运营的充分证据。相应地，欧委会没有义务证明生产商并未满足法定条件。相反，欧委会的义务是评估证据是否充分，而欧盟法院的职责则是审查此项评估是否有明显错误。

33. 普通法院判决第14段表明，上诉方按照发起反倾销调查通知的要求提交了有关市场经济和单独税率待遇的信息，而欧委会没有审查每一个请求。

34. 欧委会的反倾销决定表明，欧委会认为，基于抽样的性质，对出口商不应单独评估。此外，反倾销决定还表明，有关市场经济和单独税率待遇的请求，数量太大，逐个审查是不可能的。因此，欧委会认为，对所有未被抽样公司适用被抽样公司的加权平均幅度是合理的。

35. 普通法院判决第72～80段驳回了上诉方的请求，认为基本法并不要求欧委会审查未被抽样贸易商的市场经济/单独税率待遇请求，因为欧委会认为计算每个倾销幅度会造成不适当的负担和影响调查及时完成。

36. 然而普通法院认为，根据第2条第7款（b）项和（c）项，不要求欧委会审查非抽样贸易商的市场经济请求，在法律上是错误的。

37. 应当指出的是，首先，第2条第7款是基本法中专门关于确定正常价值的条款，而第17条即抽样是关于确定倾销幅度的条款。因此，这两个条款的目的和内容都不一样。

38. 其次，对于希望获得市场经济待遇的贸易商提出的请求，欧委会有审查的义务；从第2条第7款（b）项的措辞来看，这一点非常清楚。这一条款规定了一项义务，即在生产商适当提出市场经济条件占主导地位的实质性请求的情况下，应根据第1～6款确定正常价值。此项义务事关每个生产商制造和销售同类产品的经济条件的认定，并不受到倾销幅度计算方法的影响。

39. 第三，根据第2条第7款（c）项第2分段，生产商是否满足了第1分段关于市场经济待遇的标准，这一认定应当在调查开始后3个月内作出。

40. 因此，上诉方的上诉理由应予维持，因为这些理由所依据的，是欧委会违反了基本法第2条第7款。

附件5：欧盟基本法的相关条款

I. Article 2 (7) of the basic regulation：

7. (a) In the case of imports from non-market economy countries… normal value shall be determined on the basis of the price or constructed value in a market economy third country, or the price from such a third country to other countries, including the Community, or where those are not possible, on any other reasonable basis, including the price actually paid or payable in the Community for the like product, duly adjusted if necessary to include a reasonable profit margin.

An appropriate market economy third country shall be selected in a not unreasonable manner, due account being taken of any reliable information made available at the time of selection. Account shall also be taken of time-limits; where appropriate, a market economy third country which is subject to the same investigation shall be used.

The parties to the investigation shall be informed shortly after its initiation of the market economy third country envisaged and shall be given 10 days to comment.

(b) In anti-dumping investigations concerning imports from…the People's Republic of China, normal value will be determined in accordance with paragraphs 1 to 6, if it is shown, on the basis of properly substantiated claims by one or more producers subject to the investigation…that market economy conditions prevail for this producer or producers in respect of the manufacture and sale of the like product concerned. When this is not the case, the rules set out under subparagraph (a) shall apply.

(c) A claim under subparagraph (b) must be made in writing and contain sufficient evidence that the producer operates under market economy conditions, that is if：

—decisions of firms regarding prices, costs and inputs, including for instance raw materials, cost of technology and labour, output, sales and investment, are made in response to market signals reflecting supply and demand, and without significant State interference in this regard, and costs of major inputs substantially reflect market values,

—firms have one clear set of basic accounting records which are independently audited in line with international accounting standards and are applied for all purposes,

—the production costs and financial situation of firms are not subject to significant distortions carried over from the former non-market economy system, in particular in relation to depreciation of assets, other write-offs, barter trade and payment via compensation of debts,

—the firms concerned are subject to bankruptcy and property laws which guarantee legal certainty and stability for the operation of firms, and

—exchange rate conversions are carried out at the market rate.

A determination whether the producer meets the abovementioned criteria shall be made within three months of the initiation of the investigation, after specific consultation of the Advisory Committee and after the Community industry has been given an opportunity to comment. This determination shall remain in force throughout the investigation.

II. Article 17 (1) and (3) of the basic regulation:

1. In cases where the number of complainants, exporters or importers, types of product or transactions is large, the investigation may be limited to a reasonable number of parties, products or transactions by using samples which are statistically valid on the basis of information available at the time of the selection, or to the largest representative volume of production, sales or exports which can reasonably be investigated within the time available.

...

3. In cases where the examination has been limited in accordance with this Article, an individual margin of dumping shall, nevertheless, be calculated for any exporter or producer not initially selected who submits the necessary information within the time-limits provided for in this Regulation, except where the number of exporters or producers is so large that individual examinations would be unduly burdensome and would prevent completion of the investigation in good time.

WTO 裁决对中国法院审判的启示

杨国华　史晓丽　宋建立[*]

2012年年初，最高人民法院审判委员会审议通过了《关于在审判执行工作中切实规范自由裁量权行使，保障法律统一适用的指导意见》。该指导意见明确要求："要加强裁判文书中案件事实认定理由的论证，使当事人和社会公众知悉法院对证据材料的认定及采信理由。要公开援引和适用的法律适用条文，并结合案件事实阐明法律适用的理由，充分论述自由裁量结果的正当性和合理性，提高司法裁判的公信力和权威性。"从这些要求中可以看出，裁判文书应当加强说明事实认定和法律适用的理由，"使当事人和社会公众知悉法院对证据材料的认定及采信理由"，从而提高"司法裁判的公信力和权威性"。我们认为，在这些方面，WTO争端解决机制作出的裁决提供了很好的范例。

WTO 的"诉讼程序法"——《争端解决谅解》（第12条第7款）明确要求："专家组报告应列出对事实的调查结果、有关规定的适用性及其所作任何调查结果和建议所包含的基本理由。"本文附录介绍了中国作为争端当事方的如下四个案例，其都满足了这些要求。

（1）在"美国禽肉案"中，WTO 专家组用很大的篇幅分析了涉案措施，即一项美国农业拨款法案的性质，认为它虽然是关于美国农业部财政费用使用的规定，但是符合 WTO《实施卫生与植物卫生措施协定》（SPS 协定）中所规定的"卫生与植物卫生措施"（SPS 措施）；而采取 SPS 措施是必须具备一定条件的，例如，要进行"风险评估"，要有"科学证据，等等。美国在这项法律的制定过程中没有考虑这些条件，所以就不符合 SPS 协定。我们感到，专家组的论证是令人信服的。

（2）在"中国知识产权案"中，涉及中国法律的"刑事门槛"问题。中国刑法及其司法解释规定，"非法经营数额在5万元以上或者违法所得数额在3万元以上""复制品数量合计在500张以上"的，才应给予刑事处罚。这些数额显然属于"刑事门槛"。而 WTO《与贸易有关的知识产权协定》（TRIPs）

---

[*] 史晓丽，中国政法大学教授；宋建立，最高人民法院法官。

第 61 条规定:"各成员应规定至少将适用于具有商业规模(commercial scale)的蓄意假冒商标或盗版案件的刑事程序和处罚。"那么"5 万元""3 万元"和"500 张"是否表明了"商业规模"的存在?对于这些"刑事门槛"以下的假冒商标或盗版行为,例如复制品数量合计"499 张"的行为,是否应当给予刑事处罚?对于这些问题的回答,涉及中国的这些规定是否违反了 WTO 规则。专家组紧紧抓住"商业规模"一词进行了充分的解释,认为它是一个相对概念。"商业规模"的假冒或盗版是指某一产品在特定市场的大小或范围,因此随着产品和市场的不同而有所差异,而"5 万元""3 万元"和"500 张"都是一些绝对的数字,单单从这些数字无法断定是否达到了"商业规模"。因此,美国没有能够提供足够证据来证明刑事门槛不符合 TRIPs。对此,我们不得不佩服专家组的智慧和法律解释技巧。

(3)"中国汽车零部件案"的关键问题在于,具备整车特征的汽车零部件向海关缴纳的费用,是属于"普通关税"还是"国内费用"。如果是普通关税,就不涉及违反 WTO 中的国民待遇义务的问题;而如果是国内费用,则就会由于对国内的同类产品没有征收这笔费用而违反国民待遇的义务。专家组对涉案措施进行了仔细的分析,认为这笔费用要根据进口后组装成整车这一事实来决定,并且要履行一系列程序,因此将之界定为"国内费用"。不管我们是否认同这种论证方法及其结果,专家组是在试图"讲道理",这一点是毋庸置疑的。

(4)在"中国出版物和音像制品案"中,上诉机构解决了专家组试图回避的"复杂的法律问题"(complex legal issues),即《中国加入 WTO 议定书》中的承诺是否可以援引 GATT 进行抗辩的问题。上诉机构明察秋毫,细致入微,从议定书中的一句话出发,即第 5 条第 1 款的"不损害中国以符合《WTO 协定》的方式管理贸易的权利",论证了涉案措施虽然是关于贸易权承诺的,即只允许某些企业从事相关货物的进出口,但与中国对相关货物的管理,即对涉案货物的内容审查是密切相关的。换句话说,限制进出口商,是为了对相关货物进行内容审查,而 GATT 恰恰是关于货物贸易的,中国当然有权援引 GATT 第 20 条进行抗辩。上诉机构通过这种"密切联系",确认了议定书与 GATT 之间的"间接关系",专家组遗留的问题迎刃而解。对此,上诉机构技高一等,令人叹服。

我们发现,WTO 裁决的特点在于,专家组和上诉机构在《WTO 协定》和各成员承诺的适用过程中体现了坚定的理念、独特的创造和严密的论证。坚定的理念,是坚守自由贸易的宗旨,要求所有限制贸易的行为必须符合严格的条件，并且以规则为基础，澄清成员的权利和义务。独特的创造，是在纷繁复杂的事实和众说纷纭的观点中，抓住重点，独辟蹊径，找到裁决案件的思路。严密的论证，是将"法律"适用于事实的过程，在准确理解"法律"的前提下，层层递进，充分解释其适用于案件事实的原因，从而得出令人心服口服的结论。我们认为，这些特点与前述最高人民法院2012年文件要求实现的目标是一致的。WTO专家组和上诉机构通过充分说明事实认定和法律适用的理由，使得WTO成员"知悉法院对证据材料的认定及采信理由"，从而提高了裁决的"公信力和权威性"。

根据我们的理解，WTO之所以能够作出高水平的裁决，主要有以下几个原因：

第一，WTO拥有高素质的"法官"。根据WTO程序法——《争端解决谅解》的规定，专家组由"充分合格"（well-qualified）的人士组成，包括曾经在以往案件专家组参加审理或代理过案件的人、WTO成员的代表、各成员在WTO理事会或委员会的代表、在WTO秘书处工作过的人、讲授国际贸易法律和政策或出版过这类专著的人、各成员的高级贸易政策官员。每个WTO争端案件的专家组有3个人，先由WTO秘书处推荐，经征求争端当事方意见，最后由WTO总干事任命。由专家组的条件和遴选过程可以看出，专家组的成员都是国际贸易方面的行家里手。WTO对上诉机构成员的任职要求更高，他们必须是公认的权威（recognized authority），在法律和国际贸易方面有突出的专长（demonstrated expertise）。

第二，WTO"法官"拥有强有力的法律支持团队。在每个案件中，WTO秘书处都派出精明强干的法律人员（一般为2~4人）为专家组提供服务。这些"法律助手"都是从事法律工作多年的专业人员，有深厚的法律功底和很强的研究能力。他们为专家组归纳和总结案件的争议点，提供相关的法律和判例，与专家组一起讨论案情，寻找裁决的思路，并且负责起草裁决。上诉机构则有自己专门的秘书处，其秘书处也提供类似的法律服务。

第三，WTO领域活跃着一批有丰富经验的贸易法律师。争端双方的办案律师，有的是政府法律部门的专业法律人员，有的是长期从事WTO业务的私人律师。这些律师在WTO案件的审理过程中会旁征博引，向专家组提供翔实的论证和证据。同时，这些律师也会在开庭时引经据典，回答专家组提出的每一个问题。WTO"法官"常常就是在当事方律师们的这些"长篇大论"的基础上找到了解决问题的思路，这些思路有时甚至就是其中一方的论证思路。

第四，WTO是事实上的"判例法"制度。虽然成案在WTO中没有法律效力，WTO 的法律渊源只是各项协定及各国在加入 WTO 时作出的承诺。然而在 WTO 裁决中，却形成了广泛援引"先例"的传统。为了论证某一问题，专家组和上诉机构往往会引用过去案件的相似裁决，或者分析当事方提出的过去案件，在论证相同或"找不同"的过程中形成自己的论证理由，从而建立了事实上的"判例法"制度。显而易见的是，成案为 WTO 裁决提供了丰富的思路。

第五，WTO 专家组裁决在散发前要经过中期审议。WTO《争端解决谅解》（第 15 条）要求，专家组在考虑争端各方的书面意见和口头辩论意见之后，应该向争端各方提交专家组裁决草案中的描述部分（事实和论据），各方应该在专家组设定的期限内对裁决草案提出各自的书面意见。在收到这些书面意见后，专家组还应向各方提交一份涵盖描述部分以及调查结果和结论的中期裁决。在规定期限内，争端各方可以书面请求专家组对中期裁决中的某些问题予以重新考虑。在审查这些异议之后，专家组才散发最终裁决。很显然，这种程序要求有效地保证了专家组裁决对事实描述的准确性，并且有利于法律分析的充分性。

第六，WTO 的上诉机构是"法律审"。上诉机构的职责是审查专家组裁决的法律解释和法律适用问题，也就是"法律审"。在专家组裁决中，专家组已经厘清了案情，并提供了基本的法律理解，而上诉机构需要解决的仅仅是屈指可数的几个法律问题，它可以将全部精力聚焦在这几个点上。这为上诉机构比专家组"技高一筹"提供了条件。

此外，我们认为，WTO 裁决之所以"耐读"，可能还有一些原因。例如，WTO 裁决的公开制度以及案件涉及国家之间的重要权利和义务，这给"法官"增加了写好裁决的压力；WTO 案件的"审期"较为宽裕（专家组 6~9 个月，上诉机构 60~90 日）和案件负荷不大（一个专家组只负责一个案件，上诉机构成员也最多同时审理两三个案件），这使得"法官"能够长篇大论、精雕细琢；WTO 协定内容众多，并且这些协定是各方妥协的产物，解释和澄清各协定之间的关系以及具体术语含义的需求比较强烈；WTO 没有强制执行机构，裁决的执行在很大程度上依靠当事方对裁决的"心悦诚服"；等等。

相比之下，中国法院判决仍然存在一定的差距。事实上，从 1982 年的《中华人民共和国民事诉讼法（试行）》到目前施行的《中华人民共和国民事诉讼法》（以下简称《民事诉讼法》）❶，以及1993年1月1日施行的《法院诉讼文书样式（试行）》❷，均明确要求判决书必须写明认定的事实、理由和适用的法律依据。2006年发布的《关于加强民事裁判文书制作工作的通知》更进一步要求，"要强调案件事实的公开性和完整性、证据认定的逻辑性、判案理由的说理性以及文字语言的准确性，突出对重点争议证据的认证说理以及对当事人诉讼请求的辨法析理"；"要增强判案的说理性，努力做到'辨法析理、胜败皆明'。针对当事人争议焦点，要详尽地阐述裁判的理由，简繁得当地制作文书。不仅要对实体判决的理由进行阐述，而且要对诉讼证据的采信与否进行说明，努力使人民法院民事裁判文书成为向社会公众展示人民法院司法公正形象的重要载体，进行法制教育的生动教材"。可见，裁判文书理由部分是裁判文书的灵魂，是整个裁判文书的精华，通过说理部分的阐述可以使当事人胜败皆明。因此，增强裁判文书的说理性一直是人民法院裁判文书改革的重点。

归纳起来，早期裁判文书的问题主要表现为：（1）说理格式化。如，简单地以"原告的诉讼请求于法有据，应予支持"或"被告的答辩意见与事实不符，本院不予采纳"的套话取代说理。（2）说理简单化。一些裁判文书只引述法律条文的规定，不结合具体案情，泛泛而谈，缺乏针对性。（3）说理表面化。裁判文书说理不透彻，缺乏对证据的分析与认定，将事实认定与说理混为一体，看不出法官对案件事实和适用法律之间内在联系的阐述，没有深入分析和论证当事人争议的焦点问题，造成法官支持什么、不支持什么无法辨清。随着审判方式改革的不断推进、法官素质的不断提高、司法理念的不断更新，人们逐渐认识到，案件事实是一种法律事实，是法官通过分析证据对业已发生事件的认识，它不等同于客观事实，带有法官主观能动的认识特征。这种认识活动不是任意的，而是应以充分证据为基础，是经严密的逻辑推理而自然产生的结果，需要在裁判文书中阐明法官这种认识过程和认识依据。这种理念的转变，也带来了裁判文书在一定程度上质的飞跃，开始注重研究举证、质证、认证在查明案件事实方面的重要性，注重研究案件事实

---

❶ 1982年《民事诉讼法（试行）》第120条："判决书应当写明：（一）案由、诉讼请求、争议的事实和理由；（二）判决认定的事实、理由和适用的法律。"2007年《民事诉讼法》第138条："判决书应当写明：（一）案由、诉讼主干、争议的事实和理由；（二）判决认定的事实、理由和适用的法律依据。"

❷ 例如：该文书样式中的人民法院民事判决书的样式说明，对理由部分明确要求："理由部分应写明判决的理由和判决所依据的法律。"

与适用法律之间的内在逻辑推理。裁判文书的质量由此有了很大的提高。但当前的司法实践显示，裁判文书仍在一定程度上存在以下不足之处：只是简单罗列证据，而对证据的取舍不作说明，尤其对于对当事人双方有分歧的证据不进行分析认证，或者没有阐明认证的理由；没有针对案件事实将法律条文有机结合起来；裁判结果逻辑推理不严密，说服力不强；等等。因此，"法院对证据材料的认定及采信理由"以及"结合案件事实阐明法律适用的理由"，在这些判决中没有得到很好的体现。这也是最高人民法院审判委员会文件再次明确提出这些要求的原因。

如前所述，WTO之所以能够作出高水平的裁决，有些是制度本身的客观因素使然，有些是"法官"的主观素质使然，也许我们的司法体制和法院目前还不具备这些条件。此外，也许我们还有一些更为特殊的原因，例如大陆法系裁判文书的简洁传统、法学教育的先天不足等。然而无论如何，WTO裁决都为我们完善中国的司法文书乃至审判思路和审判模式提供了有益的借鉴。也许由于客观或主观的原因，我们目前还写不出像WTO那样的裁决，但这并不意味着我们就应放弃努力。"司法裁判的公信力和权威性"，事关司法公正和社会稳定。作为国家审判机关，应当以此为目标，克服一切困难，不断提高裁判文书的写作水平。

（2012年2月25日）

事实上的遵循先例

什么是"遵循先例"？随便翻开一本 WTO 专家组或上诉机构报告就知道了。在这些报告的正文之前，都有一份案例表（TABLE OF CASES CITED IN THIS REPORT），其中列出了本报告中所援引的案例。❶ 在报告中，这些案例会频繁出现。当事方引用案例论证自己的观点，专家组和上诉机构也引用案例进行分析。面对本案的争议，当事方从案例中寻找支持："××案专家组是如何理解这个问题的"、"××案上诉机构是如何解释这个条款的"，"落实到本案，应该这样解决"——当事方引用案例，一切都显得那么天经地义。的确，当事方之间有了纠纷，除了查看相关协定条款的规定，当然还要寻找以前的案例，看看"以前的案件是怎么判的"；而专家组和上诉机构当然也要参考以前的案例，以分析案情，形成自己的思路——他们引用案例，一切都显得那么自然而然。

当然，引用案例不等于"遵循先例"，因为在法律上，"遵循先例"特指下级法院遵循上级法院的判例，以及上级法院遵循自己的判例。❷ 所谓"遵循"，在实质上是按照某个判例的判决理由进行分析，并且得出相同的结论，而在形式上是"××案上诉法院是如何理解的，因此本法院也如此理解"、"上诉法院是如何判决的，因此本法院也如此判决"。❸ 然而从 WTO 司法实践

---

❶ 例如，在中国诉美国的"美国反倾销和反补贴案（中国）"（DS379）中，专家组报告的案例表列出了 70 个案例，而上诉机构报告的案例表列出了 45 个案例。

❷ ［英］克罗斯等：《英国法中的先例》，北京大学出版社 2011 年 1 月第 1 版，第 108 页。该书对于英国法中浩如烟海的"遵循先例"的实践进行了简明扼要的总结。该书分为以下七章：英国法中的先例原则，判决理由和附随意见，遵循先例，遵循先例原则的例外，先例作为法律的一种渊源，先例和司法推理，先例和法律理论。

❸ 例如，2011 年，在一起涉及中国公司的案件中，美国联邦巡回上诉法院（CAFC）在其判决中称：在解释修改的法律时，我们一般应遵循"乔治城钢铁案"（we would normally be obligated to follow Georgetown Steel in interpreting the revised statute）。"乔治城钢铁案"即为该法院 1984 年裁决的涉及相同问题的先例。参见 United States Court of International Trade, GPX International Tire Corporation and Hebei Starbright Tire Co., Ltd. v. United States. Consol. Court No. 08-00285. Slip Op. 09-103. September 18, 2009. United States Court of Appeals for the Federal Circuit, GPX International Tire Corporation and Hebei Starbright Tire Co., Ltd. v. United States. 2011-1107, 1108, 1109, p. 14. 关于本案情况，可参见杨国华："用 WTO 的眼光看美国法院判决"，载北大法律信息网：http://article.chinalawinfo.com/Article_Detail.asp?ArticleID=67169#12，访问日期：2014 年 1 月 3 日。

来看，上诉机构已经明确说过：专家组和上诉机构报告仅约束本案。❶ 这好像是说，WTO案例并不具有"先例"的效力，既不能约束嗣后专家组，也不能约束嗣后上诉机构。但是，"引用"和"遵循"除了名义上的区别之外，事实上是很难区分的。前述专家组和上诉机构报告中的那些表述方式，已经很难说仅仅是"引用"而不是"遵循"了。事实上，WTO是"遵循先例"的，这从以下几个案例中可以得到印证。

在2007年的"美国不锈钢案（墨西哥）"（DS344）中，专家组认为没有必要遵循上诉机构的裁决，因此自己进行了独立的分析，最后作出了不同的裁决。此案到了上诉机构那里，上诉机构不仅一一驳回了专家组的裁决，而且明确说：对专家组漠视上诉机构裁决的做法表示关注。❷ 在2008年的"美国继续归零案（欧共体）"（DS350）中，专家组虽然对是否应该遵循上诉机构裁决这个问题含糊其辞，但是决定遵循上诉机构裁决。❸ 这样，到了2013年的"中国稀土案"（DS431/432/433），面对同样的法律问题，专家组经过对中国所提出的"新理由"的审查，认为没有令人信服的理由以背离上诉机构在前案中的裁决。❹ 而在同年的"美国反补贴和反倾销案（中国）"（DS449）中，专家组经过对美国所提出的"新理由"与前案的比对审查，认为这些"新理由"已经在前案中提出，并非什么"新理由"，因此也认定没有令人信服的理由以背离上诉机构在前案中的裁决。❺ 因此，从实践来看，"遵循先例"事实上已经实现了。

---

❶ 参见以下案件的上诉机构报告："日本酒精饮料案II"（DS8/10/11）第12~15页，"美国软木案V"（DS264）第109~112段，"美国虾案（21.5马来西亚）：（DS58）第109段。在"日本酒精饮料案II"中，在论及GATT专家组报告的效力时，上诉机构认为，GATT缔约方全体通过了专家组报告，并不意味着该报告对相关规定就构成了最终解释（definitive interpretation）。WTO成立之后，情况尤为如此。《WTO协定》第9条第2款规定，部长会议和总理事会拥有对协定条款进行解释的专属权力（exclusive authority）。这表明解释条约的权力不会隐含或者不经意地存在别处。此外，DSB通过专家组报告，与部长会议和总理事会解释条约，两者是不同的。例如，DSU第3条第9款规定：本谅解的规定不影响成员根据《WTO协定》的决策程序寻求对协定条款进行权威解释的权利。上诉机构还指出，《国际法院规约》第59条也有类似规定："法院之裁判除对于当事国及本案外，无拘束力。"（The decision of the Court has no binding force except between the parties and in respect of that particular case）然而这并没有妨碍该法院发展出一套先例，并且这些先例的价值是显而易见的。上诉机构报告第13~14页及脚注30。

❷ 上诉机构报告，第158~162段。
❸ 专家组报告，第7.170~182段。
❹ 专家组报告，第7.49~117段。
❺ 专家组报告，第7.297~352段。

那么"仅约束本案"与"遵循先例"这个"名不副实"的问题,是如何解决的呢?也许我们可以从那个典型的专家组"叫板"上诉机构的"美国不锈钢案(墨西哥)"着手来梳理一下。

该案涉及美国反倾销调查中周期复审的简单归零问题(simple zeroing in periodic reviews)。❶ 专家组称,简单归零问题在 WTO 受到挑战,这已经不是第一次;在"美国归零案(欧共体)"(DS294)和"美国归零案(日本)"(DS322)中,专家组都审查了这个问题。而在这两个案件中,上诉机构都推翻了专家组裁决,认定归零不符合 WTO 规定。❷ 然而严格来说(strictly speaking),专家组并不受到前案上诉机构或专家组的约束。DSU241 中并没有一项规定要求 WTO 专家组在相同事项(same issue)上遵循前案的裁决。原则上(in principle),专家组或上诉机构的裁决仅约束相关争议的当事方。DSU 中的有些规定是支持这种认识的。例如,第 19 条第 2 款规定,专家组和上诉机构不得增加或减少协定中的权利义务。专家组还称,注意到了上诉机构在"日本酒精饮料 II 案"(DS8/10/11)中的说法:已经通过的专家组报告是 GATT 整体(GATT acquis)的重要组成部分,经常被嗣后专家组所考量;它们给 WTO 成员创立了合法期待(legitimate expectations),因而在相关争议中会被考虑;然而除了解决此案争议,它们没有约束力。这表明,尽管专家组报告仅约束当事方,但是上诉机构希望(expects)嗣后专家组在遇到相同事项时予以考虑。后来,在"美国虾案(21.5 马来西亚)"(DS58)中,上诉机构强调,这一理解也适用于上诉机构报告。在"美国油井管日落复审案"(DS268)中,上诉机构更加明确地提出:遵循(following)上诉机构的结论不仅是适当的,而且是对专家组的期待。专家组总结说,这表明,尽管 DSU 没有要求 WTO 专家组遵循前案专家组或上诉机构裁决,但是上诉机构事实上(de facto)希望如此。

该案专家组接着说:然而在"美国归零案(日本)"中,专家组承认对于类似的法律问题有必要发展出一致的先例(consistent line of jurisprudence on similar legal issues),为多边贸易体制提供安全性和可预见性,但是也注意到,

---

❶ "归零做法可以相应被分为简单归零、型号归零和阶段归零三种方式。所谓简单归零,就是在将国内销售(正常价值)与出口价格的比较中,将其中负的倾销值计算成零的方法。"参见李耀宏:"反倾销调查中倾销幅度计算归零问题简析",载 http://gpj.mofcom.gov.cn/article/subject/fqx/subjectaa/200711/20071105228529.html,访问日期:2013 年 12 月 31 日。

❷ 这两个案件分别认定原调查和复审调查中的归零做法不符合 WTO 的规定。

DSU 第 11 条和第 3 条第 2 款的规定暗示着保持一致的先例不应该超越专家组客观审查（objective examination）有关事项的义务。❶ 专家组最后说，经过认真审查，不能同意上诉机构关于简单归零不符合 WTO 规定的推理。专家组还补充说，知道在"美国归零案（欧共体）"和"美国归零案（日本）"两案中，专家组的决定都被上诉机构推翻了，而本案专家组的推理与两案专家组的推理非常相似，但是为了履行第 11 条的客观审查义务，不得不背离（depart from）上诉机构的推理。❷

对于相同事项，使用上诉机构曾经推翻的推理，得出上诉机构曾经推翻的结论，这可是公开"叫板"啊！这里且看上诉机构是怎么"收拾"专家组的。

上诉机构不慌不忙地说：的确，上诉机构报告除了解决争端之外，并无约束力（not binding, expect with respect to resolving the particular dispute between the parties），但这并不意味着嗣后专家组可以随意罔顾（free to disregard）DSB 所通过报告中的法律解释和判决理由（legal interpretations and the ratio decidendi）。争端解决实践表明，WTO 成员对于报告中的推理非常重视，频繁引用（often cited）以论证自己的法律观点，并且专家组和上诉机构在嗣后案件中也倚重（relied upon）这些报告。此外，WTO 成员在制定或修改国际贸易相关法律时，也会考虑报告中对有关协定的解释。因此，这些报告中的法律解释已经成为 WTO 争端解决机制整体之不可分割的组成部分（part and parcel of the acquis of the WTO dispute settlement system）。DSU 第 3 条第 2 款所说的确保争端解决机制的"安全性和可预见性"，意味着除非有"令人信服的理由"（cogent reasons），裁判机构应在嗣后案件中以相同方式解决相同的法律问题（an adjudicatory body will resolve the same legal question in the same way in a subsequent case）。

上诉机构引用了国际法学家劳特派特（Lauterpacht）的观点：如果法律要想实现其一项主要功能，即确保安全性和稳定性，则遵循法律裁决就是必需的。在其他国际组织的争端解决程序中，例如国际刑事法庭和投资争端解决中心，也很重视裁决的一致性。上诉机构进一步指出，按照 DSU 所规定的等级结构（hierarchical structure），专家组和上诉机构的职责是不同的。为了加强多边贸易体系中的争端解决，乌拉圭回合将上诉机构设为常设机构。根

---

❶ "美国归零案（日本）"专家组报告，脚注 733。
❷ 专家组报告，第 7.101~106 段。

据第17条第6款，上诉机构有权审查专家组报告中的法律问题以及专家组作出的法律解释。相应地，第17条第13款规定上诉机构有权维持、修改或推翻专家组的法律认定和结论。WTO成员创立上诉机构以审查专家组作出的法律解释，这表明成员们认识到了根据协定解释其权利和义务的一致性和稳定性的重要性。这对于促进争端解决机制的安全性和可预见性以及确保迅速解决争端是至关重要的。对于相同问题，如果专家组不遵循上诉机构先前作出的裁决，就不利于发展出一套协调、可预见的先例以澄清成员的权利和义务。从第3条第2款来看，"澄清"就是按照国际公法的习惯解释规则阐释有关协定的范围和含义。尽管适用某项规定可以被理解成仅限于其发生的情景，但是已经通过的上诉机构报告所包含的澄清，其相关性并非仅限于将特定规定适用于具体案件。对于专家组背离上诉机构就相同法律问题所作法律解释的做法，上诉机构深表关注，因为这会对争端解决机制的正常运转产生严重影响。❶

"除非有令人信服的理由（cogent reasons），裁判机构应在嗣后案件中以相同方式解决相同的法律问题。"这不就是"遵循先例"原则的一种表述方式吗？至于"上诉机构报告除了解决争端之外并无约束力"，不过是在WTO没有明确规定"遵循先例"原则的情况下，一种实事求是但又无可奈何的说法而已。虽然名义上没有约束力，但事实上是有约束力的，这一点通过本案已经得到明确。

因此，在嗣后的"美国继续归零案（欧共体）"中，专家组称，虽然同意前案"美国不锈钢案（墨西哥）"专家组的很多观点，但是上诉机构推翻了这些认定，因此，上诉机构报告经由DSB❷通过而具有了法律效力（legal effect），并且此后几年，有若干案件通过了一致的裁决。专家组认为，除了多边贸易体制的安全性和可预见性目标之外，DSU第3条第3款还提出了迅速解决问题的目标（prompt settlement of situations）。有鉴于此，专家组认为，遵循上诉机构报告有助于迅速解决争端。❸看来，有了前车之鉴，专家组已经不敢"叫板"了。然而关于专家组"客观审查"义务与"遵循先例"之间的关系，以及何为cogent reasons，该案专家组还有一番高论。

该案专家组认为，根据DSU第11条，专家组有义务对有关事项进行

---

❶ 上诉机构报告，第158~162段。
❷ Dispute Settlement Body，即争端解决机构，WTO负责争端解决的最高权力机构。
❸ 专家组报告，第7.170~182段。

客观评估（objective assessment of the matter），即对本案事实和法律进行审查。但是审查并非凭空进行的，DSU 的其他规定就提供了一些参考。例如，第 3 条第 2 款要求维护多边贸易体制的安全性和可预见性、维护成员的权利和义务、不能增加或减少权利义务等。其中，发展出一致的判例就是必要的。专家组在根据第 11 条进行客观评估的时候，显然必须（obviously incumbent upon any panel）考虑先例，因为这些先例构成了 GATT/WTO 整体的组成部分，并且正如上诉机构所言，形成了 WTO 成员的合法期待。言下之意，该案专家组认为，专家组"客观评估"的职责与"遵循先例"的做法并不矛盾。专家组接着说，专家组作出任何决定，都应该有 cogent reasons，不管此前是否有先例，也不管专家组是否应该遵循这些先例。专家组在第 11 条项下的核心任务，是解释其如何做了客观评估。这种解释及其理由，能够确保专家组不会增加或减少成员的义务，并且有助于实现安全性和可预见性的目标。然而专家组不能不经认真审查本案的事实和论点而简单遵循另外一个专家组或上诉机构的裁决，因为这样做就是没有履行第 11 条所规定的职责。同样，也不能不经认真审查并进行解释而作出不同的裁决。❶ 言下之意，该案专家组认为，cogent reasons 不仅仅是背离前例的理由，也是客观评估的理由。

也许在本案专家组看来，"客观评估"的职责与"遵循先例"的做法，以及 cogent reasons 的引入，都只是"名实之辩"而已。不管名义上是否遵循先例，专家组事实上都要查找、对照先例。经过分析和解释，如果认定是相同问题，就作出相同裁决；而如果作出不同裁决，也必须有分析和解释，特别是说明为什么作出不同裁决。这与我们所发现的 WTO 事实上的"遵循先例"现象，恰恰是吻合的。带着这种认识阅读中国的两个案件❷，我们会有一种豁然开朗的感觉。的确，也许"WTO 是否有遵循先例的原则"这种"名实

---

❶ 专家组报告，第 7.179~180 段。
在"美国不锈钢案（墨西哥）"中，墨西哥认为，专家组违反了 DSU 第 11 条，并且引用第 3 条第 2 款和第 3 款进行支持，因为专家组没有遵循上诉机构就相同事项所作出的一致裁决，而是作出了上诉机构曾经推翻的裁决，从而没有履行专家组解决争端的职责，影响了争端的迅速解决，干扰了 WTO 争端解决机制的有效运行。上诉机构对于专家组没有遵循先例是否违反了第 11 条没有作出裁决，因为它已经了推翻了专家组在本案中的所有认定和结论。上诉机构报告，第 147 段和第 162 段。

❷ 见本文附件。

之辩"已经不重要了。❶❷

(2014年1月3日)

附件：

一、中国稀土案

专家组提出了所考虑的几个因素：

出口税不能援引 GATT 第 20 条例外，这是"中国原材料案"❸ 专家组和上诉机构的一致结论。而在"中国稀土案"中，中国要求专家组再审查这一法律问题（re-examine the same question of law），认定出口税可以援引这

---

❶ 当然，"名实之辩"在 WTO 中仍然是有现实意义的。在"美国不锈钢案（墨西哥）"中，上诉机构不能简单地因为专家组没有遵循先例而推翻专家组裁决，因为这似乎仍然于法无据。上诉机构采取的是"釜底抽薪"的方法，对专家组的论证一一推翻，进而推翻专家组裁决。参见上诉机构报告，第 162 段。

❷ "遵循先例"（stare desisis）本是普通法中的一项原则。"欧洲大陆……绝不存在任何强行规定法官必须受上级法院判决拘束的法律规定，但实际情形则不同。在现今的实践中，法国最高法院和德国联邦最高法院的一项判决，像英国或美国上诉法院的判决一样，可望得到下级法院的遵循。……普通法中遵循先例的原则和欧洲大陆各国法院的实际做法常常导致相同的结果，这样说并非夸张，……实际上，当法官能够在最高法院一个或数个判决中找到似乎与他面前的案件有关的一条规则时，他将遵循该判决中的规则，这在德国、英国和法国都是一样。"［德］茨威格特等：《比较法总论》，贵州人民出版社 1992 年 9 月第 1 版，第 464~465 页。

事实上，同为普通法系的英国和美国，对待先例的态度也是有差异的。"20 世纪上半叶，'严格观'盛行于英国，认为所有法院都有义务遵循自己先前作出的判决，下级法院也有义务遵循上级法院的判决……20 世纪盛行于美国的'宽松观'则认为，终审法院不受遵循自己的先前的判决的约束，尽管大多数情况下，他们在实践中都会遵循先例。下级法院则有义务遵循上级法院的判决，但其规避先例束缚的自由度也是相当大的。"［美］阿蒂亚等：《英美法中的形式与实质——法律推理、法律理论和法律制度的比较研究》，中国政法大学出版社 2005 年 1 月第 1 版，第 98~99 页。该书从以下七个方面阐述了两国在遵循先例原则方面的差异：漠视先例的权力，推翻先例的权力，规避先例，判决理由的确定，先例的综合，先例的权威度，有说服力的判决。见该书第 100~106 页。

英美法系与大陆法系的相似性，以及英国法与美国法的差异性，也许说明了这样一个共同的道理：对于法律人来说，不论是为当事人辩护的律师，还是"依法裁判"的法官，都需要援引先例。如果允许律师和法官援引先例，则对于实现法律的一项基本原则，即"同案同判"（like cases should be decided alike），将会大有裨益。至于是否"遵循先例"，也许实践中的差别并不会像理论上那么大，因为不论是否"遵循先例"，都要有充分的理由，以论证两案的相似性或相异性。

无论是国内法还是 WTO 法，都体现了法律人处理案件的一些共同特征。事实上，从普通人思维的角度来看，这些"特征"并无特殊之处，只不过是人们习惯性的思维方式而已——遇到一个问题，首先是从自己的经验和别人的建议，即"先例"中寻求借鉴之处。关于这一点，可参见［意］萨尔托尔：《法律推理——法律的认知路径》，武汉大学出版社 2011 年 9 月第 1 版。在这部煌煌 800 页巨著中，作者"将法律思考的各个方面综合起来，并为法律推理提供一个全方位图景"（第 885 页）。在导言中，作者开宗明义："法律推理……只是并且应当只是我们每天实践思考的实践。"

❸ "中国原材料案"（DS 394/395/398）。

一例外。中国称,这次提出了新的理由以及未被"中国原材料案"专家组和上诉机构充分考虑的理由,本案专家组应该对这一问题进行独立解释。❶ 专家组认为,这是一个复杂的实体问题(a complex issue of substance)。随后,专家组从理论和本案两个方面进行了论证,最后仍然没有支持中国的观点。其中,关于如何对待上诉机构裁决,专家组称,专家组清楚 DSU 所建立的等级结构,并且意识到中国要求重新审查这个问题,是在 DSB 刚刚就相同法律问题通过上诉机构报告的时候提出的。❷ 因此,专家组十分慎重,将遵循以下考虑:

首先,当事方依据新的法律理由(novel legal arguments)要求专家组背离上诉机构对法律问题的认定,而如果随后又有上诉,则当事方对这些理由进行充分解释是有利于上诉机构作出新的解释的,对于复杂的法律问题尤为如此。过去发生过专家组没有充分解释而上诉机构无法解决某项复杂法律问题的情况。因此,该当事方应向专家组充分解释新的法律理由。

其次,在决定如何进行审查时,专家组考虑了本案的特殊情况:(1)没有当事方或第三方认为专家组在法律上不能再审查这个问题;(2)本案当事方与"中国原材料案"当事方不同(不包括日本,但包括另外一个成员❸);(3)从本案当事方所进行的广泛讨论来看,该法律问题是本案的一个核心问题,具有根本性、体制性的重要意义;(4)专家组认为,中国所提出的议定书条款与 GATT 1994 之间的体制性关系问题属于新理由,引起了复杂的法律问题。这些因素让专家组决定根据中国在本案中所提出的理由彻底审查这个问题,但是这些因素并没有让专家组觉得是在进行所谓的重新认定(de novo determination),从而对"中国原材料案"专家组和上诉机构的论证和最终认定不予尊重(zero deference)。这样是很难与 DSU 所建立的"等级结构"相协调的。因此,在再审查的时候,专家组通常会将其分析限于中国所提出的特定理由。此外,在审查这些特定理由的时候,专家组将区分这些理由是否已经在"中国原材料案"中提出并被专家组和上诉机构驳回。这些理由中,有些是新的,有些是与前案类似的,因此,专家组可能会重复前案专家组和上

---

❶ 专家组报告,第 7.54 段。

❷ 中国提出这个问题并请求专家组先行作出初步裁决是在 2012 年 12 月 20 日,而"中国原材料案"上诉机构报告是在同年 2 月 22 日获得 DSB 通过的。

❸ 本案三个起诉方是美国、欧盟和日本,而"中国原材料案"的三个起诉方则是美国、欧盟和墨西哥。

诉机构的一些观点。但是，提到这些观点，并不意味着不同意其论证中的其他因素。如果重复前案的所有论证以回应中国在本案中所提出的问题，必将一无所成。

最后，在审查这些理由的时候，专家组认为主要的法律问题是这些理由是否为"令人信服的理由"，以致可以背离上诉机构所作出的认定。上诉机构并未给这个词下一定义，但是专家组认为，这个词的门槛是很高的。国际刑事法庭曾经指出，这种理由包括基于错误的法律原则作出，或者由于疏忽作出，即法官由于误解了适用法而作出了错误决定。欧洲人权法院也曾经举例说，法律解释可以为了反映社会变化以与当今情况保持一致。

二、"美国反补贴和反倾销案（中国）"

专家组对 cogent reasons 提出了一些标准：

"双重救济"不符合《补贴与反补贴措施协定》第 19 条第 3 款所要求的以"适当数额"（appropriate amount）征收反补贴税的规定，并且，调查机关有责任查明这种同时征收反倾销税和反补贴税的方法是否导致了两次抵消同一补贴的后果，这是"美国反倾销和反补贴案"（DS379）上诉机构作出的明确裁决。[1]而在"美国反补贴和反倾销案"（DS449）中，这个裁决受到了美国的挑战。专家组逐一审查了美国所提出的理由，但是都认定没有工程背离上诉机构裁决的"cogent reasons"，因此否定了美国的观点。关于"cogent reasons"，专家组提出了如下的理解：

专家组认为，上诉机构的观点是，除非有 cogent reasons，裁判机构应在嗣后案件中以相同方式解决相同的法律问题（an adjudicatory body will resolve the same legal question in the same way in a subsequent case）。上诉机构并未对 cogent reason 这一概念下一定义，但是上诉机构对于这一概念的使用，应该结合以下因素予以考虑：关于上诉机构与专家组等级结构的表述，发展一套协调、可预见案例的目标，以及对于专家组背离先例的关注。有鉴于此，专家组决定以上诉机构的先前解释为出发点进行分析。但是，专家组可能会遇到当事方所提交的理由或证据中，是否有 cogent reasons 以形成不同解释的问题。鉴于上诉机构在 WTO 争端解决机制中的独特作用，仅仅是支持而不是必须得出不同解释的理由，尚未达到 cogent reasons 的水平。专家组认为，cogent rea-

---

[1] 关于"双重救济"及本案，可参见杨国华："WTO 上诉机构的条约解释——以'双重救济案'为例"，载北大法律信息网：http://article.chinalawinfo.com/Article_Detail.asp?ArticleID=63271。

sons，即足以让专家组在适当案件中得出不同解释的理由，包括以下几种情况：（1）根据《WTO协定》第9条第2款所形成的、不同于上诉机构解释的多边解释[1]；（2）上诉机构的解释在特定情况下不可行；（3）上诉机构的解释与未经提请上诉机构注意的另一协定的规定相抵触；（4）上诉机构所依据的事实是错误的。

---

[1] 《WTO协定》第9条第2款规定：部长会议和总理事会有权对协定进行解释。

WTO 中国案件执行情况综述[1]

说明：截至 2014 年 2 月 28 日，WTO 共有 31 起涉及中国的案件（起诉 12 起，被诉 19 起）。其中，有些案件处于磋商或专家组审理阶段，尚无定论。有些案件虽然已经作出裁决，但处于执行期之中，尚未执行完毕。此处仅为已经执行的 17 起案件。其中，裁决案件中，中国起诉案件 6 起，被诉案件 6 起；磋商解决案件中，中国被诉案件 5 起。

一、裁决案件执行情况

（一）中国起诉案件

1. 美国钢铁保障措施案（US — Steel Safeguards）

本案涉及美国以关税增加形式和关税配额形式对一系列进口钢材产品施加的最终保障措施，这些措施自 2002 年 3 月 20 日生效。2002 年 3 月 26 日，对于美国采取的钢铁保障措施，中国（DS252）请求与美国进行磋商。

2003 年 7 月 11 日，专家组报告发布。专家组裁决美国保障措施与《保障措施协定》和 GATT 1994 相关条款不一致。专家组得出结论，涉案的所有保障措施至少都与 WTO 实施保障措施的以下先决条件之一不一致：没有证明（i）未预见的发展；（ii）增加的进口；（iii）因果关系；（iv）平行或对称原则（parallelism）。专家组因此要求美国使相关措施与其根据《保障措施协定》和 GATT 1994 承担的义务相符。

2003 年 8 月 11 日，美国提出了上诉。2003 年 11 月 10 日，上诉机构向各成员发布了报告。上诉机构支持专家组的最终结论，本案涉及的 10 项保障措施都与美国根据 GATT 1994 第 19 条第 1 款（a）项和《保障措施协定》承担的义务不一致。但上诉机构推翻了专家组的以下裁决：就 10 项保障措施中的两项而言，对于"增加的进口"以及增加的进口与严重损害之间"因果关

---

[1] 根据南开大学法学院胡建国老师提供的资料整理。

系"的存在性，美国没有提出合理充分的解释。然而这些措施也与《WTO协定》不一致。

在2003年12月10日的DSB会议上，DSB通过了上诉机构报告和经由上诉机构报告修改的专家组报告。

在2003年12月10日的DSB会议上，美国通知各成员，美国总统已于2003年12月4日发布一项声明，根据《1974年美国贸易法》第204节终止本案涉及的所有保障措施。

2. 美国反倾销和反补贴案（US—Anti-Dumping and Countervailing Duties）

本案涉及美国根据商务部在许多调查中发布的最终反倾销税和反补贴税决定和命令征收的最终反倾销税和反补贴税（"双反"措施）。2008年9月19日，中国请求与美国进行磋商。

2010年10月22日，专家组报告散发给各成员。2011年3月11日，上诉机构报告散发给各成员。2011年3月25日，DSB通过了本案专家组报告和上诉机构报告。

上诉机构在公共机构和双重救济两个核心问题上，推翻了之前的专家组结论，支持中方主张。（1）关于公共机构，不能仅仅依据国家所有权认定国有企业为公共机构，而应考虑企业是否具备政府职能，裁定美国的做法违反《补贴与反补贴措施协定》第1.1（a）（1）条。（2）关于双重救济，认为美方采用外部基准的反倾销税已经抵消了补贴额，任何额外征收的反补贴税则超出了合适的限度，违反《补贴与反补贴措施协定》第19.3条。

专家组和上诉机构裁决内容还包括：（1）我国有商业银行"在国家产业政策指导下开展贷款业务"，被赋予政府职能，构成公共机构。（2）美国商务部在反补贴调查中认定我国有经济市场份额高、在市场占据主导地位，推定我国内市场存在扭曲，在原材料和贷款利率上可以使用外部基准的主张未违反《补贴与反补贴措施协定》第14（d）条的规定。（3）美方没有证据证明所涉复合编织袋反补贴调查中的工业园区存在"独立的使用权制度"，违反《补贴与反补贴措施协定》第2条第2款。（4）美国商务部在补贴利益传导计算中未能确保其计算出的补贴利益金额不超过实际获得的补贴利益额度，违反了《补贴与反补贴措施协定》第1.1条和第14条的义务。（5）美国商务部未根据特定时间调整相应的利率对美元利率贷款基准进行调查，违反了《补贴与反补贴措施协定》第14（b）条。（6）美商务部未调查应诉企业从贸易公司采购原材料的信息，而直接采用可获得事实，违反了《补贴与反补贴措施协定》第12.7条。

2011年7月5日，中国和美国通知DSB，它们同意本案合理期限为11个月，于2012年2月25日到期。1月17日，可能预期到美国无法在最初确定的合理期限内实施DSB建议和裁决，中国和美国通知DSB，它们决定将合理期限延长至2012年4月25日（共13个月）。

2013年3月13日，为了回应美国联邦巡回上诉法院的GPX判决（商务部不得将《1930年关税法》中的反补贴税条款适用于非市场经济国家），也为了执行DS379案有关"双重救济"问题的上诉机构裁决，美国国会制定的所谓GPX立法生效。该法第2节要求美国商务部在满足一定条件的情况下调低反倾销税，以避免双重救济。

2011年10月19日，美国商务部发布了非公路用轮胎（OTR）调查中有关贸易公司和贷款问题的第129节初裁。

2012年4月6日，美国商务部发布了OTR调查中有关贸易公司的第129节初裁。

2012年4月9日，美国商务部发布了复合编织袋（LWS）调查中有关土地专项性问题的第129节初裁。

2012年5月18日，美国商务部根据《乌拉圭回合协定法》第129节发布了四起调查案件中有关公共机构问题的四份初裁以及关于公共机构分析的备忘录。

2012年5月31日，美国商务部发布了四起"双反"调查中有关双重救济分析的四份第129节初裁。同日，还发布了有关调整反倾销税的四份第129节初裁。

2012年7月31日，美国商务部发布了涉案四起"双反"调查的四份第129节终裁。

2012年8月12日，USTR指示商务部实施其相关第129节裁决。2012年8月30日，商务部发布公告实施第129节裁决。

3. 美国禽肉案（US — Poultry）

本案涉及美国针对中国禽产品采取的某些措施。争议措施是美国总统2009年3月11日签署生效的《2009年综合拨款法》第727节（又称727条款）。727条款规定："根据本法所提供的任何拨款，不得用于制定或执行任何允许美国进口中国禽肉产品的规则。"2009年4月17日，中国请求与美国进行磋商。

2010年9月29日，专家组发布了报告。2010年10月25日，DSB通过了本案专家组报告。专家组认为第727节违反了SPS协定第5条第1款、第5条第 2 款、第 2 条第 2 款、第 5 条第 5 款、第 2 条第 3 款第 1 句和第 8 条，GATT 1994 第 1 条第 1 款和第 11 条第 1 款。但由于第 727 节已经到期，专家组没有建议 DSB 要求美国使其争议措施第 727 节符合 SPS 和 GATT 1994 义务。

因此，鉴于《2009 年综合拨款法》第 727 节已经失效，美国无须采取任何执行措施。美国在此后的年度拨款法案中没有引入类似条款。

4. 欧共体紧固件案（EC — Fasteners）

本案涉及欧共体法律及其具体适用。首先，本案涉及第 384/96 号理事会条例（欧共体《基本反倾销条例》）第 9 条第 5 款。该条规定，在自非市场经济国家进口的情况下，应当针对相关供应国（而不是每一供应商）具体规定反倾销税；只有当出口商证明其满足了该条款列举的标准，才能针对该供应商规定单独的反倾销税。其次，本案涉及对中国原产紧固件征收最终反倾销税的第 91/2009 号理事会条例。2009 年 7 月 31 日，中国请求与欧共体进行磋商。

2010 年 12 月 3 日，专家组发布了本案裁决。2011 年 3 月 25 日，欧盟向 DSB 发出了上诉通知。2011 年 3 月 28 日，中国向 DSB 发出了上诉通知。2011 年 7 月 15 日，上诉机构报告散发给各成员。2011 年 7 月 28 日，DSB 通过了专家组报告和上诉机构报告。

专家组和上诉机构认为，《基本反倾销条例》第 9 条第 5 款违反了《反倾销协定》第 6 条第 10 款和第 9 条第 2 款，欧盟将该条适用于紧固件反倾销调查中，同样违反了《反倾销协定》第 6 条第 10 款和第 9 条第 2 款。专家组和上诉机构还认为欧盟反倾销措施违反了《反倾销协定》其他义务。

2012 年 1 月 19 日，中国和欧盟同意，欧盟实施本案 DSB 建议和裁决的合理期限为 14 个月零 2 周，于 2012 年 10 月 12 日到期。为了实施该案 DSB 建议和裁决，欧洲议会和欧盟理事会于 2012 年 6 月 13 日通过了修改《基本反倾销条例》（第 1225/2009 号（欧共体）条例）第 9 条第 5 款的第 765/2012 号（欧盟）条例。2012 年 9 月 3 日，《欧盟公报》公布了第 765/2012 号（欧盟）条例，后者于 2012 年 9 月 6 日生效。

根据第 765/2012 号（欧盟）条例，《基本反倾销条例》第 9 条第 5 款修改为："5. 反倾销税应以每一案件中的适当数额在非歧视的基础上针对裁定存在倾销和正在造成损害的所有来源的进口产品征收，根据本条例之条件其承诺已被接受的那些来源的进口产品除外。实施反倾销措施的条例应当明确针对每一供应商的税收，或者，如果这么做不可行，应当明确针对相关供应国的税收。就明确税收而言，法律上有别于其他供应商或者法律上有别于国家的供应商仍然可能会被视为单一实体。为了适用本项，可考虑供应商与国家之间或者供应商之间结构或公司联系的存在性、国家对于定价和产量的控制或实质影响、供应国的经济结构等因素。"

2012年10月10日，《欧盟公报》公布了第924/2012号理事会执行条例，修改了涉案的第91/2009（EC）号条例，后者对于中国紧固件施加了最终反倾销税。

5. 欧盟鞋案（EU — Footwear（China））

本案涉及欧共体法律及其具体适用。首先，本案涉及第384/96号理事会条例（欧共体《基本反倾销条例》）第9条第5款。其次，本案涉及对中国皮鞋征收的最终反倾销税。2010年2月4日，中国请求与欧盟进行磋商。

2011年10月28日，专家组报告散发给各成员。2012年2月22日，DSB通过了专家组报告。专家组认定《基本反倾销条例》第9条第5款违反了《反倾销协定》第6条第10款、第9条第2款、第18条第4款和1994年《关贸总协定》第1条第1款。专家组也认为欧盟对中国皮鞋采取的最终反倾销措施违反了《反倾销协定》相关规定。

由于本案争议的具体反倾销措施已于2011年3月31日到期，欧盟对此无须采取任何执行措施。

2012年5月23日，中欧通知DSB，双方同意本案合理期限为7个月零19天，于2012年10月12日到期。

2012年9月3日，修改《基本反倾销条例》第9条第5款的第765/2012号（欧盟）条例生效。欧盟认为自己已经完全执行了本案DSB建议和裁决。

6. 美国虾和锯片案（US — Shrimp and Sawblades）

本案涉及美国对中国某些冷冻暖水虾和金刚石锯片采取的反倾销措施。中国指控说，美国商务部在最初调查及许多行政复审中使用归零法计算目标进口的倾销幅度，与GATT 1994第6条第1款和第2款以及《反倾销协定》第1条、第2条第1款、第2条第4款、第2条第4款第（2）项、第5条第8款、第9条第2款、第9条第3款和第9条第4款不符。中国进一步主张，美国商务部在日落复审中对于原调查中计算的倾销幅度的依赖与《反倾销协定》第11条第3款不符。2011年2月28日，中国请求与美国进行磋商。

2012年6月8日，专家组报告散发给各成员。2012年7月23日，专家组报告获得通过。专家组裁决美国在反倾销调查中使用归零方法违反了《反倾销协定》第2条第4款第（2）项。

2012年7月27日，中国和美国通知DSB，它们同意美国实施DSB建议和裁决的合理期限为 8 个月，于 2013 年 3 月 23 日到期。

对于金刚石锯片反倾销措施，2012 年 9 月 5 日，美国商务部应 USTR 请求根据 URAA 第 129 节发起了调查。2012 年 12 月 17 日，商务部发布了第 129 节初裁。2013 年 3 月 4 日，商务部发布了第 129 节终裁，终裁反倾销税率降为 0。

对于暖水虾反倾销措施，美国商务部于 2012 年 12 月 7 日发布了第 129 节初裁。2013 年 3 月 4 日，商务部发布了第 129 节终裁，终裁 3 家公司的反倾销税率降为 0，但 39 家其他公司的单独税率仍为 22.58%。

2013 年 3 月 28 日，美国商务部在《联邦公报》上登载了实施前述第 129 节终裁决定的公告。

（二）中国被诉案件

1. 中国汽车零部件案（China — Auto Parts）

本案涉及中国对于汽车零部件进口采取的有关措施，包括《汽车产业发展政策》、《构成整车特征的汽车零部件进口管理办法》（2005 年第 125 号令）和海关总署《进口汽车零部件构成整车特征核定规则》（2005 年第 4 号令）。这些措施规定，如果进口汽车零部件在整车中的比例超过门槛标准，则按照整车征收关税。2006 年 3 月 30 日，欧共体和美国分别请求与中国进行磋商。2006 年 4 月 13 日，加拿大请求与中国进行磋商。

2008 年 7 月 18 日，专家组发布报告，裁定中国相关措施违反了 WTO 有关规则。2008 年 9 月 15 日，中国提起上诉。2008 年 12 月 15 日，上诉机构发布报告，推翻了专家组的部分裁决。2009 年 1 月 12 日，DSB 通过了本案专家组和上诉机构报告。专家组和上诉机构认为中国涉案措施违反了 GATT 1994 第 3 条第 2 款第 1 句和第 3 条第 4 款，且不能根据第 20 条（d）项获得正当性。

2009 年 2 月 27 日，欧共体和中国、美国和中国以及加拿大和中国分别通知 DSB，就本案合理实施期限达成了协议：自 DSB 通过专家组和上诉机构报告之日起，执行期限为 7 个月零 20 天，于 2009 年 9 月 1 日到期。

2009 年 8 月 15 日，工信部、发展改革委共同发布第 10 号令（附件 1），决定自 2009 年 9 月 1 日起停止实施《汽车产业发展政策》中涉及汽车零部件进口的相关条款。

2009 年 8 月 28 日，海关总署、发展改革委、财政部和商务部共同发布第 185 号令（附件 2），决定自 2009 年 9 月 1 日起废止《构成整车特征的汽车零部件进口管理办法》。

2009年8月31日，海关总署发布2009年第58号令（附件3），决定自2009年9月1日起废止《进口汽车零部件构成整车特征核定规则》。

由于这些新法令于2009年9月1日生效，中国宣布自己遵守了DSB建议和裁决。

2. 中国知识产权案（China — Intellectual Property Rights）

本案涉及中国《著作权法》第4条第1款、《知识产权海关保护条例》及其实施办法相关条款以及中国刑法有关知识产权犯罪刑事门槛的相关规定。2007年4月10日，美国请求与中国进行磋商。

2009年1月26日，专家组发布了裁决。专家组裁决中国《著作权法》第4条第1款、海关措施违反了TRIPs协定有关条款，但裁决中国知识产权犯罪的刑事门槛没有违反TRIPs协定。2009年3月20日，DSB通过了中美知识产权保护与执行案专家组报告。

2009年6月29日，中国和美国通知DSB，它们已经达成协议，中国执行本案DSB建议和裁决的合理期限为专家组报告通过后12个月，于2010年3月20日到期。

2010年2月26日，全国人大常委会通过了《关于修改〈中华人民共和国著作权法〉的决定》（2010年第26号令），并由时任国家主席胡锦涛于同日公布，于2010年4月1日生效。新《著作权法》将第4条修改为："著作权人行使著作权，不得违反宪法和法律，不得损害公共利益。国家对作品的出版、传播依法进行监督管理。"

2010年3月17日，国务院通过了《关于修改〈中华人民共和国知识产权海关保护条例〉的决定》（2010年第572号令），于2010年4月1日生效。原条例第27条第3款被修改为："被没收的侵犯知识产权货物可以用于社会公益事业的，海关应当转交给有关公益机构用于社会公益事业；知识产权权利人有收购意愿的，海关可以有偿转让给知识产权权利人。被没收的侵犯知识产权货物无法用于社会公益事业且知识产权权利人无收购意愿的，海关可以在消除侵权特征后依法拍卖，但对进口假冒商标货物，除特殊情况外，不能仅清除货物上的商标标识即允许其进入商业渠道；侵权特征无法消除的，海关应当予以销毁。"

2010年3月3日，海关总署公布了中华人民共和国海关《关于〈中华人民共和国知识产权海关保护条例〉的实施办法》（2009年第138号）。新实施办法第33条重复了旧版实施办法第30条，仅在第2款开头增加了"海关拍卖侵权货物，应当事先征求有关知识产权权利人的意见"的规定。

海关总署公告 2007 年第 16 号仍然有效。

3. 中国出版物和音像制品案（China — Publications and Audiovisual Products）

本案涉及中国（1）限制院线电影、家用视听娱乐产品（例如录影带和 DVDs）、录音制品和出版物（例如书籍、杂志、新闻报纸和电子出版物）等产品贸易权的某些措施；（2）限制外国服务提供者分销出版物、家用视听娱乐产品市场准入或对他们进行歧视的某些措施。2007 年 4 月 10 日，美国请求与中国进行磋商。

2009 年 8 月 12 日，专家组报告分发给各成员。专家组裁决中国 14 项措施违反了《中国加入 WTO 议定书》、GATS 和 GATT 1994 相关条款。2009 年 9 月 22 日，中国对专家组报告提出了上诉。2009 年 12 月 21 日，上诉机构如期发布了报告。上诉机构支持了专家组裁决。2010 年 1 月 21 日，DSB 审议通过了本案上诉机构报告和经上诉机构报告修改的专家组报告。

2010 年 7 月 12 日，中国和美国通知 DSB，双方就中国实施 DSB 建议和裁决的合理期限达成了协议，自 DSB 通过专家组和上诉机构报告 14 个月，于 2011 年 3 月 19 日到期。

2011 年年初，中央批准同意中宣部上报的中美出版物市场准入世贸争端案裁决执行工作方案。

早在 2008 年 2 月 21 日，新闻出版总署就公布了新的《电子出版物出版管理规定》，删除了与中国 GATS 承诺（分销权）不符的旧版《电子出版物管理规定》第 62 条。新规定于 2008 年 4 月 15 日开始实施。

2011 年 3 月 19 日，国务院公布了修订后的《出版管理条例》和《音像制品管理条例》，修改了与中国贸易权、分销权承诺不符的旧版对应条例的相关条款。两个新修订的条例于 2012 年 2 月 1 日施行。

2011 年 3 月 21 日，文化部下发《关于实施新修订〈互联网文化管理暂行规定〉的通知》（文市发〔2011〕14 号）。通知第 14 条宣布废止《文化部关于实施〈互联网文化管理暂行规定〉有关问题的通知》（文市发〔2003〕27 号），并规定《文化部关于网络音乐发展与管理的若干意见》（文市发〔2006〕32 号）与本通知不一致的，依照本通知执行。新通知第 12 条规定："设立从事互联网音乐服务的中外合作经营企业的具体办法由文化部另行制定。"这实际上允许外资以中外合作经营企业形式从事互联网音乐服务，废除了旧版通知禁止外资从事互联网音乐服务的规定。这使我国执行了出版物案裁决。美国目前要求中国尽快公布外资进入互联网音乐服务的市场准入管理办法。

2011年3月25日，新闻出版总署发布了《订户订购进口出版物管理办法》（2011年第51号令），修改了与中国反倾销承诺、GATT 1994第3条第4款不符的旧版管理办法第3条和第4条（附件8）。同日，新闻出版总署和商务部发布了《出版物市场管理规定》（2011年第52号令），修改了与中国分销权承诺、GATT 1994第3条第4款不符的旧版管理规定第16条，并废止了与中国分销权承诺、GATT 1994第3条第4款不一致的《外商投资图书、报纸、期刊分销服务管理办法》。

2011年4月6日，新闻出版总署和商务部共同发布了《音像制品进口管理办法》（2011年第53令），修改了与中国贸易权承诺不符的旧版管理办法第7条和第8条。

2011年12月24日，发展改革委和商务部共同发布了新版《外商投资产业指导目录》（第12号令），修改了与中国贸易权、分销权承诺不符的相关规定。

目前，中国尚未修改与院线电影贸易权问题相关的两个文件：《电影管理条例》和《电影企业经营资格准入暂行规定》。中国因此没有执行出版物案与院线电影有关的世贸组织裁决。经过多轮谈判，2012年4月15日中国与美国正式签订了《关于院线电影的谅解备忘录》（以下简称《电影协议》）。中国承诺将分账大片的进口数量从20部提高到34部，同时将美方分账比例由原来的13%~17.5%增加到25%。中国在《电影协议》中还作出了其他承诺。

此外，中国也未修改《关于文化领域引进外资的若干意见》（五部委文件），但违反世贸规则的第1条和第4条大部分内容已在其他文件中被实质性修改。

4. 中国原材料案（China — Raw Materials）

本案涉及中国对于9种原材料（焦炭、矾土、氟石、碳化硅、镁、锰、金属硅、锌和黄磷）实施的出口配额、出口关税、配额分配管理等措施。2009年6月23日，美国和欧共体分别请求与中国进行磋商。2009年8月21日，墨西哥请求与中国进行磋商。

2011年7月5日，专家组报告散发给各成员。专家组裁定我国多项措施违反了WTO规则。中国于2011年8月31日提起上诉。美国、欧盟和墨西哥也分别提起上诉。2012年1月30日，上诉机构报告散发给各成员。2012年2月22日，DSB通过了专家组和上诉机构报告。

专家组和上诉机构认为：

(1) 中国对矾土、焦炭、氟石、镁、锰、金属硅和锌等 7 种涉案产品征收的出口关税超过《中国加入 WTO 议定书》附件 6 所规定的范围，违反了《中国加入 WTO 议定书》第 11 条第 3 款。

(2) 中国通过一系列涉案措施对某些形态的矾土、焦炭、氟石、碳化硅实行的出口配额以及对某些形态的锌实行的出口禁止违反 GATT 1994 第 11 条第 1 款关于普遍取消数量限制的规定。

(3) 中国未能证明其耐火级矾土的出口配额是 1994 年《关贸总协定》第 11 条第 2 款（a）项含义下的为防止或缓解"严重短缺"而"临时实施"的措施。

(4) 中国不能援引 GATT 1994 第 20 条（g）项的规定为其对某些形式的氟石实行的出口关税进行抗辩；中国不能援引 GATT 1994 第 20 条（b）项的规定为其对某些形式的镁、锰、锌实行的出口关税以及对焦炭和碳化硅实行的出口配额进行抗辩。

(5) 中国要求以往出口实绩和最低资本以获得配额分配的做法违反《中国加入 WTO 议定书》第 1 条第 2 款、第 5 条第 1 款，以及与之一同解读的《中国加入 WTO 工作组报告书》第 83 段和第 84 段。

(6) 未能公布锌出口配额的分配总量和分配程序违反 1994 年《关贸总协定》第 10 条第 1 款；对出口配额的直接分配通过评估配额申请人经营业务管理能力的方式违反 1994 年《关贸总协定》第 10 条第 3 款（a）项。

2012 年 5 月 24 日，中国和美国、欧盟、墨西哥分别通知 DSB，它们同意中国实施 DSB 建议和裁决的合理期限为 10 个月零 9 天，于 2012 年 12 月 31 日到期。

2012 年 12 月 10 日，国务院关税税则委员会发布了《关于 2013 年关税实施方案的通知》（税委会〔2012〕22 号），公布了《2013 年关税实施方案》（附件 3）。涉案的 7 种出口产品（注：原材料案仅涉及某些形态的锰、镁、锌）没有出现在《出口商品税率表》之中。《2013 年关税实施方案》于 2013 年 1 月 1 日实施。

2012 年 12 月 31 日，商务部、海关总署发布了《2013 年出口许可证管理货物目录》（2012 年第 97 号，附件 4）。根据第 1 条第 3 款、第 10 条的规定，对于涉案的焦炭、碳化硅、矾土、氟石等四种产品不再实行出口配额管理，而是实行出口许可证管理，企业凭出口合同申请出口许可证，无须提供批准文件；对于涉案产品锌则不再实行出口许可证管理。新目录于 2013 年 1 月 1 日实施。

5. 中国电子支付服务案（China — Electronic Payment Services）

本案涉及中国对于外国电子支付服务提供者采取的一系列措施，共涉及中方19项措施。2010年9月15日，美国请求与中国进行磋商。

2012年7月16日，专家组报告散发给各成员。2012年8月31日，DSB通过了专家组报告。专家组认定中国9项措施违反了GATS相关条款。

2012年11月21日，中美双方达成了11个月的合理执行期限，至2013年7月31日结束。

2013年6月10日，国务院批复同意《商务部关于美诉我电子支付服务措施世贸组织争端案执行工作方案的请示》。

2013年6月28日，中国人民银行发布2013年第7号公告，宣布废止下列3个涉案文件：《中国人民银行关于统一启用"银联"标识及其全息防伪标志的通知》（银发〔2001〕57号），《中国人民银行关于印发〈银行卡联网联合业务规范〉的通知》（银发〔2001〕76号），《中国人民银行关于规范和促进银行卡受理市场发展的指导意见》（银发〔2005〕153号）；同时宣布下列2个涉案文件失效：《中国人民银行关于印发〈2001年银行卡联网联合工作实施意见〉的通知》（银发〔2001〕37号），《中国人民银行关于进一步做好银行卡联网通用工作的通知》（银发〔2003〕129号）。2013年7月5日，中国人民银行发布《关于简化跨境人民币业务流程和完善有关政策的通知》，其中第二（五）条宣布不再执行涉案3个文件中与港澳要求有关的相关条款：《中国人民银行关于为在香港办理个人人民币存款、兑换、银行卡和汇款业务的有关银行提供清算安排的公告》（中国人民银行公告〔2003〕第16号）第6条，《中国人民银行关于为在澳门办理个人人民币存款、兑换、银行卡和汇款业务的有关银行提供清算安排的公告》（中国人民银行公告〔2004〕第8号）第6条，《中国人民银行关于内地银行与香港和澳门银行办理个人人民币业务有关问题的通知》（银发〔2004〕254号）第3条、第4条、第17条。值得注意的是，《银行卡业务管理办法》（银发〔1999〕17号）第64条与《银行卡联网联合业务规范》（银发〔2001〕76号）一起理解时被认定违反了GATS第17条（国民待遇），但由于《银行卡业务管理办法》第64条仅仅规定"中华人民共和国境内的商业银行（或金融机构）发行的各类银行卡，应当执行国家规定的技术标准"，因此中国无须修改这一条款。

6. 中国取向电工钢案（China — GOES）

争议措施为中国对美国产取向电工钢（GOES）征收的反补贴税和反倾销税，具体涉及中国商务部〔2010〕第21号公告及其附件。2010年9月15日，美国请求与中国进行磋商。

2012年6月15日，专家组报告散发给各成员。中国于2012年7月20日提起上诉。2012年10月18日，上诉机构如期向各成员散发了报告。2012年11月16日，DSB通过了上诉机构报告和经上诉机构修改的专家组报告。专家组和上诉机构裁定中国"双反"措施违反了《反倾销协定》和《补贴与反补贴措施协定》相关条款。

2013年5月3日，DSU第21条第3款（c）项仲裁员发布仲裁裁决，裁定本案合理执行期限为8个零15天，至2013年7月31日结束。

2013年7月29日，商务部公布了《执行世界贸易组织贸易救济争端裁决暂行规则》（商务部令〔2013〕第2号），对于中国如何执行世贸组织贸易救济争端裁决作出了规定。

2013年7月31日，商务部发布了《关于取向性硅电钢执行世贸裁决的公告》，在合理期限内修改了已被裁决违反世贸规则的"双反"措施。相比于最初的反倾销税和反补贴税，新的反倾销税和反补贴税有所下降。

二、磋商解决案件执行情况

（一）中国起诉案件

（无）

（二）中国被诉案件

1. 中国集成电路增值税案（China—Value-Added Tax on Integrated Circuits）

涉案措施是财政部、国家税局总局《关于部分国内设计国外流片加工的集成电路产品进口税收政策的通知》（财税〔2002〕140号），财政部、国家税务总局《关于进一步鼓励软件产业和集成电路产业发展税收征收政策的通知》等6个关于集成电路产业政策的文件。

本案主要涉及国内集成电路产品增值税退税政策和国内设计国外加工复进口产品增值税退税政策。美国指称，中国企业生产的集成电路产品获得部分增值税退税，对进口集成电路产品提供了较低待遇，违反了1994年《关贸总协定》第3条；在中国国内设计、在境外生产的集成电路产品获得部分增值税退税，对从一成员进口的产品提供了比从其他成员进口的产品更优惠的待遇，给中国的集成电路设计服务提供了更优惠待遇，违反了1994年《关贸总协定》第1条和《服务贸易总协定》第17条。

2004年3月18日,美国就中国集成电路增值税退税政策,向中国提出磋商请求,正式启动了世贸组织争端解决程序。

中美双方举行了4轮磋商,就解决本案争议达成了一致。2004年7月14日,中美双方正式签署了《中美关于中国集成电路增值税问题的谅解备忘录》,并向世贸组织履行了通报义务。

根据谅解备忘录规定,财政部和国家税务总局联合发文,分别废止了集成电路增值税退税政策和国内设计、国外加工集成电路产品进口环节增值税退税政策。

2. 中国税收案(China — Taxes)

美墨最初磋商请求涉及9项措施:(1)《中华人民共和国外商投资企业和外国企业所得税法》(以下简称《外商投资企业和外国企业所得税法》)第6条、第7条、第8条、第10条(该法已废);(2)《中华人民共和国外商投资企业和外国企业所得税法实施细则》第73条第6款、第75条第7款和第8款、第81条(该法已废);(3)国务院《关于鼓励外商投资的规定》第3条、第8条、第9条、第10条(相关条款不再有效);(4)《2004年外商投资产业指导目录》第十三部分;(5)《国务院关于调整进口设备税收政策的通知》(有效);(6)中国人民银行、国家外汇管理局、对外经济贸易合作部、国家税务总局《关于印发〈出口收汇考核试行办法奖惩细则〉的通知》第3条和第6条(文件已废);(7)财政部、国家税务总局《关于印发〈技术改造国产设备投资抵免企业所得税暂行办法〉的通知》(文件已废);(8)《国家税务总局关于印发〈外商投资企业采购国产设备退税管理试行办法〉的通知》(文件已废);(9)财政部、国家税务总局《关于外商投资企业和外国企业购买国产设备投资抵免企业所得税有关问题的通知》(文件已废)。美墨补充了磋商请求,撤出一项已经废止的措施——中国人民银行、国家外汇管理局、对外经济贸易合作部、国家税务总局《关于印发〈出口收汇考核试行办法奖惩细则〉的通知》,但将新通过的《中华人民共和国企业所得税法》(以下简称《企业所得税法》)纳入磋商范围。

争议措施可分为两类:一是对国内企业和外商投资企业购买国产设备的税收返还和抵扣政策,起诉方认为这些措施以中国境内企业购买国产货物而非进口货物为条件向这些企业给予税收退还、减少或免除等优惠;二是对产品出口型、先进技术型外商投资企业的税收减免政策,起诉方认为这些措施以受益企业满足某些出口实绩标准为条件给予税收退还、减少或免除等优惠。美墨主张这些措施涉嫌违反《补贴与反补贴措施协定》第3条、GATT 1994

第 3 条第 4 款、《TRIMs 协定》第 2 条、《中国加入 WTO 议定书》第 7.2~7.3 段和第 10.3 段及其并入的《中国加入 WTO 工作组报告》第 167 段和第 203 段。

2007 年 2 月 2 日,美国请求与中国进行磋商。2007 年 2 月 26 日,墨西哥请求与中国进行磋商。2007 年 3 月 20 日,中美、中墨在日内瓦进行了第一轮磋商。2007 年 4 月 27 日和 5 月 4 日,美国和墨西哥分别请求补充磋商,以考虑中国最近通过的《企业所得税法》。2007 年 6 月 22~23 日,中美、中墨在日内瓦进行了第二轮磋商。2007 年 7 月 12 日,美国和墨西哥请求设立专家组。2007 年 8 月 31 日,DSB 设立了单一专家组,审理美国和墨西哥的起诉。澳大利亚、加拿大、智利、欧共体、日本、中国台北、土耳其、阿根廷、哥伦比亚和埃及保留各自的第三方权利。2007 年 12 月 19 日,中国和美国通知世贸组织争端解决机构,它们已就本争端达成了谅解备忘录形式的协议。2008 年 2 月 7 日,中国和墨西哥通知世贸组织争端解决机构,它们已就本争端达成了谅解备忘录形式的协议。

涉案措施废止或修改情况:2007 年《企业所得税法》实现"两税合一",将废止《外商投资企业和外国企业所得税法》,同时国务院《关于鼓励外商投资的规定》第 8 条、第 9 条、第 10 条相应的所得税优惠条款也不再有效。

《2007 年外商投资产业指导目录》中,不再保留《2004 年外商投资产业指导目录》鼓励外商投资产业的"十三、产品全部直接出口的允许类外商投资项目"。新版目录于 2007 年 12 月 1 日实施。

2008 年 12 月 25 日,财政部、国家税务总局发布了《关于停止外商投资企业购买国产设备退税政策的通知》(财税〔2008〕176 号),决定自 2009 年 1 月 1 日起,停止执行对外商投资企业在投资总额内采购国产设备可全额退还国产设备增值税的政策,同时废止国家税务总局《关于印发〈外商投资企业采购国产设备退税管理试行办法〉的通知》等文件。

2011 年 2 月 21 日,财政部发布了《关于公布废止和失效的财政规章和规范性文件目录(第十一批)的决定》(财政部令〔2011〕62 号,附件 8),废止了财政部、国家税务总局《关于印发〈技术改造国产设备投资抵免企业所得税暂行办法〉的通知》和财政部、国家税务总局《关于外商投资企业和外国企业购买国产设备投资抵免企业所得税有关问题的通知》。

3. 中国金融信息服务案(China — Measures Affecting Financial Information Services and Foreign Financial Information Suppliers)

欧盟、美国和加拿大诉我金融信息案的涉案措施是《外国通讯社在中国境内发布新闻信息管理办法》等12个相关法规规章和政策文件。

起诉方的主要关注在于外国金融信息服务提供者在华经营面临的"商业障碍"。起诉方指称，新华社既是市场竞争者，又是监管者，违反《中国加入WTO工作组报告书》第309段有关独立监管的承诺；《外国通讯社在中国境内发布新闻信息管理办法》要求外国金融信息服务提供者必须指定代理机构向用户提供服务，与我加入世贸组织的"已获权利"和"市场准入"承诺不符，违反了《服务贸易总协定》第17条有关国民待遇的规定；未有效保护外国金融信息服务提供者的商业秘密。

2008年3月3日，欧盟、美国分别就我金融信息服务管理措施，向中国提出磋商请求，正式启动了世贸组织争端解决程序。2008年6月20日，加拿大就同一事项诉诸世贸组织争端解决机制。

2008年4月22日至23日，中方与欧盟、美国在日内瓦进行磋商。2008年8月20日，中方与加拿大在日内瓦进行磋商。2008年11月18日，中方分别与三个起诉方签署了《关于影响外国金融信息服务提供者措施的谅解备忘录》，并于12月4日通知争端解决机构。

根据谅解备忘录规定，国务院于2009年1月发布了《关于修改〈国务院对确需保留的行政审批项目设定行政许可的决定〉的决定》，将外国金融信息服务供应商的监管机构改为国务院新闻办公室。国务院新闻办、商务部、国家工商总局于2009年4月30日联合发布了《外国机构在中国境内提供金融信息服务管理规定》。

4. 中国名牌产品补贴案（China — Grants, Loans and other Incentives）

美国、墨西哥和危地马拉等起诉方磋商请求总共涉及100多项措施，其中中央政府措施8项，地方政府措施90余项，涉及15个省、自治区、直辖市和3个计划单列市。涉案措施可以分为三类：第一类是涉及国家质检总局开展的"中国世界名牌产品"评价活动以及各级地方政府发布的有关执行和奖励措施。第二类是涉及由商务部、发展改革委、财政部等八部委发布的《关于扶持出口名牌发展的指导意见》，以及各级地方政府发布的有关执行和奖励措施。第三类是各级地方政府发布的其他有关扶持出口的措施。

美国认为：（1）涉案措施基于出口实绩要求向中国企业提供补助、贷款和其他激励，涉嫌违反《补贴与反补贴措施协定》第3条；（2）在这些措施向农产品提供补贴的范围内，这些措施涉嫌违反《农业协定》第3条、第9条和第10条；（3）这些措施涉嫌违反《中国加入WTO议定书》第Ⅰ部分第12.1段以及《中国加入WTO议定书》第Ⅰ部分第1.2段（在该段并入了

《中国加入WTO工作组报告》第234段的限度内);(4)在这些补助、贷款和其他激励使中国原产产品(而不是进口产品)获得利益的限度内,这些措施涉嫌违反GATT 1994第3条第4款。

2008年12月19日,美国和墨西哥分别请求与中国进行磋商。加拿大、欧共体、土耳其、澳大利亚先后请求加入磋商。2009年1月19日,危地马拉请求与中国进行磋商。2009年2月5~6日,中国与美、墨、危三方在日内瓦进行了磋商。2009年12月18日,中国与起诉方在日内瓦分别签署了"相互同意的解决方案"(Mutual Agreed Solutions)。

涉案措施废止或修改情况:关于地方政府涉案措施,地方政府在2009年6月底之前完成修改或废止等工作。

关于中央政府涉案措施:(1)已经失效的文件。鉴于年度工作通知性质,下列文件已经失效:商务部办公厅《关于请推荐"中国出口名牌"备选名单的通知》(商办贸函〔2007〕25号);《关于申报2006年中国世界名牌产品的通知》;《关于申报2008年中国世界名牌产品的通知》。(2)已经废止的文件。2009年4月2日,商务部、发展改革委、财政部、科技部、海关总署、税务总局、工商总局、质检总局发布《关于推进国际知名品牌培育工作的指导意见》(商贸发〔2009〕150号),决定废止商务部、发展改革委、财政部、科技部、海关总署、税务总局、工商总局、质检总局《关于扶持出口名牌发展的指导意见》(商贸发〔2005〕124号);2009年5月5日,国家质检总局发布《关于废止规范性文件的公告》(2009年第42号),决定废止国家质检总局《关于开展中国世界名牌产品评价工作的通知》(国质检质〔2005〕95号);国家质检总局办公厅《关于印发〈中国名牌产品评价管理办法(试行)〉的通知》(国质检〔2001〕32号),已于2009年12月18日被《中国名牌产品管理办法》废止。(3)已经修改的措施。2009年12月18日,国家质检总局发布了修改后的《中国名牌产品管理办法》(国家质检总局令〔2009〕12号),决定删除《中国名牌产品管理办法》第9条第(2)项中的"出口创汇率,"和第12条中的"和出口创汇水平"。

5. 中国风能设备措施案(China — Measures Concerning Wind Power Equipment)

本案争议措施为财政部公布的《风力发电设备产业化专项资金管理暂行办法》(财建〔2008〕476号)。

2010年12月12日,美国请求与中国进行磋商。美国认为,该暂行办法规定了向境内风能设备(包括整机和部件)制造企业提供奖励、补贴或奖金的措施。美国表示，这些措施根据是否使用国内货物（而不是进口产品）提供奖励、补贴或奖金，与SCM协定第3条不符。此外，美国认为，由于中国并未通知这些措施，中国未能遵守GATT 1994第16条第1款以及《补贴与反补贴措施协定》第25.1条、第25.2条、第25.3条和第25.4条。美国还指控说，由于中国没有将这些措施翻译成一种或多种WTO官方语言，中国也没有遵守《中国加入WTO议定书》第一部分第1.2段（其并入了《中国加入WTO工作组报告》第334段）中的义务。

2011年1月12日，欧盟请求加入磋商。2011年1月17日，日本请求加入磋商。2011年2月16日，中美在日内瓦进行了磋商。在磋商中，中方确认争议措施将会被废除。

2011年2月21日，财政部公布了《关于公布废止和失效的财政规章和规范性文件目录（第十一批）的决定》（财政部令2011年第62号），宣布《风力发电设备产业化专项资金管理暂行办法》失效。

中美没有向世贸组织通知MAS或备忘录。

附 录

一、讲话

WTO 是模范国际法

——在中国国际法年会上的讲话

(2012 年 5 月 26 日,西北政法大学)

昨天,也就是 5 月 25 日,中国宣布在 WTO 起诉美国的反补贴措施。中国认为,美国在 22 类产品的反补贴调查中,在公共机构认定、补贴专向性、补贴利益计算、可获得事实、出口限制措施构成补贴以及"双重救济"等方面,不符合 WTO 的《补贴与反补贴措施协定》。❶ 这是中国在 WTO 提起的第 9 个案件。❷ 也就是说,中国加入 WTO 10 年来,已经有了 9 个作为原告的案件。与此同时,中国也有了 15 个作为被告的案件。❸ 使用 WTO 争端解决机制

---

❶ "商务部新闻发言人沈丹阳就我在世贸组织起诉美反补贴措施发表谈话",载 http://www.mofcom.gov.cn article/ae/ag/201205/20120508145791.html.

❷ 前 8 个案件是:(1) 美国钢铁保障措施案(United States — Definitive Safeguard Measures on Imports of Certain Steel Products, DS252);(2) 美国铜版纸反倾销案(United States — Preliminary Anti-Dumping and Countervailing Duty Determinations on Coated Free Sheet Paper from China, DS368);(3) 美国反倾销与反补贴案(United States — Definitive Anti-Dumping and Countervailing Duties on Certain Products from China, DS379);(4) 美国禽肉进口措施案(United States — Certain Measures Affecting Imports of Poultry from China, DS392);(5) 欧共体紧固件反倾销案(European Communities — Definitive Anti-Dumping Measures on Certain Iron or Steel Fasteners from China, DS397);(6) 美国轮胎特保案(United States — Measures Affecting Imports of Certain Passenger Vehicle and Light Truck Tyres from China, DS399);(7) 欧盟鞋反倾销案(European Union — Anti-Dumping Measures on Certain Footwear from China, DS405);(8) 美国暖水虾反倾销案(United States — Anti-Dumping Measures on Certain Frozen Warmwater Shrimp from China, DS422)。

❸ (1) 集成电路增值税案(China — Value-Added Tax on Integrated Circuits, DS309, 起诉方: 美国);(2) 汽车零部件案(China — Measures Affecting Imports of Automobile Parts, DS339、340、342, 起诉方: 欧盟、美国、加拿大);(3) 税收补贴案(China — Certain Measures Granting Refunds, Reductions or Exemptions from Taxes and Other Payments, DS358、359, 起诉方: 美国、墨西哥);(4) 知识产权案(China — Measures Affecting the Protection and Enforcement of Intellectual Property Rights, DS362, 起诉方: 美国);(5) 出版物和音像制品案(China — Measures Affecting Trading Rights and Distribution Services for Certain Publications and Audiovisual Entertainment Products, DS363, 起诉方: 美国);(6) 金融信息案(China — Measures Affecting Financial Information Services and Foreign Financial Information Suppliers, DS372、373、378, 起诉方: 欧盟、美国、加拿大);(7) 名牌产品补贴案(China — Grants, Loans and Other Incentives, DS387、388、390, 起诉方: 美国、墨西哥、危地马拉);(8) 原(转下页)

附　录

作为解决国家之间争端的手段，已经成为常态。

中国作为原告或被告的案件，其裁决都得到了尊重。例如，2009年中国诉美国的"禽肉案"中，WTO专家组认定美国限制中国禽肉进口的措施不符合《实施卫生与植物卫生措施协定》等WTO协定，而美国国会在次年的法案中就对这种措施进行了修改。❶又如，2008年中国诉美国的"反倾销和反补贴税案"中，WTO上诉机构认定美国对中国产品同时征收反倾销税和反补贴税的方法有可能造成"双重救济"，不符合《补贴与反补贴措施协定》，而美国在2012年的立法中，就要求美国商务部在同时进行反补贴和反倾销调查的时候，应当采取措施避免"双重救济"。❷再如，2009年中国诉欧盟的"紧固件反倾销案"中，WTO上诉机构认定欧盟关于"单独税率"的法律规定不符

（接上页）材料出口限制案（China — Measures Related to the Exportation of Various Raw Materials，DS394、395、398，起诉方：美国、欧盟、墨西哥）；（9）紧固件反倾销案（China — Provisional Anti-dumping Duties on Certain Iron and Steel Fasteners from the European Union，DS407，起诉方：欧盟）；（10）电子支付案（China — Certain Measures Affecting Electronic Payment Services，DS413，起诉方：美国）；（11）取向电工钢反倾销反补贴案（China — Countervailing and Anti-Dumping Duties on Grain Oriented Flat-rolled Electrical Steel from the United States，DS414，起诉方：美国）；（12）风能设备措施案（China — Measures concerning wind power equipment，DS419，起诉方：美国）；（13）X射线安检设备反倾销案（China — Definitive Anti-Dumping Duties on X-Ray Security Inspection Equipment from the European Union，DS425，起诉方：欧盟）；（14）白羽肉鸡反倾销和反补贴案（China—Definitive Anti-Dumping and Countervailing Duties on Broiler Products from the United States，DS427，起诉方：美国）；（15）稀土、钨和钼出口限制案（China — Measures Related to the Exportation of Rare Earths, Tungsten and Molybdenum，DS431、432、433，起诉方：美国、欧盟、日本）。

❶ 美国禽肉进口措施案（United States — Certain Measures Affecting Imports of Poultry from China，DS392）。2009年美国《农业拨款法案》第727节规定，拨给农业部的资金不能用于建立和实施所有跟进口中国禽肉有关的规则。案件审理过程中，美国国会修改了该法案，成为2010年《农业拨款法案》第743节。该节有三段文字。第一段与原来的规定相同，仍然是"拨给农业部的资金不能用于建立和实施所有跟中国进口国禽肉有关的规则"。第二段是：除非农业部长向国会提供书面承诺，在若干方面加强对进口中国禽肉的检疫。第三段是：实施本法案不得违反美国的国际义务。2010年《农业拨款法案》有两个进步。一是只要农业部长写信保证，该拨付款项就可以使用，而美国农业部长很快就写了这封信。很多人认为，实际上这种资金限制已经取消了。二是美国要遵守其国际义务。实践表明，美国农业部已经不受该法案的资金使用限制。

❷ 美国反倾销与反补贴案（United States — Definitive Anti-Dumping and Countervailing Duties on Certain Products from China，DS379）。2012年3月13日，美国总统签署了国会众议院法案（H. R. 4105）。该法案规定，美国商务部在对来自非市场经济国家同时征收反倾销和反补贴税时，可以调整反倾销税（该法案同时特定，美国反补贴法可以适用于非市场经济国家的产品）。

· 367 ·

《反倾销协定》，而欧盟在2012年开始修改这一法律。❶

中国作为被告，如果某些措施被认定不符合《WTO协定》，中国也认真执行了裁决。例如，2007年美国诉中国的"知识产权案"中，WTO专家组认定中国《著作权法》第4条第1款不符合《与贸易有关的知识产权协定》，而中国在2010年就修改了这一条款。❷ 又如，2007年美国诉中国的"出版物和音像制品案"中，WTO上诉机构认定中国有关管理进口的措施不符合中国加入WTO承诺，而中国在2011年修改了《出版管理条例》等行政法规，并且在2012年年初与美国就电影进口问题签订了临时协议。❸ 再如，2006年欧盟、美国和加拿大诉中国的"汽车零部件案"涉及中国有关"构成整车特征零部件"的一系列政策，而在WTO上诉机构认定这些政策不符合中国加入WTO承诺后，中国就修改了这些政策。❹

以上只是几个涉及中国的案件。在从事WTO争端解决工作的过程中，我们感到，WTO是"管用的"，是模范国际法。这主要体现在以下三个方面。

第一，WTO是管理贸易的，并且在贸易领域建立了一套国际规则。

---

❶ 欧共体紧固件反倾销案（European Communities — Definitive Anti-Dumping Measures on Certain Iron or Steel Fasteners from China，DS397）。欧盟已根据其内部法律程序（即欧理理事会关于执行世贸组织争端解决机构反倾销和反补贴裁决的第1515/2001号条例）开始了该案的执行工作。2012年2月7日，欧委会向欧盟理事会和欧盟议会提交了关于修改《反倾销基本条例》第9条第5款的修正案（提案编号为2012/0019（COD））。3月6日，欧委会发布第2012/C 66/06号公告，宣布将重新就对华紧固件反倾销措施进行调查。3月23日，欧委会再次发布第2012/C 86/04号公告，就尚在执行中的55项反倾销措施（其中52项涉及中国产品），邀请涉案出口企业提出复审申请。

❷ 知识产权案（China — Measures Affecting the Protection and Enforcement of Intellectual Property Rights，DS362，起诉方：美国）。2010年2月26日，全国人大常委会通过了《关于修改〈中华人民共和国著作权法〉的决定》，对《著作权法》第4条第1款进行了修改，删除了本案争议的条款，即"依法禁止出版和传播的作品，不受本法保护"。

❸ 出版物和音像制品案（China — Measures Affecting Trading Rights and Distribution Services for Certain Publications and Audiovisual Entertainment Products，DS363，起诉方：美国）。2011年3月19日，国务院通过了《关于修改〈出版管理条例〉的决定》。2012年2月17日，中美双方就电影问题达成协议。协议内容包括：中方同意将在每年20部海外分账电影的配额之外增加14部分账电影的名额，但须是特种电影片种，即3D、IMAX和IMAX3D；而其票房分账比例也将由此前的13%提高到25%。

❹ 汽车零部件案（China — Measures Affecting Imports of Automobile Parts，DS339、340、342，起诉方：欧盟、美国、加拿大）。2009年8月28日，工信部和发改委联合发布第10号令，决定修改《汽车产业发展政策》：从2009年9月1日起停止执行第52条、第53条、第55条、第56条、第57条的规定，以及第60条中"对进口整车、零部件的具体管理办法由海关总署会同有关部门制订，报国务院批准后实施"的规定。这些条款的废除，宣告了根据《汽车产业发展政策》的这些条款而进一步制定的《构成整车特征的汽车零部件进口管理办法》、《进口汽车零部件构成整车特征核定规则》等缺失了法规依据，也将从9月1日起失效。各类"构成整车特征的"汽车零部件也不再按整车进口关税来征收，而统一按汽车零部件的进口关税来执行。这意味着中国进口汽车零部件，关税恢复到正常进口水平，即按照10%的关税税率征收。

贸易是当今世界国际交往最频繁、最主要的形式。在国家领导人的互访和首脑峰会中，贸易已经成为一项必不可少的议题。而WTO所建立的国际规则，例如"国民待遇""最惠国待遇"、降低关税和取消数量限制等，是所有WTO成员共同认可的。因此，WTO在国际贸易领域建立了秩序。二战以后的世界和平，2008年世界金融危机没有演变成各国之间的贸易战，都有WTO的贡献。我们认为，能够在一个主要领域内建立秩序的法律是好的法律。

第二，WTO的决策机制是"全体一致"（consensus），也就是"一国一票"，所有协定都经每一个成员同意才能生效。成员之间的平等，增强了WTO的"公信力"。这与谁的块头大或者谁更有钱，谁的决策权就大的机制有本质区别。我们认为，"法律面前人人平等"的法律是好的法律。

第三，WTO的争端解决机制是有效的。这套机制有"强制管辖权"——只要有成员起诉，WTO就必须受理案件。这套机制还有"强制执行力"——如果败诉方不执行，WTO就可以授权报复。从实践来看，截至今天，WTO在短短16年的时间里，已经受理了438个案件，作出了近200份裁决。[1] 这些裁决都得到WTO成员的普遍尊重——绝大多数案件，被诉方都修改了自己的措施；而极少数案件，被诉方以WTO争端解决程序所允许的方式，暂时提供补偿，或者由胜诉方暂时"中止减让"（报复）。因此，我们认为，"有执行力"的法律是好的法律。值得提及的是，在这些案件中，一半以上是发展中国家诉发达国家的。[2] 例如，WTO成立以后，第一个作出裁决的案件就是委内瑞拉诉美国，并且WTO裁决美国败诉，美国随后修改了措施。[3] 因此，我们也认为，能够"保护弱者"的法律是好的法律。

最后，我们发现，这套机制之所以有效，是与专家组和上诉机构的裁决报告中详尽的法律解释和充分的法律论证是有关的。专家组报告一般长达400页，上诉机构报告一般长达150页，对"涉案措施是否符合相关协定"这一问题进行了详细的解释和论证。因此，WTO裁决是"以理服人"的。我们认为，"讲理"的法律是好的法律。

在WTO争端解决实践中，我们感到，WTO是和平解决国家之间争端的

---

[1] WTO有一半案件是成员通过磋商解决的，也就是WTO没有作出裁决。
[2] WTO年度报告，2012年（WTO Annual Report 2012）。
[3] 美国标准汽油案（United States — Standards for Reformulated and Conventional Gasoline, DS2）。美国向WTO通报，1997年8月19日执行了裁决。

场所。使用这套机制，有利于国家之间关系的健康发展。中国在 WTO 的 10 年实践，就有力地证明了这一点。按照亚里士多德对法治的定义——"良好的法律得到良好的实施"，WTO 已经建立了一种"国际法治"，使得国际法从"软法"（soft law）变成了"硬法"（hard law），即从国际法对国家不可预测的软约束，变成了名副其实的硬约束。因此，我们认为，WTO 是模范国际法，而中国在 WTO 中也已经有了一定的实践，因此，我们应当重视 WTO 的研究。

附 录

今年中国参与 WTO 争端解决机制的十大特点
——在中国法学会 WTO 法研究会年会上的讲话
(2012 年 10 月 20 日，对外经贸大学)

说明：我要讲十大特点，但是我想请求各位帮我一个小忙，再帮我一个大忙。小忙是：每个特点，我都试图用 4 个字加以概括，但是我词汇和文采有限，用得非常不好，所以等我说完了某个特点想表达的意思，请大家帮我找一个更好的词。大忙是：我觉得每个特点都有很多启示，但是我理论和水平有限，只能尝试性地说出一两个，所以，希望大家能够帮我想出更多的启示。

一、万字裁决

18 日，"中国取向电工钢反补贴和反倾销案"（DS414）上诉机构裁决发布。这是涉及中国案件的第 21 份裁决；这些裁决加起来有上万页！打印出来有这么高（做比试状）。

启示：我们知道，这些裁决中有大量的精彩法律分析，可以用于 WTO 教学和研究。昨天下午，我们 50 多位来自全国各地的老师就在对外经贸大学与同学们共同研究了"双重救济"问题（即"美国反倾销和反补贴税案"（DS379）中的一个重要法律问题）。除此之外，这上万页裁决，还有什么启示呢？

二、今年情况

今年，中国共起诉了 2 起案件，即"美国反补贴案"（DS427）和"美国反倾销和反补贴措施案"（DS449），被诉 4 起案件，即"中国稀土案"（DS431/432/433）、"中国汽车反倾销和反补贴案"（DS440）、"中国汽车和零部件产业措施案"（DS450）和"中国服装和纺织品生产及出口措施案"

(DS451）。另外，目前正在进行的案件，从磋商到实施，共有16起，其中5起是起诉案件，11起是被诉案件。

启示：今年情况说明了什么呢？对于我们商务部条法司来说，案件量很大，挺累的。另外，不管起诉还是被诉，案件的增加都给我们的WTO研究提供了丰富的案例资源。除此之外，还有什么启示呢？

三、老墨积极

"中国服装和纺织品生产及出口措施案"（DS451）是墨西哥提起的。这是墨西哥第4次起诉中国（前3次分别是"中国税收补贴案"（DS359）、"中国名牌产品补贴案"（DS388）和"中国原材料案"（DS398）），并且是第一次单独起诉中国（以前都是跟着其他成员一起起诉的）。

启示：这说明了什么呢？大家知道，到目前为止，中国只起诉过美国和欧盟，没有起诉过其他国家。那么我们现在是不是也可以考虑起诉其他国家，包括其他发展中国家呢？此外，墨西哥为什么一而再再而三地起诉中国呢？除此之外，还有什么启示呢？

四、中美交火

大家知道，9月17日，中美双方同时提起了一个案件，即"美国反倾销和反补贴措施案"（DS449）和"中国汽车和零部件产业措施案"（DS450）。这是一个巧合。但是10年来，这么多案件，这种巧合还是第一次。

启示：这种巧合说明了什么呢？互诉案件多了，撞车的机会就多了。你告我我告你已经是家常便饭了。除此之外，还有什么启示呢？

五、双反被诉

"中国汽车反倾销和反补贴案"（DS440）是中国被诉的第5个贸易救济案件（前4个分别是"中国紧固件反倾销案"（DS407）、"中国取向电工钢反补贴和反倾销案"（DS414）、"中国X射线安检设备反倾销案"（DS425）和"中国白羽肉鸡反倾销和反补贴案"（DS427））。大家知道，过去中国被诉案件，往往不是贸易救济案件；相反，中国起诉案件，则常常是贸易救济案件。

启示：贸易救济措施集中被诉，这说明了什么呢？

六、美欧服输

在"美国反倾销和反补贴税案"（DS379）和"欧共体紧固件反倾销案"（DS397）中，我们胜诉了。美国和欧盟都修改了相关立法，并且对相关案件进行了复审。当然，美欧修改后的立法和复审后的案件如果不符合 WTO 裁决，我们仍然有权起诉。

启示：这说明了什么呢？美欧至少在表面上是尊重 WTO 裁决的。大家知道，过去我们想要美欧改变错误做法是难上加难的，但是现在，通过 WTO 争端解决机制，用法律手段让他们服输了。除此之外，还有什么启示呢？

七、中国认真

2月17日，中美签署了《电影协议》。大家知道，这是执行"中国出版物和音像制品案"（DS363）的双边安排。

启示：我特别提到这一点，是因为这个案件被认为涉及"文化产品"等敏感领域。即使在这种敏感领域，中国仍然能够认真对待 WTO 裁决，这是值得大书特书的。除此之外，还有什么启示呢？

八、乘胜追击

今年我们起诉的"美国反补贴案"（DS427），是为了扩大"美国反倾销和反补贴税案"（DS379）的战果，将4种产品的成果扩大到另外22种产品。而"美国反倾销和反补贴措施案"（DS449），则是针对美国与"美国反倾销和反补贴税案"（DS379）相关的一项法案，认为该法案追溯适用的规定违反了 WTO 规则。

启示：这两个案件表明，涉及中国的案件之间开始出现交织状态，案情变得日益复杂。除此之外，还有什么启示呢？

九、穷追不舍

大家知道，"中国稀土案"（DS431/432/433）是对"中国原材料案"（DS398）的延续，两案的诉点基本相同，只是产品不同而已。

启示：看来，其他成员也在利用已经裁决的案件，巩固扩大"战果"。除此之外，还有什么启示呢？

十、平行案件

大家知道，在"美国反倾销和反补贴税案"（DS379）和"欧共体紧固件反倾销案"（DS397）审理期间，美国和欧盟的国内法院也有主题类似的案件正在审理。在美国方面，美国 GPX 国际轮胎公司和中国河北兴茂轮胎有限公司，就美国商务部采取的反倾销和反补贴措施提起诉讼，其核心问题也是"双重救济"。美国国际贸易法院（Court of International Trade，CIT）和美国联邦巡回上诉法院（Court of Appeals for the Federal Circuit，CAFC）对此分别作出了判决。而在欧盟方面，中国的几家企业起诉欧盟理事会，认为其在鞋类反倾销调查中确定是否给予市场经济/单独税率待遇时，违反了欧盟的相关法律。欧盟普通法院（the General Court）和上诉法院（the Court of Justice）对此分别作出了裁决。

启示：这是一种巧合，也是研究国内法与国际法之间关系的重要案例。除此之外，还有什么启示呢？

附 录

启 示

——在中国社科论坛暨第九届国际法论坛上的讲话
（2012年11月18日，中国社会科学院国际法研究所主办）

今年，在多个场合，我都谈过"WTO是模范国际法"的问题。今天在这里，我也谈一下。

我认为，从理论和实践来看，WTO堪称"模范国际法"。从理论来看，WTO争端解决机制具有强制管辖权和强制执行力。只要一个成员提起诉讼，另一个成员就必须应诉；裁决必须执行，否则WTO可以授权报复。我认为，只有具备强制管辖权和强制执行力，才能成为真正意义上的法律机制。从实践来看，WTO的所有裁决都在WTO法律体制内得到了执行。WTO法律体制内的执行包括三种方式：一是修改措施，也就是修改被裁决违反WTO规则的措施。二是提供补偿，也就是如果由于种种原因，败诉成员无法修改措施，就可以提供贸易补偿。三是贸易报复，也就是如果败诉成员既不修改措施，也不提供补偿，那么WTO就可以授权胜诉成员实施报复。WTO自成立以来，已经受理了400多个案件，作出了100多份裁决；这些裁决都得到了执行，其中90%以上修改了措施，少数提供了补偿，极少数实施了报复。

从中国的情况来看，加入WTO 11年来，已经有29起案件，其中10起案件作出了裁决，而这些裁决都得到了执行。例如，中国诉美国的反倾销和反补贴案（DS379）、中国诉欧盟的反倾销案（DS397）中，中国获得了胜诉，而美国和欧盟都修改了相关立法和反倾销反补贴税率。当然，如果这些修改没有完全符合WTO裁决，中国是可以启动WTO的执行监督机制的，也就是就其执行措施再次诉诸WTO争端解决机制（DSU21.5）。与此同时，对于中国败诉的案件，中国也认真执行了裁决。例如，美国诉中国的知识产权案中，中国《著作权法》第4条第1款"依法禁止出版、传播的作品不受本法保护"被认定不符合WTO规则，于是，在2010年3月，全国人大就修改了这一条款，现在法律中就没有这个条款了。我在多个场合讲过，这件事情应当写入中国法制史，因为这是中国第一次在国际上输了官司而修改国内法的事件。再如，美国诉中国的汽车零部件案中，WTO裁决中国的"构成整车零部件"

政策不符合中国加入 WTO 承诺，因为中国承诺的是整车进口关税 25%，而零部件进口关税 10%，不能将零部件按照整车的关税征收。于是，我们修改了这个政策，现在已经不存在"构成整车特征零部件"这个政策了。因此，在国际上，我们可以理直气壮地宣布：中国认真执行了 WTO 裁决。

我认为，由于强制管辖权和强制执行力，由于良好的执行裁决实践，国际法第一次具备了真正法律的特征，开始像个法律了。

我认为，这个现象至少能够给我们三点启示。

第一，为什么国际法的其他领域不能像 WTO 这样？刚才大家讨论何志鹏老师的论文中提到了"高政治性国际法"（战争和领土）、"中政治性国际法"（经贸关系）和"低政治性国际法"（人权、人道和环境）。战争和领土问题似乎由于其"高政治性"而不能如此，那么为什么作为"中政治性国际法"的经贸关系可以如此，而作为"低政治性国际法"的环境问题却不能如此呢？

第二，这对国内法治进程有什么影响？例如，认真执行 WTO 裁决，但是国内法院裁决执行为什么会有那么多问题？国际裁决写得好，在论证说理部分非常详细，专家组裁决常常有 400 页，上诉机构裁决常常有 150 页，但是国内法院判决为什么不能写得详细一点？《著作权法》这样的法律在国际上被诉，然后修改，那么在国内为什么不能被诉？如此等等。

第三，应当加强 WTO 裁决的研究与教学。中国案例已经有上万页，内容非常丰富。如果"WTO 是个好东西"已经成为大家的共识，那么就应当加强研究。另外，法学院的学生应该学习 WTO 案例，培养法律思维能力。

第四，我认为，如果要 WTO 在国内产生影响，就需要大家的呼吁。WTO 虽然是个好东西，但好东西自己是不能产生影响的，而需要世人的努力。

WTO 的现状

——在"上海市 WTO 法研究会（筹）
会员暨学术研讨会"上的讲话

（2012 年 12 月 16 日）

我从以下五个方面谈谈对 WTO 现状的一些认识。

一、多边谈判：停滞不前

如何看待多哈回合谈判停滞不前的情况？我有以下几点看法：第一，全球治理、世界和平以及经济繁荣需要 WTO 的新规则。因此，通过多边谈判谈出新的多边规则是必要的。第二，WTO 作为一个国际组织，想要保持持久活力，需要新议题，需要开拓新思路。第三，即使现在无法达成新的协议，现有的协议在货物贸易、服务贸易、知识产权方面已经形成一套很好的法律机制，在全球治理中发挥了积极作用。也就是说，不必因为新回合没有达成新协议就一味悲观，目前的规则已经很好了。第四，从辩证法的角度来看，新的协议没有谈成，也许可以给我们更多的时间来消化、吸收和使用现有协议，为将来达成新的协议提供借鉴和经验教训。

二、政策审议：按部就班

WTO 的政策审议职能长期以来被很多人忽视，但实际上很有意义。第一，政策审议机制最主要的目的是增加贸易政策的透明度。要求成员定期将自身的贸易政策公之于众，大白天下，是对成员的一种软约束。第二，在 2008 年全球发生金融危机的情况下，如果没有 WTO 贸易政策审议机制，以及要求各成员将所有新采取的贸易措施向 WTO 通报，当时各国采取的贸易保护措施可能更加严重。因此，贸易政策审议虽然进行得无声无息，但具有机制上的作用。

三、争端解决：如火如荼

争端解决机构自成立以来已经受理了 400 多个案件。案件数量多有以下几点原因：第一，机制本身很好，成员乐于使用。第二，正如前两方面讲的那样，多边谈判停滞不前，贸易政策审议只是按部就班，软约束部分作用有限，因此，大家将主要精力放在争端解决上。争端解决的如火如荼，可能也有其弊端。第一，在多边回合谈判停滞不前的情况下，成员开始希望寻求通过个案解决多边回合实现不了的问题。已经有些案件开始显露这样的趋势，包括环境问题、碳排放问题等。这可能弱化争端解决机制的原始功能。争端解决机制不是制定规则的，而是运用和解释规则的。第二，可能会出现越权解释规则的现象。在新规则没有出现且案件过多的情况下，争端解决机构可能不得不越权或被指责为越权。举例来说，DS379案的裁决，在学术界，特别在美国存在争议。也就是说，在进行反补贴调查时是否需要考虑反倾销的问题，从一个协议到另一个协议进行跨越，虽然我们认为上诉机构的解释公正合理，但是这在理论上、在法律上是有争议的。

四、成员加入：持续不断

尽管WTO新规则的谈判停滞不前，但一个重要的现实是申请加入WTO的国家前赴后继。今年又有俄罗斯、老挝、塔吉克斯坦加入，目前成员已达到159个，贸易量占全球95%以上。当我们评价WTO的现状时，应当思考在WTO谈判停滞不前、前景悲观的情况下，为什么依然有许多国家想要加入其中。

五、中国案件：影响深远

中国加入WTO刚刚11年，在争端解决机构中就有29个案件，其中13个案件作出了裁决，专家组和上诉机构裁决共21份，共计1万页左右。所谓影响深远，可以从三个方面来理解。

第一，用法律解决国际争端：前所未有。中国有史以来，从未在一个国际组织内，使用国际法规则进行诉讼、获得判决并执行判决。这11年来，中国在WTO采用法律手段解决国际争端的实践应当写入中国的历史。

第二，对中国法治建设的影响：不可估量。这一点意义也许很多人还没有意识到。中国在国际场合参与法律争端的解决，对中国自身的法制建设有何影响？举例来说，2010年我国修改了《著作权法》第4条第1款——"依法禁止传播的作品不受本法保护"。这一条规定被WTO争端解决机制判定为不符合WTO规则，因而得到修改。这一事件，应当写入中国法制史。中国参与 WTO 争端解决对中国法治建设的影响这一主题，应当引起更多的重视、思考和研究。

第三，法学教学与研究：资源丰富。WTO 裁决的详细程度、法律分析、法律论证超过了美国、欧盟的法院裁决，更不用说超过了中国的法院裁决。专家组与上诉机构对于提出的所有争议点均有回应，通过长篇论证自己的观点为什么成立。再一次以 DS379 为例，在双重救济问题上，上诉机构实现了由反补贴协定到反倾销协定的跨越，用了 30 多页的篇幅来论证这一问题。这些案例，对于我们的法学教育和研究来说是难得的资源。通过学习与讨论 WTO 的案例，学生的法律思维能力将得到极大的提高。

期 待

——在首届 WTO 辩论赛开幕式上的讲话

（2012 年 11 月 27 日，中国政法大学）

各位老师和同学都参加过很多辩论赛，而我们今天的 WTO 辩论赛，可能有五大特点：

一、这是关于"模范国际法"的比赛。WTO 是模范国际法，它处理的案件众多，并且其裁决都得到了很好的执行。

二、WTO 对中国法治建设有积极影响。加入 WTO 11 年来，中国已经参与了 29 起争端解决案件，既使用国际法律手段维护了我们的贸易利益，也认真执行了裁决和遵守了国际规则，甚至修改了我们的法律。

三、商务部条约法律司是主办方之一。国家部委作为某个法律辩论赛的主办方，这可能还是第一次。商务部条约法律司是主管中国 WTO 争端解决工作的，所有涉及中国的案件都是我们主办的，我们非常支持 WTO 的研究和教学工作。

四、这次辩论赛，每个合议庭的主席都是参加过 WTO 诉讼的、有丰富经验的专家，包括我们商务部条约法律司的处长和资深的大律师。这种"法官"的优势，可能是别的辩论赛所不能具备的。

五、我们今天举办的，是首届 WTO 辩论赛。多年以后，当我们的 WTO 辩论赛成为国内甚至国际上的重要比赛，今天在座的所有人，老师和同学，都可以骄傲地说：我参加了首届辩论赛！

我期待着大家的好成绩！谢谢。

注：在当天的闭幕式上，我重复了以上五大特点，只是将最后一句话改为："我欣慰于大家的好成绩。"

中国参与 WTO 争端解决机制情况
——在北京国际经济法研究会年会上的讲话
（2012 年 12 月 2 日，中国政法大学）

在介绍中国参与 WTO 争端解决机制的情况之前，我先做一个呼吁：一定要重视 WTO 中国案例的教学与研究工作；不仅是学 WTO 的学生，学国际经济法的学生，学国际法的学生，甚至学所有法学学科的学生，都要研究中国案例，因为这些案例体现了法的理念和法律思维。我学习法律多年，最后还拿了法学博士学位，随后又从事法律工作多年，但是只有在我读了 WTO 裁决之后，才真正知道法律是什么，而此前任何老师的讲课和任何专著、教科书，都没有达到这样的效果。你们学校的王传丽教授曾经说过："WTO 的案例是 WTO 送给我们中国人的一个礼物，我们要充分地珍惜这个礼物，弥补我们在知识上，在文化上，以及在我们的法律等各方面的问题。"我想引申一下：WTO 中国案例是 WTO 送给我们法学院老师和学生的一份珍贵礼物，我们要好好珍惜！

下面我介绍一下中国参与 WTO 争端解决机制的情况。

一、丰富实践

中国加入 WTO 11 年，已经有 29 起案件，其中起诉 11 起，被诉 18 起。对这些案件进行分类，可以有很多方法。在此，我只是进行一个简单分类。

起诉案件大多数是贸易救济案件，也就是反倾销、反补贴和保障措施案件，只有"美国禽肉案（DS392）和欧盟可再生能源案（DS452）是例外。而被诉的案件所涉及的方面则很多。例如，有 5 补贴案件（税收补贴案（DS358）、名牌产品补贴案（DS387）、风能设备案（DS419）、汽车和零部件产业补贴案（DS450）、纺织品和服装补贴案（DS451））。大家知道，贸易救济案件都是针对具体企业和具体产品的，但是补贴是涉及国家花钱的，是经济体制的问题。补贴问题，对于中国这样一个国家干预经济的体制，是非常关键的。因此，被诉案件所涉及的补贴问题非常重要。另外，被诉案件还涉及以下领域：集成电路增值税（DS309）、汽车零部件（DS339）、知识产权（DS362）、出版物和音像制品（DS363）、金融信息（DS372）、原材料出口限制（DS394）、电子支付服务（DS413）、稀土等措施（DS431）。在被诉案件中，也有几个反倾销和反补贴案件。

从涉案国家来看，我们只起诉了美欧，其中美国 8 起，欧盟 3 起。起诉我们的国家也主要是欧美，但是加拿大和日本也起诉过我们；墨西哥起诉了我们 4 起，而墨西哥是发展中国家；甚至危地马拉也起诉过中国。

在这些案件中，有 13 起（起诉 7 起，被诉 6 起）案件作出了 21 份裁决，包括专家组报告和上诉机构报告。这些报告的平均篇幅，专家组报告 400 页，上诉机构报告 150 页。我刚才提到的法的理念和法律思维，就体现在这些裁决报告中。所以，大家一定要去看看。这些报告在 WTO 网站上是公开的。

另外，在中国参与的所有国际组织中，只有在 WTO 中才有如此丰富的法律实践，也只有在 WTO 中才有法律案例。所以，这些案例特别值得我们研究。

二、良好执行

一半案件磋商解决了，也就是没有进入专家组和上诉机构阶段。作出裁决的案件，都在 WTO 法律框架内得到了很好的执行。按照 WTO 规定，执行裁决有 3 种方式：修改措施、提供补偿和贸易报复。大家知道，WTO 自 1995 年成立以来，已经受理了 400 多起案件，其中就近 200 起案件作出了裁决。在这些案件中，绝大多数案件都修改了措施，少数案件提供了补偿，只有极少数案件实施了贸易报复。涉及中国案件的执行是非常好的。

我们学法律的人，都很关心案件执行情况，因为能使案件得到很好执行的法律才是好的法律，而 WTO 恰恰是这样的法律。

三、深远影响

我觉得，中国在 WTO 争端解决机制的丰富实践和良好执行，至少有 4 个方面的深远影响。

一是利用法律手段维护国家经济利益。过去我们都说国际社会是弱肉强食的，根本就没有什么国际法。但是在 WTO 这里，我们看到了国际法治的曙光。这给我们未来积极参与国际事务增强了信心。

二是维护了中国的国际形象。中国认真执行 WTO 裁决，在国际社会得到了公认。

三是推动国内法治建设。中国在 WTO 能够如此认真守法，那么在国内管理的各个领域，也应该以此为榜样。

四是有利于改革开放。遵守国际规则，以开放促改革，这本来就是中国改革开放政策的基本内容。在这个方面，中国在 WTO 争端解决机制的实践作出了典范。

最后，我强烈建议大家：一定要读一份 WTO 中国裁决！

"美国也不执行"

——南开大学法学院"世贸组织裁决的国内执行"
专题研讨会书面发言

(2014年7月4日)

在谈及中国是否应该认真执行 WTO 裁决的时候，经常听到这句话——"美国也不执行"。这句话的意思似乎是：有些案件，美国也没有执行裁决，因此中国也没有必要"犯傻"。

每当听到这句话，都有三个问题在我脑海中出现："执行"是什么含义？哪些案件美国没有"执行"？假设美国没有"执行"，中国就应该学美国吗？

大家知道，有关 WTO 争端解决程序的《争端解决谅解》（Dispute Settlement Understanding，DSU）第 21 条和第 22 条规定了 WTO 裁决的"执行"问题。这两条的内容可以简单理解如下：裁决一经作出，就应得到迅速"遵守"（prompt compliance），而在迅速遵守不可行的情况下，可以给予一个合理期限；如果在合理期限内仍然不能"实施"（implement），则可以采取补偿（compensation）和中止减让（suspension of concessions）（"报复"）的措施，但是这两种措施都是临时性的。实践中，每个案件的裁决出来，原被告双方都要谈一个合理期限，以便被诉方修改或取消败诉措施。如果在合理期限内，被诉方仍未能修改或取消措施，则双方可以就补偿措施进行谈判；而在谈判不能达成协议的情况下，胜诉方有权"报复"。以上整个程序都在"争端解决机构"（DSB）的监督之下，即"报复"要获得授权，案件"实施"情况要向 DSB 报告并且列入 DSB 的每月例会。此外，如果一方说"遵守"了，而另一方有异议，则关于是否"遵守"问题，可以再次启动争端解决程序，由专家组和上诉机构裁定。

以上措施，都是"合法"的。也就是说，争端解决程序预见到了"遵守"裁决的复杂性：尽管最好立即"遵守"，但是可以有合理期限，在特殊情况下可以采取补偿和"报复"措施，并且在是否"遵守"有争议时仍然可以要求 DSB 解决。那么说"美国也不执行"，究竟是什么意思呢？"执行"是指"遵守""实施"还是补偿、"报复"或再次启动程序？

然而不管"执行"是指哪一个，美国都可以振振有词地说：我们是合法的！

在某个案件中，美国"出格"了，采取了DSU规定之外的措施，例如公开宣布不"遵守"裁决，似乎并非"美国也不执行"这一说法所指，因为从事实来看，到目前为止，美国的行为似乎都是在DSU框架之内进行的。截至2014年6月12日，美国作为被诉方的案件共有121个，但是只有6个案件的"实施"情况留在6月18日DSB会议日程上。尽管情况千差万别，例如有些案件仍未作出裁决，有些案件的"实施"情况不够明朗，但是做一个简单的除法，却是可以"定性"地反映一定问题的。也就是说，美国的"遵守率"相当高。

当然，作为法律人，我们是不能容忍"遵守率"这样一个模糊概念的。我们需要知道每一个案件的情况。也就是说，为什么有些案件没有"遵守"？那么让我们来看看这6个案件的情况：US—Section 211 Appropriations Act（DS 176），US—HotRolled Steel（DS184），US—Section 110（5）Copyright Act（DS 160），US—Shrimp（Viet Nam）（DS404），US—Offset Act（Byrd Amendment）（DS234），US—Gambling（DS285）。事实上，在这些案件之外，还有4个案件，曾经长期列在DSB会议日程上：US—FSC（DS108），US—1916 Act（DS136），US—Upland Cotton（DS267），US—Zeroing（EC）（DS294）。这些案件中，有的实施了补偿（例如DS160和267），有的授权报复（例如DS136），有的反复修改立法（例如DS108），有的宣布重开谈判（例如DS285）。在DSB会议上，美国通报"实施"情况时，总是强调这些案件的特殊性，特别是涉及国会对法律修改等复杂问题，而其他成员也常常批评美国没有认真"实施"裁决，对WTO争端解决机制的声誉造成了损害。我觉得，对于这"十大疑难案例"的看法，仍然要回到DSU的基本框架中。也就是说，美国仍然是在DSU框架内行事的，尽管我们坚信DSU第21条第1款的说法——"Prompt compliance with recommendations or rulings of the DSB is essential in order to ensure effective resolution of disputes to the benefit of all Members"，并且应该敦促美国"prompt compliance"。此外，我们也应该把这些案件拿出来，一个个认真研究，看看美国所宣称的"特殊性"和"复杂性"是真有其事，还是虚与委蛇。如果美国是借口，是故意拖着不办，那么我们就应该拿出证据，打到它的痛处，并且坚决要求它"立即办"。泛泛而谈，含含糊糊地说一句"美国也不执行"，不符合法律人的作风。

中国起诉美国的案件情况也大抵符合以上观察，即美国是在 DSU 框架内行事的：US—Steel Safeguards（DS252），美国败诉后，提前终止了钢铁保障措施；US—Anti-Dumping and Countervailing Duties（China）（DS379），美国修改了有关措施；US—Poultry（DS392），在诉讼进行中，美国就修改了有关法律。尽管中国对美国的某些"实施"措施表示不满，但是中国是有权启动 DSU 法定程序解决问题的。

以上谈了"美国也不执行"这句话所引起的两个问题，即"执行"是什么含义和哪些案件美国没有"执行"。我的结论是：这句话含义模糊，容易引起误解。

现在谈谈第三个问题，即假设美国没有"执行"，中国就应该学美国吗？

一句含义模糊的话所引起的这个问题，其本身可能也是不清晰的。例如，"学美国"什么呢？如果美国是"在 DSU 框架内行事的"，那么"学美国"，在绝大多数案件中都"遵守"，而对于一些特别复杂疑难的案件，则与其他成员保持沟通，向 DSB 报告进展，这样做也许是无可厚非的。而如果经过认真研究，发现美国的确在某些案件中是个"坏人"，那么"学美国"就不对了。中国为什么要学"坏"呢？

以上仅仅是抽象地谈这个问题。实践中，中国是非常认真严肃地"对待"被诉案件的：China—Auto Parts（DS339），中国取消了相关的汽车零部件政策；China—Intellectual Property Rights（DS362），中国修改了《著作权法》；China—Publications and Audiovisual Products（DS363），中国修改了出版物和影像制品的管理规定；China—Raw Materials（DS394），中国取消了原材料出口限制措施；China—Electronic Payment Services（DS413），中国修改了电子支付方面的法规；China—GOES（DS414），中国修改了有关反倾销和反补贴措施，还专门颁布了执行这类裁决的规定。到目前为止，中国"遵守"裁决的记录是相当良好的，尽管有一个案件（DS414）被启动了新的程序，一个案件（DS363）签订了补偿协议。中国这样做，说高了，是因为中国认识到 WTO 所代表的多边贸易体制的重要性以及中国作为贸易大国的关键作用；说低了，是因为这个体制的健康发展对自己是有好处的。在这种情况下，中国有必要"学美国"，"也不执行"裁决吗？相反，正确的选择是，即使美国做得不好，中国也要做好。中国这样做，并不是"犯傻"，而是真正的大智慧。

最后，我想表达的一点看法是：如果从事 WTO 研究和实务的人也说"美国也不执行"这样的话，那么就是糊涂的、匪夷所思的。从理上说，WTO 争端解决机制作为国际法的最新发展，给国际社会作出了示范，让人们看到了国际法治的希望,因此,我们应该信任、维护这个体制,而不是怀疑、破坏这个体制。从情上说,我们都是"吃 WTO 这碗饭"的,当然希望自己捧的是令人艳羡的亮闪闪"金饭碗",而不是令人侧目的脏兮兮"叫花碗",因此,我们也是应该经常"说好话"的。

(2014 年 6 月 12 日)

二、序言

让法律活起来
——WTO 案例在法学教育中的作用
（《WTO 中国案例精选》[1] 代前言）

案例在法学教育中的作用是公认的。有了案例，法律规则就"活"了起来——从抽象的概念、冷冰冰的条文，变成了社会中一个个活生生的事例。通过对这些事例的研究，学生们就开始看到了法律的"用处"，进而对条文的含义和理念有了清晰、深刻的认识，同时培养了独特的法律思维。这样，当他们走向社会，遇到一件件具体的事情，脑海里就会浮现一个个成案及其背后所体现的法律原则，并且迅速将之运用于解决眼前的问题。因此，在法学教育中，应当大量使用案例教学，使得学生的法律知识和法律思维得到反复强化和稳固。

然而选择好的案例何其难也！国内法院判决大多过于简单，对法律条文为何适用于本案事实所言甚少，仿佛将事实查明后，就有现成的、毋庸置疑的条文等着。英美法传统的法院判决也许有比较充分的说理、论证过程，但这些案件的事实离我们实在太遥远，永远给人一种"隔"的感觉。法律是"本土"的，离开了我们自己生活的法律，我们永远无法真正地理解，更不用说将其准确地运用于我们自己的生活。不仅如此，无论是国内判决还是外国判决，我们又从何处获得呢？是的，有人会出版"案例精选"，但那些是我们所需要的案例吗？那些案例能够完全反映我们所要学习的法律制度吗？

就在这个时候，我们发现了 WTO 案例。WTO 成立 15 年来，已经有了 100 多个案件、几百份裁决，几乎覆盖了 WTO 的所有协定。这些裁决的重大特色，是对"法律条文为何适用于本案事实"有详尽的论述。为了确定一个协定条款的含义，专家组和上诉机构往往会从词典查找其"通常含义"，从该条款的前后左右甚至其他协定对照"上下文"，从该条款所在协定的前言和整体明确"宗旨与目的"。在此过程中，常常会参照大量的先例。这些先例为条

---
[1] 杨国华：《WTO 中国案例精选》（一、二），厦门大学出版社 2012 年 10 月版。

款的理解提供了多样的思路。在初步确定了条款的含义后，专家组和上诉机构还会参考"补充资料"，例如协定谈判时的文件，以印证其理解的准确性。然后，他们会拿着"条款的含义"这个"放大镜"，仔细查看案件的事实，一点点确定两者是否相符。经过这样的法律论证、法律推理，读者会对"法律"及其"法律"适用于事实的过程有一个清晰的了解。阅读和研究这样的案例，能够培养法律解释的能力，更能够锻炼法律适用的本领。此外，这些案例的裁决在WTO官方网站上可以全部免费下载，而涉及中国的案例更会让学生增加一种"亲切感"——中国在国际组织作为"原告"或"被告"的案件，不仅事关重大，而且饶有趣味。

事实上，将WTO案例作为法律教学的资料，还有更为深远的影响。WTO裁决得到了153个成员的普遍尊重——绝大多数得到了执行，即败诉方改正了有关措施；而少数案件的"补偿"和"报复"，也是在WTO法律程序的框架内进行的。因此，WTO的法律体制，是"国际法治"的体制——国际法充分表现出法律的特征。同时，按照WTO裁决修改国内的立法或措施，也促进了"国内法治"的进步——中国在认真遵守国际规则。法治，即"良好的法律得到良好的执行"（亚里士多德语），无异于法律的灵魂。对于法律系学生来说，需要培育心中的这片净土，打开眼前的这片蓝天，树立坚定不移的法治理念。只有这样，当他们走向社会，面对与法治相反的现实，才能尽心尽力地予以纠正，从而推动法治的前进。法治是一种理想，而现实往往与理想相距甚远。然而我们只要胸怀理想，就能将现实一步步推向理想。因此，通过WTO案例，学生们能够看到这样一个实实在在的"理想国"，不会由于理想的虚幻和飘渺而丧失理想的信念。

对于使用WTO案例教学的可行性，我曾经在一所大学的研究生课程中有过成功的尝试。将几个案例分给几组同学阅读，每节课由一组同学介绍案情，其他同学提问。经过一学期的讨论，同学们对专家组和上诉机构分析问题的思路有了比较清晰的把握，并且能够初步运用这一思路进行条文解读和案情分析。不仅如此，通过案例，同学们还对WTO的规则和知识有了一定的了解。同学们课堂热烈讨论，课后刻苦阅读，表现了极大的学习主动性。

值得提及的是，我们倡导WTO案例教学，并不局限于"WTO法""国际贸易法""国际经济法""国际法"等课程。专家组和上诉机构裁决中的思维，是真正的"法律思维"：逻辑严谨，论证充分，以理服人。这种法律思维的方式，是所有法律系学生都应当培养的。也正是这样一种思维方式，将法律专业与其他专业区别开来，例如文学的想象、历史的博大、哲学的深刻，以及经济学的数据分析、社会学的问卷调查、心理学的测试实验。

经过这种严谨的法律思维的训练，法律系的毕业生即使在其他行业工作（相当多的毕业生不会从事法官和律师这些纯法律的职业），也能显示出自己的特长。法律思维是一种能力，是在纷繁复杂的社会想象中敏锐地抓住本质的能力。法律思维更体现了一种理念，是借用法律分析的方法展现法律背后的法治（以及公平和正义）的理念。我们社会的各行各业都需要这样的毕业生。

法律来源于丰富多彩的生活，而案例教学能够让法律回到生活，成为有血有肉的"人"。在 WTO 法中，这个"人"是理性的、讲道理的。这个"人"的一言一行，值得我们认真观察研究，认真学习效仿。

（2011 年 10 月 29 日）

附 录

一座法律教学与研究的宝库
——《世界贸易组织法律与实务教学研究文丛》❶ 总序

中国加入 WTO 10 周年，给我们提供了 16 份争端解决裁决报告。这些报告不仅对中国与美国和欧盟等其他 WTO 成员之间的贸易争端作出了裁判，而且向我们展现了一系列精彩的法律分析。例如，采取"保障措施"，应当如何对"未预见的发展"进行分析？《补贴与反补贴措施协定》中的"公共机构"，是指"政府控制"的机构，还是"履行政府职能"的机构？对中国的产品同时采取反倾销和反补贴措施，为何要考虑"双重救济"问题？为何美国有关行政部门拨款的法案属于"卫生与植物卫生措施"？为何专家组认定欧盟单独税率的规定不符合《反倾销协定》，而上诉机构又是如何"基于不同理由"维持了专家组裁决？在针对中国产品采取"特殊保障措施"时，应当如何分析进口与产业损害之间的因果关系？再如，中国对构成整车特征零部件的税收为何属于"国内费用"，而不是"普通关税"？中国知识产权法律中的刑事门槛为何没有违反《与贸易有关的知识产权协定》第 61 条的"商业规模"之规定？《中国加入 WTO 议定书》承诺中的"sound recordings"，为何既包括物理形态（CD、DVD）也包括电子形态（网络音乐）？上诉机构又如何解决了一个"复杂的法律问题"，即议定书承诺能否援用 GATT 第 20 条例外的问题？而在另外一个案件中，为何中国关于出口税承诺又无权援引 GATT 第 20 条例外？

在这些法律分析中，专家组和上诉机构不仅对案件事实（"措施"）进行了详细的描述和准确的归纳，而且对相关法律即《WTO 协定》的相关条款进行了明确的解释。更为重要的是，对于"法律为何适用于案件事实"，裁决报告中有充分翔实的论证，常常达到几十页的篇幅！这些是真正意义上的法律

---

❶ 杨国华：《WTO 的理念》，厦门大学出版社 2012 年 4 月版。

分析，体现了法律的严谨和理性。❶

WTO 中涉及中国的争端解决裁决报告，只是 WTO 裁决的一小部分。自 1995 年成立以来，WTO 争端解决机构已经作出了 200 余份裁决报告，有更多更为精彩的法律分析。

而且，随着全球化和各国经济贸易交往的增加，WTO 争端解决裁决报告的数量还在不断增加……

WTO 裁决报告仿佛一座宝库，亟待法律教学和研究的挖掘。

法律教学应当使用 WTO 案例，因为研读这样的法律分析，学生必定会得到很好的法律训练。此外，对于中国是当事方的案件，裁决涉及中国的贸易法律和政策以及中国的经济利益，因此，使用这些案件教学是饶有趣味的。中国并非当事方的案件，由于涉及国民待遇、最惠国待遇和取消数量限制等重要的国际贸易规则，覆盖了货物贸易、服务贸易和知识产权等主要的国际贸易领域，中国作为一个贸易大国，有短期或长期的利益，因此，使用这些案件教学，不会让学生有"事不关己"的"陌生感"。而对于研究者，研究这些案件所涉及的国际规则和中国利益，提出对策建议，对中国法律和政策的制定以及"全球治理"的参与，都有非常重要的意义。

更为重要的是，这些裁决都得到了 154 个 WTO 成员的充分尊重，按照 WTO 的法律程序得到了执行。"法律"的权威，在这里得到了体现。法律是管用的，能给法律的学习者和研究者带来无穷的动力，也为我国建设法治社会提供了借鉴。

开启这座宝库的大门，只需举手之劳：钥匙就是每个人手中的鼠标，只要对着 WTO 官方网站轻轻一点，全部案例就会出现在屏幕上！我们这套丛书，不过是在为这座宝库做个广告。

是为序。

2012 年 3 月 31 日

---

❶ 当然，我们如此评价 WTO 裁决中的法律分析，并非表明这些法律分析是"唯一正确"的方法和答案，也并非表明我们完全同意这些法律分析的结论。事实上，法律的思维，应当是质疑思辨的，而不是盲从盲信。然而这些法律分析，为我们的法律教学和研究提供了重要的思路和参照，并且在有些情况下，为我们能够提出更加高明的法律分析奠定了基础。

附 录

案例教学法的实践
——《探索 WTO》[1] 前言

2010 年冬天，中国青年政治学院张新娟老师邀请我主持法律系研究生的"WTO 专题"课程，我兴奋又忐忑地同意了。兴奋，是因为我一直想做这样一件事情，与年轻人共同探讨 WTO 推动世界和平的真谛，品味 WTO 案件法学推理的魅力。忐忑，是不知道我是否有讲好这门课的能力，也不知道同学们是否会很好地配合。

就是带着这种复杂的心情，我走进了教室。

十五个年轻人，十五双期待的目光聚焦在我的身上。

我也许让他们失望了。我没有神采飞扬地展示我的"博学"与"智慧"，也没有旁征博引地讲述 WTO 的概念、原则和基本内容。我甚至没讲什么，就开始向他们提问。当然，在春节之前，我已经向他们分配了"家庭作业"，即阅读 WTO 的三份官方出版物：《WTO 简介》（Understanding the WTO）、《WTO 贸易体制的十大好处》（10 benefits of WTO trading system）和《对 WTO 的十大误解》（10 common misunderstandings about the WTO），并且明确告诉他们：前两节课是"WTO 概论"，研讨为主，每个人都要发言。

我问他们：WTO 是一个什么样的组织？有位同学回答：WTO 是一套游戏规则。于是，我们就针对"游戏规则"的含义，展开了热烈的讨论。"游戏规则"一词，似乎有点玩世不恭的味道；一场游戏嘛，就看你会玩不会玩了！那么 WTO 的性质也是如此吗？WTO 的 153 个成员在一起"博弈"，各自都为了自己的利益；WTO 并没有什么崇高的理想，不过是给大家提供一张游戏桌子而已？有些同学提到了 WTO 在"二战"后成立的历史背景，有些同学提到了 WTO 的非歧视原则，有些同学提到了 WTO 主要协议所建立的国际规则，有些同学提到了争端解决程序……随着讨论的扩展和深入，大家对"游戏规则"一词产生了怀疑。

第一次课结束时，我总结了讨论中所出现的九个新问题，让同学们下课

---

[1] 杨国华：《探索 WTO》，厦门大学出版社 2012 年 4 月版。

后继续阅读那三份出版物，查找资料，认真思考，以便第二次课进一步澄清。我还让他们增加阅读"乌拉圭回合法律文本"和"中国加入WTO议定书和报告书"，告诉他们：这两份资料，便是我们研究WTO的"旧约"和"新约"。

下课了，我走在校园里，有点沾沾自喜：我的"苏格拉底式"教学法有戏啊！

因此，到了第二节课，我就放心大胆地将苏格拉底抬了出来。我说，他的特点就是喜欢追问，不畏权威，而我们学习法学，就应该培养这种精神。当然，这节课继续讨论了"WTO概论"的内容，但最后又留下了九个新的未决问题，希望大家继续思考。我说：大家讨论问题，并不是要在短短几个小时里找到答案，达成共识，而是要拓展视野，训练思维。

这节课又成功了！正当我意得志满地准备离开教室的时候，一位同学拦住我问：老师，您讲的苏格拉底以身殉法的故事，好像是有问题的；他说"恶法亦法"，但为什么要违反雅典的法律？他慷慨就义，似乎只是遵守法官的判决，而不是遵守雅典的法律。

我一时不知所措。我在课上的确讲了苏格拉底的审判这则故事，但我觉得讲得很清楚啊，怎么会有这样的问题呢？我不记得我对那位同学"振振有词"地"回答"了什么，但我回到家里，第一件事就是翻阅曾经看过的关于苏格拉底的书籍，并且上网查找了有关资料。然而对那位同学提出的问题，我仍然没有答案。

下一次上课时，我向全班讲述了那位同学的提问和我查找资料的情况，并且当众与那位同学进一步探讨了这个问题，最后无果而终……看着我的无奈，同学们一定大受鼓舞。在随后的课程中，他们似乎再也没有把我当作高高在上的老师。有一次课上，当我"深入浅出"地讲述了一件事情后，一位同学果断地摇头说：没听懂！还有一次课上，当我提出了上诉机构开庭而专家组不在场，给人以"被告缺席"的感觉时，从大家的表情和回答中可以看出，他们真觉得我提出了一个匪夷所思的问题！

我设计的"WTO专题"课程的重点是研究WTO案例。我选择了中国作为原告或被告的"禽肉案""知识产权案"和"出版物案"。同学们分为四五人一组，直接阅读案件裁决。两次课讨论一个裁决，但每个组只用一个小时介绍案情，其余时间都用于讨论。我说：这有点论文答辩性质，这个组要回答全体同学提出的问题；第一次课回答不了，就继续阅读裁决，以便下一次课回答。想得很好，但每个裁决几百页英文，他们能讲清楚吗？能完全看懂吗？设计课程的时候，我心中总是有点打鼓。

然而从第一组开始，同学们就能一边演示 PPT，一边头头是道地讲述案情了。对于其他同学的提问，多数都能对答如流，少数则在进一步追问之下，承认需要进一步研究。而到了第二次课，负责案件的同学便又能够侃侃而谈了。后来，他们还创新了讲述的方式，一个同学讲原告观点，另一个同学讲被告观点，其他同学讲专家组和上诉机构观点。对于案件涉及的复杂事实和法律，他们能用通俗易懂的语言和简明扼要的图表讲得清清楚楚。我惊叹于同学们的阅读理解和概括讲述能力，更佩服他们的思考研究水平。他们告诉我：有几个同学每天晚上都要聚在一起讨论案情，甚至有的同学整整一周时间都在研读裁决！我们师生陶醉在专家组和上诉机构对于"事实如何适用于法律"的鞭辟入里的论证和推理之中，充分感受到法学的魅力。但我们并没有忘记始终用苏格拉底的眼光看待这些裁决，对其中的有些结论提出了大胆的质疑。讨论之余，很多问题都没有答案，但我们感受到了探索与发现的无穷乐趣。在此过程中，我们还探讨了条约解释的方法、先例的作用、审理案件的技巧（如 judicial economy，assumption aguendo）、争端解决的程序等，并且分析了"知识产权案"和"出版物案"裁决执行的情况。在课程后期，同学们还根据学习中形成的思维方法，研究了一个广泛争议的现实问题，即《中国加入 WTO 议定书》第 2 条（C）（2）项中关于法律公布到实施之间留下评论时间这一承诺的含义。最后一节课，大家讨论了最新的中国诉美国"双反案"上诉机构裁决中关于"双重救济"（double remedy）的部分。大家为中国在此案获得的重大胜利而欢欣鼓舞，而对上诉机构的分析却充满了批判性的眼光。有位同学坦言：质疑已经成了思维习惯。对此，相信全程参加讨论的张新娟老师和李晓玲老师也看到了同学们的变化。

在对"双反案"的评析结束时，我强调了同学们提到的一段话，即中国的官方表态："此案……极大增强了世贸成员对多边规则的信心。"我说，我们这学期研究的这个 WTO 组织，是一个有理想的组织，而不仅仅是一套"游戏规则"；从我们研究的案例中可以看出，WTO 争端解决机制是讲道理的。我心里想：其实，有理想，讲道理，个人又何尝不该如此呢？

那天下课，夜幕已经降临。雨后的初夏之夜，令人感到清新、踏实。

注：2011 年春季学期，我在中国青年政治学院主持了法律系研究生的"WTO 专题"课程，共 11 周，28 个小时。本书由课堂录音整理而成，是为《探索 WTO》，厦门大学出版社 2012 年 4 月出版。

（2011 年 5 月 11 日）

附件：学期作业情况

我给同学们布置的学期作业，是评析中国诉美国"双反案"中的"双重救济"问题。作业交了上来，在短短的三千至六千字的篇幅里，同学们对"双重救济"如何产生、专家组如何裁决和上诉机构如何推翻专家组裁决，作出了准确的阐述。不仅如此，我还惊喜地发现了下面这些段落。从这一段段闪光的文字中，我看到了同学们的热情和理性、理论和视野。曾与这样一群年轻人相处，共同探索 WTO 多边贸易体制的真谛，是我一生的骄傲。

对美国商务部做法的质疑：

这就让人不禁从美国商务部关于对非市场经济国家适用反补贴法的认定中，得出一个非常奇怪的结论，即如果中国还是处于传统的、苏联模式的经济体制，则仅适用反倾销法，仅仅遭受一种惩罚性贸易救济措施；而在"中国经济自由度得到提高和市场力量在不同层面和程度上得到体现"之后，则反而需要受制于双反调查和双反措施，也就是说，在保留原有惩罚性反倾销措施不变的基础上，再遭受另外一种惩罚性贸易救济措施，即反补贴措施。这就让其他非市场经济国家产生一种疑惑：是不是不要发展市场经济更能保护自身的利益？

美国商务部在知晓同时征收反倾销税和反补贴税可能导致双重救济的情况下，还在"双反"调查中不采取规避措施，在某种程度上是希望通过对 WTO 法中未规定的情形即利用立法沉默来使这种行为正当化，通过对中国产品的双重惩罚以提高对本国产品的贸易保护水平。

关于美国对上诉机构裁决的不满：

那我们究竟应该如何看待上诉机构在双重救济问题上的裁决呢？是规则的胜利还是过度的干涉呢？这也可以算回到了第一次课堂上讨论的本源问题，WTO 到底是什么？争端解决机制是规则导向型（rule oriented）还是权力导向型（power oriented）？

即使如第一次课堂上讨论的 WTO 是一场游戏，是 game theory，但是游戏要进行下去靠的不是 power，而是大家对共同规则的遵守。

对上诉机构裁决的概括：

在缺乏明文规定的情况下，通过对"适当金额"的字典定义以及上下文和其他条约中的关联性条文进行解释、权衡，确认了反倾销反补贴税的根本目的是在于抵消和救济倾销和补贴行为所造成的损害。

上诉机构的高明之处在于善于抓住整件事件的主要矛盾。在对关键条款进行解释的时候，也是抓住主要的词语——"适当"进行详细解释。一旦解决了关键问题，整个案件也就迎刃而解。

对专家组裁决的质疑和上诉机构裁决的赞扬：

对于这样明显滥用反倾销反补贴的行为，专家组没有予以纠正，反而予以认可，这对保护整个国际市场的贸易自由极为不利，双反措施会失去其本初的价值，寻求公平贸易的制度最终会被另一种不正当竞争行为替代。在这种情况下，上诉机构及时纠正了专家组的裁定，在对反倾销反补贴制度的目的进行探究的基础上，作出了最终的裁定，即美国的行为是违法的、不合理的行为。上诉机构的裁定是正确的，保证了国际贸易领域的基本公平和自由。

专家组的态度是保守的，所作的解释完全拘泥于现有条款的个别规定。对比之下，上诉机构则显得长袖善舞，高屋建瓴：在对每个条文进行逐一解释的同时，敏锐地发现其相互之间的有机联系，尤其是同条不同款的逻辑并列关系、不同协定条款间的目的关系等，并进一步就协定本身的目的作出说明，帮助论证。

对 WTO 裁决的洞察：

无论是专家组报告，还是上诉机构报告，仔细研究其推理过程都不难发现，其推理套路基本一致，导致产生不同结果往往只是思考问题的切入点不同。

专家组或上诉机构成员在具体运用国际公法的习惯规则解释条约的过程中，具有一定程度的灵活性或自由裁量的空间。而恰恰这种法律解释方法的灵活性或自由裁量空间最终决定了案件的结局，这既是 WTO 争端解决案例的魅力所在，也成为争端各方继续扯皮的纠结所在。

对上诉机构裁决的担忧：

上诉机构的解释在一定程度上扩大了条文的含义，将没有明确调整的国内补贴纳入调整范围，所以合法性存在一定疑问。而从上诉机构的该推理过程来看，是否存在对成员国（被诉方）的要求太高——作为一成员国，在没有法律规定的情形下，在实施反补贴税时被施加了更高的注意义务，以便不违反 WTO 下的义务？

如何才能确认特定补贴资金未用于降低出口价格，以确保反补贴税要抵消的补贴尚未被反倾销税所抵消，上诉机构给我们留下了一个难以解决的问题。

对上诉机构裁决的建议：

要使专家组报告和上诉机构报告更令人信服，其基础不能仅仅是专家组或上诉机构基于其"权威"而出具的一种报告,而应更多地关注该争端发生的背后动因,从而结合争端方贸易摩擦的背景,给出可执行的裁判。如果只是机械地对相关法律文本作出解释,认定某国的相关规定违反《WTO协定》,而绝口不提如何改变这一违反状况,这样的裁决其实无法从根本上解决争端。回到本案,上诉机构对SCM的解释,如果能进一步体察中美近些年频繁发生贸易摩擦的根本原因,并在报告中提及"双重救济"对被救济方造成的损害与不公平状况,并结合WTO促进与保护公平贸易的宗旨,则不难得出"双重救济"这样的做法与SCM的初衷是不相符的。在这种前提下,对SCM作出的解释将只是推理过程中的一步,还有其他理由进一步印证其裁决,因此,裁决理应会更加令人信服。

对美国执行裁决的预测:

因此,现实的做法是美国可能在同时征收反倾销税和反补贴税时,在程序和计算上作适当的调整。

对中国出口的反思:

我们是不是应该反思:为什么我们的出口产品经常受到反倾销和反补贴的调查?

对此案的认识:

此案已经成为中国加入WTO后,在争端解决机制内成功维护自身权益的里程碑事件。该案在几个关键点上的胜诉无疑大大加强了我国对WTO争端解决机制的信心。

总体来说,这是一场胜利。但我们不能因为胜利而欢呼,要为了正义而欢呼!我们支持这次的裁决,不是因为我们能够从中得到利益,而是为了坚信WTO的裁决是公正的,而且该值得回味的是那一段段精彩的推理!

附 录

好书自评
——评《探索 WTO》（二）

《探索 WTO》（二）出版了。❶ 这是一本好书。

本书是由课堂录音整理而成的，真实、全面地记录了 20 余位法学院大三学生，在整整一个学期，36 学时，连续 12 个周六上午，学习 WTO、研究 WTO 中国案例的情况。WTO 的特色，包括 WTO 的丰富知识，案例中的法律思维和法治精神，都在本书中得到了体现。作为老师，我在最后一节课宣读了一个总结——"我们学到了什么"，对这个课程的内容进行了总结，现在是本书的代前言，兹录于后。

课程是讨论式的，是我所提出的"讨论式教学法"的典型实践和集中发展。我在近几年 WTO 法教学经验基础上所提出的"讨论式教学法"，是以人本主义为指导思想，师生作为学习共同体，围绕特定主题进行研讨，从而增加学生的知识和培养学生的思维的教学方法。"讨论式教学法"由学生课前阅读、课堂讨论、课后研究三个环节组成。其中，课堂讨论环节以学生发言和辩论为主，教师只是讨论的主持人和促进者。"讨论式教学法"究竟是什么样子的？在本书中，你会看到，满篇都是学生的发言，老师仅仅是主持一下，引导一下。你会看到，学生有充分表达的机会，可以长篇大论，可以上台板书，也可以相互辩论，而老师只是一个劲地说"好好好"，毫无保留地鼓励学生。当然，你可能会好奇：学生们为什么会如此主动？从本书随处可见的"（注）"，你会看到我引导学生的技巧，以及这些技巧背后的教育理念。你还会发现，越往后看，学生的发言越热烈，我的引导技巧越娴熟，直至后来，"物我两忘"，我自己也不知不觉地参与到讨论中，忘记了自己的主持人和引导者身份。到了后期，我真的开始相信，即使没有我，课堂讨论也能进行了。事实上，第 9 次课就是由一位学生主持的！你会看到，她语言简洁，思路清

---

❶ 杨国华、廖诗评编著：《探索 WTO》（二），厦门大学出版社 2013 年 11 月第 1 版。此外，2011 年春季学期，我在中国青年政治学院主持了法律系研究生的"WTO 专题"课程，共 11 周，32 学时。由课堂录音整理而成的《探索 WTO》，已经由厦门大学出版社出版（2012 年 4 月第 1 版）。

晰，连我都自叹弗如！❶

"上课效果怎么样？"每当有人问我，我除了讲述以上两段所说的丰富内容和热闹课堂，还会介绍以下两个情况：第一，学生的评价；第二，学生的作业。关于学生的评价，我总是引用同学们在调查问卷中提供的匿名评论："在大学入学以来所有的课程中，我在这门课程中收获最多。""读了三年大学，如今真正发现自己爱上了一门学科。""替没有选修这门课的同学感到遗憾，同时我认为这是四年法学院学习中课程体验最好的一门课。""这是我上过（的）最好的课。""与同学的交流让我受益匪浅。我从来不知道我们班的同学的思维如此敏捷与活跃，与同一级别的同学一起聊，一起思考，虽然常常会'歪楼'，但仍然让人激动无比。""这门课程让我在三年固定不变的教学模式中突然眼前一亮，心中的灵念突然般苏醒了，有一种'相见倾心'的感觉，而且事实上也让我有了一定的收获。""这门课带给了我很大的收获。它就像是钥匙一样，给了我一种思路，一种视野，还有一种思考问题的角度。""或许在多年之后，大学所学的所有东西都淹没在了记忆的长河里，但我仍然会记得在浮躁的大三下学期的每周六早上，同学们都准时到场做'小白鼠'，上一门'只听过却从未上过'的'讨论课'。"作业是学生自选与本课程相关的题目写文章。我会使用一些数字说明作业情况：最少3000多字，还有三位同学写了1万多字！以上学生的评价和学生的作业题目及字数统计都照录在书中。不仅如此，我给11位同学打了90分以上，并且将他们的作业全文收录在书中。作为"WTO专家"，我十分骄傲同学们能够写出这样高水平的论文！

内容，实况，评价，作业，这些都是"看得见摸得着"的课程效果。事实上，我希望你还会从本书中发现一些"看不见摸不着"，却可能比"看得见摸得着"的课程效果更为重要的内容，也就是我在"我们学到了什么"中所说的："我们频繁起立发言和上台板书，锻炼了口头表达的能力；我们安静倾听和思考，培养了对他人的尊重；我们课间和课后与同学们激烈辩论，增加了对法律的兴趣。此外，我们还发现，老师与同学之间可以如此平等！同学们有如此大的潜力！同学们之间会有如此多的启发！"这些方面是多么珍贵啊！

不仅如此，我还希望，通过阅读本书，你会产生更为广泛的思考：为什

---

❶ 她课前的"大致思路"和课后的"主持感想"，参见该书第154~155页。关于课堂讨论的盛况，我有专文记述，参见该书第171~174页。

么这样一些本科生，"你给他阳光，他就灿烂"（一位教育学家语）？作为老师，作为成年人，作为过来人，我们应该如何讲课？如何对待这些"过去的我们"？❶

(2013 年 12 月 24 日)

附件 1：我们学到了什么？

这是一门特殊的课程。上课时是同学们"大家说"，而不是传统的"同学听老师说"；讨论的是复杂的法律思维的方法，而不是简单的知识点；课前课后需要认真阅读思考，而不是等着老师上课灌输。

这是一门特殊的课程，我们有着特殊的收获。

我们学到了 WTO 基本知识。这些知识包括 WTO 的原则，WTO 协定的主要内容，WTO 的理念，WTO 的历史，特别是《与贸易有关的知识产权协定》《反倾销协定》《补贴与反补贴措施协定》《关贸总协定》《中国加入 WTO 议定书》中的重要条款。这些知识，有些是在课堂上，通过同学们之间的讨论学到的，但更多的是通过课前课后阅读指定资料以及其他资料而学到的。我们发现，课堂讨论激发了我们课前课后学习的主动性。

我们提高了法律思维的能力。通过对中国参与的知识产权案、取向电工钢案、双重救济案、出版物案和原材料案的研读和讨论，我们具体地感觉到，法律思维能力包括事实归纳能力、法律解释能力以及将法律和事实联系起来的法律论证能力。特别是在法律解释方面，我们体会了使用《维也纳条约法公约》解释 WTO 协定条款的精妙之处，提高了我们理解法律的能力。

我们体验了法治的精神。通过阅读 WTO 案例中的严谨而充分的论证，我们发现，法院判决书"讲道理"，其实是法治的重要指标；判决书让人心服口服，才能有利于当事人心甘情愿地执行，才能有利于一个社会的法治建设。

不仅如此，我们频繁起立发言和上台板书，锻炼了口头表达的能力；我们安静倾听和思考，培养了对他人的尊重；我们课间和课后与同学们激烈辩论，增加了对法律的兴趣。

此外，我们还发现，老师与同学之间可以如此平等！同学们有如此大的

---

❶ 廖诗评老师作为全程听课的老师，为每一堂课撰写了点评及大量批注，成为该书的一大特色。作为一线教师，廖诗评老师从自己的角度，开放、客观地评价了学生、老师、课堂、效果、教学法等，其中不乏批评和建议，为我提供了"导航仪"，也为读者提供了难得的参考。

潜力！同学之间会有如此多的启发！

我们不仅学到了WTO知识，提高了法律思维能力和体验了法治精神，我们还有如此之多的意外发现。

我们知道，一门课的容量是有限的。我们并不期待，通过一门课的学习，我们就能变成博学老练的法律家。然而我们相信，这门课所包含的知识、能力和精神，以及我们所发现的自身潜力、人际关系和法律魅力，会时时启发我们去学好其他课程，并且当我们离开校园，走向社会，这门课上所发生的一切的一切，仍然能够给我们力量，让我们做得更好！

附件2：北京师范大学法学院世界贸易组织法课程方案

时间：2013年春季学期，36学时，12周，周六上午08:55~11:40。

学生：法学院本科三年级，50名。

课程目标：学习WTO知识，培养法律思维能力。

课程形式：研讨式。学生课前阅读并讨论资料；课堂以学生发言为主，教师主持讨论。

课程内容：

第一、第二周：WTO概述

第三、第四周：知识产权案

第五、第六周：取向电工钢案

第七、第八周：双重救济案

第九、第十周：出版物案

第十一、第十二周：原材料案

（备选：汽车零部件案、电子支付服务案）

参考资料

（1）WTO概述：①WTO官方出版物（另发）：Understanding the WTO, 10 Benefits of the World Trading System, 10 Common Misunderstandings about the WTO, 10 Things the WTO Can Do. ②杨国华文章（"WTO专题课阅读资料"，另发）。

（2）知识产权案（362）：①专家组报告中关于"刑事门槛"的部分（VII. C. Criminal Thresholds，第82~134页，第7.396~682段，另发）。②杨国华文章（见北大法律信息网"杨国华专栏"，下同）："四载精心筹备，一朝全盘皆输——知识产权案始末"；"四两拨千斤——知识产权案专家组裁决的思路"。

（3）取向电工钢案（414）：①上诉机构裁决中有关《反倾销协定》第 3 条第 2 款和《补贴与反补贴措施协定》第 15 条第 2 款要求调查机关确定怎样的"因果关系"的部分（V. Interpretation of Article 3.2 of the Anti-dumping Agreement and Article 15.2 of the SCM Agreement，第 46~68 页，第 116~169 段，另发）。②杨国华文章："广泛的因果关系——中国取向电工钢反补贴和反倾销案专家组裁决的思路"；"究竟是什么关系——中国取向电工钢反补贴和反倾销案上诉机构裁决的思路"。

（4）双重救济案（379）：①专家组和上诉机构报告中关于"双重救济"的部分（专家组报告：XIV. China's claims pertaining to "Double remedies"，第 206~208 页，第 14.1~6 段，第 220~245 页，第 14.46~130 段；上诉机构报告：VII. Articles 10, 19.3, 19.4, and 32.1 of the SCM Agreement and Article VI: 3 of the GATT 1994；"Double Remedies"，第 199~219 页，第 538~591 段，另发）。②杨国华文章："认定——美国反倾销和反补贴案专家组裁决的思路"；"纠偏——美国反倾销和反补贴案上诉机构裁决的思路"。

（5）出版物案（363）：①专家组和上诉机构报告中关于"是否有权援用 GATT 第 20 条"的部分（专家组报告：VII. C. 2 China's defence based on the "right to regulate trade" and Article ×× (a) of the GATT 1994，第 270~277 页，第 7.707~744 段；上诉机构报告：VI. China's Defence under Article ×× (a) of the GATT 1994，第 91~104 页，第 205~233 段，另发）。②杨国华文章："探路——出版物案专家组裁决的思路"；"技高一等——出版物案上诉机构裁决的思路"。

（6）原材料案（398）：①专家组和上诉机构报告中关于"是否有权援用 GATT 第 20 条"的部分（专家组报告：VII. B. 5 (a) Whether Article ×× of the GATT 1994 is available as a defence to a claim under Paragraph 11.3 of China's Accession Protocol，第 50~59 页，第 7.110~160 段；上诉机构报告：VI. Applicability of Article ××，第 109~124 页，第 270~307 段，另发）。②杨国华文章："规则——中国原材料出口案专家组裁决的思路"；"条约解释的局限性——以'原材料案'为例"。

（7）汽车零部件案：①专家组报告中有关"国内税"的认定部分（VII. B. Article III of the GATT 1994，第 171~221 页，第 7.102~276 段）；②杨国华文章："是非——汽车零部件案专家组裁决的思路"。

（8）电子支付服务案（413）：专家组报告中有关中国承诺是否包括电子支付服务的部分（VII. D. China's Specific Commitments Concerning the Service at Issue，第 28~61 页，第 7.63~207 段）。

"WTO 专题课"阅读资料参见北大法律信息网"杨国华专栏"（http：//article. chinalawinfo. com/Author_ Page. asp? AuthorId =/49/）的以下文章：

1. 《WTO 协议概述》
2. 《条约解释的局限性》
3. 《法律与人生》

4. 《WTO 是模范国际法》
5. 《WTO 裁决对中国法院审判的启示》
6. 《用 WTO 的眼光看欧洲法院判决》
7. 《用 WTO 的眼光看美国法院判决》
8. 《中国参与 WTO 争端解决机制的历程》
9. 《最好的律师》
10. 《WTO 上诉机构的条约解释》（另见《用 WTO 的眼光看美国法院判决》的附件）
11. 《习以为常——我们在 WTO 打官司》
12. 《熟面孔——在 WTO 打官司那些人》
13. 《知人论事——评 James Bacchus 的大作》
14. 《苏格拉底的追问》
15. 《千姿百态——风格各异的 WTO 专家组》
16. 《拷问——上诉机构听证会简介》
17. 《漫谈 WTO》
18. 《WTO 法的魅力》（另见《WTO 裁决对中国法院审判的启示》的附件）
19. 《WTO 的理念》
20. 《WTO 的诞生》
21. 《GATT 的起源》

发展与互动

——《WTO 与中国：法治的发展与互动》[1] 序

2010 年 4 月，我与陈安先生通电话，谈起"中国加入 WTO 十周年"和"国际法治"等话题。陈安先生当即决定，在中国国际经济法学会年会期间，举办一次专题研讨会。于是，就有了 2010 年 10 月份在南京举行的"WTO、法治与中国——中国加入 WTO 十周年研讨会"，国内一些 WTO 法律方面的专家、律师和官员参加了会议。这可能是国内第一个以"十周年"和"法治"为主题的 WTO 研讨会。对于陈安先生高度的时事和学术敏感性，我深深地钦佩。

与会者感觉受益匪浅，认为这个主题非常重要，很有意义，应当把这次会议讨论的内容保留下来，并且适当扩大讨论者的"圈子"。于是，在陈安先生的亲自过问下，就有了这本书。

我很喜欢这个书名：《WTO 与中国：法治的发展与互动》。我认为，WTO 是国际法治（international rule of law）的典范。按照亚里士多德的理解，"法治"是指良好的法律得到良好的遵守。"良好的法律"，至少法律制定的目标应当是良好的，并且法律制定的程序是正当的。从这两个方面来看，WTO 具备了"良好的法律"的条件，因为 WTO 的目的是促进世界和平，并且所有 WTO 规则都是"全体一致"（consensus）通过的。至于"良好的遵守"，我们无法判断 WTO 的众多成员是否认真遵守了 WTO 规则。然而法律是否得到很好的遵守，有一项客观的标准，即法院的判决是否得到了很好的执行。在这方面，WTO 堪称典范，因为 WTO 自成立以来，争端解决机构作出的 100 余个裁决都得到了执行！对于多数裁决，"败诉"一方的成员改正了被诉措施。少数裁决，双方对于裁决是否得到执行发生了争议，于是再次诉诸 WTO。只有极少数裁决，"被诉"成员无法改正措施，给予"胜诉"成员贸易补偿，或者由"胜诉"成员"中止减让"（报复），但无论是补偿还是报复，都是在 WTO 的法律框架内进行的，也就是说，是按照 WTO 所规定的程序进行的。

---

[1] 杨国华：《WTO 与中国：法治的发展与互动——中国加入 WTO 十周年纪念文集》，中国商务出版社 2011 年 10 月版。

迄今为止，尚未出现某一成员公然表示拒不执行 WTO 裁决的情况！因此，我们可以说，在 WTO 这里，是"良好的法律得到良好的遵守"。在 WTO 这里，我们看到的不是国际强权，而是国际法治。在 WTO 这里，国际法不再是躲躲闪闪的"软法"，而是堂堂正正的"硬法"。因此我说，WTO 是国际法治的典范，应当为其他国际组织所效仿。

我很喜欢这个书名，还因为它涉及了 WTO 与中国在法治方面的"互动"。中国加入 WTO 十年了，不仅广泛参加了 WTO 规则的制定，而且认真遵守了 WTO 规则。对于前者，主要是全面参加了新回合谈判。对于后者，主要包括两个方面，即加入时大规模修改法律法规和后来积极参与 WTO 争端解决。其中，在争端解决方面，有些案件中，中国是"原告"；另外一些案件中，中国则是"被告"。作为"原告"主动提起诉讼，是遵守规则的体现（依法解决争端）；而作为"被告"积极应诉，也是遵守规则的体现（自觉接受管辖）。特别值得提及的是，在有些案件中，中国"败诉"了，但中国都认真执行了裁决，有的改正了措施，有的甚至修改了法律！我认为，与起诉和应诉相比，执行裁决更能反映一个成员的规则意识！因此，在中国参与 WTO 事务方面，我们看到了中国对"国际法治"的贡献！WTO 对中国产生了影响，中国也对 WTO 产生了影响，我想，这就是"互动"的内涵。

我知道，对于以上观点，并不是所有人都会同意（将我自己的观点强加于人也非我本意）。就从本书所选文章来看，也是仁者见仁，智者见智。然而大家畅所欲言，各抒己见，恰恰也是法治所要实现的效果。法治承载着法律人的理想，对国家发展和世界和平至关重要。我想，这就是这么多专家殚精竭虑，苦思冥想，写作一篇篇文章的动力。

我也知道，本书选取的文章并不能囊括所有观点。但我相信，"WTO 与法治"会是人们长久谈论的话题。本书能够引发这个话题的讨论，其目的就达到了。

是为序。

杨国华
2011 年 9 月 8 日

十 年
——《WTO 的理念》[1] 前言

十年了，有太多的事情值得回忆。

十年了，有太多的想法值得总结。

十年了，我拿这本书奉献给你。

那么，再过十年，我拿什么奉献给你？

1999 年年底，我有幸参加了热火朝天的中美加入 WTO 谈判，见证了双方代表签字的那个激动人心的时刻，对中国将会出现什么变化充满了种种猜测，有期待，也有担忧。

2000 年年初，我全职开始了为履行加入 WTO 承诺"清理法律法规"的工作，披星戴月，如火如荼，但对这场"变法"运动的历史意义并没有特别清醒的认识。

2002 年年初，我赶上了中国在 WTO 中的"第一案"——美国钢铁保障措施案，在 21 个月的时间里，经历了 WTO 争端解决机制的全过程，初尝了这套诉讼机制的魅力。

后来，我干脆就专门做争端解决工作了。在四年时间里，研究诉讼程序和案例，研究涉及中国的重点经贸问题，还经历了中国第一次当被告——美国诉中国的集成电路增值税案，对 WTO 规则的理解越来越深入。

再后来，2006 年年初，我被派驻华盛顿中国大使馆担任知识产权专员，似乎暂时离开了 WTO 工作。2008 年年底回国后才发现，近三年在美国的经历，让我增加了对美国的了解，更加熟悉了与美国人打交道的方式。而中国当前的贸易争端和 WTO 诉讼，绝大多数都是与美国进行的。此外，知识产权保护是美国关注的头等议题，在美国的相关工作也让我更深地理解了其中的原因，进而理解了贸易争端发生的根源。因此，当我回国工作，一次次飞往日内瓦与美国人磋商、开听证会的时候，我感到从容了许多。

---

[1] 杨国华：《WTO 的理念》，厦门大学出版社 2012 年 4 月版。

十年了，我们在 WTO 打官司已成家常便饭。我们发现了 WTO 争端解决机制的一些特殊功效：能够澄清规则，对谁是谁非给个说法；能够使贸易伙伴保持理智，不让摩擦升级；能让双方摆脱纠缠，将精力投入到建设性的工作中。本书的第三、第四部分，就是展现了争端解决机制的运作情况，让大家看看打官司的"秘诀"。同时，我相信大家也会同意"WTO 是国际法治典范"这一结论。

十年了，我们对 WTO 的认识有何变化呢？WTO 所倡导的自由贸易有利于世界和平，其实现方式是推行降低关税、非歧视、增加透明度等以法治为基础的多边贸易体制，涉及中国的争端解决案件和贸易政策审议，特别是 2008 年的世界金融危机，让我们有了切身的体会。因此，此时看看本书第一部分的内容，从头回顾一下 GATT/WTO 的出发点和基本内容，必定有温故知新之效。

更为重要的是，十年来，WTO 对中国产生了哪些影响？我将 2002 年写的几篇文章放在附录中，请大家对照一下，一定会有所心得。

当然，中国这十年做得怎样，不仅需要自己思考，还应当看看别人的评价。本书第二部分提供了三份资料。别人褒也好，贬也罢，我们都有自己独立的判断。

最后需要说明的是，附录中的"势力——美国对华贸易政策中的人与事"和"苏格拉底的追问"，一是想增加大家对美国这个打交道最多的贸易伙伴的了解；二是想告诉大家，制定我们自己的贸易政策，要经得起"苏格拉底式"的追问，因为 WTO 是讲理的地方，我们在打官司和进行贸易政策审议的时候，就是这样被别人追问的。

转眼间，中国成为 WTO 成员已经十年了！WTO 给中国带来的好处不言而喻，有目共睹。我希望，未来十年，中国会对这个惠及全球的多边贸易体制有更大的贡献。到时候，我也会有更好的著作奉献给你。

（2010 年 1 月 30 日）

影 响

——《入世十年 法治中国》前言
（纪念中国加入世界贸易组织十周年系列访谈录）

一年多以前，我们几个好友聚到一起，说起中国加入世界贸易组织（WTO）快十年了，作为从事 WTO 研究和实务工作的人，应该做点什么来纪念这样一个重要的日子。

我们还清楚地记得，《人民日报》在 2001 年 11 月 11 日发表了一篇社论——《中国改革开放进程中具有历史意义的一件大事——祝贺我国加入世界贸易组织》。社论说：加入世界贸易组织标志着"我国对外开放事业进入一个新的阶段。这是我国现代化建设中具有历史意义的一件大事，必将对新世纪我国经济发展和社会进步产生重要而深远的影响"。时光荏苒，到今年的 12 月 11 日，中国加入 WTO（"入世"）整整十年了。这十年来，"入世"究竟给中国带来了哪些方面的变化？中国以后该朝着哪个方向发展？我们想，这可能是很多人都想知道的一个大问题。

在我们看来，WTO 对中国的影响是方方面面的，因此，利用中国"入世"十周年纪念这一机会来回顾一下十年来的变化，对于我们坚定信心、展望未来是很有意义的。由于我们都是从事法律工作的，考察 WTO 对中国法治建设的影响是我们义不容辞的责任。于是，我们决定从"入世"对中国法治的影响这一角度，拜访在中国"入世"过程中以及在中国"入世"后起着重要作用或者在 WTO 领域具有重要影响的一群中国人和外国人。我们拜访的人包括前美国贸易代表巴尔舍夫斯基大使、美国享有世界声誉并被称为 WTO 之父的 Jackson 教授、WTO 上诉机构前主席和现任"大法官"、直接参与中国"复关"和"入世"谈判的核心人员、中国负责外经贸法律工作的官员、中国驻 WTO 使团的官员、中国在 WTO 秘书处工作的"内部人士"和 WTO 总干事拉米身边工作的人、美国负责中国事务的贸易代表助理、WTO 专家组成员、欧盟大名鼎鼎的贸易法律师、代理 WTO 争端解决案件的国内知名律师、中国高校长期从事 WTO 研究的著名学者等。这些人中的每一位都是 WTO 界响当当的人物！我们希望，透过他们的亲身讲述，让我们有机会从多个不同的视角来审视中国"入世"十年来的发展和变化,尤其是在法治建设方面的发展和变化。摆在读者面前的这本读物就是在这样的背景下诞生的。

明确立意之后,我们开始约见和访谈这些"当事人",并针对每位受访者拟定详细的访谈大纲,希望尽可能地通过他们各自不同的亲身经历给出读者们希望知晓的答案。令我们感动的是,在我们发出访谈邀请之后,这些曾经并且现在仍然继续从事 WTO 相关工作的专家们,仿佛与我们心有灵犀,欣然接受了我们的请求。当时,我们心中的喜悦与激动可想而知!

在随后的几个月时间里,在清华大学、中国人民大学、对外经济贸易大学、王府井东方广场的写字楼和君悦酒店、中外律师事务所的办公室、餐馆和咖啡厅,在美国华盛顿的乔治城(Georgetown)大学,在美国顶级律师事务所总部的办公室,到处都留下了我们与专家们一一访谈的身影。受访专家经常是刚刚下了飞机还没有习惯时差就直奔访谈地点,有的专家则是利用短暂的回国休假时间或者出差时间接受访谈,还有的专家在无法抽出时间接受面谈的情况下给我们发来了手稿。受访专家们的大力支持和认真精神感动了我们!在那段时间里,虽然身体是累的,但我们的内心是激动的,我们的收获是丰富的!我们是如此近距离地聆听他们的经验和见识,感受他们的风采和智慧!我们是如此无所顾忌地提出我们想知道的每一个问题,生怕错过了难得的机会!每一次访谈结束后,我们总是感慨万千。每当这时,我们就感觉到,这一系列访谈,不仅仅是回顾与展望,更是我们自身提升的难得经历!从每一个访谈中,我们了解到不为人知的故事和事实真相,思考了前所未想的问题。就这样,每一次访谈,我们都沉浸在兴奋和感慨之中。我们尽情地提问着,交流着,以至几乎忘却了我们访谈的主题:WTO 对中国法治建设的影响!

当几个月的访谈结束后,我们开始静下心来,仔细翻译、整理和阅读每篇访谈稿。通读下来,我们终于松了一口气——我们的访谈目标实现了!因为尽管受访专家们来自不同的国家,从事不同的职业,但是,他们都有一个共识:WTO 是国际法治的成功典范,它为世界的稳定与和平作出了积极贡献。加入 WTO 更是对中国的法治建设产生了积极而深远的影响,它促使中国以国际规则为立法准则,促使中国认真履行 WTO 承诺,促使中国积极运用 WTO 争端解决机制,等等。十年来,中国已经走上了法治的轨道,形成了完善的法律体系。当然,专家们也提出了中肯的建议:不要神化 WTO,不要夸大 WTO 对中国改革开放的影响。中国的改革开放是自主性的,不是任何外力强加的。我们应该以切切实实的客观态度看待 WTO 对中国政治经济发展所起的作用。同时，中外专家们还告诫我们，中国"入世"将近十年，中国已经不再是新成员了。在未来的日子里，中国应该在 WTO 中发挥更大的作用！

为了使大家了解美国对中国"入世"十年的看法，我们对"美中经济和安全审查委员会"在 2010 年 6 月 9 日举行的听证会进行了翻译和整理。这次听证会的主题是"中国在 WTO 中的作用：过去和将来"。纵观听证会十四位嘉宾的发言，或理性或感性，但都反映了外界对中国"入世"的看法。我们希望透过这些看法，能够为大家开拓新的视野。

摆在读者面前的这本书一定存在着这样或那样的不足，例如，由于时间和联络等因素所限，我们只访谈了目前的十三位专家。但是，我们为受访专家们有如此广泛的共识感到欣慰！在中国"入世"二十年或者更长时间之后，当读者读完这本书，若还能够从中发现一片别样的天地，那么我们的目的就达到了！

三、随笔

熟面孔

——在WTO打官司的那些人

又一次来到WTO开庭。已经说不清是第多少次了。尤其是这两年，涉及中国的案件激增，我们往日内瓦跑的次数也更加频繁。因此，对于我们来说，开庭已属家常便饭。

这次坐在"法官席"上的法律秘书好面熟啊！原来是2002年"美国钢铁保障措施案"的秘书！那时我们刚加入WTO几个月，那个案件也是我们在WTO的"第一案"。记得她当时忙前忙后的，让我们对于法律秘书的职责充满了好奇。后来我们了解到，那个案件的裁决也是她主笔。八个原告，一个被告，上万页的材料，众说纷纭的观点，到了她笔下，就变成了清晰简明的法律结论。这个案件的裁决，得到了上诉机构的全面支持。我在网上查找过她的信息，知道她的研究范围很广泛，写过反倾销、保障措施、政府采购、人权、环境等方面的文章。我明白，专家组审理案件，是对相关事实和法律彻底清查，往往一个案件下来，参与者都成了这个方面的专家。

开庭间歇，我上前递名片寒暄。回忆起八年前一起经历的案子，大家都很开心。她说，自己1994年就加入这个组织了，属于WTO秘书处法律司第一批人员，办理的第一个案件也就是WTO的第一个案件——"美国汽油标准案"。后来，她去了总干事办公室工作，最近又回到了法律司。她说，前段时间竞争了司长职位，但没有成功。我随口说道："祝贺你。"她盯着我说："是没有成功。"我笑着解释："这样你负担会少一些，有更多时间写文章啊。"她恍然大悟，"嘿嘿"地笑。她说，这是她回到法律司以后的第一个案件。我心里想，与八年前相比，她处理案件应当更为驾轻就熟了吧。

WTO法律司司长的职位，被原上诉机构秘书处主任竞争去了。那人也非同小可，是个大大的专家，写过不少文章。曾经有一篇文章回忆过她参与处理"美国钢铁保障措施案"上诉的经过，说那是当时WTO所遇到的工作量最大的案件，上诉机构秘书处派出了强大的团队帮助上诉机构成员工作。她从上诉机构秘书处转到法律司，我早就听说了。但我一直在想：这对将来的上诉会产生怎样的影响呢？上诉机构秘书处与法律司之间的关系，有点是审查与被审查的关系：法律司所写裁决中的法律适用和法律解释问题，一经上诉，就要受到上诉机构秘书处的严密审查，并且上诉机构秘书处有权"维持、修改或推翻"裁决。按照WTO争端解决程序的规定，这种审查与被审查的关系，理论上是上诉机构和专家组的关系。而实际上大家都明白，这背后还有两拨法律秘书之间的"较劲"。专家组是临时的，活干完就解散了，并且法律秘书对专家组在法律理解和法律论证方面的影响会更大一些，因此，与上诉机构秘书处同事们"抬头不见低头见"的法律秘书，会有更大的心理压力。而现在，上诉机构秘书处的头儿成了法律司的头儿，两个部门之间的关系会有什么变化吗？法律司会在法律上"更加严谨"吗？上诉机构秘书处会"手下留情"吗？此外，据了解，法律司的人也有转到上诉机构秘书处工作的。那么这对相互的工作又会产生怎样的影响呢？

上诉机构与法律司之间的这种微妙关系，还体现在具体案件的审理中。曾经有两个涉及中国的案件，专家组主席都是前上诉机构成员！上诉机构对"老同事"作出的裁决，会"另眼相看"吗？

就在我和"老熟人"聊天的时候，我们聘请的律师也在与对面的原告美国贸易代表办公室的律师热火朝天地聊着。原来，原告的律师几年前曾经在这家律师事务所工作过。昔日的同事在这种场合见面，亲切中暗含着较量。我揣测着他们的心理状况，想到不久前的另一个案件，我们聘请的这位律师与另一个美国贸易代表办公室的律师在庭上唇枪舌剑，庭下却握手拥抱，因为多年前他们曾在美国贸易代表办公室共事，且"关系不错"。这世界真的很小！

这世界真的很小。本案中，另一原告欧盟代表团的一个小伙子，在六月份举行的欧盟诉中国案件的磋商中，是主要提问者，显然是主办律师；在第三方会议中发言的智利代表，是另外一个涉及中国案件的专家组成员。此外，在"美国钢铁保障措施案"中，欧盟联合中国等国家起诉美国；而在本案中，欧盟与美国坐到了一起，协调立场，共同起诉中国。

随着涉及中国案件的增加，我们见到的熟人也越来越多，感觉在WTO打官司，转来转去就这么几个人在排列组合。他们一人担当不同的角色，有什么工作原则吗？例如，本案法律秘书，我当初认识她时，她负责中国原告的案件，但今天她则审理中国被告的案件，她需要进行角色转换吗？是"屁股决定脑袋"吗？

细细观察，发现虽然他们处于不同的位置，代表不同的利益，但他们的姿态是大同小异的——他们都是在振振有词地阐述自己对WTO规则的理解，起诉是这样，辩护是这样，裁定也是这样。对于同一个条款，原告、被告、第三方、专家组可能会有各种各样的理解，但大家的共同任务是澄清规则的含义。也正是由于这个共同点，大家才能忘掉过去的复杂关系，坐在一起心平气和地讨论问题。我想，严肃认真地对待规则解释问题是大家的共识，而无论过去的关系亲疏远近，都不会影响这一点。

千姿百态

——风格各异的 WTO 专家组

上午十点，专家组主席敲了敲木槌，宣布听证会开始。会场安静下来，案件当事方代表几十双眼睛齐刷刷投向了专家组坐席。

台上坐着八个人，两侧是 WTO 法律司的法律秘书和实习生等，中间坐着三位专家组成员。主席先生是乌拉圭人，而他的两边，一位女士是新西兰人，另一位先生是马来西亚人；他们都受过法律教育，现在或曾经在联合国或 GATT/WTO 当（过）大使。这是一个比较典型的专家组，其成员是小国的资深外交人士。小国的贸易利益并不广泛，在筛选过程中不易受到当事方的反对；而外交人士有丰富的国际经验。当然，有些专家组更加"典型"，其成员都是常驻日内瓦的外交官，这样 WTO 可以节省差旅费；有些专家组比较偏离"典型"，其成员也有来自大国的专业人士。当然，也有些专家组的成员并没有法律背景。为本案而临时组合在一起的这样三个人是如何就国家之间的贸易争端作出法律裁决的，让人们充满了好奇，也必定有太多的故事。

听证会开始时，照例是先原告后被告地宣读"口头陈述"（oral statement）。这基本上是双方简明扼要地阐述自己的观点，为了给专家组一个最新的印象。专家们看着面前的书面稿，随着当事方的朗读翻页。不知道专家们看着别人朗读，与自己阅读有怎样的差别。自从能够识字阅读以来，我们似乎已经习惯了自己看书看材料，可以随心所欲，前后对照，而对这种拿着稿子听别人朗读的情况，多少觉得有点怪异。交叉阅读完毕，最少要三四个小时。据说有一个复杂的案件，一方朗读就超过了四个小时！可想而知，人的注意力不可能如此长时间集中，因此，有的专家会交头接耳，有的专家会昏昏欲睡。本案的专家组主席则时而抬头看看朗读者，仿佛是要确认这种声音的确是从这个人那里发出来的。

朗读终于结束了，一般会进入专家组提问阶段。此时，所有人的耳朵都竖着，生怕漏掉一个字，因为这事关对专家组问题的准确理解和正确回答。专家组面前会有长长的问题单，并且三个人按照分工轮流提问。专家组有的很厉害，经常打断当事方的回答提出新问题；有的很温和，基本上就是照本宣科，当事方回答完毕就进入下一个问题。还有的专家组提出问题后，当事方要求澄清问题时，他们就不得不与其他成员以及法律秘书紧急交头接耳。专家组不同，法律秘书的表现相应也就不同。有的一会儿给专家组递纸条，一会儿对主席耳语，忙得不亦乐乎。有的则笑眯眯或呆乎乎坐着，整场听证会下来似乎什么事都没有。因此，人们认为专家组有"强势"和"弱势"之分。强势专家组对程序和法律问题驾轻就熟，而弱势专家组则离开秘书就不知所措了。

本案专家组显然属于强势，主席审理过若干案件。然而这个专家组似乎太强势了，以致"口头陈述"结束后宣布休庭，明天按时召开第三方听证会，说会后如果有时间，就用于提问！双方律师颇为意外，因为他们已经为问答准备了相当长时间，对专家组可能提出的问题多次进行"沙盘推演"，此刻正信心百倍，准备大展身手呢！人们颇为失望地离开了会议室。

第二天是第三方听证会。专家组请第三方发言，声明专家组和当事方都可以向第三方提问。第三方与案件并没有直接贸易利益关系，有些是就规则的某个理解发表看法，而有些就是来听听，拿点资料，并不发言。专家组对第三方的期待一般不高，可能会象征性地提几个问题，对回答也不深究；当事方也不屑与第三方较真，不管第三方的观点是赞成还是反对自己，都是静静地听着。本案就是这样，两个小时后，九个第三方发言结束，主席就宣布散会了。

然而本案专家组却同时宣布了一项令我们面面相觑的决定：今天专家组成员要讨论一下向当事方提出的问题，明天同一时间召开当事方听证会！

专家组又不提问啦？这是怎么回事？我问"久经沙场"的我方律师，他的分析是：可能专家组在会前没有认真阅读案卷，也可能专家组在听了第三方意见后想调整问题。我问，是不是也有可能专家组觉得胸有成竹，提问不提问都无所谓呢？他说也有可能。大家都很惊讶，有位律师盯着专家组目瞪口呆，脱口而出两个字：Come on!

人们议论纷纷，满腹狐疑地离开了会议室。但是，还有一个通知让人大惑不解：专家组的问题单，将于下午五点之前发送到各位邮箱。什么？明天要提的问题，今天就发送给当事方？是为了让大家充分准备？一定是问题太多，为了节省时间吧？想到这里，人们心里多少有了点平衡，也摩拳擦掌憋足了劲，准备今晚挑灯夜战。

然而收到问题单，律师们一下子全泄了气。只有短短一页不疼不痒的八个问题！这到底是怎么回事？What's going on?

第三天上午，专家组煞有其事地开庭了。主席说，问题单各位已经收到了，希望没有让大家度过一个不眠之夜；我就不读问题了，大家开始回答吧。就这八个问题的回答，听证会一直持续到下午五点！专家组几乎没有后续提问，主席和女士各提了一个逻辑性的问题，另一位先生始终一言不发。法律秘书们也优哉游哉，无所事事。那么五个小时都花哪儿去了呢？可以想象，是双方律师轮番上阵，充分发挥了自己的辩论才华。主席看谁举牌子，就让谁发言，还戏称"我们今天有的是时间"。律师们这两天攒足的力气得到了宣泄。当然，这还不是充分的宣泄，因为他们不得不围绕那八个可怜的问题阐述，没有办法展现自己所做的全面充分的准备。

　　听证会就这样结束了。看来专家组的确胸有成竹了。虽然说开庭也好，提问也好，目的都是为了让专家组更好地了解案件事实和法律争议，专家组完全有权决定提不提问题和提多少问题，然而本案的专家组，的确是我们所遇到的最有个性的专家组。

拷 问

——上诉机构听证会简介

上诉机构听证会，常常给人一种"缺席审判"的感觉。案件一方对专家组裁决不满，"义愤填膺"地列举裁决中的种种错误。此时的"被告"应当是专家组，由他出庭辩解，论证自己的裁决是正确的。然而替专家组"辩护"的，却是案件的另一方！作为案件当事方，怎么可能为"初审法官"进行最佳辩护呢？裁决是专家组写的，当事方只是"读者"，需要"深入领会"专家组的意图。当事方也许会喜欢对自己有利的某段裁决，但不一定会喜欢这个裁决的推理过程，觉得论证过于单薄，甚至论证中有瑕疵。现在要这个当事方一味称赞专家组，就有点勉为其难了。在"交叉上诉"的情况下，当事双方都就专家组裁决中的某些方面提出上诉，一会儿说专家组这一点裁决是对的，一会儿又说专家组另一点裁决是不对的，"被告"专家组的形象就更为模糊了。

那么在"被告"缺席的情况下，上诉机构是如何作出"高明"判决的呢？

上诉机构成员是"公认的权威"（recognized authority，《争端解决谅解》第17条第3款），都受过较好的法律训练，有丰富的法律实践经验，多数是资深的法官、教授、律师、前官员。上诉机构是常设的，这些人最少干四年，对 WTO 规则特别是 WTO 的成案比较熟悉。上诉机构由七个人组成，虽然每个案件由其中的三个人负责审理，但案件判决要召开七人会议讨论。相比之下，专家组则是"海选"产生的，只要"合格"（well - qualified，《争端解决谅解》第8条第1款）就行。其为一个案件临时组织一个"合议庭"，审完案件就各奔东西，对 WTO 规则未必有精深的了解。此外，每个案件，除了 WTO 秘书处提供的两个法律秘书外，就没人可商量了。

进行这样的比较，并不是想厚此薄彼。WTO 争端解决机制的设计理念，本身就兼具仲裁庭和法院的特点。这套机制的目的是快速解决成员之间的贸易争端（prompt settlement，《争端解决谅解》第3条第2款）。从这个角度来看，专家组是有优势的，因为他们常常是来自与案件相关行业的专家，对商业实务有很好的意识，对某件事情作出是非判断比较准确。也正是因为这样，大量的案件在专家组阶段就解决了。此外，专家组会同当事方厘清案件事实，就法律问题进行辩论，并且为法律适用和法律解释提供一条思路。正是在这个基础上，上诉机构才能单刀直入，将全部精力投入到法律问题上来。

上诉阶段是专门关于"法律"和"法律解释"（《争端解决谅解》第17条第6款）的，属于"法律审"，而在这方面上诉机构的确有优势。

上诉机构面前的问题，仅仅是屈指可数的几个法律点，不像专家组那样要处理成堆的事实和法律问题。他们会认真阅读专家组裁决，法律秘书会为他们准备本案的重点和相关案例。因此，他们对于所需要解决的问题，心中十分明了。在这样的背景下，围绕这几个法律点，他们会同秘书准备大量的问题，在听证会上一个个抛出来。

参加听证会的不仅有当事方，还有第三方。试想一下，几十号甚至上百号人济济一堂，围绕这么几个法律点，针对上诉机构所提的问题，各抒己见，畅所欲言，会是怎样的效果？当事方在经历了专家组的两次开庭以后，对自己的观点和立场表达得更加清晰；第三方作为"旁观者"，听着当事方的唇枪舌剑，常常会有独到的见解。"高人"上诉机构成员则"坐山观虎斗"，美滋滋地俯视着各位"斗法"。见大家开始疲倦冷场，就再扔一块"骨头"，于是，大家立刻又激烈地争抢起来。"事不辩不明"，经历了如此充分的辩论，关于某个法律点的所有理解，所有角度，可能无一遗漏！此时，上诉机构成员才心满意足，宣布进入下一个法律点。

什么样的法律解释，能够经受住如此这般的拷问！也只有经历这样的拷问，对WTO规则的某种理解才可能是靠得住的。而保证WTO规则的准确理解，恰恰是上诉机构的最高理想。

这么多"高手"拿着放大镜审查专家组裁决中的每个表述，每个文字，对裁决的理解应该不会有什么偏差了。然而"缺席审判"总让人觉得，如果"被告"在场，会不会更加有效，更加精彩？

习以为常

——我们在 WTO 打官司

一、长途跋涉

我们习惯于乘坐中国国际航空公司 CA 931 航班，在法兰克福机场转乘德国汉莎航空公司 LH 3674 航班前往日内瓦。

在北京登机时间是下午两点，到达法兰克福是当地时间下午六点。在长达十个小时的飞行中，我们常常会阅读随身携带的案件资料。虽然绝大多数工作都已经在出发前完成了，但打官司的事情是精益求精、永无止境的。对资料掌握得越清楚，开庭效果就越好。"临阵磨枪，不亮也光"，我们都习惯了抓紧这最后的时光。当然，对于某些问题，我们也可能会在旅途中深入讨论。没有干扰，专心致志，机舱成了我们高效工作的办公室。

累了，可以聊聊天，翻翻闲书，看看电影；或者发一阵呆，打几个盹；还可以吃两顿饭，俯视机舱外的景致。这个季节，头顶是湛蓝天空，脚下是朵朵白云，还有雪山沙漠，江河湖泊。想象着这个巨大的飞行器，载着几百号人，穿行在半空中，倒也颇为惬意。

法兰克福机场是欧洲最大的机场，很多来自世界各地的人在这里中转，再飞往欧洲其他地方。我们在这里要等候两个半小时。下了飞机后，我们一般都是直接入关，然后重新安检，直奔 A42 登机口。到了那里，大家放松下来，有人围在一起打扑克，有人独自坐在椅上打瞌睡。这时候，几乎没有人读材料看书了。毕竟北京时间已经过了午夜，大多数人都神情疲惫，眼睛发红。然而也出现过例外的情况：在公务舱休息室，团长召集代表团核心成员研究最后方案。对了，我们这些人大多是"常旅客"，持有国航金卡，可以进公务舱休息室免费吃喝。

等到上了汉莎的飞机，大家已昏昏欲睡，东倒西歪。北京时间凌晨三点钟，连上帝都无法阻止人们入睡。此时，估计连团长都不会考虑案件的事情了。虽然飞行时间只有四十五分钟，但我们都睡得香喷喷的。

到了日内瓦,是当地时间夜里十点半。与接待我们的中国常驻 WTO 代表团人员握手寒暄,上车,入住旅馆,上床,迅速接上了飞机上没有做完的梦。第二天早上见面,大家会热烈交流昨晚睡了几个小时醒了几次。年纪轻的睡好了,洋洋自得。年纪大的没睡好,愁眉苦脸。

二、湖畔漫步

然而早餐完毕,西装革履来到湖边,全体代表团立即神清气爽、精神百倍了。初夏时节,空气清新,微风习习。莱蒙湖湖光山色,美不胜收。青山碧水,蓝天白云,绿树嫩草。举世闻名的喷泉从波光粼粼的湖面喷薄而出,高达百米,傲然耸立。远处是绵延的阿尔卑斯山脉和隐约的勃朗峰白雪。硕大的白天鹅在石头岸边梳理羽毛,彩色的鸳鸯和灰色的野鸭在清澈见底的湖水里捕鱼嬉戏。从旅馆到 WTO 总部,走路只有二十分钟,却是我们最为心旷神怡的一段路程。只要天气状况允许,我们都会步行前往 WTO。

因此,当我们坐到 WTO 会议室里,个个精神抖擞,全然忘却了长途跋涉的劳累和睡眠欠佳的疲倦。

湖边的路直接通向 WTO 总部后面的公园。这里有宽大的草坪,参天的雪松,粗壮的梧桐。WTO 是一组老建筑,典型的欧洲古典风格,厚重的石墙,精致的浮雕,红色的房顶,宽大的窗户,沉甸甸的大木门,以及门两侧巨大的石雕女像(和平女神与正义女神)。四周有大大小小的雕塑,楼内装饰着各色壁画。大堂宽敞高大,人来人往。我们如果来早了,会去一楼拐角处的小书店看看有什么 WTO 新书上架,也会去二楼的图书馆翻阅一下历史资料。图书馆门墙,是巨大的蓝色马赛克画;两侧的墙上,也是巨幅绘画。当然,如果快到开庭时间了,我们可以去一楼的咖啡厅,花上 1.9 瑞郎,买一杯香浓的咖啡。这咖啡很神奇,能够保证一个上午神采奕奕。

三、全力以赴

湖畔的美景加上香浓的咖啡,让我们欢声笑语,喜笑颜开。是的,开庭前我们是轻轻松松、开开心心的。不仅是代表团成员之间谈笑风生,不仅与专家组成员及秘书处人员握手寒暄,我们还与对方代表团成员互致问候,嘘寒问暖,说一些"早上好""很高兴见到你""今天天气不错"之类的套话。一时间,会议室里洋溢着和谐欢乐的气氛。

然而这毕竟是争端解决案件开庭。当专家组主席宣布会议开始时,大家正襟危坐，笑容也渐渐从人们的脸上褪去，仿佛一石投湖的涟漪一圈圈消失，代之以平静和严肃。

人们坐着厚重的木椅，伏着厚重的木桌，一只耳朵挂着耳机，静静地望着专家组成员，听主席宣布会议日程。

我们把这叫会议，因为这就是在普通的会议室举行的。这个活动，正规的说法叫"实质性会议"（substantive meeting），俗称"听证会"（hearing），而我们有时候干脆称作"开庭"——虽然 WTO 不愿自称法院，但事实上这就是审理案件的法院开庭，专家组经过与当事方两次见面，会就双方的争议作出裁决。

会议桌窄窄的，一排横摆，是专家组的位置；另外两排竖摆，当事双方面对面坐着，中间是空地。我们向左侧脸看着专家组成员。虽然是第一次见面，但这三个人的背景我们是了如指掌的。在过去几个月里，WTO 秘书处三次提出专家组名单，每次提出六名，供双方作出评论。我们评头论足，这个不行，那个不要。双方同意的人才留下来。有时候需要 WTO 总干事指定，但我们也会收到秘书处的正式通知，附有专家组成员的简历。可以想象，秘书处向总干事推荐指定名单的时候，也会考虑本案中双方提出的要求，例如，要有来自发展中国家的人，要有某方面专业知识的人，没有发表过与本案纠纷相关的立场，等等。因此，不论是双方同意还是总干事指定，在选择专家组成员方面，当事方意见都起到了举足轻重的作用。

虽然并不陌生，但这些人第一次从纸面走到了现实，我们多少还是感到有点新鲜的，会将他们的形象与我们的想象进行对比。他们不像法官，没有法官的威严。他们本身就不是法官，而是贸易官员或专家学者，由于一个"偶然的原因"而坐上了"法官席"。他们主持开庭，也像召集会议一样，对大家客客气气的。

按照主席要求，双方介绍代表团成员名单后，就正式开庭了。开庭的顺序，一般分为四个阶段：起诉方宣读"口头陈述"（oral statement），被诉方宣读口头陈述，双方互问，专家组提问。

宣读口头陈述，是当庭陈述自己的观点，用简明扼要的语言，将事先提交的正式"书面陈述"（written submission）中的观点提纲挈领地说出来，给专家组以清晰的印象。这当然是很重要的开庭程序，然而对于宣读者来说，却是件艰难的事情。你知道在场的所有人都拿着这份发言，却要把他们当作文盲一样，一字一句念给他们听！何况你的英语发音有时候并不标准！何况要念的往往是几十页的材料，需要耗费一两个小时！因此，宣读这个材料，对精神和体力都是一个考验。当然，后来我们学聪明了，两三个人分工念：代表团团长念开头和结尾，其他人各分几页。这样，不仅宣读者的负担轻了一些，效果也好了一些。有了变换，大家听起来没那么累了，专家组成员打瞌睡的情况明显减少。有的专家组会在双方宣读期间插问，具有很强的抑睡效果。对了，我们的口头陈述一般都是以"感谢专家组为本案所付出的努力"这种奉承的客套话开始的。

双方念完口头陈述，一个上午往往就过去了。其间，起诉方念完后，会休息十五分钟，大家起身放松一下。专家组成员，秘书处人员，当事双方代表团，彼此会聊天说笑，其乐融融。大家为了一个共同的目标，被隔离在小小的会议室里这么长时间，总会产生交流的愿望。我们知道，等到两天开庭结束，大家会成为朋友，握手告别时会颇有点依依不舍的。

开庭的时间一般是上午十点到下午一点，然后是下午三点到六点。我们午饭一般各自解决。有人喜欢一楼咖啡厅的金枪鱼三明治或火腿三明治，有人喜欢楼上餐厅的热食，有人则到马路对面的"汉龙"吃一份简单的中餐。我们喜欢饭后到湖边走走，呼吸新鲜空气，享受阳光。我们代表团的一些前卫人士，干脆拿着三明治、沙拉和饮料，站在湖边或坐在草坪上，就着美景用餐。从枯燥乏味的会议室，来到景色迷人的大自然，强烈的反差让我们恍然不知身置何处。对于我们来说，日内瓦只意味着两件事：在楼里开会，在湖边赏景。我们豁然发现，这两者其实是相互促进的。如果只有一个，我们就会不堪重负，或者百无聊赖。

开庭的时间到了，大家慢腾腾、一步三回头地离开了湖边。

专家组主席欢迎大家回来。他一般会首先问双方是否有互问的问题。看到双方代表团团长"呆若木鸡"或"摇头晃脑"，主席宣布直接由专家组提问。主席知道，当事方一般不会直接提问，以免给对方提供在专家组面前多嘴的机会。此外，双方也想利用这有限的时间，尽量为专家组"释疑解惑"。这样，"双方互问"就变成了专家组主席的例行公事了。

专家组面前有长长的问题单，三个人分工提问。有的问题是对双方的，有的问题是对一方的。有时候，在一方回答完毕后，另一方会将小木牌竖起来，主动要求发言。当事方发言时，都是看着专家组，表面上是回答专家组的问题，事实上已经有了双方辩论的感觉，因为对于同一个问题，双方可能有截然相反的答案。看着双方你争我抢，唇枪舌剑，专家组成员们半躺在椅子里，微笑着，心中一定非常得意。观点正面碰撞，这正是他们预期的开庭效果，因为只有这样，才能澄清问题。为了让大家畅所欲言，他们一般会在开始提问时安慰道：这些问题会在开庭后发给大家，答案以书面为准。

我们聘请了最好的律师。他们平时起草文件，开庭就负责回答问题。这种现场辩论式的工作，不仅需要良好的英语水平，而且需要丰富的诉讼经验。因此，与美国的案子，我们聘请华盛顿的律师；而与欧盟的案子，我们则聘请布鲁塞尔的律师。他们常常为案件组织三四个人的律师团队，从资深律师到律师助理，从高级顾问到主办律师，形成黄金组合，群策群力，为我们提供高质量的法律服务。

开庭多了，我们渐渐发现，不同案件，坐在专家组两侧的秘书处法律助手有非常不同的表现。有的案件秘书跑前忙后，一会儿给专家组递纸条，一会儿向专家组耳语。有的案件秘书则悠然自得，不慌不忙。这并不是因为有的秘书性格活泼，有的秘书性格内敛，而是因为有的专家组弱，有的专家组强。弱势专家组，要么由于对案情研究不够，要么由于对开庭程序不熟，时刻需要秘书们的"指导"。秘书是专职的，天天干这一套，对个案所花时间极多，自然有主意。而对于强势专家组，情况则大为不同。他们要么是资深人士，要么是业内专家，对所有问题都有主见，当然不要秘书们费心。开庭是公开亮相的场所，谁有实力，谁就有发言权；身份、地位、资历等虚名，在庭上全无用处。

这个原则也适用于当事方。别看双方代表团都有十几号人，把屋子占得满满的，但到了答问阶段，各自只有一两个主办律师发言，其他人都只有听的份。谁下的工夫大，谁就有发言权。这是铁律。

双方律师与专家组一问一答，你来我往，气氛紧张激烈。然而"听众们"却无法一直集中精力。又到北京时间午夜时分了，时差排山倒海，势不可挡，不少人不由分说地"频频点头"。午餐的咖啡，效力越来越弱，直至消失在时差的海洋中。我们上午笑话美国人，下午羡慕欧盟人。然而WTO对我们似乎是公平的。

第一天开庭终于结束了。我们沿着湖边走回旅馆，呼吸新鲜空气，欣赏自然美景，将一天的紧张与疲惫留在了WTO。

四、连续作战

案件首次开庭的第二天上午，一般是安排与第三方的会议。认为自己有"实质性贸易利益"的第三方，当着专家组和当事方的面，陈述自己对本案的看法。专家组可能会向第三方提一些问题，但当事方仅仅是听众而已，坐在会场一言不发。

下午，常常是继续回答专家组提问。专家组心满意足了，便宣布会议结束。我们会如释重负地与专家组成员和秘书们握手言谢，也会与对方代表团成员亲切话别，说"期待着下次见面"。

是的，专家组一般开庭两次。一两个月后，大家会再次回到WTO，重复一遍第一次开庭的程序，只是第二次开庭往往具有更强的辩论色彩，是针对对方的观点进行反驳，而不是"立论"，重点陈述自己的立场。当然，在专家组作出裁决后，如果有一方上诉，双方还会第三次见面，在上诉机构成员面前就裁决的"法律适用"和"法律解释"发表意见。上诉开庭程序与专家组开庭程序大体相同。但上诉机构是常设的，总共七个人，由其中三个人负责审理某个案件。由于上诉属于"法律审"，上诉机构成员又都是"老手"，因此，他们坐在台上，法官的感觉更强烈一些，提问时会穷追不舍，咄咄逼人，这对当事方也是很大的挑战。

事实上，一个案件，我们一般要在一年内来日内瓦四次。除了上述三次开庭外，还有一次是按照WTO的程序进行磋商。磋商是"保密的"，除了双方代表团成员，没有其他人参加，连WTO秘书处的人也不能参加。而磋商的地点，可能就是后来开庭的某一个会议室。磋商的方式，是双方按照起诉方一周前提供的问题单进行问答。磋商中，被诉方回答起诉方问题，与开庭时双方回答专家组或上诉机构问题大异其趣。后者是双方要极力讨好"法官"，因此会竭尽所能；而对于前者，主动权似乎在被诉方。也就是说，对于某一个问题，答不答，答多少，被诉方可以随心所欲。当然，如果被诉方有意通过磋商解决争端，则会更加"真诚"一些。

然而这次我们来日内瓦工作四天，却经历了前所未有的事情。第一天和第二天，是我们告美国的案件第一次开庭。第二天和第三天，是我们告欧盟的案件第二次开庭。第四天，是欧盟告我们的案件磋商。因此，就出现了第二天两个会议室同时审理中国相关案件，以及连续四天都有中国案件的情况。中国代表团二十余人穿梭于各个会议室之间。有人戏称，WTO应该将本周命名为"中国案件周"。还有人说，这是典型的"意大利面条碗"（spaghetti bowl）现象：你告我，我告你，大家纠缠在一起，难解难分。

这是够忙乎的。好在我们已经习惯了。在中国进入WTO不到九年的时间里，我们已经有九个被告、七个原告的案件。去年，WTO甚至有一半案件是与中国有关的。每个案件，我们都要多次来日内瓦，由此可以想象我们来这里是多么频繁，也不难理解我们为什么多数人都持有国航金卡！

经历了这么多案件，我们对在WTO打官司这套程序已经驾轻就熟了。同时，对于很多案件的实体性问题，我们也已经耳熟能详。例如，这次三个案件所涉及的反倾销和保障措施问题，对于倾销、损害、倾销与损害的因果关系、进口增长、实质性损害等术语，我们已经在此前的案件中多次接触。此外，我们对在WTO打官司的内部运作也不再陌生，因为我们与WTO秘书处人员有长期、广泛的接触，有中国人曾经担任过专家组成员、在负责案件审理的WTO秘书处法律司工作，还有中国人曾担任过WTO上诉机构成员、在上诉机构秘书处工作。十年前学习WTO知识时书本上的WTO争端解决程序，现在我们已经知道了哪里是重点，应当采用什么样的策略与技巧，应当如何最为有效地组织一个案件的起诉或应诉。

五、轻松回程

任务完成了，时差调整成日内瓦时间了，我们也该回去了。

临行的前一天晚上，我们照例会来到湖边散步。夜色中的莱蒙湖，是一副朦胧、抽象的美貌。湖水是一面巨大的夜镜，映照着漫天繁星。湖对面的山坡上灯火阑珊，正是亲朋好友晚餐欢聚的时光。喷泉仍然不倦地矗立着，飘洒而下的水雾形成一面高大明亮的水旗，背景是黑魆魆的山脉。在这最后一个晚上，在轻松的心情中，我们常常在此流连忘返，感慨万千。我们是来告别，也是来说一声"期待着不久再次相见"。

我们一般会在临走那一天上午逛逛附近的商店，欣赏一下琳琅满目的瑞士手表，买几盒香甜可口的瑞士巧克力。瑞士制造的这两样东西，是全世界最好的，我们也百看不厌，百买不倦。

我们一般中午十二点半离开旅馆，在机场候机室免费享用午餐（我们的国航金卡在此有效），然后乘坐两点五十五分的汉莎LH 3667航班前往法兰克福，等候四个小时后，转乘八点十五分的国航CA 932航班前往北京（这个航班，就是我们来时航班的返航）。这四个小时并不难过。机场内有众多商店，商品琳琅满目，价格免税公道。有人会带一两瓶葡萄酒回去送人。有人会买一两条免税烟回去享用。年轻人还会借此机会采购时髦的化妆品送给女朋友。我们还可以再次进候机室，免费吃点喝点，海阔天空聊聊。

登上大型双层波音747-400飞机，一切都是那么亲切。回程只有八个半小时，又是夜间，所以，大家吃两顿饭，翻翻闲书，看看电影，睡上一觉，不知不觉就回到北京了。这期间，一般不会有人再看案件资料。有什么事，回去再说吧。飞机抵达北京，是中午十一点（日内瓦时间为凌晨五点）。登机时天色已晚，到达时朗朗正午。黑暗与光明，恍如隔世。然而我们已经习惯了。

附　录

最好的律师

在国际组织代表国家打官司的律师，水平一定低不了。在多个 WTO 争端案件中与我们合作的一家律师事务所，就拥有这个领域最好的律师。

在近期的一个案件中，该律师事务所派出了强大的团队：领衔律师 50 多岁，在国际贸易法领域工作了 30 多年，包括在美国国际贸易委员会（USITC）和美国贸易谈判代表办公室（USTR）任职；主办律师 40 多岁，参与过 30 余个 WTO 案件，曾经在欧委会竞争总司工作过，毕业于哈佛大学法学院；辅办律师 40 多岁，曾经在 WTO 上诉机构工作过五年，参与了 16 起上诉案件审理，此前还在欧盟法院从事竞争法工作。该团队里还有一位女士，加入该所不久，曾经是剑桥大学的法学博士和讲师，其专著《WTO 上诉机构的法律解释》刚由牛津大学出版社出版，她的身份是"律师助理"。

那位领衔律师，10 年来在该所一直主持每月一次的 WTO 案件研讨会，请所内外人士参加，就最新问题进行讨论。而在与我们合作的这个案件中，他们四人都全程参与，一起制订策略，一起起草文件，一起出庭辩论。

律师的功力，在开庭时最能得到体现。三位法官高高在上，对方十几个人遥遥相望。在这样的环境下，如何能清晰表达我方观点，有力驳斥对方观点，迅速赢得法官认可，这里面学问大了！

辅办律师旁征博引，就对方的指控逐一辩驳，可见其对案例的熟悉和思维的敏捷。然而作为被告，却从大到小事事有理，法官一定心有狐疑。如果重点谈几个大问题，而对细枝末节的问题一带而过，可能会给法官更为明确的印象。

相比之下，主办律师不温不火，慢条斯理地对辅办律师的发言进行了概括和补充，吹散了辅办律师身后弥漫的硝烟。

领衔律师有时候插话。他更是慢声细语，像平时与我们聊天一样看着法官真诚地说：现在你们面前有两种观点，我方是这个观点，对方是那个观点，而这是一个非常重要的问题。高啊！他不说我方怎么对，也不说对方怎么不对，而是给法官点明了两条路，让法官自己选择。法官一定会心存感激的，因为他们的任务就是煞费苦心地就本案作出裁断。开庭的任务，不是要证明我方多么聪明、对方多么愚蠢，而是要给法官指出一条阳关道。

领衔律师也负责回答法官事先提出的一个问题。对于中国法律的理解问题，他让中国律师发言；对于矿产问题，由矿产专家发言；对于经济影响问题，由经济学家发言。他自己则详细解释了这个问题所涉及的六个措施。这本是一种很好的安排。然而在开庭两整天，法官想早点休庭的时候，就这么一个问题，我方连续发言四十分钟，并且让专家详细说那些其他人都不懂的产品和经济问题，估计效果不好吧？法官虽然彬彬有礼，好像是让大家敞开讲，但心里一定不太耐烦了。我看到他们一个个呆若木鸡，显然脑袋已经不转了。

而且，领衔律师自己的发言也过于繁琐，长篇大论，让人无法集中注意力。虽然涉及六个措施，为什么不选择最为明确的一两个问题说说，而将对其他问题的详细说明留在书面回答呢？上午我俩还聊过开庭时言简意赅、直截了当的良好效果啊。上一个案子与他合作，他开庭时总是简简单单地，三句两句就切中要害，给人一锤定音的感觉。虽然我们是原告，但他似乎一直保持守势，仿佛有经验的猎人，静静守候着，待猎物走近，一枪致命。那个案件，我们大获全胜。

不仅如此，经济学家滔滔不绝地解释，却给对方抓住了把柄。对方三言两语总结了经济学家的发言要点后说道：感谢你支持了我方的观点。此时此刻，久经沙场的领衔律师也无力回天，只能支支吾吾地说几句话补救一下。显然，律师与经济学家的事先讨论不够充分，以致经济学家不知不觉偏离了方向。其实，让专家发言有利有弊。利处是能把专业问题讲清楚，并且增加可信度。弊处则是可能失控。专家并非律师，没有开庭经验，对方一问一搅就乱了阵脚，任由别人牵着鼻子走了。因此，使用专家，一定要将其严格限制在专业领域，不可放任自流。

对于法官的最后一个问题，辅办律师作了简明扼要的回答。然而当法官说"没有问题就休息十分钟"的时候，他却鬼使神差地举牌说道："请问对方为何说我们这个措施有问题呢？"这可是大忌啊！领衔律师上次就对我说过，向对方提问，就是给了对方向法官解释的一个机会，因此开庭主要是回答法官的问题。他自己团队有这么有经验的律师，怎么会犯这样的错误呢？果然，对方发言后，本来简单的问题开始变得复杂起来。

这位老兄显然没有认识到自己的错误，接着又犯了一个错误。在总结发言的时候，针对对方的一个请求，他义正词严地指出，根据WTO某条某款，法官无权就某个问题这样裁决，而应该那样裁决！律师怎能"教训""威胁"

法官呢？为什么不用一种委婉的说法呢？他还以为自己是在上诉机构工作啊！他难道忘了，这个案件的法官非常自信，在上次开庭我方提出反对意见时他故意给了对方更多的照顾。

此外，主办律师和辅办律师的总结发言也过于琐碎，仍然纠缠于一些细节问题，给人一种炒冷饭的感觉。开庭两天了，谁还愿意听那些颠来倒去的争论呢？如果在最后发言中跳出本案的技术性争议，简单说说本案的来龙去脉，会给人耳目一新、"动之以情"的感觉，将法官的注意力拉回到本案的重大意义上来。

最好的律师，精心的组织，也会出现纰漏。这真是艺无止境啊！

这个团队显然与客户有良好的沟通。开庭结束后，领衔律师见我不开心，就主动过来询问。我坦率而委婉地说出了自己的想法。就我的疑问，他一一作出了解释。但我相信，不管我说得对不对，他们回到办公室后，都会认真总结今天的成败得失。

这显然是一个经验丰富的强大团队。他们代理过很多国家的案件。我们闲聊时，笑谈他们一会儿坐在这边，一会儿坐在那边。他们坦承，有时候也会感到别扭，但也正因为代理了多种案件，他们才积累了丰富的经验，也才有更多的国家花钱请他们。其实，律师是提供专业法律服务的；像他们这样的队伍，不论为哪个国家服务，都会尽心尽力。"用人不疑，疑人不用"，我们作为客户，看中的是他们的专业服务能力。他们毕竟是最好的律师啊！律师今天帮我，明天帮别人，我们虽不情愿，但也无可奈何。何况，作为WTO成员的国家，打官司虽然是为了维护自己的利益，但这些利益应当是"合法的"。从这一点来看，无论是原告、被告还是律师，大家都是在WTO法律的框架内从事同一种工作，即想方设法地正确理解法律。WTO法律所规定的权利义务，也就是在一个个案件的裁判过程中逐渐明确的。也正是因为这种共识，开庭时，大家能够做到以礼相待，谈笑风生，而并非"仇人相见，分外眼红"。庭审结束后，法官、我方和对方全体人员互相握手，互祝顺利，依依不舍，仿佛是一场聚会席终人散，而不是刚刚经历了一场唇枪舌剑、刀光剑影的辩论。

先　例
——美国精炼及普通汽油标准案上诉机构裁决述评

WTO 上诉机构成员开会讨论案件的圆桌很矮很小，仿佛屋子中间放着的一个茶几。可以想象，围坐在桌边的人们，能够看得见彼此眼神的明暗，听得见彼此呼吸的轻重。

不知道 WTO 秘书处给他们分配这样一张会议桌，是不是为了让他们"亲密接触"，每次见面都像老朋友聚会喝茶一般"促膝谈心"，于谈笑风生间达成一致意见。James Bacchus（Jim）说，他们讨论案件，有时候是很激烈的，但他们可以直视对方的眼睛，把心里话都说出来，然后找到解决办法。我想，这张小圆桌一定给他们创造了开诚布公的条件。

他们一定无数次围着小圆桌开会了，几十个重大案件的上诉裁决也一定是在这里讨论决定的。而首批成员，坐在这里讨论第一起案件，是怎样一种心情呢？对此，我一直感到很好奇。

Jim 在其大作 Trade and Freedom 中，曾经栩栩如生地描绘过他那六位最初的同事。Said El-Naggar，埃及人，经济学和法学教授，出身贫寒，历经磨难，但脸上总是挂着大大的笑容，总是给 Jim 的小女儿买冰激凌吃，因而被称作"冰激凌大叔"。Mitsuo Matsushita，日本人，法学教授、律师，性格温和，属于日本少见的基督教"主教教派"。Florentino Feliciano，菲律宾人，菲律宾最高法院法官，酷爱读亚里士多德，因而特别看重逻辑与理性。Claus-Dieter Ehlermann，德国人，法学教授，为人谦逊，立场坚定。Christopher Beeby，新西兰人，职业外交官，爱吃苹果，自己也拥有一片苹果园。Julio Lacarte-Muro，乌拉圭人，职业外交官，参与过 1948 年《哈瓦那宪章》的起草工作，将《关贸总协定》第八轮谈判安排在其祖国启动（"乌拉圭回合"由此得名），主持制订 WTO 争端解决程序（因而被称为"争端解决之父"），对《关贸总协定》和 WTO 无所不知，无所不晓，人们称其为"银狐"。Jim 将他们总称为"六贤人"，而他自己，当然是第七位贤人了。Jim 是美国人，律师，曾当过两届美国国会众议员。此外，Jim 是最年轻的，就职时 46 岁，比另外六人中最大的小 30 岁，比最小的小 14 岁。

这样一群人，毫无疑问符合 WTO 所要求的"公认的权威，在法律、国际贸易等方面有显著专长"，并且"在 WTO 成员方面具有广泛代表性"（《争端解决谅解》第 17 条）。不仅如此，从 Jim 的描述中，我们还可以看出，他们都有丰富的人生阅历和鲜明的性格特征，还有维护多边贸易体制的共同理念。那么 1996 年年初，当他们围坐在这张小圆桌前，研究第一起上诉案件——"美国精炼及普通汽油标准案"（United States—Standards for Reformulated and Conventional Gasoline，WT/DS2/AB/R）时，他们一定十分清楚，他们是在创造历史，是在为今后的案件审理创设先例，事关上诉机构声誉的优劣，甚至 WTO 争端解决机制的成败。

"不太容易理解专家组报告中的上述推理。在我们看来，这个推理相当模糊……"凡读过 WTO 专家组和上诉机构报告的人，都会钦佩其中的推理部分。涉案措施属于事实问题，比较容易查清楚。相关法律就那么几个，当事方也提出来了。然而该措施为何适用于该法律，却需要充分分析和论证。WTO 裁决的公信力，恰恰在于这个推理部分——只有说得大家心服口服，裁决才能够得到心甘情愿地执行。如果用"经查明，本案事实如下：……根据××法律，判决如下：……"的形式，作出简单草率的、"不讲理"的裁决，在国际上是行不通的。上诉机构在第一起案件中就强调了推理问题，必定为未来的专家组提了个醒：要有清晰、明确的论证，否则在我这里过不了关；同时也给自己立下了规矩：要重点审查专家组报告中的推理部分。

推理中至关重要的一环，是如何理解法律条文的规定。只有理解准确了，才能判断"该措施为何适用于该法律"，即判断措施与法律的相关性。上诉机构在这个"第一案"中说："专家组忽视了条约解释的一项基本规则。这项规则在《维也纳条约法公约》中有权威、简洁的表述。"他们所说的规则，就是该公约第 31 条所说的"条约应根据条款的通常含义，并结合上下文和宗旨目标进行善意解释"，以及在实践中发展起来的"条约所有条款都是有含义、有效的，不得随意将某些条款解释为多余或无用"。上诉机构说，这个规则，就属于《争端解决谅解》第 3 条第 2 款所指的"解释国际公法的习惯规则"，说明 WTO 规则不应被孤立于国际公法之外进行解读。此外，为了明确某些词句的"通常含义"，上诉机构还查找了普通字典的解释。现在的 WTO 裁决中，"通常含义""上下文""宗旨与目标"等术语已经司空见惯了，而且人们已经习惯性地从查字典开始理解 WTO 某些条款的含义了。看来，上诉机构的做法也成了"解释国际公法的习惯规则"。

经过认真审查，上诉机构认定专家组对法律的某些理解是错误的，因而修改了专家组报告中的相应部分。上诉机构的职责就是审查专家组报告中的法律问题，即法律适用和法律解释是否正确。按理说，上诉机构作出了这样的裁决，已经万事大吉了。然而在裁决的最后部分，上诉机构又"多说"了一段话：上诉机构作出这个裁决，并不意味着WTO成员不能采取措施控制空气污染和保护环境；事实上，《关贸总协定》第20条明确规定各成员可以采取措施保护人类健康及可耗尽自然资源，并且《WTO协定》还具体要求各成员协调贸易与环境政策；在制订环境政策方面，各成员有很大的自由度，但必须尊重WTO的相关规则。上诉机构借澄清自己裁决的机会，至少表达了两个观点。第一，环境保护是人类面临的共同问题，各成员应当采取措施改善环境。第二，相关措施必须符合WTO规则。这些话虽然已经超出了本案的范围，却反映了上诉机构对人类环境的关注，以及在遵守WTO规则方面的明确立场。

Jim说过，他们讨论的是一个个具体案例，但与多边贸易体制的发展休戚相关。这种理解，在第一起案件的裁决中得到了明确的印证。

那张桌子，又小又矮，放在屋子中央，显得特别圆。上诉机构的首批成员们，就是围坐在桌边，密密挨着，讨论一个个法律问题，作出一个个圆满的裁决，也为后来者开创了一个个圆满的先例。

解　释

——日本酒税案上诉机构裁决述评

1996年10月4日，上诉机构就日本酒税案（Japan—Taxes on Alcoholic Beverages，WT/DS8/AB/R，WT/DS10/AB/R，WT/DS11/AB/R）作出裁决。这是上诉机构审理的第二起案件。

本案的争议，是GATT第3条，即"国民待遇"的解释问题。上诉机构经审查后认定，专家组对第3条的若干解释是错误的。

国民待遇原则在多边贸易体制中有着举足轻重的地位。上诉机构在裁决中对这一原则的宗旨进行了高屋建瓴的概括。上诉机构说，第3条广泛而根本的目标，是防止采取国内税和管理措施时实行保护主义。具体而言，是确保国内措施适用于进口产品或国产产品时，不会对国内生产提供保护。因此，第3条要求WTO成员为进口产品和国产产品提供平等的竞争条件。《WTO协定》起草者们的用意，显然是要求进口产品一旦清关，就应与同类的国产产品一视同仁，否则就会出现对国内生产的间接保护。不仅如此，进口数量所反映的进口产品与国产产品之间税收差异的贸易效果，这一点并不重要，甚至并不存在；第3条所保护的期待，并非具体的贸易量，而是进口产品与国产产品之间的平等竞争关系。WTO成员可以通过国内税收或管理措施实现其国内目标，但不得违反第3条或其他WTO承诺。

结合本案，上诉机构进一步阐述道，在考虑第3条与《WTO协定》的其他规定之间的关系时，第3条防止保护主义这一广泛目标必须牢记。尽管保护谈判所达成的关税减让是第3条的目标之一，但专家组认为这是"一个主要目标"的说法，不可过分强调。上诉机构认为，第3条的总体范围不应限于关税减让；第3条所规定的国民待遇义务，是为了普遍禁止使用国内税收和其他管理措施对国内市场提供保护。这一义务显然也延伸到关税减让之外的产品，而这一点在第3条的谈判历史中就有所体现。

关于国民待遇原则，上诉机构总结道，《WTO协定》是条约，相当于合同。WTO成员在行使其主权，追求其相应的国家利益时，显然是进行了讨价还价。为了获得利益，必须履行承诺，而其承诺之一就是第3条所要求的国民待遇。

本案中,上诉机构还对一个条约解释的理论问题作出了明断。

专家组认为,经由争端解决机构通过的专家组报告,属于"嗣后惯例"(subsequent practice),是GATT的组成部分。上诉机构不同意这个观点。上诉机构说,《维也纳条约法公约》提到的解释条约所援用的"嗣后惯例",一般是指一系列协调、共同和一致性的做法或说法,足以建立理解协定含义的清晰方式。单个行为不足以成为嗣后惯例。上诉机构进一步说,尽管专家组报告是GATT缔约方全体所通过的,但通过了报告,并不能说缔约方全体对该报告中的法律推理(legal reasoning)达成了协议。普遍接受的观点是,专家组报告中的结论和建议对争端双方有约束力,但后来的专家组不必在法律上受到先前专家组报告中的细节和推理的约束。上诉机构说,"我们不相信"缔约方全体在决定通过专家组报告时,将其决定视为相关规定的最终解释;"我们也不相信"这是GATT的用意。上诉机构解释说,得出这一结论是有具体理由的,即《WTO协定》第9条第2款所规定的"部长会议和总理事会对本协定和多边贸易协定有绝对的解释权"。这一条还规定了四分之三多数表决权。这一明确规定说明,解释权并非隐含或随意地存在于别处。

上诉机构还论证道,从历史上看,根据GATT第23条通过的专家组报告,与缔约方全体根据第25条采取的联合行动是不同的。今天,专家组报告的性质仍然不同于WTO部长理事会或总理事会对协定的解释。《争端解决谅解》第3条第9款也说明了这一点:本谅解的规定不得影响成员按照《WTO协定》的决策程序寻求对条款进行权威解释的权利。

至此,上诉机构换了角度论证道,《WTO协定》第14条第1款关于协定开放供GATT缔约方签署的规定,以及附件中将GATT纳入WTO的规定,将GATT的法律历史和经验带入了WTO新天地,保证了平稳转型过程中的连续性和一致性。这表明了GATT缔约方全体的经验对于WTO成员的重要性,并且确认了这些经验对于WTO所代表的新贸易体制的相关性。专家组报告是GATT的重要组成部分(important part),经常会被后来的专家组参考。这些报告对WTO成员形成了合法期待(legitimate expectations),应当在相关案件中予以考虑。然而它们除了用于解决那个案件的纠纷以外,并非具有约束力(binding)。简而言之,其性质和法律地位并未由于《WTO协定》的生效而改变。因此,上诉机构不同意专家组报告构成"嗣后惯例"的说法。然而上诉机构补充说,其同意专家组的另外一个说法,即未通过的专家组报告没有法律地位,因为没有得到缔约方全体或WTO成员的认可;但后来的专家组可能会在这些报告的推理部分找到有用的指南（useful guidance），以审查相关案件。

上诉机构旁征博引，想说明的问题是：从性质上看，专家组报告不属于"嗣后惯例"，对其他成员不具有约束力，但可以给其他成员提供合理期待，并且为后来的专家组提供指导。

在解释国民待遇问题时，上诉机构骄傲地说：我们对第 3 条的解释是忠实于国际公法的习惯解释规则的；WTO 规则是可靠、可以理解和可以执行的，而不是非常僵化或不灵活的，没有给合理的判断留有余地，以解决现实世界实际案件中无穷无尽、始终变化的问题。如果牢记这一点，这些规则就会很好地服务于多边贸易体制。唯有如此，我们才能实现 WTO 成员通过建立争端解决机制所希望达到的多边贸易体制的"安全性和可预见性"。上诉机构对于自己解释协定的能力显然非常自信。然而上诉机构一定会坦率地承认，其自己的解释也并非《维也纳条约法公约》所指的"嗣后惯例"和《WTO 协定》所说的"权威解释"。

法美学

——WTO 裁决语言赏析

舒国滢在其《从美学的观点看法律——法美学散论》中有这样一段文字：

历史上各个时期法官的判决（判例）也是表达法的审美价值的合适形式。实际上，法律的形式美法则（如法律语言的对称均衡、逻辑简洁性和节奏韵律，法律文体的多样统一，等等）更多地体现在那些独具个性而又富有审美趣味的法官们的判词之中。法官们的"优美的"判决所生发的美学价值，绝不亚于任何优秀的艺术作品。鲁道夫·佐姆（Rudolf Sohm）曾经赞扬塞尔苏斯（Celsus）的判决才能，说他能够从个别的案件中抽引出普遍的规则，运用最为简洁的语言形式；这些形式具有凌空飞动的语词的冲击力，令人升华，使人澄明，犹如一道闪电照亮遥远的风景。也正是出于同样的审美渴望，美国的卡多佐法官（Benjamin N. Cardozo，1870~1938 年）也曾说："除非为了某些充足的理由，我不想通过引入不连贯性、无关联性和人为的例外来破坏法律结构的对称性。"[1]

我不知道他所说的"优美的"判决是怎样的，也没领教过塞尔苏斯的"判决才能"。但近读"DS449 案"专家组裁决[2]，发现其中一些语言颇具特色，或许属于他所界定的"法美学"范畴吧。

在谈到国内法院、行政部门和 WTO 专家组"各司其职"这一问题的时候，专家组针对某种分析方法，说了下面一段话：

In so doing, a WTO panel would end up taking a position, either expressly or in effect, about the conformity of an agency practice with "prior municipal law" as determined by that panel. We do not mean to suggest that this would never be necessary

---

[1] United States—countervailing and anti-dumping measures on certain products from china。这是中国在 WTO 诉美国的案件，编号为 DS 449。2014 年 3 月 27 日，专家组作出裁决。

[2] 资料来源：http://www.ruiwen.comnews4960.htm，访问日期：2014 年 5 月 7 日。
感谢中山大学法学院陈东教授推荐。陈东教授认为"大部分的 panel report / AB report 是瑕不掩瑜的法美学典范"，并且说舒国滢所描述的"这样的风景，在 WTO 可谓俯仰皆是（朱榄叶早期著作的脚注中已有涉及）"。参见杨国华主编：《法学教学方法：探索与争鸣》，厦门大学出版社 2013 年 5 月版，第 321 页。

or justifiable in the context of an examination of a claim based on the WTO Agreement. But we consider that panels should not needlessly venture into the domestic law arena. We are not persuaded that there is any need to do so in the present dispute. ❶

专家组想说的，无非是"不能采取这种分析方法"。然而专家组的表达却"弯弯绕"："如果这么做，那么专家组就会直接地或事实上采取一种立场……我们并不是想说这种立场绝无必要或绝不适当……然而我们认为专家组不应不必要地冒险进入……我们并没有被自己说服，在本案中这样做有什么必要。"

我不知道舒国滢先生看了这段文字会作何评价。纯粹从一个读者的角度，看到这段文字，我感到心里很舒坦，因为如此委婉的表达，体现了普通人的讲理和文雅，更体现了法律人的精确和严谨——文明人之所以称为文明人，不就是可以用文明的方式进行表达吗？而作为法律人，在一般的文明表达方式之上，又要严丝合缝，滴水不漏。大家再仔细咀嚼一下这段文字，看看是不是有所同感？

在这份专家组裁决中，还有很多这样的表达。"It is potentially relevant, and at a minimum not appropriate, to address this issue…"（7.159）"It is not apparent to us…"（7.162）"Despite the fact that…, it is useful briefly to address them."（7.174） "It is clear to us that we have no basis for concluding…"（7.185）

我们知道，在 WTO 中国案件的几十份裁决中，以及 WTO 全部案件的几百份裁决中，这样的表达随处可见。❷ 也许我们习以为常、熟视无睹了。然而"法美学"却提醒我们欣赏这些裁决中的美，仿佛看到闪闪发光的金子。也许

---

❶ 专家组裁决，第62页，第7.164段。

❷ 本文仅涉及WTO裁决的语言特色，可以称作"形式之美"。拙作"法的盛宴——中国参与WTO争端解决机制经典案例综述"还表达了这样一种感受："如此众多的精彩法律分析，是一场法的盛宴。法的精神，法的信念，法的技巧，得到了充分的展现。""在这些分析中，我们看到了WTO协议和承诺运用过程中所体现的坚定的理念、独特的创造和严密的论证。坚定的理念，是坚守自由贸易的宗旨，要求所有限制贸易的行为必须符合严格的条件，并且以规则为基础，澄清成员的权利和义务。独特的创造，是在纷繁复杂的事实和众说纷纭的观点中，抓住重点，独辟蹊径，找到裁决案件的思路。严密的论证，是将'法律'适用于事实的过程，在准确理解'法律'的前提下，充分解释其适用于本案事实的原因，从而得出令人心服口服的结论。"事实上，这些裁决的法律分析，是更为重要的"实质之美"。见北大法律信息网：http://www.chinalawinfo.com/LawOnline/ArticleFullText.aspx? ArticleId =74794&listType =0。

没有人会不认同舒国滢先生在同一篇文章中的以下这段文字。然而作为法律人,作为法官、律师、法学教师和法学学生,我们能够做到吗?

(2014年5月7日)

只有对艺术一窍不通的人才会过分陶醉于自己所从事的工作的纯粹"专业性质",每时每刻把自己看作是人类社会最清醒、最理性和最有用的部分,养成褊狭独断的职业作风。而法律人的责任,不仅仅是机械精细地、"刻板而冷峻地"操作法律,而且是要把伟大的博爱精神、人文的关怀、美学的原则和正义的情感以专业化的、理性而又艺术的方式表现出来。

附 录

法律与文学

——法律文件中的比喻

"两个农夫，土地相连；谁逾谁家，争执连年。"这是 WTO "美国贸易法 301 条款案"（US—Section 301 Trade Act，DS 152，1999 年 12 月 22 日）专家组报告中的一段话。看来，专家组要讲故事了。"法律判决书"中出现这样的场景，一定令人眼前一亮。这里且看专家组怎么说。

"过去，他们都是通过武力和威胁解决纠纷。自然，使用边境的土地很困难，因为那里是危险区域。现在，他们签了一个协议，承诺从此摒弃自救，于争议时求助警察和法院。他们还特别承诺放弃武力。"嗯，故事有发展。

"协议生效后，一个农夫在争议地区立一巨牌：'不得进入！进入者一经发现，可被射杀！'（No Trespassing. Trespassers may be shot on sight.）人们当然可以说，牌上未写进入者必（will）被射杀，因此义务未被违反。然而这是一种'善意'解释吗？他们不是承诺只应求助警察和法院吗？"冲突出现了，故事渐入主题。"协议""义务""违反"，开始使用我们的法律术语了。

"这样的牌子是违反邻居间关于只应求助警察和法院之协议的。继续这个比喻，如果该农夫在原来的牌子上加上一行字，清晰地写着'邻居进入即求助警察和法院'（In case of trespass by neighbours, however, immediate recourse to the police and the courts of law will be made），那么我们就会认为，协议得到了尊重。"对啊！这个故事挺有意思的。

这是一个浅显易懂的故事。然而从本案标题来看，这个故事想说明的，一定是一个复杂深奥的道理，即美国贸易法 301 条款是否违反 WTO 规则。对于一项国内法是否违反国际规则，当事方一定展开了旷日持久的辩论，而作为"法官"的专家组也一定煞费苦心，想方设法给出一个具有说服力的裁决。事实上，这份专家组报告近 400 页，详细论证了美国法律原来如何违反 WTO 规则，后来又不违反 WTO 规则。这个论证的过程，"长篇累牍"，"一波三折"，然而它所要讲述的道理，就是上面那个故事。至此，我们看到了比喻的力量——"化平淡为生动，化深奥为浅显，化抽象为具体，化冗长为简洁"（百度百科）。

· 439 ·

法律文件的特点，可能真的是"平淡""深奥""抽象""冗长"，令人望而生畏、望而却步。然而比喻却有"画龙点睛"的奇特功效：简单几个比喻，随意一段故事，就能让法律文件"活起来"；那些纠缠不休的问题，曲里拐弯的逻辑，也能在瞬间"亭亭玉立"。不仅如此，在法律人的笔下，比喻更加严谨，甚至可能就比喻三要素，即"本体""喻体"和"比喻词"发生激烈的争论，使得比喻更加丰富多彩。看一帮"死板"的法官和律师辩论某个比喻是否恰当，是多么开心的一件事情啊！

近期在WTO举行的"中国稀土案"（China—Rare Earths, DS 431/432/433）上诉开庭，当事方提交的法律文件中就出现了以下比喻，这里且让我们看看，这样一个举世瞩目的国际官司，大家所纠结的是什么样的问题：

"比如，自行车的前后轮都是自行车的组成部分，但自行车并非其轮子的组成部分，且两个轮子亦非彼此的组成部分。……如果你想买自行车，就必须买整辆车，而不能只买其部件。……骑车是骑在自行车上，而不是骑在其部件上。……中方自带后座包，并且成为自行车的组成部分，但后座包并非车轮的组成部分。"

"欧方的比喻并不恰当。中国加入议定书并非'轮子'，亦非'后座包'，而是类似于部件或整车上新涂的一层漆。更加准确的比喻，是将WTO法律框架视为一座大房子。……这座房子有地基、外墙和屋顶。……房间虽然相连，是房子的组成部分，但它们都有其独立空间，相互间并非组成部分。……在起诉方看来，中国加入议定书是房子的附加部分，与其他房间不一定相连。……但是正确的理解，应该是将其视为房间中的新漆或家具……加彩或改装了这座大房子里的房间。"

（2014年6月7日，于日内瓦）

乐 园

——2013 年中国法学会 WTO 法研究会年会论文述评

"WTO 争端解决涉华案中'沉默'问题解释逻辑分析",这是一位资深法学教授的论文题目。"中美某些产品双反案中'沉默'解释与法律推理问题",这是一位年轻法学教师的论文题目。这些论文写的是什么?

顾名思义,WTO 审理了涉及中国的一些案件,而这些案件又涉及了"沉默"的解释问题。

WTO 审理了涉及中国的一些案件?中国作为国家,在国际上成了原告或被告?是的,中国自 2001 年年底加入 WTO 以来,已经涉及 31 起案件,其中原告 12 起,被告 19 起。这个事实,不知道会不会让法学界感到惊讶和好奇。惊讶的是,中国好像从来没有在其他的国际场合出现这种情况。好奇的是,WTO 是怎么裁判这些案件的?

也许正是出于这种惊讶和好奇,《2013 年中国法学会 WTO 法研究会年会论文集》,厚厚的一本书里,或多或少都涉及了中国案件,并且相当多的论文都是直接以案例研究为主题的。由此观之,这个领域的内容不少。

例如,上述"沉默"解释问题,前一篇论文说:WTO 涵盖协定中的"沉默"(silence, absence, omission)问题是指协定文本没有直接规定,既没有表示肯定,也没有表示否定,有的学者将之称为"WTO 立法沉默"。作者接着说:"沉默"(silence)是指无所言语或书面表达;沉默是"是"还是"否"?法规(协定)没有规定是否就是"同意"或"否定"?在一般情况下,沉默不能视为意思表示;沉默不是有效的沟通方法;孤立地看,它没有特定的含义;"无中不能生有"(Meaning cannot be plucked from a void)……"沉默"在不同的法律关系中可能具有不同的含义;法律通常对沉默(包括不行为或不表态)不规定责任。霍布斯主张:"在法律未加规定的一切行为中,人们有自由去做自己的理性认为最有利于自己的事情。"我们通常称之为"法律沉默下的自由"。立法部门不能通过"沉默"方式来立法;法规中的"沉默"表示它没有规定。

看来,"沉默"是法律上的一个老概念了,好像是一个法理学问题,古已有之。那么在 WTO 场合，学者们遇到了新问题吗？

再次回到这两篇论文的标题，似乎是有些中国案件中涉及了这个问题。前一篇论文说：WTO 争端解决中涉及中国的案子，其中不少案子中就涉及"沉默"问题，一类是《WTO 协定》内容的沉默问题，如反倾销和反补贴的双重救济问题；另一类是中国入世承诺中有没有对某个问题做过表示，如享受一种权利（引用 GATT 第 20 条例外）。后一篇论文则进一步说：WTO 争端解决中的"沉默"解释已经成为一种较为普遍的现象，也引起了较大争议；本文试分析中美某些产品"双反"案中有关"双重救济"问题的若干法律推理，并以此为基础探讨 WTO 争端解决中条约"沉默"解释的相关理论问题。

法官在审理案件的过程中，如何理解"法律没有明文规定"，这在任何一个国家的法律体系中，都是一个令人着迷的问题，既涉及法理原则，又涉及个案差异。而现在，传说中的"沉默"问题就真实地出现在我们面前，并且是以中国国家作为当事方案件的方式出现在我们面前，难怪引起大家的兴趣。那么在两篇论文提到的案件中，WTO 是怎么裁判的呢？一位资深法学教授和一位年轻法学教师又是如何分析和批评的呢？这引起了我们更大的好奇心。当然，要想让好奇心得到满足，就得认认真真拜读这两篇论文，别对我这篇介绍文字的三言两语抱太大希望！

至此，我们理解了："沉默"这个老概念活生生地出现在中国案件中，于是，法学家开始结合案例研究这个概念。此时，我们还发现了一个不言而喻的背景：在中国案件中，法官对"沉默"的解释，事关中国的权利和利益。也就是说，法官对这个问题的理解，直接影响了中国在某些案件中的胜诉或败诉。这显然是法学家研究的动力所在，也恰恰是法学家所遇到的"新问题"，即法官在本案中对"沉默"的解释到底对不对！我们相信，这样的研究，才是真正的理论联系实际的研究，并且因其事关国际法而具有了高于国内案例研究的价值！

法学研究与国家利益，我们的法学研究，似乎从未如此紧密地将两者结合起来。年会论文集 88 篇 878 页所代表的一群人，男男女女，老老少少，熙熙攘攘，忙忙碌碌，就是在忙这样的事情。

这是一个法学的乐园。看看他们提交的论文题目：《加入议定书：WTO 法系中的定位》（研究员）、《刍议〈中国议定书〉解释适用的困境》（研究生和教授）、《从条约法视角看入世议定书的法律地位问题》（教授）、《论 WTO 一般例外对中国超 WTO 义务的适用》（教授）……这些论文所讨论的是，在一些中国案件中，中国败诉了，因为法官对《中国加入 WTO 议定书》的法律地位作出了不同于中国所理解的解释。再看看论文集的归类主题："多边贸易体制的未来与挑战""WTO 争端解决机制与中国的实践""中国入世议定书的法律性质及后议定书时期面临的机遇与挑战""贸易救济（尤其是中国起诉或被诉的双反措施）法律与实践""WTO 服务贸易与知识产权规则及其新挑战""加入政府采购协定面临的挑战与国内体制改革""区域贸易协定 RTAs、TPP 及其应对措施研究""WTO 自由贸易与可持续发展问题研究"。这样一群人，近百位法学教授、老师和研究生，并且从论文援引的资料可以看出，还有几百位法学教授、老师和研究生在结合中国案例研究法律的概念和理论，研究法律的文本和适用，研究国内法和国际法，研究 WTO 争端解决机制和多边贸易体制。这些研究，虽然是以法学研究与国家利益为核心和出发点，但是视野和高度远远不是故步自封的法律主义，更不是盲目顽固的民族主义，而是从丰富的中国案例出发，运用严谨的法律理性，有根有据，合情合理，摆事实讲道理，提出令人信服的批评意见和解决方案。我们的法学研究，似乎从未出现过如此的景象。

让我们想象一下，我们在使用谷歌地图。我们按"＋"，再按"＋"，我们几乎看清了这个"乐园"里的每一个细节，大家是在如此认真地研究法律问题，"挑三拣四""鸡蛋里挑骨头"。让我们改按"－"，再按"－"，我们发现，他们的微观研究所涉及的宏观方面，即制度设计和未来发展，不仅事关这个"乐园"的快快乐乐，而且事关整个地球的山山水水。我们按"－"，再按"－"，一个美丽的星球，在浩瀚无垠的星空中优雅地旋转着，旋转着……

（2014 年 5 月 30 日）

四、资料

模范国际法

——对 WTO 争端解决机制的评价集锦

我完全同意 WTO 案例是一片神奇的沃土的说法。这些案例,改变了国际经济法的基本教学素材,构成了世界范围内国际经济法研究的主要内容之一,它们体现了国际法发展的最前沿,展示了最高的司法智慧。它们使法律人看到了超越国界的法律思维,看到了法治的普世性。它们的魅力会越来越大。

——左海聪,南开大学法学院院长,2013 年 12 月 2 日。

中国加入 WTO,表明中国接受 WTO 争端解决机制的强制管辖,不仅开创了中国国际争端解决的先例,而且是中国对国际法的态度改变的一个重要标志。WTO 争端解决机制具有强制性的管辖权。此前,中国从未在任何国际条约或协定中同意将其有关纠纷交付任何国际争端解决机构审查、独立裁判,必要时最终实施制裁。中国加入 WTO,接受 WTO 争端解决机制,对中国而言,这是史无前例的。

——余敏友,武汉大学法学院教授,"入世 10 年开创了我国国际法发展的新时代",转引自《中国贸易救济》访谈 2011 年 12 月 15 日。参见"国际商报网",http://ibd.shangbao.net.cn/a/69910.html。

我认为 WTO 的案例是 WTO 送给我们中国人的一个礼物,我们要充分地珍惜这个礼物,弥补我们在知识上,在文化上,以及在我们的法律等各方面的问题。

——王传丽,中国政法大学教授,在"WTO 法案例教学与研究研讨会"上的发言,2012 年 10 月 19 日。参见杨国华等:《法学教学方法:探索与争鸣》,厦门大学出版社 2013 年 5 月版,第 183 页。

了解 WTO 争端解决机制是生动学习如何通过法律解决争议的宝贵机会,对于提高国际法乃至国内法运用能力和生活中逻辑思维能力颇有裨益。

——王衡,西南政法大学教授,2014 年 2 月 22 日。

WTO 的争端解决机制的重要性,无论是对世界还是对中国,怎么强调都不过分。对于世界而言,作为唯一的世界贸易争端解决体制,它不仅实现了贸易争端的有序解决,加强了世界范围内国际法实现的力度,更通过这种有序解决,在很大程度上促进了国家间的和平共处和和谐发展,从而为世界和平与发展这两大主题作出了重大贡献。对于中国而言,它不仅有序缓解和处断了日益增多的中外贸易摩擦,为中国经济的国际化发展创造了良好的法治环境,更为中国依法处理内外经济社会关系积累了宝贵的经验,为中国国内法治和对外法治的建设提供了重要的借鉴,是中国转型时期法治发展与社会进步的一个可靠依托。对于法学研究和法学教育而言,它也为二者的应用型和国际化发展提供了难得的素材和动力。因此,其影响力可谓巨大而深远!

——单文华,西安交通大学法学院院长,2014 年 2 月 22 日。

乌拉圭回合后 WTO 争端解决的持续实践表明,WTO 争端解决机制仍然是世界上最富实用性的一种制度……WTO 争端解决案例犹如闪闪的群星,照耀了 WTO 争端解决机制对多边贸易体制乃至国际经济关系的影响力。这种影响,在某种意义上尚未完全体现。正如杰克逊在 1998 年所提出:"WTO 争端解决机构的建立在未来可能被视为二十世纪国际经济关系最重要的发展之一,甚至也许是国际经济关系的分水岭。"[1] 我们应当感谢 WTO 争端解决机构成立的专家小组和上诉机构以及仲裁员。他们殚精竭虑,激浊扬清,澄清 WTO 法的适用和解释,探索自己的法律推理技术,并谨慎地发挥司法能动作用,形成了 WTO 争端解决机构的独特实践。

——陈喜峰,厦门大学法学院副教授。参见其 2003 年硕士学位论文《论 WTO 争端解决机制的完善》。

自国际法传入中国以来,国人对国际法的态度一直被认为爱恨交加。而加入 WTO,接受其争端解决程序,昭示着中国彻底地接受贸易领域的国际法。当越来越多的国人看到中国完全可以与国际法安之若素,并据此与国际社会成员打交道的时候,就像入世十余年来中国与 WTO 争端解决程序的关系一样,我们就有理由相信中国全面拥抱国际法是可以期待的。我感到,国际法研究者不但应乐,见而且应促成那么一天的早日到来,因为从历史经验来看,那是一个崛起中的大国在国际社会出场时的理性的选择。

——孔庆江,中国政法大学国际法学院院长,2014 年 2 月 21 日。

争端解决机制是 WTO 的皇冠,更是让外部人一窥国际经济、政治和法律体制运作的窗口。

——吕晓杰,清华大学法学院副教授,2014 年 2 月 24 日。

---

[1] John. H. Jackson, Designing and Implementing Effective Dispute Settlement Procedures: WTO Disputre Settlement, Appraisal and Prospects, University of Chicago Press, p. 176.

这是一个中国 WTO 法历史上最好的时代，因为确立 WTO 法在国内法学教育中的特色甚至"强势"地位的时机已经来临。首先，与其他国际法课程的教学相比，WTO 法有着自己的优势，那就是"接地气"。原来我们在学习国际法的时候，总是觉得国际法"空"，和老百姓的利益没有关系。但中国在 WTO 争端解决中的实践（尤其是服务贸易）与中国国内法联系非常紧密，这等于向学生开启了一道将国内法和国际法联系起来的方便之门。通过初步的学习，学生完全能够感受到 WTO 规则对日常生活的渗透和影响。其次，与国内法课程的教学相比，WTO 法也有自己的优势。国内法的案例非常丰富，新类型的案例层出不穷，但由于法律推理在中国法院裁判书中的比例较低（有时甚至缺失），在讨论中国法院判决或者模拟案例时，由于没有法院的理解和推理作为参照，效果会大打折扣。而法律推理恰恰是专家组和上诉机构的强项。所以，我们完全可以通过 WTO 法的教学向学生传递这样一个信息：尽管有强权政治，尽管有大国利益，但在 DSB 中，任何利益的实现都需要以对规则进行合法的解释为基础，这才是法治社会的表征之一，这样的信息其实更能够契合初学法律时对法律公平、正义等价值观念的理解，更能够激发学生学习的兴趣。

——廖诗评，北京师范大学法学院副教授，2014 年 2 月 24 日。

尽管受到这样或那样的批评，绝大多数 WTO 裁决依然展现出强大的理性说服力。各成员愿意执行它，除其他因素外，程序合法、论证严密、说理充分、结果公平的 WTO 裁决所形成的说服力功不可没。甚至非争端方也愿意接受相关 WTO 裁决，修改其现行做法。WTO 裁决还被许多投资者——国家仲裁庭、国内法院广泛"依赖"。

——胡建国，南开大学法学院讲师，2014 年 2 月 21 日。

二十多年前开始学习法律，一直在思考法律的真谛，直到接触 WTO 法及其案例，才如同收获了自己多年寻找的珍宝，顿有令人亢奋之感。原来法律的趋同是可以实现的，裁决报告应该是具有严密法律推理的，有说服力的裁决是能够在世界各国得到执行的，WTO 做到了！WTO 案例裁决报告常常扣人心弦，它是如此之美妙，是绝佳的教学素材。我执着地爱上了它，并义无反顾地希望传播 WTO 思想，积极投身于 WTO 的教学和研究。

——陈咏梅，西南政法大学教授，2014 年 2 月 21 日。

WTO 多边争端解决机制在构建公平的国际经济秩序中扮演着不可或缺的角色，是实现国际贸易法治的最后防线。

——张晓君，西南政法大学教授，2014 年 2 月 25 日。

在 WTO 案例课上，我因为受到舒国滢等人的法美学理论的一点影响，特别强调大部分的 panel report / AB report 是瑕不掩瑜的法美学典范——"法律的形式美法则——如法律语言的对称均衡、逻辑简洁性和节奏韵律，法律文体的多样统一，等等——较多地体现在那些独具个性而又富有审美趣味的西方法官们的判词之中。法官们的'优美的'判决所生发的美学价值，绝不亚于任何优秀的艺术作品。鲁道夫·佐姆（Rudolf Sohm）曾经赞扬塞尔苏斯（Celsus）的判决才能，说他能够从个别的案件中抽引出普遍的规则，运用最为简洁的语言形式；这些形式具有凌空飞动的语词的冲击力，令人升华，使人澄明，犹如一道闪电照亮遥远的风景。"这样的风景，在 WTO 可谓俯仰皆是（朱榄叶早期著作的脚注中已有涉及）。……从法律素养的高超和法律文本结构修辞等视角来看，WTO 的多数报告毫无疑义是值得花大力气研究的典范；案例教学的原材料完全是现成的和真金白银的，还省却了很多出力不讨好的创作功夫。

——陈东，中山大学法学院教授。参见杨国华等：《法学教学方法：探索与争鸣》，厦门大学出版社，2013 年 5 月版，第 321～322 页。

我认为，WTO 在法治领域的贡献是被很多学者承认和接受的。其中不仅包括规范日益明确，与时俱进，"法律体系基本形成，并且具有规范的体系结构和一定程度的宪法化"；也包括这些规则受到了较为普遍的尊重和遵守，在讨论与俄罗斯的贸易关系时，美国人把 WTO 的规范作为贸易领域的国际法治纪律的首要部分；还包括发展中国家的利益初步受到关注；更包括贸易政策审议初步构成了国际执法的雏形，精心设计的争端解决程序及其在实践中较为成功的经验为国际司法提供了一个新的模板，WTO 自己也不无骄傲地称之为"一个独特的贡献"。我们也乐于认同，由于贸易在当今这个全球化的世界中所起的重要作用，以及 GATT 到 WTO 过程中的成功努力，国际贸易法从当初很少被人关注的国际法的一部分变成当今国际法的显著方面。一些学者由此认为，法理学家哈特所预言的"国际法受到一种制裁制度的强化"成为现实。

——何志鹏，吉林大学法学院教授。"WTO 是模范国际法吗"，参见杨国华等：《法学教学方法：探索与争鸣》，厦门大学出版社 2013 年 5 月版，第 206～207 页。

以联合国、WTO 和欧盟为代表的三种模式正引领着当代国际法治的发展趋势。

——曾令良，武汉大学教授。"WTO：一种自成体系的国际法治模式"，参见曾华群、杨国华等:《WTO 与中国:法治的发展与互动——中国加入 WTO 十周年纪念文集》,中国商务出版社 2011 年 10 月版,第 58 页。

我认为,WTO 是国际法治(international rule of law)的典范。按照亚里士多德的理解,"法治"是指良好的法律得到良好的遵守。"良好的法律",至少法律制定的目标应当是良好的,并且法律制定的程序是正当的。从这两个方面来看,WTO 具备了"良好的法律"的条件,因为 WTO 的目的是促进世界和平,并且所有 WTO 规则都是"全体一致"(consensus)通过的。至于"良好的遵守",我们无法判断 WTO 的众多成员是否认真遵守了 WTO 规则。然而法律是否得到很好的遵守,有一项客观的标准,即法院的判决是否得到了很好的执行。在这方面,WTO 堪称典范,因为 WTO 自成立以来,争端解决机构作出的 100 余个裁决都得到了执行!对于多数裁决,"败诉"一方的成员改正了被诉措施。少数裁决,双方对于裁决是否得到执行发生了争议,于是再次诉诸 WTO。只有极少数裁决,"被诉"成员无法改正措施,给予"胜诉"成员贸易补偿,或者由"胜诉"成员"中止减让"(报复),但无论是补偿还是报复,都是在 WTO 的法律框架内进行的,也就是说,是按照 WTO 所规定的程序进行的。迄今为止,尚未出现某一成员公然表示拒不执行 WTO 裁决的情况!因此,我们可以说,在 WTO 这里,是"良好的法律得到良好的遵守"。在 WTO 这里,我们看到的不是国际强权,而是国际法治。在 WTO 这里,国际法不再是躲躲闪闪的"软法",而是堂堂正正的"硬法"。因此我说,WTO 是国际法治的典范,应当为其他国际组织所效仿。

——杨国华,商务部条约法律司副司长。参见曾华群、杨国华等:《WTO 与中国:法治的发展与互动——中国加入 WTO 十周年纪念文集》,中国商务出版社 2011 年 10 月版,序言二。

以和平取代战争,是"国际法之父"格劳秀斯当年撰写《战争与和平法》的宗旨。……三百多年之后,当《联合国宪章》问世之时,祈求和平的人类发出最强烈的呼声:"我联合国人民,同兹决心欲免后世再遭今代人类两度身历惨不堪言之战祸……"庄严宣布:"联合国之宗旨为:一、维持国际和平及安全;并为此目的:采取有效集体办法,以防止且消除对于和平之威胁,制止侵略行为或其他和平之破坏;并以和平方法且依正义及国际法之原则,调整或解决足以破坏和平之国际争端或情势。"……从国际政治与经济的战略角度来看,WTO 争端解决机制是战后以来和平解决国际争端法的重大发展。《联合国宪章》第 33 条规定,和平解决争端的国际法方法包括谈判、调查、调停、仲裁、司法解决、区域机关或区域办法的利用,或各该国自行选择的其他方法。WTO争端解决机制是一种准司法解决的方法……在迄今为止的国际法历史上,世界贸易组织(WTO)包含上诉程序的"准司法"争端解决模式是独一无二的。

——张乃根,复旦大学法学院教授。参见张乃根:《WTO法与中国涉案争端解决》,上海人民出版社2013年10月版,第118~120页、第129页。

……从中国参加DSB争端解决实践来看,WTO争端解决机制为成员方解决贸易争端提供了比较有预见性和公正性的程序,不管你是财大气粗的美国,还是一般的小国,DSB都一视同仁,按照WTO规则进行审理,比起双边解决贸易争端的方式,受政治影响较小。

——曹建明,最高人民检察院检察长;贺小勇,华东政法大学教授。参见曹建明、贺小勇:《世界贸易组织》,法律出版社2011年8月版,第384页。

历史上,解决经济利益冲突最常用的手段是政治,尤其是武力政治。WTO法律体系有可能为世界资源的开发和经济利益的分配找到和平的出路,因为法律制度作为民主的基础,为人们所共同接受。……法律,是解决纺织品贸易摩擦一个良好的路径,是解决今后可能到来的各种贸易摩擦首要的考虑。它是我们加入WTO一个最为重要的目的,是保障我们贸易利益的最直接武器。……它更有可能成为我们走向法治,树立法治国际形象一个良好的开始。它是历史给予我们的又一个契机。

——黄东黎,中国社会科学院国际法研究中心研究员。参见黄东黎:《WTO规则运用中的法治》,人民出版社2005年10月版,封底文字。

WTO争端解决机制,并没有像GATT体制或包括国际法院在内的其他一些国际性争端解决机构那样,仅限于号召性地要求败诉方履行裁决而没有具体的机制保障,而是以促进争端解决的迅速、全面履行为己任,直接、详尽地规定了执行监督程序和强制执行措施,这是国际组织争端解决机制的一大进步。

——赵维田,中国社会科学院法学研究所研究员。参见赵维田:《WTO的司法机制》,上海人民出版社2004年10月版,第284页。

从历史角度来看,和平解决国家间争端是人类社会的理想,也是人类文明进步的标志。……世界贸易组织争端解决机制在众多的国际争端解决机制中脱颖而出,不但被喻为多边贸易体制的"皇冠明珠",在国际法院、国际商事仲裁院、国际投资争端解决中心等各类国际争端解决机构中也以高效、迅捷、富有执行力等受到普遍赞誉。……WTO争端解决机制是维护世界和平发展的机制。

——赵宏,中国常驻世界贸易组织代表团公使衔参赞。"中国参与争端解决机制十年回顾",参见易小准等:《十年之路:纪念中国加入世界贸易组织十周年文集》,上海人民出版社2011年12月版,第17页、第23页。

对于WTO的争端解决机制,我们应该有正确的认识。不能官司打赢了就高兴,打输了就说人家不公平、不公正或者歧视中国。与国际海洋法庭(ITLOS)、解决投资争端国际仲裁中心(ICSID)以及国际法院(ICJ)相比,WTO争端解决机制在国际法上有很多突破性的发展,有很多先进性。例如,对贸易争端实行强制性管辖、程序严谨、审限严格、裁决自动通过、监督执行严格等。另外,WTO案件一律由专家进行审理,不存在任何政治势力或行政的干预。正因为如此,使得WTO争端解决机制具有很高的信赖度,WTO成员乐意将问题诉诸这里来解决。这样一个比较完善的争端解决机制有效地避免了过去那种弱肉强食、大打贸易战的混乱局面,提高了大家对WTO的信任。

——张玉卿,商务部条约法律司前司长。参见吕晓杰等:《入世十年 法治中国——纪念中国加入世贸组织十周年访谈录》,人民出版社2011年12月版,第20~21页。

WTO争端解决机制为各成员提供了一个很好的争端解决平台。……WTO的争端解决机制对国际法的发展也做出了自己的贡献,尤其是它直接丰富了国际条约的解释。另外,WTO争端解决报告比较透明,这对学术研究和国际贸易法教学是一个很大的促进。在过去,我们很难找到国际贸易法教学案例,现在,案例就摆在你面前,而且,报告中的逻辑分析和法律思维对于培养学生的能力和进行学术研究有着借鉴作用。

——张月姣,WTO上诉机构成员。参见吕晓杰等:《入世十年 法治中国——纪念中国加入世贸组织十周年访谈录》,人民出版社2011年12月版,第221~222页。

WTO是世界上最为成功的国际组织之一,没有哪个国际组织拥有如此完善的争端解决机制,也没有哪个国际组织拥有如此具有信服力的争端解决裁决。正是这样的一个争端解决机制,极大地促进了世界贸易的良性发展,尤其是正常化发展。从这个意义上讲,WTO对人类的贡献是巨大的。尽管多哈发展回合阻力重重、久拖不决,但是我坚信,只有WTO才是维护世界贸易有序发展的最佳途径,是值得我们依赖的最佳场所。因此,我们有义务维护WTO体制,倡导WTO体制!

——史晓丽,中国政法大学国际法学教授。来自2014年10月所发邮件。

中国人不太喜欢打官司，但后来逐渐发现，通过打官司，有些问题可以搞得更清楚。在打官司过程中有得有失，胜诉的案件增强了我们更好地利用世贸规则维护贸易利益的信心；而根据一些败诉的案件，中方相应修改了国内的法律法规，这实际上对国内进一步改革起到了推动作用。……我们要认真对待WTO裁决，也就是要认真执行裁决，要表现出负责任大国的风范，这是占领道义制高点的一个重要方面。WTO与其他国际组织的根本性不同就是，它有"牙齿"，那就是WTO争端解决机制，它被称为"皇冠上的宝石"啊！所以，我们每个WTO成员都必须很好地维护这个机制。尽管它存在这样那样的不足，但各个国家在多哈回合里都承认：WTO争端解决机制运转的情况比多数成员国内法运转的情况要好。对这个机制，大家认为总体上还是令人满意的。

——孙振宇，中国常驻WTO代表团大使。参见孙振宇：《日内瓦怱怱岁月——中国常驻WTO代表团首任大使孙振宇口述实录》，人民出版社2011年12月版，前言和第38页。

WTO争端解决机制的一大优点在于，它可以顺利地解决一项在两国政府之间极具争议性的问题，实现去政治化的效果。通过WTO争端解决，不仅在两国政府之间达到了去政治化的效果，也能够安抚两国的民众。相反，如果没有WTO或者不利用WTO争端解决机制的话，一方针对另一方某项政策的不满就有可能通过报复方式解决，这样一来，双方在报复和反报复中恶性循环，最终会导致双方贸易战的爆发。而有了WTO，我们就可以避免这种情况的发生，我们可以轻松地将分歧提交WTO争端解决机制，然后就可以悉听裁判了。

——Timothy Stratford（夏尊恩），former Assistant USTR for China Affair。参见吕晓杰等：《入世十年 法治中国——纪念中国加入世贸组织十周年访谈录》，人民出版社2011年12月版，第128~129页。

……争端解决机制……是一个适用刚性法律的机制，并且非常注重法律分析。……我认为争端解决机制这一点可以将WTO区别于其他所有的国际法领域。以金融领域为例，巴塞尔协议就不是个很有刚法的法律，它是个软法。但是，WTO有一个由刚性法律构成的非常稳固的法律体系，并且结构完善。……WTO体制已经获得了相当大的成功，它是世界上很独特的一个实践，是现存国际法律机构中最强大的一个。

——John Jackson, Georgetown University Professor。参见吕晓杰等：《入世十年 法治中国——纪念中国加入世贸组织十周年访谈录》，人民出版社2011

年12月版，第36~37页。

这是我国现代化建设中具有历史意义的一件大事，必将对新世纪我国经济发展和社会进步产生重要而深远的影响。

——"中国改革开放进程中具有历史意义的一件大事——祝贺我国加入世界贸易组织"，《人民日报》社论，2001年11月11日第1版。

This dispute settlement system is clearly the most powerful dispute settlement system at the international level that we have today or perhaps ever in the history of the world. It is having an enormous impact in a lot of different directions and we are beginning to see the spread of the idea of dispute settlement systems to other free trade agreements, regional trade agreements, and even some other international organizations in different contexts... I think we are seeing something very significant in international relations generally, as well as in international law.

——John Jackson, Georgetown University Professor, from Merit E. Janow (eds), The WTO: Governance, Dispute Settlement and Developing Countries, Juris Publishing, Inc. 2008, p. 388.

Trade is recognizably an invaluable source of prosperity. Time and time again, it has also been at the root of conflict and domination. The DSU is the most advanced achievement on record to settle disputes peacefully and under the rule of law.

——Julio Lacarte Muro, former Appellate Body Member, from Merit E. Janow (eds), The WTO: Governance, Dispute Settlement and Developing Countries, Juris Publishing, Inc. 2008, p. 330.

The advent of the WTO, and the ensuing establishment of a two-level adjudication process (panel and the Appellate Body), marks the passage to a compulsory third-party-adjudication system, an oddity in international relations...

——Petros C. Mavroidis, Professor of Law at Columbia University Law School, from Merit E. Janow (eds), The WTO: Governance, Dispute Settlement and Developing Countries, Juris Publishing, Inc. 2008, p. 345.

The WTO dispute settlement system has been lauded for its many achievements in conferences and in other fora, as well as in the legal literature... For the first time in history, the international community had created a comprehensive system for resolving international trade disputes among some 130 Members that was compulsory, exclusive, efficient, and binding.

——Valerie Hughes, former Director, WTO Appellate Body Secretariat, from Merit E. Janow (eds), The WTO: Governance, Dispute Settlement and Developing Countries, Juris Publishing,

Inc. 2008, p. 471.

The WTO dispute settlement system has established itself as probably the most successful international tribunal not only in the area of international trade, but with respect to international disputes generally... I believe that the great contribution of the WTO in stabilizing the international trading order through the establishment of the rule of law should be duly recognized.

——Mitsuo Mtsushita, former Appellate Body member, from Merit E. Janow (eds), The WTO: Governance, Dispute Settlement and Developing Countries, Juris Publishing, Inc. 2008, pp. 505 – 506.

The WTO dispute settlement system has become the most active and productive dispute settlement system in the entire field of public international law. It is truly remarkable the nearly 150 governments agreed to subject themselves to the compulsory jurisdictiNon of tribunals whose decisions are legally binding.

——David Palmeter, Senior Counsel, Sidley Austin, LLP., from Merit E. Janow (eds), The WTO: Governance, Dispute Settlement and Developing Countries, Juris Publishing, Inc. 2008, p. 854.

There is a further feature of WTO law that distinguished it from most other subsectors of international law, namely, its dispute settlement system. Its unique features are well known: it is centralized, exclusive, compulsory, binding, based on law and administered by independent adjudicatory bodies (not to mention its effectiveness due to the multilateral surveillance of implementation).

——Giorgio Scerdoti, Appellate Body member, from Merit E. Janow (eds), The WTO: Governance, Dispute Settlement and Developing Countries, Juris Publishing, Inc. 2008, p. 597.

WTO Members enjoy one of the most successful systems for dispute settlement on the international plane, one that has proved to be extremely robust and efficient... There is very broad confidence in the WTO dispute settlement mechanism... In a speech last year, Nigeria's Ambassador Agah, former chairman of the DSB, noted that the WTO dispute settlement system is also "remarkably efficient". Indeed, the average timeframe for WTO panel proceedings is 11 months, excluding the time parties take to compose their panels and translation time. This compares quite favourably to the 4 years average length for proceedings at the International Court of Justice, 2 years on average at the European Court of Justice, 3 and a half years to complete an investment dispute before the International Centre for the Settlement of Investment

Disputes at the World Bank, and 3 and 5 years on average for NAFTA proceedings under Chapters 20 and 11, respectively.

——Pascal Lamy, WTO Director-General, during ceremonies commemorating the 30th anniversary of the GATT/WTO Legal Affairs Division on 28 June 2012.

First, in a world where the multilateral trade project so often appears assailed by ambitious regional and bilateral agreements, the WTO remains the forum of choice for resolving trade disputes. Second, the system is used by more and more WTO Members to ventilate ever greater numbers of disputes across diverse areas of the covered agreements. Third, the WTO dispute settlement system is now regarded by international lawyers as one of the most prolific sources of international law. Fourth, the system has generated those hallmarks of institutional recognition: robust academic discourse on WTO law and the legal professions now count WTO law as a specialty.

——David Unterhalter, Appellate Body Member, Farewell Speech, 22 January 2014.

No review of the achievements of the WTO would be complete without mentioning the Dispute Settlement system, in many ways the central pillar of the multilateral trading system and the WTO's most individual contribution to the stability of the global economy.

——Renato Ruggiero, WTO Director General, 17 April 1997. From WTO Secretariat, Trading into the Future: The World Trade Organization, 2nd edition, Revised March 2001, p. 38.

At long last, there is evidence that Grotius, and all those who have followed Grotius in all the long years since his escape to freedom, have been right: there can be the international rule of law. This evidence comes from what some would consider an unlikely source. It comes from the dispute settlement system of the World Trade Organization... The WTO has compulsory jurisdiction, and the WTO makes judgments that are enforced... Thus, the WTO offers an example to the world for the first time of what even the skeptics are bound to acknowledge by their own terms is real "international law"... For WTO rules are not the only rules the world needs. There are many other international agreements, in addition to the WTO treaty, that have legitimacy, and that are also deserving of enforcement through the international rule of law. There are hundreds of multilateral international agreements dealing with human rights, women's rights, children's rights, workers' rights, the environment, health, intellectual property, investment, crime, corruption, genocide, and numerous other areas of compelling international concern that deserve due credence and due consideration by both national and international tribunals. And there is need for more... Our success—thus far—in WTO dispute settlement is encouraging evidence that we can accomplish much more—in trade and in many other areas of our shared concern—for the international rule of law. It is the best evidence the world has ever seen that "international law" can be real law in the real world.

—James Bacchus, Appellate Body Member, Groping Toward Grotius: The WTO and the International Rule of Law, from James Bacchus, Trade and Freedom, Cameron May, 2004, pp. 459 – 466.

... (the WTO dispute settlement system) has arguably been the most prolific of all international State-to-State dispute settlement systems... The WTO dispute settlement system has been used by developed-country Members and developing-country Members alike. In 2000, 2001, 2003, 2005, 2008, 2010 and 2012, developing-country Members brought more disputes to the WTO for resolution than developed-country Members. While many disputes are between developed-country Members, developing-country Members have frequently used the WTO dispute settlement system to resolve trade disputes between them. Particularly note-worthy is the successful use of the dispute settlement system by small, sometimes very small, developing-country Members against the largest among the developed-country Members. In the WTO, might is not necessarily right... In 1996, then WTO Director-General Renato Ruggiero referred to the WTO dispute settlement system as "the jewel in the crown of the WTO". While obviously not perfect, the WTO dispute settlement system has by and large lied up to, if not surpassed, Ruggiero's high expectations. The frequent use by a significant number of developed-as well as developing-country Members to resolve often politically sensitive issues, and the high degree of compliance with the recommendations and rulings, testify to the success of the WTO dispute settlement system.

—Peter Van den Bossche, Appellate Body member, from Peter Van den Bossche, The Law and Policy of the World Trade Organization, third edition, Cambridge University Press, 2013, pp. 157 – 158, p. 302.

The current WTO dispute settlement procedure... are to be admired, and are a very significant and positive step forward in the general system of rules-based international trade diplomacy... it is interesting to note how extensively the WTO dispute settlement system is being treated in literature from non-governmental sources. There is an enormous amount of scholarly and policy-centered literature about the dispute settlement system. This is evidence of the general and public interest in the subject, and in the recognized importance and, perhaps, value of the system. Individual cases are debated at length (similar to attention received by decisions of national courts). This activity, either of scholars or of intelligent and pointed argumentation by other perceptive observers, can play a constructive and complementary role in support for a rules-based institutional framework for international trade, just as similar activity plays such a role within nations.

——Report by the Consultative Board to the former Director-General Supachai Panitchpakdi, The Future of the WTO: Addressing institutional challenges in the new millennium (the "Sutherland Report") (WTO, 2004), para. 213, 268.

What can we learn from the constitutional functions and constitutional principles of the WTO Agreement, and notably from its compulsory worldwide dispute settlement system, for the task of "constitutionalizing" the UN and other international organizations? Could the GATT and WTO strategies for overcoming the prisoners' dilemma in the field of global economic cooperation, where they enabled a worldwide "functional integration" with progressive "spill-overs" into additional areas of cooperation, also be applied in the power-oriented realm of foreign "high politics" in the UN? Are there parallels between the constitutional requirements of a liberal international trade order and those of a liberal international political order? Are the functional interrelationships between international and domestic legal guarantees of "market freedoms" and non-discrimination in the international trade order (e.g. in WTO law, EC law and domestic trade laws), which have been of crucial importance for actually achieving the GATT, WTO and EC Treaty objectives of liberal trade, less important for achieving the UN objective of "democratic liberal peace"? What can we learn from the international WTO guarantees of individual rights (e.g. intellectual property rights), and from their (quasi) judicial protection at the national and international level, for achieving more effectively the UN objective of protection of human rights?

——Ernest-Ulrich Petersmann, Professor of International and European Law at the European University Institute in Florence, Italy, from Ernest-Ulrich Petersmann, The GATT/WTO Dispute Settlement System: International Law, International Organization and Dispute Settlement, Kluwer Publishers, 1997, p. 57.

The system helps to keep the peace. This sounds like an exaggerated claim, and it would be wrong to make too much of it. Nevertheless, the system does contribute to international peace, and if we understand why, we have a clearer picture of what the system actually does. Peace is partly an outcome of two of the most fundamental principles of the trading system: helping trade to flow smoothly, and providing countries with a constructive and fair outlet for dealing with disputes over trade issues. It is also an outcome of the international confidence and cooperation that the system creates and reinforces.

——WTO Secretariat, 10 benefits of the WTO trading system, 2008, p. 2.

Recognizing that their relations in the field of trade and economic endeavour should be conducted with a view to raising standards of living, ensuring full employment and a large and steadily growing volume of real income and effective demand, and expanding the production of and trade in goods and services, while allowing for the optimal use of the world's resources in accordance with the objective of sustainable development, seeking both to protect and preserve the environment and to enhance the means for doing so in a manner consistent with their respective needs and concerns at different levels of economic development. Recognizing further that there is need for positive efforts designed to ensure that developing countries, and especially the least developed among them, secure a share in the growth in international trade commensurate with the needs of their economic development.

——Preamble, Marrakesh Agreement Establishing the World Trade Organization.

（杨国华整理，2014年2月14日）

中国参与 WTO 争端解决机制的历程

2010年6月第一周,被戏称为"中国案件周"。这一周,3个涉及中国的案件在 WTO 总部交替"登场":周二和周三,中国诉美国轮胎特殊保障措施案(DS309)第一次开庭;周三和周四,中国诉欧共体紧固件反倾销案(DS397)第二次开庭;周五,欧盟诉中国紧固件反倾销案(DS407)第一次磋商。中国代表团20余人穿梭于各个会议室之间,忙得不亦乐乎。难怪人们普遍认为,中国已经成为 WTO 争端解决机制中最为活跃的成员之一,仅次于美国和欧盟。统计数据显示,2009年在 WTO 新提起的案件中,有一半涉及中国!

然而此时距中国正式成为 WTO 成员,只有短短八年半时间!

中国参与 WTO 争端解决机制,经历了怎样的过程?是什么人在从事这项工作?现状如何?效果怎样?前后有些什么变化?

一、未雨绸缪

(一)乔治城大学法律中心"WTO 研讨班"

早在中国加入 WTO 之前的2000年,政府就开始了参与争端解决机制的准备工作。2000年6月,原外经贸部条法司就组织国内主要经济部委和立法部门的官员,以及部分学者、律师23人,远赴位于美国首都华盛顿的乔治城大学法律中心(Georgetown University Law Center),参加了为期两周的"WTO 研讨班"。这个研讨班的美方组织者是享有"GATT/WTO 之父"美誉的 John H. Jackson 教授。他邀请了23位美国的官员、学者、律师,以及 WTO 秘书处及争端解决方面的专家,系统介绍了 WTO 的历史和有关协定,并且特别介绍了 WTO 的大量案例。

当时正值国内学习 WTO 热,人们以了解 WTO 规则为时尚。然而这次研讨班的讲课者多数都在批评 WTO 的不足,并且为 WTO 规则的发展"献计献策"。参加这次研讨班的中方人士深切地感受到中国与西方在 WTO 知识和认识方面的差距。应当说,这次研讨班给了中方参加者一个明确的启示:中国要真正参与 WTO 事务，特别是争端解决这项专业法律性的工作，还有很长一段路要走。

（二）其他研讨会及与外国律师的交流

随后，2000 年 10 月，原外经贸部条法司在北京举办了一天大型的 WTO 研讨会，来自美国、欧洲、澳大利亚和 WTO 秘书处的专家，就 WTO 的主要协定做了专题介绍（John H. Jackson 教授也参加了此次研讨会）。国内官员、学者、律师 100 多人参加了研讨会。

2001 年 9 月，原外经贸部条法司邀请 WTO 秘书处法律司的 Gaetan Verhoosel 先生和美国资深贸易法律师 Chris Parlin 先生，在北京举办了为期 5 天的"WTO 案例研讨班"。这次研讨班的专题，是介绍 WTO 争端解决机制的程序，并且重点介绍了 WTO 的 3 个案例。国内的官员、学者和律师参加了研讨。这个研讨班标志着我们从对 WTO 的一般性了解，走向对 WTO 争端解决机制的专题研究。

随后，中国参与了"美国钢铁保障措施案"和一些第三方案件，对 WTO 争端解决机制的运作有了一些切身的体会。鉴于 WTO 审理案件涉及很强的诉讼技巧，商务部条法司于 2004 年 1 月在北京举办了为期 3 天的"WTO 诉讼策略与技巧研讨会"，国内的官员、学者和律师与加拿大有多年 WTO 诉讼经验的 John Johnson 先生以及在"美国钢铁保障措施案"中代理中方的律师 Olivier Prost 先生，就有关主题和案件进行了研讨。这个研讨会的主题表明，我们对 WTO 规则的学习，更进一步地走向技术性、操作性的层面。

学术和经验的交流是必要的，并且还将继续深入下去。通过举办这些研讨会，我们深切地感到，政府要做好争端解决工作，需要一支稳定的国内专家和律师的队伍。实践表明，在参加这些研讨会的人员中，一些学者在 WTO 案例研究方面作出了卓越的成绩，而一些律师已经成为中国参与 WTO 争端解决工作的不可或缺的力量。

我们认识到，人才的培养需要一段时间，而从事这项工作却是"时间不等人"的，有些案件的发生也是不以我们的意志为转移的。对于一些重要案件，我们可能在相当长一段时间还要依靠外国有经验的律师。因此，除了举办研讨会，商务部条法司还与外国律师进行了广泛的接触，为可能发生的案件预做准备。对此，除了在日常工作中接待来访的外国律师，了解这些律师的情况，商务部条法司还在就"美国钢铁保障措施案"赴华盛顿与美国进行WTO 保障措施协定项下的磋商期间（2002 年 3 月），重点考察了一些美国律师事务所。考察的内容，除了这些律师事务所在 WTO 方面的水平外，还涉及律师收费标准等实际的问题。2002年3月，时任条法司司长张玉卿先生专门率团赴华盛顿，考察美国的律师事务所。此行专门安排了与Charlene Barshefsky的会面。她是美国克林顿政府时期的贸易谈判代表（USTR），由于负责1996年的中美知识产权谈判和1999年的中国加入WTO的中美谈判，而在中国名声大噪。她现在是华盛顿一家律师事务所的律师，对中国业务颇有兴趣。她与我们的会面，在一定程度上说明外国律师对中国有关WTO业务是"看好"的。事实上，2002年8月，华盛顿一次研讨会的题目就是"中国在未来WTO争端解决机制中的作用"。

（三）专题研究

为了更为有效地参与WTO争端解决机制，除了上述一般性的准备工作之外，商务部条法司还对一些重点问题进行了充分研究。其中，2003年3月，其与律师事务所合作完成了"美国特定产品保障措施立法及实践法律研究报告"。该报告对一般保障措施与"特保措施"的关系进行了充分的论证，并且对美国第一起"特保"案——座椅升降装置案进行了法律分析。2004年4月，其又与律师事务所合作完成了"纺织品保障措施问题及美国纺织品保障措施立法研究报告"。该报告对"纺织品特保"与一般保障措施、WTO《纺织品与服装协定》的关系进行了分析。

2004年4月，商务部条法司又与律师事务所合作完成了"美国WTO反倾销案件研究报告"。该报告对美国在WTO中被诉的反倾销案件进行了研究，并且依此对当时国人瞩目的美国对华彩电反倾销案做了分析。

此外，商务部条法司WTO法律处根据参与WTO争端解决案件审理的经验，分别于2002年和2003年完成了商务部研究课题"WTO争端解决磋商程序研究"和"WTO争端解决专家组程序研究"两个研究报告，结合WTO案例，对这两个程序的细节进行了完整的介绍。WTO法律处纪文华写作了"WTO新回合争端解决机制谈判综述"，根据其参与该谈判的体会，对各方的立场和原因进行了介绍和评论。WTO法律处杨国华和李咏箑合作完成了《WTO争端解决程序详解》一书，于2004年3月出版。这是一部实用指南，引用了105个WTO报告，全面研究了既往案例对WTO争端解决程序规则的使用情况。著名的John H. Jackson教授在阅读了英文稿后专门为此书作序。2004年4月，杨国华所著《美国钢铁保障措施案研究》出版。该书全面介绍了"中国第一案"的过程。

当然，学术界对WTO法律的研究也成果丰硕。其中，中国社科院法学所赵维田教授的《WTO法律制度研究》，大胆质疑，小心求证，堪称老一辈学术著作的典范。上海华东政法学院朱榄叶教授的 GATT 和 WTO 案例研究系列及其对 WTO 案例的分类统计,提供了全面的案例资料。中国人民大学韩立余教授的 WTO 案例研究系列,则更为详尽地介绍和评论了 WTO 的案例。

最后,值得提及的是,为了给有关工作提供充分的便利,商务部条法司购买了大量的 WTO 英文资料,包括从事 WTO 争端解决工作所必备的 WTO 出版物——Basic Instruments and Selected Documents(BISD), Analytical Index: Guide to GATT Law and Practice, Analytical Index: Guide to WTO Law and Practice.

(四) WTO 法律处的成立

参与 WTO 争端解决机制的工作需要机构的保障。2001 年 11 月,中国刚刚被批准加入 WTO,商务部条法司就成立了 WTO 法律处。

该处由"外经贸部 WTO 法律工作领导小组办公室"转变而来。1999 年年底,中美关于中国加入 WTO 的双边协定签订后,人们普遍认为,中国正式成为 WTO 成员指日可待,而修改中国的法律法规,使其与 WTO 的规则一致,成为举世瞩目的迫切任务。中央各主要部委纷纷成立法规清理办公室,而由于外经贸方面的法律法规首当其冲,并且由于外经贸部负责加入 WTO 的谈判工作,因此,该部的办公室是专职的机构,不仅负责外经贸方面法律法规的清理工作,而且经常需要向其他部委提供咨询。清理工作不仅需要了解国内的政策法规,而且需要熟悉 WTO 的规则。这项专业性的要求,迫使办公室工作人员边干边学,较早地对 WTO 各项协定和部分案例进行了研究。这也为更为专业的 WTO 争端解决工作打下了初步的基础。中国加入 WTO,该临时办公室转为正式的 WTO 法律处,与专门成立的 WTO 司一起,共同承担中国在 WTO 的相关事务。

二、积极参与

(一) 参与"美国钢铁保障措施案"

2002 年 3 月 5 日,美国总统宣布,对 10 种进口钢材采取保障措施,在为期 3 年的时间里,加征最高达 30% 的关税。包括中国在内的一些 WTO 成员将本案提交 WTO 争端解决机制,是为"美国钢铁保障措施案"。

美国钢铁保障措施案是中国在 WTO 的第一案,是中国成为 WTO 成员后,使用 WTO 争端解决机制解决贸易争议、合法保护自己贸易利益的具体体现。这个案件标志着中国未来解决与其他 WTO 成员的争议,多了一条稳定、可预见的途径。对于作为贸易大国的中国来说,和平解决争议,与其他国家建立良好的贸易关系,这是非常重要的。因此,本案对中国不仅仅具有保护具体贸易利益的作用,而且具有很强的象征意义。

本案对WTO多边贸易体制也有非同寻常的影响。正如欧共体所说,美国对钢铁采取的限制措施,是有史以来WTO成员所采取的经济上最具扰乱性的紧急保障措施,对几十亿美元的贸易和很多国家产生了影响。本案中,在WTO共同起诉美国的国家多达8个(欧共体、日本、韩国、中国、瑞士、挪威、新西兰和巴西),这是WTO争端解决中起诉方最多的一个案件。不仅如此,美国此举还迫使其他WTO成员也采取限制钢铁产品贸易的措施(欧共体和中国为防止钢铁产品贸易转移,也采取了保障措施),在总体上对世界贸易体制造成了极大的压力。因此,该案的进展举世瞩目。

从法律上来看,该案也是涉及法律问题最多的一个案件,包括专家组审查范围、未预见发展、进口产品定义、国内相似产品定义、进口增加、严重损害、因果关系、对等性、措施的限度、关税配额分配、发展中国家待遇等11个法律点,几乎涉及了对WTO《保障措施协定》中的每一个实质性条款的理解和适用。在专家组审理阶段,当事双方的书面陈述正文就达2500页,附件达3500页。专家组报告也长达969页。在上诉审议阶段,双方提交的书面陈述达1000页。上诉机构报告也达171页。起诉方为统一立场和观点,多次开会协调,分工合作。当事方100多人参加了专家组和上诉机构召开的听证会。美国称,这是WTO有史以来最大、最复杂的案件。美国甚至抱怨,本案对世界贸易体制有着严重的影响,因为8个起诉方对WTO相关协定的解释使得这些协定根本无法操作,从而损害了成员对WTO以规则为基础体制的信心,使其不愿意再承担新的义务。

美国钢铁保障措施案,从2002年3月5日美国总统宣布采取措施,到2003年11月10日上诉机构作出最终裁决,认定美国的措施不符合WTO规定,历时近21个月。在此期间,8个起诉方与美国进行了依据《保障措施协定》的磋商和《争端解决谅解》(DSU)的磋商,经历了专家组程序和上诉审议程序。本案解决过程中所遇到的一些程序和法律问题是非常独特的。中国作为WTO成员,参与了本案的全过程。参与这个第一案、大案,增加了我们对WTO运作模式的了解,特别是争端解决机制的特点,为今后充分利用该机制解决争议提供了很好的经验。

(二)作为第三方参与其他成员之间的案件

WTO争端解决程序规则规定,对于其他成员之间发生的争议,WTO成员可以作为第三方参与该案的审理,即收到争端双方的部分材料,提交自己的意见,出席听证会并发言。

虽然 WTO 要求第三方应当有贸易利益,但在实践中,在专家组和上诉机构阶段,一般不用说明自己的贸易利益所在,也没有人专门审查是否存在贸易利益。要求参加的成员,只需在宣布专家组成立的争端解决机构(DSB)会议上举牌示意,即可作为本案的第三方。

我们认识到,作为第三方参与这些案件的审理,具有重要意义:中国作为贸易大国,有广泛的贸易利益;作为第三方,可以获得大量的国际贸易信息;作为第三方,可以参与规则的制订与发展;作为第三方,可以锻炼我们的队伍。中国已经作为第三方广泛参与了 WTO 争端解决案件。具体工作由商务部条法司人员负责,并聘请国内律师起草相关法律文件。在参与过程中,我们与中国主要经济部委、进出口商会、行业协会、大型企业密切合作,确定中国参与这些案件的立场,并且可以使有关产业跟踪国际贸易体制的最新发展情况。对于每一个案件,我们都起草了第三方书面陈述,赴 WTO 参加审理案件的听证会,并且回答专家组的书面问题。由于当事方提交的书面材料内容很多,并且案件审理有严格的时间限制,加上我们刚刚起步,所以这项工作具有很大的挑战性。

三、走向深入

(一)向 WTO 推荐专家

为便利审理案件的需要,WTO 规定,每个 WTO 成员都可以向 WTO 推荐专家,经 DSB 批准后,列入专家"指示性名单"(indicative list),供具体案件发生时选用。在 2004 年 2 月 17 日召开的 DSB 例会上,通过了中国提名的三位专家。消息传出,引起了社会的广泛关注。这 3 位专家是:商务部条法司前任司长张玉卿教授,武汉大学法学院院长曾令良教授,上海华东政法学院朱榄叶教授。3 位教授均著作颇丰。

中国专家列入 WTO 专家名单,对我国在更宽领域、更深层次上参与 WTO 事务具有重要意义。

首先,根据 WTO《争端解决谅解》(DSU)的规定,WTO 争端解决专家组成员应当由资深的政府和非政府个人组成。此次我国有 3 位专家成功列入 WTO 专家名单,意味着我国的专家在 WTO 专业领域已经得到了 WTO 的认可,这是我国参与 WTO 事务走向更深层次的表现。

其次，截至目前，WTO 秘书处设立的专家组成员指示性名单来自 43 个国家。我国加入 WTO 仅两年多，即成功地推荐了专家组成员，这是我国参与 WTO 事务走向深入的又一重要表现。

再次，我国 3 位专家顺利成为 WTO 专家名单中的成员，对我国顺利推进争端解决工作也有重要意义。如果将来 3 位专家成为某些案件的专家组成员来审理案件，可以积累更多的争端解决经验，更好地为我国参与 WTO 事务服务。

（二）新回合法律问题研究

WTO 仍在进行新议题和新规则的谈判，跟踪研究这些问题，对于我们前瞻性、创造性地参与 WTO 争端解决机制具有十分重要的意义。为此，由商务部条法司前任司长张玉卿主持，商务部条法司全体人员参与了"新回合法律问题"的专题研究工作，对新回合的各项议题进行了研究和分析。研究成果已经正式出版。

（三）WTO 争端解决动态

为了跟踪 WTO 争端解决的发展，为有关单位工作提供参考，WTO 法律处编辑了"WTO 争端解决动态"。该动态汇集了 WTO 最新案例的介绍，我国参与争端解决的情况，以及争端解决谈判和案例统计等其他资料。该动态由于资料新，信息量大，获得了有关部门的一致好评。

（四）"中国集成电路增值税案"

2004 年 3 月 18 日，美国根据 DSU 的规定，就中国集成电路增值税政策问题，向中国提出磋商请求。美国在其磋商请求中，称中国的集成电路增值税退税政策违反了 WTO 的国民待遇原则和最惠国待遇原则。这个案件成为中国在 WTO 的第一起被诉案件。中美双方经过 4 轮磋商，于 7 月 14 日达成谅解，宣布此案通过磋商解决。

四、大展身手

经过 5 年的筹备和练兵，中国迎来了 WTO 案件高峰期：在中国起诉的 7 个案件中，6 个是 2007 年以后提起的；同时，在中国被诉的 9 个案件中，7 个是 2007 年以后提起的。（有关中国参与的案件，详见附件）

随着案件量的增加，我们经历了更多的"第一次"：中国诉美国"禽肉进口措施案"（DS392）"出师大捷"，案件尚在审理之中，美国就实质性地修改了有关立法。同时，中国也第一次根据"汽车零部件进口措施案"（DS339）

的裁决，调整了有关做法；第一次根据"知识产权案"（DS362）的裁决，修改了相关法律和法规。

经历了这么多案件，我们对在WTO打官司这套程序已经驾轻就熟了。同时，对于很多案件的实体性问题，我们也已经耳熟能详。例如，本文开头那3个案件所涉及的反倾销和保障措施问题，对于倾销、损害、倾销与损害的因果关系、进口增长、实质性损害等术语，我们已经在此前的案件中多次接触。此外，我们对在WTO打官司的内部运作也不再陌生，因为我们与WTO秘书处人员有长期、广泛的接触，有中国人曾经担任过专家组成员（张玉卿先生在欧共体香蕉案（WT/DS27/RW2/ECU，WT/DS27/RW/USA）中担任专家组成员）、在负责案件审理的WTO秘书处法律司工作，还有中国人曾经担任过WTO上诉机构成员（商务部条法司前司长张月姣女士）、在上诉机构秘书处工作。与此同时，与国际上最高水平的律师事务所的广泛合作，与国际上最好的WTO专家（例如前上诉机构主席James Bacchus先生）的广泛交流，不断提高着我们从事相关工作的水平。

我们还创造了颇具特色的组织诉讼的方式，形成了政府主办人员、国内律师、国外律师和相关产业部门"四体联动"的高效诉讼机制。此外，更为重要的是，中国还作为WTO正式成员，参与着规则的制订，包括争端解决机制改革的谈判和新回合其他议题的谈判。

遵守规则，制订规则，中国在国际舞台上正展现出一个成熟的形象。

五、结束语

WTO争端解决机制是解决贸易争端的最终法律手段，经常被称为"国际贸易法院"；WTO成员之间无法通过双边谈判解决的争端，可以提交WTO解决。它有严格的时间限制，可以和平地解决争议，避免采取贸易战等对国际贸易秩序产生很大破坏作用的行为。欧美等贸易大国均频繁使用WTO争端解决机制解决争议，巴西、印度等发展中国家也广泛参与有关案件的审理。另外，WTO争端解决机制虽然是解决争端的最终法律手段，但在双边谈判阶段也可以起到一定的威慑作用。从各国经验来看，参与WTO争端解决机制，根据WTO专家组和上诉机构对《WTO协定》条款的解释，可以及时掌握WTO规定的发展方向，有利于国内相关政策的调整；通过争端各方提供的材料，可以了解各国的贸易政策及其具体操作办法，为我国制订有关经贸政策提供参考。

因此，充分利用WTO的争端解决机制维护我国的利益，同时广泛参与

WTO争端解决机制的工作，是一项长期、重要的工作。

与此同时，我们还发现，WTO在推动国际法治方面起着很大的作用。法治有两个基本内涵：一是有好的法律，二是法律得到很好的实施。简言之，法治就是好法得到很好的实施。WTO规则是所有成员协商一致制订的，是"民主决策"的结果，应当推定该规则是好法。WTO规则的实施效果也很好，大家都认真履行协定。如果履行中出现问题，就提交给争端解决机构，并且WTO作出的裁决大家都能够认真执行。这就是国际法治。人类有史以来，第一次出现国际法被这么好地实施，国际法也从所谓的"软法"，显示出"硬法"的迹象。因此，WTO是国际法治很好的范例。中国作为多边贸易体制的重要受益者，应当致力于维护WTO所建立的国际法治。

China in the WTO Dispute Settlement: A Memoir *

It was the morning of 11 April 2002 in Geneva. Representatives from nine members of the WTO filled one of the biggest meeting rooms at the Centre William Rappard, where the World Trade Organization (WTO) was located. They greeted each other. They shook hands. And then, they started the consultations on the U.S. — Steel Safeguards. ❷

The appearances of the people from China, a member of only a few months❸, were very serious. They looked around the room and found very few familiar faces. They glanced at the seats of the United States, the respondent of this case, with a sense of hostility. It was the U.S. which restricted the import of steel products, including those from China, and hence a "rival" of China in this case.

I was one of the case handlers and the Director for WTO Legal Affairs from the Department of Treaty and Law (DTL) at the Ministry of Foreign Trade and Economic Cooperation (MOFTEC), the predecessor of the Ministry of Commerce (MOFCOM). When I was seated, I realized that documents and materials were full of the tables of the people from all the other eight members, while only a few pieces of papers, including the name lists of different delegations, were in front of my Chinese colleagues. As a matter of fact, I noticed that a while ago, some people walked into the room with suitcases and then took out piles of files from them!

What happened next was nothing difficult to imagine. For two days, other peo-

---

* Professor, Tsinghua University Law School, China. The draft of this piece was concluded at the end of 2013 while I was a Deputy Director General for WTO Legal Affairs at the Ministry of Commerce in China. However, when it was revised in August 2014, I have become a law school professor. The information in this piece is updated, without changing the first personal pronouns, i.e. "I" and "we".

❷ United States—Definitive Safeguard Measures on Imports of Certain Steel Products. On 5 March 2002, the US President imposed definitive safeguard measures on imports of certain steel products. The European Communities, Japan, Korea, China, Switzerland, Norway, New Zealand and Brazil brought the case to the WTO.

❸ China became the member of the WTO on 11 December 2001.

ple asked the U. S. delegation a huge amount of questions on the facts of the measure, i. e. the safeguards against steel imports. They were busily finding the page numbers in the Report of the United States International Trade Commission (USITC), where most of the justifications for this measure were recorded❶, while we listened with more puzzles increased after the head of our delegation finished reading the half page of statement in front him. That was a real suffering for me. As one of the joint complainants, we could not contribute much to this case. We even could not understand what they were talking about! We didn't know that consultation was a perfect opportunity to clarify with the U. S. on the measure which we claimed to be inconsistent with the WTO rules and would greatly facilitate the following procedures to resolve this dispute. We even didn't know to bring with us a copy of the USITC Report!

That was our ever first case in the WTO. When we had consultations on our fourth offensive case, also against the U. S., the U. S. —Poultry❷, on 15 May 2009, I, as the Deputy Director General from the DTL, together with my colleagues asked a series of questions on the measure. As the head of the Chinese delegation, I had all the related documents in front of me, i. e. the paragraph from the act, the legislative history, the background of the congresswoman who introduced the bill, the study on its WTO consistency, and above all, the question list we sent to the U. S. one week before this consultation, with follow-up questions marked in my copy. And could you imagine? We sat face to face with the U. S. delegation, but the two sides were thousands of miles away, one in Beijing and the other in Washington DC! What we were having was a digital video conference (DVC), a more cost effective way to communicate. After a few hours of Q&As, the consultations were concluded when I believed that we had exhausted all the questions and found out all the available facts. When I walked out of the DVC room in the deep night, I saw the "road" ahead of me, very clearly, on how to work on this case.

---

❶ USITC, Certain Steel Products, Inv. No. TA – 201 – 73, USITC Pub. 3479 (Dec. 2001) .

❷ United States—Certain Measures Affecting Imports of Poultry from China. The measure at issue in this dispute is Section 727 of the Agriculture, Rural Development, Food and Drug Administration, and Related Agencies Appropriations Act of 2009 which reads: "None of the funds made available in this Act may be used to establish or implement a rule allowing poultry products to be imported into the United States from the People's Republic of China." China brought the case to the WTO on 17 April 2009.

However, it was perfect time to "look back". How did these changes happen to China from a puzzling co-complainant in early 2002 to a confident independent complainant seven years later? It's October 2013 while I am writing this piece, so the U. S—Poultry was already a case of four years ago. What had happened during this period? Up till now, there are 30 cases for China in the WTO. ❶ The number of cases may say something by itself, which means experience grows with cases, but many other stories happened in the back of this number.

Ⅰ. Early days

For this title, China in the WTO Dispute Settlement: A Memoir, I have to start with the events happened before the first case, i. e. the U. S. —Steel Safeguards.

1. WTO training course at Georgetown University Law Center

The popularity of the WTO started from the year of 1999, when the Sino—U. S. bilateral agreement was signed and China accession to the WTO seemed to be a very close event after 12 years of negotiations. ❷ The study of the WTO became a famous school ever since then. Thousands of books were published and numerous seminars were held on the WTO. People were curious about this organization and were heatedly debating the opportunities and challenges it would bring to China. Although China had been a member to many international organizations❸, the WTO seemed to be a very different one. It was a dominant trade organization where China could get a lot of benefits although China made tremendous commitments for its membership. ❹ As the editorial of official newspaper the People's Daily indicated, the accession to the WTO would have significant influence on the economic development and social progress of China in the new century. ❺

As a leading economic agency and negotiator for the WTO accession, MOFTEC

---

❶ See annex: Table of China Cases. 31 cases with updates.

❷ The bilateral agreement on China's accession to the WTO was signed on 15 November 1999. China applied its membership of the GATT to be resumed in 1986 after Taiwan authority withdrew from the GATT in 1950.

❸ Eg. the United Nations and the World Intellectual Property Organization.

❹ The commitments on market access and regulatory reform were thousands of pages, reflected in the Protocol on the Accession and Report of the Working Party.

❺ Page 1, People's Daily, 11 November 2001.

was in the center of this popularity and needed to be well prepared for the coming changes, amongst which was the knowledge of the WTO rules. Many training courses were sponsored by MOFTEC. Here is just one example. In June 2000, a group of 23 people visited Georgetown University Law Center (GULC) at Washington DC. They were officials from important government agencies, professors from major universities, and lawyers from private law firms. They came to a WTO training course organized by Prof. John Jackson, who had a fame of "Founding Father of the GATT/WTO" for his life long contribution to the WTO study. During the two-week's program, the participants had the opportunity of listening to over a dozen predominant officials, scholars and lawyers on the system of the WTO, different agreements and important cases. They also raised a lot of questions. As one of the coordinators for this course, I was shocked that most lecturers criticized the WTO and commented on the future of this organization, while I came with holy and mysterious feeling of the WTO. Just imagine that the Monk Tangseng was shown some shortcomings of the Buddha when arriving the West after years of tremendous sufferings! [1] How should we look at the WTO?

2. WTO Symposium in Beijing

This is another example of the events during that period. In September 2000, a few months after the visit of GULC, a symposium was held in Beijing, with more than 100 participants from different sections of the Chinese government. Experts from the United States, Europe, Australia and the WTO Secretariat talked very widely on the topic of China and WTO, and Prof. John Jackson was also one of the speakers. As one of the organizers of this event, I realized that the audience was keen and sincere, expecting what they would encounter in the near future.

3. Specialized training

Lawyers always have cases in mind and they always think of handling cases by themselves one day. This was also true to the people in DTL at that time, who were lawyers and to represent China in future cases. This was the reason we had seminars like "WTO Case Study" in September 2001. During the five day period, government officials and lawyers studied various cases with two experts, one from the Legal Af-

---

[1] A Journey to the West, one of the most famous Chinese classical novels told a story of a group of monks travelling on feet to the West, i. e. India to seek the truth.

fairs Division of the WTO and the other from Washington DC. It seemed to me that my Chinese colleagues had realized the specialties of the WTO litigations and begun to focus on real cases. It was also true to me. I tried to read the whole reports of the Panels on Indonesia—Autos❶ and US—Section 301 Trade Act ❷after this seminar and began to see the charms of legal reasoning in the Panel and Appellate Body reports which were very rare in my legal education. ❸

Lawyers also understand that representing cases at the WTO is professional legal service, and China as a new member needed outside lawyers in future cases. So we started to collect the information of lawyers in this field during this time. This didn't prove to be an easy job, since the names of the private lawyers were not mentioned in the reports of the Panel and Appellate Body. ❹ When some lawyers were identified to have the relevant experience, they were outreached and some contacts were established. As a matter of fact, in March 2002, the DTL delegation visited Washington DC to interview some of the top law firms. We asked a lot of questions, including the hourly rate and conflict of interest. This was the first pool of lawyers to work with us in future cases. ❺

II. First case: the U. S. —Steel Safeguards

Trainings, seminars and lawyers, etc. It seemed that we were ready for a case in early 2002. Hence luckily enough for any lawyer, we had the first case, the U. S. —Steel Safeguards. As I recalled at the very beginning, the experience of consultations in this case was a very awkward one. We didn't hire foreign lawyers for consultations. And we realized later that we missed the procedures of consultations in the numerous trainings and seminars! However, the U. S. —Steel Safeguards proved

---

❶ Indonesia — Certain Measures Affecting the Automobile Industry (DS59), Panel report circulated on 2 July 1998.

❷ United States — Sections 301–310 of the Trade Act 1974 (DS152), Panel report circulated on 2 December 1999.

❸ Ever since then, I started to promote the study on WTO cases in the law schools by introducing China cases and publishing papers and books on the cases.

❹ My idea is that the private lawyers' names could be included in the reports by annexing the lists of the delegations at the hearings.

❺ Up till now, we only work with lawyers from Washington, Brussels and Geneva. No lawyers from the other parts of the world seem to be "interested" in the WTO cases!

to be a unique training for us. In this case, we not only experienced the full Panel and Appellate Body proceedings, but also became to see the substantive part of the WTO obligations, Agreement on Safeguards in this case, e. g. for safeguards, the disciplines were very strict and complicated. Besides these, the number of the co-complainants and the complexity of the legal issues proved to be a rare lesson to us. ❶ This is why I could publish a book on this case later, trying to record all the legal proceedings and personal experiences. ❷ And this is also why a more specialized seminar on litigation strategies at the WTO was sponsored by DTL in January 2004. In the three-day event, Chinese officials, law professors and private lawyers studied the U. S. —Steel Safeguards and other cases with two experts, one was a Canadian lawyer and the other was a lawyer from Brussels who represented China in this case. This time, we discussed how to handle a case. Inspired by this case, I also published another book, trying to understand the "procedure law" of the WTO, i. e. the Dispute Settlement Understanding (DSU). ❸ Over one hundred cases were cited to interpret the texts of the DSU.

Ever from this first case, a mechanism of case handling was stablished: QUARD. For every case, a taskforce is formed immediately: DTL, relevant agencies, Chinese lawyers and foreign lawyers. People in this group have different roles. For example, in the U. S. —Steel Safeguards, China as one of the complainants had substantive interest. But what were the interests? How were they affected by the U. S. measures? What was the total amount of steel exports from China to the U. S. ? Why were the measures inconsistent with the WTO rules? How could the China specific interest as a developing country be protected? How to draft submissions and make oral statements? How to coordinate with the other seven complainants? The four members of the taskforce worked together and did a good job in this case. It's fair to say that China contributed to the victory of this case in the end.

It was also from this case that we began to see the function and importance of the WTO dispute settlement. WTO is a big family with many members. There are rules of rights and obligations to make this family work, while disputes are inevita-

---

❶ Eight members brought the case against the United State. See fn. 1. Claims were made on unforeseen developments, increased imports, causation, parallelism and developing countries, etc.
❷ A Study on the WTO Case of US—Safeguard Measures on Steel, China Citic Publishing House, 2004.
❸ WTO Dispute Settlement Understanding: A Detailed Interpretation, Kluwer Law International, 2005.

ble. What can we do with the disputes which can not be resolved by negotiations? "Judicial remedy" seemed to be the only rational and efficient way. It was nothing new for me and my colleagues to see cases from domestic courts, but the practice of WTO was really eye-opening for us. Our confidence and trust for the WTO system was strengthened when we received the thousand-page Panel and Appellate Body Reports, which addressed each and every legal issue raised by both parties and determined that the U. S. measures were inconsistent with the WTO rules and recommended the U. S. to bring them into compliance, and the U. S. decided to terminate the measures, i. e. to lift the restrictions on the import of steel products one year ahead of schedule. ❶ This was an unprecedented experience and had significant influences on China in its following practices in the WTO.

III. First five years

China didn't file new cases in the first five years of its membership after the first case. Frankly speaking, the U. S. —Steel Safeguards was an accidental case. Nobody would be sure when could China have its first offensive case in the WTO, had not the U. S. took safeguards in early 2002 and seven other members took actions against it. According the stories in Part 1, it took time for China to be well prepared for a WTO case and the experience in the first case was far from enough for China to file independent cases. However, China requested to be third parties in almost all the cases between other members, some twenty cases altogether. DTL hired lawyers to prepare third party submissions and took part in the case hearings in the WTO. The reason of being third parties was obvious. China as a member and major trading partner had substantial interests, either in the relevant industries or in a systemic way, in these cases, so its voices needed to be heard. And, of course, third party cases were opportunities for us to become familiar with the procedures of the panel and Appellate Body.

During the time, other members took the position of observation and restrain

---

❶ The U. S. President proclaimed to terminate the safeguard measures on 5 December 2003. See http://www.whitehouse.gov/news/releases/2003/12/20031204-7.html.

themselves from filing cases against China, ❶ with the only exception of China—Value-Added Tax on Integrated Circuits. ❷ This case was filed by the United States on 18 March 2004, when I was planning my birthday party. What a birthday present! The case was settled through four rounds of consultations in Geneva, Beijing and Washington DC on 6 October 2005. This was the first case against China and through this case, we began to understand the reason and value of consultations in the WTO. Consultations could not be so efficient without the following panel and Appellate Body procedures foreseen by both parties. The following procedures would be more costly and time consuming, and the relevant measures would become transparent to all the other members. Maybe these were the major reasons for China to settle disputes through consultations with other members for five cases. ❸However, I have to confess that our experience in the U. S. —Steel Safeguards strengthened our sense of respect for the WTO rules and legal procedures, and this was another reason for the success of consultations in the present cases.

---

❶ It seemed that in the first years the other members were waiting and seeing the progress of China's implementation of its tremendous commitments. For example, in the 2006 Report to Congress on China's WTO Compliance by the United States Trade Representative (USTR), "Five years later, the deadlines for almost all of China's commitments have passed, and China's transition period as a new WTO Member is now essentially over... despite significant progress in many areas, China's record in implementing WTO commitments is decidedly mixed... Recognizing these challenges... when bilateral dialogue fails to succeed in addressing U. S. concerns, the United States will not hesitate to exercise its WTO rights through the initiation of dispute settlement against China, as it would with any other mature WTO trading partner."

And in its 2007 Report, USTR said that "after six years of membership in the World Trade Organization, China is no longer a new WTO member. Almost all of the specific commitments that China made when it acceded to the WTO on December 11, 2001, were due to be implemented over a period of five years, ending one year ago. Accordingly, the United States has been working to hold China fully accountable-just as we, and others, hold ourselves accountable-as a mature member of the international trading system, placing a strong emphasis on China's adherence to WTO rules."

However, the latter Report also said that "beginning in 2006 and continuing throughout 2007, progress toward further market liberalization began to slow."

❷ China—Value-Added Tax on Integrated Circuits, Request for Consultations received by the WTO on 18 March 2004 and Mutually Agreed Solutions notified to the WTO on 6 October 2005.

❸ China—Value-Added Tax on Integrated Circuits, China—Certain Measures Granting Refunds, Reductions or Exemptions from Taxes and Other Payments, China — Measures Affecting Financial Information Services and Foreign Financial Information Suppliers, China — Grants, Loans and Other Incentives, and China — Measures concerning wind power equipment.

IV. Second five years

The year 2006 – 2011 was a period of Case Boom: 13 cases against China and 7 cases by China. ❶ Here are the titles of cases against China: China—Measures Affecting Imports of Automobile Parts, China—Certain Measures Granting Refunds, Reductions or Exemptions from Taxes and Other Payments, China—Measures Affecting the Protection and Enforcement of Intellectual Property Rights, China—Measures Affecting Trading Rights and Distribution Services for Certain Publications and Audiovisual Entertainment Products, China—Measures Affecting Financial Information Services and Foreign Financial Information Suppliers, China—Grants, Loans and Other Incentives, China—Measures Related to the Exportation of Various Raw Materials, China—Provisional Anti-dumping Duties on Certain Iron and Steel Fasteners from the European Union, China—Certain Measures Affecting Electronic Payment Services, China—Countervailing and Anti-Dumping Duties on Grain Oriented Flat-rolled Electrical Steel from the United States, China—Measures concerning wind power equipment, China—Definitive Anti-Dumping Duties on X-Ray Security Inspection Equipment from the European Union, China—Definitive Anti-dumping and Countervailing duties on Broiler Products from the US. From this list, we see all the three main areas of the WTO: trade in goods, trade in services and trade-related intellectual property rights. We also see industrial policies, taxes, subsidies, publications, financial information, export restraint, electronic payment, and trade remedies. It is clear from this list that the areas which the other members were concerned with in the first years were really wide, although subsidy seemed to be one of

---

❶ For the reasons of the cases increasing, see fn. 20. By the way, the report U. S. —China Trade Relations: Entering a New Phase of Greater Accountability and Enforcement, Top-to-Bottom Review by United States Trade Representative in February 2006 might also reveal some of the reasons for the Case Boom: "Moreover, for the United States, a critical aspect of this more complex relationship is the impact of China's much larger role in the world trading system on U. S. trade and global balances. The scale and rate of growth of the Chinese expansion are unprecedented in the history of global trade, as is the entry into the global economy of a country as large as China. China has benefited from its access to the open global trading system and the rapid growth of the world economy. But in order to sustain that growth, both economically and politically, China must play its part in addressing the global imbalances that have arisen during the past four years of rapid global growth. While our trade imbalance with China may, to some extent, reflect China's size and its relatively recent emergence into the global economy, a large and growing trade deficit with China remains a significant concern."

the priorities. But what we cannot see from this list are the names of the members filing these cases, mostly the U. S. and the EU, which reflect the general situation of all the WTO cases❶, with Canada, Mexico, and Guatemala joined in some of the cases. ❷

Look at the cases by China, things become more clear: United States—Preliminary Anti-Dumping and Countervailing Duty Determinations on Coated Free Sheet Paper from China, United States—Definitive Anti-Dumping and Countervailing Duties on Certain Products from China, United States—Certain Measures Affecting Imports of Poultry from China, European Communities—Definitive Anti-Dumping Measures on Certain Iron or Steel Fasteners from China, United States—Measures Affecting Imports of Certain Passenger Vehicle and Light Truck Tyres from China, European Union—Anti-Dumping Measures on Certain Footwear from China, United States—Anti-Dumping Measures on Certain Frozen Warmwater Shrimp from China. We only see the U. S. and the EU❸ as respondents in this list! As a matter of fact, when we case handlers from both sides met in the meeting rooms of the WTO, we greeted each other and shook hands like friends, since we met in different cases and became familiar with each other. There were disputes between our countries, but they could be settled in a diplomatic and friendly way. We were not rivals and we didn't need to have a sense of hostility. Only when we had more cases and met with each other could we learn and become used to the culture of WTO dispute settlement.

I have to come back to our topic! From the list of cases by China, we only see trade remedies. It makes sense that people would have a lot of speculations on this. Does it mean that China could not find other cases? Were there no other trade restrictions against China? Was China's litigation team not strong enough to handle other complicated cases? Or had this team been very busy with the defensive cases? As one of the chiefs of the Chinese team, I am not in a position to comment on these

---

❶ The U. S. and the EU seem to be the most frequent users of the WTO dispute settlement: among the 467 cases until 9 October 2013, U. S. 226 cases (106 cases as complainant and 120 cases as respondent) and EU 163 cases (89 cases as complainant and 74 cases as respondent). See the WTO official website: www. wto. org.

❷ See the annex Table of China Cases.

❸ During one of the tremendous coordination meetings among the co-complainants in the U. S. —Steel Safeguards, the representatives of the EU, who chaired the meetings, joked to us that they were teaching China to file cases against EU later. And here we are!

guesses. But one thing was true: we were busy, very busy. Here is one example. The first week of June 2010 was called "China Week" for WTO cases. Three events were happening in that week: the first hearing of the panel on U. S—Tires on Tuesday and Wednesday, the second hearing of the panel on EU—Fasteners on Wednesday and Thursday, and consultations on China—Fasteners on Friday. As the head of delegations for all these cases, I had to work with my three teams day and night, and on Wednesday, I had to walk up and down stairs to different meeting rooms of the WTO to see the two hearings happening at the same time!

V. Subsequent years and conclusions

We are still busy these days. This is October 2013, and we have over a dozen cases in our hands, from consultations to panels and implementations. ❶ We do not have cases like the U. S. —Steel Safeguards to be ashamed of, and cases like U. S. —Poultry to be proud of. Dispute settlement has become our daily work. We receive cases, and we file cases. It is regarded as a right altitude towards the disputes in the WTO. However, a few things are worth of mentioning before I conclude this memoir.

1. People

People do things. In some sense, we are talking about the people behind these cases when we are talking about China in the WTO dispute settlement. In the past years, various QUARDs were established and hundreds of people were involved in different cases. Among them, officials from different agencies have become experts in

---

❶ In consultations: European Union and certain Member States—Certain Measures Affecting the Renewable Energy Generation Sector, China—Certain Measures Affecting the Automobile and Automobile—Parts Industries, China—Measures Supporting the Productions and Exportation of Apparel and Textile Products.

In panels: US—Countervailing Measures (China), US—Countervailing and Anti-Dumping Measures (China), China—Rare Earths, China—Autos (US), China—Definitive Anti-Dumping Duties on High-performance Stainless Steel Steemless Tubes from Japan.

In implementations: United States—Definitive Anti-Dumping and Countervailing Duties on Certain Products from China, European Communities—Definitive Anti-Dumping Measures on Certain Iron or Steel Fasteners from China, China—Measures Affecting Trading Rights and Distribution Services for Certain Publications and Audiovisual Entertainment Products, China—Certain Measures Affecting Electronic Payment Services, China—Countervailing and Anti-Dumping Duties on Grain Oriented Flat-rolled Electrical Steel from the United States, China—Definitive Anti-Dumping Duties on X-Ray Security Inspection Equipment from the European Union, China—Definitive Anti-dumping and Countervailing duties on Broiler Products from the US.

the WTO rules and have done a great job in their daily work of policy making. Chinese lawyers have grown up to provide WTO legal services not only to MOFCOM in cases, but also to other government agencies and companies. Within DTL, dozens of my colleagues have been working as case handlers and have become more and more experienced in the proceedings of the WTO. With experts and experiences, things are absolutely different from those in the early days of China's accession to the WTO.

I have to mention one person in this progress, Mr. ZHANG Yuqing. He was behind all the activities in the early days, since he was the Director General of the DTL before 2004. As the chief legal counsel for the negotiations of China accession to the WTO, he was one of the pioneers for WTO legal work in China and the founder of the team for WTO cases in DTL. As a matter of fact, he was the designer of the first QUARD! When I look back, I realize that this piece may need to be rewritten without his contribution and foundation at the very beginning. ❶

2. Rule of law

WTO rules need to be respected, and legal procedures will be followed when disputes arise and implementation of the rulings is necessary. My colleagues see rule of law in international trade relations from these cases. Over 460 cases were raised to the WTO and the status of implementations is a satisfactory one. ❷ Confidence of the members is reflected in this situation. China as a major trading power needs this system.

As was in our first case, the U.S.—Steel Safeguards, we see rule of law in other cases. For example, the U.S. implemented the rulings of U.S.—Anti-Dumping and Countervailing Duties and the EU implemented the rulings of EU—Fasteners, although both implementing measures are subject to our scrutiny and subsequent compliance cases may arise in the future. During the time, China also implemented

---

❶ He is the only person in China who has served as a panelist in a WTO case (EC—Bananas III, WT/DS27/RW2/ECU, WT/DS27/RW/USA, 2008). Ms. ZHANG Yuejiao who was the Director General before Mr. ZHANG serves as the member of the Appellate Body from 2008.

❷ The case number is 467 up till 9 October 2013. In most of the cases which were decided to be inconsistent with the WTO rules, measures were taken by the responding parties, although some of these measures led to cases of compliance panels according Article 21.5 of the Dispute Settlement Understanding (DSU). Only a few cases became the ones of compensation and the suspension of concessions under Article 22 of the DSU. Above all, cases of both Article 21.5 and 22 are the ones within the WTO legal system, also reflecting the functioning of the dispute settlement mechanism. So in this sense, the status of implementations is a satisfactory one.

the rulings of China — Intellectual Property Rights by, inter alia, amending its Copyright Law, which was unprecedented in its legislative history in the sense of amending its laws according to international rulings. ❶ I believe this will be an event to be written into Chinese legislative history! For other cases, China always took actions to bring its measures into compliance with the rulings, either terminating the relevant policies or amending the relevant provisions in its regulations. ❷ We are proud to say that China is responsible member and hence contributes to the development of the world trading system.

3. Academic research and school teaching

With more cases accumulated, WTO research and teaching become popular in China. Cases study has become a regular part of the events at WTO Law Research Society of China Law Society and the Chinese Society of International Economic Law, and the Shanghai WTO Affairs Consultation Center published a series of cases with Chinese translations. More books are published on the WTO and there are WTO courses in all major law schools. China cases have also become an important source for students' papers. So WTO is still a famous school 12 years after China's accession.

DTL as the government agency dealing with WTO cases is always beside these activities. My colleagues and I take every opportunity to speak and teach. We try to share with professors and students the most recent developments in the WTO dispute settlement and our understandings on the rule of law in this area. We also believe the two dozens of reports from the panels and Appellate Body are excellent teaching materials to help the students to develop a good sense a legal reasoning and rule of law, so that when they come to replace us in the future, they will do a better job for China and the WTO.

Annex:

Table of China Cases

As of 18 August 2014

---

❶ The Congress of China adopted a decision on 26 February 2010 to delete the controversial paragraph of Article 4 of the Copyright Law.

❷ For example, the relevant policies were terminated on 1 September 2009 for China—Autos, and the Regulations of Publications were amended on 19 March 2011 for China—Publications and Audiovisual Products.

As complainant — 12 cases

1. DS252 US — Steel Safeguards

United States — Definitive Safeguard Measures on Imports of Certain Steel Products

Request for Consultations received: 26 March 2002

Panel Report circulated: 11 July 2003, Appellate Body Report circulated: 10 November 2003

2. DS368

United States — Preliminary Anti-Dumping and Countervailing Duty Determinations on Coated Free Sheet Paper from China

Request for Consultations received: 14 September 2007

No panel established

3. DS379 US — Anti-Dumping and Countervailing Duties

United States — Definitive Anti-Dumping and Countervailing Duties on Certain Products from China

Request for Consultations received: 19 September 2008

Panel Report circulated: 22 October 2010, Appellate Body Report circulated: 11 March 2011

4. DS392 US — Poultry

United States—Certain Measures Affecting Imports of Poultry from China

Request for Consultations received: 17 April 2009

Panel Report circulated: 29 September 2010

5. DS397 EC—Anti-Dumping Measures on Fasteners

European Communities—Definitive Anti-Dumping Measures on Certain Iron or Steel Fasteners from China

Request for Consultations received: 31 July 2009

Panel Report circulated: 3 December 2010, Appellate Body Report circulated: 15 July 2011

Request for Consultations pursuant to Article 21.5 of the DSU: 30 October 2013, Panel established: 18 December 2013

6. DS399 US — Tyres

United States — Measures Affecting Imports of Certain Passenger Vehicle and

Light Truck Tyres from China

Request for Consultations received: 14 September 2009

Panel Report circulated: 13 December 2010, Appellate Body Report circulated: 5 September 2011

7. DS405 EU—Anti-Dumping Measures on Footwear

European Union—Anti-Dumping Measures on Certain Footwear from China

Request for Consultations received: 4 February 2010

Panel Report circulated: 28 October 2011

8. DS422 US—Shrimp and Sawblades

United States—Anti-Dumping Measures on Certain Frozen Warmwater Shrimp from China

Request for Consultations received: 28 February 2011

Panel Report circulated: 8 June 2012

9. DS437 US—Countervailing Measures (China)

United States—Countervailing Duty Measures on Certain Products from China

Request for Consultations received: 25 May 2012

Panel Report circulated: 14 June 2014

10. DS449 US—Countervailing and Anti-Dumping Measures (China)

United States—Countervailing and Anti-dumping Measures on Certain Products from China

Request for Consultations received: 17 September 2012

Panel Report circulated: 27 March 2014, Appellate Body Report circulated: 7 July 2014

11. DS452

European Union and certain Member States—Certain Measures Affecting the Renewable Energy Generation Sector

Request for Consultations received: 5 November 2012

12. DS 471 US—Anti-Dumping Methodologies (China)

United States—Regarding the Use of Certain Methodologies in Anti-Dumping Investigations Involving Chinese Products

Request for Consultations received: 3 December 2013

Panel established: 26 March 2014

As respondent — 31 cases (19 cases according to measures involved)

1. DS309

China—Value-Added Tax on Integrated Circuits

Complainant: United States

Request for Consultations received: 18 March 2004

Mutually Agreed Solutions notified: 6 October 2005

2. DS339, 340, 342 China—Auto Parts

China—Measures Affecting Imports of Automobile Parts

Complainant: European Communities, United States, Canada

Request for Consultations received: 30 March 2006 (EC and United States), 13 April 2006 (Canada)

Panel Report circulated: 18 July 2008, Appellate Body Report circulated: 15 December 2008

3. DS358, 359 China—Taxes

China—Certain Measures Granting Refunds, Reductions or Exemptions from Taxes and Other Payments

Complainant: United States, Mexico,

Request for Consultations received: 2 February 2007 (United States), 26 February 2007 (Mexico)

Mutually Agreed Solutions notified: 19 December 2007 (United States), 7 February 2008 (Mexico)

4. DS362 China — Intellectual Property Rights

China—Measures Affecting the Protection and Enforcement of Intellectual Property Rights

Complainant: United States

Request for Consultations received: 10 April 2007

Panel Report circulated: 26 January 2009

5. DS363 China — Publications and Audiovisual Products

China — Measures Affecting Trading Rights and Distribution Services for Certain Publications and Audiovisual Entertainment Products

Complainant: United States

Request for Consultations received: 10 April 2007

Panel Report circulated: 12 August 2009, Appellate Body Report circulated: 21 December 2009

6. DS372, 373, 378

China—Measures Affecting Financial Information Services and Foreign Financial Information Suppliers

Complainant: European Communities, Canada, United States

Request for Consultations received: 3 March 2008 (European Communities and United States), 3 March 2008 (Canada)

Mutually Agreed Solutions notified: 4 December 2008

7. DS387, 388, 390

China — Grants, Loans and Other Incentives

Complainant: United States, Mexico, Guatemala

Request for Consultations received: 19 December 2008

Mutually Agreed Solutions signed: 18 December 2009

8. DS394, 395, 398 China — Raw Materials Exports

China — Measures Related to the Exportation of Various Raw Materials

Complainant: United States, European Communities, Mexico

Request for Consultations received: 3 June 2009 (United States and European Communities) 21 August 2009 (Mexico)

Panel Report circulated: 5 July 2011, Appellate Body Report circulated: 30 January 2012

9. DS407

China — Provisional Anti-dumping Duties on Certain Iron and Steel Fasteners from the European Union

Complainant: European Union

Request for Consultations received: 07 May 2010

No panel established

10. DS413 Electronic Payment Services

China — Certain Measures Affecting Electronic Payment Services

Complainant: United States of America

Request for Consultations received: 15 September 2010

Panel Report circulated: 16 July 2012

11. DS414 China — GOES

China — Countervailing and Anti-Dumping Duties on Grain Oriented Flat-rolled Electrical Steel from the United States

Complainant: United States of America

Request for Consultations received: 15 September 2010

Panel Report circulated: 15 June 2011, Appellate Body Report circulated: 18 October 2012

Arbitration Report for Reasonable Period of Time circulated: 3 May 3013

Request for Consultations pursuant to Article 21.5 of the DSU: 13 January 2014, Panel established: 26 February 2014.

12. DS419

China — Measures Concerning Wind Power Equipment

Complainant: United States of America

Request for Consultations received: 22 December 2010

Consultations were held and measures were terminated

13. DS425 China — X-Ray Equipment

China — Definitive Anti-Dumping Duties on X-Ray Security Inspection Equipment from the European Union

Complainant: European Union

Request for Consultations received: 25 July 2011

Panel Report circulated: 26 February 2013

14. DS427 China — Broiler Products

China—Definitive Anti-dumping and Countervailing duties on Broiler Products from the US

Complainant: United States

Request for Consultations received: 20 September 2011

Panel Report circulated: 2 August 2013

15. DS431, 432, 433 China — Rare Earths

China — Measures Related to the Exportation of Rare Earths, Tungsten and Molybdenum

Complainants: United States, European Union, Japan

Request for Consultations received: 13 March 2012

Panel Report circulated: 26 March 2014, Appellate Body Report circulated: 7

August 2014

16. DS440 China — Autos (US)

China — Countervailing and Anti-Dumping Duties on Certain Automobiles from the United States

Complainant: United States

Request for Consultations received: 5 July 2012

Panel Report circulated: 23 May 2014

17. DS450

China — Certain Measures Affecting the Automobile and Automobile-Parts Industries

Complainant: United States

Request for Consultations received: 17 September 2012

18. DS451

China—Measures Supporting the Productions and Exportation of Apparel and Textile Products

Complainant: Mexico

Request for Consultations received: 15 October 2012

19. DS454, 460

China — Definitive Anti-Dumping Duties on High-performance Stainless Steel Steemless Tubes from Japan

Complainant: Japan, European Union

Request for Consultations received: 20 December 2012 (Japan), 13 June 2013 (European Union)

Panel established: 24 May 2013

About the author:

Mr. YANG Guohua is a professor at Tsinghua Law School, Beijing China. Formerly he was the Deputy Director General in the Department of Treaty and Law within China's Ministry of Commerce, or MOFCOM. He joined the Ministry of Foreign Trade and Economic Cooperation, the predecessor of MOFCOM, in 1996, after he received a PhD degree from China Peking University Law School. Since then, he was involved in IP negotiations and cooperation, China's WTO accession and WTO legal affairs, esp. WTO cases related to China. He was also the Counselor for Intellectual Property in Chinese Embassy at Washington DC. for three years. He received a Distinguished Legal Scholar Award from Beijing Law Society in 1999. He is an arbitrator at China International Economic and Trade Arbitration Commission or CIETAC and vice chairman at WTO Law Research Society of China Law Society. Mr. YANG Guohua writes widely on trade issues, including the following books: 1. A Study on Section 301 of the United States Trade Act, China Law Press, 1998; 2. Legal Problems of the Sino—US Economic Relations, China Economic Science Press; 3. 1998, Legal Problems on China's Accession to the WTO, Law Press of China, 2002; 4. A Study on the WTO Case of US—Safeguard Measures on Steel, China Citic Publishing House, 2004; 5. China and WTO Dispute Settlement, China Commerce and Trade Press, 2005; 6. WTO Dispute Settlement Understanding: A Detailed Interpretation, China Fangzheng Press, 2004; 7, WTO Dispute Settlement Understanding: A Detailed Interpretation (English), Kluwer Law International, 2005; 8. A Study on the Intellectual Property Issues between U. S. and China, China Intellectual Property Publishing House, 2008. 8. The Conceptions of the WTO, Xiamen University Press, 2012. 10. Discovering the WTO, Xiamen University Press, 2012. 11. Selected China—WTO Cases, Xiamen University Press, 2012; 12. Discovering the WTO (II), Xiamen University Press, 2013.

中国参与 WTO 案件统计

2014 年 11 月 14 日

中国作为起诉方 12 个案件

1. DS252 US — Steel Safeguards（美国钢铁保障措施案）

United States — Definitive Safeguard Measures on Imports of Certain Steel Products

WTO 收到磋商请求日期：26 March 2002

状态：专家组裁决公布：11 July 2003；上诉机构裁决公布：10 November 2003

2. DS368（美国铜版纸反倾销案）

United States — Preliminary Anti-Dumping and Countervailing Duty Determinations on Coated Free Sheet Paper from China

WTO 收到磋商请求日期：14 September 2007

状态：未设立专家组

3. DS379 US — Anti-Dumping and Countervailing Duties（China）

（美国反倾销与反补贴案）

United States — Definitive Anti-Dumping and Countervailing Duties on Certain Products from China

WTO 收到磋商请求日期：19 September 2008

状态：专家组裁决公布：22 October 2010；上诉机构裁决公布：11 March 2011

4. DS392 US — Poultry（美国禽肉案）

United States — Certain Measures Affecting Imports of Poultry from China

WTO 收到磋商请求日期：17 April 2009

状态：专家组裁决公布：29 September 2010

5. DS397 EC — Fasteners（China）（欧共体紧固件案）

European Communities—Definitive Anti-Dumping Measures on Certain Iron or

Steel Fasteners from China

WTO 收到磋商请求日期：31 July 2009

状态：专家组裁决公布：3 December 2010；上诉机构裁决公布：15 July 2011

(2013 年 10 月 30 日，中国就执行问题提起磋商，启动 DSU 第 21 条第 5 款的执行程序)

6. DS399 US — Tyres（China）（美国轮胎案）

United States — Measures Affecting Imports of Certain Passenger Vehicle and Light Truck Tyres from China

WTO 收到磋商请求日期：14 September 2009

状态：专家组裁决公布：13 December 2010；上诉机构裁决公布：5 September 2011

7. DS405 EU — Footwear（China）（欧盟鞋案）

European Union — Anti-Dumping Measures on Certain Footwear from China

WTO 收到磋商请求日期：4 February 2010

状态：专家组裁决公布：28 October 2011

8. DS422 US — Shrimp and Sawblades（美国虾和锯片案）

United States — Anti-Dumping Measures on Certain Frozen Warmwater Shrimp from China

WTO 收到磋商请求日期：28 February 2011

状态：专家组裁决公布：8 June 2012

9. DS437 US — Countervailing Measures（China）（美国反补贴案）

United States – Countervailing Duty Measures on Certain Products from China

WTO 收到磋商请求日期：25 May 2012

状态：专家组裁决公布：14 July 2014

10. DS449 US — Countervailing and Anti-Dumping Measures（China）（美国反补贴和反倾销案）

United States — Countervailing and Anti-dumping Measures on Certain Products from China

WTO 收到磋商请求日期：17 September 2012

状态：专家组裁决公布：27 Mar 2014；上诉机构裁决公布：7 July 2014

11. DS452（欧盟光伏补贴案）

European Union and certain Member States—Certain Measures Affecting the

Renewable Energy Generation Sector

 WTO 收到磋商请求日期：5 November 2012

 12. DS471 US—Anti-Dumping Methodologies（China）（美国反倾销方法案）

United States regarding the use of certain methodologies in anti-dumping investigations involving Chinese products

 WTO 收到磋商请求日期：2013 年 12 月 3 日

 专家组设立：2014 年 3 月 26 日

中国作为被诉方 32 个案件（按措施统计为 20 个案件）

1. DS309（集成电路增值税案）

China — Value-Added Tax on Integrated Circuits

 起诉方：United States

WTO 收到磋商请求日期：18 March 2004

 状态：磋商达成协议；通报日期：6 October 2005

2. DS339、DS340、DS342 China — Auto Parts（汽车零部件案）

China — Measures Affecting Imports of Automobile Parts

 起诉方：European Communities，United States，Canada

WTO 收到磋商请求日期：30 March 2006（EC and United States），13 April 2006（Canada）

 状态：专家组裁决公布：18 July 2008；上诉机构裁决公布：15 December 2008

3. DS358、DS359 China — Taxes（税收补贴案）

China — Certain Measures Granting Refunds, Reductions or Exemptions from Taxes and Other Payments

 起诉方：United States，Mexico

WTO 收到磋商请求日期：2 February 2007（United States），26 February 2007（Mexico）

 状态：磋商达成协议；通报日期：19 December 2007（United States），7 February 2008（Mexico）

4. DS362 China — Intellectual Property Rights（知识产权案）

China — Measures Affecting the Protection and Enforcement of Intellectual Property Rights

 起诉方：United States

WTO 收到磋商请求日期：10 April 2007

状态：专家组裁决公布：26 January 2009

5. DS363 China — Publications and Audiovisual Products（出版物和音像制品案）

China — Measures Affecting Trading Rights and Distribution Services for Certain Publications and Audiovisual Entertainment Products

起诉方：United States

WTO 收到磋商请求日期：10 April 2007

状态：专家组裁决公布：12 August 2009；上诉机构裁决公布：21 December 2009

6. DS372、DS373、DS378（金融信息服务案）

China — Measures Affecting Financial Information Services and Foreign Financial Information Suppliers

起诉方：European Communities，Canada，United States

WTO 收到磋商请求日期：3 March 2008（European Communities and United States），3 March 2008（Canada）

状态：磋商达成协议；通报日期：4 December 2008

7. DS387、DS388、DS390（名牌产品补贴案）

China — Grants，Loans and Other Incentives

起诉方：United States，Mexico，Guatemala

WTO 收到磋商请求日期：19 December 2008

状态：磋商达成协议；通报日期：18 December 2009

8. DS394、DS395、DS398 China — Raw Materials（原材料案）

China — Measures Related to the Exportation of Various Raw Materials

起诉方：United States，European Communities，Mexico

WTO 收到磋商请求日期：3 June 2009（United States and European Communities）21 August 2009（Mexico）

状态：专家组裁决公布：5 July 2011；上诉机构裁决公布：30 January 2012

9. DS407（紧固件反倾销案）

China — Provisional Anti-dumping Duties on Certain Iron and Steel Fasteners from the European Union

WTO 收到磋商请求日期：7 May 2010

起诉方：European Union

未设立专家组

10. DS413 China — Electronic Payment Services（电子支付服务案）

China — Certain Measures Affecting Electronic Payment Services

起诉方：United States of America

WTO 收到磋商请求日期：15 September 2010

状态：专家组裁决公布：16 July 2012

11. DS414 China — GOES（取向电工钢案）

China — Countervailing and Anti-Dumping Duties on Grain Oriented Flat-rolled Electrical Steel from the United States

起诉方：United States of America

WTO 收到磋商请求日期：15 September 2010

状态：专家组裁决公布：15 June 2011；上诉机构裁决公布：18 October 2012

（2013 年 5 月 3 日，关于合理执行期的仲裁裁决公布。2014 年 1 月 13 日，美国就执行问题提起磋商，启动 DSU 第 21 条第 5 款的执行程序）

12. DS419（风能设备措施案）

China — Measures concerning wind power equipment

起诉方：United States of America

WTO 收到磋商请求日期：22 December 2010

经磋商，措施终止

状态：2011 年 2 月 16 日举行磋商；相关措施已经撤销

13. DS425 China — X-Ray Equipment（X 射线设备案）

China — Definitive Anti-Dumping Duties on X-Ray Security Inspection Equipment from the European Union

起诉方：European Union

WTO 收到磋商请求日期：25 July 2011

状态：专家组裁决公布：26 February 2013

14. DS427 China — Broiler Products（白羽肉鸡案）

China—Definitive Anti-dumping and Countervailing duties on Broiler Products from the US

起诉方：United States

WTO 收到磋商请求日期：20 September 2011

状态：专家组裁决公布：2 August 2013

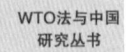

15. DS431、DS432、DS433 China — Rare Earths（稀土案）

China — Measures Related to the Exportation of Rare Earths, Tungsten and Molybdenum

起诉方：United States, European Union, Japan

WTO 收到磋商请求日期：13 March 2012

状态：专家组裁决公布：26 March 2014；上诉机构裁决公布：7 August 2014

16. DS440 China — Autos（US）（汽车案）

China — Countervailing and Anti-Dumping Duties on Certain Automobiles from the United States

起诉方：United States

WTO 收到磋商请求日期：5 July 2012

状态：专家组裁决公布：23 May 2014

17. DS450（汽车和零部件产业补贴案）

China—Certain Measures Affecting the Automobile and Automobile-Parts Industries

起诉方：United States

WTO 收到磋商请求日期：17 September 2012

18. DS451 纺织品和服装补贴案

China—Measures Supporting the Productions and Exportation of Apparel and Textile Products

起诉方：Mexico

WTO 收到磋商请求日期：15 October 2012

19. DS454、DS460 China—HP-SSST（无缝钢管案）

China—Definitive Anti-Dumping Duties on High-performance Stainless Steel Steemless Tubes from Japan

起诉方：Japan, European Union

WTO 收到磋商请求日期：20 December 2012（Japan），13 June 2013（European Union）

专家组设立日期：24 May 2013

20. DS483 China—Anti-Dumping Measures on Imports of Cellulose Pulp form Canada（浆粕进口案）

起诉方：China

WTO 收到磋商请求日期：15 October 2014

五、作者著述

（一）学术著作

1. 《美国贸易法 301 条款研究》（法律出版社 1998 年 5 月版）
2. 《中美经贸关系中的法律问题》（经济科学出版社 1998 年 7 月版）
3. 《国际环境保护公约概述》（人民法院出版社 2000 年 7 月版）
4. 《中国加入 WTO 法律问题专论》（法律出版社 2002 年 5 月版）
5. 《WTO 争端解决程序详解》（中国方正出版社 2004 年 3 月版）
6. 《中国入世第一案——WTO 美国钢铁保障措施案研究》（中信出版社 2004 年 3 月版）
7. 《中国与 WTO 争端解决机制专题研究》（中国商务出版社 2005 年 5 月版）
8. WTO Dispute Settlement Understanding：A Detailed Interpretation（Kluwer Law International 2005 年 4 月版）
9. 《中美知识产权问题概观》（知识产权出版社 2008 年 4 月版）
10. 《WTO 的理念》（厦门大学出版社 2012 年 4 月版）
11. 《探索 WTO》（厦门大学出版社 2012 年 4 月版）
12. 《WTO 中国案例精选》（厦门大学出版社 2012 年 10 月版）
13. 《探索 WTO（二）》（厦门大学出版社 2013 年 11 月版）
14. 《讨论式教学法的理论与实践》（厦门大学出版社 2014 年 6 月版）

（二）参与编写的学术著作

1. 参与翻译《戴西和莫里斯论冲突法》（中国大百科全书出版社"外国法律文库"之一，1998 年 2 月版，全书共 140 万字，承担 70 万字）
2. 参与编写教育部统编法学 14 门核心课程教材之一《国际法》（北京大学出版社、高等教育出版社 2000 年 11 月版）
3. 参与译校《世界贸易组织乌拉圭回合多边贸易谈判法律文本》（为国内最权威译本，法律出版社 2000 年 10 月版）

4. 参与编写《中国加入世界贸易组织知识读本：（一）世界贸易组织基本知识》（江泽民同志题写书名，人民出版社 2001 年 11 月版）

5. 参与译校《中国加入世界贸易组织法律文件》（为国内最权威译本，法律出版社 2002 年 1 月版）

6. 参与编写《知识产权学习读本》（知识产权出版社 2004 年 1 月版）

7. 参与编写《全国干部学习专业知识读本：知识产权基础知识》（全国干部培训教材编审指导委员会组织编写，人民出版社 2004 年 5 月版）

8. 参与编写普通高等教育"十五"国家级规划教材"全国高等学校法学专业核心课程教材"《国际经济法》（高等教育出版社 2005 年 1 月版）

9. 参与编写《为了广泛的贸易利益：中国作为第三方参与世贸组织案件精析》（中信出版社 2006 年 1 月版）

10. 参与编写《WTO 与中国：法治的发展与互动——中国加入 WTO 十周年纪念文集》（中国商务出版社 2011 年 10 月版）

11. 参与编写《世贸组织规则博弈——中国参与 WTO 争端解决的十年实践》（商务印书馆 2011 年 11 月版）

12. 参与编写《入世十年 法治中国——纪念中国加入世贸组织十周年访谈录》（人民出版社 2011 年 12 月版）

13. 参与编写《日内瓦倥偬岁月——中国常驻 WTO 代表团首任大使孙振宇口述实录》（人民出版社 2011 年 12 月版）

14. 主编《法学教学方法：探索与争鸣》（厦门大学出版社 2013 年 5 月版）

15. 参与编写《世界贸易组织法：理论、条约、中国案例》（社会科学文献出版社 2013 年 8 月版）

（三）其他著作

1. 《行色匆匆》（游记，中国旅游出版社 2000 年版）
2. 《论语人生》（读《论语》心得，中国广播电视出版社 2006 年版）
3. 《美国纪事》（文化艺术出版社 2009 年版）